Nikolaus Bosch
Übungen im Strafrecht
De Gruyter Studium

D1664875

JURA
JURISTISCHE AUSBILDUNG

—

ÜBUNGEN

Herausgegeben von
Professor Dr. Nikolaus Bosch, Bayreuth
Professor Dr. Martin Eifert, Berlin
Professor Dr. Thorsten Kingreen, Regensburg
Professor Dr. Jens Petersen, Potsdam
Professor Dr. Anne Röthel, Hamburg
Professor Dr. Helmut Satzger, München
Professor Dr. Michael Stürner, Konstanz

Nikolaus Bosch

Übungen im Strafrecht

8., erweiterte und neu bearbeitete Auflage

DE GRUYTER

Dr. *Nikolaus Bosch*, Professor an der Universität Bayreuth, Lehrstuhl für Strafrecht I, insbesondere Wirtschaftsstrafrecht und Strafprozessrecht

ISBN 978-3-11-048561-5
e-ISBN (PDF) 978-3-11-051591-6
e-ISBN (EPUB) 978-3-11-051599-2

Library of Congress Cataloging-in-Publication Data
A CIP catalog record for this book has been applied for at the Library of Congress.

Bibliografische Information der Deutschen Nationalbibliothek
Die Deutsche Nationalbibliothek verzeichnet diese Publikation in der Deutschen National-
bibliografie; detaillierte bibliografische Daten sind im Internet über http://dnb.dnb.de abrufbar.

© 2017 Walter de Gruyter GmbH, Berlin/Boston
Einbandabbildung: Jack Hollingsworth/Photodisc/thinkstock
Druck und Bindung: CPI books GmbH, Leck
♾ Gedruckt auf säurefreiem Papier
Printed in Germany

www.degruyter.com

MIX
Papier aus verantwor-
tungsvollen Quellen
FSC
www.fsc.org
FSC® C083411

Vorwort zur siebten Auflage

Übungsbücher und Klausurenkurse haben Konjunktur, ganz anders als in Zeiten, in denen die von *Otto* auf den Weg gebrachten „Übungen im Strafrecht" in erster Auflage (1974) erschienen sind. Diese Entwicklung ist erfreulich, da Studenten bereits in den ersten Semestern – und natürlich erst recht auf dem Weg zum Examen – „gar nicht genug" Klausurlösungen selbstständig erarbeiten können. Dennoch mag der ein oder andere Student angesichts des vielfältigen Angebots etwas ratlos sein. So werden vielfach bereits bei den einführenden methodischen Hinweisen gängiger Klausurenkurse Nachweisschlachten über den richtigen Aufbau u. Ä. geschlagen und die Ausdifferenzierung in zunehmend auch mehrbändigen Werken erweckt den Eindruck, es müsse für jedes Stadium des Studiums und jede Art der Aufgabenstellung ein eigenes Werk zu Rate gezogen werden.

Der vorliegende Band verfolgt ein anderes Konzept, da sich Anfängerklausuren, Fortgeschrittenenfälle und Klausuren im Staatsexamen zwar sicher im Schwierigkeitsgrad unterscheiden, die Anforderungen an eine sinnvolle Schwerpunktsetzung, juristisch präzise Argumentation und Subsumtion sowie den Aufbau der Klausurlösung aber – trotz einer hoffentlich größeren Milde des Korrektors in den ersten Semestern – identisch sind. Um den Studierenden sowohl für Übungen oder Abschluss- als auch Examensklausuren einen kompakten Wegbegleiter an die Hand geben zu können, musste die Vorauflage vollständig überarbeitet werden.

Es wurden vierzehn neue Klausuren aufgenommen sowie die wenigen fortgeführten Übungsfälle überarbeitet und ergänzt, auf die Referendarhausarbeit wegen fehlender Prüfungsrelevanz hingegen verzichtet. Neu hinzugekommen ist auch ein eigener Abschnitt zur strafprozessualen Zusatzfrage. Dessen Fallfragen wurden mit den Sachverhalten des vorangegangenen Übungsteils verbunden, um den Bearbeiter der typischen Klausurüberlegung auszusetzen, inwieweit bei der Lösung auf den materiellrechtlichen Teil der Prüfung zurückzugreifen ist. Die beiden ersten Teile zur Methodik der Fallbearbeitung und dem „wie" der Falllösung einschließlich der dafür erforderlichen Aufbauschemas sind ergänzt und um zahlreiche Beispiele angereichert worden. Die Einübung der Falllösung im dritten Teil wurde in Darstellung und Stoffvermittlung grundlegend umgestaltet, um dem Ziel eines Klausurbegleiters für alle Semester gerecht werden zu können. Eigenständige Übersichten und Hinweise zur Problemvertiefung bzw. zu abweichenden Lösungsmöglichkeiten ergänzen die „Musterlösung" der Fälle, die im Sinne des hier verfolgten Konzepts nur nach der erforderlichen Bearbeitungszeit eingeteilt wurden. Die Benennung der im Inhaltverzeichnis genannten Tatbestände bei den jeweiligen Fällen ermöglicht dem Benutzer die Auswahl der Übungsklausuren. Angehängte Definitionen sollen dem Übenden eine gewisse Wiederholungsmöglichkeit bieten, allerdings sollte deren Nutzen nicht überschätzt werden, da grundlegende Definitionen zwar beherrscht werden müssen, je nach Kontext im konkreten Fall aber durchaus abweichend gefasst bzw. ergänzt werden müssen. Dies ist gerade Kennzeichen der gegenseitigen Abhängigkeit von Subsumtion und Auslegung und ein nicht am Fall erprobtes „herunterleiern" von auswendig gelerntem Wissen hat alleine noch keinem Kandidaten eine gute Klausur beschert.

Die überwiegende Anzahl der Klausuren wurde in Übungen, Zwischenprüfungen und Examensklausurenkursen gestellt und später auch erneut in Fallrepetitorien „erprobt". Meist wird zwar Kernwissen des Strafrechts bei der Lösung gefordert, Probleme werden aber in ungewohnter Form mit durchweg eher gehobenem Schwierigkeitsgrad präsentiert, um die Bearbeiter tatsächlich in eine klausurtypische Situation zu versetzen, in der meist kein Abspulen des Standardfalls nach „Schema F" gefordert ist. Dadurch soll vor allem das erforderliche Problembewusstsein gefördert, Mut zur eigenständigen Argumentation angeregt und Sicherheit, Ruhe und Überlegenheit für die Klausursituation vermittelt werden.

Für die ausgezeichnete und äußerst engagierte Hilfe bei der Erstellung und Überarbeitung dieses Übungsbuchs möchte ich meinen Mitarbeitern danken, allen voran Frau Michaela Burk, die alle Fälle und Übungshinweise Korrektur gelesen hat und mich bei der Ausarbeitung von vier Fällen tatkräftig unterstützt hat. Fast gleichermaßen hervorzuheben ist die ideenreiche Mithilfe meines ehemaligen Mitarbeiters Herrn Björn Thiele bei der Neukonzeption des Übungsbuchs und meines Mitarbeiters Herrn Tobias Ceffinato bei der kritischen Durchsicht eines Großteils der Fälle. In der frühen Entstehungsphase des Buchs haben sich ebenso Frau Dr. Kathrin Mehler, Frau Dr. Maresa Mertel und Frau Dr. Claudia Wunderlich an der Umgestaltung des Übungsbuchs beteiligt. Dank schulde ich schließlich meinen Hilfskräften Frau Christine Streufert und Frau Josephine Mücke, die nicht nur viele Übungsnachweise herausgesucht haben, sondern sich auch weitgehend für die Erstellung des Sachregisters verantwortlich zeichnen, sowie meiner Sekretärin Frau Kerstin Kohl für die Durchsicht der Druckfahnen. Schließlich danke ich Herrn Kollegen Prof. Dr. Dr. h.c. Harro Otto, der mir mit großem „Vorschussvertrauen" sein Übungsbuch und seine Lehrbücher zur Fortführung überlassen hat und Herrn Dr. Michael Schremmer vom Verlag de Gruyter für das große Verständnis und die Unterstützung bei der grundlegenden Neugestaltung des Übungsbuchs.

Trotz intensiver Erprobung der hier versammelten Übungsfälle kann ein Übungsbuch nur im Dialog mit seinen Lesern fortentwickelt und immer weiter verbessert werden. Ich bin deshalb für Anregungen, Hinweise auf unbedingt aufzunehmende Problemkreise, Kritik und Verbesserungsvorschläge an meine E-Mail-Adresse nikolaus.bosch@uni-bayreuth.de sehr dankbar.

Bayreuth, April 2010   Nikolaus Bosch

Vorwort zur achten Auflage

Nachdem nun seit der letzten Auflage sieben Jahre verstrichen sind, hat sich trotz der immer größer werdenden Anzahl von Klausur- und Übungsbüchern eine Neuauflage des von meinem lieben Kollegen, Herrn em. Prof. Dr. Dr. h.c. Harro Otto eingeführten Übungsbuches angeboten. Neben allfälligen Aktualisierungen und Ergänzungen wurden vor allem drei neue Fälle aufgenommen und der Übungsteil zur strafprozessualen Zusatzfrage erheblich ausgeweitet. Dabei war es mir ein besonderes Anliegen, die ursprüngliche Konzeption des Übungsbuchs beizubehalten und vor allem in Aufbau und Darstellung schwierige, in der universitären Prüfungspraxis bewährte Übungsfälle zu übernehmen, die gerade nicht nach „Schema F" abgearbeitet werden können. Die Erfahrung lehrt, dass gerade im Examen, aber auch in Übungen und Abschlussklausuren den Studierenden die meist gebotene Konfrontation und argumentative Auseinandersetzung mit dem „ungewöhnlichen" Rechtsproblem Schwierigkeiten bereitet. Leider weithin verbreitete Darstelllungen zu „Streitständen" im Strafrecht zur kompakten und schnellen Vorbereitung auf die Strafrechtsklausur mögen eine sehr sinnvolle Ergänzung zur Klausurvorbereitung sein. Sie wiegen aber leider auch nicht selten in trügerischer Sicherheit, damit auch tatsächlich Klausuren lösen und sich meist ganz anders „verpackten" Problemkreisen stellen zu können. Insoweit wurden vorliegend aktuelle Entwicklungen und besonders relevant erscheinende Probleme aufgegriffen (etwa aus dem Bereich der Abgrenzung von Selbsttötung und Sterbehilfe oder der Vermögensgefährdung beim Betrug) und in anspruchsvolle Klausurform gegossen. Gefordert ist insoweit nicht nur eine eigenständige Argumentation, sondern auch ein dieser angepasster Aufbau der eigenen Klausurlösung. Im Bereich der strafprozessualen Zusatzfrage orientierten sich die Ergänzungen an der Auswertung typischer Problemstellungen des Ersten Staatsexamens.

Herzlichen Dank schulde ich meinen ehemaligen Mitarbeitern, insbesondere auch Herrn Michael Funk, der die ursprüngliche, von mir überarbeitete Lösungsskizze zum Fall „Abgekartetes Spiel in Arco" erstellt hat. Meinen Hilfskräften und Mitarbeitern Frau Miriam Bloß, Frau Nina Nelkel, Herrn Johannes Kühhorn und Herrn Mathias Winter danke ich für Aktualisierungen, Recherche und Ideen für die Neuauflage und meiner Sekretärin Frau Claudia Ochs-Erlwein für die Durchsicht und Korrektur des Manuskripts und der Fahnen.

Bayreuth, April 2017   Nikolaus Bosch

Inhalt

Verzeichnis der Übungsfälle —— XIII

Verzeichnis der strafprozessualen Zusatzfragen —— XXI

1. Teil: Die Strafrechtsklausur in der Universitätsausbildung

I. **Sachliches: Die Teilnahme an den Übungen und an Semesterabschlussklausuren —— 3**
  1. Die Funktion von Übungen und Klausuren auf dem Weg zum Examen —— 3
  2. Die Vorbereitung auf die „Strafrechtsübungen" —— 4

II. **Methodik der Fallbearbeitung —— 6**
  1. Fallfrage und Erfassen des Sachverhalts —— 6
     a) Die Fallfrage —— 6
     b) Erfassen des Sachverhalts —— 7
     c) Auslegen des Sachverhalts —— 8
  2. Gliederung des Sachverhalts —— 12
     a) Gliederung nach Tatkomplexen —— 12
     b) Gliederung nach Personen —— 13
     c) Wahl des Aufbaus —— 13
  3. Erstellen der Lösungsskizze —— 14
     a) Bildung von Tatkomplexen —— 15
     b) Gliederung innerhalb der Tatkomplexe bei mehreren tatbeteiligten Personen —— 17
     c) Die zu erörternden Straftatbestände und die Reihenfolge ihrer Prüfung —— 18
  4. Die Reinschrift des Gutachtens —— 21
     a) Schwerpunktsetzung, Sprache und Stil —— 21
     b) Gutachtenstil und Subsumtion —— 23
        aa) Einleitung der Prüfung —— 23
        bb) Vergleich und Anwendungsbereich von Gutachten- und Urteilsstil —— 24
        cc) Klärung der Bedeutung eines Tatbestandsmerkmals mittels Auslegung —— 27

           dd) Subsumtion als Vergleich von konkretem und abstraktem Sachverhalt —— **28**
    c) Darstellung eines Theorienstreits —— **29**
    d) Konkurrenzen —— **32**

III. Besondere methodische Hinweise für die Anfertigung von Klausuren und Hausarbeiten —— 34
    1. Die Klausur —— **34**
        a) Die Klausursituation —— **34**
        b) Formalien —— **35**
    2. Die Hausarbeit —— **36**
        a) Die Aufgabenstellung —— **36**
        b) Die Arbeit mit Literatur —— **37**
        c) Formalien —— **37**

IV. Anleitungsbücher zur Lösung strafrechtlicher Aufgaben und Fallrepetitorien —— 41
        Aufsätze zu Fragen der Klausurmethodik —— **43**
        Argumentationshilfen zu einzelnen Problemen —— **44**

2. Teil: Der Aufbau strafrechtlicher Falllösungen

A. Das Aufbauschema als Denkschema —— 47

B. Das Erfolgsdelikt —— 49
    I.   Das vorsätzliche Begehungsdelikt —— **49**
        1. Das Aufbauschema: —— **49**
        2. Hinweise zur Anwendung des Aufbauschemas —— **49**
    II. Das versuchte Erfolgsdelikt —— **54**
        1. Der Versuch —— **54**
        2. Das Aufbauschema: —— **55**
        3. Hinweis zur Anwendung des Aufbauschemas —— **56**
    III. Das vorsätzliche unechte Unterlassungsdelikt —— **58**
        1. Das Aufbauschema: —— **58**
        2. Hinweise zur Anwendung des Aufbauschemas —— **59**
    IV. Das fahrlässige Begehungsdelikt —— **60**
        1. Das Aufbauschema: —— **60**
        2. Hinweise zur Anwendung des Aufbauschemas —— **60**
    V.   Das fahrlässige unechte Unterlassungsdelikt —— **63**

C. Besondere Formen der Deliktsverwirklichung — 64
I. Das erfolgsqualifizierte Delikt Vorsatz/
Fahrlässigkeitskombination — 64
II. Actio libera in causa — 65
1. Die Konstruktion — 65
2. Der Deliktsaufbau — 65
3. Hinweis — 65
III. Der Vollrausch, § 323 a — 66
IV. Die Wahlfeststellung — 66

D. Beteiligungsformen — 68
I. Mittäterschaft, mittelbare Täterschaft, Nebentäterschaft — 68
1. Mittäterschaft, § 25 II — 68
2. Mittelbare Täterschaft, § 25 I, 2. Alt. — 71
3. Nebentäterschaft — 72
II. Teilnahme — 72

E. Der zweistufige Deliktsaufbau — 74
1. Ottos Kritik am dreistufigen Deliktsaufbau — 74
2. Am Risikoerhöhungsprinzip orientiertes einheitliches
Aufbauschema — 75
3. Hinweise zur Anwendung des Aufbauschemas — 77

3. Teil: Einübung in die Fallbearbeitung

Übungsfall 1: Tierfreunde in Not — 81

Übungsfall 2: Die Waldhütte — 94

Übungsfall 3: Geordnete Verhältnisse — 116

Übungsfall 4: Das Sprengstoffattentat — 135

Übungsfall 5: Kofferfreuden — 152

Übungsfall 6: Pizza mit Allem — 168

Übungsfall 7: Ruhe Sanft — 196

Übungsfall 8: Eine Familientragödie —— 213

Übungsfall 9: Tankstellenfall —— 234

Übungsfall 10: Eisen und Draht —— 247

Übungsfall 11: Das Jagdschloss —— 271

Übungsfall 12: Rauschtatfall —— 295

Übungsfall 13: Feuer und Teufel im Hotel —— 317

Übungsfall 14: Im Bierzelt fliegen die Fäuste —— 335

Übungsfall 15: Skifahrt mit Folgen —— 365

Übungsfall 16: Gams und Bart —— 389

Übungsfall 17: Reinecke, Fuchs und Hase —— 413

Übungsfall 18: Brandheiße Neuigkeiten aus Auendorf —— 440

Übungsfall 19: Hans und Prahl —— 473

Übungsfall 20: Fundus auf Entdeckungsreise —— 494

Übungsfall 21: Abgekartetes Spiel in Arco —— 516

Die strafprozessuale Zusatzfrage —— 537

Paragrafenverzeichnis —— 598

Stichwortverzeichnis —— 602

Verzeichnis der Übungsfälle

Übungsfall 1: Tierfreunde in Not   **81**
Bearbeitungszeit: 2 Stunden
Schwerpunkte: Körperverletzungsdelikte, Sachbeschädigung § 303 I, Rechtfertigungs-
gründe Notwehr § 32, Notstand § 34, Defensivnotstand § 228 BGB, Aggressivnotstand
§ 904 BGB.
Körperverletzung, § 223 I – Fahrlässige Körperverletzung, § 229 – Notwehr, § 32 – Angriff
durch Tiere – Angriff durch Unterlassen – Notstand, § 34 – Sachbeschädigung, § 303 I –
Tiere als Sachen – Defensivnotstand, § 228 BGB – Berücksichtigung von Affektionsinter-
essen im Rahmen des § 228 BGB – Sachbeschädigung, § 303 I – Aggressivnotstand, § 904
BGB.

Übungsfall 2: Waldhütte   **94**
Bearbeitungszeit: 2 Stunden
Schwerpunkte: Totschlag § 212 und Totschlag durch Unterlassen §§ 212, 13, Aussetzung
§ 221 I Nr. 1 bzw. Nr. 2, Unterlassene Hilfeleistung § 323 c, Nötigung § 240 I, Mord durch
Unterlassen, § 212 I, 211, 13, Aussetzung mit Todesfolge, § 221 I Nr. 2, III.
Totschlag, § 212 I – Abgrenzung zwischen Tun und Unterlassen – Kriterium des Energie-
einsatzes – Schwerpunkt der Vorwerfbarkeit – Totschlag durch
Unterlassen, §§ 212 I, 13 – Kausalität: Vermeidbarkeitstheorie vs. Risikoverminderungs-
lehre – Garantenstellung – Aussetzung, § 221 I Nr. 1 bzw. Nr. 2 – Unterlassene Hilfeleistung,
§ 323 c – Nötigung, § 240 I – Nötigungsmittel:
Entwicklung des Gewaltbegriffs – Totschlag durch Unterlassen, § 212 I, 13 – Garantenstellung: Rechtliche Qualität des Vorverhaltens – Mord durch Unterlassen, §§ 212 I, 211, 13
– Auslegung des Merkmals „Heimtücke" – Aussetzung mit Todesfolge, § 221 I Nr. 2, III.

Übungsfall 3: Geordnete Verhältnisse   **116**
Bearbeitungszeit: 2 Stunden
Schwerpunkte: Versuchter Mord, Rechtfertigungsgründe, Fahrlässige Tötung: Rechtfertigung bei Fahrlässigkeitstaten.
Versuchter Mord: Arglosigkeit trotz Prügelehe, Rechtfertigung nach § 32 Zulässigkeit der
Präventivnotwehr, nach § 34 alternative Handlungsmöglichkeiten und Interessenabwägung
bei Konstellationen des Familientyrannen, entschuldigender Notstand, § 35 I, Irrtum nach
§ 35 II, Rücktritt – Fahrlässige Tötung: Rechtfertigung bei Fahrlässigkeitstaten, Bestimmung
der Erforderlichkeit, Gebotensein der Notwehr.

Übungsfall 4: Das Sprengstoffattentat   **135**
Bearbeitungszeit: 2 Stunden
Schwerpunkte: Mord und Totschlag in mittelbarer Täterschaft – Herbeiführen einer
Sprengstoffexplosion in mittelbarer Täterschaft – Anstiftung zum Mord in mittelbarer
Täterschaft – Anstiftung zum Herbeiführen einer Sprengstoffexplosion mit Todesfolge in
mittelbarer Täterschaft.

Totschlag in mittelbarer Täterschaft: Opfer als Werkzeug gegen sich selbst, Abgrenzung error in persona und aberratio ictus – Mord in mittelbarer Täterschaft: Heimtücke, gemeingefährliche Mittel, Habgier – Herbeiführen einer Sprengstoffexplosion in mittelbarer Täterschaft, §§ 308 I, 25 I 2. Alt. – Herbeiführen einer Sprengstoffexplosion mit Todesfolge in mittelbarer Täterschaft, §§ 308 I, III, 25 I 2. Alt. – Anstiftung zum Mord in mittelbarer Täterschaft: error in persona des Angestifteten und Strafbarkeit des Anstifters, Strafbegründung (§ 28 I) oder Strafschärfung (§ 28 II) – Anstiftung zum Herbeiführen einer Sprengstoffexplosion mit Todesfolge in mittelbarer Täterschaft, §§ 308 I, III, 25 I 2. Alt., 26.

Übungsfall 5: Kofferfreuden   152
Bearbeitungszeit: 2 Stunden
Schwerpunkte: Versuchte Pfandkehr – Diebstahl mit Waffen – Wohnungseinbruchdiebstahl – Raub – Freiheitsberaubung – Hausfriedensbruch.
Versuchte Pfandkehr, §§ 289 I, II, 22, 23 I: Wegnahme bei besitzlosen Pfandrechten – Vereiteln der Zwangsvollstreckung, § 288 – Diebstahl mit Waffen, §§ 242 I, 244 I Nr. 1 a – Wohnungseinbruchsdiebstahl §§ 242 I, 244 I Nr. 3 – Versuchter Raub, §§ 249 I, 22, 23 I, mittels fortwirkender Gewalt oder Gewalt durch Unterlassen – Freiheitsberaubung, § 239: Schutz der potentiellen Fortbewegungsfreiheit – Hausfriedensbruch, § 123.

Übungsfall 6: Pizza mit Allem   168
Bearbeitungszeit: 3 Stunden
Schwerpunkte: Straftaten gegen die Ehre, Versuchter Mord §§ 212 I, 211, 22, 23 I, Körperverletzungsdelikte, Versuchter Totschlag und Versuchter Mord in mittelbarer Täterschaft.
Verleumdung, § 187 – Beleidigung, § 185 – Unwahrheit der behaupteten Tatsache als Voraussetzung des §§ 185 ff. – Versuchter Mord, §§ 212 I, 211, 22, 23 I – Irrtümliche Annahme einer schweren Beleidigung i. S. v. § 213 1. Alt. – Rücktritt – Abgrenzung zwischen beendetem und unbeendetem Versuch – Denkzettelfall – Gefährliche Körperverletzung, §§ 223 I, 224 I Nr. 2 1. Alt., Nr. 5 – Versuchter Totschlag in mittelbarere Täterschaft, §§ 212 I, 22, 23 I, 25 I 2. Alt. – Tatherrschaftslehre vs. Subjektive Theorie – Versuchter Mord in mittelbarer Täterschaft, §§ 211, 212 I, 22, 23 I, 25 I 2. Alt. – Strafbegründung, § 28 I oder Strafschärfung, § 28 II – Gefährliche Körperverletzung in mittelbarer Täterschaft, §§ 223 I, 224 I Nr. 2, Nr. 5, 25 I 2. Alt.

Übungsfall 7: Ruhe Sanft   196
Bearbeitungszeit: 3 Stunden
Schwerpunkte: Totschlag und versuchter Totschlag durch Unterlassen, §§ 212 I, 13 I, 22, 23 I; Fahrlässige Tötung durch Unterlassen, §§ 222, 13; Aussetzung § 221 I Nr. 2; Unterlassene Hilfeleistung, § 323c; Gefährliche Körperverletzung, § 224 I Nr. 2; Versuchte Tötung auf Verlangen durch Unterlassen, §§ 216 II, 13 I, 22, 23 I.
Abgrenzung Tun und Unterlassen – passive Sterbehilfe bzw. Behandlungsabbruch – Verhinderungskausalität bei Unterlassen – Abgrenzung dolus eventualis und bewusste Fahrlässigkeit – Garantenpflicht bei Suizid, § 13 – Unterlassene Hilfeleistung, § 323c, Selbstmord als Unglücksfall – ärtzlich indizierter Heileingriff als körperliche Misshandlung, § 223 – Rechtswidrigkeit: rechtfertigender Notstand, § 34, bei selbstbestimmtem Suizid – Schuld: Doppelirrtum als Verbotsirrtum, § 17 – Verwirklichung einer Tötung auf Verlangen, § 216, durch Unterlassen.

Übungsfall 8: Eine Familientragödie   **213**
Bearbeitungszeit: 3 Stunden
**Schwerpunkte: Totschlag, § 212 I, Mord, § 211 und versuchter Mord, §§ 211, 22, 23 I,
Gefährliche Körperverletzung, §§ 223 I, 224 I, Versuchter Schwangerschaftsabbruch,
§§ 218 I, IV, 22, 23 I.**
Totschlag, § 212 I – objektive Zurechnung: eigenverantwortliches Dazwischentreten –
subjektiver Tatbestand: Bestrafung bei Alternativvorsatz; Mord, § 211; Gefährliche Körperverletzung, §§ 223 I, 224 I 1 Nr. 2, 3, 5; Versuchter Totschlag, §§ 212, 22, 23 I; Versuchter
Mord, §§ 212, 211, 22, 23 I – objektive Mordmerkmale: Heimtücke – subjektive Mordmerkmale: Niedrige Beweggründe, Verdeckungsabsicht; Körperverletzung, §§ 223 I, 224,
226 I – Abgrenzung: §§ 218 ff. und §§ 223 ff.; Versuchter Schwangerschaftsabbruch, §§ 218
I, IV, 22, 23 I – Verwirklichung des Regelbeispiels § 218 II Nr. 2; Mord, §§ 212 I, 211 –
objektives Mordmerkmal: Heimtücke bei fehlender Fähigkeit zum Argwohn auf Seiten des
Opfers – Rechtswidrigkeit: Rechtfertigender Notstand, § 34, bei Tötung eines unrettbar
Verlorenen und Rechtfertigung aufgrund rechtfertigender Pflichtenkollision – Schuld: Entschuldigender Notstand, § 35, und übergesetzlicher entschuldigender Notstand; Gefährliche Körperverletzung, §§ 223, 224 – Gefährliches Werkzeug, § 224 I Nr. 2: OP-Besteck.

Übungsfall 9: Tankstelle   **234**
Bearbeitungszeit: 2 Stunden
Schwerpunkte: Unterschlagung, § 246 I, Betrug, § 263, Diebstahl, § 242.
Unterschlagung, § 246 I – Objektiver Tatbestand: Anforderungen an die Zueignungsabsicht
i. S. v. § 246; Betrug, § 263; Diebstahl, § 242 I – Objektiver Tatbestand: Benzin als fremde
Sache; Betrug § 263 – Täuschungshandlung – Vermögensverfügung: Dreiecksbetrug; Un-
terschlagung, § 246 I.

Übungsfall 10: Eisen und Draht   **247**
Bearbeitungszeit: 3 Stunden
**Schwerpunkte: Körperverletzung § 223, Körperverletzung mit Todesfolge § 227 I, Tot-
schlag durch Unterlassen §§ 212, 13, Versuchter Totschlag durch Unterlassen §§ 212, 22,
23 I, 13 I, Versuchter Mord durch Unterlassen §§ 212, 211, 22, 23 I, 13.**
Körperverletzung, § 223 I – Atypischer Kausalverlauf – Eigenverantwortliche Selbstgefährdung – Irrtum über den Kausalverlauf – Erlaubnistatbestandsirrtum – Begriff der Tat
i. S. v. § 127 StPO – Körperverletzung mit Todesfolge, § 227 I – Eigenverantwortliche
Selbstschädigung – Dazwischentreten eines Dritten – Gefahrverwirklichungszusammenhang – Totschlag durch Unterlassen, §§ 212, 13 – Versuchter Totschlag durch Unterlassen,
§§ 212, 22, 23 I, 13 I – Unmittelbares Ansetzen beim Unterlassen – Beendeter und Unbeendeter Versuch beim Unterlassungsdelikt – Verhinderungsbemühung i. R. v. Unterlassungsdelikten – Versuchter Mord durch Unterlassen, §§ 212, 211, 22, 23 I, 13 – Verdeckungsabsicht bei Unterlassen.

Übungsfall 11: Das Jagdschloss   **271**
Bearbeitungszeit: 3 Stunden
**Schwerpunkte: Versuchter Raub mit Todesfolge §§ 251, 22, 23, Versuchter schwerer Raub
§§ 250 I, II, 22, 23, Freiheitsberaubung mit Todesfolge § 239 I, IV, Anstiftung zum ver-**

suchten Raub mit Todesfolge, § 251, 22, 23, 26, Anstiftung zur Freiheitsberaubung mit Todesfolge, §§ 239 I, IV, 26, Räuberischer Angriff auf Kraftfahrer § 316 a, Raub § 249 und räuberische Erpressung § 255.

Versuchter Raub mit Todesfolge, §§ 251, 22, 23 – Erfolgsqualifizierter Versuch und Rücktritt vom erfolgsqualifizierten Versuch – Versuchter schwerer Raub, §§ 250 I Nr. 1 a, b, II Nr. 1 Alt. 2, 22, 23 – Gefährliches oder sonstiges Werkzeug – Versuchter Bandendiebstahl, §§ 242, 244 I Nr. 2, 22, 23 – Freiheitsberaubung mit Todesfolge, §§ 239 I, IV – Fahrlässige Tötung, § 222 – Nötigung, § 240 – Hausfriedensbruch, § 123 – Anstiftung zum versuchten Raub mit Todesfolge, §§ 251, 22, 23, 26 – Kenntnis der die schweren Folge verursachenden Umstände und Leichtfertigkeit – Anstiftung zur Freiheitsberaubung mit Todesfolge, §§ 239 I, IV, 26 – Fahrlässige Tötung, § 222 – Nichtanzeige von Straftaten, § 138 I Nr. 7 – Räuberischer Angriff auf Kraftfahrer, § 316 a – Raub, § 249 – Räuberische Erpressung, § 255 – Beschaffenheit des abgenötigten Verhaltens – Unbefugter Gebrauch eines Fahrzeugs, § 248 b – Diebstahl, § 242 – Nötigung, § 240.

Übungsfall 12: Rauschtat   **295**

Bearbeitungszeit: 3 Stunden

Schwerpunkte: Körperverletzungsdelikte – alkoholbedingter Rauschzustand, Diebstahl § 242, Sachbeschädigung § 303, Trunkenheit im Verkehr § 316, Vollrausch § 323 a, Beihilfe zum Vollrausch §§ 323 a, 27.

Körperverletzung, § 223 – § 20 in alkoholbedingtem Rauschzustand – Actio libera in causa – Körperverletzung durch vorangegangenes Sich-Betrinken – Fahrlässige Körperverletzung, § 229 – Fahrlässige a. l. i. c. – Diebstahl, § 242 – Absicht rechtswidriger Zueignung: Unfähigkeit zwischen rechtswidrig und rechtmäßig zu unterscheiden – Unbefugter Gebrauch eines Fahrzeugs, § 248 b – Sachbeschädigung, § 303 – Vorsätzliche Trunkenheit im Verkehr, § 316 I – Fahrlässige Trunkenheit im Verkehr, § 316 II – Vollrausch, § 323 a I – Beihilfe zum Vollrausch, §§ 323 a I, 27 I – Abgrenzung zur Anstiftung.

Übungsfall 13: Feuer und Teufel im Hotel   **317**

Bearbeitungszeit: 3 Stunden

Schwerpunkte: Brandstiftungsdelikte, Versicherungsmissbrauch § 265, Gefährlicher Eingriff in den Straßenverkehr § 315 b I Nr. 3, III i. V. m. § 315 III Nr. 1 b, Unerlaubtes Entfernen vom Unfallort, § 142 I Nr. 1.

Brandstiftung, § 306 I Nr. 1 – Schwere Brandstiftung, § 306 a I – Ausreichen einer abstrakten Gefahr – Hotel als Wohnung von Menschen dienend – Gemischt genutzte Gebäude – Schwere Brandstiftung, § 306 a II – Besonders schwere Brandstiftung, § 306 b I – Schwere Brandstiftung, § 306 b II Nr. 1 – Besonders schwere Brandstiftung, § 306 b II Nr. 2 – Restriktive Anwendung der Ermöglichungsabsicht – Fahrlässige Tötung, § 222 – Versicherungsmissbrauch, § 265 – Gefährlicher Eingriff in den Straßenverkehr, § 315 I Nr. 3, III i. V. m. § 315 III Nr. 1 b – Abgrenzung verkehrsfremder Eingriffe und verkehrsimmanenter Straßenverkehrsgefährdungen – Unerlaubtes Entfernen vom Unfallort, § 142 I Nr. 1 – Tatbestandsirrtum durch Nicht-Bemerken des Unfalls – Nachträgliche Unfallskenntnis.

Übungsfall 14: Im Bierzelt fliegen die Fäuste   **335**
Bearbeitungszeit: 3 Stunden
Schwerpunkte: Gefährliche Körperverletzung §§ 223 I, 224 I Nr. 2 Alt. 2, Nr. 5, Körperverletzung mit Todesfolge § 227 I, Beteiligung an einer Schlägerei § 231 I, Landfriedensbruch,§ 125 I Nr. 1, Freiheitsberaubung § 239 I, Nötigung § 240, Totschlag § 212.
Gefährliche Körperverletzung, §§ 223 I, 224 I Nr. 2 Alt. 2, Nr. 5 – Abgrenzung error in persona und aberratio ictus – Körperverletzung mit Todesfolge, § 227 I – Anknüpfungspunkt der schweren Folge – Beteiligung an einer Schlägerei, § 231 I – Objektive Strafbarkeitsbedingung – Landfriedensbruch, § 125 I Nr. 1 – Hausfriedensbruch, § 123 I – Freiheitsberaubung, § 239 I – Nötigung, § 240 I – Beteiligung an einer Schlägerei, § 231 I – Erforderlichkeit der Parteinahme – psychische Mitwirkung – Beteiligung vor und nach Eintritt der schweren Folge – Versuchte gefährliche Körperverletzung, §§ 223 I, 224 I Nr. 2 Alt. 2, Nr. 5, II. 22. 23 I – Totschlag, § 212 – Notwehrprovokation – Beteiligung an einer Schlägerei, § 231 I – gerechtfertigte Herbeiführung der schweren Folge – Täter ist Opfer der schweren Folge.

Übungsfall 15: Skifahrt mit Folgen   **365**
Bearbeitungszeit: 4 Stunden
Schwerpunkte: Fahrlässige Körperverletzung – Unfallflucht – Fahrlässige Tötung – Tötung durch Unterlassen – Unterlassene Hilfeleistung.
Fahrlässige Körperverletzung, § 229: Sorgfaltsmaßstabsbestimmung – Unfallflucht, § 142 – Fahrlässige Tötung, § 222: Teilnahme an Selbstgefährdung oder einverständliche Fremdgefährdung – Totschlag durch Unterlassen, §§ 212, 13: hypothetische Kausalität – Aussetzung, § 221 I – Unterlassene Hilfeleistung.

Übungsfall 16: Gams und Bart   **389**
Bearbeitungszeit: 4 Stunden
Schwerpunkte: Betrug, Diebstahl, Abgrenzung Raub und räuberische Erpressung, Beutesicherungsabsicht beim räuberischen Diebstahl, sukzessive Beihilfe beim Diebstahl/Begünstigung, § 257.
Betrug, § 263 – Abgrenzung Trickdiebstahl/Sachbetrug – gelockerter Gewahrsam – Diebstahl § 242 I – gelockerter Gewahrsam – räuberischer Diebstahl, § 252 – Beteiligung des Täters an der Vortat – Beutesicherungsabsicht – räuberische Erpressung, §§ 253, 255 – vis absoluta als taugliches Tatmittel – Abgrenzung räuberische Erpressung/Raub – Dreieckserpressung, Näheverhältnis – Sicherungserpressung – sukzessive Beihilfe zum Diebstahl/Begünstigung, § 257 – psychische Beihilfe – Begünstigung, § 257 I – räuberischer Diebstahl in mittelbarer Täterschaft, qualifikationslos-doloses bzw. absichtslos-doloses Werkzeug – Anstiftung, § 26 zur Körperverletzung, § 223; Nötigung, § 240; Begünstigung § 257 I.

Übungsfall 17: Reinecke Fuchs und Hase 413
Bearbeitungszeit: 5 Stunden
Schwerpunkte: Urkundsdelikte, §§ 267 ff., Betrug, § 263: Vollendung, Versuch und Versuch
in mittelbarer Täterschaft, Erschleichen von Leistungen, § 265 a I, Hausfriedensbruch,
§ 123 I, Erpressung, § 253 I: Vollendung und Versuch, Versuchte Nötigung, §§ 240 I, III, 22,
23 I, Versuchte Hehlerei durch Nötigung, §§ 259 I, III, 22, 23, Unterschlagung einer anvertrauten Sache, § 246 I, II, Anstiftung zur Unterschlagung, §§ 246 I, 26; Hehlerei, § 259 I,
Geldwäsche, § 261 I.
Urkundenfälschung, § 267 I – Urkundbegriff und zusammengesetzte Urkunde – Verfälschen: Abgrenzung Urkundenfälschung, § 267 I Alt. 2 und Urkundenunterdrückung, § 274 I
Nr. 1 Alt. 3; Urkundenbeschädigung, § 274 I Nr. 1 Alt. 2; Betrug, § 263 I – Vermögensschaden: Dreiecksbetrug; Erschleichen von Leistungen, § 265 a I; ; Versuchter Betrug in
mittelbarer Täterschaft, §§ 263 I, 22, 23 I, 25 I Alt. 2 – Unmittelbares Ansetzen zum Versuch
im Rahmen der mittelbaren Täterschaft; Erpressung, § 253 I; Versuchte Erpressung, §§ 253
I, III, 22, 23 I – Vermögensbegriff – Rücktritt vom Versuch; Unterschlagung einer anvertrauten Sache, § 246 I, II; Anstiftung zur Unterschlagung, § 246 I, 26; Hehlerei, § 259 I –
Zeitliches Verhältnis von Vortat und Hehlerei.

Übungsfall 18: Brandheiße Neuigkeiten aus Auendorf 440
Bearbeitungszeit: 5 Stunden
Schwerpunkte: Brandstiftungsdelikte, Täterschaft, Betrug.
Brandstiftung, § 306 I – Versuchte Brandstiftung – Schwere Brandstiftung, § 306 a –
Versuchte Brandstiftung in Mittäterschaft, §§ 306 I Nr. 1 Alt. 1, 25 II, 22, 23 I – Versuchte
schwere Brandstiftung in mittelbarer Täterschaft, §§ 306 I Nr. 1 Alt. 1, 25 I Alt. 2, 22, 23 I –
Fahrlässige Brandstiftung, § 306 d I – Verbrechensverabredung, § 30 II – Versuchte mit-
telbare Täterschaft der Brandstiftung – Brandstiftung durch Unterlassen – Versicherungsmissbrauch, § 265 – Versuchter Mord durch Unterlassen, §§ 211, 13 I, 22, 23 I – Aussetzung, § 221 – Freiheitsberaubung, § 239 I – Versuchter Betrug, §§ 263 I, II, 22, 23:
Unmittelbares Ansetzen bei Mittäterschaft, Versuch bei vermeintlicher Mittäterschaft.

Übungsfall 19: Hans und Prahl 473
Bearbeitungszeit: 5 Stunden
Schwerpunkte: Straßenverkehrsdelikte und Urkundsdelikte.
Urkundenfälschung, § 267 – Abgrenzung Beweiszeichen/Kennzeichen – Absicht beim
Merkmal „zur Täuschung im Rechtsverkehr" – Urkundenunterdrückung, § 274 I Nr. 1 –
Nachteilszufügungsabsicht: ordnungsrechtliche Maßnahmen gegen sich selbst – fahrläs-
sige Gefährdung des Straßenverkehrs, § 315 c I, III Nr. 1 – Mitfahrer als „anderer" i. S. d.
§ 315 c I – eigenverantwortliche Selbstgefährdung – Vorsätzliche Trunkenheit im Verkehr,
§ 316 I – Gesetzliche Subsidiarität zu § 315 c – Fahrlässige Körperverletzung, § 229 –
Eigenverantwortliche Selbstgefährdung – Einwilligung – Widerstand gegen Vollstreckungsbeamte, § 113 I – Türverriegelung und Weiterfahrt als Gewalt – Auto als Waffe i. S. d.
§ 113 II Nr. 1 – Nötigung, § 240 – Unerlaubtes Entfernen vom Unfallort, § 142 – Vorsätzliche
Trunkenheit im Straßenverkehr, § 316 I.

Übungsfall 20: Fundus auf Entdeckungsreise   **494**
Bearbeitungszeit: 5 Stunden
**Schwerpunkte: Diebstahl, § 242: Zueignungsgegenstand, Betrug, § 263: Vermögens-
nachteil, Irrtum bei Legitimationspapier, Urkundendelikte. §§ 267, 274, Diebstahl, § 242:
Wegnahme und Abgrenzung zur Unterschlagung, § 246, Räuberischer Diebstahl, § 252.**
Diebstahl, § 242 – Wegnahme bei mehrstufigen Gewahrsamsverhältnissen, Zueignungsge-
genstand – Betrug, § 263 – Dreiecksbetrug, wirtschaftlicher Vermögensbegriff – Urkundenun-
terdrückung, § 274 – zusammengesetzte Urkunde – Diebstahl, § 242 – Zueignungsabsicht und
Wegnahme bei Vorsatzkonkretisierung – Unterschlagung, § 246 – mehrfache Zueignung –
Räuberischer Diebstahl, § 252 – auf frischer Tat betroffen sein – Betrug, § 263 – Irrtum bei
Legitimationspapier.

Übungsfall 21: Abgekartetes Spiel in Arco   **516**
Bearbeitungszeit: 5 Stunden
**Schwerpunkte: Betrug, § 263: Vermögensgefährdung, Beihilfe, § 27, Bestechlichkeit,
§ 332, Verletzung von Amtsgeheimnissen, § 353b, Verletzung von Privatgeheimnissen,
§ 203.**
Betrug, § 263 – Tatsachenbegriff – Erklärungsinhalt bei konkludenten Täuschungen – Ver-
mögensgefährdung und Eingehungsbetrug – Quotenschaden – Beihilfe, § 27 – Sukzessive
Beihilfe – Hilfeleisten und Kausalitätserfordernis – Hilfeleisten durch alltägliche Verhaltens-
weisen – Verletzung von Amtsgeheimnissen, § 353b – Gefährdung öffentlicher Interessen –
Verletzung von Privatgeheimnissen, § 203 II – Rechtfertigung einer Offenbarung – Presseprivileg.

Verzeichnis der strafprozessualen Zusatzfragen

Zusatzfrage 1: Tierfreunde in Not   538
Problemschwerpunkte: Strafantrag – Abgrenzung zur Strafanzeige – Strafantragsverzicht –
Übergang des Strafantragsrecht auf Angehörige – Privatklage.

Zusatzfrage 2a: Die Waldhütte   540
Problemschwerpunkte: Ausschließung eines Richters aufgrund eines bestimmten Näheverhältnisses § 22 StPO – Ablehnung eines Richters wegen Befangenheit – Dienstaufsicht
über Richter und richterliche Unabhängigkeit.

Zusatzfrage 2b: Die Waldhütte   543
Problemschwerpunkte: Ablehnung einer Schöffin – Unfähigkeit zur Ausübung des Schöf-
fenamts – positive und negative Beweiskraft des Protokolls – Protokollberichtigung.

Zusatzfrage 3: Geordnete Verhältnisse   546
Problemschwerpunkte: Weisungsgebundenheit eines Staatsanwalts – Bindung des
Staatsanwalts an höchstrichterliche Rechtsprechung.

Zusatzfrage 4a: Das Sprengstoffattentat   548
Problemschwerpunkte: Selbständige Beweisverwertungsverbote – Abhören des nichtöf-
fentlich gesprochenen Wortes – höchstpersönlicher Lebensbereich – Selbstgespräch und
Tagebuch.

Zusatzfrage 4b: Das Sprengstoffattentat   550
Problemschwerpunkte: Beweisverwertungsverbot aufgrund der Verletzung der Pflicht zur
Belehrung über das Recht der Verteidigerkonsultation – Hinweis auf Strafmilderung –
Fairnessgebot.

Zusatzfrage 5: Kofferfreuden   553
Problemschwerpunkte: Vernehmung des Zeugen vom Hörensagen – Verwertungsverbot
wegen Verstoß gegen die Belehrungpflichten des § 136 StPO – Hörfalle.

Zusatzfrage 6: Pizza mit Allem   555
Problemschwerpunkte: Grenze des zulässigen Verteidigungsverhaltens zur Strafvereitelung
– Stellung des Verteidigers – Recht auf Akteneinsicht.

Zusatzfrage 7: Eine Familientragödie   558
Problemschwerpunkte: Voraussetzungen der Untersuchungshaft – Untersuchungshaftver-
fahren – Fluchtgefahr als Haftgrund – Verdunklungsgefahr als Haftgrund – Rechtsbehelfe
gegen die Untersuchungshaft.

Zusatzfrage 8: Tankstellenfall 562
Problemschwerpunkte: Beweiserhebung – Verlobung als Grund zur Zeugnisverweigerung –
Verletzung der Belehrungspflicht – Spontanäußerung und Vernehmungsbegriff – qualifi-
zierte Belehrung des angehörigen Zeugen.

Zusatzfrage 9: Eisen und Draht 566
Problemschwerpunkte: Akkusationsprinzip – prozessualer Tatbegriff – Nachtragsklage.

Zusatzfrage 10: Das Jagdschloss 568
Problemschwerpunkte: private Kenntniserlangung einer Straftat durch einen Staatsanwalt –
Befangenheit des Staatsanwalts – Vernehmung des Staatsanwalts als Zeuge.

Zusatzfrage 11: Rauschtatfall 570
Problemschwerpunkte: Zeugnisverweigerungsrecht – Verwertung einer Aussage vor einem
Sachverständigen – Zusatztatsachen – Belehrungspflicht durch Sachverständigen – Un-
tersuchung unter Hinzuziehung des Verteidigers.

Zusatzfrage 12a: Feuer und Teufel im Hotel 573
Problemschwerpunkte: Protokollverlesung – Urkundsbeweis oder Vernehmungsbehelf –
Zulässigkeit der Verwertung des Protokolls im Urteil, wenn sich der Zeuge nicht mehr daran
erinnern kann – Verjährung als Verfahrenshindernis.

Zusatzfrage 12b: Feuer und Teufel im Hotel 575
Problemschwerpunkte: Unzulässige Vernehmungsmethoden – Drohung mit verfahrensrechtlich unzulässigen Maßnahmen – Fernwirkung von Beweisverwertungsverboten.

Zusatzfrage 13: Im Bierzelt fliegen die Fäuste 578
Problemschwerpunkte: Führt der Verstoß gegen die Belehrungspflicht zu einem Verwertungsverbot – Beschuldigteneigenschaft – rechtswidrige Beweisgewinnung durch Verstoß
gegen §§ 136 12, 163 a IV 2 StPO – zeitweises Schweigen.

Zusatzfrage 14: Skifahrt mit Folgen 584
Problemschwerpunkte: Durchsuchung ohne richterlichen Durchsuchungsbefehl – Statthafter Rechtsbehelf gegen Zwangsmaßnahmen – Anforderungen an die Begründung einer
Durchsuchungsanordnung – schriftliche Mitteilungen zwischen Beschuldigtem und Verteidiger.

Zusatzfrage 15: Gams und Bart 587
Problemschwerpunkte: Verwertbarkeit einer Zeugenaussage bei Verletzung der Belehrungspflicht – späteres Berufen des Zeugen auf sein Auskunftsverweigerungsrecht – Androhung von Zwangsmitteln – Mitbeschuldigter als Zeuge.

Zusatzfrage 16: Reinecke, Fuchs und Hase 589
Problemschwerpunkte: Anordnung zur Blutentnahme – Anordnungsbefugnis der Polizei –
Blutentnahme durch Nichtarzt – Beschlagnahme des Führerscheins bei Gefahr im Verzug.

Zusatzfrage 17: Brandheiße Neuigkeiten aus Auendorf   **592**
Problemschwerpunkte: Gesetzliche Verständigung im Strafprozess – Rechtsmittelverzicht –
unsubstantiiertes Geständnis.

Zusatzfrage 18: Hans und Prahl   **595**
Problemschwerpunkte: Nummerus clausus der Beweismittel – strafprozessualer Urkundenbegriff – Beweis durch Augenschein.

1. Teil: Die Strafrechtsklausur in der Universitätsausbildung

I. Sachliches: Die Teilnahme an den Übungen und an Semesterabschlussklausuren

1. Die Funktion von Übungen und Klausuren auf dem Weg zum Examen

Strafrechtsübungen und Semesterabschlussklausuren dienen der Kontrolle des Leistungsstandes, der Einübung der Methodik der Lösung strafrechtlicher Fälle und der Wissens- und Verständniserweiterung. Natürlich haben Studenten vorrangig das Ziel, die unmittelbar vor ihnen liegende Klausur zu bestehen. Idealerweise sollte das Bestehen der Klausur aber lediglich Nebenprodukt, nicht einziges Ziel der Übungs- bzw. Klausurteilnahme sein! Bei einem leider vielfach zu beobachtenden „Abhaken" der Leistungskontrollen während des Studiums wird in scheinbar ökonomischer Arbeitsweise nach bestandener Klausur der Kopf für die nächste Hürde, sei es im Zivil- oder Öffentlichen Recht, freigeräumt. Tatsächlich sollte aber das größere Ziel nicht aus den Augen verloren werden, die Verinnerlichung des gelernten Stoffs und dessen problemorientierte Anwendung.

Die zur Klausurlösung erforderliche Subsumtionstechnik ist nötiges Handwerkszeug eines jeden Juristen und ebenso wie das erforderliche materielle Wissen Voraussetzung für eine planvolle Fallbearbeitung. Erfolg in den gebotenen Klausuren setzt allerdings voraus, dass der Student zu einer Mitarbeit bereit ist, die über das bloße „Erschlagen" des Scheines hinausgeht. Er sollte nicht nur die Klausuren mitschreiben, die für den Scheinerwerb notwendig sind, sondern sich an der Besprechung der Übungsfälle auch aktiv beteiligen. Der Blick für die Probleme eines Falles und die bei der Bearbeitung erforderliche Schwerpunktsetzung kann nur durch die eigenhändige Lösung und Bearbeitung vieler Fälle geschult werden.

Da den Studierenden meist nur eine eng begrenzte Anzahl von Klausuren während des Studiums geboten wird, sind Fallsammlungen ein wichtiges Hilfsmittel zur Vorbereitung auf das Examen. Das Übungsbuch sollte möglichst effektiv genutzt werden, d. h. der Bearbeiter sollte sich bemühen, die Klausur eigenständig in dem vorgegebenen Zeitrahmen zu bewältigen und erst dann mit der Lösung abzugleichen. Später kann dann anhand der vorgegebenen Schwerpunktsetzung und Vertiefungshinweisen eine Wiederholung der Problemkreise erfolgen. Um diesen Weg zu unterstützen erfolgt hier bewusst keine Einteilung mehr in Anfänger-, Fortgeschrittenen- und Examensklausuren, sondern es werden lediglich eine gewisse Themenstellung und eine Zeit vorgegeben. Abweichend strukturierte Klausurenkurse erwecken den Eindruck, dass unterschiedliche inhaltliche Maßstäbe an Anfängerklausuren und Klausuren in höheren Semestern anzulegen sind.

DOI 10.1515/9783110515916-001

Tatsächlich gibt es aber nur „eine gute Klausurlösung" mit richtiger Schwerpunktsetzung und dem zutreffenden Wechsel von Gutachten- und Urteilsstil. Natürlich werden Anfängerklausuren gegebenenfalls sanfter bewertet. Aus dem Umstand, dass hier Fehler und überflüssige Erörterungen leichter verziehen werden, kann aber keinesfalls auf einen abweichenden inhaltlichen Maßstab geschlossen werden. Da es nur wenig Sinn macht, zunächst etwas zu lernen was in folgenden Semestern wieder abgewöhnt und als falsch gebrandmarkt wird (nach dem Muster, „schreiben Sie zunächst alle Täterschaftsformen auf", „prüfen Sie auch offensichtlich subsidiäre Tatbestände etc., um zu zeigen, dass Sie als Anfänger schon subsumieren können"), wird in diesem Übungsbuch der umgekehrte Kurs vorgegeben. Geboten werden Grundprobleme, aber überwiegend in einer ungewohnten, für höhere Semester typischen Verpackung. Studierende können die Fälle mit dem üblichen Handwerkzeug lösen, zugleich aber den Blick für Probleme schärfen.

2. Die Vorbereitung auf die „Strafrechtsübungen"

a) Die sinnvolle Teilnahme an einer Übung im Strafrecht setzt gründliche Kenntnisse des Sachgebiets voraus, auf das sich die Übung erstreckt. Die Anfängerübung sowie die Abschlussklausuren des ersten Semesters behandeln in erster Linie den Allgemeinen Teil, dessen Problemstellungen vorrangig bei der Prüfung von Körperverletzungs- und Tötungsdelikten erörtert werden. Der Schwerpunkt der Fortgeschrittenenübung liegt in der Regel im Besonderen Teil des Strafrechts.

b) Zur Vorbereitung auf Klausuren muss sich der Student aktiv den Lehrstoff aneignen, sich insbesondere frühzeitig nicht nur um den Erwerb materiellrechtlicher Kenntnisse bemühen, sondern auch die Arbeit an konkreten Fällen und die Technik der Falllösung einüben. Vielfach hat sich das Bild von „Vorlesungen" gewandelt. Vorlesungen werden durch umfangreiche Lehrmaterialien im Internet unterstützt und die Darstellung des Lernstoffs erfolgt nicht nur in den begleitenden Übungen fallorientiert und mittels aktiver Einbeziehung der Studierenden. Ein Lernen am Fall ist im Strafrecht besonders wichtig. Die Kenntnis dogmatischer Grundstrukturen ist zwar auch hier unabdingbare Grundvoraussetzung einer guten Lösung, diese sind aber letztlich so grob gestrickt, dass nur ein anhand von Fällen erlangtes Grundverständnis die Einordnung neuer Sachverhaltskonstellationen erlaubt. Da sich das Strafrecht nicht nur im Allgemeinen Teil, etwa bei der Frage des unmittelbaren Ansetzens beim Versuch, der Abgrenzung von Täterschaft und Teilnahme, der Einordnung von Irrtümern oder der Bestimmung von Fahrlässigkeit aufgrund einer Unzahl denkbarer Fälle im Grunde einer fallorientierten Vergleichstechnik bedient, sollten abstrakte Definitionen der Rechtsbegriffe zwar beherrscht, vor allem aber deren Anwendung an konkreten Fällen eingeübt werden. Wahrscheinlich wird der größere Teil der Studenten, die eine Klausur nicht bestanden haben, danach resümieren, sie hätten zwar abstrakt alles gewusst, nur im konkreten Fall das Problem nicht gesehen oder nicht einzuordnen vermocht. Auch wenn Sachverhaltsprobleme nicht erlernbar sind, kann zumindest der Blick für sie geschult und die Methodik ihrer Bewältigung eingeübt werden. Studenten sollten deshalb neben der ergänzenden Lektüre eines Lehrbuchs, dem Besuch begleitender Übungen, die ebenso wenig wie Vorlesungen lediglich passiv konsumiert werden sollten, viele Fälle – es können nicht genug sein – aus Fallbüchern und Ausbildungszeitschriften zur Kontrolle des Erlernten nutzen.

II. Methodik der Fallbearbeitung

1. Fallfrage und Erfassen des Sachverhalts

a) Die Fallfrage

Die Fallbearbeitung beginnt damit, dass der Bearbeiter den Sachverhalt sorgfältig – mindestens zweimal – durchliest. Dabei ist besonders auf die Fragestellung am Schluss des Sachverhalts zu achten, denn die **Fallfrage** steckt das für den Bearbeiter strafrechtlich relevante Geschehen ab. Möglich ist es, dass nur nach der Strafbarkeit einer bestimmten Person gefragt wird (Hat A sich strafbar gemacht?). Es kann aber auch das strafrechtliche Verhalten mehrerer Personen zu prüfen (Haben A, B und C sich strafbar gemacht?) oder das strafbare Verhalten aller im Sachverhalt genannten Personen umfassend zu würdigen sein (Wie haben sich die Beteiligten strafbar gemacht?). Grundsätzlich ist das Verhalten von Personen, nach deren **Strafbarkeit nicht gefragt** ist oder die nicht mehr bestraft werden können, weil sie zu Tode gekommen sind, nicht zu erörtern. Trotz Beschränkung des zu prüfenden Personenkreises in der Fallfrage kann es natürlich vorkommen, dass eine inzidente Prüfung der Strafbarkeit der nicht genannten Personen erforderlich ist, weil ihr Verhalten für die Prüfung der Strafbarkeit anderer Personen relevant ist (z. B. wenn eine Teilnahme am Verhalten eines Verstorbenen in Betracht kommt oder bei der Frage danach, ob ein rechtswidriger Angriff i. S. v. § 32 II gegeben ist). Eine Beschränkung der zu prüfenden Straftatbestände dürfte jedenfalls in Examensklausuren nur selten vorkommen, im Regelfall sind allerdings nur Straftatbestände des StGB zu prüfen. In der Fallfrage kann die Beschränkung auf Tatbestände des StGB etwa dadurch zum Ausdruck gebracht werden, dass nach einer Strafbarkeit **nach dem StGB** gefragt wird. Teilweise wird empfohlen, beim ersten Lesen die Fallfrage zu ignorieren, damit keine wichtigen Details des Sachverhalts überlesen werden[1]. Da in der strafrechtlichen Fallfrage meist ohnehin nur eine Eingrenzung der zu prüfenden Personen, in selteneren Fällen auch der zu prüfenden Tatbestände erfolgt, sollte dieser Empfehlung jedoch nicht Folge geleistet werden. Die Prüfung ausdrücklich ausgeschlossener Tatbestände und Personen wird von Prüfern negativ bewertet, so dass bereits bei der ersten Lektüre der richtige Blickwinkel auf den Sachverhalt eingenommen werden sollte.

---

1 So *Putzke*, Juristische Arbeiten, Rn. 9.

b) Erfassen des Sachverhalts

Um den Sachverhalt vollständig zu erfassen sollte der Bearbeiter bei der zweiten Lektüre des Sachverhalts möglichst alle wichtigen Sachverhaltsumstände **unterstreichen**[2] und gegebenenfalls am Rand der Klausurangabe wichtige **Problempunkte vermerken.** Einerseits garantiert dies, dass der Sachverhalt vollständig erfasst wird, andererseits dienen am Schluss der Bearbeitungszeit die Unterstreichungen einer erneuten Kontrolle, ob sich wichtige Sachverhaltsangaben auch in der eigenen Lösung wiederfinden. Wer hier eine gewisse „Vergesslichkeit" bei sich bei Übungsklausuren feststellen muss, kann sich auch dadurch behelfen, dass er eine Personenskizze anfertigt. Sämtliche Gegenstände (Messer, Auto etc.), die im Sachverhalt eine Rolle spielen, sind dann neben die Person zu zeichnen, die diese bei sich trägt oder benutzt. So ist auch garantiert, dass der Bearbeiter sich bei jedem Blick auf die Skizze an wichtige Sachverhaltsumstände erinnert. Als Prüfer muss man leider immer wieder mit Erstaunen feststellen, dass zwar Angaben im Sachverhalt noch unterstrichen wurden, sich dann aber in der ausformulierten Lösung keine weiteren Erörterungen hierzu finden (z.B. die Mitnahme eines Stemmeisens bei einem Einbruchdiebstahl, ohne dass dann auf die Werkzeugproblematik bei § 244 eingegangen wird, oder das Einschließen des Opfers, ohne dass eine mögliche Gewaltanwendung i.S.v. § 249 erörtert wird etc.). Gut gestellte Klausuren – und davon sollte der Bearbeiter zunächst ausgehen – zeichnen sich dadurch aus, dass der Sachverhalt möglichst wenig ausschmückende Sachverhaltsdetails benennt, die für die Subsumtion nicht erforderlich sind. Natürlich wird der Aufgabensteller einzelne Angaben zu den handelnden Personen auch deshalb machen, um eine plausible Darstellung zu erreichen. Dennoch sollte sich der Bearbeiter bereits bei der Lektüre des Sachverhalts mit großer Sorgfalt fragen, warum ein bestimmter Umstand des Sachverhalts in der eigenen Lösung keine Rolle spielt **(Verwertung möglichst aller Sachverhaltsangaben).**

Selbst in Examensklausuren ist allerdings häufiger zu beobachten, dass der Aufgabensteller den Sachverhalt auf Problemkreise ausgerichtet hat, zu denen ein Bearbeiter gar nicht vordringen kann, weil er den Sachverhalt (möglicherweise vertretbar) anders interpretiert. Auch wenn hier die Gefahr nicht von der Hand zu weisen ist, dass Studenten den Sachverhalt mit Blick auf ihnen bekannte und

---

2 Wenig hilfreich die Empfehlung, Sachverhaltspassagen, die auf unterschiedliche Beteiligte zutreffen, mit verschiedenen Farben zu unterstreichen (so *Beulke*, Klausurenkurs im Strafrecht I, Rn. 2), da bei komplexen, verschachtelten Sachverhalten der hierfür aufzubringende Zeitaufwand in keiner Relation zu der Gefahr steht, auf diesem Wege den jeweils zu prüfenden Sachverhalt zu verkürzen bzw. falsch zuzuordnen.

vermeintlich angesprochene Streitfragen „verbiegen" (vor allem bei subjektiven Strafbarkeitsvoraussetzungen häufig zu beobachten), sollte sich der Bearbeiter immer die Frage stellen, ob nicht ein anderes Verständnis des Sachverhalts den offensichtlich aus Sicht des Prüfers zu erörternden Problemkreisen besser gerecht wird. Auch in diesem Punkt kann es hilfreich sein, in der Lösungsskizze Probleme hervorgehoben zu kennzeichnen, um dann vergleichen zu können, ob die eigene Lösungsskizze tatsächlich alle Problemkreise des Sachverhalts abdeckt. Sollte die eigene Lösung ein im Sachverhalt „erkanntes" Problem nicht behandeln, sollte kurz überlegt werden, welcher andere Lösungsweg erforderlich wäre, um das Problem abzudecken und ob dieser tatsächlich vom Aufgabensteller gewollt sein kann.

Insbesondere in Examensklausuren muss davon abgeraten werden, eine ausformulierte **Lösungsskizze** anzufertigen. Da die meist sehr umfangreichen Examenskausuren im Strafrecht eine Vielzahl kleiner und großer Probleme enthalten, sollte die Lösungsskizze auf das zur Orientierung notwendige Mindestmaß beschränkt bleiben. Als Vergleichsmaßstab kann die hier jeweils vorangestellte Lösungsskizze dienen, wobei diese bei mehreren Beteiligten am besten noch durch eine zeichnerische Darstellung des Sachverhalts ergänzt wird, damit etwa Namen und Sachverhaltsumstände richtig zugeordnet werden. Zudem sollte sich der Bearbeiter zumindest Gedanken über die Schwerpunktsetzung machen, d.h. vermerken, an welchen Gliederungspunkten ein Streitstand oder ein Problem vertieft dargestellt werden muss. Dazu kann es hilfreich sein, sich an der entsprechenden Stelle in der Lösungsskizze auch die Gewichtung des jeweiligen Problems zu verdeutlichen (beispielsweise mit einem bis drei Sternen). Die richtige Gewichtung der Probleme und der hierfür jeweils erforderliche Argumentationsaufwand in der Klausurlösung gehören zu den maßgeblichen Bewertungskriterien bei der Klausurbenotung.

Bei Hausarbeiten wird vielfach verlangt (dann muss dem natürlich Folge geleistet werden) oder empfohlen, dass der Sachverhalt noch einmal abgetippt wird, damit er vollständig verinnerlicht ist. Da dies meist eher mechanisch geschieht, scheint es mir sinnvoller zu sein, wenn bei Hausarbeiten der Sachverhalt in freier Rede einem Dritten geschildert wird. Ähnlich dem in manchen Bundesländern üblichen Aktenvortrag ist dies die beste Garantie dafür, dass Lücken und Fehler im Sachverhaltsverständnis offengelegt werden.

c) Auslegen des Sachverhalts

aa) Erscheint der **Sachverhalt nicht eindeutig,** so ist er von der allgemeinen Lebenserfahrung her auszulegen. Ganz abwegige – abstrakt mögliche – Konstellationen sind nicht zu erörtern, auf sie müsste im Text ausdrücklich verwiesen werden.

Beispiel: Heißt es im Sachverhalt, A lauert B auf um diesen zu berauben, so wäre eine Erörterung der Frage, ob A schuldunfähig ist oder nicht, unvertretbar. Zwar sagt der Sachverhalt nichts über die Schuldfähigkeit des A, eine derart vom Üblichen abweichende Gegebenheit müsste jedoch ausdrücklich im Text erwähnt werden. Nimmt der Sachverhalt nicht zum Alter der Beteiligten Stellung, ist davon auszugehen, dass Erwachsenenstrafrecht Anwendung findet.

Der Bearbeiter sollte bei der Auslegung des Sachverhalts immer vom **Normalfall** ausgehen[3]. Gewinnt der Bearbeiter den Eindruck, dass der **Sachverhalt lückenhaft** ist und Umstände nicht benannt werden, die zur Lösung des Falls bekannt sein müssen, so kann dies unterschiedliche Gründe haben. Häufig wird sich die vermeintliche Lücke aber bei Orientierung am Normalfall im Wege der lebensnahen Auslegung des Sachverhalts schließen lassen. Der Klausurersteller wird vielleicht bestimmte Umstände allein deshalb nicht anführen, weil er ihr Vorhandensein als selbstverständlich vorausgesetzt hat.

Beispiel: In einer Klausurangabe fand sich der Hinweis, A versetzt B einen tödlichen Schlag. Einige Bearbeiter interpretierten dies so, dass der Schlag zwar tödlich, der Tod aber (noch) nicht eingetreten war.

Ebenso muss vor der bereits angesprochenen Gefahr gewarnt werden, den Sachverhalt **„ergänzend auszulegen",** weil der Bearbeiter ein bestimmtes, vermeintlich unbedingt zu erörterndes Problem vor Augen hat. Selbst wenn sich die Klausur an eine aktuelle Entscheidung anlehnt oder ein gegenwärtig besonders diskutiertes Problem aufgreift, wird sie häufig davon abweichen und die eigentliche Leistung wird dann darin bestehen, diese Abweichung zu erkennen und zu würdigen. Die Suche nach einem vermeintlich bekannten Problem im Sachverhalt führt nicht selten in die Irre.

bb) In besonderem Maße gelten die aufgezeigten Grundsätze für die Auslegung des Sachverhalts hinsichtlich der Umstände, die für die **subjektive Tatseite** von Bedeutung sind. Finden sich formelhafte Hinweise im Sachverhalt zum Vorsatz des Täters, so sind diese verbindlich und dürfen nicht etwa deshalb in Abrede gestellt werden, weil dem Bearbeiter angesichts der konkreten Tatsituation ein bestimmtes Vorstellungsbild lebensfremd erscheint.

---

3 Vgl. dazu eingehend auch *Arzt,* Die Strafrechtsklausur, 57 ff.

Beispiel: A beschleunigt unvermittelt und fährt auf den Polizeibeamten P, der sich ihm in den Weg gestellt hatte, mit 50 km/h zu. A vertraut darauf, dass sich P rechtzeitig durch einen Sprung zur Seite in Sicherheit bringen wird. P konnte nicht mehr rechtzeitig ausweichen und erleidet infolge des Zusammenpralls tödliche Verletzungen. Hier wirkt zwar die Feststellung im Sachverhalt zur subjektiven Tatseite gegebenenfalls lebensfremd, dennoch darf sie nicht im Wege lebensnaher Auslegung anders interpretiert werden.

In Fällen, bei denen ein Vorsatz offensichtlich ist, werden sich nicht immer Ausführungen zur subjektiven Tatseite finden. Der Bearbeiter kann dann aber ohne Weiteres von einer vorsätzlichen Begehung ausgehen.

Beispiel: A schießt B gezielt in den Kopf. Ein Tötungsvorsatz ist hier offensichtlich und nicht näher zu begründen. Nur in den seltenen Fällen einer schlecht formulierten Klausur (z.B. nach einem Raubüberfall schießt A auf einen ihn verfolgenden Polizeibeamten und trifft diesen tödlich), in der sich Angaben zur Wollensseite auch nicht implizit dem Sachverhalt entnehmen lassen, darf ein „In-Kauf-nehmen" der tödlichen Folge und damit ein entsprechender Tötungsvorsatz nicht unterstellt werden[4]. Es muss dann von Fahrlässigkeit ausgegangen werden.

Auch in Teilnahmekonstellationen wird der Sachverhalt zwar regelmäßig Angaben dazu enthalten, ob dem Teilnehmer etwa ein durch den Haupttäter verwirklichtes Mordmerkmal bekannt gewesen ist; dennoch lässt sich auch hier beobachten, dass zu strenge Erwartungen an die Ausführlichkeit des Sachverhalts gerichtet werden. Hinsichtlich der Kenntnis des Teilnehmers von der Haupttat genügt es, wenn diese in ihrer wesentlichen Unrechtsdimension, nicht aber in allen Einzelheiten erfasst wird. Als Zweifelsfall kann etwa die Anstiftung eines „Auftragskillers" zur Tötung angesehen werden, wobei hier im Normalfall auch eine heimtückische Begehungsweise durch den „Auftragskiller" zum Vorsatzinhalt des Anstifters gerechnet werden kann. Dies zumindest dann, wenn bei Heimtücke kein Vertrauensbruch vorausgesetzt wird.

Problematisch sind lediglich die selteneren Fälle, in denen mangels näherer Sachverhaltsangaben die subjektive Tatseite aus der objektiven Gefährlichkeit der konkreten Begehungsweise erschlossen werden muss.

Beispiel (vgl. auch oben): A beschleunigt unvermittelt und fährt auf den Polizeibeamten P, der sich ihm in den Weg gestellt hatte, mit 50 km/h zu. Angesichts der kurzen Distanz zwischen A und P und dem für P völlig überraschenden Verhalten des A, konnte sich P nur in letzter Sekunde noch durch einen beherzten Hechtsprung in den Straßengraben retten. Hier liegt ein Tötungsvorsatz und damit eine Strafbarkeit wegen versuchten Totschlags nahe, so dass sich der Bearbeiter damit auseinandersetzen muss, inwieweit gerade bei einem Tötungsdelikt

---

4 Vgl. *Beulke,* Klausurenkurs im Strafrecht I, Rn. 8; *Trüg* JA 2002, 218.

(besonders hohe Hemmschwelle) der Schluss von den objektiven Tatumständen auf das Vorstellungsbild des Täters möglich ist.

Ebenso kann es erforderlich sein, bei bedingtem Vorsatz die nach überwiegender Auffassung erforderliche Billigung eines bestimmten Erfolges aus den Gesamtumständen des Sachverhalts zu erschließen. Fahrlässigkeit wird hingegen typischerweise anhand der äußeren Umstände festgestellt.

cc) Bleibt der Sachverhalt auch nach der Auslegung mehrdeutig und führen die unterschiedlichen Deutungen zu **verschiedenen rechtlichen Folgerungen,** so muss der Bearbeiter eine Alternativentscheidung treffen, d.h. eine Lösung etwa über eine Wahlfeststellung oder die Anwendung des in dubio pro reo-Grundsatzes finden. Insoweit sind die oben angeführten Fälle der ungenauen Sachverhaltsangabe von der Frage einer bewusst genannten Sachverhaltsungewissheit zu trennen. In Klausuren wird den Bearbeitern die Unterscheidung meist leicht gemacht, da beispielsweise die erforderliche Anwendung des in dubio pro reo-Grundsatzes oder einer Wahlfeststellung durch bestimmte Formulierungen nahe gelegt wird. Beispielsweise zeigen Wendungen wie „es lässt sich nicht klären" bzw. „nachweisen", dass der Aufgabenersteller bewusst eine Sachverhaltsungewissheit in die Klausur integriert hat. Auch die bewusste Gegenüberstellung von zwei Sachverhaltsalternativen erfordert eine entsprechende Vorgehensweise.

Beispiel: A findet auf einer Parkbank eine Damenhandtasche. Entweder hat sie die frühere Besitzerin dort vergessen *oder* sie hat die Handtasche verloren. A nimmt die Handtasche mit, durchsucht diese und veräußert den Inhalt. Hier kommt entweder Gewahrsam der früheren Besitzerin (dann gegebenenfalls Diebstahl, § 242) oder ein Gewahrsamsverlust (dann gegebenenfalls Unterschlagung, § 246) in Betracht. Aufgrund des Subsidiaritätsverhältnisses zwischen Unterschlagung und Diebstahl kann hier keine Wahlfeststellung erfolgen, sondern nur der in dubio pro reo-Grundsatz angewendet werden. Der in dubio pro reo-Grundsatz greift zwar als Prozessgrundsatz vorrangig bei unsicherer Beweislage, hat insoweit aber auch eine materiell-rechtliche Komponente.

Die Anwendung des in dubio pro reo-Grundsatzes wird in Klausuren allerdings weitaus weniger häufig gefordert als Studenten diesen tatsächlich annehmen. Dies dürfte auch daran liegen, dass Studenten dazu neigen, durch seine Anwendung rechtlichen Problemen ausweichen zu wollen. Der in dubio pro reo-Grundsatz greift aber nur bei Tatsachen- und nicht bei Rechtszweifeln. Gerade Praktiker reagieren zu Recht ungehalten, wenn deutlich wird, dass ein Bearbeiter wegen vermeintlicher Sachverhaltszweifel einem Klausurproblem durch Anwendung des Prozessgrundsatzes ausweicht. Formulierungen wie „nach dem Sachverhalt steht nicht eindeutig fest" deuten oftmals auf eine entsprechende fehlerhafte Weichenstellung hin. Kann der Bearbeiter aber nicht ausdrücklich anhand des Sachverhalts zwei unterschiedliche, sich gegenseitig ausschließende Geschehensabläufe benennen, sollte ihm dies ein klares Warnsignal sein.

In seltenen Fällen wird die Anwendung des in dubio pro reo-Grundsatzes allerdings nicht bereits durch eine bewusste Wahl der Formulierung erzwungen.

> *Beispiel:* A erschießt eine Katze, die wiederholt Tauben aus seinem Taubenschlag geholt hat. – Hier ist es möglich, dass es sich um eine fremde (Eigentümer ist ein Dritter) oder eine derelinquierte Katze gehandelt hat. – Diese Sachverhaltsalternative ist für die Frage, ob der Tatbestand der Sachbeschädigung gegeben ist („fremde Sache"), wesentlich. Daher die Alternative:
> a) Die Katze gehörte einem Dritten.
> b) Die Katze gehörte niemandem.
> In diesen Fällen sollte der Bearbeiter nicht vorschnell den in dubio pro reo-Grundsatz heranziehen, sondern sich sorgfältig vergewissern, ob der Sachverhalt keiner eindeutigen Auslegung zugänglich ist. Erst wenn dies, wie im angeführten Beispiel, nicht der Fall ist, kann sich der Bearbeiter Gedanken über die rechtliche Erfassung einer Sachverhaltsalternativität machen.

2. Gliederung des Sachverhalts

Da ausschließlich die Strafbarkeit bestimmter Personen interessiert, ist allein relevant, *wer durch welches Verhalten welchen Straftatbestand* erfüllt hat. Um an diese Fragestellung sachgerecht heranzukommen, ist der Sachverhalt zu gliedern. Dabei gibt es grundsätzlich zwei Möglichkeiten, die gleichberechtigt nebeneinander stehen und für deren Wahl im Einzelfall praktische Gesichtspunkte ausschlaggebend sind.

a) Gliederung nach Tatkomplexen

Werden in dem zu bearbeitenden Fall mehrere trennbare Sachverhalte geschildert, die bei rechtlich-sozialer Betrachtung eine Einheit zu bilden scheinen, so sind diese gesondert zu behandeln **(Gliederung nach Tatkomplexen)**. Innerhalb der einzelnen Tatkomplexe wird sodann das Verhalten der verschiedenen Personen erörtert. Am Ende des Tatkomplexes werden die Konkurrenzen hinsichtlich der Delikte angesprochen, die in dem jeweiligen Tatkomplex geprüft worden sind, so dass am Schluss der Bearbeitung nur noch auf das Konkurrenzverhältnis zwischen den einzelnen Tatkomplexen eingegangen werden muss. Die Tatkomplexe selbst werden in aller Regel chronologisch geordnet. Ausnahmsweise muss davon abgewichen werden, beispielsweise wenn auf eine mögliche Teilnehmerstrafbarkeit wegen versuchter Anstiftung erst sachgemäß eingegangen werden kann, wenn feststeht, dass die durch den Täter ausgeführte Tat nicht die Tat war, zu der der Anstifter ihn anstiften wollte.

b) Gliederung nach Personen

Erscheint eine Trennung einzelner Handlungsabschnitte nicht sinnvoll, weil sie nicht geeignet ist, den Fall klarer zu gliedern – z. B. es kommt nur eine einzige Handlung oder Unterlassung in Betracht –, oder zieht sich das strafbare Verhalten einer Person wie ein roter Faden durch den Fall, wobei hin und wieder Randfiguren auftauchen, so liegt es näher, zunächst das Verhalten dieser Person zu untersuchen und sodann die Erörterung der anderen Personen anzuschließen **(Gliederung nach Personen).** Bei der Gliederung nach Personen ist die Person herauszustellen, deren Verhalten geprüft werden soll, sodann das Verhalten selbst und der rechtliche Gesichtspunkt (Straftatbestand), der erörterungswürdig erscheint. Möglich, unter Umständen nötig, ist es auch, mit der Prüfung des Verhaltens einer Person zu beginnen, diese Prüfung zu unterbrechen und später wieder fortzusetzen, so z. B. wenn außer mehreren eigenständigen Taten einer Person auch eine Teilnahme dieser Person an Taten anderer Personen in Betracht kommt (verschachtelter Aufbau). Hier muss zur Wahrung der Grundregel „Täterschaft vor Teilnahme" die Prüfung unterbrochen werden.

Abgesehen von Sonderfällen wird ein Aufbau ausschließlich nach Personen aber nur bei einfach gelagerten Sachverhalten in Betracht kommen. Ansonsten bietet die vorrangige Gliederung nach Tatkomplexen und innerhalb dieser nach Tatbeteiligten einen besseren Überblick. Zudem lehrt die Erfahrung, dass Bearbeiter den Fall bei geeigneter Untergliederung in Tatkomplexe auch meist besser strukturiert haben.

c) Wahl des Aufbaus

Maßgeblich für die **Wahl des Aufbaus** im Einzelfall sind **praktische Gesichtspunkte** (Übersichtlichkeit, Möglichkeit besserer Straffung, Zusammengehöriges bleibt zusammen). Gerade Studenten der ersten Semester neigen dazu, Aufbaufragen zu überschätzen, vor allem aber nicht den Grund für die Wahl eines bestimmten Standorts der Prüfung zu erkennen. So gibt es zwar nur wenige **zwingende Aufbauregeln,** auch ein unzweckmäßiger Aufbau kann aber fehlendes Grundverständnis offenbaren. So muss beispielsweise beim Versuch zwingend der subjektive Tatbestand vor dem objektiven Tatbestand geprüft werden. Schwerer als die formale Missachtung dieser Regel wiegt aber der Umstand, dass der Bearbeiter, wenn er das unmittelbare Ansetzen vor dem Tatentschluss prüft, offenbart, dass ihm das Wesen des Versuchs unbekannt geblieben ist. Da der Täter nach seiner Vorstellung von der Tat zu dieser unmittelbar angesetzt haben muss, weiß der Bearbeiter vor Prüfung des subjektiven Tatbestandes weder um welche Tat es sich gehandelt hat, noch wann aus Tätersicht das Rechtsgut unmittelbar gefährdet war etc. Gleiches gilt etwa auch für die meist sehr negativ zu Buche schlagende Missachtung der Regel, dass der Täter vor dem Teilnehmer zu prüfen ist. Natürlich kann diese Regel formal mit dem Grundsatz der limitierten Akzessorietät begründet werden, nach dem jede Teilnahme zwingend eine vorsätzlich begangene rechtswidrige Haupttat voraussetzt und deshalb auch bei der Teilnahme deren Vorliegen als erster Prüfungspunkt festgestellt wird. Besser ist es aber, sich frühzeitig klarzumachen, dass beispielsweise der Teilnahmevorsatz, die Qualität einer Beihilfehandlung etc. vor Prüfung der Haupttat nicht sinnvoll erörtert werden können. Sofern hingegen in Aufbaufragen unterschiedliche Wege gangbar sind, kann der Bearbeiter regelmäßig mit der Toleranz der Prüfer rechnen. Jedenfalls sollte er niemals mit der Grundregel brechen, dass ein gewählter Aufbau nicht begründet wird. Entsprechende Hinweise sind nicht nur überflüssig, sondern werden regelmäßig negativ bewertet. Wer Angst hat, er müsse dem Korrektor seinen Aufbau erklären, sollte die dafür maßgebenden materiell-rechtlichen Erwägungen noch einmal gründlich überdenken.

> *Beispiel:* Offensichtlich unzutreffend ist die Erläuterung, dass nach Beteiligten getrennt und A als Tatnächster zuerst geprüft wird. Aber auch der Hinweis, dass vor Prüfung des § 252 festgestellt werden muss, ob ein vollendeter Diebstahl vorliegt, ist regelmäßig überflüssig. Entweder wird in komplizierten Fällen zunächst § 242 geprüft oder es erfolgt inzident eine entsprechende Abgrenzung. Ebenso wenig darf beispielsweise bei der Prüfung von Mord und Totschlag begründet werden, warum § 212 als Grundtatbestand vor § 211 geprüft wird.

Mit Beginn der Ausarbeitung muss der Bearbeiter aber seine Entscheidung für die eine oder die andere Gliederungsweise getroffen haben, sonst werden seine Ausführungen unübersichtlich.

3. Erstellen der Lösungsskizze

Nach der gedanklichen Grobgliederung des Sachverhalts empfiehlt es sich, eine Lösungsskizze zu entwerfen. Bei der Niederschrift dieser Lösungsskizze, die der gedanklichen Klärung der Ausführungen dient, sollte der Bearbeiter sich bereits mit je einem Stichwort entscheiden, ob er einen Straftatbestand bejahen oder ablehnen will und wo erörterungswürdige Probleme stecken, die eingehender dargelegt werden müssen. Gleichwohl sollte versucht werden, diese Skizze kurz und übersichtlich zu halten.

Bei Erstellung der Lösungsskizze sind folgende Gliederungsgesichtspunkte zu beachten:

a) Bildung von Tatkomplexen

Bei der Gliederung nach **Tatkomplexen** sind der Tatkomplex zu nennen, die Person, deren Verhalten geprüft wird, das relevante Verhalten selbst und der rechtliche Gesichtspunkt (Straftatbestand), der erörterungsbedürftig erscheint. Die jeweiligen Tatkomplexe sollen nach allgemeiner Auffassung **untechnisch,** d. h. unter Vermeidung rechtlicher Begriffe **benannt** werden[5]. Letztlich zwingt der Gutachtenstil hierzu, da Rechtsbegriffe ein Ergebnis vorwegnehmen könnten. Wie viele Tatkomplexe gebildet werden ist meist eine Frage der Zweckmäßigkeit. Eine Gliederung in Tatkomplexe belegt nicht selten ein entsprechendes Problembewusstsein, beispielsweise wenn nach einem Unfall im Straßenverkehr, die anschließende Flucht in einem eigenen Tatkomplex geprüft und dann auf das entsprechende Unterlassen eingegangen wird. Bearbeiter, die in dieser Konstellation den Einschnitt im Tatablauf nicht erkennen, können nicht sachgerecht auf eine mögliche Garantenstellung aus Ingerenz eingehen.

Liegen **materiell-rechtlich mehrere Taten** vor, so werden diese häufig mehreren Tatkomplexen zugeordnet sein. Andererseits kann eine zu starke Untergliederung auch den Blick für Probleme verstellen, beispielsweise wenn bei einem Diebstahl mit zeitlich später erfolgender Gewaltanwendung durch Untergliederung in zwei Tatkomplexe die mögliche Anwendung der §§ 249 ff. nicht erkannt wird. Da rechtlich-soziale Sinneinheiten nicht unnötig auseinandergerissen werden sollten, werden Teilabschnitte des Sachverhalts, die über eine Handlung im juristischen Sinne verbunden sind, regelmäßig auch in einem gemeinsamen Tatkomplex abgehandelt. Im Einzelfall kann aber auch eine davon abweichende Untergliederung sachgerecht sein und der rechtliche Zusammenhang wird dann erst auf Konkurrenzebene diskutiert.

Beispiel: A begeht einen Einbruchdiebstahl und wendet, als der Hauseigentümer unerwartet erscheint, Gewalt zur Beutesicherung an. Hier kann sich je nach Sachverhaltsumständen ein zweiter Tatkomplex anbieten, in dem auf die mit der Gewaltanwendung verbundenen Delikte eingegangen wird. Eine Untergliederung ist insbesondere dann erforderlich, wenn die Frage der Vollendung des vorangegangenen Diebstahls oder dessen Abgrenzung zu anderen De-

---

5 Vgl. *Gropengießer/Kohler* Jura 2003, 277.

likten (etwa des Betruges) zweifelhaft ist. Geboten ist eine Untergliederung jedenfalls, wenn zugleich ein Vorsatzwechsel beim Täter vorliegt, er etwa nunmehr Gewalt anwendet, um von dem Hauseigentümer die Zahlenkombination für den Tresor zu erhalten.

In aller Regel werden auch die sukzessive Verwirklichung eines Deliktes oder die einzelnen **Phasen der Straftatbegehung** vom Vorbereitungs- über das Versuchsstadium bis zur Deliktvollendung in einem einheitlichen Tatkomplex angesprochen. Hier darf keinesfalls chronologisch aufgebaut werden, vielmehr ist sogleich ein vollendetes Delikt zu prüfen. Weicht die eigentliche Tatausführung allerdings von der im Vorbereitungsstadium verabredeten Tat ab, wird eine strafbare Verbrechensabrede im Anschluss an das nicht verwirklichte Delikt angesprochen. Ebenso werden Delikte in der Beendigungsphase eines Diebstahls in einem eigenständigen Tatkomplex erörtert, wenn beispielsweise bei der Prüfung eines Teilnehmers eine Abgrenzung von sukzessiver Beihilfe zum Diebstahl und Begünstigung oder Hehlerei zu erfolgen hat.

> *Beispiel:* A hat ein Fahrrad gestohlen und fährt mit diesem unmittelbar zu seiner in der Nähe wohnenden Freundin F. Er bittet F, die das Fahrrad bei sich unterstellen soll, um den Verkauf des gestohlenen Fahrrades. In vergleichbaren Konstellationen werden zwei Tatkomplexe, „Die Mitnahme des Fahrrades" und „Die Suche nach geeigneten Kunden", gebildet.

Natürlich darf auch in den letztgenannten Fällen durch die Trennung nicht der Grundsatz verletzt werden, dass Täterschaft vor Teilnahme zu prüfen ist. Werden durch eine Handlung mehrere verschiedene Erfolge verursacht, von denen unterschiedliche Rechtsgutsträger betroffen sind, sollten keine unterschiedlichen Tatkomplexe gebildet, sondern nur in der Überschrift des jeweiligen Straftatbestandes klargestellt werden, gegen wen sich die Handlung konkret jeweils gerichtet hat.

> *Beispiel:* A weicht einem Geisterfahrer auf einer Bundesstraße aus, indem er auf den Seitenstreifen fährt. Er hat dabei in Kauf genommen, einen Radfahrer R zu verletzen. Selbst wenn das Fahrrad einem anderen Eigentümer E gehören sollte, wäre eine Trennung in die Tatkomplexe „Verletzung des R" und „Schaden des E" nicht zweckmäßig[6], zumal etwa bei einer möglichen Prüfung von § 315 c oder § 315 b beide Gefahrerfolge innerhalb eines Deliktes zu prüfen sind.

---

6 So aber *Beulke*, Klausurenkurs Strafrecht I, Rn. 40.

b) Gliederung innerhalb der Tatkomplexe bei mehreren tatbeteiligten Personen

Stehen innerhalb eines Tatkomplexes die Verhaltensweisen mehrerer Personen in Frage, so ist stets mit dem **Tatnächsten** zu beginnen. Tatnächster ist die Person, die der Tatausführung am nächsten steht, weil sie die Tat mit eigener Hand ausgeführt hat. Mit ihr muss schon deshalb begonnen werden, weil **Täterschaft zwingend vor Teilnahme zu erörtern** ist. Sodann ist das Verhalten weiterer beteiligter Personen nacheinander zu erörtern. Bei den weiteren Beteiligten kann, soweit ersichtlich nur Beihilfe in Frage kommt, sogleich mit deren Prüfung begonnen werden. Nur wenn die Abgrenzung zur Mittäterschaft problematisch erscheint (ebenso wie beispielsweise zwischen Anstiftung und mittelbarer Täterschaft), sollte bei dem jeweiligen Tatbeteiligten zunächst eine Prüfung als Mittäter erfolgen (bzw. zunächst als mittelbarer Täter, wenn die Abgrenzung zur Anstiftung erforderlich ist). Für Anfängerklausuren wird teilweise ein stufenweises Vorgehen von der stärkeren bis zur schwächsten Beteiligungsform (etwa von mittelbarer Täterschaft bis hin zu Beihilfe) empfohlen[7]. Tatsächlich sollten sich Studenten eine entsprechende Vorgehensweise erst gar nicht angewöhnen, da eine gelungene Schwerpunktsetzung maßgeblichen Einfluss auf die Bewertung einer Klausur hat. Wer Überflüssiges erörtert, geht damit nicht „auf Nummer sicher", sondern muss bei der „B-Note" deutliche Abstriche hinnehmen. Leider lässt sich dennoch immer wieder beobachten, dass in Lösungsskizzen von Anfängerklausuren eine stufenweise Vorgehensweise eingefordert wird, obwohl diese in keiner Form durch den Sachverhalt indiziert ist. Wer dann im Einzelfall in einer Anfängerklausur einen Punktabzug hinnehmen muss, kann sich leider nur damit trösten, dass hier eine unsachgemäße Bewertung einer schlecht gestellten Klausur erfolgte, zumindest aber im Examen keine sinnlose „Schönschreibübung" eingefordert wird.

In aller Regel werden die **weiteren Beteiligten** auch **abgestuft** nach dem Grad ihrer Beteiligung **geprüft**. Eine gemeinsame Prüfung von Beteiligten ist in den seltensten Fällen geboten, da dies nur dann in Frage kommt, wenn beispielsweise Mittäter „wie ein Mann" handeln und die gleichen Handlungen gemeinsam vornehmen (z. B. A und B verprügeln C). Da mehrere Beteiligte jedoch im Regelfall in Klausuren aufgenommen werden, um zusätzliche Probleme zu generieren, dürfte dies die Ausnahme sein. Teilweise wird zwar auch empfohlen, Mittäter bei einem hohen Maß an Arbeitsteilung gemeinsam zu prüfen, da nur so der Sachverhalt sinnvoll zur mittäterschaftlichen Begehung zusammengesetzt

---

7 Vgl. *Beulke*, Klausurenkurs im Strafrecht I, Rn. 33.

werden könne[8]. Auch in diesem Fall dürfte aber eine getrennte Prüfung sinnvoller sein, da auf diesem Wege deutlicher wird, welche Handlung dem jeweils anderen mittäterschaftlich zugerechnet werden kann.

> *Beispiel:* A wendet Gewalt an, um B die Wegnahme einer Sache von C zu ermöglichen. Wird mit A begonnen, muss im Rahmen der Wegnahme festgestellt werden, ob ihm diese, da er selbst nichts weggenommen hat, über § 25 II zugerechnet werden kann. Führt die Gewaltanwendung unvorsätzlich zum Tode des Opfers, kann bei diesem Aufbau auch besser dargestellt werden, dass bei § 251 jedem Teilnehmer (eigenständig zu prüfende) Leichtfertigkeit hinsichtlich des Todeserfolgs zur Last fallen muss.

Zum Aufbau von Mittäterschaft, mittelbarer Täterschaft und Teilnahme im Einzelnen vgl. 2. Teil D.

c) Die zu erörternden Straftatbestände und die Reihenfolge ihrer Prüfung

Das relevante strafrechtliche Verhalten ist umfassend daraufhin zu prüfen, welche Straftatbestände jeweils erfüllt sind. Dabei sind, sofern dies der Bearbeitervermerk nicht ausschließt, auch relevante Tatbestände außerhalb des StGB – z. B. § 53 WaffG, § 38 BJagdG, §§ 21 ff. StVG – zu beachten.

aa) Jeder Straftatbestand, der erwähnenswert erscheint, ist einzeln zu erörtern. Dies gilt in der Regel auch dann, wenn ein Paragraph mehrere Tatbestandsalternativen enthält (z. B. § 267: Herstellen einer unechten, Verfälschen einer echten sowie Gebrauchmachen von einer unechten oder verfälschten Urkunde).

bb) Welche Straftatbestände vom Bearbeiter zu erörtern sind, kann nicht abstrakt für alle Fälle verbindlich festgelegt werden. Maßgeblich ist hier der Grundsatz, dass jeder Straftatbestand zu erörtern ist, der nicht abwegig erscheint und für dessen Vorliegen im Sachverhalt ein vernünftiger Anhaltspunkt spricht.

cc) Die Ausführungen sind stets mit dem Straftatbestand zu beginnen, der am wahrscheinlichsten gegeben ist bzw. besondere Relevanz für die Entscheidung über die Strafbarkeit des Beteiligten besitzt. Kommen bei dieser Vorprüfung mehrere Straftatbestände in Betracht, so ist dem schwersten Delikt grundsätzlich Vorrang zu geben. Dieser gemeinhin mit den Worten „Nicht kleckern, sondern klotzen" umschriebene Prüfungshinweis dient der Schwerpunktbildung. Er sollte allerdings nicht dazu verführen, die Grenzen von Sachverhaltsabschnitten zu missachten und einen erst in einem folgenden Tatkomplex zu prüfenden Tatbe-

---

8 Vgl. *Safferling* JuS 2005, 136; *Roxin/Schünemann/Haffke*, Klausurenlehre, 22; dagegen zutr. *Beulke*, Klausurenkurs im Strafrecht I, Rn. 44.

stand zu früh anzusprechen. Insbesondere bei der Prüfung des Mordtatbestandes ist dies immer wieder zu beobachten und führt dann regelmäßig zu Schwierigkeiten, etwa bei der Prüfung der Verdeckungsabsicht. Nicht empfohlen werden kann ein Abschichten von Delikten in der Form, dass zunächst leichtere bzw. offensichtlich nicht gegebene Straftatbestände vorweg geprüft werden, zumal dies nicht selten zu einer Missachtung des Konkurrenzverhältnisses führt (z. B. eine Prüfung von § 246 vor § 242 oder von §§ 303, 123 vor §§ 242, 243).

Bei der Reihung der Straftatbestände ist ihr Verhältnis zueinander zu beachten:

(1) Der Grundtatbestand eines Delikts ist vor der Qualifizierung bzw. Privilegierung zu erörtern, denn diese bauen auf dem Grundtatbestand auf.

Beispiel: § 223 im Verhältnis zu § 224, § 212 im Verhältnis zu § 216.

Dies schließt es allerdings nicht aus, die Prüfung der Qualifikation im Einzelfall in die Prüfung des Grundtatbestandes zu integrieren und diese gemeinsam zu erörtern, wenn ansonsten Probleme im Rahmen des Qualifikationstatbestandes nicht mehr angesprochen werden könnten, weil bereits der Grundtatbestand verneint wurde. Während es sich im Normalfall empfiehlt, den Grundtatbestand vollständig, d. h. einschließlich Rechtswidrigkeit und Schuld, durchzuprüfen, wird eine integrierte Prüfung insbesondere in Fällen in Frage kommen, in denen ein Rechtfertigungsgrund vorliegt oder ein Rücktritt vom Versuch anzunehmen ist. So kann beispielsweise bei der Prüfung eines versuchten Totschlags, von dem der Täter zurückgetreten ist, dennoch auf Mordmerkmale eingegangen werden, wenn der Sachverhalt insoweit Anlass zu deren eigenständiger Erörterung bietet. Von dieser Möglichkeit sollte allerdings nur dann Gebrauch gemacht werden, wenn im Rahmen der Qualifikation problematische Fragen zu erörtern sind. Ansonsten ist eine übersichtlichere, getrennte Prüfung zu bevorzugen und bei Verneinung des Grundtatbestandes nicht auf die Qualifikation einzugehen.

(2) Die lex specialis ist vor der lex generalis zu prüfen, denn die lex specialis schließt als das engere Gesetz die lex generalis aus.

Beispiel: § 266 b schließt §§ 263, 266 aus. Auch diese Regel gilt wie viele anderen nicht absolut. So bietet es sich etwa an, § 306 vor § 306 a zu prüfen, obwohl § 306 kein Grundtatbestand zu § 306 a ist.

Da ein Gutachten zu fertigen ist, muss die lex generalis gegebenenfalls dennoch geprüft und erst auf Konkurrenzebene ausgeschieden werden.

(3) Straftatbestände, die andere Straftatbestände nach den Regeln der Subsidiarität oder Konsumtion verdrängen, sind vor diesen zu prüfen, da ihnen größeres Gewicht zukommt.

Beispiel: § 145 d nach §§ 164, 258, 258 a. – §§ 123, 303 nach §§ 242, 243 Abs. 1 Nr. 1.

Ist nach Bejahung eines Tatbestands aufgrund gesetzlich ausdrücklich angeordneter Subsidiarität eine Prüfung des verdrängten Tatbestandes mangels eigenständig zu erörternder Problematik offensichtlich nicht erforderlich, dann genügt ein kurzer Hinweis, dass der betreffende Tatbestand zwar vorliegt, aber im Wege der Subsidiarität verdrängt wird (z. B. Prüfung von § 248 b nach § 242; nach Bejahung von § 249 wird allenfalls § 240 noch angesprochen, § 242 muss aber nicht mehr geprüft werden). Gleiches gilt im Verhältnis von unechtem und echtem Unterlassungsdelikt (z. B. Prüfung von § 323 c nach §§ 212, 13). Leider findet sich selbst in Musterlösungen im Examen immer wieder die Unsitte, dass Tatbestände, die im Wege der Gesetzeskonkurrenz zurücktreten, dennoch ausführlich geprüft werden (vor allem §§ 223 ff. nach §§ 212, 211, obwohl vollendeter Mord bejaht wurde). Wenig überzeugend ist insoweit vor allem eine Prüfung von § 227 nach § 212 hinsichtlich ein und derselben Handlung, da Fahrlässigkeit und Vorsatz sich als aliud gegenseitig ausschließen. Auch Studienanfänger sollten frühzeitig eine entsprechende Schwerpunktbildung einüben, denn ob in einer Klausur eine zutreffende Schwerpunktbildung erfolgte, kann sowohl bei Studienanfängern als auch Examenskandidaten nur nach einheitlichen Maßstäben bewertet werden. Zudem fällt es deutlich schwerer, sich eine auf „Nummer sicher gehende" breite Prüfung nebensächlicher Tatbestände abzugewöhnen, als von Anfang an die notwendige Schwerpunktsetzung zu erlernen.

(4) Das Vorliegen von Regelbeispielen ist zu prüfen, auch wenn es sich sachlich um Strafzumessungsgründe handelt, die gemeinhin im Gutachten nicht zu erörtern sind. Diese Strafzumessungsgründe sind jedoch so tatbezogen ausformuliert, dass sich zu ihnen – im Gegensatz zu Strafzumessungsgründen, die in der Person des Täters liegen – Stellung nehmen lässt. Sie werden bei dem zugehörigen Delikt im Rahmen eines eigenen Abschnitts „Strafe" geprüft. Die teilweise verwendete Abschnittsbezeichnung als Strafzumessung ist ebenso zulässig, allerdings taugt dieser Begriff nicht als Oberbegriff etwa für den Strafaufhebungsgrund des Rücktritts. Die Prüfung von Rücktritt oder Strafantrag unter dem Begriff Strafzumessung ist fehlerhaft.

Beispiel: Prüfung des § 243 im Anschluss an die Erörterung der Schuld im Rahmen von § 242.

4. Die Reinschrift des Gutachtens

a) Schwerpunktsetzung, Sprache und Stil

aa) **Niemals** ist eine Fallbearbeitung mit **Vorreden** zu beginnen. Seien diese nun Erörterungen zivilrechtlicher Vorfragen oder Darlegungen, warum mit einem bestimmten Straftatbestand begonnen wird und nicht mit einem anderen, oder gar Ausführungen zur Mittäterschaft bzw. zum „Irrtumsproblem schlechthin". Aufbauerwägungen sind zwar richtig, doch dürfen sie ihren Niederschlag nur im Aufbau selbst finden. Ist dieser Aufbau nicht aus sich heraus überzeugend, so helfen Ausführungen zur Berechtigung dieses Aufbaus auch nicht weiter. Alle Vorreden sind vollkommen uninteressant an dieser Stelle und sagen dem Leser gar nichts für die Lösung des Falles. Allein dort, wo z. B. ein bestimmtes Tatbestandsmerkmal, sei es etwa der Begriff „fremd" in § 242 oder sonst ein Begriff, der auf zivilrechtliche Fragen hindeutet, der Klärung bedarf, sind diese Fragen zu erörtern.

Bei seinen Ausführungen hat der Bearbeiter zu beachten, dass der praktische Fall weder lediglich „Aufhänger" für irgendwelche theoretischen Erwägungen ist, die dem Bearbeiter anlässlich der Fallbearbeitung in den Sinn kommen, noch dem Korrektor allein an einem Ergebnis gelegen ist, mag es noch so richtig sein. Maßgeblich ist vielmehr, ob man den Ausführungen entnehmen kann, dass der Bearbeiter fähig ist, einen praktischen Fall gründlich und sinnvoll zu einem begründeten Ergebnis zu führen. Mit anderen Worten: Die Bearbeitung hat alles das und nur das zu enthalten, was zur Begründung der Lösung nötig ist. **Nicht notwendige Darlegungen,** schmückendes Beiwerk, **schaden** nur. Eine gute Klausurbearbeitung zeichnet sich dadurch aus, dass Probleme nur dort aufgeworfen werden, wo dies durch den Sachverhalt angezeigt ist, und diese auch nur in dem so abgesteckten Rahmen erschöpfend erörtert werden. Leider wird von vielen Bearbeitern viel zu wenig anhand des Sachverhalts argumentiert (vgl. dazu auch unten b, dd). Infolgedessen enden auch im Examen abstrakt-juristische Ausführungen nicht selten mit der Feststellung „im konkreten Fall kommt es aber darauf gar nicht an, weil ...". Dessen ungeachtet sind natürlich alle relevanten Fragestellungen auch tatsächlich im Gutachten zu klären. Kommen beispielsweise mehrere Rechtfertigungsgründe in Betracht und wurde bereits ein Rechtfertigungsgrund bejaht, so ist dennoch auf alternative Möglichkeiten der Rechtfertigung einzugehen. Falsch wäre es nur, wenn nach festgestellter Rechtfertigung noch auf die Frage eines möglichen Rücktritts eingegangen würde, denn Strafaufhebungsgründe haben keine unrechtsausschließende Wirkung und sind damit für die gutachterlich aufgeworfene Frage nicht mehr von Relevanz.

bb) Jeder Aufgabensteller kennt – insbesondere nach der Herausgabe von Hausarbeiten – den Einwand „ich habe doch genau das Gleiche wie mein(e) Freund(in) geschrieben, dafür aber viel weniger Punkte bekommen". Bei näherem Hinsehen wird dann aber deutlich, dass sich zwar beide Bearbeiter auf den gleichen Lösungsansatz geeinigt haben, einer von beiden sich aber juristisch präzise und sprachlich klar ausgedrückt hat, während der andere „schwammig" blieb, unklare Begrifflichkeiten wählte und sprachlich nicht zu überzeugen vermochte. Studenten unterschätzen regelmäßig, wie wichtig es ist, sich **knapp** und **juristisch exakt auszudrücken**[9]. Für gute Noten ist nicht nur der Inhalt, sondern auch die Verpackung von wesentlicher Bedeutung. Sofern juristisch fehlerhafte Begrifflichkeiten gewählt werden, versteht sich das von selbst, etwa der typische Klausurfehler, bei Diebstahl (§ 242) von einer Zueignung zu sprechen, obwohl diese lediglich beabsichtigt gewesen sein muss. Aber auch die grobe Missachtung von Regeln der Zeichensetzung und Rechtschreibung oder umgangssprachliche Ausführungen werden viele Korrektoren zu einer Bewertung zu Lasten des Bearbeiters bewegen. Wer ironische, vermeintlich humorvolle oder überhebliche Formulierungen wählt, wird zumindest riskieren, dass der Korrektor diesen Ausführungen mit besonderer Strenge begegnet. So kann eine Ansicht als inkonsequent, widersprüchlich oder nicht schlüssig bezeichnet werden, ohne dass sie gleich als „völlig verfehlt" oder „unvertretbar" gebrandmarkt werden muss. Das Verständnis für den Klausurbearbeiter und seine Ausführungen werden ebenso wenig durch Schachtelsätze oder eine übermäßige Anzahl von ungebräuchlichen Abkürzungen gefördert (z. B. SV statt Sachverhalt oder GTB für Grundtatbestand). Juristische Leerformeln (z. B. „das Verhalten ist verwerflich, weil es in höchstem Maße anstößig, ja besonders verachtenswert ist") können eine Aufdeckung der dafür maßgebenden Wertungen und Abwägungen nicht ersetzen. Die Konzentration auf das Wesentliche in einer einfachen und verständlichen Sprache entspricht im Übrigen auch den Anforderungen, die später an die Abfassung eines Urteils, eines anwaltlichen Schriftsatzes oder eines Bescheides u. Ä. gestellt werden. Sie wird deshalb gerade von Praktikern, die im Examen korrigieren, erwartet. Diese Erwartung wird enttäuscht, wenn ein Satz durch den juristisch geschulten Leser mehrfach gelesen werden muss. Ein letztes Wort sei zur Frage des Schriftbildes gestattet. Verständlicher Weise leidet die Lesbarkeit der Ausführungen nicht selten mit zunehmendem Zeitdruck insbesondere im Examen. Auch wenn die Prüfungsrechtsprechung es nur in seltenen Fällen akzeptiert, dass ein Prüfer Ausführungen als unleserlich nicht in die Bewertung einbezieht, sollte sich dennoch jeder Examenskandidat bewusst sein, dass das

---

9 Vgl. zu Stilfragen auch *Möllers* JuS 2001, L 65 ff.; *Walter*, Kleine Stilkunde für Juristen, 200216.

Wohlwollen des Korrektors nicht zwingend gefördert wird, wenn dieser mehrere Versuche benötigt, um eine vielleicht zweifelhafte Aussage des Klausurbearbeiters zu entziffern.

b) Gutachtenstil und Subsumtion

Der Bearbeiter hat ein Gutachten anzufertigen, kein Urteil. Das heißt, am Anfang der Ausführungen steht die Erwägung des Bearbeiters, welche Strafrechtsnorm durch das Verhalten einer Person verletzt sein könnte, sodann folgt die Untersuchung, ob die Strafrechtsnorm verletzt wurde, und das Ergebnis der Erörterung.

aa) Einleitung der Prüfung

Die in der Folge zu prüfende Strafnorm wird zunächst in einer **Überschrift** angeführt, die gegebenenfalls um alle zu prüfenden Alternativen der jeweiligen Strafnorm zu ergänzen ist. Die Überschrift selbst sollte dem Gesetzeswortlaut und nicht etwa umgangssprachlichen Bezeichnungen entsprechen (z. B. unerlaubtes Entfernen vom Unfallort statt Unfallflucht). Zudem haben auch Bezeichnungen für bestimmte Gruppen der Tatbestandsverwirklichung nichts in der Überschrift verloren (z. B. Strafbarkeit wegen „Trickdiebstahls", obwohl es diesen Tatbestand nicht gibt, sondern nur den des Diebstahls, § 242). Um sofort zur Sache zu kommen, empfiehlt es sich sodann, bereits in einem ersten **Obersatz** klarzustellen, **welche konkrete Verhaltensweise** einer bestimmten, im Fall genannten Person auf ihre Strafbarkeit hin untersucht wird. Dieser Einleitungssatz ist nicht bei jedem Delikt, aber zumindest immer dann erforderlich, wenn der Bezugspunkt der Strafbarkeitsprüfung klargestellt werden muss (z. B. ein neuer Abschnitt, ein Wechsel der Tathandlung etc.). Der Einleitungssatz ist hinsichtlich des Prüfungsgegenstandes im Konjunktiv („könnte") zu fassen und kann im Laufe der Ausführungen ein wenig variiert werden, zum Beispiel: „A könnte sich des Diebstahls, § 242, strafbar gemacht haben, indem er B das Portemonnaie aus der Tasche zog." Oder: „Es ist zu prüfen, ob A den Tatbestand des Diebstahls, § 242, erfüllte, indem er B das Portemonnaie aus der Tasche zog." Oder: „A zog dem B das Portemonnaie aus der Tasche. Damit könnte er den Tatbestand des Diebstahls, § 242, erfüllt haben." Oder: „A hat das Portemonnaie B aus der Tasche gezogen, er könnte sich daher wegen eines Diebstahls, § 242, strafbar gemacht haben."

Die Bedeutung eines Einleitungssatzes leuchtet vielleicht nicht jedem Studenten unmittelbar ein, da sich bereits aus der Überschrift über dem jeweiligen Prüfungsabschnitt der folgende Prüfungsgegenstand ergibt. Ein Einleitungssatz verdeutlicht aber nicht nur dem Prüfer den Prüfungsgegenstand detaillierter als dies die bloße Überschrift könnte, auch für den Studenten bietet er noch einmal die Möglichkeit, genau zu überlegen, durch welche Handlung sich der Tatbeteiligte gegenüber wem und zu wessen Lasten bzw. Gunsten strafbar gemacht haben könnte. In Fällen etwa des Dreiecksbetruges ist dies offensichtlich, aber auch bei der Abgrenzung beispielsweise von Trickdiebstahl und Sachbetrug zeigt ein exakt formulierter Einleitungssatz, dass der Bearbeiter die Problematik richtig einordnen kann. Der Student sollte nie aus den Augen verlieren, dass sein Einleitungssatz den Gegenstand der folgenden Prüfung und Subsumtion festlegt.

> *Beispiel:* A täuscht dem Touristen T vor, er solle ihm seine Kamera überlassen, damit er ihn kurz fotografieren könne. T macht dies und A rennt mit der Kamera weg. Der Einleitungssatz für den Betrug: „A könnte sich dadurch des Betruges strafbar gemacht haben, dass er T vorspiegelte, er würde ihm die Kamera nach dem Fotografieren zurückgeben." Der Einleitungssatz für den Diebstahl: „A könnte sich dadurch des Diebstahls strafbar gemacht haben, dass er mit der Kamera davongerannt ist." Beide Sätze zeigen zusammen, dass der Bearbeiter das Problem durchdrungen hat. Bei Betrug ist der Schaden im Gewahrsamsverlust zu sehen, der durch die Täuschung über den Rückgabewillen verursacht worden sein könnte. Beim letztendlich verwirklichten Diebstahl wird der Gewahrsamverlust unmittelbar durch Wegrennen des Täters herbeigeführt.

Auch Täterschafts- und Versuchsfragen können im Einleitungssatz richtig zugeordnet werden, auch wenn die Abgrenzung von Täterschaft und Teilnahme niemals abstrakt vorweg erörtert werden darf. Stellt etwa der Villenbesitzer V von ihm vergifteten Bärwurz bereit, weil er hofft, dass Einbrecher, die bereits zuvor aus einer Flasche getrunken haben, auch diesmal trinken werden, kommt es aber dazu nicht mehr, so könnte der Einleitungssatz heißen: „V könnte sich des versuchten Mordes in mittelbarer Täterschaft strafbar gemacht haben, indem er in der Hoffnung, die Einbrecher würden daraus trinken, eine vergiftete Flasche Bärwurz offen bereitgestellt hat." Dadurch wird klargestellt, warum hier in der Folge mittelbare Täterschaft geprüft wird (die Einbrecher sollen als Werkzeug gegen sich selbst trinken) und es wird auch die Handlung des unmittelbaren Ansetzens konkretisiert (genügt bereits Hinstellen der Flasche?).

bb) Vergleich und Anwendungsbereich von Gutachten- und Urteilsstil

Im **Gutachtenstil** wird zunächst die Frage, ob ein bestimmtes Tatbestandsmerkmal erfüllt ist, aufgeworfen (1.), das Tatbestandsmerkmal definiert (2.), der Sachverhalt subsumiert (3.) und dann das Ergebnis festgestellt (4.).

> *Beispiel:* A, der den B töten und ihm zuvor Qualen bereiten will, sperrt den B auf dessen Segelboot in der Koje ein und versenkt das Schiff. B ertrinkt jämmerlich.
> (1.) A könnte B *grausam* getötet haben.

(2.) Grausam tötet, wer dem Opfer besonders starke Schmerzen oder Qualen körperlicher oder seelischer Art aus gefühlloser, unbarmherziger Gesinnung zufügt. Besondere Qualen muss das Opfer erleiden, wenn ihm weit über das zur Tötung erforderliche Mindestmaß Qualen zugefügt werden.
(3.) Indem A den B einem langsamen und bewusst erlebten Tod des Ertrinkens aussetzt, hat er ihm besondere Qualen zugefügt. Da es A darauf ankam, lag auch ein Handeln aus gefühlloser Gesinnung vor.
(4.) A hat B grausam getötet.

Im **Urteilsstil** wird das Ergebnis der Überlegungen vorangestellt (1.) und durch einen Vergleich von Definition (2.) und Sachverhalt (3.) begründet.

Beispiel: Sachverhalt wie oben.
(1.) A hat B grausam getötet.
(2.) Denn grausam tötet, wer dem Opfer besonders starke Schmerzen oder Qualen körperlicher oder seelischer Art aus gefühlloser, unbarmherziger Gesinnung zufügt.
(3.) A hat B besondere Qualen zugefügt, weil er ihm weit über das zur Tötung erforderliche Mindestmaß Qualen zugefügt hat, indem er B einem langsamen und bewusst erlebten Tod des Ertrinkens aussetzte. Da es ihm darauf ankam, lag auch ein Handeln aus gefühlloser Gesinnung vor.

Der Gutachtenstil braucht aber nicht in jedem einzelnen Punkt der Ausführungen durchgehalten zu werden. Überall dort, wo der Bearbeiter einerseits zeigen will, dass er ein Tatbestandsmerkmal oder einen Tatbestand nicht übersehen hat, andererseits jedoch die Begründung evident ist, kann der Urteilsstil verwandt werden. Gleiches gilt, wenn für einen Ausschluss der Rechtswidrigkeit oder der Schuld kein Anhaltspunkt im Sachverhalt gegeben ist.

Beispiel: A beschmiert das auf einem Plakatständer befindliche Werbeplakat einer politischen Partei mit Teer.
A könnte sich einer Sachbeschädigung gemäß § 303 schuldig gemacht haben, indem er das Werbeplakat der Partei beschmierte. Dann müsste er eine fremde Sache beschädigt haben. Das Plakat war eine Sache. Diese Sache war für A auch fremd, denn sie stand im Eigentum der Partei. Beschädigt ist eine Sache, wenn ihre stoffliche Zusammensetzung so verändert wird, dass sie in ihrer bestimmungsmäßigen Funktions- und Gebrauchsfähigkeit beeinträchtigt wird. Das ist hier der Fall, denn die Werbefunktion des Plakates wurde durch die Substanzveränderung beeinträchtigt. Dies war A bewusst, er handelte daher vorsätzlich. – Rechtfertigungsgründe und Schuldausschließungsgründe liegen nicht vor. A hat sich demgemäß einer Sachbeschädigung gemäß § 303 schuldig gemacht.

Der geschickte Wechsel von Gutachten- und Urteilsstil zeigt, dass der Bearbeiter Schwerpunkte setzen und diese gewichten kann. Im oben aufgezeigten Beispiel wird etwa die Definition fremd zugleich mit der feststellenden Subsumtion des Sachverhaltes verbunden, da die Tatsache fremden Eigentums offensichtlich ist.

Wer hingegen in völlig unproblematischen Fällen, etwa beim Diebstahl die Frage der Beweglichkeit, im Gutachtenstil erörtert, kann dadurch zumindest im Examen nur das Missfallen des Korrektors hervorrufen. Leider wird hier gerade bei Anfängerklausuren von Korrektoren trotz souveräner Abschichtung des Bearbeiters von Problematischem und Unproblematischem angemerkt, der Bearbeiter habe durch Verwendung eines ergebnisorientierten Stils zu unproblematischen Fragen den Gutachtenstil missachtet. Da ich persönlich weniger Zweifel habe, dass Studenten bis zum Examen den Gutachtenstil beherrschen, als dass sie dort Wesentliches vom Unwesentlichem trennen können, halte ich eine unterschiedliche Bewertung und einen abweichenden Maßstab von Anfängerklausuren und Fortgeschrittenen-Klausuren für schädlich[10]. Dies betrifft zunächst die Prüfung einzelner Tatbestandsmerkmale, die gleichberechtigt nebeneinander stehen und von denen eines offensichtlich nicht erfüllt ist (z. B. die Prüfung der Sacheigenschaft bei § 303, wenn die Sache ersichtlich nicht fremd ist oder auch subjektiv die Prüfung des Vorsatzes des Diebstahls, wenn Zueignungsabsicht fehlt). Sofern ein Delikt bei offensichtlich fehlenden Strafbarkeitsvoraussetzungen, etwa bei fehlendem Vorsatz, überhaupt noch geprüft wird, sollte der Bearbeiter es tunlichst vermeiden, beispielsweise auf die Voraussetzungen des objektiven Tatbestandes (näher) einzugehen[11]. Leider wird es auch hier, ebenso wie bei der Prüfung offensichtlich im Konkurrenzwege zurücktretender Delikte, nicht von jedem Korrektor gleichermaßen akzeptiert, wenn der Bearbeiter im Urteilsstil bereits zu Beginn feststellt, dass das Delikt nicht gegeben ist, weil es offensichtlich am Vorsatz fehlt. Dennoch dürfte es an sich keinem Bearbeiter zum Nachteil gereichen, ganz im Gegenteil müsste dieses Vorgehen als praxisnahe Lösung sogar honoriert werden. Wer sich dennoch unsicher fühlt, kann hier ausnahmsweise einen klärenden Hinweis im Urteilsstil hinzufügen, wenn er das Gefühl haben sollte, ein wichtiges Sachverhaltsproblem ausgegrenzt zu haben (Beispiel: „Auf die umstrittene Frage, ob (...) war nicht einzugehen, da A offensichtlich unvorsätzlich handelt."). Dadurch sieht der Korrektor einerseits, dass der Bearbeiter ein Problem erkannt hat und wird andererseits dazu gezwungen, sich mit der Zulässigkeit des Sprungs auseinanderzusetzen. Noch weitaus weniger akzeptiert wird ein Sprung in die Rechtswidrigkeit oder Schuld, etwa wenn wegen einer nach dem Sachverhalt feststehenden psychischen Erkrankung i. S. v. § 20 Schuldunfähigkeit angenommen werden muss. Von einer entsprechenden Vorgehensweise muss deshalb abgeraten werden.

---

10 Zutr. *Beulke*, Klausurenkurs im Strafrecht I, Rn. 17; and. etwa *Stiebig* Jura 2007, 910.
11 Ausführlich zur Problematik des Springens im strafrechtlichen Gutachten *Hardtung* JuS 1996, 610 ff.; 706 ff.; 807 ff.

cc) Klärung der Bedeutung eines Tatbestandsmerkmals mittels Auslegung

Nachdem das jeweilige Tatbestandsmerkmal benannt wurde, wird es definiert, um eine Subsumtion des Sachverhalts unter den so erhaltenen Obersatz zu ermöglichen. Bestehen unterschiedliche Auslegungsmöglichkeiten eines Tatbestandsmerkmals oder ist dessen Anwendung problematisch, so hat der Bearbeiter mittels der gängigen **Auslegungsmethoden** die Reichweite des Tatbestandsmerkmals zu klären[12]. In der Klausursituation wird der Bearbeiter natürlich meist bereits ein gewisses Vorwissen über die Bedeutung eines Tatbestandsmerkmals haben und dessen Definition kennen. Eine Kenntnis der unterschiedlichen Auslegungsmethoden hilft aber zumindest bei der Entscheidung eines Theorienstreits, da dann mit ihrer Hilfe Argumente für den jeweiligen Standpunkt gewonnen werden können. Die Auslegung hat sich zunächst am Wortlaut der Norm zu orientieren, da dieser die äußerste Grenze zulässiger Auslegung markiert (Art. 103 II GG). Der Wortlaut selbst ist zwar selten genug tatsächlich eine Grenze zulässiger Auslegung, der Bearbeiter kann hier aber, sofern er die Offenheit des Begriffs erkennt, leicht Punkte sammeln, indem er bei Streitfragen sowohl die extensive als auch restriktive Form der Wortauslegung darlegt und dann klarstellt, dass nach Art. 103 II GG nicht zwingend die enge Auslegung gewählt werden muss. Er kann dann mittels systematischer, sofern er über ein entsprechendes Wissen über die Entstehungsgeschichte der Norm verfügt, auch historischer und vor allem teleologischer Auslegung die Bedeutung des fraglichen Begriffs klären. Im Rahmen der teleologischen Auslegung gibt es eine Reihe klassischer Argumentationsmuster, die dem Bearbeiter bei Ungewissheit über die Auslegung einer Norm weiterhelfen können. Zunächst sollte sich der Bearbeiter Gedanken über das Rechtsgut der jeweiligen Norm machen, da dessen effektiver Schutz die Einbeziehung, aber auch die Ausgrenzung eines bestimmten Verhaltens gebieten kann. Typisch ist auch der Wechsel von Täter- und Opferperspektive, etwa bei der Diskussion um die Einbeziehung von Scheinwaffen in § 250 I Nr. 1b oder bei der extrem täterfreundlichen Handhabung von § 24, die regelmäßig mit Opferschutzerwägungen gerechtfertigt wird. In den Kreis teleologischer Argumente gehört auch das klassische Notwehrargument („der Täter kann nicht gerechtfertigt sein, weil sonst dem Betroffenen das Recht zur Notwehr genommen würde"). Schließlich lässt sich mit der gebotenen Vorsicht bei hoher Strafandrohung auch mit der ultima ratio-Funktion des Strafrechts oder spiegelbildlich mit der Schließung von Strafbarkeitslücken argumentieren. Beide Aspekte treffen aber eher die Wahl zwischen einer weiten oder einer engen (Wort-)Auslegung und sind für sich genommen eher redundant.

---

12 Vgl. dazu nur *Kudlich/Christensen* JuS 2002, 144; *Petersen* Jura 2001, 105.

Bei jeder Form der Auslegung sollte sich der Bearbeiter immer der **gegenseitigen Abhängigkeit von Auslegung und Subsumtion** bewusst sein. Gängige Darstellungen erwecken vielfach den Eindruck, dass zunächst ein Tatbestandsmerkmal mittels Auslegung definiert und dann der Sachverhalt betrachtet werden kann. Die Auslegung eines Tatbestandsmerkmals muss aber am Sachverhalt orientiert sein. Erst in der Folge wird dann mittels gängiger Auslegungsmethoden die Bedeutung des Tatbestandsmerkmals im Hinblick auf den konkret zu lösenden Fall geklärt und dann dieser mit der Definition verglichen.

> *Beispiel:* Soll beispielsweise die Auslegung des Merkmals „Gewalt" im Tatbestand der Nötigung erfolgen, so muss der Sachverhalt des zu lösenden Falles im Auge behalten werden, in dem es etwa darum geht, dass ein Fahrzeugführer durch einen anderen Verkehrsteilnehmer durch dichtes und bedrängendes Auffahren zum Ausweichen genötigt wurde. Es bietet sich deshalb an, zunächst das Tatbestandsmerkmal und vielleicht eine abstrakte Kurzdefinition desselben zu benennen und dann eine am konkreten Sachverhalt orientierte Frage aufzuwerfen, etwa: „Problematisch ist aber, ob auch dann von Gewalt gesprochen werden kann, wenn der Täter einerseits nur wenig Kraft aufwenden muss (Drücken des Gaspedals), andererseits das Opfer selbst das Auffahren allenfalls mittelbar körperlich empfindet. Erst jetzt wird konkret geklärt, ob auch psychisch vermittelte Gewalt für § 240 ausreichen kann.
> Ebenso hilft die klassische Definition der körperlichen Misshandlung („üble unangemessene Behandlung, die das körperliche Wohlbefinden mehr als nur unerheblich beeinträchtigt") nicht weiter, wenn etwa geklärt werden soll, ob auch ein Anspucken als Körperverletzung angesehen werden kann.

dd) Subsumtion als Vergleich von konkretem und abstraktem Sachverhalt

Die eigentliche Subsumtion vergleicht den im Fall beschriebenen Sachverhalt mit dem im Gesetz beschriebenen Sachverhalt, den der Bearbeiter durch Auslegung geklärt hat. Die Aufgabe des Bearbeiters ist es, darzulegen, ob der im Fall beschriebene Sachverhalt dem im Gesetzeswortlaut erfassten entspricht.

Sachverhalt:
A schlägt B mit der Faust ins Gesicht, weil er sich über ihn geärgert hat.

Tatbestand:
§ 223 I: Wer eine andere Person körperlich misshandelt ...

Subsumtion:
1. „Wer": der A
2. „eine andere Person": den B
3. „körperlich misshandelt", d. h. den Körper übel unangemessen behandelt, so dass das körperliche Wohlbefinden oder die körperliche Unversehrtheit nicht unerheblich beeinträchtigt wird. – Ein Faustschlag ins Gesicht ist ein schwerer, übler Eingriff in die körperliche Integrität, der das Wohlbefinden erheblich beeinträchtigt.

Ergebnis: A hat den objektiven Tatbestand des § 223 I, 1. Alt. erfüllt.

Bei der Subsumtion ist ein Tatbestandsmerkmal nach dem anderen zu erörtern. Eine *Häufung der Merkmale* führt nur zu Ungenauigkeit und Unübersichtlichkeit.

> *Beispiel:* Der Student S nimmt aus der Anatomie den Kopf einer Leiche mit, um ihn zu Hause zu sezieren.
> *Falsch* ist es, bei der Prüfung des Diebstahls die Frage, ob der Kopf eine *fremde bewegliche Sache* ist, undifferenziert zu erörtern, denn ob der Kopf eine *Sache* ist, erscheint bereits problematisch. Dass diese Sache *beweglich* ist, lässt sich zwar mit einem kurzen Hinweis klarstellen, hingegen ist der Nachweis, dass die bewegliche Sache „*fremd*" ist, recht schwierig zu führen.

Leider wird in Klausuren vielfach ausschließlich mit ergebnisorientierten Floskeln subsumiert, ohne dass ein sachverhaltsbezogener Vergleich erfolgt. Besonders beliebt ist es dabei, statt der gebotenen Begründung schlicht den Sachverhalt zu wiederholen und daraus unmittelbar den Schluss zu ziehen, dass ein bestimmtes Tatbestandsmerkmal verwirklicht ist. Es ist zwar immer anhand des Sachverhalts zu argumentieren, dieser kann jedoch eine Begründung nicht ersetzen.

> *Beispiel:* A entwendet in einem Selbstbedienungsladen eine Schokoladentafel, indem er sie in seine Tasche steckt. Schlecht wäre es, wenn der Bearbeiter nach Definition der Wegnahme und des Gewahrsams nur feststellt, „indem A eine Schokoladentafel in die Tasche steckte, hat er sie weggenommen. Es liegt demnach eine vollendete Wegnahme vor". Gut wäre es, wenn der Bearbeiter anhand des Sachverhalts aufzeigt, warum die Wegnahme bereits durch Überführung in eine eigene Gewahrsamssphäre vollendet ist.

Selbst wenn ein Sachverhalt unproblematisch unter ein Tatbestandsmerkmal subsumiert werden kann, kann im Wege des Urteilsstil eine sachverhaltbezogene Subsumtion erfolgen (z. B.: „Indem B mittels eines Schlüssels das Fahrzeug des A zerkratzte, hat er dieses beschädigt, d. h. dessen Substanz und damit bestimmungsgemäße Funktions- und Gebrauchsfähigkeit mehr als nur unerheblich beeinträchtigt).

c) Darstellung eines Theorienstreits

Sog. Theorienstreitigkeiten (unterschiedliche Ansichten über den Inhalt oder die Grenzen eines Begriffs o. Ä.) sind nur zu erörtern, wenn der „Theorienstreit" **für die Lösung** des Falles **erheblich** ist. In einem solchen Falle hat der Bearbeiter zunächst einmal unter Berücksichtigung des Sachverhalts darzulegen, warum aus seiner Sicht ein Problem vorliegt, d. h. er hat aufzuzeigen, dass es verschiedene Möglichkeiten im Hinblick auf den Sachverhalt gibt, einen bestimmten Begriff zu interpretieren. Sodann ist nachzuweisen, dass die verschiedenen Ansichten im konkreten Fall zu einem unterschiedlichen Ergebnis kommen. Ist das der Fall, so *muss* der Bearbeiter Stellung nehmen, sich für eine Meinung entscheiden und seine Ansicht begründen.

> *Beispiel:* A sagt als Zeugin vor Gericht aus, B sei in der Nacht vom 10. auf den 11. Mai bei ihr gewesen. Sie glaubt, dass dies der Wahrheit entspreche, während in Wirklichkeit B erst in der Nacht vom 11. auf den 12. Mai bei ihr war. Hätte sie sich ihre Aussage eingehender überlegt, wäre ihr der Irrtum aufgefallen.
>
> a) Sieht man eine Aussage als „falsch" an, weil sie mit der Wirklichkeit nicht übereinstimmt (obj. Theorie), so ist die Aussage der A falsch.
>
> b) Bestimmt man „falsch" subjektiv (subj. Theorie), so war die Aussage der A nicht falsch, weil sie selber glaubte, die Wahrheit zu sagen.
>
> c) Betrachtet man eine Aussage als „falsch", die zustande gekommen ist, weil der Aussagende sein Wissen nicht sorgfältig überprüft hat (Pflichttheorie), so war die Aussage der A falsch, da sie nicht sorgfältig von A überdacht worden war.
>
> Da die verschiedenen „Theorien" zu unterschiedlichen Ergebnissen kommen, muss der Bearbeiter dies darlegen und sich mit den verschiedenen Meinungen bei der Begründung seines eigenen Lösungsweges auseinandersetzen.

Ausgangspunkt ist bei jeder Darstellung aber immer das Gesetz, so dass das umstrittene Tatbestandsmerkmal zunächst zu benennen ist. Beispielsweise werden selbst im Examen in der Überschrift die Begriffe des Sachbetruges und des Trickdiebstahls etc. verwendet, als handle es sich dabei um einen eigenen Tatbestand. Bei der Abgrenzung von Trickdiebstahl und Sachbetrug geht es um die Frage, ob eine Wegnahme oder eine Vermögensverfügung vorliegt und allein unter diese Merkmale ist zu subsumieren. **Kommen** bei einer Streitfrage sämtliche Theorien **zu demselben Ergebnis,** so braucht der Verfasser die Theorien nicht im Einzelnen darzulegen, sondern kann nur kurz mitteilen, dass es verschiedene Theorien gibt, die hier aber jeweils zu dem gleichen Ergebnis kommen. Eine Auseinandersetzung ist dann nicht nötig.

Daraus folgt: Immer dann, wenn verschiedene Lehrmeinungen, d. h. Rechtsmeinungen, ein unterschiedliches Ergebnis begründen, muss der Verfasser sich für die eine und gegen die andere Meinung entscheiden. – Alternativentscheidungen über Rechtsfragen sind unzulässig! Hat sich der Bearbeiter entschieden, dann darf aufgrund des Gutachtenstils keine weitere Alternativlösung bzw. ein Hilfsgutachten auf Basis der abgelehnten Rechtsauffassung erfolgen. Allenfalls kann in einem Satz noch ein kurzer Hinweis gegeben werden, dass auch bei Zugrundelegung der abweichenden Auffassung aus einem näher bezeichneten Grund eine Strafbarkeit zu verneinen ist (z. B.: „Selbst wenn das Rechtsinstitut des fehlgeschlagenen Versuchs abgelehnt wird, müsste im konkreten Fall zumindest die Freiwilligkeit des Rücktritts verneint werden, weil der Täter nicht aus autonomen Gründen zurückgetreten ist.").

Bei der Entscheidung von Streitfragen verdrängt die eigene, bewusste Stellungnahme die zufällige Übernahme irgendwelcher fremder Meinungen. Dieser Stellungnahme kann der Jurist nicht ausweichen, soll er seiner Rolle, soziale Probleme „richtig" zu entscheiden, gerecht werden. Die eigene Stellungnahme ist sogar weit häufiger erforderlich als der junge Jurist meint. Da nämlich weder die genauen Umrisse des vom Gesetzgeber in seinen gesetzlichen Vorschriften Gemeinten, noch die in jeder strafrechtlichen Problemlösung mitschwingenden allgemeinen Prämissen des Strafrechts unstreitig feststehen – geschweige denn immer konsequent verfolgt werden –, kommt es zu erheblichen Auseinandersetzungen über den Inhalt einzelner Normen, über die richtige Auslegung oder Definition einzelner Begriffe oder über die Überzeugungskraft einer Einzelfalllösung bei Anwendung dieser Prämissen oder Begriffe. – Bei dieser Auseinandersetzung sieht der Anfänger sich oft als überfordert an, weil er meint, es werde von ihm erwartet, die Auffassung irgendwelcher mehr oder minder berühmten Autoritäten zu widerlegen bzw. ihre Unrichtigkeit oder Unvertretbarkeit nachzuweisen. Das jedoch kommt überhaupt nur ausnahmsweise in Betracht. Wichtig ist es, zu erkennen, dass die verschiedenen Auffassungen zur Lösung eines Problems in unterschiedlichen Prämissen, z.B. über die kriminalpolitische Sachgerechtigkeit einer engen oder weiten Auslegung eines Begriffs, begründet sind. Beide Standpunkte sind durchaus vertretbar. Daher kann es nicht um ihre Widerlegung im strengen Sinne gehen, sondern darum, Argumente anzuführen, die *aus der Sicht* des Bearbeiters für die eine und gegen die andere Ansicht sprechen.

Will man bei einer solchen Auseinandersetzung nicht den Boden unter den Füßen verlieren, so ist es wesentlich, zu erkennen, warum es zu der Auseinandersetzung kommt, d.h. wo überhaupt ein Problem liegt und warum es sich dabei um ein Problem handelt. Ist dies geschehen, so wird die eigene Stellungnahme und die Entwicklung der abweichenden Lösungsvorschläge zu dem Problem keine Schwierigkeiten bereiten. Allein darauf kommt es an, denn der Jurist soll nicht irgendwelche fremden Meinungen zur Lösung sozialer Probleme auswendig herunterleiern können, sondern seine eigene Meinung überzeugend begründet – in Auseinandersetzung mit etwaigen Gegenmeinungen – vortragen und zur Basis seiner Entscheidung machen. Wenn hier von eigener Begründung gesprochen wird, sollte dies dennoch nicht so verstanden werden, dass der Bearbeiter ein neues, bisher noch nie gehörtes Argument zu einem Rechtsproblem vortragen soll. Ganz im Gegenteil ist der weit verbreitete Tipp, man solle sich das beste Argument für den Schluss der Gegenüberstellung verschiedener Auffassungen als „eigene" Stellungnahme aufheben, mit Vorsicht zu genießen. Da jeder Korrektor dieses Argument kennen wird, wirkt es weitaus souveräner, wenn der letztlich entscheidende Aspekt in indirekter, jedenfalls nicht in „Ich"-Form wiedergegeben wird und der Bearbeiter etwa darauf hinweist, dass das von der Rechtsprechung vorgebrachte Argument deshalb zu überzeugen vermag, weil es einem bestimmten Umstand am besten Rechnung trägt. Dieser Umstand wird dann in eigenen Worten noch ein wenig ausgeführt. Natürlich kann er sich auch einer anderen Meinung anschließen, wenn er diese für richtig hält. In seinen eigenen Worten, in denen er darlegt, warum er sich dieser Meinung anschließt, erhält dann seine Entscheidung gleichfalls ihre Überzeugungskraft. Dennoch darf nicht verschwiegen werden, dass denjenigen Studenten, der sich einer „m. M." anschließt oder gar einen so bisher nicht vertretenen Standpunkt beziehen will, immer die Darlegungs- und Beweislast trifft. Er muss regelmäßig zumindest auf den gegebenenfalls abweichenden Standpunkt der Rechtsprechung eingehen, denn schließlich erfolgt die Rechtsanwendung zumindest in letzter Konsequenz immer durch die Gerichte.

d) Konkurrenzen

Die Fallbearbeitung endet mit dem Abschnitt „Konkurrenzen". Hier hat der Bearbeiter geschlossen darzulegen, welche strafbaren Handlungen von den einzelnen im Fall genannten Personen begangen worden sind und wie diese Handlungen im Verhältnis zueinander stehen: Idealkonkurrenz, Realkonkurrenz, Gesetzeskonkurrenz (Konsumtion, Subsidiarität, Spezialität). Es empfiehlt sich zunächst festzustellen, ob der Täter verschiedene Tatbestände durch eine oder mehrere Handlungen bzw. Unterlassungen verwirklicht hat. Sodann ist zu prüfen, ob den Delikten jeweils eigenständige Bedeutung zukommt oder ob ein Fall der Gesetzeskonkurrenz vorliegt. Ausführungen zur Strafhöhe sind unstatthaft. Um über das Strafmaß entscheiden zu können, müsste der Bearbeiter den Täter kennen und sehr viel mehr wissen als der knappe Sachverhalt sagt. In den Übungs- oder Examenssachverhalten begegnen dem Bearbeiter nur fiktive Personen.

Gedankliches Prüfungsschema für die Feststellung der Konkurrenzen

Die Konkurrenzen sind möglichst früh, d. h. entweder nach Blöcken verwandter Delikte oder nach den einzelnen Handlungskomplexen, zu prüfen. Am Ende wird dann auf die Gesamtkonkurrenzen eingegangen.

Prüfungsreihenfolge:

1. Welche Gesetzesverletzungen liegen vor?
2. Sind die verschiedenen Gesetzesverletzungen durch eine Handlung verwirklicht worden?
   Eine Handlung liegt vor bei:
   a) Handlung im natürlichen Sinne
   b) Dauerdelikt, z. B. § 123
   c) mehraktiges Delikt, z. B. Herstellen und absichtsgemäßes Gebrauchmachen von einer Urkunde
   d) natürliche Handlungseinheit
   e) tatbestandliche Bewertungseinheit (Grenzen str.)
3. Liegt ein Fall der Handlungseinheit vor? (Wenn nein, zu 4.)
   a) Liegt ein Fall der Gesetzeskonkurrenz vor (auch unechte Konkurrenz)?
      aa) Spezialität (Fall des spezielleren Gesetzes)
         – soweit lex spezialis, z. B. Qualifikation zu Grundtatbestand
         – str. bei mehrfacher Qualifizierung, z. B. § 223, 224, 226
      bb) Subsidiarität
         – z.B. Durchgangsdelikte wie § 223 zu § 212, abstrakte zu konkreten Gefähr-
           dungsdelikten, verselbstständigte strafbare Vorbereitungshandlung zu vollen-
           deter Haupttat.
      cc) Konsumtion, d. h. auch mitbestrafte Begleittat (z. B. § 243 I Nr. 1 und § 123, str.)
   b) Die verbleibenden Delikte stehen in Idealkonkurrenz (Tateinheit) zueinander (§ 52).
      – entweder gleichartige Idealkonkurrenz (durch eine Handlung dasselbe Strafgesetz
        mehrfach verletzt) oder ungleichartige Idealkonkurrenz (durch eine Handlung mehrere
        Strafgesetze verletzt)
   Insbesondere auch:
      – wenn sich ein Delikt mit einem Teilakt eines anderen mehraktigen Delikts über-
        schneidet (z. B. Körperverletzung als Gewalt i. S. v. § 249)
      – bei Klammerwirkung, d. h. wenn zwei selbstständige Delikte in ihren jeweiligen Aus-
        führungshandlungen mit einer dritten annähernd gleichwertigen Tat zur Handlungs-
        einheit verbunden werden; für Gleichwertigkeit konkrete Betrachtungsweise ent-
        scheidend.
      – u. U. auch bei Überschneidung mit Dauerdelikt, wenn die Tatbestandshandlung des
        anderen Deliktes auch der Aufrechterhaltung des Dauerzustandes dient.
4. Ansonsten liegt ein Fall der Handlungsmehrheit vor.
   a) Liegt Gesetzeskonkurrenz vor?
      – bei mitbestrafter Vortat (Konsumtion, Unrechtsgehalt des früheren Tuns von späterer
        Handlung umfasst)
      – bei mitbestrafter Nachtat (Konsumtion, kein selbstständiger Unwertgehalt, z. B. Ver-
        wertung der Beute)
   b) Die übrigen Delikte bzw. Deliktsblöcke stehen in Realkonkurrenz (Tatmehrheit) zueinander
      (§ 53)
   Auch hier Unterscheidung gleichartige und ungleichartige Realkonkurrenz.

III. Besondere methodische Hinweise für die Anfertigung von Klausuren und Hausarbeiten

1. Die Klausur

a) Die Klausursituation

In der Klausur soll der Bearbeiter zeigen, dass er in der Lage ist, eine juristische Problematik in beschränkter Zeit zu erfassen, zu lösen und darzustellen.

Das wesentliche Problem dieser Aufgabe ist das Zeitproblem. Wer zunächst eine vollständige Niederschrift ins „Unreine" anfertigt, kommt zwangsläufig in Zeitnot. Schlechte Schrift, Auslassungen und eine unvollständige Reinschrift sind die Folge. Wer sogleich nach kurzem Blick mit der »Reinschrift« beginnt, endet nicht besser. Flickwerk, Ergänzungen, Durchstreichungen, Widersprüche, kurz das Ergebnis eines gedanklichen Durcheinanders, sind unumgänglich.

Richtig hingegen ist es, etwa $\frac{1}{4}$ der zur Verfügung stehenden Zeit (bei Examensklausuren natürlich weniger) zur Anfertigung einer Lösungsskizze zu benutzen. In dieser Lösungsskizze sind die Gedanken nach Personen und Handlungsabschnitten zu ordnen, die zu erörternden Paragraphen aufzunehmen und die wesentlichen Probleme zu benennen sowie zu gewichten. Teilweise wird auch vorgeschlagen, in Stichworten festzuhalten, welche Argumente für die jeweilige Lösung sprechen, tatsächlich dürfte dafür jedoch meistens die Zeit fehlen. Es genügt, wenn der Bearbeiter die Konsequenzen seiner Entscheidung für den weiteren Lösungsgang durchspielt und den zur Streitentscheidung etc. erforderlichen Aufwand gewichtet und festhält, damit später keine Zeitnot auftritt. Gerade im Examen lässt sich immer wieder beobachten, dass zu Beginn viel zu ausführlich gearbeitet wird, der Gesetzestext sinnlos wiederholt wird (z.B. „dann müsste A in der Absicht rechtswidriger Zueignung eine fremde bewegliche Sache weggenommen haben") und bei jedem Tatbestandsmerkmal im Gutachtenstil die Frage nach seiner Auslegung aufgeworfen wird. Ab der Mitte geht dem Bearbeiter dann die Zeit aus und Probleme werden nur noch angerissen bzw. die Konkurrenzen etc. meist gar nicht mehr erörtert. Hier hilft nur eine klare Schwerpunktsetzung in der Lösungsskizze (etwa mit Ausrufezeichen). Für die Konkurrenzen sollte sich der Bearbeiter am Schluss auf alle Fälle noch einige Minuten übrig lassen (sofern diese nicht ohnehin in den einzelnen Tatkomplexen bereits abgehandelt sind) und dann ein Gesamtergebnis formulieren, denn wie bei einem guten Wein bleibt dem Korrektor „der Abgang" bei seiner Bewertung im Gedächtnis.

Im Einzelnen vgl. dazu die Lösungsskizzen im 3. Teil.

b) Formalien

Die Arbeit hat bei Hausarbeiten auf dem Deckblatt den Namen, die Studienanschrift und die Semesterzahl des Bearbeiters zu enthalten. Bei Klausuren genüen regelmäßig der Name und die Matrikelnummer. Weiter ist die Übung, in deren Rahmen die Arbeit geschrieben wird, genau zu kennzeichnen und anzugeben, bei wem diese belegt ist, z. B.:

Friedrich Müller
Frankengutstr. 12
95447 Bayreuth
2. Semester

Übung im Strafrecht für Fortgeschrittene
bei Prof. Dr. X.
SS
1. Klausur

Diesen Angaben folgt das Gutachten. Es empfiehlt sich, ein entsprechendes Deckblatt bereits zur Klausur mitzubringen. Dadurch spart der Bearbeiter Zeit.

Es ist eine Selbstverständlichkeit, dass Stil und Sprache der Ausführungen korrekt, klar und knapp zu halten sind, die Schrift lesbar sein muss. Es ist darauf zu achten, dass ein hinreichender Rand für Korrekturen gelassen wird (mindestens $1/3$ des Bogens). Es empfiehlt sich, die Seiten nur *einseitig* zu beschreiben, denn für den Fall, dass der Bearbeiter größere Änderungen vornehmen will, lassen sich umso leichter ganze Seiten austauschen. Die Seiten sind *fortlaufend* zu nummerieren.

Eine Gliederung ist der Ausarbeitung nicht voranzustellen. Das bedeutet aber nicht, dass eine Gliederung überflüssig ist. Mit der sorgfältigen gedanklichen Gliederung des Sachverhalts beginnt vielmehr die Arbeit an der Klausur. Sie ist Voraussetzung jeder ordentlichen Klausur. – Ist die gedankliche Gliederung erfolgt, so ist eine Lösungsskizze zu entwerfen.

2. Die Hausarbeit

a) Die Aufgabenstellung

Hinsichtlich der Aufgabenstellung unterscheidet sich die Hausarbeit von einer Klausur nicht in der Art, sondern im Umfang und in der Gründlichkeit sowie der Pflicht, andere Ansichten möglichst umfassend zu belegen[13]. Die bei Hausarbeiten meist vorgegebene Seitenbegrenzung sollte schon deshalb eingehalten werden, weil der Aufgabensteller diese bewusst gewählt hat, um zu verdeutlichen, welchen Seitenumfang er bei richtiger Schwerpunktsetzung für angemessen erachtet. Wer die Seitenzahl überschreitet oder mittels unterschiedlichster „Formatierungen" meint, die Seitenbegrenzung umgehen zu können, wird meist nicht nur wegen des Formalverstoßes Punkte abgezogen bekommen, sondern vor allem deshalb, weil er damit zugleich zeigt, dass er Probleme nicht gewichten kann. Auch wenn Studenten dies häufig nicht wahrhaben wollen: wer die vorgegebene Seitenzahl überschreitet prüft meist Tatbestände oder Probleme, die gar nicht oder nicht in diesem Umfang anzusprechen waren. Ansonsten ist an eine Hausarbeit genauso heranzugehen wie an eine Klausur: Den Beginn stellt die gedankliche Gliederung dar, die in der Lösungsskizze ihren unmittelbaren Niederschlag findet. Die Lösungsskizze sollte der Bearbeiter hier ruhig mit Hilfe eines Lehrbuchs oder eines Kommentars anfertigen. Dabei wird er bereits die wesentlichen Problempunkte erkennen und bemerken, zu welchen rechtlichen Problemen eine Vertiefung in der Literatur nötig ist.

Nach Anfertigung der Lösungsskizze ist die genaue Überarbeitung der Lösung mit der Literatur zu empfehlen, wobei sehr wesentlich ist, darzustellen, warum ein bestimmtes Problem vorliegt, wie Lehre und Rechtsprechung die Lösung sehen (mit den zugehörigen Primärzitaten!), und sodann in kritischer Auseinandersetzung mit den vorgefundenen Auffassungen die eigene Meinung aufzuzeigen und zu begründen. Die bloße Bezugnahme auf die herrschende Meinung oder auf andere Autoritäten genügt nicht. – Auch wenn der Bearbeiter sich einer anderen Meinung anschließt, muss er mit eigenen Worten begründen, warum er dies tut.

Es ist dringend davor zu warnen, die Literaturarbeit zu beginnen, bevor die Lösungsskizze vollständig fertig ist. Vor dem ziellosen Exzerpieren und Fotokopieren in der Seminarbibliothek kann nicht eindringlich genug gewarnt werden.

---

[13] Zu den Formalien der Hausarbeit vgl. vor allem *Scheffler* Jura 1994, 549 ff.; *Dietrich* Jura 1998, 142; *Putzke*, Juristische Arbeiten erfolgreich schreiben, Rn. 26 ff., 132 ff.

b) Die Arbeit mit Literatur

Im Gegensatz zur Klausur, in der der Bearbeiter die Probleme und möglich erscheinende Problemlösungen nur darstellt und seine Entscheidung mit eigenen Argumenten begründet, ist in der Hausarbeit eine Auseinandersetzung mit den in Lehre und Rechtsprechung vorgeschlagenen Problemlösungswegen notwendig. Die verschiedenen in Lehre und Rechtsprechung vertretenen Ansichten sind zu belegen, und zwar möglichst umfassend.

Selbstverständlichkeiten, die sich insbesondere bereits aus dem Gesetzeswortlaut ergeben, bedürfen jedoch keines weiteren Nachweises.

Wichtig ist es, dass der Bearbeiter sich nicht mit den Literaturnachweisen in Lehrbüchern und Kommentaren begnügt, sondern selbst zur Primärliteratur (Entscheidungen, Monographien, Aufsätze) greift, da dort die Auseinandersetzung im Regelfall wesentlich breiter geboten wird als in den u. U. kurzen Hinweisen eines Lehrbuches und Kommentars, deren Hinweise als Verweisungen auf weiterführende Literatur zu verstehen sind.

Bei Hausarbeiten sollten möglichst die neuesten Auflagen zitiert werden, nur bei Wechsel des Bearbeiters in einem Kommentar kann u. U. der Hinweis auf eine ältere Auflage geboten sein. Sofern die neueste Auflage in manchen Bibliotheken angesichts knapper Mittel nicht zur Ausarbeitung in ausreichender Zahl zur Verfügung stehen, sollte sie zumindest vor Abgabe der Arbeit zur Kontrolle herangezogen werden.

Beim Zitieren ist zu beachten:

aa) *Zitate* sind nur bei Rechtsfragen sinnvoll. – Falsch: A hätte den Erfolg vorhersehen können (BGHSt 24, 215). – Der BGH hat sich nicht mit dem im Fall genannten A beschäftigt.

bb) Die Zitate müssen so genau sein, dass der Leser die Fundstelle ohne Schwierigkeiten finden kann. Davon abgesehen hat der Bearbeiter bei der konkreten Zitation zwar einen gewissen Spielraum, sie sollte aber immer einheitlich erfolgen.

cc) *Wörtliche Zitate* sind möglichst zu vermeiden. Sie sind allein angebracht, wenn es auf den Wortlaut der zitierten Stelle ankommt. In einem solchen Falle ist das wörtliche Zitat in Anführungszeichen zu setzen.

c) Formalien

Auch die Hausarbeit enthält zunächst die Personalien des Bearbeiters, die Kennzeichnung der Übung und den Text des Falles. Es folgen sodann die Gliederung, das Literaturverzeichnis, das Gutachten und die Unterschrift. Während

Gliederung und Literaturverzeichnis üblicherweise mit römischen Ziffern durchnummeriert werden, beginnt der Textteil in arabischen Ziffern mit „S. 1". Die DIN A 4 Blätter sind nur einseitig zu beschreiben. Ein Abkürzungsverzeichnis wird nicht aufgenommen, da gängige Abkürzungen (und nur die sollten verwendet werden) dem Leser bekannt sind. Bei Monographien kann auf eine abgekürzte Zitierweise im Literaturverzeichnis unter dem jeweiligen Titel hingewiesen werden.

aa) Die *Gliederung* soll dem Leser auf einen Blick erkenntlich machen, unter welchen rechtlichen Gesichtspunkten (§§) und auf welchen Seiten seiner Arbeit der Bearbeiter die Strafbarkeit welcher Personen aufgrund welcher Verhaltensweisen geprüft hat. Enthält die Gliederung weniger, so ist nichts mit ihr anzufangen, so z. B. wenn in einem Fall, in dem A verschiedene Handlungen vorgenommen hat, lediglich die Überschrift „Strafbare Handlungen des A" und sodann ein Dutzend Paragraphen zu finden sind. Enthält die Gliederung zu viele Detailinformationen, z. B. eine vollständige Aufgliederung des erörterten obj. Tatbestandes, so wird sie zu umfangreich und nimmt die Ergebnisse vorweg. Eine zu weitgehende Untergliederung schadet auch im Textteil, da nur wesentliche Gedankenschritte eine eigene Überschrift erhalten sollen. Darüber hinaus sollte der Bearbeiter kontrollieren, dass alle im Text verwendeten Gliederungspunkte auch in der Gliederung selbst auftauchen müssen. Bei der Gliederung sollte zudem beachtet werden, dass jede eigene Gliederungsebene zumindest zwei gleichgeordnete Gliederungspunkte beinhalten und ein logisches Über- und Unterordnungsverhältnis beachtet werden muss. Wird beispielsweise im Rahmen der Rechtswidrigkeit nur der Rechtfertigungsgrund der Notwehr geprüft, dann erhält nur die Ebene der Rechtswidrigkeit ein eigenes Gliederungszeichen, nicht aber der Rechtfertigungsgrund der Notwehr, da kein gleichrangig zu prüfender anderer Rechtfertigungsgrund folgt. Die Gliederungsebenen werden durch eine Kombination aus Buchstaben sowie römischen und arabischen Ziffern bezeichnet [A. I. 1. a) aa) (1)]. Mehr als sechs bis sieben Gliederungsebenen sollten aus Gründen der Übersichtlichkeit vermieden werden.

bb) Im *Literaturverzeichnis* ist nur diejenige Literatur anzugeben, die der Bearbeiter in seinem Gutachten zitiert, und zwar vollständig, d. h. alle verwerteten Lehrbücher, Grundrisse, Kommentare, Monographien, Dissertationen, Aufsätze in Zeitschriften, Festschriften und sonstigen Sammelwerken, Urteilsanmerkungen, Buchbesprechungen usw., dagegen *nicht* Urteile. Diese sind nur in den Anmerkungen zum Text zu zitieren. Das Literaturverzeichnis ist vernünftig zu ordnen, am besten durchgängig alphabetisch nach den Verfassern. Kommentare, die wie der „Münchner Kommentar" oder der „Leipziger Kommentar" einen „Eigennamen" besitzen, werden mit diesem und nicht nach den Verfassern oder den Herausgebern sortiert und im Schrifttumsverzeichnis angeführt. Literatur die zwar

2. Die Hausarbeit   ——   **39**

gelesen, nicht aber zitiert wurde ist ebenso wenig in das Literaturverzeichnis aufzunehmen wie Quellen, die lediglich indirekt zitiert wurden. Indirekte Zitate sind ohnehin nur in Ausnahmefällen zulässig (z. B. unveröffentlichte Urteile: BGH v. 12. 5.1964, zit. nach *Schmidt* NJW 1967, 553). Besonders ärgerlich ist insoweit der Hinweis auf eine in der Rechtsprechung vertretene Auffassung, die dann aber mit einem Aufsatz oder Kommentar belegt wird. Vor „Blindzitaten" muss ebenso gewarnt werden, da die betreffenden Quellen gerade dann, wenn es wirklich auf den entsprechend belegten Problemkreis ankommt, auch dem Korrektor bekannt und somit Fehlzitate gegebenenfalls leicht erkennbar sind.

Selbstständige Schriften (Lehrbücher, Kommentare, Monographien usw.) werden zitiert: Name des Verfassers (bei Verwechselungsgefahr auch der Vorname), Titel des Werkes, Auflage, Erscheinungsjahr, z. B.: *Maurach/Schroeder/ Maiwald* Strafrecht, Besonderer Teil, Teilband 1, 8. Auflage 1995; *Schmidhäuser* Strafrecht, Allgemeiner Teil, 2. Aufl. 1975.

Der Erscheinungsort ist nur bei gänzlich unbekannten Werken anzugeben. Die Herausgeber eines Kommentars oder Sammelwerkes sind vollständig aufzuführen. Nicht genannt werden akademische Titel, Verlag und gegebenenfalls der Titel einer Schriftenreihe, in der die Monographie erschienen ist.

Unselbstständige Beiträge (Aufsätze in Zeitschriften, Festschriften und Sammelwerken o. Ä., Urteilsanmerkungen, Buchbesprechungen) werden nach Verfasser, Titel oder sonstiger Kennzeichnung und Fundstelle angeführt, z. B.: *Bockelmann* Wann ist der Rücktritt vom Versuch freiwillig?, NJW 1955 S.1417 ff.; *Schmidhäuser* Über die Wertstruktur der Notwehr, Honig-Festschrift, 1970, S. 185 ff., *oder Schmidhäuser* Über die Wertstruktur der Notwehr, in: Festschrift für Honig, 1970, S. 185 ff. Entscheidungssammlungen brauchen nicht im Literaturverzeichnis aufgeführt zu werden.

cc) In der Ausformulierung des *Gutachtens* kann sodann unter Verweisung auf die allgemeinen Angaben im Literaturverzeichnis die Literaturangabe in der Fußnote gekürzt erfolgen: z. B.: vgl. *Maurach/Schroeder/Maiwald* B. T. 1, § 41 Rdn. 45 oder *Bockelmann* NJW 1955 S. 1418. Sind mehrere Schriften der gleichen Verfasser zitiert, so ist bei den Einzelzitaten ein klärender Hinweis nötig, auf welches im Literaturverzeichnis angegebene Werk an dieser Stelle verwiesen wird, z. B. *Schmidhäuser* A.T., 8/3, im Gegensatz zu *Schmidhäuser* Honig-Festschrift, S. 190. Bei Kommentaren ist neben der gebräuchlichen Kurzbezeichnung des Kommentars (z. B. LK für Leipziger Kommentar) der jeweilige Bearbeiter und Paragraph mit Randnummer (abgekürzt Rdn., Rn., RN oder RdNr.) zu nennen (z. B. *LK-Rosenau*, § 120 Rdn. 1 oder *Rosenau*, in: LK § 120 Rdn. 1). Enthält eine *Fußnote* mehrere Belege für eine Ansicht, dann sind diese nach einem einheitlichen Schema zu ordnen (z. B. Rechtsprechung nach Datum vor Autoren nach Alphabet). Erläuterungen sind in Hausarbeiten (anders als in Seminararbeiten) in den Fußnoten nicht gestattet. Auch floskelhafte Zusätze wie „mit anschaulichen Beispielen" oder „weiterführend" bzw. „vertiefend" sind zu vermeiden. Ein Verweis mit „wie Fn. 1" auf ein bereits zitiertes Werk ist in Hausarbeiten unüblich und auch die Abkürzung „a.a.O." sollte nur verwendet werden, wenn auf derselben Seite auf die gleiche Textstelle verwiesen wird. Verweise im Text (aber auch in Fußnoten) sind nur nach oben zulässig, ein Verweis nach unten kann bei nichtwissenschaftlichen Veröffentlichungen auf einen fehlerhaften Aufbau deuten.

IV. Anleitungsbücher zur Lösung strafrechtlicher Aufgaben und Fallrepetitorien

Arzt	Die Strafrechtsklausur, 7. Aufl. 2006
Baumann/Arzt/ Weber	Strafrechtsfälle und Lösungen, 6. Aufl. 1986
Beulke	Klausurenkurs im Strafrecht I, Ein Fall- und Repetitionsbuch für Anfänger, 7. Aufl. 2016
Beulke	Klausurenkurs im Strafrecht II, Ein Fall- und Repetitionsbuch für Fortgeschrittene, 3. Aufl. 2014
Beulke	Klausurenkurs im Strafrecht III, Ein Fall- und Repetitionsbuch für Examenskandidaten, 4. Aufl. 2013
Bock	Wiederholungs-und Vertiefungskurs Strafrecht, Allgemeiner Teil, 2013
Bock	Wiederholungs-und Vertiefungskurs Strafrecht, Vermögensdelikte, 2013
Bock	Wiederholungs-und Vertiefungskurs Strafrecht, Nichtvermögensdelikte, 2013
Bringewat	Methodik der juristischen Fallbearbeitung, 2. Aufl. 2013
Bringewat	Klausurenschreiben leicht gemacht: Ein Leitfaden für Form und Aufbau juristischer Klausuren im Zivilrecht, Strafrecht und öffentlichem Recht (18. Aufl. 2013)
Brühl	Die juristische Fallbearbeitung in Klausur, Hausarbeit und Vortrag, 3. Aufl. 1992
Chowdhury/Meier/ Schröder	Standardfälle Strafrecht für Fortgeschrittene, 4. Aufl. 2016
Coester-Waltjen ua (Hrsg.)	Examensklausurenkurs, 4. Aufl. 2011
Coester-Waltjen ua (Hrsg.)	Zwischenprüfung (Jura Sonderheft) Ausgabe 2/2004
Dencker	30 Klausuren aus dem Strafrecht, 3. Aufl. 1994
Ebert (Hrsg.)	Strafrecht Allgemeiner Teil, 16 Fälle mit Lösungen, 2. Aufl. 2008
Fahse/Hansen	Übung für Anfänger im Zivil- und Strafrecht, 9. Aufl. 2000
Frister (Hrsg.)	Die strafrechtliche Klausur, 1998
Gabor	Standardfälle Strafrecht für Anfänger, Band 2, 4. Aufl. 2014
Gössel	Fälle und Lösungen nach höchstrichterlichen Entscheidungen – Strafrecht, 7. Aufl. 1997

Gössel	Strafrecht mit Anleitung zur Fallbearbeitung und zur Subsumtion, 8. Aufl. 2001
Gropp/Küpper/ Mitsch	Fallsammlung zum Strafrecht, Juristische Examensklausuren, 2. Aufl. 2012
Haft	Strafrecht Fallrepetitorium zum Allgemeinen und Besonderen Teil, 5. Aufl. 2004
von Heintschel-Heinegg	Prüfungstraining Strafrecht, Band 1: Methodik der Fallbearbeitung, 1999
von Heintschel-Heinegg	Prüfungstraining Strafrecht, Band 2: Fälle mit Musterlösungen, 1992
Hilgendorf	Fallsammlung zum Strafrecht: Allgemeiner und Besonderer Teil, 5. Aufl. 2008
Hillenkamp	32 Probleme aus dem Strafrecht, Allgemeiner Teil, 5. Aufl. 2014
Hillenkamp	40 Probleme aus dem Strafrecht, Besonderer Teil, 2. Aufl. 2013
Jäger	Examens-Repetitorium Strafrecht AT, 7. Aufl. 2015
Jäger	Examens-Repetitorium Strafrecht BT, 6. Aufl. 2015
Jescheck	Fälle und Lösungen zum Lehrbuch des Strafrechts, Allgemeiner Teil mit Aufbaumustern, 3. Aufl. 1996
Jung/Müller-Dietz	Anleitung zur Bearbeitung von Strafrechtsfällen, 1983
Kargl	Strafrecht, Ein Übungs- und Klausurenkurs, 1987
Kern/Langer	Anleitung zur Bearbeitung von Strafrechtsfällen, 8. Aufl. 1985
Kienapfel	Strafrechtsfälle: Zwischenprüfung, Klausurtechnik, Musterlösungen, 9. Aufl. 1989
Kindhäuser/ Schumann/Lubig	Klausurtraining Strafrecht, 2. Aufl. 2012
Kleinbauer/Schröder/ Voigt	Standardfälle Strafrecht für Anfänger, Band 1, 2. Aufl. 2009
Köbler	Die Anfängerübung mit Leistungskontrolle im bürgerlichen Recht, Strafrecht und öffentlichen Recht, Eine Einführung, 7. Aufl. 1995
Kudlich	Fälle zum Strafrecht Allgemeiner Teil, 2. Aufl. 2014
Marxen	Kompaktkurs Strafrecht. Besonderer Teil: Fälle zur Einführung, Wiederholung und Vertiefung, 2004
Merten	20 Standardfälle. Strafrecht. Zur gezielten Vorbereitung auf die Übung für Anfänger, 2000
Meurer/Kahle/ Dietmeier	Übungskriminalität für Einsteiger – Anfängerhausarbeiten im Strafrecht, 2000

Preis/Prütting/ Sachs/Weigend	Die Examensklausur: Originalfälle, Musterlösungen, Hinweise, 5. Aufl. 2013
Rotsch/Nolte/Pfeifer/ Weitemeyer	Die Klausur im Ersten Staatsexamen, 2003
Rotsch	Strafrechtliche Klausurenlehre, 2. Aufl. 2016
Roxin/Schünemann/ Haffke	Strafrechtliche Klausurenlehre mit Fallrepetitorium, 5. Aufl. 1994
Rudolphi	Fälle zum Strafrecht, Allgemeiner Teil, 5. Aufl. 2000
Samson	Strafrecht I, 7. Aufl. 1988
Schimmel	Juristische Klausuren und Hausarbeiten richtig formulieren, 11. Aufl. 2014
Schlüter/Niehaus/ Schröder	Examensklausurenkurs im Zivil-, Straf-, und Öffentlichen Recht: 22 Klausuren mit Musterlösungen, 2. Aufl. 2015.
Schwind/Franke/ Winter	Übungen im Strafrecht für Anfänger: Originalfälle mit Musterlösungen und Erläuterungen. Hausarbeiten und Klausuren, 5. Aufl. 2000
Sonnen/Mitto/Nugel	Strafrecht Besonderer Teil. Fälle, 2006
Steinberg	Angewandte juristische Methodenlehre für Anfänger, 2006
Strauß	Strafrecht – Fälle und Lösungen –, 3. Aufl. 1998
Tiedemann	Die Anfängerübung im Strafrecht, 4. Aufl. 1999
Valerius	Einführung in den Gutachtenstil: 15 Klausuren zum Bürgerlichen Recht, Strafrecht und Öffentlichen Recht, 3. Aufl. 2009
Wagner	Fälle zum Strafrecht, Besonderer Teil, 4. Aufl. 1998.
Wohlers/Schuhr/ Kudlich	Klausuren und Hausarbeiten im Strafrecht, 4. Aufl. 2014
Wolters	Fälle mit Lösungen für Fortgeschrittene im Strafrecht, 2. Aufl. 2006.

Aufsätze zu Fragen der Klausurmethodik

Dietrich	Jura 1998, 142
Fahl	JA, 2008, 350 – 559 (10 Tipps zum Schreiben von (nicht nur) strafrechtlichen Klausuren und Hausarbeiten)
Freund	JuS 1997, 235 – 239 u. 331 – 335 (Der Aufbau der Straftat in der Fallbearbeitung)
Herzberg	JuS 1990, 728 – 732 u. 810 – 816 (Kritische Überlegungen zur Methodik der Fallbearbeitung)
Geilen	Jura 1979, 536 – 549 (Methodische Hinweise zur Bearbeitung von Strafrechtsfällen)

Geppert	Jura 2002, 278–282 (Abschlussklausur im Strafrecht)
Hardtung	JuS 1996, 610–615, 706–710 u. 807–811 (Das Springen im strafrechtlichen Gutachten)
Henseler	Jura 2009, 554–559 (Fallbearbeitung im Strafrecht)
Möllers	JuS-Lernbogen 2001, L 65 und 81
Momsen/Rackow	JA 2006, 550–555 u. 654–664 (Der Erlaubnistatbestands-irrtum in der Fallbearbeitung)
Petersen	Jura 2002, 105–109 (Typische Subsumtionsfehler in (straf-) rechtlichen Gutachten)
Puppe	JA 1989, 345–364 (Juristische Methodenlehre für die Strafrechtshausarbeit)
Scheffler	Jura 1994, 549–554 (Hinweise zur Bearbeitung von Straf-rechtshausarbeiten)
Schlehofer	JuS 1992, 572–578 u. 659–666 (Juristische Methodologie und Methodik der Fallbearbeitung)
Schroeder	JuS 1984, 699–703 (Anleitung für strafrechtliche Übungs-arbeiten)
Seher	Jura 2001, 814–819 (Die objektive Zurechnung und ihre Darstellung im strafrechtlichen Gutachten)
Seier/Jörgens	JA-Übungsblätter 1980, 49, 103 und 154
Steinberg/Bergmann	Jura 2009, 905–910 (Über den Umgang mit den „Konkur-renzen" in der Strafrechtsklausur)
Stiebig	Jura 2009, 274–276 (Der Erlaubnistatbestandsirrtum in der Prüfungsarbeit)

Argumentationshilfen zu einzelnen Problemen

Eser/Burkhardt	Strafrecht I, Juristischer Studienkurs, 4. Aufl. 1992
Hillenkamp	32 Probleme aus dem Strafrecht AT, 5. Aufl. 2015
Hillenkamp	40 Probleme aus dem Strafrecht BT, . Aufl. 2013
Joecks	Studienkommentar StGB, 11. Aufl. 2014
Kindhäuser	Strafrecht Allgemeiner Teil, 7. Aufl. 2015
Kindhäuser	Lehr- und Praxiskommentar, 6. Aufl. 2015
Kudlich	PdW, Strafrecht Allgemeiner Teil, 4. Aufl. 2013
Kudlich	PdW, Strafrecht Besonderer Teil I, 3. Aufl. 2013
Küper/Zopfs	Strafrecht Besonderer Teil. Definitionen mit Erläuterungen, 9. Aufl. 2015
Marxen	Kompaktkurs Strafrecht. Allgemeiner Teil, 2003
Marxen	Kompaktkurs Strafrecht. Besonderer Teil: Fälle zur Ein-führung, Wiederholung und Vertiefung, 2004

2. Teil: **Der Aufbau strafrechtlicher Falllösungen**

A. Das Aufbauschema als Denkschema

Jedes Aufbauschema ist ein Denkschema, d. h. es soll die Prüfung des Sachverhalts dadurch erleichtern, dass der Bearbeiter zum schrittweisen Vorgehen in einer Weise gezwungen wird, die es ihm ermöglicht, etwaige Probleme eines Falles zu erkennen und in einem vernünftigen Zusammenhang zu erörtern. Methodisch dient diese Vorgehensweise dazu, eine gleichmäßige, vernünftige und differenzierte Rechtsanwendung zu ermöglichen und die Fallprüfung zu erleichtern. Die einzelnen Prüfungsschritte sind zudem Ausdruck einer bestimmten Wertung über die zu prüfende Handlung. Es macht von der Wertung einen deutlichen Unterschied, ob jemand bereits tatbestandslos handelt (d. h. seine Handlung keinem Straftatbestand zugeordnet werden kann) oder ob ihm lediglich etwa wegen Volltrunkenheit bei der Tatbegehung im Einzelfall kein Vorwurf für seine Handlung gemacht wird. Der hier relevante Zusammenhang wird im Strafrecht unmittelbar durch den Deliktsaufbau vorgegeben.

Studierende sollten frühzeitig den Zusammenhang zwischen den unterschiedlichen Begehungsarten erkennen und nicht stur jedes einzelne Aufbauschema für sich genommen auswendig lernen. Wichtiger ist es, die jeweiligen Besonderheiten etwa der Versuchsprüfung zu erfassen und mit dem Aufbau des vollendeten Delikts zu vergleichen. Dabei sollte der Student beispielsweise erkennen, warum beim Versuch das unmittelbare Ansetzen nach dem Tatentschluss erörtert und warum dieses objektive Merkmal dennoch aus Sicht des Täters geprüft wird. Hat er dies nachvollzogen, ergibt sich ein gewisses Grobraster der Prüfung von selbst.

Das Delikt ist unabhängig von der Frage des richtigen Verbrechensaufbaus als tatbestandsmäßiges, rechtswidriges und schuldhaftes Verhalten zu erfassen. Seine einzelnen Elemente sind bei einer Deliktsprüfung daher in ihrer Prüfungsreihenfolge vorgegeben. Auszugehen ist von den Merkmalen des objektiven Gesetzestatbestandes, sodann sind die Voraussetzungen des subjektiven Tatbestandes, der Rechtswidrigkeit und der Schuld zu erörtern:

---

1. Tatbestand
    a) Obj. Tatbestand
    b) Subj. Tatbestand, insbesondere Vorsatz
2. Rechtswidrigkeit
3. Schuld

Dieses Prüfungsschema enthält lediglich eine Aussage über die logische Prüfungsreihenfolge, führt hingegen nicht an die auf den einzelnen Prüfungsebe-

DOI 10.1515/9783110515916-002

nen – z. B. im objektiven Tatbestand – angesiedelten Probleme heran. Es bedarf daher je nach Deliktstyp, Begehungsform und Verwirklichungsgrad der Verfeinerung.

Sachverhalt:
A sieht im Supermarkt, dass B das Wechselgeld, das er an der Kasse erhalten hat, unaufmerksam neben den Waren liegen lässt, während er diese einpackt. Als B sich gerade umwendet, ergreift A das Geld, 78,– € und verschwindet damit.
In Betracht kommt eine Prüfung des § 242.

Objektiver Tatbestand:
Dann müsste A eine fremde bewegliche Sache weggenommen haben. Das Geld ist eine bewegliche Sache und für A auch eine fremde Sache, denn der Eigentümer war B.

A hat das Geld weggenommen, wenn er fremden Gewahrsam an dem Geld gebrochen und eigenen begründet hat. Gewahrsam ist das von einem Herrschaftswillen getragene, tatsächliche Herrschaftsverhältnis einer Person über eine Sache unter Berücksichtigung der sozialen Zuordnung. Sachherrschaft über das Geld erlangte B, als die Kassiererin ihm das Geld aushändigte. Sein Sachherrschaftsverhältnis wurde gelockert, ging aber keineswegs verloren, als er das Geld neben die Ware legte. Dieses Sachherrschaftsverhältnis brach A, als er das Geld an sich nahm und einsteckte. A hat demnach eine fremde bewegliche Sache weggenommen.

Subjektiver Tatbestand:
A handelte in Kenntnis der Tatumstände und ihres Bedeutungsgehaltes, d. h. er erfüllte den objektiven Tatbestand wissentlich.

Da er das Geld zu eigenen Zwecken nutzen wollte, handelte er zugleich in der Absicht rechtswidriger Zueignung des Geldes.

Rechtswidrigkeit:
Rechtfertigungsgründe sind nicht ersichtlich.

Schuld:
A handelte schuldhaft (es gibt keine Anhaltspunkte für einen Schuldausschluss).

B. Das Erfolgsdelikt

I. Das vorsätzliche Begehungsdelikt

1. Das Aufbauschema:

1. Tatbestand
   a) Objektiver Tatbestand
      aa) Eintritt des tatbestandsmäßigen Erfolges?
      bb) Besondere Merkmale des Handlungssubjekts (z. B. Sonderdelikte, eigenhändige Delikte)?
      cc) Tathandlung und sonstige Merkmale der Handlungsmodalität?
      dd) Verursachung des Erfolges durch den Täter?
      ee) Objektive Zurechnung
          Objektive Zurechnungskriterien, z. B. ob der Erfolg außerhalb des Schutzbereichs der Norm liegt, ob ein Fall eigenverantwortlicher Selbstgefährdung des Opfers oder der Risikoverringerung durch den Täter vorliegt?
   b) Subjektiver Tatbestand
      Tatbestandsvorsatz im Zeitpunkt der Tathandlung bzgl. aller Merkmale des obj. Tatbestandes unter Einschluss des Kausalverlaufes (ansonsten u. U. Tatbestandsirrtum, § 16 I) und sonstige subjektive Merkmale des Tatbestandes, z. B. besondere Absichten oder Motive des Täters?
   c) Vorsatzunabhängige objektive Strafbarkeitsbedingungen: Stehen außerhalb des Tatbestandes (z. B. § 231 – Eintritt der schweren Folge).
2. Rechtswidrigkeit
   Aufhebung der unrechtsindizierenden Wirkung des Tatbestands durch einen Rechtfertigungsgrund mit seinen
   – objektiven Merkmalen?
   – subjektiven Merkmalen?
3. Schuld
   a) Schuldfähigkeit?
   b) Schuldausschließungs- und Entschuldigungsgründe?
   c) Vorsatzschuld (str., Erlaubnistatbestandsirrtum besser im Rahmen der Rechtswidrigkeit beim subjektiven Rechtfertigungselement prüfen)?
   d) Unrechtsbewusstsein i. S. d. § 17?
4. Strafausschließungs- (z. B. § 258 V) und Strafaufhebungsgründe
5. a) Strafverfolgungsvoraussetzungen, z. B. Strafantrag
   b) Strafverfolgungshindernisse, z. B. Verjährung

2. Hinweise zur Anwendung des Aufbauschemas

a) Im Zentrum der Strafrechtsanwendung steht für Studenten die Frage, ob sich jemand aufgrund eines bestimmten Lebenssachverhaltes strafbar gemacht hat.

Diese Frage lässt sich im strafrechtlichen Gutachten (das regelmäßig bis zum ersten Staatsexamen zu erstellen ist) in drei Einzelfragen aufgliedern: **Wer** (bestimmte Beteiligte) könnten sich **wodurch** (durch welche bestimmten Handlungen) **wonach** (bestimmte Delikte) strafbar gemacht haben.

Bei der Prüfung der einzelnen Punkte des Aufbauschemas sind eingehende Erörterungen nur dort notwendig, wo der Sachverhalt einen Hinweis auf eine Problematik gibt. Das führt in vielen Fällen dazu, dass die Ausführungen zur Rechtswidrigkeit und Schuld auf den Satz beschränkt werden können: „X handelte rechtswidrig und schuldhaft". Strafausschließungs- oder Strafaufhebungsgründe sind überhaupt nur zu erörtern, wenn Hinweise auf ihr Vorliegen gegeben sind. Ausführungen zu Strafverfolgungsvoraussetzungen, z. B. zum Strafantrag, sollten sich – bei den entsprechenden Delikten – in der Bemerkung erschöpfen, das Erfordernis des Strafantrags sei zu beachten, wenn sich nicht aus dem Sachverhalt – genaue Daten werden mitgeteilt – ergibt, dass der Strafantrag nicht gestellt wurde und die Frist zur Stellung des Antrags verstrichen ist. Ausführungen zu sonstigen Strafverfolgungshindernissen (z. B. Verjährung) sind regelmäßig nur bei entsprechender Fragestellung (z. B. in der strafprozessualen Zusatzfrage) zu erörtern. Auf die Strafzumessung wird bis zum Ersten Staatsexamen nur bei Regelbeispielen und vertypten Strafzumessungsgründen (z. B. § 213) eingegangen.

b) Bei der Prüfung des **objektiven Tatbestandes** wird festgestellt, ob die Handlung tatbestandsmäßig ist, d. h. alle Umstände erfüllt, die die Besonderheiten eines bestimmten Deliktes des Besonderen Teils des StGB kennzeichnen (Beispiel Sachbeschädigung: Wer [Tatsubjekt/Der Täter] fremde Sache [Tatobjekt] und beschädigen [Tathandlung]).

aa) Zum objektiven Tatbestand gehört bei den Erfolgsdelikten auch die **Kausalität.** Sofern die Ursächlichkeit des Täterverhaltens für den Erfolgseintritt offensichtlich ist, kann dies in einem kurzen Satz ohne gutachterliche Ausführungen zur Äquivalenztheorie etc. festgestellt werden. Bei den Erfolgsdelikten muss allerdings in zweifacher Hinsicht eine Verbindung zwischen Handlung und Erfolg vorliegen, da einerseits feststehen muss, dass ohne die Handlung des Täters ein Erfolg nicht eingetreten wäre (Kausalitätsfrage), andererseits aber das durch den Täter im Hinblick auf den konkreten Erfolg verursachte Risiko bewertet werden muss (normative Bewertung i. S. d. objektiven Zurechnung).

Auch die **objektive Zurechnung** wird nur angesprochen, wenn der Sachverhalt hierzu Anlass bietet. Wer mag, kann zumindest feststellen, dass die Handlung des Täters den Erfolg objektiv zurechenbar verursacht hat (kurze Feststellung im Urteilsstil). Die objektive Zurechnung wird vorrangig bei den Fahrlässigkeitsdelikten relevant, ihre Bedeutung bei den Vorsatzdelikten ist abgesehen von den Fällen eigenverantwortlicher Selbst- bzw. Fremdgefährdung sehr umstr. Die Lehre von der objektiven Zurechnung kann auf die (wenig aussage-kräftige) Formel zurückgeführt werden, dass der Täter (durch seine ursächliche Tathandlung) ein rechtlich missbilligtes Risiko geschaffen haben muss, das sich im tatbestandsmäßigen Erfolg realisiert hat (Risikozusammenhang)[1]. Dann erörtert der Bearbeiter anhand der folgenden Fallgruppen die Problematik im Einzelfall:

(1) Der Kausalverlauf liegt außerhalb aller Lebenserfahrung: Der Kausalverlauf ist so ungewöhnlich, dass der Täter bei dessen Zurechnung für Zufall und Schicksal einstehen müsste (sog. Adäquanzurteil).

(2) Fehlende Beherrschbarkeit des Kausalverlaufs: Der Täter ist nicht in der Lage, den Kausalverlauf zu beherrschen; er schafft durch seine Handlung kein rechtlich messbares Risiko.

(3) Risikoverringerung: Der Täter führt einen konkreten Erfolg herbei, um einen drohenden schwereren Erfolg zu verhindern.

(4) Gleicher Erfolgseintritt bei rechtmäßigem Alternativverhalten (Pflichtwidrigkeitszusammenhang beim Fahrlässigkeitsdelikt): Der Erfolg wäre auch bei rechtmäßigem Verhalten eingetreten. Der Erfolg wird nicht durch das vom Täter geschaffene Risiko, sondern aufgrund davon unabhängiger Umstände herbeigeführt.

(5) Beteiligung an der Selbstverletzung des vollverantwortlich handelnden Opfers/einverständliche Fremdgefährdung: Hat das Opfer die Selbstverletzung aufgrund freier Entscheidung voll verantwortlich herbeigeführt, so würde die Zurechnung dieses Erfolges dem Täter Schutzpflichten auferlegen, die mit der Privatautonomie des Opfers unvereinbar sind.

(6) Der Erfolg liegt außerhalb des Schutzzwecks der verletzten Verhaltensnorm: Der Erfolg wird nicht durch das vom Täter geschaffene Risiko, sondern aufgrund davon unabhängiger Umstände herbeigeführt.

Beispiel: A sticht B mit dem Messer in das Herz. B stirbt im Krankenhaus bei der erforderlichen Operation, weil dem behandelnden Arzt leicht fahrlässig ein Kunstfehler unterläuft. Zunächst ist festzustellen, dass kein Fall der überholenden Kausalität gegeben ist, da der Messerstich immer noch als Bedingung für die fahrlässige Operation und damit den Todeserfolg fortwirkt. Dann ist die allgemeine Formel der objektiven Zurechnung zu nennen („A müsste durch seinen Messerstich eine rechtlich relevante [bzw. eine rechtlich missbilligte] Gefahr geschaffen haben und genau diese müsste sich im konkret eingetretenen Taterfolg, dem Tod des B bei der Operation, realisiert haben") und zu problematisieren, dass hier der Risikozusammenhang fraglich sein könnte. Dieser kann im Beispiel anhand verschiedener Fallgruppen diskutiert werden, wobei hier vor allem das Adäquanzurteil von Bedeutung ist (leicht fahrlässige Behandlungsfehler können auch geübten Ärzten unterlaufen und sind damit regelmäßig vorhersehbar).

Da sich die aufgezeigten Fallgruppen stark überschneiden und zudem die objektive Zurechnung ein offener Wertungsvorgang ist, wird in Klausuren die Kenntnis der jeweils relevanten Ausnahme vorausgesetzt. Sonst muss der Bearbeiter seine Zeit mit der Erörterung

---

1 Zur Darstellung im strafrechtlichen Gutachten vgl. *Seher* Jura 2001, 814 ff.

eines umfangreichen Ausnahmekatalogs vertun, ohne eine Garantie zu haben, die relevante Ausnahme auch tatsächlich zu erkennen.

c) Bei den Vorsatztaten müssen alle Merkmale des Straftatbestandes vom **Vorsatz** des Täters umfasst sein. Vorsatz ist grundsätzlich Voraussetzung aller Delikte, es sei denn, Fahrlässigkeit wird ausdrücklich unter Strafe gestellt (vgl. § 15). Gemeinhin wird unter Vorsatz der Wille zur Verwirklichung eines Tatbestandes in Kenntnis aller seiner Tatumstände verstanden (oder ungenau, aber gängige Kurzformel: Wissen und Wollen der Tatbestandsverwirklichung). Sofern der Tatbestand eines Deliktes keine bestimmte Vorsatzform verlangt, sind alle drei Vorsatzarten (Absicht, direkter Vorsatz, Eventualvorsatz) gleichwertig, d.h. es genügt, wenn der Täter hinsichtlich des jeweiligen Umstandes mit dolus eventualis handelt. Dennoch empfiehlt es sich in Klausuren beispielsweise bei der Prüfung eines Totschlags deutlich zu machen, dass zwar Eventualvorsatz genügt, der Täter aber sogar mit Absicht etc. gehandelt hat. Sind für den subjektiven Tatbestand besondere subjektive Unrechtsmerkmale (z.B. Habgier bei § 211) oder „überschießende Innentendenzen" (z.B. Zueignungsabsicht bei § 242; Bereicherungsabsicht in § 263) gesetzlich vorgesehen, die keine Entsprechung im objektiven Tatbestand haben, so sind diese in einem zweiten Schritt im subjektiven Tatbestand zu erörtern. Bei den in einigen Tatbeständen genannten Motivmerkmalen (z.B. § 211 Mordlust, Habgier, niedrige Beweggründe) oder Gesinnungsmerkmalen (z.B. § 315 c Rücksichtslosigkeit) ist allerdings umstr., ob es sich um subjektive Tatbestandsmerkmale oder um spezielle Schuldmerkmale handelt. Bei manchen Tatbeständen dient die Kennzeichnung als Absicht schließlich lediglich dazu, dolus eventualis auszuschließen (z.B. §§ 225, 258, 145). Es wird demnach gar keine Absicht i.e.S. vorausgesetzt, vielmehr lediglich verlangt, dass zumindest direkter Vorsatz vorliegt. Die sog. **objektiven Bedingungen der Strafbarkeit** sind im Anschluss an den subjektiven Tatbestand zu erörtern, da sich der Vorsatz auf diese nicht beziehen muss (z.B. der Tod oder die schwere Körperverletzung bei § 231).

d) Eine tatbestandsmäßige Handlung ist in aller Regel **rechtswidrig,** es sei denn, sie ist durch einen Rechtfertigungsgrund gedeckt. Rechtfertigungsgründe sind Erlaubnissätze, auf die im Gutachten nur einzugehen ist, wenn es entsprechende Hinweise im Sachverhalt gibt. Auf den stereotypen und nichtssagenden Satz „und die Tat ist auch rechtswidrig, da keine Rechtfertigungsgründe ersichtlich sind" kann immer verzichtet werden. Eine positive Feststellung der Rechtswidrigkeit ist insoweit nur bei den sog. „offenen Tatbeständen" (wie § 240) erforderlich. Bei diesen muss nach der Prüfung möglicher Rechtfertigungsgründe die Verwerflichkeit des Täterverhaltens ausdrücklich begründet werden. Als Rechtfertigungsgrund kommen nicht nur strafrechtliche, sondern auch alle Erlaubnisse aus dem privaten und öffentlichen Recht in Betracht, unabhängig davon, ob sie gesetzlich normiert oder gewohnheitsrechtlich anerkannt sind. Für die Prüfung bedeutet dies, dass sämtliche **in Frage kommenden Rechtfertigungsgründe** im Gutachten anzusprechen sind, auch wenn die Tat bereits durch einen Rechtfertigungsgrund erfasst ist. Bei der Reihenfolge der Prüfung der Rechtfertigungsgründe empfiehlt es sich, speziellere Rechtfertigungsgründe zuerst zu prüfen, wobei dabei auch zu berücksichtigen ist, wie weitreichend die Rechtfertigungswirkung des jeweiligen Rechtfertigungsgrundes ist (deshalb Einwilligung und „schneidiges" Notwehrrecht zuerst prüfen; defensiver Notstand [§ 229 BGB] ist bei Sachgefahr vor dem allgemeinen Notstand [§ 34] zu prüfen).

Sämtliche Rechtfertigungsgründe besitzen einen vergleichbaren Aufbau. Wie der Deliktstatbestand bestehen sie aus objektiven und subjektiven Merkmalen. Objektiv stellen sie Anforderungen an die Situation (Rechtfertigungslage) und an die Handlung (Rechtfertigungshandlung). Ebenso ist ein subjektives Rechtfertigungselement erforderlich (str.), da die objektiven Elemente der Rechtfertigung lediglich den in der Verwirklichung des objektiven Tatbestands liegenden Erfolgsunwert kompensieren. Unrecht besteht insoweit aus einem objektiven (Erfolgsunwert) und einem subjektiven Teil (Handlungsunwert). Erst wenn der Täter um die rechtfertigenden Umstände weiß und mit Verteidigungswillen handelt, wird das Handlungsunrecht kompensiert.

Aufbau Rechtfertigungsgrund

---

(1) Rechtfertigungslage
(2) Rechtfertigungshandlung
(3) Subjektives Rechtfertigungselement

Beispiel: Aufbau des rechtfertigenden Notstands (§ 34)

---

1. Notstandslage
    a) notstandsfähiges Rechtsgut oder rechtlich anerkanntes Interesse des Täters (Notstand) oder eines Dritten (Notstandshilfe)
    b) Gefahr, d. h. objektive ex-ante Prognose, ob der Eintritt eines Schadens aufgrund der tatsächlichen Umstände wahrscheinlich ist.
    c) gegenwärtig, weiter als bei § 32; umfasst sind auch die Fälle der Dauergefahr
2. Notstandshandlung
    a) Erforderlichkeit, d. h. die Gefahr darf nicht anders abwendbar sein (geeignet und mildestes Mittel)
        Prüfung, ob noch andere geeignete, gleich wirksame Mittel zur Verfügung stehen, die weniger einschneidend sind.

b) Abwägung der betroffenen Rechtsgüter (§ 34 S. 1) nach Rangverhältnis (Indiz: strafrechtlicher Schutz) sowie

Intensität und Umfang des drohenden Schadens, wobei sowohl der Grad der drohenden Gefahr als auch die Situation des § 228 BGB (analog) Berücksichtigung finden kann.

c) Angemessenheitsklausel (§ 34 S. 2): Tat nicht angemessen, wenn

    aa) in unantastbare Freiheitsrechte eingegriffen wird (Selbstbestimmungsrecht, Menschenwürde)

    bb) besondere gesetzliche oder sonstige Duldungspflichten bestehen

    cc) Tat gegen oberste Rechtsprinzipien verstößt, z. B. keine Rechtfertigung, wenn Rechtsordnung für diesen Konflikt abschließend ein bestimmtes, rechtlich geordnetes Verfahren zur Verfügung stellt.

3. Subjektives Rechtfertigungselement

Kenntnis der Notstandslage und Verteidigungswille.

---

e) Der Begriff der Strafbegründungsschuld (im strafrechtlichen Gutachten als **Schuld** bezeichnet) fasst diejenigen Voraussetzungen der Strafbarkeit zusammen, die es erlauben, dem Täter die rechtswidrige Tat auch persönlich vorzuwerfen. Nach dem heute vorherrschenden normativen Schuldbegriff wird dem Täter vorgeworfen, dass er rechtswidrig gehandelt hat, obwohl er unter den konkreten Umständen fähig war, normgemäß zu handeln. Da die Fähigkeit zur Normbefolgung im Normalfall vorausgesetzt werden kann, fasst der Prüfungspunkt „Schuld" im strafrechtlichen Gutachten die Fallgruppen zusammen, in denen sie ausnahmsweise ausgeschlossen ist (Schuldfähigkeit, Entschuldigungsgründe, fehlendes Unrechtsbewusstsein) oder in denen die Schuld des Täters durch zusätzliche Umstände gekennzeichnet wird (spezielle Schuldmerkmale – z. B. Böswilligkeit in § 225 I). Zudem müssen Studenten, wenn sie den sog. eingeschränkten Schuldtheorien folgen und beim Erlaubnistatbestandsirrtum den Vorsatzschuldvorwurf entfallen lassen, auch diesen Irrtum im Rahmen der Schuld prüfen. Auf Fragen der Schuld wird nur eingegangen, wenn der Sachverhalt dazu Anlass bietet.

II. Das versuchte Erfolgsdelikt

1. Der Versuch

Der Versuch eines Delikts ist dadurch gekennzeichnet, dass ein objektives Merkmal des Unrechtstatbestandes (Tatbestand und Rechtswidrigkeit) fehlt. Typisch für die Versuchssituation ist ein Mangel im objektiven Gesetzestatbestand. Zu beachten ist aber, dass auch beim Vorliegen der objektiven Voraussetzungen eines Rechtfertigungsgrundes eine Versuchssituation begründet ist, wenn der Täter die objektiv rechtfertigende Situation nicht kennt (Fehlen des subjektiven Rechtfertigungselements).

Beispiel: Der Oberförster O, der lange schon dem Wilderer W übel will, sieht W hinter einem Gebüsch sitzen. Er legt an und erschießt W. Später stellt sich heraus, W hatte seinerseits bereits auf O gezielt, um ihn zu erschießen. Dieses hatte O nicht bemerkt.

Ergebnis: Kein vollendeter Totschlag des O, da O objektiv gerechtfertigt handelte, auch wenn er die rechtfertigende Situation nicht kannte. Es kommt aber versuchter Totschlag in Betracht, denn O hatte den Entschluss gefasst, den Unrechtstatbestand des Totschlags zu verwirklichen; str., im Einzelnen dazu: *Otto* Grundkurs Strafrecht, A.T., § 18 Rdn. 46 ff.

a) Bevor Erörterungen zur Frage gemacht werden, ob der Täter ein bestimmtes Delikt versucht hat, ist darzulegen, dass ein vollendetes Delikt nicht vorliegt. In offensichtlichen Fällen (z. B. A schießt mit Tötungsvorsatz auf B, trifft ihn aber nicht) kann dieses mit einem einzigen kurzen Satz im Rahmen einer **Vorprüfung** vor der Erörterung des Tatentschlusses geschehen. Sofern hingegen die **fehlende Vollendung** nur mittels einer eingehenden Prüfung festgestellt werden kann, ist mit der Prüfung des vollendeten Delikts zu beginnen (z. B. der Totschlag ist deshalb nicht vollendet, weil dem Täter der Todeserfolg nicht objektiv zugerechnet werden kann). Diese ist abzubrechen, nachdem feststeht, dass der objektive Tatbestand nicht erfüllt ist oder dass der Täter objektiv gerechtfertigt gehandelt hat. Im Rahmen der anschließenden Versuchsprüfung kann dann hinsichtlich der fehlenden Vollendung auf die vorangegangene Prüfung verwiesen werden.

b) Ist der objektive Tatbestand eines Delikts nicht erfüllt, so ist als nächstes zu prüfen, ob der **Versuch** dieses Delikts überhaupt **strafbar** ist; dazu vgl. § 23 I Alt. 1 (für Verbrechen) und Alt. 2 (für Vergehen) in Verbindung mit § 12. – Steht fest, dass der Versuch des betreffenden Delikts strafbar ist, so beginnt die sachliche Erörterung des Versuchs. Diese beginnt zunächst mit der Prüfung des Tatentschlusses, bevor auf das unmittelbare Ansetzen, d. h. den Versuchsbeginn eingegangen wird.

2. Das Aufbauschema:

a) Vorprüfung
  aa) Feststellung, dass kein vollendetes Delikt vorliegt
  bb) Ist der Versuch strafbar?
b) Subjektiver Tatbestand/Tatentschluss
  aa) Hat der Täter den vorbehaltlosen Entschluss gefasst, ein bestimmtes Delikt zu begehen, d. h. wollte er bewusst den obj. Tatbestand eines Delikts erfüllen? Beim unechten Unterlassungsdelikt ferner: Bewusstsein der Garantenstellung des Täters?
  bb) Hat der Täter die evtl. geforderten subj. Einstellungen zu dem Geschehen (z. B. Zueignungsabsicht, Bereicherungsabsicht usw.)?

c) Unmittelbares Ansetzen

Hat der Täter nach seiner Vorstellung von der Tat zur Verwirklichung des Tatbestan des unmittelbar angesetzt, d. h. nimmt der Täter unter Zugrundelegung seines Vorstellungsbildes von der Situation eine Handlung vor, die das Rechtsgut unmittelbar gefährdet, ohne weitere wesentliche Zwischenakte in die Tatbestandserfüllung übergeht und in räumlicher und zeitlicher Nähe zur Tatbestandserfüllung steht und sagt sich der Täter dabei subjektiv „jetzt geht's los"?

d) Rechtswidrigkeit

e) Schuld

f) Strafausschließungs- und Strafaufhebungsgründe, insbesondere Rücktritt

g) Strafverfolgungsvoraussetzungen, z. B. Strafantrag

Hinweis: Die Vorprüfung muss nicht zwingend einen eigenen Gliederungspunkt erhalten, da sie außerhalb der eigentlichen Versuchsprüfung steht. Teilweise wird aus diesem Grund die Berechtigung einer eigenen Vorprüfung in Abrede gestellt. Anders als etwa die Abgrenzung von Tun und Unterlassen lässt sich aber der Prüfungspunkt „fehlende Nichtvollendung und Strafbarkeit des Versuchs" nicht sinnvoll in den Prüfungsaufbau integrieren, so dass eine jedenfalls in Klausuren übliche Vorprüfung auch hier empfohlen wird.

---

3. Hinweis zur Anwendung des Aufbauschemas

a) Der Bearbeiter muss sich bei der Versuchsprüfung immer der Tatsache bewusst sein, dass er einen vom **Vorstellungsbild des Täters** geprägten Sachverhalt beurteilt. Der **Tatentschluss** (gleichwertig als subjektiver Tatbestand bezeichnet) umfasst alle Merkmale des objektiven Tatbestandes und sonstige Absichten (z. B. Bereicherungsabsicht, § 263) etc. Der Bearbeiter muss deshalb lediglich die ansonsten objektive Prüfung der Tatbestandsmerkmale aus Sicht des Täters vornehmen.

> *Beispiel:* A bietet B eine Tasse Kaffee an, die er mit einem tödlichen Gift versetzt hat. B trinkt den Kaffee nicht, da er im Laufe des anregenden Gesprächs mit A kalt geworden ist. Der Tatentschluss muss, damit ein Mord angenommen werden kann, auf die Merkmale des Grundtatbestands (Totschlag) und das Mordmerkmal Heimtücke gerichtet sein. Zudem ist subjektiv ein Ausnutzungsbewusstsein erforderlich. Bei der Prüfung des Tatentschlusses hinsichtlich der Heimtücke wird nicht objektiv, sondern subjektiv formuliert: „A wollte auch die aufgrund der Arglosigkeit des B bestehende Wehrlosigkeit zur Tötung ausnutzen, denn dieser hätte sich aufgrund des Gesprächs und der netten Einladung keines Angriffs gegen Leib und Leben versehen."

Der Tatentschluss muss sich natürlich auch auf die Umstände beziehen, die bereits objektiv verwirklicht worden sind. In diesem Fall kann dann auch entsprechend formuliert und das objektiv verwirklichte Geschehen als vom Täter gewollt beschrieben werden.

b) Der objektive Tatbestand des Versuchs umfasst lediglich das **unmittelbare Ansetzen** des Täters zur Tat und sollte auch so bezeichnet werden. Die Prüfung des unmittelbaren Ansetzens vor dem Tatentschluss ist ein schwerer Fehler, da der Täter immer nur aus seiner Sicht zu einer konkreten Tat ansetzen kann und damit ohne vorhergehende Prüfung des Tatentschlusses ein unmittelbares Ansetzen nur abstrakt ohne Fallbezug erörtert werden könnte. Sofern das unmittelbare Ansetzen unproblematisch ist, können die hierfür maßgebenden Kriterien in einer einheitlichen Formel angesprochen werden (s. o.). Ansonsten ist auf die jeweils problematischen Kriterien vertieft einzugehen.

> *Beispiel:* A will seiner Frau F eine Unterschrift unter ein Testament abnötigen und sie unmittelbar anschließend erschießen. F weigert sich, zu unterschreiben, so dass A die Tötung auf einen späteren Zeitpunkt verschiebt. Während ein räumlich-zeitlicher Zusammenhang unproblematisch gegeben ist, bereitet vor allem das Kriterium des wesentlichen Zwischenaktes Probleme, denn für A war die Unterschrift ein wesentlicher Zwischenschritt (Bedingung) vor der Tötung.

Umstritten ist der Versuchsbeginn dann, wenn mehrere Personen gemeinschaftlich als **Mittäter** gemäß § 25 II handeln. Nach der heute überwiegend vertretenen Meinung beginnt der Versuch für alle Mittäter, wenn zumindest einer der Mittäter in Vollzug des gemeinsamen Tatplans zur Verwirklichung des Tatbestandes unmittelbar ansetzt (sog. Gesamtlösung), d. h. auch im Falle der Beteiligung mehrerer ist zunächst zu prüfen, ob in der Person *eines* der Beteiligten ein Versuch vorliegt.

c) Liegt ein versuchtes Delikt vor, ist regelmäßig an die Prüfung eines **Rücktritts** zu denken. Die Prüfung eines strafbefreienden Rücktritts setzt die Feststellung voraus, welches Delikt der Täter rechtswidrig und schuldhaft verwirklicht hat. Erst im Anschluss an diese Feststellung ist dann ein eventueller strafbefreiender Rücktritt zu erörtern. Hierbei sollte sich der Bearbeiter zuvor Gedanken machen, ob mehrere Tatbeteiligte (auch Anstifter oder Gehilfen) beteiligt sind, da dann § 24 II anwendbar ist. Ansonsten gilt auch hier der Grundsatz, dass die meisten Rücktrittsvoraussetzungen aus Tätersicht zu beurteilen sind (z. B. ob der Versuch fehlgeschlagen ist).

d) Besonderheiten ergeben sich bei der Prüfung des Versuchs eines unechten Unterlassungsdelikts. Hier muss der Bearbeiter gegebenenfalls zu der Streitfrage Stellung beziehen, ob ein Versuch eines unechten Unterlassungsdelikts überhaupt möglich ist, wenn der Täter sich die Garantenstellung irrig vorstellt. In dieser Situation wird in der Literatur z. T. ein Wahndelikt angenommen, z. T. ein strafbarer untauglicher Versuch.

Dazu m. w. N. *Otto,* Grundkurs Strafrecht A.T., § 18 Rdn. 74 ff.

Auch bei der Prüfung des Tatentschlusses hinsichtlich der Unterlassungskausalität haben Bearbeiter vielfach Schwierigkeiten, da zwar im Rahmen der hypothetischen Kausalitätsfeststellung erforderlich ist, dass die Handlung den Erfolg mit an Sicherheit grenzender Wahrscheinlichkeit vermieden hätte, es beim Tatenschluss aber genügt, dass der Täter dies als eine Möglichkeit billigend in Kauf genommen hat.

III. Das vorsätzliche unechte Unterlassungsdelikt

1. Das Aufbauschema:

1. Tatbestand
   a) Objektiver Tatbestand
      aa) Ist der tatbestandsmäßige Erfolg eingetreten?
      bb) Nichtvornahme der gebotenen Handlung trotz Erfolgsabwendungsmöglichkeit; hierbei Abgrenzung ob ein Tun oder Unterlassen vorliegt
      cc) Hätte das Eingreifen des Täters den Erfolg mit an Sicherheit grenzender Wahrscheinlichkeit abgewendet?
      dd) Hatte der Täter eine Erfolgsabwendungspflicht (Garantenstellung, § 13)?
         – Beschützergaranten: z.B. aus speziellem Rechtssatz, natürlicher Verbundenheit, Gefahrengemeinschaft, Amtsträgerstellung (str.), Übernahme von Schutzpflichten
         – Überwachergaranten: z.B. Ingerenz, Beherrschung einer Gefahrenquelle, Beherrschung eines räumlich abgegrenzten Bereiches, Aufsichtspflicht.
      ee) gegebenenfalls Berücksichtigung der Entsprechungsklausel (§ 13)
      ff) Zumutbarkeit der Erfolgsabwendung (str., a.A. nur Entschuldigungsgrund oder Ausschluss der Rechtswidrigkeit)
      gg) Zurechnungs- bzw. Pflichtwidrigkeitszusammenhang: Realisierte sich in der Beeinträchtigung des Rechtsguts die Gefahr, die X aufgrund seiner Garantenstellung abzuwenden oder zu vermindern verpflichtet war?
   b) Subjektiver Tatbestand
      Vorsatz, insbes. auch Bewusstsein der Garantenposition (sonst Tatbestandsirrtum) – Sonstige subjektive Merkmale des Tatbestandes, z.B. besondere Absichten oder Motive des Täters
2. Rechtswidrigkeit
   a) nach überwiegender Auffassung wird hier die aus der Garantenstellung abgeleitet Pflicht geprüft. Die Zweiteilung geschieht vor allem deshalb, weil dann ein Irrtum über die Pflicht nur ein Verbotsirrtum (§ 17) ist.
   b) gegebenenfalls besonderer Rechtfertigungsgrund der rechtfertigenden Pflichtenkollision
3. Schuld, *vgl. hierzu I. 3.*
4. Strafausschließungs- und Strafaufhebungsgründe
5. Strafverfolgungsvoraussetzungen, z.B. Strafantrag.

2. Hinweise zur Anwendung des Aufbauschemas

a) Die **Abgrenzung von Tun und Unterlassen** wird zweckmäßig bei der Prüfung der tatbestandsmäßigen Handlung vorgenommen (beim Versuch im Rahmen des Tatentschlusses) und gefragt, ob der Täter den Erfolg durch ein Tun oder Unterlassen herbeigeführt haben könnte. Da das unechte Unterlassungsdelikt subsidiär zum Begehungsdelikt ist, muss es auch nach diesem geprüft werden.

Beliebte (Klausur-) Abgrenzungsprobleme entstehen etwa dann, wenn mehrere Verhaltensweisen zeitlich aufeinanderfolgen (Verhaltenssukzession). Hier ist jeder Handlungsabschnitt getrennt zu prüfen und anschließend zu fragen, in welchem Verhältnis die Abschnitte zueinander stehen.

Beispiel: Autofahrer A fährt den Fußgänger F wegen eines Fahrfehlers an, erkennt die lebensgefährlichen Verletzungen des F und lässt ihn dennoch liegen. In diesem Fall kommt einerseits ein aktives Verhalten (die fahrlässige Verursachung des Unfalls) und andererseits ein Unterlassen (die unterlassene Hilfe) als Anknüpfungspunkt der Prüfung in Betracht.

b) Das Schema beruht auf der sachlichen Prämisse, dass eine Haftung aus einem Erfolgsdelikt wegen unechten Unterlassens nur dann statthaft ist, wenn der Täter den Erfolg **mit an Sicherheit grenzender Wahrscheinlichkeit** abwenden konnte. Eine Haftung wegen unterlassener Verminderung der Erfolgseintrittschancen, auch wenn damit der Erfolg nicht mit an Sicherheit grenzender Wahrscheinlichkeit abgewendet werden konnte, ist damit ausgeschlossen.

Beispiel: Der Sohn des A ist ins Wasser gefallen. A könnte ihm einen Rettungsring zuwerfen, doch ist es nicht sicher, ob S ihn ergreifen kann, denn S ist aufgeregt und im Fluss herrscht eine starke Strömung. Wahrscheinlich würde S den Ring greifen können, doch eine an Sicherheit grenzende Wahrscheinlichkeit ist nicht gegeben. – A wirft aufgrund dessen den Ring nicht. – S ertrinkt.
Frage: Kann A der Tod des S als sein Werk zugerechnet werden oder nicht?

Wer die Haftung daran knüpft, dass der Täter den Erfolg mit an Sicherheit grenzender Wahrscheinlichkeit hätte abwenden können, muss das Vorliegen eines vollendeten Delikts ablehnen, wenn dieser Nachweis nicht erbracht ist. – Es bleibt dann nur die Möglichkeit der Bestrafung wegen eines versuchten Tötungsdelikts, da es diesbezüglich genügt, wenn der Täter eine Rettung mit an Sicherheit grenzender Wahrscheinlichkeit als eine der möglichen Folgen ansieht (bedingter Vorsatz, str.).

c) Nach umstr. Auffassung ist die rechtfertigende Pflichtenkollision ein auf das Unterlassungsdelikt beschränkter Rechtfertigungsgrund, der neben die anderen Rechtfertigungsgründe tritt, da eine Pflichtenkollision nur bei Kollision von

Handlungsgeboten entstehen könne, eine Unterlassungspflicht aber dem Handlungsgebot stets vorgehe.

IV. Das fahrlässige Begehungsdelikt

1. Das Aufbauschema:

1. Tatbestand
   a) Eintritt des Erfolges?
   b) Verhalten, das für den Eintritt des Erfolges ursächlich war. Gegebenenfalls: Wurde der Erfolg durch ein Tun oder Unterlassen herbeigeführt?
   c) Objektive Sorgfaltspflichtverletzung?
   d) Objektive Vorhersehbarkeit des Erfolges und des Kausalverlaufs in seinen wesentlichen Zügen (bei unbewusster Fahrlässigkeit)?
   e) Objektive Zurechnung?
      Von Fall zu Fall prüfen, ob z. B. der Erfolg außerhalb des Schutzbereichs der Norm liegt, ob ein Fall eigenverantwortlicher Selbstgefährdung des Opfers oder der Risikoverringerung durch den Täter vorliegt.
2. Rechtswidrigkeit
3. Schuld
   a) Subj. Sorgfaltspflichtverletzung?
   b) Subj. Voraussicht des Erfolges und des Kausalverlaufs in seinen wesentlichen Zügen sowie Vertrauen auf den Nichteintritt des Erfolges (bei bewusster Fahrlässigkeit) oder subjektive Vorhersehbarkeit des Erfolges und des Kausalverlaufs in seinen wesentlichen Zügen (bei unbewusster Fahrlässigkeit)
   c) Möglichkeit der Unrechtseinsicht im Sinne des § 17?
   d) Fehlen von Entschuldigungsgründen, insbes. Unzumutbarkeit normgemäßen Verhaltens
4. Strafausschließungs- und Strafaufhebungsgründe
5. Strafverfolgungsvoraussetzungen, z. B. Strafantrag

2. Hinweise zur Anwendung des Aufbauschemas

a) Fahrlässigkeit kann negativ als eine ungewollte, d. h. unvorsätzliche Deliktsverwirklichung charakterisiert werden. Anders als beim vorsätzlichen Begehungsdelikt ist nicht zwischen einem objektiven und einem subjektiven Tatbestand zu unterscheiden. Ebenso wenig kann es mangels Verwirklichungswillens und daraus abgeleitetem Tatentschluss einen Versuch und mangels praktikabler Differenzierungskriterien auch keine Teilnahme geben. Fahrlässigkeit setzt die Verletzung einer Sorgfaltspflicht voraus, da der Tatbestand eines fahrlässigen Erfolgsdelikts (wie z. B. §§ 222, 229) sich nicht in der bloßen Verursachung des tatbestandsmäßigen Erfolges erschöpfen kann. Da der Erfolg i. d. S. durch die

Verletzung einer Sorgfaltspflicht bedingt sein muss, muss auch die festgestellte Verletzung der Sorgfalt der maßgebliche Grund für den tatbestandsmäßigen Erfolg sein. Dazu muss nicht nur der Kausalverlauf objektiv vorhersehbar, sondern auch bei Einhaltung der erforderlichen Sorgfalt objektiv vermeidbar gewesen sein. Fahrlässig handelt damit, wer die im Verkehr erforderliche Sorgfalt außer Acht lässt und dadurch objektiv vorhersehbar und objektiv vermeidbar einen Deliktstatbestand verwirklicht. Art und Maß der anzuwendenden Sorgfalt ergeben sich aus den Anforderungen, die bei einer Betrachtung der Gefahrenlage ex ante an einen besonnenen und gewissenhaften Menschen in der konkreten Lage und sozialen Rolle zu stellen sind. Bei der **Feststellung der Sorgfaltspflichtverletzung** wird in Klausuren leider immer wieder sehr oberflächlich geprüft. Tatsächlich empfiehlt es sich zunächst anhand des konkreten Sachverhalts festzustellen, welche Sorgfaltspflicht in der Situation ex ante bestanden hat und dann darauf einzugehen, warum diese durch den Täter verletzt wurde.

Beispiel: Die Fahranfängerin F fährt mit 30 km/h durch eine verkehrsberuhigte Zone, als plötzlich ein Kind zwischen zwei parkenden Fahrzeugen hervorspringt. F kann nicht mehr rechtzeitig anhalten, ein äußerst geübter Kraftfahrer hätte vielleicht noch den Unfall vermeiden können. Der Bearbeiter hat bei der Prüfung von § 229 zunächst anhand der konkreten Umstände (verkehrsberuhigte Zone, aber möglicherweise unabwendbares Ereignis etc.) aufzuzeigen, welche Sorgfaltspflicht im konkreten Fall bestand. Dies hat, wenn sich keine speziellen Sorgfaltsnormen in der StVO etc. finden, anhand des Sorgfaltsmaßstabes des geübten Kraftfahrers zu erfolgen. Dabei ist zudem hier darauf einzugehen, ob dieser Maßstab nicht individualisiert werden muss (Fahranfängerin). Nach h. M. ist eine entsprechende Individualisierung des Maßstabs aber erst im Rahmen der Schuld bei der Frage nach der individuellen Sorgfaltspflichtverletzung vorzunehmen.

Bei der Feststellung der anzuwendenden Sorgfalt können gedanklich folgende Quellen der Sorgfaltspflicht „abgehakt" werden, bevor vom Bearbeiter auf den allgemeinen Sorgfaltsmaßstab anhand der oben aufgezeigten Maßfigur eingegangen wird:

aa) Tatbestände des Strafgesetzes
   z. B. § 315 c I Nr. 2: Hinweis auf konkrete Pflichten im Straßenverkehr
bb) Andere Gesetze oder Verordnungen
   z. B. Straßenverkehrsordnung, Straßenverkehrszulassungsordnung
cc) Verwaltungsakte, z. B. Anordnungen und Auflagen in Verbindung mit einer Baugenehmigung oder der Genehmigung zum Betrieb einer Anlage.
dd) Private Regelwerke, z. B. DIN-Normen, VDE-Vorschriften, Sportregeln
ee) Vertrag, z. B. ärztlicher Behandlungsvertrag
ff) Ungeschriebene Regeln des Wirtschafts- und Soziallebens, z. B. kein Verkauf von Streichhölzern an kleine Kinder

Fehlen Regeln, ist das „erlaubte Risiko" durch Abwägung von Schadenswahrscheinlichkeit und Schadensintensität zu ermitteln. Das Sorgfaltsgebot kann u.a. dahin gehen, bestimmte Handlungen schlicht zu unterlassen (auch bei Übernahmeverschulden), Vorsichts-, Kontroll- und Überwachungsmaßnahmen zu ergreifen bzw. Vorbereitungs- und Informationspflichten (z.B. Steuerpflichtiger über Umfang seiner Steuerpflicht) zu erfüllen. Ansonsten sollte der Studierende beachten, dass neben dem Begriff der Sorgfaltspflichtverletzung auch von der Überschreitung des erlaubten Risikos gesprochen wird oder manche Autoren Kriterien wie etwa die objektive Voraussehbarkeit als allein maßgebend ansehen. Im Grunde sind die Divergenzen rein terminologischer Natur, einen Gewinn an Rechtssicherheit beinhalten sie nicht, da Fahrlässigkeit jeweils gleich festgestellt wird. Insbesondere der Begriff des erlaubten Risikos kennzeichnet das Ergebnis einer Gesamtabwägung, die gerade die Feststellung der erforderlichen Sorgfalt voraussetzt und verschließt damit rechtsmethodisch den Blick für die tatsächlichen Strukturen der Fahrlässigkeitsprüfung.

b) Im Rahmen der **Rechtswidrigkeit** besteht bei Fahrlässigkeit natürlich das Problem, dass man kaum sagen kann, dass eine Handlung einerseits objektiv pflichtwidrig, andererseits aber durch Notwehr oder Notstand gerechtfertigt ist. Hier wäre es sicherlich konsequent, bei Vorliegen von Notwehr oder Notstand schon die objektive Pflichtwidrigkeit auszuschließen. Darüber hinaus begünstigt der eigenständige Prüfungspunkt „Rechtswidrigkeit" die Vorstellung, zum Ausschluss der Rechtswidrigkeit seien auch im Fahrlässigkeitsbereich sämtliche Voraussetzungen eines Rechtfertigungsgrundes, d.h. auch das subj. Rechtfertigungselement erforderlich. Dem ist nicht so, denn schon beim Vorliegen der obj. Voraussetzungen eines Rechtfertigungsgrundes fehlt es an der obj. Sorgfaltspflichtverletzung. Trotz dieser berechtigten Kritik am Fahrlässigkeitsaufbau der h.M. wird hier deren Aufbau zugrunde gelegt, um einen möglichst unproblematischen Umgang mit diesem Übungsbuch zu ermöglichen. Zudem sind Aufbaufragen letztlich „Konventionssache" und sollten deshalb, sofern der Student damit umzugehen weiß, auch nicht überschätzt werden.

c) Nach überwiegend vertretener Auffassung muss im Rahmen der **Fahrlässigkeitsschuld** darauf eingegangen werden, ob der Täter nach seinen individuellen Fähigkeiten in der Lage war, den Erfolg vorherzusehen und zu vermeiden. Neben dieser individuellen Sorgfaltspflichtverletzung bei individueller Voraussehbarkeit des Erfolges wird nur selten auf spezifische Besonderheiten der Fahrlässigkeitsschuld einzugehen sein. In Klausuren sollte aber zumindest eine stereotype Feststellung der individuellen Fähigkeit vermieden werden. Teilweise werden individuelle Sorgfaltspflichtverletzung und individuelle Vorhersehbarkeit allerdings bereits im Tatbestand der Fahrlässigkeit geprüft. Konsequenzen hat dieser Streit kaum, da bei individualisierter Betrachtung bereits im Tatbestand eben gegebenenfalls von einer Übernahmefahrlässigkeit etc. auszugehen ist.

Zur herrschenden Meinung, deren Verständnis des Aufbaus hier zugrunde gelegt wird, vgl. *Jescheck/Weigend* Lehrbuch des Strafrechts, Allgemeiner Teil, 5. Aufl. 1996, S. 578 f.; *Armin Kaufmann* Welzel-Festschrift, 1974, S. 404 ff.; *Schmidhäuser* Schaffstein-Festschrift, 1975, S. 141 ff.; *Schroeder* LK, 112. Aufl. 2010 ff., § 16 Rdn. 144 ff.; *Schünemann* Schaffstein-Festschrift, 1975, S. 159 ff.

Zur Gegenansicht: *Freund* Strafrecht, A.T., ²1998, 2. Aufl. 2008, § 5 Rdn. 22 ff.; *Jakobs* Studien zum fahrlässigen Erfolgsdelikt, 1972, S. 64 ff.; *ders.* Strafrecht, Allgemeiner Teil, 2. Aufl. 1991, 9/1 ff.; *Otto* Grundkurs Strafrecht, A.T., § 10 Rdn. 12 ff.; *Stratenwerth/Kuhlen* Strafrecht, Allgemeiner Teil I, 6. Aufl. 2011, § 15 Rdn. 12 ff.

V. Das fahrlässige unechte Unterlassungsdelikt

1. Tatbestand
   a) Eintritt des tatbestandsmäßigen Erfolges?
   b) Nichtvornahme der gebotenen Handlung trotz Erfolgsabwendungsmöglichkeit; hierbei Abgrenzung ob ein Tun oder Unterlassen vorliegt
   c) Hätte das Eingreifen des Täters den Erfolg mit an Sicherheit grenzender Wahrscheinlichkeit abgewendet?
   d) Garantenstellung und eventuell weitere besondere Tätermerkmale
   e) Objektive Sorgfaltspflichtverletzung
   f) Objektive Vorhersehbarkeit
   g) Objektive Zurechnung
      Von Fall zu Fall prüfen, ob z.B. der Erfolg außerhalb des Schutzbereichs der Norm liegt, ob ein Fall alternativ rechtmäßigen Verhaltens vorliegt o.Ä.?
2. Rechtswidrigkeit, *vgl. hierzu I. 2.*
3. Schuld, *vgl. hierzu V. 3.*
4. Strafausschließungs- und Strafaufhebungsgründe
5. Strafverfolgungsvoraussetzungen, z.B. Strafantrag

C. Besondere Formen der Deliktsverwirklichung

I. Das erfolgsqualifizierte Delikt
Vorsatz/Fahrlässigkeitskombination

Das erfolgsqualifizierte Delikt baut auf dem Grundtatbestand auf. Einigkeit besteht sodann darüber, dass die bloße Kausalbeziehung zwischen dem Grunddelikt und dem besonderen Erfolg nicht genügt. Es ist ein engerer Zusammenhang erforderlich.

Der Bundesgerichtshof und ein Teil der Lehre fordern mit Recht, dass ein **spezifischer Zusammenhang** zwischen der Tathandlung des Grundtatbestandes und dem besonderen Erfolg gegeben sein muss, so dass sich in dem besonderen Erfolg eine dem Tatverhalten typischerweise eigentümliche Gefahr realisiert hat. Demgegenüber fordern andere, dass der besondere Erfolg sich unmittelbar aus dem Erfolg des Grundtatbestandes entwickelt haben muss. Demgemäß wird im Aufbau des erfolgsqualifizierten Delikts unterschieden:

1. *Entwicklung des besonderen Erfolgs aus der Handlung des Grundtatbestandes*
   a) Unrechtstatbestand des Grunddelikts
   b) Erfolgseintritt
   c) Stellt sich der besondere Erfolg als Realisierung einer bereits spezifisch (typischerweise) in der Tathandlung des Grundtatbestandes angelegten Gefahr dar?
   d) War der besondere Erfolg dem Täter vorhersehbar (§ 18)?
   e) Schuld
2. *Entwicklung des besonderen Erfolgs aus dem Erfolg des Grundtatbestandes*
   a) Unrechtstatbestand des Grunddelikts
   b) Erfolgseintritt
   c) Hat sich der besondere Erfolg unmittelbar aus dem Erfolg des Grundtatbestandes entwickelt?
   d) War der besondere Erfolg dem Täter vorhersehbar (§ 18)?
   e) Schuld
3. *Hinweis*
   Niemals darf der qualifizierende Erfolg vor dem Grundtatbestand erörtert werden. Ist die bewusste Verwirklichung dieses Grundtatbestandes nämlich gerechtfertigt, so verliert das erfolgsqualifizierte Delikt seine Grundlage!

II. Actio libera in causa

1. Die Konstruktion

Bildlich, nicht begrifflich (!), lässt sich die „actio libera in causa" als der Fall einer mittelbaren Täterschaft des Täters durch sich selbst beschreiben: Der Täter will eine bestimmte Tat begehen, versetzt sich in den Zustand der Schuldunfähigkeit und führt jetzt die Tat aus. – In diesem Fall wird dem Täter aufgrund des verantwortlichen In-Gang-Setzens des Geschehens der Erfolg so zugerechnet, als habe er ihn voll verantwortlich verwirklicht.

Eingehend zur Konstruktion und zur Problematik der „actio libera in causa": *Otto* Grundkurs Strafrecht, A.T., § 13 Rdn. 15 ff.

2. Der Deliktsaufbau

a) Zunächst ist der verwirklichte Tatbestand zu erörtern (z. B. § 212).

b) Im Rahmen der Schuldprüfung ist festzustellen, dass der Täter im Zeitpunkt der Tatvornahme schuldunfähig war (hier kann bereits auf das Auslegungsmodell der „actio libera in causa" eingegangen werden).

c) Nunmehr ist – wenn Anhaltspunkte im Sachverhalt dafür gegeben sind – die Frage nach der „actio libera in causa" aufzuwerfen, d. h. die Frage danach, ob der Täter wie ein schuldfähiger Täter haftet, weil er das Geschehen voll verantwortlich in Gang gesetzt hat und sich daher auf seine Schuldunfähigkeit nicht berufen kann. Liegt eine „actio libera in causa" aufgrund der tatsächlichen Gegebenheiten vor, so ist aus dem verwirklichten Tatbestand zu bestrafen. Ist dies nicht der Fall, so ist auf § 323 a einzugehen (vgl. unten III.).

3. Hinweis

Vieles spricht dafür, dass die „actio libera in causa" nur als vorsätzliche „actio libera in causa" erörterungswürdig ist. – Die in der Literatur erwähnte fahrlässige „actio libera in causa" ist ohne eigenständige Bedeutung, da ohnehin jeder fahrlässig gesetzte Tatbeitrag genügt, um eine Strafbarkeit zu begründen. Sie wird im Rahmen der Sorgfaltspflicht bei der Prüfung des Fahrlässigkeitsdelikts abgetan, indem nämlich der Moment des sorgfaltspflichtwidrigen Verhaltens u. U. in den Zeitraum verlegt wird, in dem der Täter vollverantwortlich war. – Ist dies im Rahmen der Sorgfaltspflichtprüfung nicht möglich, so hilft auch die Konstruktion der „actio libera in causa" nicht.

III. Der Vollrausch, § 323 a

1. Bei der Deliktsprüfung ist nicht mit § 323 a, sondern mit dem Tatbestand zu beginnen, der im Vollrausch verwirklicht wurde (z. B. §§ 223, 212, 303).
   2. Nachdem in der Schuldprüfung festgestellt worden ist, dass der Täter zur Zeit der Tat schuldunfähig im Sinne des § 20 war, ist – bei Anhaltspunkten im Sachverhalt hierfür – auf das Vorliegen einer „actio libera in causa" einzugehen (dazu vgl. unter II.).
   3. Sind keine Anhaltspunkte für eine „actio libera in causa" gegeben oder hat der Bearbeiter das Vorliegen einer solchen verneint, ist nunmehr mit der Prüfung des § 323 a zu beginnen, indem der Bearbeiter darlegt, der Täter habe im Vollrausch (hierfür kann er auf die oben durchgeführte Schuldprüfung verweisen) eine Tat begangen, die wegen der Unzurechnungsfähigkeit des Täters nicht bestraft werden kann (wiederum Verweisung nach oben), anschließend folgt die Prüfung der übrigen Merkmale des § 323 a.

Sodann erfolgt die Prüfung von Rechtswidrigkeit und Schuld des Vollrauschdelikts, wobei hier insbesondere darauf zu achten ist, ob z. B. ein Rechtfertigungsgrund für das Berauschen vorlag oder Entschuldigungsgründe gegeben sind.

IV. Die Wahlfeststellung

Eine Wahlfeststellung kommt nur dann in Betracht, wenn feststeht, dass der Täter von verschiedenen, selbstständigen Straftaten notwendigerweise mindestens eine begangen hat, jedoch nicht mit Sicherheit zu entscheiden ist, welche.

1. Zunächst ist im Rahmen der gewöhnlichen Deliktsprüfung darzulegen, dass, je nachdem, ob die Tatsache X oder die Tatsache Y als richtig unterstellt wird, der Täter das Delikt V oder W begangen hat.

Beispiel: Vor der Firma des B werden drei Fernsehgeräte von einem Kfz abgeladen. Während der Fahrer F und B das erste Gerät in den Laden tragen, verschwindet eines der beiden anderen Geräte. B und F bringen schnell den letzten Apparat in das Geschäft, sichern dieses und begeben sich auf die Verfolgung des Täters. Sie erwischen einige Straßen entfernt den A, der schwer an einem Fernsehgerät der Art, wie es B abhanden gekommen ist, schleppt. – Vor Gericht bekundet A, er habe diesen Apparat von einem Passanten für 50,– € gekauft, während manches dafür spricht, dass er selbst den Apparat weggenommen hat. Das Gericht kann nicht mit letzter Sicherheit feststellen, welcher Sachverhalt der richtige ist.

Der Bearbeiter hat nunmehr dem Leser durch sorgfältige Subsumtion zu zeigen: Hat A den Apparat selbst fortgenommen, so hat er sich eines Diebstahls, § 242, schuldig gemacht, hat er ihn angekauft, so wäre er wegen Hehlerei, § 259, strafbar.

Hat A den Apparat weggenommen, so ist die Möglichkeit einer Hehlerei ausgeschlossen, wie umgekehrt die Hehlerei voraussetzt, dass A nicht Täter des Diebstahls ist.

2. Anschließend ist darzulegen, dass die beiden in Frage stehenden Delikte weder in einem logischen Stufenverhältnis, z. B. im Verhältnis des Grundtatbestandes zur Qualifikation oder zur Privilegierung, stehen, noch in einem wertethischen Stufenverhältnis, z. B. im Verhältnis des Vorsatzdelikts zum Fahrlässigkeitsdelikt. – Liegt ein Stufenverhältnis vor, so findet der Grundsatz in dubio pro reo Anwendung.

3. Jetzt erst ist zu prüfen, ob die Wahlfeststellung in dem konkreten Fall überhaupt zulässig ist. Bevor diese Feststellung jedoch getroffen werden kann, muss spätestens seit dem Anfragebeschluss des zweiten Strafsenats, in dem dieser einen Verstoß der Rechtsfigur der echten Wahlfeststellung gegen Art. 103 II GG behauptet hat[2], nunmehr zunächst auf die allgemeine Zulässigkeit der echten Wahlfeststellung eingegangen werden.

Zu den im Einzelnen str. Voraussetzungen: *Ceffinato* Jura 2014, 655; *Otto* Grundkurs Strafrecht, A.T., § 24 Rdn. 8 ff.

4. Nachdem die Zulässigkeit der Wahlfeststellung bejaht worden ist, ist darzulegen, dass der Täter wegen z. B. eines Diebstahls oder einer Hehlerei in Wahlfeststellung zu bestrafen ist, wobei die Strafe unter Anwendung des Grundsatzes in dubio mitius dem mildesten Gesetz zu entnehmen ist, soweit die Gesetze nicht den gleichen Strafrahmen haben.

---

2 Vgl. BGH NStZ 2014, 392; abl. hierzu *Bosch*, JK 10/14, GG Art. 103 II/6; *Ceffinato* Jura 2014, 655.

D. Beteiligungsformen

Stehen die Verhaltensweisen mehrerer Personen in Frage, so ist stets mit der Person zu beginnen, die der Tatausführung am nächsten steht. Dies ist in der Regel derjenige, der die Tat mit eigener Hand ausgeführt hat. Sodann ist das Verhalten weiterer Personen nacheinander zu erörtern und zwar unter der Fragestellung, ob diese Person aufgrund ihrer Stellung zur Tat als *Täter* (Mittäter, mittelbarer Täter, Nebentäter) oder *Teilnehmer* anzusehen ist. Die **Frage der Täterschaft** darf niemals abstrakt und isoliert vor der Prüfung der Tatbestandsmäßigkeit erörtert werden, sondern sie sollte immer **bei** der konkret zu prüfenden **Tathandlung angesprochen werden.** Eine immer wieder zu beobachtende Vorabprüfung von Täterschaftsfragen ergibt keinen Sinn, da es keine Strafbarkeit wegen Mittäterschaft, sondern nur wegen mittäterschaftlicher Begehung eines bestimmten Deliktes gibt. Wer beispielsweise der Tatherrschaftslehre nahe steht, muss feststellen, ob hinsichtlich der konkret erforderlichen Tathandlung eine funktionelle Beherrschung des Tatgeschehens bei dem jeweiligen Tatbeteiligen gegeben ist. Wer hingegen § 25 II isoliert vorab prüft, kann diese Frage ohne Rücksicht auf die konkrete Tathandlung mittels der nichtssagenden Zurechnungsregel des § 25 II nicht beantworten. Es gibt nur eine Täterschaft hinsichtlich eines bestimmten Deliktes, nicht aber eine Täterschaft schlechthin.

> *Beispiel:* A und B wollen C eine „Abreibung" verpassen. A hält C fest und B versetzt ihm einige Schläge ins Gesicht. Zunächst ist B als Tatnächster, der alle Tatbestandmerkmale des § 223 in eigener Person verwirklicht, zu prüfen, ohne dass auf die Frage der Mittäterschaft einzugehen ist (im Rahmen von § 224 beim Merkmal „gemeinschaftlich" genügt jede Form der Beteiligung [str.]). Da B die Schläge ausführt, hat er unzweifelhaft die körperliche Misshandlung des C (mit-)täterschaftlich beherrscht. Erst bei A wird dann bei der Prüfung der Tathandlung die Frage aufgeworfen, ob A, der C nur festgehalten hat, den C mittäterschaftlich körperlich misshandelt hat.

I. Mittäterschaft, mittelbare Täterschaft, Nebentäterschaft

1. Mittäterschaft, § 25 II

Die Mittäterschaft ist dadurch gekennzeichnet, dass mehrere Personen als Täter für einen Erfolg verantwortlich sind, weil sie diesen Erfolg aufgrund eines gemeinsamen Tatplanes arbeitsteilig anstreben. *Mittäter ist, wer* aufgrund eines gemeinsamen Tatplanes, im bewussten und gewollten Zusammenwirken mit anderen einen Unrechtstatbestand erfüllt und in seiner Person die erforderlichen Tätermerkmale verwirklicht.

Aufbauschema Mittäterschaft:
I. Tatbestand
    1. Objektiver Tatbestand
        a) keine eigenhändige Verwirklichung aller Tatbestandsmerkmale
        b) Zurechnung nach § 25 II
            aa) gemeinsamer Tatplan
            bb) gemeinsame Tatausführung
    2. Subjektiver Tatbestand
        Vorsatz und sonstige subjektive Merkmale
II. Rechtswidrigkeit
III. Schuld

Für den Deliktsaufbau bei mittäterschaftlicher Tatbegehung sind im Wesentlichen drei Fallkonstellationen zu unterscheiden.

aa) A verwirklicht die tatbestandsmäßige Handlung, B leistet einen anderweitigen Tatbeitrag.

> *Beispiel:* A erschießt das Opfer, B hat das Opfer in die Falle gelockt.

Hier ist mit der Prüfung des A, als des **Tatnächsten,** zu beginnen. Auch wenn A und B Mittäter sein sollten, ist es aufbautechnisch sinnvoll, die Strafbarkeit des A wie die eines Alleintäters zu prüfen und auf die Problematik der mittäterschaftlichen Erfolgszurechnung erst dort einzugehen, wo sie problematisch wird, nämlich bei der Strafbarkeit des B im Rahmen der Tathandlung:

Strafbarkeit des B
(1) Eintritt des Erfolges
(2) Tathandlung:
    (aa) Eigener Beitrag des B (aufzeigen, warum dieser allein für Täterschaft nicht genügt)
    (bb) Zurechung des Beitrags des A über Regeln der Mittäterschaft (§ 25 II), d. h. arbeitsteilige Tatausführung kraft gemeinsamen Tatplans

---

Die Reihenfolge der **Prüfung von Tatplan und** gemeinsamer **Tatausführung** ist gleichgültig. Diese Voraussetzungen der Zurechnung des Tatbeitrags des anderen Tatbeteiligten lassen sich logisch kaum trennen, da sie sich gegenseitig bedingen. Wenig sinnvoll ist deshalb auch eine Aufteilung der Prüfung von Tatherrschaft (bzw. funktioneller Tatherrschaft) und dem hierfür erforderlichen

Tatherrschaftsbewusstsein zwischen objektivem und subjektivem Tatbestand[3]. Im subjektiven Tatbestand muss darauf geachtet werden, dass besondere Absichten (z. B. Zueignungsabsicht, Beutesicherungsabsicht, Bereicherungsabsicht) nicht zugerechnet werden können und damit bei jedem Mittäter in eigener Person vorliegen müssen.

bb) A und B streben den Erfolg gemeinsam an, ohne dass zwischen der tatbestandsmäßigen Handlung und anderen Tatbeiträgen der einzelnen Beteiligten differenziert werden kann.

Beispiel: A und B geben dem Opfer je eine Menge Gift, die erst zusammen tödlich wirken.

Kann nicht nach der Tatnähe zwischen den Beteiligten unterschieden werden, steht es dem Bearbeiter frei, welchen Tatbeteiligten er zuerst auf seine Strafbarkeit hin untersuchen möchte. Bei der Frage der Zurechnung des Erfolges ist dann die Frage anzusprechen, ob ihm der konkrete Erfolg zugerechnet werden kann, weil er den Erfolg arbeitsteilig anstrebte.

Es ist grundsätzlich unzulässig, mehrere Personen zugleich zu erörtern. Von dieser Regel gibt es eine Ausnahme, wenn mehrere Personen im Sachverhalt wie eine einzige Person geschildert werden. Es heißt z. B.: „A und B steigen bei C ein, nehmen die Schmucktruhe an sich und verkaufen sie an einen Hehler." Hier ist überhaupt nicht auszumachen, welche Einzelhandlungen A und B begangen haben. Auch eine innere Trennung nach der subjektiven Einstellung ist nicht möglich. Hier ist es ausnahmsweise erlaubt, zwei Personen zugleich zu prüfen.

cc) A erfüllt bei **zweiaktigen Delikten** den einen Teil des Tatbestandes, B den anderen.

Beispiel: Um einen gemeinsamen Raub zu begehen, hält A das Opfer fest, während B dem Opfer die Geldbörse aus der Jacke zieht.

Streben mehrere Personen bei zweiaktigen Delikten den Erfolg arbeitsteilig an, so ist die Prüfung gleichfalls mit einer Person zu beginnen und an dem Punkt, an dem das Verhalten der anderen Person aktuell wird, kurz darzulegen, dass beide Personen bewusst und gewollt arbeitsteilig zusammenwirken und der erste Täter sich daher das Handeln des zweiten zurechnen lassen muss, um sodann kurz darzulegen, was der zweite Täter vollbracht hat.

dd) Beim **Versuch** kann für die mittäterschaftliche Zurechnung mangels objektiv vollendeten Delikts nur entscheidend sein, ob der Tatentschluss der

---

3 So aber *Safferling* JuS 2005, 136, der objektive und subjektive Voraussetzung der Täterschaft auch entsprechend im objektiven und im subjektiven Tatbestand prüfen will.

Beteiligten auf eine mittäterschaftliche Verwirklichung der Tathandlung gerichtet war. Daher wird die Frage der Mittäterschaft entsprechend zu den drei aufgezeigten Konstellationen im subjektiven Tatbestand im Rahmen des Tatentschlusses erörtert. Bei der anschließenden Prüfung des unmittelbaren Ansetzens ist darzulegen, dass der Versuch für alle Mittäter dann beginnt, wenn zumindest einer der Mittäter in Vollzug des gemeinsamen Tatplanes zur Verwirklichung des Tatbestandes unmittelbar ansetzt. i.d.S. ist bei der Reihenfolge der Prüfung der Mittäter zu berücksichtigen, dass nach überwiegend vertretener Auffassung alle Mittäter bereits dann unmittelbar ansetzen, wenn einer von ihnen die Schwelle zum Versuch überschritten hat. Daher ist es meist zweckmäßig, den Mittäter als Tatnächsten zu prüfen, der die Handlung des unmittelbaren Ansetzens vollzogen hat.

e) Beim **Unterlassungsdelikt** wird die Abgrenzung zwischen Täterschaft und Teilnahme am zweckmäßigsten nach der Erörterung der Garantenstellung vorgenommen, da nach allerdings umstrittener Auffassung die Art der Garantenstellung bzw. die Qualität der daraus abzuleitenden Pflicht für die Abgrenzung maßgebend ist. Selbst wenn sich ein Student dieser Meinung nicht anschließen will, kann an dieser Stelle im Prüfungsaufbau am besten zu den unterschiedlichen Theorien der Abgrenzung Stellung genommen werden.

2. Mittelbare Täterschaft, § 25 I, 2. Alt.

a) Die Konstruktion der mittelbaren Täterschaft beruht auf der Erwägung, dass eine Person (Hintermann) ein Delikt durch eine andere Person (Werkzeug) begehen kann, weil sie deren Verhalten kraft ihres planvoll steuernden Willens beherrscht. Daher ist mit der Prüfung der Strafbarkeit des Werkzeugs – entsprechend dem jeweiligen Aufbauschema für den Alleintäter – zu beginnen, denn das Werkzeug ist die Person, die die Tat eigenhändig ausführt. Erst wenn diese Prüfung zu dem Ergebnis kommt, dass das Werkzeug in seiner Willensbildung oder -betätigung nicht frei war (was im Regelfall mit Ausnahme der Konstruktion des Täters hinter dem Täter einen Strafbarkeitsmangel des Vordermanns voraussetzt), ist auf die Strafbarkeit des Hintermannes einzugehen. Hier ist dann – im Rahmen der Prüfung der Zurechnung – die Frage zu stellen, ob sich der Hintermann das Verhalten des Werkzeugs zurechnen lassen muss, weil er das Verhalten planmäßig beherrscht hat. Diese Frage wird wie üblich im Rahmen der Tathandlung vorgenommen, da der mittelbare Täter diese gerade nicht selbst (eigenhändig) ausgeführt hat.

Beispiel: A drückt dem B eine Pistole in die Hand, mit der dieser C einschüchtern solle. Er spiegelt B vor, es handle sich lediglich um eine Schreckschusspistole. B solle die Pistole C an den Kopf halten und abdrücken, damit C einen ordentlichen Schrecken erleide. Tatsächlich verschweigt A dem B, dass es sich um eine Pistole mit scharfer Munition handelt. B gibt einen ungewollt tödlichen Schuss auf C ab.

Zunächst ist ein Totschlag (§ 212) durch B zu prüfen und dabei festzustellen, dass B unvorsätzlich handelt.

Bei A wird dann festgestellt, dass er zwar durch die Übergabe der Pistole und die Instruktion des B den Todeserfolg verursacht, die Tötungshandlung aber nicht eigenhändig vorgenommen hat. Er könne deshalb nur dann Täter sein, wenn ihm die Abgabe des Schusses durch B im Wege der mittelbaren Täterschaft zugerechnet werden kann. Dann ist darzustellen, worauf sich die mittelbare Täterschaft hier stützen kann (Irrtumsherrschaft), und im Anschluss, wenn eine Zurechnung wie hier möglich ist, die normale Prüfung fortzusetzen.

b) **Versuch** bei mittelbarer Täterschaft: Bei der mittelbaren Täterschaft gelten keine Besonderheiten. Der mittelbare Täter (Hintermann) muss den Entschluss gefasst haben, die Tat durch das Werkzeug zu begehen, d.h. die Tat kraft seines planvoll steuernden Willens zu beherrschen. Unmittelbar zur Tat setzt der mittelbare Täter dann an, wenn nach seiner Vorstellung von der Tat das geschützte Rechtsgut unmittelbar gefährdet wird. Dies ist jedenfalls der Zeitpunkt, in dem das Werkzeug – nach der Vorstellung des Hintermannes – unmittelbar zur Rechtsgutsbeeinträchtigung ansetzt. Ob ein unmittelbares Ansetzen auch dann bejaht werden kann, wenn der Täter den Geschehensablauf schon vorher aus der Hand gegeben hat, ist umstr.

3. Nebentäterschaft

Die Nebentäterschaft birgt keine besonderen Aufbauprobleme. Der Nebentäter ist als Alleintäter zu prüfen.

II. Teilnahme

1. **Anstiftung**
   a) Haupttat
      vorsätzliche, tatbestandsmäßige, rechtswidrige Tat des Haupttäters (Grundsatz der limitierten Akzessorietät der Teilnahme); limitiert, weil keine schuldhafte Begehung der Haupttat erforderlich ist (vgl. § 29)
   b) Bestimmen des Haupttäters: Hervorrufen des Tatentschlusses im Sinne des § 26. Der Angestiftete darf zwar schon tatgeneigt, aber noch nicht zur konkreten Tat fest entschlossen sein, damit eine Anstiftung grundsätzlich möglich ist.

c) Vorsatz des Anstifters (besser: Kenntnis des Anstifters):
aa) in Bezug auf die vom Haupttäter ausgeführte Tat
bb) in Bezug auf das Bestimmen des Haupttäters gerade zu dieser Haupttat
d) Tatbestandsverschiebung gem. § 28 II
e) Rechtswidrigkeit
f) Schuld
g) Strafrahmenverschiebung nach § 28 I

2. Beihilfe
a) Haupttat (s. o. bei Anstiftung)
b) Förderung der Haupttat durch Rat oder Tat (Anforderungen an Ursächlichkeit bzw. Risikoschaffung für Haupttat umstr.)
c) Vorsatz des Gehilfen (besser: Kenntnis des Gehilfen):
aa) in Bezug auf die vom Haupttäter ausgeführte Tat,
bb) in Bezug auf die eigene Förderung gerade dieser Tat.
d) Tatbestandsverschiebung gem. § 28 II
e) Rechtswidrigkeit
f) Schuld
g) Strafrahmenverschiebung nach § 28 I

Das Vorliegen einer rechtswidrigen, vorsätzlich begangenen Haupttat wird schlicht festgestellt, da diese bereits zuvor geprüft werden muss **(Täterschaft vor Teilnahme, Ausnahme,** wenn nur nach Strafbarkeit des Teilnehmers gefragt ist). Jedes Delikt bedarf einer eigenen Teilnahmeprüfung, denn es kann immer nur ein Tatentschluss zu einem bestimmten Delikt hervorgerufen und eine ganz bestimmte Tat gefördert werden. Zudem kann der jeweilige Teilnahmevorsatz auch nur Teile der Taten des Haupttäters umfassen, so dass dann gegebenenfalls ein Exzess vorliegt. Bei Teilnahme am Grundtatbestand und vielen Qualifikationen führt dies leider zu einer gewissen „Schreibarbeit", die nur durch eine knappe Darstellung minimiert, nicht aber durch eine vor die Klammer gezogene Vorabprüfung der Teilnahme ersetzt werden kann. Bei **Versuchskonstellationen** ist zu beachten, dass eine Teilnahme am Versuch unproblematisch und nach oben aufgezeigtem Schema zu prüfen ist. Problematisch ist hingegen die versuchte Teilnahme, die den Regeln des § 30 folgt. In Klausuren ist hier sorgfältig auf die richtige Terminologie zu achten und nicht etwa bei Anstiftung zum Versuch von einer „versuchten Anstiftung" zu sprechen.

E. Der zweistufige Deliktsaufbau

Zu Beginn der Ausführungen über Fragen des „richtigen" Aufbaus wurde darauf hingewiesen, dass nicht lediglich das jeweilige Aufbauschema „abgespult" werden soll, sondern die hinter diesem stehenden Erwägungen nachzuvollziehen sind. Um diesen Gedankenprozess anzuregen, soll an diesem Ort auch ein Vertreter eines zweistufigen Deliktsaufbaus „zu Wort kommen". Auch wenn ich selbst angesichts der klaren Übermachtstellung des dreistufigen Deliktsaufbaus Studenten nicht raten kann, dieses Schema in Klausuren anzuwenden, können die Überlegungen von *Otto*, von dem ich die Übungen und Lehrbücher übernehmen konnte, doch dazu beitragen, das Grundverständnis für die Diskussion um den richtigen Aufbau zu fördern. Seine Überlegungen in der Vorauflage sollen deshalb auszugsweise wiedergegeben werden:

1. Ottos Kritik am dreistufigen Deliktsaufbau

Wird das final orientierte Aufbauschema ernst genommen, so ist es mit dem gesamten Streit um den Handlungsbegriff belastet, der zudem vor den eigentlichen Deliktsprüfungsakt gezogen werden muss, obwohl gerade dieser Streit gezeigt hat, dass es in der praktischen Rechtsanwendung alleine darum geht, dass die strafrechtliche Haftung ein Verhalten voraussetzt, das der Willenssteuerung des Täters zugänglich war.

In gleicher Weise zeigt sich, dass die zunächst den Deliktsaufbau vereinfachende Formel von der Indizwirkung des Tatbestandes sich dort als Hindernis erweist, wo im konkreten Fall nur die objektiven Voraussetzungen eines Rechtfertigungsgrundes vorliegen. Die hier z.T. vertretene Argumentation, es fehle am Erfolgsunwert, daher liege kein vollendetes Delikt vor, ist keine Ausnahme, sondern ein Widerspruch zu der Prämisse, dass der Tatbestand die Rechtswidrigkeit indiziert, wenn kein Rechtfertigungsgrund vorliegt. Nicht viel mehr als einen Einstieg in die Probleme bietet der von den allgemeinen Deliktsvoraussetzungen vorgegebene Prüfungsaufbau: „Tatbestand – Rechtswidrigkeit – Schuld" aber bei jenen Erfolgsdelikten, in deren Wortlaut der Gesetzgeber das tatbestandsmäßige Verhalten relativ farblos beschreibt, wie z.B. bei den Tötungsdelikten, wenn gerade die Verantwortung für den Erfolg problematisch erscheint. Hier hilft nicht die Kenntnis der Definition einzelner Begriffe weiter, denn es geht im Wesentlichen um die Frage, ob einer Person ein bestimmter Erfolg, z.B. der Tod einer anderen Person, als ihr Werk zuzurechnen ist oder nicht.

Um dieser Fragestellung näherzukommen, ist das oben zitierte Prüfungsschema notwendigerweise zu modifizieren. Von diesem Punkt an ist das Aufbauschema auch nicht mehr von einer konkreten Sachaussage über den Deliktsaufbau freizuhalten.

Je nachdem, ob man von der Kausalität einer Person für den Erfolg ausgeht und sodann weitere Voraussetzungen der objektiven Zurechnung erörtert oder ob man die Kausalität einer Person für den Erfolg als ein Kriterium der objektiven Zurechnung unter anderen erkennt, unterscheiden sich die einzelnen Kriterien des Aufbauschemas. Ebenso muss das Aufbauschema im Bereich des subjektiven Tatbestandes ein weiteres Merkmal enthalten, das den Vorsatz nicht nur auf sein finales Element (Wissen und Wollen des objektiven Tatbestands) beschränkt, sondern neben dem finalen Element ein Gesinnungselement als Bestandteil des Vorsatzes anerkennt (sog. materielles Unrechtsbewusstsein), wenn der Vorsatz als „dolus malus", d. h. als bewusste Auflehnung gegen die Rechtsordnung im subjektiven Bereich verstanden wird. Schließlich muss auch schon im Aufbau des Fahrlässigkeitsdelikts die Prämisse Ausdruck finden, ob jemand im Unrechtstatbestand des Fahrlässigkeitsdelikts nur auf die objektive (generelle) Vorhersehbarkeit und Sorgfaltspflichtverletzung abstellt oder bereits auf die individuelle Vorhersehbarkeit und Sorgfaltspflichtverletzung.

2. Am Risikoerhöhungsprinzip orientiertes einheitliches Aufbauschema

Die verschiedenen Schemata zum Aufbau der einzelnen Delikte lassen sich in einem einheitlichen Schema folgendermaßen darstellen:

1. Tatbestand
    a) Rechtsgutsbeeinträchtigung
       Ist die im Gesetzestatbestand beschriebene Rechtsgutsbeeinträchtigung eingetreten? – Weitere objektive Merkmale des Tatbestandes, z.B. besonders geforderte Tätereigenschaft oder Tatmodalitäten sowie objektive Bedingungen der Strafbarkeit?
    b) Vermeide-/Handlungsmöglichkeit
       War das dem X vorgeworfene Verhalten/das von X geforderte Verhalten seiner Willenssteuerung zugänglich (Betrachtung objektiv ex post)?
    c) Zurechnungsgrund
       aa) *Begehungsdelikt:* Hat X eine Gefahr für das beeinträchtigte Rechtsgut begründet oder erhöht?
       bb) *Unterlassungsdelikt:* Hatte X eine Garantenstellung inne?

d) Zurechnungszusammenhang

   aa) *Begehungsdelikt:* Realisierte sich in der Beeinträchtigung des Rechtsguts die von X begründete oder erhöhte Gefahr, die seiner Steuerbarkeit unterlag, oder eine andere Gefahr?

   bb) *Unterlassungsdelikt:* Realisierte sich in der Beeinträchtigung des Rechtsguts die Gefahr, die X aufgrund seiner Garantenstellung abzuwenden oder zu vermindern verpflichtet war?

e) Subjektive Merkmale

   aa) *Vorsatzdelikt:* Vorsatz des X (hier nur finales Element)? – Sonstige subjektive Merkmale des Tatbestandes, z. B. besondere Absichten oder Motive des Täters?

   bb) *Fahrlässigkeitsdelikt:* Hatte X bei seinen Fähigkeiten die Möglichkeit, den Sachverhalt zu erkennen?

2. Rechtswidrigkeit

a) Rechtspflichtverletzung

   aa) *Vorsatzdelikt:* Gefahrerhöhung (Begehungsdelikt) oder Untätigkeit (Unterlassungsdelikt) über das erlaubte Maß hinaus oder liegen z. B. Rechtfertigungsgründe vor?

    – Objektive Merkmale eines Rechtfertigungsgrundes?

    – Subjektive Merkmale eines Rechtfertigungsgrundes?

   bb) *Fahrlässigkeitsdelikt:* Gefahrerhöhung (Begehungsdelikt) oder Untätigkeit (Unterlassungsdelikt) über das erlaubte Maß hinaus oder liegen z. B. die objektiven Voraussetzungen eines Rechtfertigungsgrundes vor?

b) Unrechtsbewusstsein

   aa) *Vorsatzdelikt:* Bewusstsein der Sozialschädlichkeit (Gesinnungselement des Vorsatzes)?

   bb) *Fahrlässigkeitsdelikt:* Möglichkeit des X, sich der Sozialschädlichkeit seines Verhaltens bewusst zu werden?

Schuld

a) Schuldausschließungs- und Entschuldigungsgründe?

b) (Potenzielles) Unrechtsbewusstsein im Sinne des § 17?

4. Strafausschließungs- und Strafaufhebungsgründe

5. Strafverfolgungsvoraussetzungen, z. B. Strafantrag

3. Hinweise zur Anwendung des Aufbauschemas

a) Eingehend zu den Prämissen des am Risikoerhöhungsprinzip orientierten Aufbaus: *Otto* Grundkurs Strafrecht, A.T., § 6.

b) Hinter der Frage, ob das dem X vorgeworfene Verhalten seiner Willenssteuerung zugänglich war (Prüfungspunkt 1 b), verbirgt sich nichts anderes als die Problematik der Handlungslehren. Es geht hier aber nicht um die Feststellung von Verhaltensweisen ohne Bezug zum Tatbestand, sondern allein um die Frage, ob der Erfolg auf ein Verhalten zurückzuführen ist, das der Willenssteuerung durch X zugänglich war.

> *Beispiel:* Der Zugführer X fährt mit der zulässigen Geschwindigkeit in einen Bahnhof ein, als er sieht, dass S ausrutscht und auf die Schienen fällt. Er hat keine Möglichkeit, rechtzeitig zu bremsen. S kommt zu Tode.
>
> *Prüfungsfolge:* Zunächst ist zu prüfen, ob X der Tod des S dadurch zuzurechnen ist, dass X den S überfuhr. – Diese Prüfung ergibt, dass X in dem Moment, als er die Gefahr erkennen konnte, keine Möglichkeit hatte, den Kausalverlauf rettend zu beeinflussen. Dass er den Zug nicht rechtzeitig anhielt, kann ihm im Rahmen der Erfolgszurechnung daher nicht angelastet werden.
>
> Damit ist die strafrechtliche Prüfung des Sachverhalts aber noch nicht abgeschlossen, denn zu prüfen ist nunmehr, ob X der Erfolg aufgrund eines zeitlich zuvor liegenden Verhaltens zuzurechnen ist, hier aufgrund des Fahrens mit dem Zug. Dabei ist festzustellen, dass der Erfolg nicht eingetreten wäre, wenn X mit dem Zug nicht losgefahren wäre. In diesem Moment hatte er die Möglichkeit, den Kausalverlauf zu beeinflussen. Er begründete auch eine Gefahr für S, die sich im Tode des S realisierte, aber die Gefahr begründete er nicht über das erlaubte Maß hinaus (erlaubtes Risiko).

c) Der Prüfungspunkt 2. b) – Bewusstsein der Sozialschädlichkeit – beruht auf der Prämisse, dass der Vorsatz ein finales Element (Kenntnis der Merkmale des objektiven Tatbestandes und Verwirklichungswille) und ein Gesinnungselement enthält und beides Elemente des Unrechtstatbestandes sind. Diese Prämisse ist stark umstritten. Die h.M. erkennt ein derartiges materielles Unrechtsbewusstsein nicht an, sondern akzeptiert allein das Unrechtsbewusstsein i.S.d. § 17 als Schuldelement.

3. Teil: **Einübung in die Fallbearbeitung**

Übungsfall 1: Tierfreunde in Not

A. Sachverhalt

Hans Hase (H) sitzt auf einer Parkbank, während sein Hund Taps, ein Mischling, den er aus dem Tierheim geholt hat, in einiger Entfernung umhertollt. Neben sich hat er den Stockschirm seines Bekannten Sebastian Sparsam gelegt. An diesem hatte er, um dem Sebastian einen Gefallen zu tun, eine kleine Reparatur vorgenommen. Plötzlich taucht Richard Ratlos (R) mit dem Rassehund Russ auf, den er kürzlich für 1000 € erworben hat. Als er Hase erkennt, eilt er freudig auf diesen zu, um ihn zu begrüßen, und macht sich durch Winken bemerkbar. Auch Taps erkennt Richard Ratlos und eilt schwanzwedelnd auf diesen zu. Richard Ratlos bückt sich, um den heranstürmenden Taps zu streicheln. Kaum hat er den Taps jedoch berührt, stürzt sich der eifersüchtige Russ voller Wut auf den Taps und beginnt ihn zu beißen. Ratlos versucht, durch lautes Rufen den Russ abzulenken, hat damit aber keinen Erfolg. Von fern stürmt Hase heran, der die lebensbedrohliche Lage für Taps erkannt hat. Mit dem Schirm schlägt er auf Russ ein, doch das berührt diesen nicht. Darauf holt Hase weit aus mit dem umgedrehten Schirm, dessen Krücke er dem Russ auf den Kopf schlagen will. Er ist sich bewusst, dass er den Russ tödlich treffen kann. In seiner Aufregung verkennt er, dass Ratlos inzwischen hinter ihm steht. Beim Ausholen trifft er den Ratlos am Kopf, wodurch dieser eine Platzwunde erleidet. Dann gelingt ihm ein tödlicher Schlag gegen Russ. Die Platzwunde des Ratlos heilt ohne weitere Folgen. Der Schirm ist bei dem Kampf irreparabel verbogen und zerfetzt worden.

Wie hat sich Hase strafbar gemacht? Erforderliche Strafanträge sind gestellt.

Bearbeitungszeit: Zwei Stunden

DOI 10.1515/9783110515916-003

B. Lösungsskizze

Die Strafbarkeit des H: Der Schlag mit dem Schirm

I. **Körperverletzung gegenüber R, § 223 I**
1. **Objektiver Tatbestand**
   a) Körperliche Misshandlung (+)
   b) Gesundheitsschädigung (+)
2. **Subjektiver Tatbestand (−)**
3. **Ergebnis: § 223 I (−)**

II. **Fahrlässige Körperverletzung gegenüber R, § 229**
1. **Tatbestandsmäßigkeit**
   a) Erfolg (+)
   b) objektive Sorgfaltspflichtverletzung bei objektiver Vorhersehbarkeit des Erfolges (+)
2. **Rechtswidrigkeit**
   a) Notwehr, § 32
      Angriff (−)
      P: Angriff durch Tiere
      P: Angriff durch Unterlassen
   b) Notstand, § 34
      aa) Gefahr (+)
      bb) gegenwärtig (+)
      cc) Erforderlichkeit der Notstandshandlung (−)
3. **Schuld**
   subjektive Sorgfaltspflichtverletzung bei individueller Vorhersehbarkeit und Vermeidbarkeit (+)
4. **Strafantrag, § 230 I (+)**
5. **Ergebnis: § 229 (+)**

III. **Sachbeschädigung gegenüber R (an Russ), § 303 I**
1. **Objektiver Tatbestand**
   a) fremde Sache (+): Hund „Russ" des R
      P: Tiere als Sachen
   b) Beschädigen/Zerstören (+)
2. **Subjektiver Tatbestand**
   Vorsatz (+): dolus eventualis
3. **Rechtswidrigkeit**
   Defensiver Notstand, § 228 BGB
   a) von der Sache (Hund „Russ") drohende Gefahr (+): Gefahr für Rechtsgut Eigentum des H (Hund „Taps")
   b) Erforderlichkeit (+)
   c) Schaden nicht außer Verhältnis zur Gefahr (+)
      P: Berücksichtigung eines Affektionsinteresses?
   d) subjektives Rechtfertigungselement (+)
4. **Ergebnis: § 303 I (−)**

IV. **Sachbeschädigung gegenüber S (am Schirm), § 303 I**
1. **Objektiver Tatbestand**
    a) fremde Sache (+): Schirm des S
    b) Beschädigen/Zerstören (+)
2. **Subjektiver Tatbestand (+)**
3. **Rechtswidrigkeit**
    a) Defensiver Notstand, § 228 BGB (–) keine von der Sache (Schirm) selbst ausgehende Gefahr
    b) Aggressiver Notstand, § 904 BGB
        aa) gegenwärtige Gefahr (+): für Eigentum des H (Hund „Taps")
        bb) Einwirken auf fremde Sache (+)
        cc) Notwendigkeit (= Erforderlichkeit) (+)
        dd) Abwägung: drohender Schaden gegenüber dem aus der Einwirkung resultierenden Schaden unverhältnismäßig groß? (+)
        ee) subjektives Rechtfertigungselement (+)
4. **Ergebnis: § 303 I (–)**
V. **Gesamtergebnis:** H ist strafbar gem. § 229.

C. Gutachten

Die Strafbarkeit des H: Der Schlag mit dem Schirm

I. Körperverletzung gegenüber R, § 223 I

Indem H dem R das Schirmende gegen den Kopf schlug, könnte er sich einer Körperverletzung gemäß § 223 I schuldig gemacht haben.

1. Objektiver Tatbestand

Dann müsste H den R körperlich misshandelt oder an der Gesundheit geschädigt haben.

a) Körperliche Misshandlung ist eine üble unangemessene Behandlung, durch welche das körperliche Wohlbefinden mehr als nur unerheblich beeinträchtigt wird. Davon ist bei einem schmerzhaften Schlag mit dem Schirm gegen den Kopf auszugehen. H hat R mithin körperlich misshandelt.

b) Ferner könnte eine Gesundheitsschädigung vorliegen. Darunter versteht man das Hervorrufen oder Steigern eines pathologischen Zustandes. Der Schlag führte bei R zu einer Platzwunde am Kopf, mithin zu einem krankhaften Zustand, so dass eine Gesundheitsschädigung ebenfalls zu bejahen ist.

2. Subjektiver Tatbestand

H müsste außerdem vorsätzlich, d.h. zumindest mit bedingtem Körperverletzungsvorsatz gehandelt haben. H war sich nicht bewusst, dass R hinter ihm stand, als er zum Schlag gegen den Hund Russ ausholte. Er hatte auch keine Kenntnis von der konkreten Gefahr, R körperlich zu misshandeln oder an der Gesundheit zu schädigen. H handelte somit nicht vorsätzlich.

3. Ergebnis

H hat sich nicht der vorsätzlichen Körperverletzung gemäß § 223 I strafbar gemacht.

II. Fahrlässige Körperverletzung gegenüber R, § 229

Durch den Schlag mit dem Schirm könnte sich H jedoch einer fahrlässigen Körperverletzung gemäß § 229 schuldig gemacht haben.

1. Tatbestandsmäßigkeit

a) Durch den Schlag auf den Kopf wurde R körperlich misshandelt und an der Gesundheit geschädigt.

b) H müsste hinsichtlich dieses Erfolges objektiv sorgfaltspflichtwidrig gehandelt haben. Objektiv sorgfaltswidrig handelt, wer nicht die Sorgfalt aufwendet, die von einem besonnenen und gewissenhaften Menschen in der konkreten Lage und der sozialen Rolle des Handelnden erwartet werden kann. H hätte sich hier vergewissern können und müssen, dass er beim Ausholen mit dem Schirm niemanden gefährdet. Er vergaß jedoch in der Aufregung, sich kurz umzusehen und übersah so den hinter ihm stehenden R. Mithin handelte H objektiv sorgfaltspflichtwidrig. Auch war es für H objektiv vorhersehbar, dass es infolge seiner Unachtsamkeit bei R zu einer Platzwunde kommen könnte.

2. Rechtswidrigkeit

Fraglich ist allerdings, ob H sich rechtswidrig verhalten hat. Das ist dann nicht der Fall, wenn Rechtfertigungsgründe eingreifen.

a) H könnte durch **Notwehr, § 32,** gerechtfertigt sein.

Dann müsste zunächst eine Notwehrlage in Form eines gegenwärtigen, rechtswidrigen Angriffs auf ein notwehrfähiges (Individual-)Rechtsgut vorliegen. Ein Angriff verlangt eine drohende Verletzung rechtlich geschützter Güter oder

Interessen durch menschliches Verhalten. Bedroht war hier das Leben des Hundes Taps und damit das Eigentum des H. Dieses wurde jedoch nicht von R, sondern von dessen Hund Russ bedroht, der außer Kontrolle geraten war und sich eifersüchtig auf den Taps stürzte.

P: Angriff durch Tiere

Trotz teils abweichender Definition v. a. im Hinblick auf das jeweils durch den Angriff bedrohte Gut setzt ein Angriff nach allen Auffassungen zumindest eine Bedrohung durch einen Menschen voraus. Tierangriffe werden ausgeklammert, da hier das Rechtsbewährungsprinzip des § 32 nicht greift. Da Tiere keine tauglichen Normadressaten sind, können sie sich durch ihr Verhalten auch nicht „ins Unrecht setzen". Eine Ausnahme gilt, wenn Menschen *Tiere als Werkzeuge* einsetzen (etwa zur Wegnahme einer Sache oder indem ein Hund auf eine Person gehetzt wird). Hier wird dann der Tierangriff zum Angriff eines Menschen.

Übersichtsliteratur: *Kühl* Strafrecht AT, § 7 Rdn. 26 f..; *Jäger* AT, § 4, Rdn. 106.

Weitere Übungsklausur: *Gaul/Haseloff/Zapf* JA 2011, 672 (Fall zu einem Tierangriff mit zivilrechtlicher und strafrechtlicher Fragestellung und Lösung); *Haller/Steffens* JA 1996, 648 und 662; *Kühl* Jura 1993, 57.

R setzte Russ auch nicht als Angriffsmittel bzw. Werkzeug gegen H ein, so dass keine Rechtsgutsbedrohung durch einen Menschen vorliegt. Es handelt sich vielmehr um einen Tierangriff, der keinen Angriff i. S. d. § 32 darstellt.

Ebenso wenig lässt sich aus dem Umstand, dass R gegenüber Russ nicht wirksam eingeschritten ist, ein (menschlicher) Angriff durch Unterlassen konstruieren (§§ 303 I, 13 I).

P: Angriff durch Unterlassen

Umstritten ist, ob ein Angriff auch im Wege des Unterlassens verwirklicht werden kann.

e. A.: Eine Ansicht lehnt dies ab. Dagegen spreche der Wortlaut des § 32, ein „Angriff" erfordere schon begrifflich ein aktives Tun. Teilweise wird allerdings eine (zugunsten des Täters zulässige) analoge Anwendung des § 32 für möglich gehalten.

h. M.: Nach überwiegender Ansicht kann ein Angriff auch in einem Unterlassen gesehen werden. Erforderlich ist jedoch stets eine entsprechende Garantenpflicht. Innerhalb dieser Auffassung ist lediglich umstritten, ob es einer besonderen Garantenstellung i. S. d. § 13 bedarf oder ob bereits Unterlassungen von nach § 323 c Hilfspflichtigen für einen Angriff ausreichen.

Übersichtsliteratur: *Kühl* Strafrecht AT, § 7 Rdn. 29 f.; *Jäger* Strafrecht AT, § 4, Rdn. 106; *Otto* Grundkurs Strafrecht, AT, § 8, Rdn. 18; *Kretschmer* JA 2015, 589.

Weitere Übungsklausuren: *Haft* Fallrepetitorium, Nr. 99; *Tiedemann* Anfängerübung, 187; *Kühl* Jura 1993, 57; *Eschenbach* Jura 1999, 88.

R hat durch lautes Rufen versucht, den Russ zu stoppen. Eine weitergehende Handlung, etwa mit bloßen Händen dazwischen zu gehen und sich selbst damit erheblich zu gefährden, kann von ihm in der aktuellen Situation nicht verlangt werden. Soweit an das Nichtanleinen des Russ angeknüpft würde, weil R als Tierhalter eine Garantenstellung gemäß § 13 I kraft Beherrschung einer Gefahrenquelle hat, käme diesbezüglich nur ein fahrlässiges Unterlassen in Betracht, das jedenfalls – abgesehen von der fehlenden Eignung einer Verletzung des R zur Erfolgsabwendung – keinen Angriff gegen H begründet.

b) In Betracht kommt aber eine Rechtfertigung aufgrund Notstands, § 34.

aa) Dann müsste eine Gefahr vorliegen. Gefahr ist ein Zustand, der den Eintritt eines Schadens ernstlich befürchten lässt. Durch die Attacken des Russ befand sich Taps in einer lebensbedrohlichen Lage. Eine Gefahr für das Eigentum des H lag deshalb vor.

bb) Diese Gefahr war auch gegenwärtig, da sie jederzeit in eine Rechtsgutsverletzung umschlagen konnte.

cc) Die Gefahr dürfte ferner nicht anders abwendbar gewesen sein. Dies wäre der Fall, wenn das Ausholen zu dem Schlag das mildeste Mittel darstellen würde, um die Gefahr sicher zu beseitigen. Weder das laute Zurufen des R noch die bisher geführten Schläge des H vermochten den Hund Russ von Taps abzubringen. In dieser Situation bestand für H kein milderes Mittel, die Gefahr für das Leben des Taps sicher abzuwenden, als Russ mit einem kräftigen Schlag kampfunfähig zu machen. Nicht erforderlich war jedoch, diesen Schlag so zu führen, dass R hierdurch verletzt wird. H hätte einen vergleichbar schweren Schlag auch ohne Gefährdung des R durchführen können, wenn er seitlich zu dem Schlag ausgeholt hätte. Damit war die Gefahr im Hinblick auf die Rechtsgutsverletzung des R anders abwendbar. H ist nicht gemäß § 34 gerechtfertigt. Da weitere Rechtfertigungsgründe nicht ersichtlich sind, handelte H rechtswidrig.

3. Schuld

Die Verletzung seiner Sorgfaltspflicht war dem H auch nach seinen individuellen Fähigkeiten vorhersehbar und vermeidbar.

4. Strafantrag

Der gemäß § 230 I erforderliche Strafantrag wurde laut Bearbeitervermerk gestellt.

5. Ergebnis

H hat sich einer fahrlässigen Körperverletzung gemäß § 229 strafbar gemacht.

III. Sachbeschädigung (an Russ) gegenüber R, § 303 I

Indem H den Hund Russ tödlich verletzte[1], könnte er sich einer Sachbeschädigung gemäß § 303 I schuldig gemacht haben.

1. Objektiver Tatbestand

a) Dann müsste der Hund Russ für H eine fremde Sache gewesen sein. An der Fremdheit besteht kein Zweifel, da Russ im Alleineigentum eines anderen, nämlich des R, stand. Unter einer Sache versteht man alle körperlichen Gegenstände. Unter den Sachbegriff wurden seit je her auch Tiere, insbesondere Hunde, subsumiert. Daran hat sich auch durch die Einfügung des § 90 a BGB nichts geändert, nach dem Tiere nicht mehr als Sachen anzusehen sind.

Problem: Tiere als Sachen i. S. d. Strafrechts
Wäre der strafrechtliche Sachbegriff mit dem des Zivilrechts identisch, könnten Tiere wegen § 90 a BGB („Tiere sind keine Sachen") nicht als „Sache" i. S. d. §§ 303 I, 242 I angesehen werden. Die strafrechtlichen Normen hinsichtlich der Sachbeschädigung und des Diebstahls könnten dann nur analog auf Tiere angewendet werden, wogegen jedoch Bedenken hinsichtlich des Analogieverbots im Strafrecht (Art. 103 II GG, § 1 StGB) bestünden. Zu Recht wird aber allgemein hervorgehoben, dass das Strafrecht von einem eigenen Sachbegriff ausgeht. Zweck der Schaffung des § 90 a BGB war es lediglich, die unterschiedslose (sprachliche) Gleichstellung von Tieren mit leblosen Sachen zu vermeiden, gleichzeitig aber die Anwendbarkeit der für Sachen geltenden Vorschriften auf Tiere zu gewährleisten. Wegen der unterschiedlichen Zielsetzung von Zivilrecht und Strafrecht ist von einem eigenständigen strafrechtlichen Sachbegriff auszugehen. Dies wird auch durch die Terminologie der §§ 324 a I Nr. 1, 325 IV Nr. 1 gestützt. Die Vorschriften sprechen von „Tiere[n] ... oder andere[n] Sachen" (grammatisch-systematisches Argument).

Übersichtsliteratur: *Graul* JuS 2000, 215; *Küper* JZ 1993, 435; *Wessels/Hillenkamp* BT2, Rdn 18.

Weitere Übungsklausur: *Haller/Steffens* JA 1996, 649, 659; *Fahl* Jura 2005, 273; *Radtke* Jura 2007, 712; *Edlbauer* Jura 2007, 941.

---

1 Wer unterstellte, dass sich H nur beim letzten Schlag bewusst war, Russ möglicherweise tödlich zu verletzen, konnte die ersten Schläge getrennt prüfen und eine vollendete Sachbeschädigung (§ 303) bejahen. Zwar wurde die „bestimmungsgemäße Brauchbarkeit" des Hundes nicht beeinträchtigt, bei Tieren ist aber zu erwägen und vertretbar, den tatbestandlichen Erfolg entsprechend § 223 mit dem Hervorrufen einer Körperverletzung zu bejahen. Die Sachbeschädigung durch die ersten Schläge würde letztlich von der Sachbeschädigung aufgrund des tödlichen Schlages konsumiert. Eine Trennung zwischen den Schlägen war allerdings weder nötig noch aus konkurrenzrechtlichen Überlegungen überzeugend, da H lediglich dieselbe Handlung wiederholte und seinen Vorsatz nicht wechselte. Es bestand also zwischen den einzelnen Schlägen eine natürliche Handlungseinheit.

Wegen der unterschiedlichen Zielsetzung von Straf- und Zivilrecht ist von einem eigenständigen Sachbegriff des Strafrechts auszugehen. Dies wird durch einen grammatisch-systematischen Vergleich mit den §§ 324a I Nr. 1, 325 IV Nr. 1 gestützt, die von Tieren oder „anderen Sachen" sprechen. Folglich ist Russ eine Sache i. S. d. Strafrechts.

b) Diese fremde Sache müsste beschädigt oder zerstört worden sein. Durch die Tötung des Russ wurde dessen Brauchbarkeit als Haustier oder Zuchtrüde gänzlich aufgehoben, mithin wurde eine Sache zerstört.

2. Subjektiver Tatbestand

H müsste außerdem vorsätzlich gehandelt haben. Da es H um die Rettung seines Hundes Taps und nicht um die Tötung des Russ ging und er den Tod des Russ auch nicht als notwendige Folge seines Tuns erkannte, handelte er nicht mit direktem Vorsatz. H war sich aber bewusst, dass er Russ töten könnte und handelte dennoch. Er erkannte die Möglichkeit des Erfolges und nahm sie billigend in Kauf. H handelte daher mit dolus eventualis.

3. Rechtswidrigkeit

Fraglich ist, ob sich H rechtswidrig verhalten hat. Es könnte eine Rechtfertigung wegen defensiven Notstandes, § 228 BGB, in Betracht kommen.

a) Von dem getöteten Hund ging eine Gefahr für das Leben des Taps und damit für das Eigentum des H aus.

b) Der tödliche Schlag gegen Russ war das mildeste Mittel, um diese Gefahr abzuwehren, denn die weniger gefährlich ausgeführten Hiebe konnte das Verhalten des Russ nicht beenden. Die Tötung des Hundes Russ war daher erforderlich.

c) Der Schaden durch die Tötung des Russ dürfte nicht außer Verhältnis stehen zu der Gefahr für das Eigentum des H. Bei Russ handelte es sich um einen Rassehund im Wert von 1000 €, wohingegen Taps als Mischling wirtschaftlich nahezu wertlos war. Zwar darf bei § 228 BGB durchaus der drohende Schaden geringer sein als derjenige, der durch die Rettungshandlung eintritt, wird aber allein der wirtschaftliche Wert zum Maßstab genommen, so erscheint der eingetretene Schaden dennoch unverhältnismäßig hoch.

P: Berücksichtigung von Affektionsinteressen im Rahmen des § 228

Bei § 228 BGB kann der drohende Schaden geringer sein als der Schaden, der durch die Notstandshandlung entsteht. Nur bei einem großen Missverhältnis zwischen dem Wert des geretteten und des verlorenen Guts ist § 228 BGB zu verneinen. Im Gegensatz dazu verlangt § 904 BGB, dass der drohende Schaden gegenüber dem herbeigeführten Schaden wesentlich größer sein muss. Dieser Unterschied resultiert daraus, dass bei § 228 BGB die Gefahr von der Sache, auf die eingewirkt wird, selbst ausgeht (daher defensiver Notstand), während bei § 904 BGB auch Rechtsgüter unbeteiligter Dritter zur Schadensabwendung herangezogen werden können (daher aggressiver Notstand). § 904 BGB wird durch den Solidaritäts- bzw. Aufopferungsgedanken geprägt, die Vorschrift steht insofern § 34 näher, der ebenfalls eine „echte" Interessenabwägung verlangt, bevor in Rechtsgüter unbeteiligter Dritter eingegriffen werden darf. § 228 BGB ist in dieser Hinsicht eher mit § 32 vergleichbar. Während bei § 32 der Angriff von einem Menschen ausgeht, geht bei § 228 BGB der „Angriff" von einer Sache aus. § 32 erlaubt auch nur Verteidigungshandlungen, die gegen den rechtswidrig Angreifenden selbst gerichtet sind, die Vorschrift verlangt daher wie § 228 BGB auch keine „echte" Interessenabwägung. Bei besonders krassem Missverhältnis wird bei § 32 nur ausnahmsweise im Rahmen des normativen Merkmals der Gebotenheit ein Notwehrrecht ausgeschlossen bzw. ist vorher die Erforderlichkeit der Verteidigungshandlung genau zu prüfen.

Speziell bei § 228 BGB kommt hinzu, dass hier nach überwiegender Meinung auch **ideelle Interessen,** sog. Affektionsinteressen berücksichtigt werden können, wie etwa das besondere Verhältnis der Halter zu ihren Haustieren. Dies ist jedoch nicht unproblematisch, da ideelle Interessen nur schwer quantifizierbar sind und daher nur schwer gegeneinander abgewogen werden können. Nach der Gegenansicht sind ideelle Gesichtspunkte daher nicht in die Abwägung einzustellen bzw. können nur geringe Wertdifferenzen ausgleichen.

Übersichtsliteratur: Vgl. die Literatur- und Rechtsprechungsangaben bei *Kühl* Strafrecht AT, § 9 Rdn. 15; *Jäger* Strafrecht AT, § 4 Rdn. 148 ff.; *Wessels/Beulke/Satzger* AT, Rdn. 438 ff.

Zu berücksichtigen sind jedoch die auf beiden Seiten bestehenden erheblichen Affektionsinteressen, das besondere Verhältnis der beiden Halter gegenüber ihren Tieren. Allein die wirtschaftliche Wertdifferenz reicht daher nicht aus, einem Halter wie H zu verwehren, seinen wirtschaftlich geringwertigeren Hund gegen einen wertvolleren zu verteidigen.

e) H handelte auch im Bewusstsein, die Gefahr abzuwenden, das subjektive Rechtfertigungselement liegt vor. Die Tötung des Russ ist damit gerechtfertigt.

4. Ergebnis

H hat sich nicht der Sachbeschädigung gemäß § 303 I gegenüber R strafbar gemacht.

IV. Sachbeschädigung (am Schirm) gegenüber S, § 303 I

Bei dem Kampf mit dem Hund Russ wurde der Schirm des S irreparabel verbogen und zerfetzt. H könnte sich daher einer Sachbeschädigung, § 303 I, gegenüber S schuldig gemacht haben.

1. Objektiver Tatbestand

a) Der Schirm, der allein S gehörte, war für H eine fremde Sache.

b) Durch den Kampf mit Russ wurde die Gebrauchsfähigkeit des Schirms völlig aufgehoben. Der Schirm wurde somit zerstört.

2. Subjektiver Tatbestand

H müsste vorsätzlich gehandelt haben. H hatte nicht das Ziel, den Schirm zu zerstören. Er handelte daher nicht mit dolus directus 1. Grades. Dem Sachverhalt lässt sich auch nicht entnehmen, dass H die Zerstörung des Schirms als notwendige Folge seines Verhaltens erkannte, so dass dolus directus 2. Grades ebenfalls nicht vorliegt. H erkannte jedoch die konkrete Gefahr, dass der Schirm bei dem Kampf mit dem Hund Russ zerstört werden könnte und nahm dies in Kauf. Da H trotzdem mit dem Schirm auf Russ einschlug, handelte er mit bedingtem Vorsatz.

3. Rechtswidrigkeit

Fraglich ist aber, ob das Verhalten des H rechtswidrig war oder ob zu seinen Gunsten ein Rechtfertigungsgrund greift.

a) Ein defensiver Notstand gemäß § 228 BGB scheidet hier aus, da von dem Schirm selbst keine Gefahr ausging.

b) Es könnten jedoch die Voraussetzungen des sog. aggressiven Notstandes, § 904 BGB, vorliegen.

aa) Durch die lebensbedrohlichen Angriffe des Hundes Russ auf Taps bestand für das Eigentum des H eine gegenwärtige Gefahr.

bb) Indem H den Schirm als Waffe gegen Russ einsetzte, hat er auf eine fremde Sache zur Abwehr dieser Gefahr eingewirkt.

cc) Der Einsatz des Schirms war auch notwendig, da H in der konkreten Situation kein anderes Mittel zur Verfügung stand, um die Angriffe des Russ abzuwehren.

dd) Der drohende Schaden müsste gegenüber dem aus der Einwirkung entstehenden unverhältnismäßig groß sein. Abzuwägen ist hier das Leben des Hundes Taps gegenüber der Zerstörung des Schirms. Möglicherweise übersteigt der wirtschaftliche Wert des Schirms den des Hundes Taps. Zu bedenken ist jedoch einerseits, dass der Schirm ein ersetzbarer Gebrauchsgegenstand ist, während der Hund Taps für H einen ungleich höheren ideellen Wert besitzt. Andererseits hat der Gesetzgeber mit der Einfügung des § 90 a BGB gezeigt, dass er lebende Tiere gegenüber leblosen Gegenständen privilegiert. Bei einem ähnlichen materiellen Wert fällt daher die Abwägung zu Gunsten des Tieres aus. Der drohende Schaden durch den Tod des Taps war deshalb unverhältnismäßig groß gegenüber dem Schaden durch die Zerstörung des Schirms.

ee) H handelte auch im Bewusstsein der Abwendung der gegenwärtigen Gefahr.

4. Ergebnis

H hat sich auch gegenüber S keiner Sachbeschädigung gemäß § 303 I strafbar gemacht.

V. Gesamtergebnis

H ist wegen fahrlässiger Körperverletzung des R, § 229, strafbar.

D. Übersichten Rechtfertigungsgründe

Die Voraussetzungen der Notwehr, § 32 und des Notstandes, § 34

Notwehr, § 32	Notstand, § 34
Grundgedanke: **Rechtsbewährungsprinzip**	**Grundgedanke:** **Solidaritätspflicht/Aufopferungsgedanke**
Notwehrlage: – **Angriff (durch einen Menschen!)** – **auf ein notwehrfähiges Rechtsgut** – **rechtswidrig** – **gegenwärtig** – **Notwehrhandlung:** – **gegen Angreifer gerichtet** – **erforderlich** – **(–)** – **geboten** (normatives Merkmal, sozialethische Einschränkung des Notwehrrechts)	**Notstandslage:** – **Gefahr** – **für ein notstandsfähiges Rechtsgut** – **(–)** – **gegenwärtig** – **Notstandshandlung:** – **auch gegen Dritte** – **erforderlich** (nicht anders abwendbar) – **Güterabwägung** – **angemessen** (normatives Merkmal, sozialethische Einschränkung des Notstandsrechts)
Subjektives Rechtfertigungselement: Verteidigungsbewusstsein	**Subjektives Rechtfertigungselement:** Gefahrabwendungsbewusstsein

Übersichtsliteratur zu den §§ 32, 34: *Kudlich* JA 2014, 587; *Zieschang* JA 2007, 679.

Weitere Übungsklausuren: *Koch* JA 2006, 807; *Mitsch* JA 2006, 509; *Eisele* JA 2003, 40; *Jahn* JA 2002, 560; *Walter/Schwabenbauer* JA 2012, 504.

**Die Voraussetzungen des defensiven Notstandes, § 228 BGB
und des aggressiven Notstandes, § 904 BGB**

Defensiver Notstand, § 228 BGB	Aggressiver Notstand, § 904 BGB
Grundgedanke:	**Grundgedanke:**
Interessen des Bedrohten grds. höher zu bewerten als die des Eigentümers einer Sache, von der eine Gefahr ausgeht	**Solidaritätspflicht/Aufopferungsgedanke**
Notstandslage:	**Notstandslage:**
– **drohende Gefahr**	– **Gefahr**
– die **von der Sache selbst ausgeht**, auf die eingewirkt wird	– die **nicht von der Sache ausgeht**, auf die eingewirkt wird
– **(–)**	– **gegenwärtig**
– **Notstandshandlung:**	– **Notstandshandlung:**
– Beschädigen/Zerstören der gefährlichen Sache	– Einwirken auf eine fremde Sache (Dritter), von der die Gefahr nicht ausgeht
– **erforderlich**	– **erforderlich**
– **Verhältnismäßigkeit**Das gefährdete Rechtsgut ist nicht wesentlich weniger wert als die beeinträchtigte Sache.	– **Verhältnismäßigkeit**Das geschützte Rechtsgut überwiegt wesentlich die beeinträchtigte Sache.
Subjektives Rechtfertigungselement:	**Subjektives Rechtfertigungselement:**
Gefahrabwendungsbewusstsein	Gefahrabwendungsbewusstsein

Konkurrenzverhältnis:

- §§ 228, 904 BGB sind leges speciales zu § 34: Wenn eine Rechtfertigung aus § 228 oder § 904 BGB zu bejahen ist, so ist § 34 nicht mehr zu prüfen.
- § 228 BGB ist lex specialis zu § 904 BGB, so dass vor dem Aggressivnotstand der Defensivnotstand zu prüfen ist. Es genügen dann aber meist kurze Ausführungen.

Übersichtsliteratur zu den §§ 228, 904 BGB: *Erb* JuS 2010, 17; *Pawlik* Jura 2002, 26.
Weitere Übungsklausuren: *Fahl* JuS 2005, 808, *Haller/Steffens* JA 1996, 649 ff.

E. Definitionen

Körperliche Misshandlung	ist jede üble unangemessene Behandlung, die die körperliche Unversehrtheit mehr als nur unerheblich beeinträchtigt.
Gesundheitsschädigung	ist ein Hervorrufen oder Steigern eines krankhaften Zustandes, unabhängig von dessen Dauer.
Sachen i. S. d. §§ 303, 242 ff.	sind alle körperlichen Gegenstände, ohne Rücksicht auf ihren Wert.

objektiv sorgfaltswidrig	handelt, wer nicht die Sorgfalt aufwendet, die von einem besonnenen und gewissenhaften Menschen in der konkreten Lage und der sozialen Rolle des Handelnden erwartet werden kann.
Beschädigung, § 303	ist das körperliche Einwirken auf eine Sache, so dass ihre Unversehrtheit oder bestimmungsgemäße Brauchbarkeit mehr als nur unerheblich beeinträchtigt wird.
zerstört i. S. d. § 303	ist eine Sache, wenn sie aufgrund der Einwirkung in ihrer Existenz vernichtet oder so wesentlich beschädigt wird, dass ihre bestimmungsgemäße Brauchbarkeit ganz aufgehoben wurde.
Angriff i. S. d. § 32	ist jede durch menschliches Verhalten drohende Verletzung rechtlich geschützter Güter oder Interessen.
rechtswidrig i. S. d. § 32	ist der Angriff, wenn der Angegriffene den Angriff nicht zu dulden braucht (ggf. Inzidentprüfung, ob Angreifer seinerseits gerechtfertigt ist).
gegenwärtig i. S. d. § 32	ist der Angriff, wenn die Rechtsgutverletzung unmittelbar bevorsteht, gerade stattfindet oder noch fortdauert.
Erforderlich	ist die Verteidigungs-/Notstandshandlung, wenn sie grundsätzlich geeignet ist, den Angriff/die Gefahr abzuwehren und wenn sie das mildeste Mittel unter mehreren zur Verfügung stehenden ist, das mit gleicher Sicherheit den Erfolg abwendet.
Gefahr	ist ein Zustand, der bei ungehindertem Ablauf des objektiv zu erwartenden Geschehens den Eintritt oder die Intensivierung eines Schadens ernstlich erwarten lässt.

Übungsfall 2: Die Waldhütte

A. Sachverhalt

Anton, Bertram und Christine haben sich während des Jura-Studiums kennen gelernt und zu einer Wohngemeinschaft zusammengeschlossen. Um die überstandene Strafrechtsklausur angemessen zu feiern, haben sie eine entlegene Waldhütte angemietet. Der Abend nimmt jedoch für die drei einen ganz unterschiedlichen Verlauf. Während sich Bertram und Christine vor dem Kamin sitzend angeregt unterhalten, findet Anton mit der Schilderung seiner Klausurlösung bei Christine nicht den erhofften Anklang. Ungeduldig drängt Anton, der als einziger mit einem Wagen gekommen ist, daher zum Aufbruch. Beim Hinausgehen stolpert Christine über eine Stufe und schlägt mit dem Hinterkopf auf die Steintreppe. Als Anton sieht, dass sich Bertram sogleich um die bewusstlose Christine kümmert, wird ihm der Misserfolg des Abends erst richtig bewusst. Obwohl ihn Bertram darauf aufmerksam macht, dass Christine lebensgefährlich verletzt ist, fährt er mit den Worten „Das ist nicht mein Problem" davon.

Bertram weiß nicht, wie er Christine selbst helfen soll. Er entschließt sich deshalb, zur Landstraße zu laufen, um von der ca. drei Kilometer entfernten Waldschenke „Rote Laterne" Hilfe zu holen. Nach kurzer Zeit kommt ihm der Forstgehilfe Fred mit seinem Moped entgegen. Bertram stellt sich Fred in den Weg und zwingt ihn auf diese Weise anzuhalten. Als er Fred die Lage erklärt hat, verspricht dieser, zur „Roten Laterne" zu fahren und den Notarzt zu rufen. Bertram läuft deshalb zu Christine zurück. Auf der Fahrt überdenkt Fred das Geschehen. An der „Roten Laterne" angekommen, sieht er gar nicht mehr ein, warum er als Teil der arbeitenden Bevölkerung Studenten helfen soll, die nichts anderes zu tun haben, als von seinen Steuergeldern wilde Feste zu feiern. Er unternimmt nichts. Ob Christine überlebt, ist ihm dabei egal.

Als Bertram merkt, dass keine Hilfe kommt, läuft er erneut los und benachrichtigt den Rettungsdienst. Dieser kommt unverzüglich, doch zu spät, um Christine noch zu retten. Sie wäre gerettet worden, wenn Bertram oder Fred sogleich von der „Roten Laterne" aus Hilfe geholt hätten.

Frage: Wie haben sich die Beteiligten strafbar gemacht? Straßenverkehrsdelikte bleiben dabei außer Betracht.

Bearbeitungszeit: Zwei Stunden

B. Lösungsskizze

I. **Strafbarkeit des A – Das Losfahren**
1. **Totschlag, § 212 I**
    a) Objektiver Tatbestand
        aa) Tod eines Menschen (+)
        bb) Handlung des A (–)
            P: Abgrenzung zwischen Tun und Unterlassen
            – Kriterium des Energieeinsatzes
            – Schwerpunkt der Vorwerfbarkeit
    b) Ergebnis: § 212 I (–)
2. **Totschlag durch Unterlassen, §§ 212 I, 13**
    a) Objektiver Tatbestand
        aa) Erfolg und Unterlassen (+)
        bb) Kausalität (+)
            E: Vermeidbarkeitstheorie vs. Risikoverminderungslehre
        cc) Garantenstellung
            (1) natürliche Verbundenheit (–)
            (2) Gefahrengemeinschaft (–)
            (3) rechtlich geschützter Herrschaftsbereich (–)
                E: Garantenstellung
    b) Ergebnis: §§ 212 I, 13 (–)
3. **Aussetzung, § 221 I Nr. 1 bzw. Nr. 2**
    a) Objektiver Tatbestand
        aa) Versetzen in eine hilflose Lage (–)
        bb) Imstichlassen trotz Obhuts- bzw. Beistandspflicht (–)
    b) Ergebnis: § 221 I Nr. 1 bzw. Nr. 2 (–)
4. **Unterlassene Hilfeleistung, § 323 c**
    a) Objektiver Tatbestand
        aa) Unglücksfall (+)
        bb) keine Hilfeleistung (+)
        cc) Erforderlichkeit der Hilfeleistung (+)
        dd) Zumutbarkeit der Hilfeleistung (+)
    b) Subjektiver Tatbestand (+)
    c) Rechtswidrigkeit und Schuld (+)
        d) Ergebnis: § 323 c (+)
II. **Strafbarkeit des B**
1. **Nötigung durch das Anhalten des F, § 240 I**
    a) Objektiver Tatbestand
        aa) Nötigungserfolg (+)
        bb) Nötigungsmittel (+)
            E: Entwicklung des Gewaltbegriffs
    b) Subjektiver Tatbestand (+)
    c) Rechtswidrigkeit: Rechtfertigung nach § 34?
        aa) Notstandslage (+)
        bb) Notstandshandlung (+)

cc)   Interessenabwägung (+)
d)   Ergebnis: § 240 I (–)

2.   Unterlassene Hilfeleistung, § 323 c
a)   Objektiver Tatbestand
Erforderlichkeit der Hilfeleistung (–)
b)   Ergebnis: § 323 c (–)

III.   Strafbarkeit des F – Das nicht eingehaltene Versprechen

1.   Totschlag, § 212 I
a)   Objektiver Tatbestand
aa)   Erfolg (+)
bb)   Handlung und Kausalität (+)
cc)   objektive Zurechnung (–)
b)   Ergebnis: § 212 I (–)

2.   Totschlag durch Unterlassen, §§ 212 I, 13
a)   Objektiver Tatbestand
aa)   Erfolg und Unterlassen (+)
bb)   Kausalität (+)
cc)   Garantenstellung
(1)   freiwillige Übernahme von Schutzfunktionen (+)
(2)   Ingerenz (+/–)
P: Rechtliche Qualität des Vorverhaltens
b)   Subjektiver Tatbestand
aa)   Tötungsvorsatz (+)
bb)   Bewusstsein der Garantenstellung (+)
c)   Rechtswidrigkeit und Schuld (+)
d)   Ergebnis: §§ 212 I, 13 (+)

3.   Mord durch Unterlassen, §§ 212 I, 211, 13
a)   Grunddelikt (+)
b)   Mordmerkmal
aa)   Heimtücke (–)
bb)   Habgier (–)
cc)   niedrige Beweggründe (+)
E: Restriktive Auslegung des Mordmerkmals „Heimtücke"
c)   Ergebnis: §§ 212 I, 211, 13 (+)

4.   Aussetzung mit Todesfolge, § 221 I Nr. 2, III
a)   Grundtatbestand (+)
b)   besonderer Erfolg (+)
c)   Rechtswidrigkeit und Schuld (+)
d)   Ergebnis: § 221 I Nr. 2, III (+)

5.   Unterlassene Hilfeleistung, § 323 c (+)

IV.   Gesamtergebnis
A: § 323 c.
B: straflos.
F: §§ 212 I, 211, 13.

C. Gutachten

I. Strafbarkeit des A – Das Losfahren

1. Totschlag, § 212 I

Indem A mit dem Wagen davongefahren ist, könnte er sich wegen eines Totschlags nach § 212 I strafbar gemacht haben.

Aufbauhinweis: Teilweise wird zwar vorgeschlagen, die Abgrenzung zwischen Tun und Unterlassen in einer „Vorprüfung" vorzunehmen (vgl. *Wessels/Beulke/Satzger* AT Rdn. 1205; *Kühl* AT § 18 Rdn. 11). Da sie aber anhand des konkreten Tatgeschehens, insbesondere der tatbestandsmäßigen Handlung, zu erfolgen hat, wird sie besser in den objektiven Tatbestand integriert.

---

a) Objektiver Tatbestand

aa) C ist tot. Der tatbestandsmäßige Erfolg ist damit eingetreten.

bb) Dies müsste durch eine Handlung des A erfolgt sein. Fraglich ist also, ob das Wegfahren ein positives Tun oder ein Unterlassen darstellt.

P: Abgrenzung zwischen Tun und Unterlassen

Kriterium des Energieeinsatzes: Teilweise wird das Kriterium des Energieeinsatzes als maßgebliches Abgrenzungskriterium herangezogen. Ein aktives Tun soll dann vorliegen, wenn der Täter im Hinblick auf den konkret zum Erfolg führenden Geschehensverlauf Energie eingesetzt hat (*Engisch* Gallas-FS, 163; erweitert durch bzw. verknüpft mit Kausalitätserwägungen u. a. *Otto* AT, § 9 Rdn. 2; *Sieber* JZ 1983, 431).

Kausalitätskriterium: Die Lehre vom Primat des kausalen Tuns geht immer dann von einem Begehungsdelikt aus, wenn ein aktiver Energieeinsatz kausal für den Erfolg ist (so *Roxin* AT II, § 31 Rdn. 78 ff.; *Jäger* Strafrecht AT, Rdn. 333; *Samson* Welzel-FS, 579, insb. 595).

Schwerpunkt der Vorwerfbarkeit: Die Rechtsprechung und Teile des Schrifttums fragen demgegenüber danach, ob sich nach normativen Gesichtspunkten und unter Berücksichtigung des sozialen Handlungssinns der rechtliche Vorwurf hauptsächlich auf ein positives Tun oder auf ein Unterlassen bezieht (vgl. etwa BGHSt 6, 46, 59; BGH NStZ 1999, 607; 2007, 151, 153 f.; Schönke/Schröder/*Stree* Vorbem. §§ 13 ff. Rdn. 158; *Wessels/Beulke/Satzger* AT Rdn. 987).

„Im Zweifel" positives Tun: Nach anderer Auffassung soll das Verhalten „im Zweifel" als positives Tun zu bewerten sein (so *Spendel* Schmidt-FS, 183, 194; *Kaufmann* Schmidt-FS, 200, 212).

Stellungnahme: Gerade bei mehrdeutigen Verhaltensweisen, bei denen zwar **Energie eingesetzt** wird, gleichzeitig aber auch ein Unterlassen vorliegt, erweist sich das Kriterium des Energieeinsatzes als ungeeignet. Auch die Auffassung, die das Verhalten „im Zweifel" als positives Tun bewertet, bietet kein überzeugendes Abgrenzungskriterium. Abgesehen davon, dass nur selten ein Unterlassen ohne gleichzeitiges positives Tun vorliegen wird, kann dieses Unterlassen auch mit völlig untergeordneten Handlungen einhergehen, die in keinerlei Zusammenhang mit dem eingetretenen Erfolg stehen. Warum dem Tun bei Unsicherheit der Bewertung der Vorrang eingeräumt werden soll, ist nicht ersichtlich. Ebenso wenig führt das Abstellen auf die **kausale Verursachung** des Taterfolgs bei der Abgrenzung zwischen Tun und Unterlassen zu rational nachvollziehbaren Ergebnissen. Dieses Kriterium ist ebenso zirkulär wie die bereits genannten Kriterien, da der Rechtsanwender erst einen Anknüpfungspunkt auswählt (die Handlung, die er z. B. als Tötungshandlung prüfen will) und dann zur Kausalitätsprüfung schreitet. Die Prüfung des Schwerpunkts der Vorwerfbarkeit birgt zwar die Gefahr, eine Schwerpunktprüfung dazu zu missbrauchen, die im konkreten Fall erwünschten Ergebnisse zu erzielen. Das Abstellen auf den **Schwerpunkt der Vorwerfbarkeit** bietet insoweit aber zumindest den Vorteil, dass die relevanten Gesichtspunkte einzelfallabhängig abgewogen und gewichtet werden können und vor allem der Rechtsanwender im Gegensatz zu den vorgenannten Kriterien gezwungen ist, diese Wertungen offen zu legen. Die Abgrenzung zwischen Begehungs- und Unterlassungsdelikt ist eine Wertungsfrage, die nicht rein empirisch beantwortet werden kann. Die Schwerpunktformel ist mithin den anderen Theorien vorzuziehen[1].

Aus der Rechtsprechung: BGH v. 14. 3. 2003 Az. 2 StR 239/02 = JR 2004, 34 ff. m. Anm. *Duttge*

Übersichtsliteratur: *Führ* Jura 2006, 265 ff.; *Jäger* AT, § 9 Rdn. 333; *Kühl* JA 2014, 507; *Otto* Jura 2000, 549; *Ransiek* JuS 2010, 490; *Röhl* JA 1999, 895 ff.

Weitere Übungsklausuren: *Rotsch* JuS 2004, 607, 611 f.; *Sternberg-Lieben/Sternberg-Lieben* JuS 2005, 47 ff.

Eine Ansicht zieht dabei das Kriterium des Energieeinsatzes als maßgebliches Abgrenzungskriterium heran. Ein aktives Tun soll dann vorliegen, wenn der Täter im Hinblick auf den konkret zum Erfolg führenden Geschehensverlauf Energie eingesetzt hat. Das Wegfahren des A wäre danach als aktives Tun zu werten, wenn A dadurch eine bereits real bestehende Rettungschance für C vereitelt hätte. Eine solche Rettungschance könnte nur darin gesehen werden, dass B an Stelle des A mit dessen Wagen Hilfe hätte holen können. Diese Rettungschance hatte B jedoch solange nicht, als A ihm nicht die Autoschlüssel überlassen hat. Da A durch sein Wegfahren keine bestehende Rettungschance vereitelt hat, begründet sein Verhalten keinen Energieeinsatz im Hinblick auf den konkret zum Erfolg führenden Geschehensablauf.

Zum selben Ergebnis führt auch das Kriterium des Schwerpunkts der Vorwerfbarkeit, auf welches eine andere Ansicht zur Abgrenzung von Tun und Unterlassen abstellt. Ihr ist deshalb der Vorzug zu geben, weil sie die Möglichkeit bietet, die relevanten Gesichtspunkte einzelfallabhängig abzuwägen und zu gewichten und dieser Abwägungsvorgang im Gegensatz zu den anderen Theorien offen gelegt wird. Im Hinblick auf den eingetretenen Tod der C ist dem A der Vorwurf zu machen, dass er es unterlassen hat, mit seinem Wagen rettend in das

---

1 A. A. natürlich ohne Weiteres vertretbar.

Geschehen einzugreifen. Trotz Handlungsmöglichkeit blieb A untätig. Sein Verhalten ist daher nicht als positives Tun, sondern als ein Unterlassen zu bewerten.

Hinweis: Häufig ist es bei Klausuren mit unechten Unterlassungsdelikten weder nötig noch angebracht, sämtliche vertretenen Ansichten zur Abgrenzung darzulegen und zu diskutieren. Vorliegend ist beispielsweise eine etwas eingehendere Darstellung lediglich deshalb angezeigt, weil später die klassische Problematik des Abbruchs von Rettungshandlungen anzusprechen ist.

---

b) **Ergebnis:** A hat sich keines Totschlags durch aktives Tun strafbar gemacht.

2. Totschlag durch Unterlassen, §§ 212 I, 13

A fährt mit dem Wagen davon, ohne Hilfe zu holen. Hierdurch könnte er sich wegen eines Totschlags durch Unterlassen nach §§ 212 I, 13 strafbar gemacht haben.

a) Objektiver Tatbestand

aa) Durch den Tod der C ist der tatbestandsmäßige Erfolg eingetreten. Da A trotz Handlungsmöglichkeit untätig blieb (s. o.), ist auch seinerseits ein Unterlassen gegeben.

bb) Das Unterlassen des A müsste zudem für den Tod der C kausal gewesen sein. Die unterlassene Handlung muss den tatbestandsmäßigen Erfolg mit an Sicherheit grenzender Wahrscheinlichkeit entfallen lassen. Hätte A die C ins Krankenhaus gefahren, wäre sie gerettet worden. Die unterlassene Handlung hätte den tatbestandsmäßigen Erfolg somit mit an Sicherheit grenzender Wahrscheinlichkeit verhindert. Die Kausalität des Unterlassens für den Todeserfolg ist folglich zu bejahen.

Exkurs: Vermeidbarkeitstheorie vs. Risikoverminderungslehre

Problematisch wäre die Bejahung der Kausalität dann, wenn das Verbringen der C ins Krankenhaus deren Rettungschancen lediglich verbessert, den Erfolgseintritt in Form ihres Todes aber möglicherweise dennoch nicht verhindert hätte.

    h. M.: Nach der **Vermeidbarkeitstheorie** ist die hypothetische Kausalität nur dann gegeben, wenn das Eingreifen des Täters den Eintritt des Erfolges mit an Sicherheit grenzender Wahrscheinlichkeit verhindert hätte.

    a. A.: Die **Risikoverminderungslehre** lässt demgegenüber die Möglichkeit genügen, dass die Vornahme der gebotenen Handlung den Erfolg abgewendet haben könnte.

    Stellungnahme: Ist nicht sicher, ob der Erfolg tatsächlich hätte abgewendet werden können, schafft das Unterlassen gerade kein nachweisliches Risiko. Stattdessen wird der Unterlassungstäter für einen Erfolg zur Verantwortung gezogen, den er u. U. nicht hätte verhindern können.

Eine solche Haftungserweiterung würde in einer Verdachtsstrafe münden und eine tatbestandliche Zurechnung trotz möglicher Weise vermindertem Erfolgsunrecht gestatten. Die Vermeidbarkeitstheorie ist daher insbesondere im Bereich des Unterlassens vorzugswürdig.

Rechtsprechung: BGH NJW 1990, 2560 (2565); BGH NJW 2010, 1087.

Übersichtsliteratur: *Brammsen* Jura 1991, 533 ff.; *Jäger* AT, § 9 Rdn. 333; *Otto* AT, § 9 Rdn. 98 f; *Ransiek* JuS 2010, 490.

---

cc) Fraglich ist allerdings, ob A eine Garantenstellung i. S. v. § 13 innehatte, aufgrund derer er verpflichtet gewesen wäre, die bestehende Lebensgefahr von C abzuwenden oder zu vermindern.

(1) In Betracht kommt eine Garantenstellung aus **natürlicher Verbundenheit.** Dann müsste zwischen A und C ein besonderes Fürsorge- und Vertrauensverhältnis, das auf eine dauerhafte Beziehung angelegt ist, bestehen. A und C leben in einer Wohngemeinschaft zusammen. Hierbei handelt es sich um ein zweckorientiertes Gemeinschaftsverhältnis von vorübergehender Dauer. Die Wohngemeinschaft ist weder Ausdruck eines engen, z. B. intimen, persönlichen Vertrauensverhältnisses noch ist sie auf Dauer angelegt. Das bloße Zusammenleben von A und C in einer Wohngemeinschaft begründet daher keine Garantenstellung des A aufgrund natürlicher Verbundenheit.

(2) Eine Garantenposition aus **Gefahrengemeinschaft** setzt voraus, dass die Gemeinschaft ihrem Wesen nach gerade auf das Bestehen von Gefahren durch gegenseitige Hilfe und Beistand angelegt ist. Der Aufenthalt in einer entlegenen Hütte birgt zwar auch Gefahren. A, B und C halten sich jedoch nicht deshalb gemeinsam in der Hütte auf, um diesen Gefahren besser begegnen zu können. Ihr Aufenthalt ist vielmehr allein auf das gemeinsame Feiern ausgerichtet. A hat keine Garantenposition aus Gefahrengemeinschaft inne.

(3) A könnte Garant aus **Innehabung eines rechtlich geschützten Herrschaftsbereichs** sein. Dies setzt voraus, dass sich C in der Herrschaftssphäre des A aufgehalten hat und zwar deshalb, weil A einen besonderen Vertrauenstatbestand im Hinblick auf die Abwehr von Gefahren geschaffen hat, die sich aus diesem Herrschaftsbereich ergeben. A, B und C haben die Hütte gemeinsam angemietet. C hatte daher in demselben Maße Sachherrschaft wie A. Es fehlt damit bereits an einem Aufenthalt der C in der Herrschaftssphäre des A, ganz abgesehen davon, dass A durch sein Verhalten keinen Vertrauenstatbestand gegenüber C geschaffen hat.

Exkurs: Garantenstellung

Nach § 13 I entspricht das Unterlassen nur dann der Verwirklichung des gesetzlichen Tatbestandes durch aktives Tun, wenn der Unterlassende rechtlich dafür einzustehen hat, dass der Erfolg nicht eintritt, er also Garant für die Abwendung des Erfolges ist. Zu unterscheiden sind nach h. M. Schutzgaranten, die verpflichtet sind, Gefahren von einem zu Beschützenden abzuwehren, und Überwachungsgaranten, die von einer bestimmten Gefahrenquelle ausgehende Risiken abwehren müssen.

1. Beschützergaranten

a) enge persönliche Verbundenheit

Die Garantenposition resultiert hier aus der persönlichen Verbundenheit in auf Dauer angelegten, intimen Gemeinschaftsverhältnissen. Ein solches Vertrauens- und Fürsorgeverhältnis ist beispielsweise bei der Ehe, einem Verlöbnis, eheähnliche Gemeinschaften oder dem Verhältnis zwischen Eltern und Kindern anzunehmen. Wie bei allen Garantenstellungen ist selbst bei Beschützergaranten kraft enger Verbundenheit sorgfältig auf die Berechtigung bzw. Reichweite der Garantenposition zu achten (z. B. nicht bei „Prügelehe"; nicht Kinder gegenüber Eltern ohne tatsächliche Übernahme von Schutzpflichten), dazu *Kretschmer* Jura 2006, 898 ff.

b) Gefahrengemeinschaft

Verpflichtungen ergeben sich dann, wenn sich Personen in einer Gemeinschaft befinden, die ihrem Wesen nach, d. h. typischerweise, auf Beistand und gegenseitige Unterstützung angelegt ist. Hierunter fallen Expeditionen, Bergtouren oder Soldaten im Ernstfall, nicht aber Zufallsgemeinschaften von Zechkumpanen oder Drogenkonsumenten.

c) freiwillige Übernahme von Schutz- und Beistandspflichten

Eine Pflicht zur Abwehr von Gefahren, die dem Schutzbefohlenen drohen, erwächst hier aus der tatsächlichen Übernahme einer Schutzfunktion, so z. B. die Übernahme der ärztlichen Behandlung, einer Bergführung, der Bade- oder Kinderaufsicht etc. Auf die Wirksamkeit eines zivilrechtlichen Vertrages kommt es dabei nicht an, da allein der tatsächliche Übernahmeakt den ausschlaggebenden Vertrauenstatbestand schafft.

2. Überwachungsgaranten

a) vorangegangenes gefährliches Tun (Ingerenz)

Wird durch ein bestimmtes Vorverhalten die nahe Gefahr eines Schadenseintritts für Rechtsgüter Dritter geschaffen, so resultiert hieraus die Pflicht, den drohenden Schaden abzuwenden und entsprechende Rettungsmaßnahmen einzuleiten[2].

b) Herrschaft über Gefahrenbereiche (Verkehrssicherungspflicht)

Derjenige, dessen Herrschaftsbereich sich auf eine potentielle Gefahrenquelle erstreckt, ist verpflichtet, diese zu kontrollieren und schädigende Folgen zu verhindern. Solche Verkehrssicherungspflichten treffen etwa den Hausbesitzer, Grundstückseigentümer, Halter von Tieren bzw. Kraftfahrzeugen oder den Inhaber eines gefährlichen Betriebes.

---

2 A. A. z. B. *Lampe* ZStW 72 (1960), 106; *Langer* Sonderverbrechen, 504 f.; *Schünemann* GA 1974, 231 ff., die eine entsprechende Garantenpflicht gänzlich ablehnen. Im Einzelnen ist hier vieles umstritten. Zur Frage nach der rechtlichen Qualität des Vorverhaltens s. u.

c) Innehabung eines rechtlich geschützten Herrschaftsbereichs
Voraussetzung einer Garantenstellung ist neben der Herrschaft über Räumlichkeiten auch, dass der Hausrechtsinhaber ein besonderes Vertrauen für das Wohlergehen derjenigen Personen geschaffen hat, die sich in dieser Herrschaftssphäre aufhalten (z. B. Gastwirt)[3].

d) Pflicht zur Beaufsichtigung Dritter bzw. Verantwortlichkeit für fremdes Handeln
Wer aufgrund besonderer Autoritäts- und Lebensverhältnisse rechtlich dazu verpflichtet ist, andere Personen zu beaufsichtigen, muss verhindern, dass sie Dritten Schaden zufügen. So müssen Eltern bei ihren minderjährigen Kindern, Ärzte einer psychiatrischen Anstalt bei ihren Patienten und der Leiter einer Strafvollzugsanstalt bei seinen Insassen gegen bevorstehende Straftaten einschreiten.

Übersichtsliteratur: *Jäger* AT, § 9 Rdn. 337 f.; *Kühl* JuS 2007, 497 ff.; *Otto* AT, § 9 Rdn. 22 ff. *Ransiek* JuS 2010, 585.

Weitere Übungsklausuren: *Norouzi* JuS 2005, 914 ff.; *Kett-Straub/Linke* JuS 2008, 717 ff.

b) Ergebnis
A hat keine Garantenstellung gegenüber C inne. Er ist nicht wegen eines Totschlags durch Unterlassen gemäß §§ 212 I, 13 zu bestrafen.

Hinweis: Niemals sollten allgemeine Erwägungen an die Stelle einer konsequenten Subsumtion treten, nur weil es manchem Studenten vermeintlich unbillig erscheint, A keine Garantenpflicht gegenüber C zukommen zu lassen. Gerade diese Fälle werden aber von § 323c „aufgefangen" (s. u.). In Klausuren wird leider auch sehr häufig eine Garantenstellung allein deshalb bejaht, weil der Unterlassende die beste (bzw. einzige) Möglichkeit zur Rettung des Opfers gehabt hat. Auch dies ist aber bereits Voraussetzung für die Jedermann-Pflicht des § 323c, auf die bloße Möglichkeit der Beherrschung eines Geschehensablaufs lässt sich eine Garantenstellung nicht stützen.

3. Aussetzung, § 221 I Nr. 1 bzw. Nr. 2
Durch sein Wegfahren hat sich A möglicherweise wegen einer Aussetzung nach § 221 I Nr. 1 bzw. Nr. 2 zu verantworten.

---

3 A.A. Schönke/Schröder/*Stree* § 13 Rdn. 54, 27. Aufl., der verkennt, dass die potentielle Hilfe anderer nicht das Entstehen einer auf vertrauenssetzenden Handlungen basierenden Garantenpflicht verhindert; and. nun *Bosch* a.a.O. ab 28. Aufl.

a) Objektiver Tatbestand

aa) Dann muss A die C in eine hilflose Lage versetzt haben. In einer hilflosen Lage ist das Opfer, wenn es ihm nicht möglich ist, sich aus eigener Kraft vor Gefahren für sein Leben oder seine körperliche Integrität zu schützen. Nach dem Sturz ist C lebensgefährlich verletzt und auf Grund ihrer Bewusstlosigkeit nicht in der Lage, sich gegen drohende Gefahren zu schützen. Sie befindet sich damit in hilfloser Lage. In diese Lage müsste A die C versetzt haben. Versetzen ist das Herbeiführen der hilflosen Lage. Vorliegend war C selbst gestürzt. Die hilflose Lage ist damit nicht durch A herbeigeführt worden.

bb) A könnte C aber trotz Obhuts- bzw. Beistandspflicht im Stich gelassen haben. Imstichlassen ist das Unterlassen der gebotenen Hilfeleistung. Da A der C nicht geholfen hat, obwohl ihm das möglich war, hat er sie im Stich gelassen. Weiterhin müsste C eine Obhuts- oder Beistandspflicht getroffen haben. Obhuts- und Beistandspflichten werden durch Garantenstellungen begründet. Eine Garantenstellung des A liegt jedoch – wie oben ausgeführt – nicht vor.

b) Ergebnis

A hat sich nicht nach § 221 I Nr. 1 oder Nr. 2 strafbar gemacht.

4. Unterlassene Hilfeleistung, § 323 c

Dadurch dass A es unterlässt, C zu helfen, könnte er sich wegen unterlassener Hilfeleistung nach § 323 c strafbar gemacht haben.

a) Objektiver Tatbestand

aa) Dann müsste der Sturz der C einen Unglücksfall darstellen. Hierunter versteht man jedes plötzlich eintretende Ereignis, das Schaden an Leib, Leben oder Sachen von bedeutendem Wert zu bringen droht. Als sich C bei dem Sturz lebensgefährlich verletzt, ist ein solcher Unglücksfall gegeben.

bb) A fährt davon, ohne C in ein Krankenhaus zu bringen oder Hilfe zu holen. Er hat es daher unterlassen, Hilfe zu leisten.

cc) Die Hilfeleistung durch A muss ferner erforderlich gewesen sein. Erforderlich ist eine Hilfeleistung, wenn sie aus der Sicht eines Beobachters, also ex-ante, notwendig erscheint, um den drohenden Schaden abzuwenden. Hier hatte A die tatsächliche Gelegenheit, das Leben der C zu retten, wenn er sie in ein Krankenhaus gefahren oder Hilfe geholt hätte. Die Hilfeleistung durch A war deshalb erforderlich.

dd) Darüber hinaus muss dem A die Hilfeleistung zumutbar sein. Für die Beurteilung der Zumutbarkeit sind vor allem eigene schutzwürdige Belange des Täters maßgeblich, die der Hilfeleistung entgegenstehen. Derartige schutzwürdige Belange sind bei A nicht zu erkennen. Die Hilfeleistung war dem A zumutbar.

b) Subjektiver Tatbestand

Der subjektive Tatbestand setzt voraus, dass sich der Täter der Notsituation sowie der Erforderlichkeit und Zumutbarkeit der Hilfeleistung bewusst ist. A hat die Notlage der C erkannt, er wurde von B ausdrücklich auf deren lebensbedrohliche Situation hingewiesen. A ist sich auch der Umstände bewusst, die seine Hilfeleistung erforderlich und zumutbar machen. A unterlässt die Hilfeleistung daher vorsätzlich.

c) Rechtswidrigkeit und Schuld

A handelte darüber hinaus rechtswidrig und schuldhaft.

d) Ergebnis

A hat sich mithin wegen unterlassener Hilfeleistung nach § 323 c strafbar gemacht.

II. Strafbarkeit des B

1. Nötigung durch das Anhalten des F, § 240 I

B stellt sich F in den Weg und zwingt ihn zum Anhalten. Hierdurch könnte sich B wegen Nötigung i. S. d. § 240 I strafbar gemacht haben.

a) Objektiver Tatbestand

aa) Der **Nötigungserfolg** setzt voraus, dass F von B zu einem nicht gewollten Verhalten veranlasst wurde. F wird entgegen seinem ursprünglichen Willen gezwungen, anzuhalten und das Weiterfahren zu unterlassen. Der Nötigungserfolg ist eingetreten.

bb) Als **Nötigungsmittel** kommt Gewalt in Betracht. Gewalt ist der physisch wirkende Zwang zur Überwindung eines geleisteten oder erwarteten Widerstandes. B stellt sich F in den Weg. Dieser, wenn auch nur geringen, Kraftentfaltung kann F nicht begegnen, weil er mit seinem Moped nicht an B vorbeikommt, ohne selbst zu stürzen. Bei einem Sturz oder einer Kollision mit B müsste F selbst erhebliche körperliche Beeinträchtigungen hinnehmen, so dass hier eine physische Zwangswirkung gegeben ist. Der Fall unterscheidet sich insoweit von Konstellationen, in denen sich jemand einem Kraftfahrzeug in den Weg stellt, ohne dass für den Fahrzeugführer dadurch die Gefahr besteht, selbst verletzt zu werden. Im letztgenannten Fall wird die Zwangswirkung lediglich psychisch vermittelt und wirkt auch lediglich psychisch, so dass die Annahme von Gewalt problematisch wäre. Hier setzt B aber aufgrund der physischen Wirkung des natürlich auch psychisch vermittelten Zwangs das Nötigungsmittel der Gewalt ein.

Erläuterung: Entwicklung des Gewaltbegriffs

1. Ausgangspunkt der Entwicklung des strafrechtlichen Gewaltbegriffs war der **„klassische Gewaltbegriff"** des Reichsgerichts. Demnach ist Gewalt die durch körperlichen Kraftaufwand erfolgende Einwirkung auf einen anderen zur Überwindung eines tatsächlichen oder erwarteten Widerstandes (so u. a. RGSt 56, 87, 88; 64, 113, 115).

2. Diese Anforderungen wurden vom BGH zunächst dadurch aufgeweicht, dass das Kriterium der körperlichen Kraftentfaltung aufgegeben und eine körperliche Tätigkeit für ausreichend erachtet wurde. Letztlich erfolgte sogar eine Gleichstellung von körperlichem und rein psychisch wirkendem Zwang (sog. **vergeistigter Gewaltbegriff;** vgl. BGH NJW 1951, 532; BGHSt 23, 46, 54 – sog. Laepple-Fall).

→ Nicht selten wurden von Seiten der Literatur Bedenken gegen die zunehmende Ausdehnung des Gewaltbegriffs laut (vgl. z. B. *Geilen* H. Mayer-FS, 445; *Wolter* NStZ 1985, 193, 245; *Paeffgen* Grünwald-FS, 433).

3. Zu einer Rückbegrenzung und dem Übergang zum sog. **modernen Gewaltbegriff** kam es aufgrund der allerdings selbst widersprüchlichen **„Zweiten Sitzblockaden-Entscheidung"** des BVerfG. Demnach wird durch das Verhalten der Demonstranten, die sich den Fahrzeugen in den Weg stellen, lediglich die psychologische Hemmung verursacht, andere Menschen zu verletzen, was aber keinen körperlichen Zwang bewirkt. Die weite Auslegung des Gewaltbegriffs i. S. eines rein psychisch vermittelten Zwangs hat das BVerfG für nicht mit Art. 103 II GG vereinbar erklärt (BVerfGE 92, 1).

4. Der BGH reagierte hierauf mit seiner **„Zweite-Reihe-Rechtsprechung"** und wies darauf hin, dass die „Sitzblockaden-Entscheidung" des BVerfG lediglich Fahrzeuge betrifft, die unmittelbar vor den Demonstranten zum Halten veranlasst werden, die Fahrzeuge ab der zweiten Reihe sehen sich aber einer physischen Barriere gegenüber, die einen körperlich wirkenden Zwang darstellt (BGH NJW 1995, 2643). Das BVerfG hat diese Einschränkung in einer konzeptlosen und ausschließlich ergebnisorientierten Folgerechtsprechung de facto akzeptiert (vgl. auch *Bosch* JA 2008).

Hinweis: Teilweise wird vorgeschlagen, in Blockadefällen die Drohungsalternative (§ 240 I Alt. 2) fruchtbar zu machen, weil ein vernünftiger Mensch, der sich den weit reichenden tatsächlichen und rechtlichen Konsequenzen des Überfahrens der Demonstranten nicht aussetzten möchte, dadurch zu dem erstrebten Verhalten (dem Anhalten) veranlasst wird. Eine Drohung mit einem empfindlichen Übel kann hierin aber deshalb nicht gesehen werden, weil der Eintritt des in Aussicht gestellten Übels maßgeblich vom Verhalten der Opfer abhängt und die Täter deshalb nicht vorgeben, Einfluss hierauf zu haben.

Übersichtsliteratur: *Jäger* BT, § 3 Rdn. 99; *Jahn* JuS 2011, 563; *Otto* Die einzelnen Delikte, § 27 Rdn. 2 ff.; *Magnus* NStZ 2012, 538; *Swoboda* JuS 2008, 862.

Weitere Übungsklausuren: *Böse/Kaiser* JuS 2005, 440 ff.; *Fahl* JuS 2001, 47 ff.; *Karitzky* Jura 2000, 368 ff.; *Perron/Bott/Gutfleisch* Jura 2006, 706 ff.

b) Subjektiver Tatbestand

B will F zum Anhalten zwingen. Er handelt damit vorsätzlich.

c) Rechtswidrigkeit

Fraglich ist, ob sich B rechtswidrig verhalten hat. Das Verhalten des B könnte gemäß § 34 durch Notstand gerechtfertigt sein.

aa) Notstandslage

Zunächst müsste eine gegenwärtige Gefahr vorliegen, d. h. ein Zustand, dessen Weiterentwicklung den Eintritt oder die Intensivierung eines Schadens befürchten lässt, sofern nicht alsbald Abwehrmaßnahmen ergriffen werden. Zu dem Zeitpunkt, als sich B dem F in den Weg stellt, befindet sich C in einem Zustand, in dem sie ohne Hilfe höchstwahrscheinlich sterben wird. Es besteht damit eine gegenwärtige Gefahr für das Leben der C.

bb) Notstandshandlung

Diese Gefahr darf nicht anders abwendbar gewesen sein. Eine Gefahr ist nicht anders abwendbar, wenn kein milderes Mittel zur Verfügung steht, mit dem die Gefahr genauso sicher abgewendet werden kann. Die Gefahr für das Leben der C hätte B auch dadurch abwenden können, dass er zu Fuß zur „Roten Laterne" gelaufen wäre. Dieses Verhalten wäre im Hinblick auf die Willensfreiheit des F das mildere Mittel gewesen. Zu Fuß hätte B die „Rote Laterne" jedoch wesentlich später erreicht als F mit seinem Moped. Wegen dieser zeitlichen Differenz war die Rettung der C durch das Anhalten des F wesentlich sicherer. B stand damit kein milderes und genauso sicheres Mittel zur Verfügung. Die Gefahr war somit nicht anders abwendbar und subjektiv auch vom Rettungswillen des B getragen.

cc) Interessenabwägung

Im Rahmen der Interessenabwägung stehen sich das Leben der C und die Willensbetätigungsfreiheit des F gegenüber. Angesichts der akuten Gefahr für C überwiegt das Rechtsgut Leben den kurzfristigen Eingriff in die Willensbetätigungsfreiheit des F.

d) Ergebnis

Die Nötigung des F ist folglich nach § 34 gerechtfertigt. B hat sich keiner Nötigung strafbar gemacht.

2. Unterlassene Hilfeleistung, § 323 c

B könnte sich wegen unterlassener Hilfeleistung strafbar gemacht haben, indem er nicht selbst zur „Roten Laterne" lief, sondern zu C zurückkehrte.

a) Objektiver Tatbestand

Die lebensgefährlichen Verletzungen der C begründen einen Unglücksfall (s. o.). B hat es unterlassen, selbst zur „Roten Laterne" zu laufen und Hilfe zu holen. Fraglich ist, ob diese Hilfeleistung unter den gegebenen Umständen erforderlich war. Aus der Sicht eines Beobachters erschien es zu dem Zeitpunkt, als sich F bereiterklärt hat, Hilfe zu holen, nicht mehr notwendig, dass B ebenfalls noch zur „Roten Laterne" läuft. Nach dem ernst gemeinten Versprechen des F erschien eine Rettung durch F objektiv gesichert, so dass nicht das Hilfeholen, sondern die Rückkehr zu C als die erforderliche Hilfeleistung des B anzusehen ist, die er auch erbracht hat.

b) Ergebnis

Er hat sich daher nicht nach § 323 c strafbar gemacht.

III. Strafbarkeit des F – Das nicht eingehaltene Versprechen

1. Totschlag, § 212 I

Dadurch dass F sich bereit erklärt, Hilfe zu holen, könnte er wegen eines Totschlags gemäß § 212 I zu bestrafen sein.

a) Objektiver Tatbestand

aa) Der tatbestandliche Erfolg ist mit dem Tod der C eingetreten.

bb) Aufgrund des Versprechens, den Notarzt zu rufen, liegt auch eine Handlung des F vor, die kausal für den eingetretenen Erfolg war. Hätte F dieses Versprechen nicht gegeben, wäre B weiter zur „Roten Laterne" gelaufen, wodurch das Leben der C gerettet worden wäre.

cc) Fraglich ist jedoch, ob der Tod der C dem F auch objektiv zurechenbar ist. Die objektive Zurechnung ist dann zu bejahen, wenn der Täter durch sein Verhalten eine rechtlich missbilligte Gefahr geschaffen hat, die sich im konkreten Erfolg verwirklicht hat. Zwar führt das Versprechen des F dazu, dass B seine Rettung abbricht und zu C zurückkehrt. Durch den Abbruch der Rettung seitens des B wird die Gefahr für das Leben der C gegenüber dem bisherigen Zustand – B läuft zu Fuß zur „Roten Laterne" – jedoch nicht erhöht. Da F zu diesem Zeitpunkt noch zur Rettung der C entschlossen ist, wird die bisherige Rettungschance lediglich durch eine bessere Rettungschance ersetzt. Allein durch sein Versprechen hat F somit keine rechtlich missbilligte Gefahr für das Leben der C geschaffen. Der Tod der C ist ihm folglich nicht objektiv zurechenbar.

b) Ergebnis

F hat sich durch das Versprechen keines Totschlags nach § 212 I strafbar gemacht.

Hinweis: Im Hinblick auf die Strafbarkeit des F ist es wichtig, zwischen dem Versprechen der Hilfe und dem späteren Unterlassen, dieses Versprechen einzulösen, zu unterscheiden. Dies spielt nicht nur bei der Frage, ob F bzgl. dieses Versprechens ein rechtlicher Vorwurf zu machen ist, eine Rolle, sondern stellt auch das Vorverhalten dar, an das bei der Frage nach einer möglichen Garantenstellung aus Ingerenz anzuknüpfen ist (s. u.). Natürlich könnte hinsichtlich des Versprechens auch unmittelbar ein Tötungsvorsatz verneint werden, dann müsste aber die gesamte Problematik stattdessen inzident bei der Abgrenzung Tun und Unterlassen sowie bei der Frage nach einer Garantenstellung kraft Ingerenz erörtert werden.

---

2. Totschlag durch Unterlassen, §§ 212 I, 13

Indem F später davon absah, Hilfe zu holen, könnte er sich wegen eines Totschlags durch Unterlassen gemäß §§ 212 I, 13 strafbar gemacht haben.

a) Objektiver Tatbestand

aa) Der Erfolg ist eingetreten. C ist tot. Da F trotz Handlungsmöglichkeit untätig blieb, ist auch ein Unterlassen seitens F gegeben.

bb) C wäre noch gerettet worden, wenn F von der „Roten Laterne" aus Hilfe geholt hätte. Er hatte also die Möglichkeit, durch Vornahme der unterlassenen Handlung den tatbestandsmäßigen Erfolg mit an Sicherheit grenzender Wahrscheinlichkeit abzuwenden. Das Unterlassen des F war mithin kausal für den Tod der C.

cc) Fraglich ist, ob F eine Garantenstellung innehat, aufgrund derer er verpflichtet ist, die bestehende Lebensgefahr für C abzuwenden oder zu vermindern.

(1) F könnte aufgrund **freiwilliger Übernahme von Schutzfunktionen** Garant für das Leben der C geworden sein. Die Hilfe des F setzt hier mit dem Versprechen ein, zur „Roten Laterne" zu fahren und den Notarzt zu rufen. Allein aus dieser Hilfeleistung erwächst allerdings noch keine Garantenstellung. Andernfalls würde der zunächst Hilfeleistende schlechter gestellt als derjenige, der gänzlich untätig bleibt. Vielmehr muss der Helfer durch sein Verhalten die Situation des Hilfsbedürftigen verändert haben, etwa andere Rettungswillige von einer Hilfeleistung abgehalten haben. F hat B – in Kenntnis der Lebensgefahr für C – versprochen, zur „Roten Laterne" zu fahren und den Notarzt zu rufen. Durch sein Verhalten hat F zum Ausdruck gebracht, dass weitere Rettungsmaßnahmen überflüssig sind. Er hat damit gegenüber B einen Vertrauenstatbestand im Hinblick auf die Rettung der C geschaffen, der eine Garantenposition gegenüber dem Leben der C aus freiwilliger Übernahme von Schutzfunktionen begründet[4].

(2) In Betracht kommt zudem eine Garantenstellung aus **Ingerenz.** Diese setzt ein dem Erfolg vorangegangenes gefährdendes Tun voraus. Im Hinblick auf das Verhalten des F kommt allein das Versprechen, Hilfe zu holen, in Betracht.

P: Rechtliche Qualität des Vorverhaltens

M. M.: Nach einer teilweise vertretenen Ansicht genügt für die Entstehung einer Garantenstellung jedes gefahrverursachende Verhalten, weil es schon dem allgemeinen Verantwortungsgefühl entspricht, unerwünschte Folgen eines gefahrbringenden Handelns verhindern zu wollen. Zudem kommt es auch bei einer Garantenstellung, die auf der Herrschaft über eine Gefahrenquelle beruht und derjenigen aus Ingerenz sehr ähnlich ist, nicht auf die Pflichtwidrigkeit an.

h. M.: Die überwiegende Auffassung fordert demgegenüber ein pflichtwidriges Vorverhalten. Nur unter diesen Umständen sei es zumutbar, dem Gefahrverursacher besondere Hilfsmaßnahmen abzuverlangen.

Stellungnahme: Erstgenannte Ansicht zieht die Grenzen der Garantenstellung zu weit. Für das Mehr an strafrechtlicher Verantwortung des sorgfaltsgemäß Handelnden gegenüber einem zufällig Anwesenden besteht kein Anlass. Insbesondere bei einem durch Notwehr gerechtfertigten Verhalten ist nicht nachvollziehbar, dass der Angegriffene nach seiner Gegenwehr zum Beschützer des Angreifers werden und damit schlechter stehen soll als ein anwesender Dritter, der nur nach § 323 c haftet. Auch aus Opferschutzgesichtspunkten bedarf es bei pflichtgemäßem Vorverhalten keiner über § 323 c hinausgehenden Verantwortlichkeit[5].

---

4 Vgl. insbesondere BGH NJW 1993, 2628 (sog. Kältetod-Fall) mit Anm. *Hoyer* NStZ 1994, 85.

5 A. A. vertretbar.

Übersichtsliteratur: *Hillenkamp* AT 32 Probleme, 219; *Jäger* AT, § 9 Rdn. 354.

Weitere Übungsklausuren: *Bartholme* JA 1998, 204 ff.; *Schröder* JA 2001, 191 ff.

Allein die Zusage von Hilfe stellt allerdings kein rechtswidriges Tun dar (s. o.). Ob auch ein sorgfaltsgemäßes Verhalten zur Begründung einer Garantenstellung ausreicht, ist umstritten. Dagegen spricht aber, dass eine Pflicht zum Tätigwerden nur bei pflichtwidrigem Vorverhalten angebracht ist. Anderenfalls wäre der sorgfaltsgemäß Handelnde weiter reichenden strafrechtlichen Pflichten ausgesetzt als der zufällig Anwesende. Abgesehen davon begründet aber bereits die Unterbrechung des rettenden Kausalverlaufs durch Zusage von Hilfe eine Schutzgarantenposition (s. o.).

b) Subjektiver Tatbestand

Fraglich ist, ob F die Rettung mit Tötungsvorsatz und im Bewusstsein seiner Garantenstellung unterlassen hat.

aa) F hatte hier Kenntnis von der konkreten Lebensgefahr, da er von B über die lebensgefährliche Verletzung der C informiert wurde. Er geht deshalb davon aus, dass die Rettung der C ohne sein Zutun nur noch vom Zufall abhängt. Wenn es F trotz dieser Situationskenntnis „egal ist", ob F überlebt, so hält er die Verwirklichung des gesetzlichen Tatbestandes ernstlich für möglich, findet sich aber damit ab. F hat sich demnach mit bedingtem Tötungsvorsatz zu seinem Unterlassen entschieden.

bb) Er müsste sich aber auch der Umstände bewusst gewesen sein, die seine Garantenstellung begründen. Die Garantenstellung des F ergibt sich hier daraus, dass er gegenüber B einen Vertrauenstatbestand geschaffen hat, der weitere Rettungsmaßnahmen überflüssig erscheinen lässt. Dessen war sich F bewusst. F hat die Rettung der C daher vorsätzlich unterlassen.

c) Rechtswidrigkeit und Schuld sind ebenso zu bejahen.

d) Ergebnis

F hat sich wegen eines Totschlags durch Unterlassen nach §§ 212 I, 13 strafbar gemacht.

3. Mord durch Unterlassen, §§ 212 I, 211, 13

F könnte sich durch die unterlassene Rettung wegen Mordes durch Unterlassen gemäß §§ 212 I, 211, 13 zu verantworten haben.

a) **Das Grunddelikt** in Form eines Totschlags durch Unterlassen i. S. v. §§ 212 I, 13 ist verwirklicht (s. o.).

b) Darüber hinaus müsste F mindestens ein **Mordmerkmal** erfüllt haben.

aa) Möglicherweise verhält sich F **heimtückisch,** als er die Rettung der C unterlässt. Das Mordmerkmal der Heimtücke umfasst dabei das Ausnutzen der Arg- und Wehrlosigkeit des Opfers in feindlicher Willensrichtung. Arglos ist das Opfer, wenn es sich zum Zeitpunkt der Tat keines Angriffs versieht. Wehrlos ist, wer sich aufgrund der Arglosigkeit nur schwer oder gar nicht verteidigen kann. C war bewusstlos und konnte deshalb von vornherein nicht arglos sein. F könnte aber die Arg- und Wehrlosigkeit des B, als eines schutzbereiten Dritten, ausgenutzt haben. B rechnet nicht damit, dass es sich F anders überlegt und davon absieht, Hilfe zu holen. Im Hinblick auf dieses Unterlassen des F war B arglos und infolgedessen wehrlos. Fraglich ist jedoch, ob F die bestehende Arg- und Wehrlosigkeit des B ausgenutzt hat. Zu dem Zeitpunkt als sich F zum Unterlassen entschließt, war ihm die gesamte Situation egal, es war ihm daher auch egal, ob B in diesem Augenblick arglos oder wehrlos ist. F hat die Arg- und Wehrlosigkeit des B für das Unterlassen der Rettung nicht ausgenutzt. Selbst wenn man mit Stimmen in der Literatur ein Vertrauensverhältnis zwischen Täter und Opfer fordert, das hier aus dem Vertrauenstatbestand resultieren könnte, den F gegenüber B gesetzt hat, als er die Rettung der C versprach, so fehlt es vorliegend jedenfalls an dem Ausnutzen eines solchen Vertrauensverhältnisses. F handelte demnach nicht mit Heimtücke.

Problem: Restriktive Auslegung des Mordmerkmals „Heimtücke"
In Anbetracht der lebenslangen Freiheitsstrafe, mit der sich ein Mörder konfrontiert sieht, besteht Einigkeit darüber, dass das Merkmal der Heimtücke – ebenso wie alle anderen Mordmerkmale – eng ausgelegt werden und der Tat eine besondere Verwerflichkeit anhaften muss. Umstritten ist allerdings, auf welchem Weg dieses Ziel zu erreichen ist.

e. A.: Teilweise wird neben der Ausnutzung der Arg- und Wehrlosigkeit des Opfers zusätzlich noch ein verwerflicher **Vertrauensbruch** gefordert. (so u. a. *Otto* BT, § 4 Rdn. 25; *Schönke/ Schröder/Eser* § 211 Rdn. 26 m. w. N.)

Kritik: Abgesehen von der Offenheit des Vertrauensbegriffs ist eine Interpretation der „Heimtücke" dahingehend, dass sie bei der Tötung eines Unbekannten gänzlich ausgeschlossen sein soll, schwerlich mit dem Wortlaut zu vereinbaren. Andererseits ist das Heimtückemerkmal ohnehin sehr problematisch und wird gerade bei der Ausnutzung besonderen Vertrauens nahe liegen (vgl. dazu *Bosch/Schindler* Jura 2000, 77 ff.).

a. A.: Der BGH greift auf die sog. **Rechtsfolgenlösung** zurück und wendet beim Vorliegen gewichtiger und außergewöhnlicher Milderungsgründe wie notwehr- oder notstandsähnlichen Situationen § 49 I Nr. 1 analog an. (vgl. BGH NJW 1981, 1965)

Kritik: Auch eine solche Strafzumessungslösung ist vom Wortlaut des § 211 I, der eindeutig von „lebenslanger Freiheitsstrafe" spricht, nicht gedeckt.

Hinweis: Zu berücksichtigen ist, dass die vertretenen Ansichten jeweils an unterschiedlichen Stellen im Prüfungsaufbau zu verorten sind. Die Lehre vom Vertrauensbruch setzt bereits bei der Definition der Heimtücke an, so dass es schon am objektiven Tatbestandsmerkmal der Heimtücke fehlt. Demgegenüber wirkt sich die Rechtsfolgenlösung erst im Rahmen der Strafzumessung, d.h. nach Bejahung von Tatbestandsmäßigkeit, Rechtswidrigkeit und Schuld, aus.

Übersichtsliteratur: *Geppert* Jura 2007, 270 ff.; *Jäger* AT, § 1 Rdn. 32 ff.; *Kett-Straub* JuS 2007, 515 ff.; *Rotsch* JuS 2005, 12 ff.

Weitere Übungsklausuren: *Haverkamp/Kaspar* JuS 2006, 895 ff.; *Linke/Steinhilber* JA 2010, 117; *Meier/Eber* JuS 2007, 651 ff.

---

bb) Das Mordmerkmal der **Habgier** scheidet aus[6]. Habgier verlangt ein Gewinnstreben um jeden Preis, eine krankhafte Steigerung des Erwerbssinns auf ein sittlich anstößiges Maß. Zwar ärgert sich F über die Ausgabe von Steuergeldern für Studenten, der Tod der C ist aber mit keinerlei finanziellen Vorteilen für F verbunden. Dessen ist sich F auch bewusst. Er strebt durch den Tod der C keine finanzielle Besserstellung an. Habgier liegt damit nicht vor.

cc) F kann die Rettung der C aus **niedrigen Beweggründen** unterlassen haben. Ein Beweggrund ist niedrig, wenn er auf sittlich tiefster Stufe steht, durch hemmungslose Eigensucht bestimmt und deshalb besonders verachtenswert ist. Beweggrund für F ist sein Missfallen über das Leben von Studenten. Das Leben der C erscheint ihm weniger wert, als der durch das Unterlassen des Telefonats ersparte Aufwand. Zwischen Anlass der Tat und ihren Folgen besteht damit ein unerträgliches Missverhältnis. Dessen war sich F auch bewusst. F erfüllt mithin das Mordmerkmal der Tötung aus niedrigen Beweggründen[7].

c) Ergebnis
F ist wegen eines Mordes durch Unterlassen nach §§ 212 I, 211, 13 strafbar.

4. Aussetzung mit Todesfolge, § 221 I Nr. 2, III
Durch die unterlassene Rettung könnte sich F wegen einer Aussetzung mit Todesfolge i.S.v. § 221 I Nr. 2, III zu verantworten haben.
a) Wie oben bereits dargelegt, befand sich C in einer hilflosen Lage. F hat C nicht die erforderliche Hilfe geleistet und sie daher im Stich gelassen. Darüber hinaus

---

6 Habgier muss nicht angesprochen werden, da F selbst offensichtlich keine Bereicherung erstrebt.
7 A.A. mit entsprechender Begründung vertretbar.

war F Garant für C (s.o.), so dass diese unter seiner Obhut stand. Infolge der unterlassenen Hilfeleistung starb C, so dass er sie der Gefahr des Todes ausgesetzt hat. F handelte diesbezüglich auch vorsätzlich. **Der Grundtatbestand** liegt damit vor.

b) **Der besondere Erfolg** i.S.d. § 18 ist mit dem Tod der C eingetreten. Dies war in der konkreten Aussetzungshandlung auch typischerweise angelegt. Der Erfolgseintritt war für F vorhersehbar. Er handelte sogar vorsätzlich.

c) Rechtswidrigkeit und Schuld sind ebenso gegeben.

d) Ergebnis

F hat sich auch einer Aussetzung mit Todesfolge nach §221 I Nr. 2, III schuldig gemacht.

5. Unterlassene Hilfeleistung, § 323 c

Als F in der „Roten Laterne" keine Hilfe ruft, unterlässt er die in der vorliegenden Unglückssituation erforderliche und ihm auch zumutbare Hilfe. Dessen war sich F bewusst. Sein Verhalten ist zudem rechtswidrig und schuldhaft. F hat sich daher wegen unterlassener Hilfeleistung gemäß § 323 c strafbar gemacht.

IV. Gesamtergebnis/Konkurrenzen

1. A ist strafbar wegen einer unterlassenen Hilfeleistung, § 323 c.
2. B ist straflos.
3. F hat sich wegen eines Mordes durch Unterlassen nach §§ 212 I, 211, 13 strafbar gemacht. Der Unrechtsgehalt der Aussetzung mit Todesfolge nach § 221 I Nr. 2, III sowie der der unterlassenen Hilfeleistung gemäß § 323 c werden von dem des Mordes durch Unterlassen (§§ 212 I, 211, 13) konsumiert.

D. Definitionen

Schutzgaranten	sind verpflichtet, Gefahren von einer zu beschützenden Person abzuwehren.
Überwachungsgaranten	müssen die von einer bestimmten Gefahrenquelle ausgehenden Risiken abwehren.
Natürliche Verbundenheit	liegt bei einem besonderen Fürsorge- und Vertrauensverhältnis resultierend aus der persönlichen

	Verbundenheit in einer auf Dauer angelegten Beziehung vor.
Gefahrengemeinschaft	ist eine Gemeinschaft, die ihrem Wesen nach gerade auf das Bestehen von Gefahren durch gegenseitige Hilfe und Beistand angelegt ist.
Garantenstellung aus Ingerenz	Wird durch ein bestimmtes Vorverhalten die nahe Gefahr eines Schadenseintritts für Rechtsgüter Dritter geschaffen, so resultiert hieraus die Pflicht, den drohenden Schaden abzuwenden und entsprechende Rettungsmaßnahmen einzuleiten.
Verkehrssicherungspflicht	Derjenige, dessen Herrschaftsbereich sich auf eine potentielle Gefahrenquelle erstreckt, ist verpflichtet, diese zu kontrollieren und schädigende Folgen zu verhindern.
Garantenpflicht aus der Innehabung eines rechtlich geschützten Herrschaftsbereichs	verlangt die Herrschaft über bestimmte Räumlichkeiten und das Setzen eines Vertrauenstatbestandes im Hinblick das Wohlergehen derjenigen Personen, die sich in dieser Herrschaftssphäre aufhalten.
Verantwortlichkeit für fremdes Handeln	Wer aufgrund besonderer Autoritäts- und Lebensverhältnisse rechtlich dazu verpflichtet ist, andere Personen zu beaufsichtigen, muss verhindern, dass sie Dritten Schaden zufügen.
hilflose Lage	In einer hilflosen Lage ist das Opfer, wenn es ihm nicht möglich ist, sich aus eigener Kraft vor Gefahren für sein Leben oder seine körperliche Integrität zu schützen.
Versetzen (in eine hilflose Lage)	ist das Herbeiführen der hilflosen Lage.
Imstichlassen	ist das Unterlassen der gebotenen Hilfeleistung.
Obhuts- und Beistandpflichten	werden durch Garantenstellungen begründet.
Unglücksfall	ist jedes plötzlich eintretende Ereignis, das Schaden an Leib, Leben oder Sachen von bedeutendem Wert zu bringen droht.
Erforderlichkeit der Hilfeleistung	Erforderlich ist eine Hilfeleistung, wenn sie aus der Sicht eines Beobachters, also ex-ante, notwendig erscheint, um den drohenden Schaden abzuwenden.
Nötigung	ist das Veranlassen zu einem Verhalten, das dem Willen des Opfers widerstrebt.

Gewalt	ist physisch wirkender Zwang zur Überwindung eines geleisteten oder erwarteten Widerstandes.
Gegenwärtige Gefahr	ist ein Zustand, dessen Weiterentwicklung den Eintritt oder die Intensivierung eines Schadens befürchten lässt, sofern nicht alsbald Abwehrmaßnahmen ergriffen werden.
Nicht anders abwendbar	ist eine Gefahr, wenn kein milderes Mittel zur Verfügung steht, mit dem die Gefahr genauso sicher abgewendet werden kann.
Objektiv zurechenbar	ist der Erfolg, wenn der Täter durch sein Verhalten eine rechtlich missbilligte Gefahr geschaffen hat, die sich im konkreten Erfolg verwirklicht hat.
Habgier	ist ungezügeltes und rücksichtsloses Streben nach Gewinn „um jeden Preis"
Niedrige Beweggründe	sind alle Tatantriebe, die nach allgemeiner rechtlich-sittlicher Wertung auf tiefster Stufe stehen, durch hemmungslose Eigensucht bestimmt und deshalb besonders verwerflich und geradezu verachtenswert sind.
Heimtücke	Heimtückisch handelt, wer in feindlicher Willensrichtung die Arg- und Wehrlosigkeit des Opfers bewusst zur Tötung ausnutzt.
Arglos	ist das Opfer, wenn es sich zum Zeitpunkt der Tat keines Angriffs versieht.
Wehrlos	ist, wer sich aufgrund der Arglosigkeit nur schwer oder gar nicht verteidigen kann.

Übungsfall 3: Geordnete Verhältnisse

A. Sachverhalt

Antonia Amicelli (A) lernt den Bäckermeister Bernd Brezel (B) kennen und heiratet diesen. Bereits nach kurzer Ehezeit entpuppt sich B als alkoholsüchtiger Choleriker, der seine Ehefrau A immer häufiger schwer misshandelt und demütigt. Bei seinen zunehmend heftiger werdenden Wutausbrüchen hat B seiner Ehefrau unter anderem durch Faustschläge ins Gesicht bereits die Nase gebrochen. A fühlt sich den Attacken des B hilflos ausgeliefert, da B ihr mit „Vergeltung" gedroht hat, falls sie ihn verlassen oder sich Dritten offenbaren sollte.

In ihrer Not weiß A sich nicht anders zu helfen und beschließt den B zu erschießen. Zu diesem Zweck schleicht sie sich eines Nachts aus dem Schlafzimmer und begibt sich in den Keller, um dort die Pistole ihres Mannes zu holen, der ein begeisterter Sportschütze ist. A lädt die Pistole mit drei Patronen, geht ohne das Licht anzuschalten in das Schlafzimmer zurück und gibt mit Tötungsvorsatz einen Schuss auf das Kopfende des Bettes ab, in dem sich B nach Auffassung der A befindet. Als sich A dem Bett des B nähert muss sie jedoch zu ihrer Überraschung feststellen, dass B das Bett bereits verlassen hatte und sie lediglich auf dessen Kopfkissen geschossen hat.

Kaum hat sie dies festgestellt, vernimmt sie auch schon die Schritte von B, der während der Abwesenheit der A aufgewacht und in die Küche gegangen war, um sich dort noch einen „Schlaftrunk" zu holen. A denkt kurz darüber nach, ob sie B beim Eintreten in das Zimmer erschießen soll, sieht dann aber davon ab, weil ihr durch das vorangegangene Geschehen schlagartig klar geworden ist, dass sie keinen anderen Menschen umbringen will. B, der A bei seinem Eintreten mit gesenkter Pistole im Schlafzimmer stehen sieht, erfasst die Situation und schreitet rasch mit einer erhobenen Bierflasche auf die A zu, um ihr, mit seinen Worten, „ein wenig mehr Gehorsam beizubringen". A ruft: „Bleib stehen oder ich muss dich erschießen!" und zielt mit der immer noch ungesicherten Waffe auf B, um ihm klar zu machen, dass sie sich notfalls mit Waffengewalt verteidigen wird. Dabei löst sich aber ungewollt ein Schuss. B, der sich raschen Schrittes auf etwa zwei Meter mit immer noch zum Schlag erhobener Bierflasche genähert hatte, wurde tödlich in den Kopf getroffen.

Wie hat sich A strafbar gemacht?

Vermerk: In der Lösung ist nicht auf Vorschriften des WaffG einzugehen.

Bearbeitungszeit: Zwei Stunden

B. Lösungsskizze

Erster Tatkomplex: Die Schüsse auf B

Versuchter Mord, §§ 212 I, 211, 22, 23 I
   Vorprüfung
1. **Tatentschluss**
   a) Tatentschluss hinsichtlich § 212
   b) Tatentschluss hinsichtlich Heimtücke
      P: Arglosigkeit trotz „Prügelehe"?
2. **Unmittelbares Ansetzen**
3. **Rechtswidrigkeit**
   a) Notwehr, § 32
      aa) Angriff (+)
      bb) gegenwärtig (–)
          P: Zulässigkeit einer Präventivnotwehr
   b) Rechtfertigender Notstand, § 34
      aa) Notstandslage
          (1) Gefahr (+)
          (2) gegenwärtig (+)
              Dauergefahr
      bb) nicht anders abwendbar (–)
          P: Alternative Handlungsmöglichkeiten
          Exkurs: Interessenabwägung bei Konstellation des Familientyrannen
4. **Schuld**
   Entschuldigender Notstand, § 35 I
   a) Erforderlichkeit (–)
   b) Irrtum gem. § 35 II
      Vermeidbarkeit
5. **Rücktritt, § 24 I 1, 1. Alt.**
   a) fehlgeschlagener Versuch (–)
   b) Rücktrittsvoraussetzungen
   c) Aufgeben der weiteren Tatausführung
   d) freiwillig
6. **Ergebnis: §§ 212 I, 22, 23 I (–)**

Zweiter Tatkomplex: Das Zusammentreffen mit B

I. **Fahrlässige Tötung, § 222**
   1. **Tatbestandsmäßigkeit**
      a) kausale Erfolgsverursachung (+)
      b) objektive Sorgfaltspflichtverletzung bei objektiver Voraussehbarkeit des Erfolges (+)
      c) Objektive Zurechnung (+)
   2. **Rechtswidrigkeit**
      Rechtfertigung durch Notwehr
      P: Rechtfertigung bei Fahrlässigkeitstat

      a)   Notwehrlage (+)
      b)   Erforderlichkeit der Notwehrhandlung (+)
             P: Bestimmung der Erforderlichkeit
      c)   Gebotenheit der Notwehr (+)
             P: Gebotensein der Verteidigung
      d)   Verteidigungswille (+)

3. Ergebnis: § 222 (−)

II. Versuchte Nötigung, §§ 240 I, 22, 23 I

III. Bedrohung, § 241

Gesamtergebnis/Konkurrenzen:
A: keine Strafbarkeit

C. Gutachten

Erster Tatkomplex: Die Schüsse auf B

Versuchter Mord, §§ 212 I, 211, 22, 23 I

Indem A einen Schuss auf das Kopfende des Bettes des B abgab, könnte sie sich wegen eines versuchten Mordes gemäß §§ 212 I, 211, 22, 23 I strafbar gemacht haben.

Vorprüfung

Das Delikt ist nicht vollendet. Zwar ist der Todeserfolg letztlich eingetreten, dafür sind aber die Schüsse nicht ursächlich gewesen. Der Versuch ist strafbar, vgl. §§ 212 I, 23 I, 12 I.

Hinweis: In Fällen, in denen gerade die Frage der Vollendung des Delikts problematisch ist, kann zunächst ein vollendetes Delikt angeprüft und erst dann zur Versuchsprüfung übergegangen werden. Sofern die Nichtvollendung offensichtlich ist, sollte eine entsprechende Vorgehensweise vermieden werden, da sie nur zu unnötigen und letztlich den Korrektor verärgernden Wiederholungen führt.

---

1. Tatentschluss

a) A müsste Tatentschluss zur Verwirklichung aller objektiven Tatbestandsmerkmale des Grundtatbestandes des Totschlags gehabt haben. A wollte B töten, hierauf kam es ihr an. Vorsatz in Form des dolus directus 1. Grades liegt vor.

b) A könnte bei ihrem Schuss auf das Bett des vermeintlich dort schlafenden B zugleich Tatentschluss hinsichtlich der Verwirklichung eines qualifizierenden Mordmerkmales gehabt haben.

Aufbauhinweis: Ob in Fällen, in denen bereits eine Strafbarkeit aus dem Grundtatbestand – hier infolge Rücktritts – verneint werden muss, noch eine eigenständige Prüfung der Qualifikation erfolgen kann, wird unterschiedlich beurteilt. Z.T. wird dies nicht zu Unrecht abgelehnt, da entsprechende Ausführungen an sich überflüssig sind. Aus diesem Grund wird aber insbesondere in Fällen, in denen die Prüfung der qualifizierenden Merkmale trotz Strafbarkeitsmangel nahe zu liegen scheint, ebenso eine einheitliche Prüfung von Grundtatbestand und Qualifikation vorgeschlagen; d.h. hier eine Prüfung sowohl der Merkmale des Totschlags als auch des Mordes im Rahmen des Tatentschlusses. Zwar ist bei Beachtung des Gutachtenstils nach Verneinung des Grundtatbestandes kein Raum mehr für die Prüfung der auf dem Grundtatbestand aufbauenden Qualifikation, aber bei **einheitlicher Prüfung** kann elegant dennoch auf alle angesprochenen Problemstellungen eingegangen werden. Letztlich handelt es sich dabei um eine Frage der Zweckmäßigkeit. Eine teilweise ebenso vorgeschlagene getrennte Prüfung (vgl. *Beulke* Klausurenkurs im Strafrecht I Rdn. 53 ff. m.w.N.; d.h. hier die Prüfung des Mordversuchs nach dem Totschlagsversuch) sieht sich hingegen immer dem Vorwurf ausgesetzt, dass Überflüssiges erörtert wird.

Wer dem BGH folgt und in den §§ 211, 212 zwei selbstständige Tatbestände mit jeweils unterschiedlichem und abschließend umschriebenem Unrechtsgehalt ansieht (vgl. hierzu Sch/Sch/*Eser* vor § 211 Rdn. 5), muss § 211 und § 212 getrennt prüfen, kann dann aber ohnehin mit § 211 beginnen.

Die angesprochenen Fragen werden natürlich in der Klausur nicht erörtert, da ihr Aufbau nicht zu begründen ist. Dennoch erscheint gerade bei der Prüfung von Mord und Totschlag die Aufnahme klarstellender Begrifflichkeiten (Grundtatbestand/Qualifikation, s.o.) empfehlenswert.

In Betracht kommt das objektive Mordmerkmal der Heimtücke gem. § 211 II, 2. Gruppe, 1. Alt. Heimtücke erfordert die Ausnutzung der Arg- und Wehrlosigkeit des Opfers in feindlicher Willensrichtung. Grundsätzlich muss die Wehrlosigkeit auf der Arglosigkeit beruhen. Arglos ist, wer sich keines Angriffs von Seiten des Täters versieht. Zwar wollte A den B sicherlich auch deshalb im Schlaf erschießen, damit sie von ihm keine Gegenwehr befürchten muss, die Annahme von Arglosigkeit setzt aber voraus, dass das Opfer grundsätzlich fähig ist, Argwohn zu empfinden. Trotz aktuell fehlender Fähigkeit hierzu im Schlaf wird von der h.M. Arglosigkeit bejaht, da Schlafende die Arglosigkeit mit in den Schlaf nehmen. Da sich A bei den vorangegangenen Wutanfällen des B nicht gewehrt hat und B auch künftig keine Gegenwehr von A befürchten wird, kann eine Arglosigkeit ebenso wenig nur deshalb abgelehnt werden, weil ein prügelnder Familienvater stets mit einem Angriff auf Leib und Leben zu rechnen hat[1].

Die Annahme eines Tatentschlusses zur heimtückischen Tötung erscheint dennoch angesichts des Gebots zur restriktiven Auslegung des Mordmerkmals der Heimtücke problematisch. Das Verhalten des B gegenüber A muss als eine Art Herausforderung der späteren Tat angesehen werden, die vergleichbar der Fälle der Notwehrprovokation eine Berufung des B auf seine Arglosigkeit aus normativen Erwägungen ausschließt[2]. Dabei muss ebenso berücksichtigt werden, dass Frauen durch ihre körperliche Unterlegenheit und Schwäche nicht selten zur Heimtücke gezwungen werden, wenn sie keine Chance im offenen Kampf haben. Da das Mordmerkmal der Heimtücke aufgrund seiner unklaren Beschreibung des qualifizierenden Unrechts selbst nicht unproblematisch ist, kann hier jedenfalls kein gesteigertes Tötungsunrecht angenommen werden und ein Tatentschluss der A zur heimtückischen Tötung ist abzulehnen. Zudem setzt Heimtücke nach zutreffender Ansicht ohnehin die Ausnutzung eines qualifizierten Vertrauensverhältnisses zwischen Täter und Opfer voraus. Angesichts des Verhaltens des B ist aber trotz des noch formal bestehenden Bandes der Ehe das Vertrauensverhältnis so erschüttert, dass Heimtücke mangels schützenswerten Vertrauens ausscheiden muss.

2. Unmittelbares Ansetzen

Des Weiteren müsste A unmittelbar angesetzt haben. Unabhängig davon, ob gefordert wird, dass die Tatausführung ohne weitere wesentliche Zwischenakte in die Tatbestandsverwirklichung übergeht, ein Einbrechen in die Schutzsphäre des Opfers vorliegt, weil eine räumliche und zeitliche Nähe zur Tatbestandsverwirklichung besteht und damit aus Tätersicht bereits eine unmittelbare Rechtsgutgefährdung besteht, oder der Täter subjektiv die Schwelle zum „Jetzt geht's los" überschritten hat, lag nach allen Theorien ein unmittelbares Ansetzen spätestens in dem Moment vor, in dem B mit der Pistole den Schuss abgegeben hat.

---

1 Vgl. dazu Sch/Sch/*Eser* § 211 Rdn. 24.
2 Vgl. *Rengier* NStZ 2004, 234.

Hinweis: Sofern ein unmittelbares Ansetzen unproblematisch ist, sollte eine Diskussion der unterschiedlichen Theorien hierzu vermieden werden. Stattdessen werden alle Kriterien kurz aufgezeigt und dann in der gebotenen Kürze auf den Fall übertragen. Lediglich wenn die Abgrenzung von Vorbereitungshandlung und Versuch problematisch ist, sollten die jeweils maßgebenden Kriterien herausgegriffen und auf ihre Tauglichkeit auch zur Lösung des konkreten Falls überprüft werden.

3. Rechtswidrigkeit

Auch müsste A rechtswidrig gehandelt haben. Die Rechtswidrigkeit könnte hier deshalb entfallen, weil ein Rechtfertigungsgrund vorliegt.

a) Notwehr
In Betracht kommt Notwehr gem. § 32.

aa) Ein Angriff setzt eine drohende Verletzung rechtlich geschützter Güter oder Interessen durch menschliches Verhalten voraus. Aufgrund der gehäuften Wutausbrüche des B droht eine erneute Verletzung der A und damit des rechtlich geschützten Guts der körperlichen Unversehrtheit. Ein Angriff liegt somit vor.

bb) Der Angriff muss gegenwärtig sein.

Problem: Zulässigkeit einer Präventivnotwehr
Ein Angriff ist nach fast einhellig benutzter Definition gegenwärtig, wenn die Rechtsgutsverletzung unmittelbar bevorsteht, gerade stattfindet oder noch fortdauert.

Nach einer im Schrifttum vertretenen Auffassung soll jedoch in Ausnahmesituationen (etwa der hier vorliegenden Konstellation), eine Rechtfertigung aufgrund einer „notwehrähnlichen Lage" (**Präventivnotwehr**) angenommen werden können (vgl. *Suppert* Studien zur Notwehr usw., 1973, 356 ff.; *Jakobs* Strafrecht AT, 12/27). Da der Verteidiger durch weiteres Zuwarten seine Verteidigungschancen erheblich verschlechtert, kann er in der eigentlichen Notwehrsituation sein Recht nicht effektiv ausüben, obwohl sich der Angreifer selbst im Unrecht bewegt.

Diese Erweiterung des Notwehrrechts lässt sich dennoch mit dem Rechtsbewährungsprinzip nicht in Einklang bringen, da das schneidige Notwehrrecht auf die eng begrenzten Ausnahmesituationen des „Kampfes um das Recht" beschränkt ist. Zudem würde mit der Erweiterung eine erhebliche Ausdehnung der Notwehr verbunden, die von den Vertretern dieser Auffassung gerade nicht erwünscht ist. Wo aber hier die Grenze gezogen werden soll, bleibt offen.

Aus der Rechtsprechung: *Erb* NStZ 2004, 369 (Darstellung der Rspr. des BGH).

Übersichtsliteratur: *Otto* AT § 8, Rn 209; *Jäger* AT, § 4, Rn 114; *Wölfl* Jura 2000, 233 ff.; *Carmen* JA 2005, 114 ff.; *Geppert* Jura 2007, 33 ff.

Weitere Übungsklausuren: *Momsen/Sydow* JuS 2001, 1194 ff.; *Britz* JuS 2002, 465 ff.; *Kühl* JuS 2007, 742 ff.

(1) Nach ganz überwiegend vertretener Auffassung ist ein Angriff gegenwärtig, wenn die Rechtsgutsverletzung unmittelbar bevorsteht, gerade stattfindet oder noch fortdauert. Nach der Vorstellung der A liegt B schlafend im Bett, tatsächlich holt er sich allerdings ein Bier aus der Küche. Jedenfalls ist ein Angriff auch unter Berücksichtigung der gehäuften Wutausbrüche nur künftig bzw. nicht sicher zu erwarten. Dies schließt einen gegenwärtigen Angriff aus[3].

(2) Andere bejahen die Gegenwärtigkeit bereits dann, wenn der Verteidiger durch weiteres Zuwarten seine Verteidigungschancen erheblich verschlechtert und erachten eine sog. Präventivnotwehr für möglich. A ist den Attacken ichres Mannes hilflos ausgeliefert. Ihre Verteidigungschancen verschlechtern sich, wenn er erwacht. Allerdings kommt es selbst dann, wenn man das schneidige Notwehrrecht zu Unrecht auf eine Präventivnotwehr ausdehnt, im Rahmen der Feststellung einer Notwehrlage auf das tatsächliche Geschehen, nicht die Vorstellung der A an[4]. Tatsächlich war B bereits erwacht. Folglich liegt auch nach dieser Ansicht keine Gegenwärtigkeit vor und eine Notwehrlage ist jedenfalls abzulehnen.

b) Rechtfertigender Notstand
Des Weiteren könnte ein rechtfertigender Notstand gem. § 34 vorliegen.
aa) Zunächst ist hierfür eine Notstandslage erforderlich.

(1) Diese erfordert eine Gefahr für ein Rechtsgut. Als geschütztes Rechtsgut kommen Leib und Leben der A in Betracht. Gefahr ist eine auf tatsächliche Umstände gegründete Wahrscheinlichkeit eines schädigenden Ereignisses. Die Wahrscheinlichkeit der Gefahr darf nicht völlig fernliegen. Bezüglich eines Trinkers, der regelmäßig seine Ehefrau misshandelt, wird eine Gefahr bejaht[5], so dass dies auch hinsichtlich B, einem alkoholsüchtigen Choleriker, dessen Wutanfälle seiner Frau gegenüber sich häufen, bejaht werden muss.

(2) Die Gefahr ist gegenwärtig, wenn bei ungestörter Weiterentwicklung der Dinge der Eintritt eines Schadens zumindest höchst wahrscheinlich ist. Anders

3 Vgl. nur *Fischer* Strafgesetzbuch, § 32 Rdn. 18.
4 Sofern dieser Ansicht gefolgt wird (nur schwer zu begründen, da das auf dem Rechtsbewährungsprinzip basierende „schneidige Notwehrrecht" auf akut bedrohliche Situationen zu begrenzen ist), ist der Irrtum der A zu erläutern: Fraglich ist, wie es sich auswirkt, dass A glaubt, B würde schlafen. Nimmt der Täter Umstände an, die im Falle ihres tatsächlichen Vorliegens den Täter rechtfertigen würden, so liegt ein Erlaubnistatbestandsirrtum vor. A irrt, sofern man § 32 auch auf die Fälle der Präventivnotwehr ausdehnt, über Umstände, die die Gegenwärtigkeit des Angriffs nach § 32 II betreffen, so dass ein Erlaubnistatbestandsirrtum geprüft werden müsste.
5 Vgl. *Wessels/Beulke/Satzger* Strafrecht AT, Rdn. 454.

als bei Notwehr genügt im Rahmen des rechtfertigenden Notstandes auch eine Dauergefahr, da der rechtfertigende Notstand, im Gegensatz zur Notwehr, eine Güterabwägung verlangt. Die Dauergefahr ist gegenwärtig, wenn der Schaden jederzeit – also auch alsbald – zu einem ungewissen Zeitpunkt eintreten kann. Aufgrund der Häufung der Wutausbrüche des B sind zukünftige Anfälle zu erwarten. Die Gefahr war gegenwärtig.

bb) Auch darf die Gefahr nicht anders abwendbar sein. Die Erforderlichkeit ist gegeben, wenn kein anderes weniger gravierendes, aber dennoch wirksames Mittel zur Verfügung steht. A hätte sich von B trennen oder sich etwa an die Polizei bzw. eine soziale Anlaufstelle wie beispielsweise ein Frauenhaus wenden können. Alternative Handlungsmöglichkeiten scheinen damit nicht ausgeschlossen zu sein und müssten grundsätzlich auch ergriffen werden.

(1) Sofern eine hinreichende Wirksamkeit der Alternativen von vornherein zweifelhaft erscheint, könnte hiervon eine Ausnahme zu machen sein[6]. Zwar hat B der A Vergeltung angedroht, falls sie ihn verlassen oder sich Dritten offenbaren sollte. Ein gescheiterter Fluchtversuch könnte demnach zu einer Verschärfung der Gefahr für A führen. Gleichwohl ist nicht ersichtlich, dass die Behörden B nicht von einem Angriff gegen A hätten abhalten können. Die alternativen und weniger einschneidend wirkenden Handlungsmöglichkeiten waren nicht von vornherein zweifelhaft und die Gefahr demnach anders abwendbar. Auch eine Differenzierung nach der Eignung der alternativen Handlungsmöglichkeiten führt zu keinem anderen Ergebnis, da der Handelnde unter mehreren Möglichkeiten das weniger einschneidende Mittel wählen muss, auch wenn eine gewisse Unsicherheit über ihre Tauglichkeit zur Abwendung der Gefahr besteht. Je gravierender die Rechtsgutsverletzung aufgrund des Notstands ist, desto sorgfältiger müssen andere Auswege geprüft werden, so dass behördliche Hilfe jedenfalls dann vorzuziehen ist, wenn ihr Erfolg nicht gänzlich unwahrscheinlich ist.

(2) Natürlich könnte dagegen eingewandt werden, dass die abzuwendende Gefahr vom „Familientyrannen" ausgeht und es deshalb nicht angemessen sei, das Risiko des Fehlschlags einer Suche nach Hilfemöglichkeiten dem bedrohten Familienmitglied aufzubürden. Zwar kann ein erfolgloser Fluchtversuch den Täter zu einer gesteigerten Gewalttätigkeit reizen, zumal B der A auch Entsprechendes angedroht hatte. Auch steht nicht mit Sicherheit fest, dass die Behörden A in jedem Fall schützen können. Gleichwohl gilt aber der Vorrang staatlicher Hilfe vor eigener Selbstjustiz. Ein völliger Verzicht auf alternative Befreiungsmöglichkeiten würde eine Art Freibrief für die betroffenen Opfer bedeuten. Ein rechtfer-

---

6 Vgl. *Rengier* NStZ 2004, 237.

tigender Notstand muss deshalb mangels Erforderlichkeit der Notstandshandlung ausscheiden.

Exkurs: Interessenabwägung
Wer die Erforderlichkeit bejaht, müsste eine Güterabwägung vornehmen. Im Rahmen der **Interessenabwägung** muss das geschützte Interesse das beeinträchtigte wesentlich überwiegen. Hierbei sind nicht nur Rang und Wert der Rechtsgüter, sondern auch Art und Schwere der Gefahr zu berücksichtigen. Der Fall des Familientyrannen ist streitig.

h. M.: Eine Rechtfertigung scheidet aus, da das Leben als höchstes Rechtsgut in der Abwägung vorrangig ist (vgl. *Rengier* NStZ 2004, 237: „etwas Besseres als das Töten gibt es immer"). Gegen eine Abwägungsmöglichkeit spricht nach h. M. das Verbot des § 34, Leben gegen Leben abzuwägen.

Gegenauffassung: Ein überwiegendes Interesse des Verteidigers kann unter Berücksichtigung der Grundsätze des defensiven Notstandes (vgl. § 228 BGB) in Ausnahmefällen in Frage kommen, wenn der Getötete die Gefahr ausgelöst hat. B hat die A erheblich bedroht, indem er ihr „Vergeltung" ankündigte. Die Gefährdung des Lebens von A ist somit auf B zurückzuführen. Demnach läge hier zugunsten der A ein Interessenüberhang vor.

Aus der Rechtsprechung: BGHSt 48, 255 = NJW 2003, 2464.

Übersichtsliteratur: *Erb* JuS 2010, 108; *Otto* AT, § 8, Rn 199ff.; *Jäger* AT, § 4, Rn 113ff.; *Joerden* GA 1993, 245ff.; *Rotsch* JuS 2005, 12ff.; *Otto* Jura 2005, 470ff.; *Erb* JuS 2010, 17ff.

Weitere Übungsklausuren: *Bergmann/Kroke* Jura 2010, 946; *Fahl* JuS 2005, 808ff.; *Haverkamp/Kaspar* JuS 2006, 895ff.

---

4. Schuld

a) A könnte gemäß § 35 entschuldigt gehandelt haben. Auch im Rahmen des § 35 S. 1 kann eine Entschuldigung nur in Frage kommen, wenn die Notstandshandlung erforderlich war. Dies muss hier aber aus den oben angeführten Erwägungen abgelehnt werden, wobei allerdings bei § 35 zusätzlich zu fragen ist, ob andere Handlungsmöglichkeiten dem Betroffenen auch zumutbar sind[7]. Soweit es aber um eine Tötung geht, sind alternative Handlungsmöglichkeiten abgesehen von akuten Konfliktlagen immer zumutbar.

b) Des Weiteren kommt ein Irrtum gemäß § 35 II in Betracht, der zumindest zu einer Strafmilderung entsprechend § 49 führt.

---

7 Im Rahmen der Zumutbarkeit gemäß S. 2 sind ähnliche Argumente wie oben bei der Interessenabwägung anzuführen. Je nach Wertung ist der Versuch einer Flucht zumutbar oder nicht. Beides ist vertretbar.

aa) Es müsste ein Irrtum über einen Entschuldigungsgrund vorliegen. A wusste sich nicht anders als durch die Tötung zu helfen. Insoweit muss davon ausgegangen werden, dass sie die Situation als ausweglos empfand und die Tötung des Tyrannen als einzig möglichen Ausweg ansah. Damit lag ein Irrtum über die Erforderlichkeit vor.

bb) Dieser Irrtum müsste jedoch auch unvermeidbar gewesen sein. Eine Unvermeidbarkeit ist gegeben, wenn der Täter in der konkreten Situation nicht die Möglichkeit hatte, seinen Irrtum zu erkennen. Für die Vermeidbarkeit soll es darauf ankommen, ob der Täter mögliche Auswege aus seiner Konfliktlage gewissenhaft geprüft hat[8]. Es gibt eine Vielzahl privater, behördlicher oder karitativer Hilfsangebote für Menschen in derartigen Notsituationen. Solche Hilfsangebote sind auch allgemein bekannt und auch A hätte demnach bei gewissenhafter Prüfung, etwa anonymer Nachfrage bei Behörden etc., alternative Möglichkeiten der Konfliktbewältigung erkennen können. Demnach war der Irrtum vermeidbar. Daher ist lediglich entsprechend §§ 35 II 2, 49 I eine Strafmilderung möglich.

5. Rücktritt

Auf eine Strafmilderung kommt es aber gar nicht an, wenn bereits ein Rücktritt vom versuchten Delikt, § 24 I, vorliegt. Dann ist aufgrund der strafaufhebenden Wirkung des Rücktritts keine Milderung mehr erforderlich.

a) Ein Rücktritt scheidet aus, wenn ein subjektiv fehlgeschlagener Versuch vorliegt. Ein fehlgeschlagener Versuch liegt vor, wenn dem Täter die Vorstellung fehlt, dass er die Tatausführung fortsetzen und die Vollendung herbeiführen könnte. A hat noch zwei Schüsse in der Waffe. Diese hätte sie noch auf B abschießen können. Demnach konnte A ihre Tat noch fortsetzen, auch wenn sich B vorübergehend an einem anderen Ort befand.

b) Fraglich ist, ob es sich um einen beendeten oder unbeendeten Versuch handelt. Gemäß der Einzelaktstheorie ist hierbei auf die Einschätzung des Täters zu Beginn einer jeden einzelnen Tathandlung abzustellen. Beendet ist der Versuch, wenn der Täter den jeweiligen Einzelakt schon für erfolgstauglich hält. Dann müsste hier ein rücktrittstauglicher Versuch verneint werden, da der Versuch einerseits beendet und andererseits fehlgeschlagen ist. Der Gesamtbetrachtungslehre zufolge ist hingegen der maßgebliche Rücktrittshorizont der Ausführungshorizont. Das, was der Täter sich nach der letzten Ausführungshandlung vorgestellt hat, ist entschei-

---

8 Vgl. BGHSt 48, 255, 262.

dend. Glaubt er, dass er noch nicht alles getan hat, damit der Erfolg eintreten kann, ist der Versuch unbeendet. Zunächst geht A davon aus, dass B tot ist. Der Versuch ist daher grundsätzlich beendet. Im Nachhinein erkennt A aber, dass B nicht getroffen wurde.

Nach der Gesamtbetrachtungslehre kann der Rücktrittshorizont „korrigiert" werden. Die wahrgenommene Wirklichkeit soll unter Beachtung des unmittelbaren räumlichen und zeitlichen Zusammenhangs nach der letzten Ausführungshandlung korrigiert werden.

Unmittelbar nach den Schüssen nähert sich A dem Bett. Dort erkennt sie, dass B sich nicht in diesem befindet. Demnach liegt eine Korrektur des Rücktrittshorizontes vor. Es handelt sich um einen unbeendeten Versuch.

Die Einzelaktstheorie ist trotz einer aus Strafwürdigkeitserwägungen hohen Plausibilität abzulehnen. Sie führt zu einer Aufspaltung in künstliche Handlungseinheiten, die tatsächlich nur ein Geschehen darstellen. Daher und angesichts des insoweit klaren Wortlauts von § 24 (die Tat aufgeben) ist der Gesamtbetrachtungslehre zu folgen. Hierfür spricht auch der Opferschutz. Solange der Erfolg noch nicht eingetreten ist, soll es dem Täter noch möglich sein von seinem Plan abzusehen. Nach den anderen Theorien ist diese Strafbefreiungsmöglichkeit dem Täter bereits mit der ersten erfolgstauglichen Einzelhandlung genommen. Es „lohnt" sich dann für den Täter nicht mehr aufzuhören. Gemäß der Gesamtbetrachtungslehre liegt ein unbeendeter Versuch vor.

c) Des Weiteren müsste die weitere Tatausführung gemäß § 24 I 1, 1. Alt. aufgegeben worden sein. Die noch erforderlichen Ausführungshandlungen müssten unterlassen und von der weiteren Realisierung des Entschlusses müsste endgültig Abstand genommen worden sein. A will keinen anderen Menschen mehr umbringen. Demnach hat sie die Tatausführung aufgegeben.

d) Auch handelte A aus autonomen Motiven, also freiwillig.

6. Ergebnis

A ist nicht gem. §§ 212 I, 22, 23 strafbar, da sie vom Totschlagsversuch zurückgetreten ist.

Zweiter Tatkomplex: Das Zusammentreffen mit B

Hinweis: A hat B offensichtlich nicht vorsätzlich getötet, da ihr Vorsatz nur die Drohung umfasste. Deshalb darf nur § 222 und nicht etwa § 212 geprüft werden. Ebenso wenig kommt eine Körperverletzung mit Todesfolge in Frage, da A mit der Waffe zunächst lediglich drohen wollte. Unzweifelhaft liegt aber eine den Tod verursachende Handlung (vom Willen getragene Körperbewegung) vor, so dass der Handlungsbegriff nicht zu problematisieren ist.

I. Fahrlässige Tötung, § 222

Durch die Drohung mit einer Pistole, infolge deren sich ein Schuss löste und B tödlich verletzte, könnte sich A wegen fahrlässiger Tötung des B gemäß § 222 strafbar gemacht haben.

1. Tatbestandsmäßigkeit

a) A hat durch ihre Verteidigungshandlung, die Drohung mit der ungesicherten Pistole, den Tod des B herbeigeführt, denn dadurch hat sich ein Schuss gelöst, der B tödlich getroffen hat.

b) A müsste die objektiv im Verkehr erforderliche Sorgfalt außer Acht gelassen haben.

Hinweis: Bei Konkretisierung der Fahrlässigkeit wird in Klausuren nicht selten pauschal und oberflächlich geprüft. Meist erschöpft sich die Feststellung der Verletzung einer objektiven Sorgfaltspflicht zur Vermeidung des konkreten Erfolges auf eine schlichte Behauptung der Pflicht, ohne dass mit Hilfe des Sachverhalts argumentiert wird.

Bei Konkretisierung der objektiv gebotenen Sorgfalt ist nach den Anforderungen zu fragen, die ein besonnener und gewissenhafter Mensch aus dem Verkehrskreis des Täters in dessen Rolle zu erfüllen hätte. Maßgebend ist eine objektive ex ante Betrachtung der Gefahrenlage. Soweit keine speziellen Rechts- oder Verhaltensnormen für den entsprechenden Tätigkeitsbereich vorhanden sind, ist das Maß des erlaubten Risikos durch Abwägung nach den Kriterien der Schadenswahrscheinlichkeit und Schadensintensität zu ermitteln. Im konkreten Fall muss die Drohung mit einer geladenen und ungesicherten Waffe, die in Richtung des Kopfes des Angreifers gehalten wird, als sorgfaltswidrig angesehen werden, da in dem nicht unwahrscheinlichen Fall, dass sich ein Schuss lösen sollte, sogleich tödliche Verletzungen drohen.

Der konkrete Erfolgseintritt müsste zudem objektiv voraussehbar gewesen sein, d. h. der Erfolg und der zu ihm führende wesentliche Kausalverlauf dürfen nicht so sehr außerhalb aller Lebenserfahrung liegen, dass mit ihnen nicht gerechnet werden muss. Im konkreten Fall entspricht es aber der allgemeinen Lebenserfahrung, dass sich beim Hantieren mit einer geladenen Waffe auch unbeabsichtigt ein Schuss lösen kann.

c) Der Erfolgseintritt ist objektiv zurechenbar, denn es hat sich im Todeserfolg gerade die durch die Drohung mit einer ungesicherten Waffe geschaffene rechtlich relevante Gefahr verwirklicht. Die Pflicht zur Sicherung einer Schusswaffe bzw. nicht ohne zwingende Not in Kopfhöhe zu zielen, hat gerade den Zweck, einen unbeabsichtigten (tödlichen) Schuss zu vermeiden, so dass ein Pflichtwidrigkeitszusammenhang anzunehmen ist.

2. Rechtswidrigkeit

A handelte nicht rechtswidrig, wenn Rechtfertigungsgründe vorliegen. Auch bei Fahrlässigkeitstaten ist eine Rechtfertigung möglich.

In Betracht kommt Notwehr gem. § 32.

P: Rechtfertigung bei Fahrlässigkeitstat

Auch Fahrlässigkeitstaten können als Minus zu einem vorsätzlichen Delikt gerechtfertigt sein (vgl. *Kühl* Strafrecht AT, § 17 Rdn. 77 ff.).

Streitig ist allein das subjektive Element, das jedenfalls nicht mit dem beim Vorsatzdelikt bekannten Handeln – in Kenntnis der Notwehrsituation und mit Verteidigungswillen – gleichgesetzt werden kann. Davon gegebenenfalls zu trennen ist die Frage, wie es rechtlich zu würdigen ist, wenn der Täter bei einer Notwehrhandlung unvorhergesehene Handlungsfolgen herbeiführt.

1. Ansicht: Auf ein subjektives Element der Rechtfertigung ist bei Fahrlässigkeitsdelikten zu verzichten. Ein subjektives Rechtfertigungselement ist nicht notwendig, weil bei Fahrlässigkeitsdelikten kein strafbarer Handlungsunwert vorliegt, der durch ein subjektives Rechtfertigungselement aufgehoben werden muss. Subjektiver Wille und Fahrlässigkeit als solche sind stets ein Widerspruch.

2. Ansicht: Bei Tätigkeitsdelikten ist ein subjektives Element zu verlangen. Der Täter muss einen generellen Verteidigungswillen bezüglich der Handlung innehaben, vgl. *Jescheck/Weigend* Strafrecht AT, § 56 I 3; *Kühl* AT, § 17 Rdn. 79 f.

Hinweis: Wenn bereits die konkrete Verteidigungshandlung erforderlich war, dann sind auch alle sich aus ihr ergebenden Folgen gerechtfertigt, da bereits bei der Bestimmung der erforderlichen Verteidigungshandlung die mit ihr verbundenen Risiken zu berücksichtigen sind. So ist beispielsweise bei einer vorsätzlichen Körperverletzung durch den Schlag mit einer geladenen Pistole bereits im Rahmen der Erforderlichkeit zu prüfen, ob ein Schlag mit einer geladenen Pistole erforderlich war. Löst sich dann ein Schuss, sind die dadurch fahrlässig verursachten Folgen ebenso gerechtfertigt (vgl. BGHSt 27, 45). Setzt der Täter hingegen wie hier durch seine Verteidigungshandlung fahrlässig ein Risiko, so muss hinsichtlich des dadurch verursachten

Erfolgs eine Rechtfertigungsprüfung durchlaufen werden. Diese Unterscheidung entspricht den Empfehlungen der strafrechtlichen (Übungs-)Literatur (vgl. nur *Jäger* Strafrecht AT Rdn. 118, *Kühl* Strafrecht AT, § 17 Rdn. 78) dürfte allerdings tatsächlich nur schwer durchführbar sein, da sich bei gerechtfertigter Fahrlässigkeit dann auch immer bereits eine Überschreitung des „erlaubten Risikos" verneinen lässt.

Aus der Rechtsprechung: BGHSt 27, 45.

Übersichtsliteratur: *Otto* AT § 10, Rn 28 ff.; *Jäger* AT, Rn 118; *Duttge* NStZ 2006, 266 ff.; *Geppert* Jura 1995, 107 ff.; *Mitsch* JuS 2001, 105 ff.; *Rönnau* JuS 2009, 594 ff.

Weitere Übungsklausuren: *Heinrich* Jura 1997, 366 ff.; *Kretschmer* Jura 1998, 244 ff.; *Stoffers* JA 1994, 35 ff.; *Weißer/Kreß* JA 2003, 857.

---

a) Dafür müsste zunächst eine Notwehrlage gegeben sein. Ein Angriff setzt eine drohende Verletzung rechtlich geschützter Güter oder Interessen durch menschliches Verhalten voraus. B schreitet mit erhobener Bierflasche und den Worten, er wolle ihr ein wenig mehr Gehorsam beibringen, auf A zu. Leib und vielleicht auch Leben der A sind daher durch B bedroht. Der Angriff war auch unzweifelhaft gegenwärtig, er stand unmittelbar bevor, da B sich A weiter näherte. Des Weiteren müsste der Angriff des B auch rechtswidrig sein. B handelt nicht um sich zu verteidigen. Gemäß dem Sachverhalt hat er die Situation erfasst und weiß, dass A nicht mehr gegen ihn vorgehen will. Folglich scheidet eine Rechtfertigung des B aus.

b) Die Notwehrhandlung müsste auch erforderlich sein.

Problem: Bestimmung der Erforderlichkeit
1. Bei Verwendung besonders gefährlicher Verteidigungsmittel ist eine **Stufenfolge der Verteidigung** zu wahren. Der Verteidiger hat beispielsweise bei der Verwendung von Schusswaffen diese zunächst anzudrohen, dann einen Warnschuss abzugeben und erst zuletzt darf er einen Schuss gegen den Körper des Angreifers richten, wobei ein tödlicher Schuss immer nur als letzte Alternative verbleibt.

Der Verteidiger darf aber das Mittel wählen, das eine sofortige und endgültige Beseitigung des Angriffs erwarten lässt. Er muss grundsätzlich kein zweifelhaftes Mittel wählen, so dass im Einzelfall – insbesondere bei ungleichem Kräfteverhältnis zwischen Angreifer und Opfer – auch die sofortige Abgabe eines tödlichen Schusses gerechtfertigt sein kann. Der Einsatz lebensgefährdender Verteidigungsmittel ist dann selbst ohne vorherige Androhung gerechtfertigt.

2. Die Frage der **Erforderlichkeit bei Fahrlässigkeit** wird nach **h. L. und Rechtsprechung** im Wege eines Vorsatztests bestimmt. Hätte der Verteidiger den eingetretenen Erfolg auch vorsätzlich herbeiführen dürfen, so war die zu ihm führende Handlung erforderlich.

Nach der **Gegenansicht** soll hingegen ein fahrlässig herbeigeführter Erfolg bereits dann gerechtfertigt sein, wenn die Abwehrhandlung als solche gerechtfertigt war.

Der Vorsatztest der Rechtsprechung ist jedoch überzeugender, da fahrlässige Notwehrüberschreitungen nicht anders als vorsätzliche Notwehrüberschreitungen gehandhabt werden können.

Aus der Rechtsprechung: BGHSt 25, 229; BGHSt 25, 45; BGH NJW 2001, 3200 ff.

Übersichtsliteratur: *Jäger* AT, § 4 Rn 118; *Otto* AT, § 8 Rn 43 ff. und Rn 186; *Hassemer* JuS 1980, 412 ff.; *Otto* NStZ 2001, 594 f.

Weitere Übungsklausuren: *Fahl* Jura 2003, 60 ff.; *Schrödl* JA 2003, 656 ff.

Nach der Rechtsprechung ist ein fahrlässig herbeigeführter Erfolg gerechtfertigt, wenn der Täter ihn „bei Ausschöpfung der als erforderlich anzusehenden Verteidigung vorsätzlich hätte herbeiführen dürfen" („Vorsatztest"). Nach der Gegenansicht soll hingegen ein fahrlässig herbeigeführter Erfolg bereits dann gerechtfertigt sein, wenn die Abwehrhandlung als solche gerechtfertigt war. Der konkrete Erfolg sei nicht entscheidend, da § 32 nur auf die Erforderlichkeit der Abwehrhandlung abstelle, das damit verbundene Risiko müsse der Angreifer selbst tragen. Nach dieser Ansicht wäre die Verteidigungshandlung auf alle Fälle erforderlich, da der Verletzungserfolg dabei ausgeklammert werden muss.

Aber auch der Vorsatztest der Rechtsprechung führt zum gleichen Ergebnis, so dass ein Streitentscheid nicht erfolgen muss. Angesichts der äußerst kurzen Distanz zwischen A und B (zwei Meter), der erhobenen Bierflasche und der Drohung des B bestand eine hohe Gefahr tödlicher Verletzungen, der A angesichts der hohen Dringlichkeit und Unmittelbarkeit der Gefahr ausnahmsweise auch durch einen tödlich wirkenden Schuss begegnen durfte[9]. Zwar hat der Verteidiger gerade bei Schusswaffen eine Stufenfolge der Verteidigung einzuhalten, weder ein Warnschuss noch ein gezielter Schuss auf die Beine hätten aber mit ausreichender Sicherheit den Angriff des B gebrochen.

c) Fraglich ist des Weiteren die Gebotenheit der Notwehrhandlung. Die Verteidigungshandlung ist auch bei Erforderlichkeit der Handlung dann nicht geboten, wenn von dem Angegriffenen aus Rechtsgründen ein anderes Verhalten erwarten werden kann.

P: Gebotensein der Verteidigung:
Das Notwehrrecht ist in bestimmten Fallgruppen über das Merkmal der Gebotenheit eingeschränkt. Nach ganz h. M. geht es dabei lediglich um eine Einschränkung oder den Wegfall des Notwehrrechts in den Fällen des **Rechtsmissbrauchs.** Dies ist grundsätzlich **keine** Frage der **Güterabwägung,** so dass in Klausuren der Hinweis auf eine Abwägung unbedingt vermieden werden sollte. Tatsächlich basieren natürlich auch die Fälle fehlender Gebotenheit auf einer Abwägung, die jedoch deshalb nicht so bezeichnet werden darf, weil das Notwehrrecht, anders als der rechtfertigende Notstand, nicht auf dem Güterabwägungs-, sondern dem Rechtsbewährungs- und Selbstschutzprinzip beruht.

---

9 Vgl. auch die Prüfung in BGH NJW 2001, 3200 m. z. T. krit. Bespr. von *Eisele* JA 2001, 922; *Otto* NStZ 2001, 591; *Kretschmer* Jura 2002, 114.

Das Notwehrrecht ist in **sechs Fällen** eingeschränkt oder ausgeschlossen:
1. Bei **völlig geringfügigen Eingriffen** in Rechte und Positionen. In Bagatellfällen fehlt es häufig schon an einem „Angriff".
   Beispiel: Als ein auf einer Parkbank sitzendes und Zärtlichkeiten austauschendes Liebespaar von einem Spanner mit einer Taschenlampe angeleuchtet wird, springt der empörte Liebhaber auf und verprügelt diesen.
2. Bei einem **extremen Missverhältnis** zwischen angegriffenem und durch die Verteidigung verletztem Gut, wenn das angegriffene Gut geringwertig ist. Hier geht Güterschutz (des Gutes, das durch die Verteidigung beeinträchtigt würde) vor Rechtsbewährung.
3. Bei **Angriffen von Kindern, Jugendlichen oder schuldlos Handelnden.** Hier bedarf es keiner Bewährung des Rechts.
4. Bei **Angriffen von persönlich nahestehenden Personen.** Hier bedarf es keiner Bewährung des Rechts. Beispielsweise muss der Notwehrausübende bei Irrenden zunächst versuchen, den Irrtum aufzuklären. Zudem ist str., ob von einem unvermeidbar Irrenden überhaupt ein rechtswidriger Angriff ausgeht. Lehnt man dies ab, so besteht nur eine Rechtfertigung nach § 34.
5. In **Provokationsfällen.** Wer sich selbst absichtlich oder sonst schuldhaft in eine Notwehrlage gebracht hat, kann nicht auf Rechtsbewährung bestehen.
6. In **Folterfällen** (Fall *Daschner*)

Das Notwehrrecht ist in diesen Fällen **in doppelter Hinsicht eingeschränkt:**
1. Der Angegriffene muss versuchen, dem Angriff **auszuweichen.**
2. Der Angegriffene darf von seinem Verteidigungsrecht nur **zurückhaltend** Gebrauch machen, z. B. zunächst nur defensive Schutzwehr anstelle von aktiver Trutzwehr oder durch Anrufen der Polizei.

Das Notwehrrecht ist **ausgeschlossen:**
1. In Fällen der Absichtsprovokation (h. M.).
2. Unter Umständen auch in den anderen Fällen, wenn Ausweichen oder zurückhaltende Verteidigung nichts ausrichten.

Aus der Rechtsprechung: OLG Hamm JuS 2006, 466; BGHSt 42, 101; BGH NJW 1983, 2276; BGH NStZ-RR 2011, 74.

Übersichtsliteratur: *Jäger* AT, § 4 Rn 121 ff.; *Otto* AT, § 8 Rn 60 ff.; *Mitsch* JuS 2001, 754; *Engländer* Jura 2001, 534 ff.; *Lindemann/Reichling* JuS 2009, 496 ff, *Rönnau* JuS 2012, 404.

Weitere Übungsklausuren: *Kudlich* JuS 2003, 33 ff.; *Kauerhof* Jura 2005, 790 ff.; *Knauer* JuS 2007, 1011 ff; *Knauer* Jura 2014, 254; *Nestler* JA 2014, 262.

---

aa) Bei Eheleuten könnte aufgrund natürlicher Verbundenheit eine Einschränkung mittels des Korrektivs der Gebotenheit erforderlich sein. B tyrannisiert jedoch seine Frau und fügte ihr erhebliche Körperverletzungen zu. Von einer notwehrbeschränkenden natürlichen Verbundenheit kann daher nicht ausgegangen werden. Dabei ist ohnehin zweifelhaft, ob die Rechtsprechung heute auch noch annehmen würde, dass Ehegatten kraft natürlicher Verbundenheit leichtere Körperverletzungen hinzunehmen oder zumindest vor dem Einsatz tödlicher

Mittel zu riskieren haben. Selbst wenn eine Zurückhaltung aufgrund der Verbundenheit angenommen würde, ist keine mildere Handlungs- oder Ausweichmöglichkeit ersichtlich (s. o.).

bb) Allerdings könnte hier ein Fall der Notwehrprovokation vorliegen und das Notwehrrecht der A aus diesem Grunde beschränkt sein. İn Fällen der Provokation sind die das Notwehrrecht konstituierenden Prinzipien des Selbstschutzes und der Rechtsbewährung nicht in vollem Umfang betroffen. Bei einer fahrlässigen Notwehrprovokation hat der Angegriffene die Notwehrlage nicht absichtlich, aber sonst rechtswidrig und vorwerfbar herbeigeführt. Weil der Angegriffene die Notwehrlage herbeigeführt hat, ist sein Notwehrrecht eingeschränkt. Hier hat A Schüsse auf das Bett des B abgegeben und damit das weitere Verhalten des B vorwerfbar provoziert. Aufgrund der vorangegangenen Umstände war dieses auch vorhersehbar. Daher liegt ein Fall der fahrlässigen Notwehrprovokation vor[10]. Es ist daher zu fragen, ob sich A auf den durch die Notwehrprovokation eingeschränkten Rahmen der Notwehr beschränkt hat.

A steht zunächst nur Schutzwehr zu. Nur wenn diese versagt, darf sie sich auch aktiv verteidigen (Trutzwehr). A konnte nach dem eindeutigen Sachverhalt allerdings weder Schutzwehr üben, noch dem Angriff des B ausweichen. Auch ein milderes Angriffsmittel stand A nicht zur Verfügung (s. o.). Damit war die von A vorgenommene Notwehrhandlung auch geboten.

cc) Problematisch ist schließlich das subjektive Rechtfertigungselement, da A nicht einmal an die Möglichkeit einer Rechtsgutverletzung gedacht hat. Nach einer Ansicht spielt es keine Rolle, ob der Täter subjektiv mit Verteidigungswillen gehandelt hat, es genügt, wenn sich die Verteidigungshandlung objektiv im Rahmen des Erforderlichen gehalten hat. Da der Erfolgsunwert entfällt, fehlt auch ein Anknüpfungspunkt für eine Fahrlässigkeitshaftung. Anders als beim Vorsatzdelikt gibt es im Bereich der Fahrlässigkeitsdelikte keine Versuchsstrafbarkeit, so dass auf ein subjektives Rechtfertigungselement verzichtet werden kann. Nach abweichender Ansicht ist zumindest bei Tätigkeitsdelikten ein subjektives Element zu verlangen. Der Täter muss einen generellen Verteidigungswillen bezüglich der Handlung innehaben. Hier drohte A dem B, um diesen von Angriffen abzuhalten. Demnach handelte sie mit Verteidigungsabsicht. Eine Rechtfertigung ist somit auch nach dieser Ansicht möglich.

---

10 Sofern das Vorgehen gegen B als gerechtfertigt angesehen wird, kann A die Tat nicht vorgeworfen werden. Ein Fall der Notwehrprovokation muss nach dieser Ansicht abgelehnt werden.

3. Ergebnis

A hat sich nicht nach § 222 der fahrlässigen Tötung strafbar gemacht, da sie durch Notwehr gerechtfertigt war.

II. §§ 240 I, 22, 23 I

A könnte sich durch Vorhalten der Pistole der versuchten Nötigung strafbar gemacht haben. Es kommt nur ein Versuch in Betracht, da der Nötigungserfolg ausgeblieben ist. Da B sogleich tödlich getroffen wurde, kam es nicht mehr zu einer Nötigung, den weiteren Angriff zu Unterlassen. Die Nötigungshandlung war aber auf alle Fälle gerechtfertigt (s. o.), so dass eine Strafbarkeit wegen versuchter Nötigung ausscheidet.

III. Bedrohung, § 241

Indem A die Pistole auf B richtete und ihm drohte, hat sie B mit der Begehung eines gegen ihn gerichteten Verbrechens bedroht. Diese Bedrohung war aber wiederum gerechtfertigt.

Gesamtergebnis/Konkurrenzen

A hat sich nicht strafbar gemacht.

D. Definitionen

Tatentschluss, § 22	entspricht dem Vorsatz im vollendeten Delikt. Er umfasst den auf alle objektiven Tatbestandsmerkmale gerichteten Vorsatz und die sonstigen subjektiven Tatbestandsmerkmale.
Angriff, § 32	ist nach der engsten Auffassung jede durch einen schuldfähigen Menschen drohende Verletzung rechtlich geschützter Güter oder Interessen.
rechtswidrig	ist der Angriff, den der Betroffene nicht zu dulden braucht.

gegenwärtiger Angriff, § 32	liegt nach der h. M. vor, wenn die Rechtsgutsverletzung unmittelbar bevorsteht, gerade stattfindet oder noch fortdauert.
Gefahr, § 34	ist eine auf tatsächliche Umstände gegründete Wahrscheinlichkeit eines schädigenden Ereignisses.
gegenwärtige Gefahr, § 34	liegt vor, wenn bei ungestörter Weiterentwicklung der Dinge der Eintritt eines Schadens zumindest höchst wahrscheinlich ist.
Erforderlichkeit, § 34	ist gegeben, wenn kein anderes weniger gravierendes, aber dennoch wirksames Mittel zur Verfügung steht.
Vermeidbarkeit, § 35 II	ist gegeben, wenn der Täter in der konkreten Situation die Möglichkeit hatte, seinen Irrtum zu erkennen.
fehlgeschlagener Versuch	liegt vor, wenn dem Täter die Vorstellung fehlt, dass er die Tatausführung fortsetzen und die Vollendung herbeiführen könnte.
Heimtücke gem. § 211 II, 2. Gruppe, 1. Alt.	erfordert die Ausnutzung der Arg- und Wehrlosigkeit in feindlicher Willensrichtung. Andere fordern die Ausnutzung eines Vertrauensverhältnisses. Grundsätzlich muss die Wehrlosigkeit auf der Arglosigkeit beruhen. Arglos ist, wer sich keines Angriffs von Seiten des Täters versieht.

Übungsfall 4: Das Sprengstoffattentat

A. Sachverhalt

A möchte seine Ehefrau E loswerden, um sich ungestört seiner lieb gewonnenen Freundin zuwenden zu können. Da er sich jedoch nicht traut, die Sache selbst in die Hand zu nehmen, besucht er abends das Lokal „Zur roten Laterne", um einen geeigneten Helfer anzuwerben.

Im Laufe des Abends lernt A den X kennen, der sich damit brüstet, mit Sprengstoffen gut umgehen zu können und schon mehrere Leute „um die Ecke gebracht zu haben". Nach kurzen Verhandlungen werden sich A und X einig, dass X die E durch ein Sprengstoffattentat töten solle. Zu diesem Zweck übergibt A dem X ein Bild der E, eine genaue Beschreibung ihres Autos und fügt noch hinzu, dass X das Auto nicht vor dem eigenen Haus, sondern möglichst vor dem Büro der E sprengen solle. Als Entlohnung wird eine Summe von € 5000,– für den Erfolgsfall vereinbart.

Einige Tage später begibt sich X zu dem Bürogebäude, in dem E arbeitet. X befestigt 500 g Semtex (Plastiksprengstoff) an der Zündung des Wagens der E. Daraufhin macht er sich aus dem Staub. In der Mittagspause kommt nun aber die unglückliche B, um mit dem Auto der E das bestellte Mittagessen abzuholen. Beim Starten des Motors zündet der Sprengstoff und reißt B in den Tod.

Frage: Wie haben sich die Beteiligten nach dem StGB strafbar gemacht (auf die mögliche Bedeutung von § 308 StGB wird hingewiesen)?

Bearbeitungszeit: Zwei Stunden

B. Lösungsskizze

I. Strafbarkeit des X

1. Totschlag gegenüber B, §§ 212, 25 I 2. Alt.
a) Objektiver Tatbestand
   aa) Erfolgseintritt (+)
   bb) Ursächlichkeit (+)
   cc) mittelbare Täterschaft: Werkzeug gegen sich selbst (+)
b) Subjektiver Tatbestand
   P: Abgrenzung error in persona und aberratio ictus

2. Mord an B, §§ 211, 25 I 2. Alt.
a) Heimtücke (–)
b) gemeingefährliche Mittel (–)
c) Habgier (+)
d) Ergebnis: §§ 211, 25 I 2. Alt. (+)

3. Sachbeschädigung des Autos der E, §§ 303, 25 I 2. Alt.
a) Objektiver Tatbestand
b) Subjektiver Tatbestand
c) Ergebnis: §§ 303, 25 I 2. Alt. (+)

4. Herbeiführen einer Sprengstoffexplosion, §§ 308 I, 25 I 2. Alt.
a) Objektiver Tatbestand
   aa) Sprengstoff (+)
   bb) konkrete Gefahr
b) Subjektiver Tatbestand
c) Ergebnis: §§ 308, 25 I 2. Alt. (+)

5. Herbeiführen einer Sprengstoffexplosion mit Todesfolge, §§ 308 I, III, 25 I 2. Alt.
a) Grundtatbestand (+)
b) Eintritt der schweren Folge, Tod des B (§ 308 III) (+)
c) gefahrspezifischer Zusammenhang (+)
d) Leichtfertigkeit (+)
e) Ergebnis: §§ 308 I, III, 25 I 2. Alt. (+)

II. Strafbarkeit des A
A: §§ 212, 211, 26, 303, 26, 308 I, III, 25 I 2. Alt., 26, 52 I

1. Anstiftung zum Mord in mittelbarer Täterschaft an B, §§ 212 I, 211, 25 I 2. Alt., 26
a) Objektiver Tatbestand
   aa) limitierte Akzessorietät (+)
   bb) Bestimmen (+)
b) Subjektiver Tatbestand
   doppelter Anstiftervorsatz
   aa) Vorsatz hinsichtlich Haupttat (+)
      P: error in persona des Angestifteten und Strafbarkeit des Anstifters
   bb) Vorsatz hinsichtlich Bestimmen (+)
   cc) Vorsatz hinsichtlich Mordmerkmal/Mordmerkmal in der Person des Anstifters (+)
      P: Strafbegründung (§ 28 I) oder Strafschärfung (§ 28 II).
c) Ergebnis: §§ 212 I, 211, 25 I 2. Alt., 26 (+)

2. Anstiftung zur Sachbeschädigung in mittelbarer Täterschaft, §§ 303, 25 I 2. Alt., 26
  a)   Objektiver Tatbestand
       aa)   limitierte Akzessorietät (+)
       bb)   Bestimmen (+)
  b)   Subjektiver Tatbestand
  c)   Ergebnis: §§ 303, 25 I 2. Alt. , 26 (+)
3. Anstiftung zum Herbeiführen einer Sprengstoffexplosion mit Todesfolge, §§ 308 I, III, 25 I 2. Alt., 26
  a)   Objektiver Tatbestand
       limitierte Akzessorietät (+)
       Bestimmen (+)
  b)   Subjektiver Tatbestand
       insbes. Vorsatz hinsichtlich schwerer Folge (§ 308 III: „wenigstens leichtfertig")
  c)   Ergebnis: §§ 308 I, III, 25 I 2. Alt., 26 (+)
III. Gesamtergebnis/Konkurrenzen
       X: §§ 212, 211, 303, 308 I, III, 25 I 2. Alt., 52 I

C. Gutachten

I. Strafbarkeit des X

1. Totschlag gegenüber B, §§ 212, 25 I 2. Alt.

Indem X an die Zündung des Autos Plastiksprengstoff anschloss, der bei der Betätigung der Zündung durch B explodierte, so dass B getötet wurde, könnte er sich eines Totschlags schuldig gemacht haben.

a) Objektiver Tatbestand

aa) Der Erfolg ist eingetreten, da B bei der Explosion getötet wurde.

bb) X hatte an dem Fahrzeug der E den Sprengstoff angebracht, der durch das Betätigen der Zündung durch die B zur Explosion gebracht wurde. Da ohne die Explosion der Tod der B nicht eingetreten wäre, war das Anbringen des Sprengstoffs ursächlich i. S. d. Äquivalenztheorie für den Tod der B.

cc) Allerdings hat den zur Tötung führenden Akt – die Zündung der Bombe – nicht X vorgenommen, sondern das Opfer selbst, indem es die Zündung betätigte.

Hinweis: Hier wird das gutgläubige Opfer als „Tatmittler gegen sich selbst"[1] eingesetzt. Diese Konstellation wird überwiegend als mittelbare Täterschaft angesehen (vgl. *Jahn* JA 2002, 560; *Kudlich* JuS 1998, 569 f.), zumindest ist sie dieser strukturell verwandt. Natürlich könnte das Anbringen des Sprengstoffs auch wie unmittelbare Täterschaft geprüft werden, sofern davon ausgegangen wird, dass sich § 25 I 2. Alt. lediglich auf Dreipersonenverhältnisse bezieht, d. h. den Einsatz eines Tatmittlers, der nicht mit dem Opfer identisch ist. Allerdings würde bei Annahme unmittelbarer Täterschaft nicht zum Ausdruck gebracht, dass die unmittelbar todesverursachende Handlung (Betätigen der Zündung) durch das Opfer selbst vorgenommen wurde. In Klausuren empfiehlt sich die Prüfung als mittelbare Täterschaft, tatsächlich von Bedeutung ist eine entsprechende Prüfung aber vor allem in Versuchsfällen, da dann die umstr. Frage des unmittelbaren Ansetzens bei mittelbarer Täterschaft zu diskutieren ist (vgl. dazu *Otto* JK, StGB § 22/18, 21). Schlägt damit ein Bearbeiter beim Anstifter den Lösungsweg über eine aberratio ictus ein, muss er die Versuchsprüfung wie bei mittelbarer Täterschaft aufbauen.

Diese Handlung müsste X zuzurechnen sein. Dies ist dann möglich, wenn X mittelbarer Täter gem. § 25 I 2. Alt. ist. Mittelbarer Täter ist, wer die Tat durch einen anderen begeht; X müsste dazu Tatherrschaft gehabt haben[2]. Tatherrschaft ist das vom Vorsatz umfasste In-Händen-Halten des tatbestandlichen Geschehens, bei mittelbarer Täterschaft kraft planvoll lenkendem Willen des Hintermannes. X wusste hier allein von der Gefahr, die mit dem Betätigen der Zündung verbunden war. X hatte damit Wissensherrschaft durch Ausnutzen eines Irrtums des Opfers. Er hat das Opfer nach seinem Tatplan bewusst als Werkzeug gegen sich selbst benutzt. Das Opfer selbst handelte nicht tatbestandsmäßig, da die Selbstschädigung von den §§ 223 ff., 212 ff. tatbestandlich nicht erfasst wird. X ist damit mittelbarer Täter, der Erfolg – Tötung der B – ist ihm somit zuzurechnen.

b) Subjektiver Tatbestand

Fraglich ist jedoch, ob X die B vorsätzlich getötet hat. Schließlich wollte er ursprünglich nicht B, sondern E durch das Sprengstoffattentat töten. Es könnte deshalb entweder ein Fehlgehen der Tat, also ein Irrtum über den Kausalverlauf, oder ein unerheblicher Motivirrtum über die Identität des Opfers vorliegen. Die Abgrenzung dieser beiden Irrtümer ist insbesondere in Fallkonstellationen pro-

---

1 So die Formulierung in BGHSt 43, 177 (*„Passauer Giftfalle"*: Der Täter will Einbrecher, die wiederholt in sein Haus eindringen könnten, dadurch töten, dass er ihnen eine vergiftete Schnapsflasche hinstellt, aus der diese voraussichtlich trinken werden). Der BGH spricht in diesen Konstellationen jedoch ansonsten nicht explizit von mittelbarer Täterschaft.
2 Zur Bestimmung der Tatherrschaft des Hintermannes vgl. *Koch* JuS 2008, 399 ff., 596 ff.; *Murmann* JA 2008, 321 ff.

blematisch, in denen der Täter das Opfer nicht vor Augen hat, sondern über den Kausalverlauf identifiziert.

P: Abgrenzung error in persona und aberratio ictus

Beim sog. **error in persona** unterliegt der Täter einer Identitätsverwechslung. § 16 setzt aber lediglich voraus, dass sich der Täter solcher Umstände bewusst ist, die zur Verwirklichung des Tatbestandes führen; so beispielsweise die Tötung eines Menschen. Dass der Täter die Identität des Opfers verkennt, ist insoweit ein unbeachtlicher Motivirrtum und ändert nichts daran, dass sich seine Vorstellung auf die konkret ins Auge gefasste und anvisierte Person bezieht. Voraussetzung ist allerdings, dass das vorgestellte und das tatsächlich angegriffene Objekt tatbestandlich gleichwertig sind.

Hinweis: Besteht eine solche Gleichwertigkeit der Handlungsobjekte nicht – wird beispielsweise ein Tier für einen Menschen gehalten –, schließt § 16 I 1 den Vorsatz des Täters aus. Dann besteht nur Versuchs- und Fahrlässigkeitsstrafbarkeit, d. h. die Möglichkeit einer Bestrafung wegen Versuchs in Bezug auf das vorgestellte Objekt in Tateinheit mit fahrlässiger Begehung bezüglich des tatsächlich verletzten Objekts (sofern jeweils Fahrlässigkeit und Versuch strafbar sind). Demgegenüber muss der Vorsatz dann ausscheiden, wenn ein anderer als der vom Täter angestrebte Erfolg eingetreten ist, sich die vom Täter bewusst begründete Gefahr also in der Beeinträchtigung eines Rechtsguts realisiert, dessen Gefährdung er nicht in sein Bewusstsein aufgenommen hatte (sog. **aberratio ictus**).

Hinweis: Die sog. Gleichwertigkeitstheorie, die den Irrtum, sofern er sich wiederum auf tatbestandlich gleichwertige Rechtsgüter bezieht, auch in diesen Fällen für unbeachtlich erklärt, ist mit dem Schuldprinzip nicht in Einklang zu bringen. Sie unterstellt demjenigen Täter, dessen Vorsatz sich auf ein bestimmtes Objekt konkretisiert hat, auch irgendein anderes Objekt dieser Gattung verletzen zu wollen.

Vergleichsweise unproblematisch ist die Abgrenzung zwischen error in persona und aberratio ictus, wenn der Täter sein Opfer vor Augen hat und er beispielsweise bei einem Pistolenschuss genau die Person trifft, auf die er zielte. Hat er dann die Identität seines Opfers verwechselt, so hat sich sein Vorsatz dennoch auf das konkret verletzte Tatobjekt bezogen und er hat alle tatbestandlich relevanten Tatumstände in seinen Vorsatz aufgenommen. Problematischer ist hingegen der Fall, wenn der Täter wie hier lediglich einen Kausalverlauf in Gang setzt und dabei auch ein bestimmtes Tatobjekt anvisiert, der Erfolg aber durchaus auch bei einem Tatobjekt anderer Identität eintreten kann.

Aus der Rechtsprechung: Preuß. Obertribunal GA 1859, 322 ff. (Rose-Rosahl-Fall); zu der Abgrenzung von error in persona und aberratio ictus vgl. BGH NStZ 1998, 294 mit Anm. *Herzberg* JuS 1999, 224 ff.; *Koriath* JuS 1998, 215 ff.

Übersichtsliteratur: *Jäger* AT, Rdn. 88 ff.; *Lubig* Jura 2006, 655 ff.; *Otto* Grundkurs Strafrecht, § 7 Rdn. 92 ff.; zur Behandlung beim Teilnehmer vgl. *Stratenwerth* Baumann-FS, 1992, 57 ff.; *Roxin* Spendel-FS, 1992, 289 ff.

Weitere Übungsklausuren: *Daleman/Heuchemer* JA 2004, 460 ff.; *Dürre/Wegerich* JuS 2006, 712 ff.; *Fahl* Jura 2005, 273 ff.; *Hussel* Jura 2005, 877 ff.; *Kudlich/Pragal* JuS 2004, 791 ff.; *Lemgo/Hacker* JA 2009, 347 ff.; *Schuster* Jura 2008, 228 ff.; *Theiß/Winkler* JuS 2006, 1083 ff.

aa) Eine Ansicht geht in diesen Fällen von einem unbeachtlichen Identitätsirrtum, einem sog. error in persona, aus, da sich der Vorsatz des Täters auf die Person konkretisiert, die zuerst in die aufgestellte Falle tappt. Da hier B als erste das Auto startet, hätte sich der Vorsatz des X nach dieser Auffassung auf die Tötung der B konkretisiert. Der Irrtum über die Identität des Opfers wäre dann lediglich ein unbeachtlicher Motivirrtum, da die Opferidentität kein erheblicher Tatumstand i. S. d. § 16 ist.

bb) Eine andere Ansicht sieht in Fallkonstellationen wie der vorliegenden ein „Fehlgehen der Tat" und nimmt damit einen Tatumstandsirrtum i. S. d. § 16 an. Ein Fehlgehen der Tat liegt vor, wenn der wirkliche Kausalverlauf von dem vorgestellten in erheblicher Weise abweicht (sog. „aberratio ictus"). Die wesentliche Abweichung des wirklichen von dem vorgestellten Kausalverlauf würde hier im Besteigen des Autos und Betätigen der Zündung durch B statt der vorgestellten E bestehen.

cc) Vorliegend hatte X nicht etwa das falsche Fahrzeug mit der tödlichen Sprengladung versehen, sondern die Opferauswahl absichtlich von einem zufälligen Geschehensablauf abhängig gemacht. Ihm war bewusst, dass die Person getötet würde, die als erste in das Auto steigen und die Zündung betätigen würde. Auch wenn er sich den Sachverhalt anders vorstellte, so hatte er doch jedenfalls das Mitbewusstsein, dass auch eine andere Person die Explosion auslösen und getötet werden könnte. Es liegt damit keine erhebliche Abweichung des wirklichen von dem vorgestellten Kausalverlauf vor, sondern ein bloßer Identitätsirrtum („error in persona"). X handelte damit hinsichtlich der Tötung der B mit Absicht.

2. Mord an B, §§ 212, 211, 25 I 2. Alt.
X könnte sich auch eines Mordes an B schuldig gemacht haben, wenn er bei der Tötung der B ein Mordmerkmal verwirklicht hat.

a) X könnte B heimtückisch getötet haben. Die Rspr. und ein Teil der Lehre sehen die heimtückische Tötung in dem Ausnutzen von Arg- und Wehrlosigkeit des Opfers in feindlicher Willensrichtung. Arglos ist danach, wer sich keines Angriffs auf Leib oder Leben bei Tatbeginn versieht; wehrlos ist, wer in seiner Abwehrbereitschaft eingeschränkt ist, wobei die Wehrlosigkeit auf der Arglosigkeit beruhen muss. B war sich einer Gefährdung zu keiner Zeit bewusst und konnte sich deshalb gegen den Angriff auf ihr Leben nicht verteidigen. Diese Umstände hat X bewusst zur Tötung ausgenutzt. Nach dieser Auffassung hat X somit heimtückisch getötet.

Die wohl h. L. sieht die Heimtücke in der Ausnutzung eines bestehenden qualifizierten Vertrauensverhältnisses bzw. in dem Missbrauch begründeten Vertrauens zur Tötung. Da zwischen B und X kein Vertrauensverhältnis bestand, hätte nach dieser Ansicht X nicht heimtückisch gehandelt.

Zu folgen ist letzterer Ansicht, da das Merkmal der Arg- und Wehrlosigkeit zu weit und konturlos ist, um die verfassungsrechtlich gebotene, eindeutige und einschränkende Auslegung des Mordmerkmals zu gewährleisten. Zudem ist die bloße Heimlichkeit kein das Unrecht der Tötung erhöhender Umstand. Der Einwand der Rspr., der Meuchelmörder könne über das Kriterium des Vertrauensverhältnisses nicht wegen heimtückischer Tötung bestraft werden, trägt nicht, da der Meuchelmörder in aller Regel habgierig handelt. X hat B somit nicht heimtückisch getötet.

b) X könnte B aber mittels gemeingefährlicher Mittel getötet haben. Der Täter tötet mit gemeingefährlichen Mitteln, wenn er die Wirkung des Tatmittels auf Leib oder Leben einer Mehrzahl anderer Menschen nach den konkreten Umständen nicht in der Hand hat; die bloße abstrakte Gemeingefährlichkeit genügt wegen der gebotenen restriktiven Auslegung der Mordmerkmale jedoch nicht. Aus dem Sachverhalt geht keine konkrete Gefährdung anderer Personen hervor, so dass nicht von einer Tötung mittels gemeingefährlicher Mittel ausgegangen werden kann.

c) X könnte B allerdings aus Habgier getötet haben. Habgier ist die ungehemmte, überzogene und sittlich anstößige Steigerung des Erwerbssinns. X hatte sich für die Tötung € 5000 versprechen lassen. Er hat damit seinen Erwerbssinn ungehemmt und überzogen, auf sittlich anstößige Weise gesteigert, so dass er aus Habgier tötete.

d) Ergebnis
X hat sich eines Mordes in mittelbarer Täterschaft an B nach §§ 212, 211, 25 I 2. Alt. strafbar gemacht.

Hinweis: Eine eigenständige Prüfung der §§ 212, 211, 25 I 2. Alt., 22, 23 I an E erscheint widersprüchlich und verfehlt, auch wenn sich der Tötungsvorsatz zunächst auf E bezog. Bei der konkreten Tathandlung hatte X nur Vorsatz hinsichtlich des konkret ins Auge gefassten Tatopfers.

---

3. Sachbeschädigung des Autos der E, §§ 303, 25 I 2. Alt.
X könnte durch die Sprengstoffexplosion das Auto der E zerstört haben.

a) Objektiver Tatbestand

Der Pkw stand im Eigentum der E, er war somit für X fremd. Durch die Sprengstoffexplosion wurde die Brauchbarkeit des Pkw für seine Zwecke aufgehoben und damit der Pkw zerstört. Gezündet wurde der Sprengstoff durch B, Tatherrschaft kam allerdings X zu, so dass ihm das Handeln der B zuzurechnen ist (vgl. o. 1. a) cc)).

b) Subjektiver Tatbestand

X handelte vorsätzlich.

c) Ergebnis

X hat sich einer Sachbeschädigung in mittelbarer Täterschaft durch Zerstörung des Pkw der E schuldig gemacht (§§ 303, 25 I 2. Alt.).

4. Herbeiführen einer Sprengstoffexplosion, §§ 308 I, 25 I, 2. Alt.

X könnte sich weiter der Herbeiführung einer Sprengstoffexplosion schuldig gemacht haben.

a) Objektiver Tatbestand

aa) X hat Semtex so an den Pkw angeschlossen, dass es bei Betätigen der Pkw-Zündung explodierte. Er handelte hinsichtlich der Zündung des Semtex als mittelbarer Täter (vgl. o. 1. a) cc)). Semtex ist nach dem Sachverhalt ein Sprengstoff.

bb) Er müsste hierdurch eine konkrete Gefahr für Leib und Leben eines anderen Menschen oder für eine fremde Sache von bedeutendem Wert verursacht haben. Hier wurde B getötet, so dass eine konkrete Gefahr für deren Leben eingetreten war. Außerdem wurde das Auto der E – eine fremde Sache von bedeutendem Wert – zerstört, so dass diesbezüglich ebenfalls eine konkrete Gefahr eingetreten war.

b) Subjektiver Tatbestand

X handelte sowohl hinsichtlich der Herbeiführung der Sprengstoffexplosion als auch hinsichtlich der konkreten Gefährdungen (trotz error in persona) mit Absicht.

c) Ergebnis

X hat sich des Herbeiführens einer Sprengstoffexplosion in mittelbarer Täterschaft schuldig gemacht.

5. Herbeiführen einer Sprengstoffexplosion mit Todesfolge, §§ 308 I, III, 25 I 2. Alt.

X könnte auch wegen eines erfolgsqualifizierten Herbeiführens einer Sprengstoffexplosion mit Todesfolge strafbar sein.

a) Der Grundtatbestand des § 308 I ist erfüllt.

b) Die besondere Folge des § 308 III ist in dem Tod der B auch eingetreten.

c) In dem Tod der B müsste sich gerade die spezifische Gefahr der Herbeiführung einer Sprengstoffexplosion realisiert haben. B ist unmittelbar durch die Explosion getötet worden, so dass der gefahrspezifische Zurechnungszusammenhang gegeben ist.

d) X handelte außerdem wenigstens leichtfertig hinsichtlich des Verursachens des Todes der B, nämlich mit Absicht.

e) Ergebnis

X ist strafbar wegen Herbeiführens einer Strengstoffexplosion mit Todesfolge in mittelbarer Täterschaft (§§ 308, I, III, 25 I 2. Alt.).

II. Strafbarkeit des A

1. Anstiftung zum Mord in mittelbarer Täterschaft an B, §§ 212, 211, 25 I 2. Alt., 26

Indem A den X für die geplante Tötung der E anwarb, könnte er sich einer Anstiftung zum Mord in mittelbarer Täterschaft schuldig gemacht haben.

a) Objektiver Tatbestand

aa) Die vorsätzliche, rechtswidrige Haupttat liegt mit dem Mord des X an B vor.

bb) Hierzu hätte A den X bestimmen müssen. Bestimmen ist das Hervorrufen des Tatentschlusses. A hatte X 5000,– € für die Ausführung eines Sprengstoffattentats auf E geboten. Hierdurch hat er den Tatentschluss des X hervorgerufen und ihn zur Begehung des Sprengstoffattentats bestimmt.

b) Subjektiver Tatbestand

A müsste aber auch mit dem erforderlichen Anstiftervorsatz gehandelt haben, also mit Vorsatz hinsichtlich der Haupttat und hinsichtlich des Bestimmens.

aa) Der Anstifter muss die Haupttat, zu der er anstiftet, wenn auch nicht in allen Einzelheiten, aber doch in ihren wesentlichen Zügen vor Augen haben. Problematisch erscheint hier daher, ob A Vorsatz hinsichtlich der konkret ausgeführten Haupttat besaß, da er von X die E und nicht B töten lassen wollte – X war insoweit ein Irrtum unterlaufen. Fraglich ist daher, wie sich der Irrtum des Vordermanns beim Hintermann auswirkt.

P: error in persona des Angestifteten und Strafbarkeit des Anstifters

h. A.: Der **error in persona** des Täters ist auch für den Anstifter unbeachtlich, da der Irrtum des Anstifters nach den gleichen Grundsätzen wie der des Täters beurteilt werden muss.

Argument: Der Täter hat die Tat aus dem bei ihm durch Anstiftung hervorgerufenen Vorsatz begangen, so dass der Anstifter auch für genau diese Tat haften müsse. Diese Handhabung entspreche auch § 26, der gerade eine Haftung gleich dem Täter vorsehe.

Kritik: Gegen diese Auffassung wird allerdings vorgebracht, dass der Anstifter folgerichtig auch für jede weitere Tötung haften müsse, die der Angestiftete vornehme, nachdem er die Identitätsverwechslung erkannt hat. Versucht der Angestiftete noch das „richtige" Opfer zu töten, so sei dies gerade kein Exzess des Täters, da die Tat mit dem Willen des Anstifters übereinstimme (sog. Blutbadargument).

2. Auffassung: Jeder error in persona des Täters bedeutet für den Anstifter eine aberratio ictus. Im Rahmen der Strafbarkeit ist dann aber bei einer aberratio ictus wieder umstritten, ob diese bei Gleichwertigkeit des Tatobjekts unbeachtlich ist oder ob nur wegen Versuchs und Fahrlässigkeitstat bzw. sogar nur wegen versuchter Anstiftung bestraft werden kann.

Argument: Der vom Anstifter an sich gewollte Angriff bleibt im Versuchsstadium stecken, während tatsächlich ein nur tatbestandlich gleichartiges Rechtsgut verletzt werde. Dies sei die typische Konstellation einer aberratio ictus und gerade kein unbeachtlicher Irrtum über den Kausalverlauf. Die Tätervorstellung sei damit entgegen der h. A. gerade nicht mit der des Angestifteten identisch, da der Täter über das Tatobjekt, der Anstifter hingegen über den Kausalverlauf irre. Somit bestrafe die h. A. unter Verstoß gegen den Schuldgrundsatz wegen bloßer Ursächlichkeit der Anstiftung für die Tatausführung ohne den Vorsatzinhalt zu berücksichtigen.

Kritik: Der Grund für die Privilegierung des Täters wird im Grunde nicht benannt, vielmehr wird zirkulär auf eine fehlende Vergleichbarkeit des Vorsatzinhalts bzw. auf eine nicht schuldangemessene Bestrafung verwiesen.

Rspr. und differenzierende Ansicht im Schrifttum: Die Rspr. hat zwar zunächst jeden Irrtum für unbeachtlich erklärt, sich im sog. Hoferben-Fall (BGHSt 37, 214) aber der Auffassung angenähert, die nach der „Wesentlichkeit" der Objektverwechslung durch den Täter differenziert. So wie beim Irrtum über den Kausalverlauf ist eine Abweichung unwesentlich, wenn sie sich in den Grenzen des nach allgemeiner Lebenserfahrung Voraussehbaren hält.

Argument: Ob die Tat vom Anstiftervorsatz noch gedeckt ist, kann nur anhand eines flexiblen Maßstabs beurteilt werden, da der Anstifter dem Angestifteten auch ein gewisses Maß an eigenverantwortlicher Sachverhaltsbeurteilung zugesteht. Insoweit muss gefragt werden, inwieweit die Verwechslung des Tatobjekts bereits im Anstiftervorsatz angelegt war.

Kritik: Der Maßstab der Wesentlichkeit überlässt dem Richter eine im Grunde nicht berechenbare Wertentscheidung.

Aus der Rechtsprechung: Preuß. Obertribunal GA 1859, 322 ff. (Rose-Rosahl-Fall); BGHSt 37, 214 (Hoferben-Fall); BGH NStZ 1999, 514.

Übersichtsliteratur: Vgl. bereits die N. oben; ergänzend *Kubiciel* JA 2005, 694 ff.

Weitere Übungsklausuren: Vgl. bereits die N. oben; ergänzend *Rosenau/Zimmermann* JuS 2009, 541 ff; *Brand/Kanzler* JA 2012, 37.

Die h. A. und zumindest die ältere Rechtsprechung geht von einer Gleichbehandlung von Täter und Anstifter aus. Diese Auffassung ist allerdings mit den für die aberratio ictus anerkannten Regeln nicht vereinbar, da in diesen Fallkonstellationen eine für den Hintermann erhebliche Abweichung des wirklichen von dem vorgestellten Kausalverlauf vorliegen kann.

Eine weitere Ansicht und auch die neuere Rechtsprechung differenziert deshalb wie beim Irrtum über den Kausalverlauf danach, ob eine Abweichung unwesentlich ist, d. h. ob sie sich in den Grenzen des nach allgemeiner Lebenserfahrung Voraussehbaren hält. Die Abgrenzung welche Abweichungen als wesentlich anzusehen sind, erscheint im Ergebnis aber sehr unbestimmt.

Die Lit. geht zum Teil davon aus, dass sich der error in persona des Haupttäters als aberratio ictus beim Anstifter darstellt. Der soziale Sinngehalt der Tat ist nämlich aus seiner Sicht ein anderer. Für den Anstifter ist die Tat die Tötung eines ganz bestimmten, nicht irgendeines Menschen. Während für den Täter (Vordermann) der bestimmte Mensch der vor ihm stehende ist, bleibt das Opfer für den Anstifter die konkrete Person, zu deren Tötung er den Täter bestimmt hat. Die Konkretisierung des Vorsatzes des Hintermannes auf die Tötung eines ganz bestimmten Menschen sei deshalb über die Regeln der aberratio ictus zu berücksichtigen.

Eine a. A. will diese Fälle nicht einheitlich entscheiden, sondern nach dem Grad der Identifizierung und Individualisierung durch den Hintermann unterscheiden. Hat der Anstifter das Opfer so genau beschrieben, dass aus seiner Sicht eine Verwechslung durch den Täter ausgeschlossen ist, so stellt sich dessen error in persona beim Anstifter als eine aberratio ictus dar. Hat der Täter das Opfer allerdings nur in so groben Zügen beschrieben, dass eine Verwechslung nicht ausgeschlossen ist, so kann eine Verwechslung durch den Täter den Anstifter nicht entlasten.

Letztere Ansicht überzeugt, da eine pauschale Lösung aller in Betracht kommenden Fälle nicht sachgerecht erscheint und nur sie eine sinnvolle Differenzierung anhand des Vorstellungsbilds des Hintermanns vornimmt. Vorliegend hat A den X zu dem Sprengstoffattentat angeleitet und das Fahrzeug genau beschrieben, also Art der Tatbegehung sowie Ort und Zeit vorgegeben. Das Vorstellungsbild des A entsprach somit dem des X – er musste davon ausgehen, dass die Person getötet wird, die in das mit dem Sprengstoff präparierte Auto steigt und die Zündung betätigt. A unterlag somit ebenso wie X einem unbeachtlichen error in persona.

bb) A wusste auch, dass er X zu der Tat bestimmt.

cc) A könnte zudem Mordmerkmale in seinen Vorsatz mit aufgenommen haben. Zunächst ist an eigene Mordmerkmale des A zu denken; insbesondere könnte er aus sonstigen niedrigen Beweggründen gehandelt haben. Beweggründe sind niedrig, wenn sie als Motive einer Tötung nach allgemein sittlicher Anschauung verachtenswert sind und auf tiefster Stufe stehen. A möchte seine Ehefrau E loswerden, um sich ungestört seiner lieb gewonnenen Freundin zuwenden zu können. Er hat aus diesem Grund E ihr Lebensrecht abgesprochen, so dass die Tötung verachtenswert ist und auf tiefster Stufe steht.

Außerdem wusste A, dass X allein aus Habgier tötete. Streitig ist, wie ein täterkennzeichnendes Mordmerkmal des Vordermanns beim Hintermann zu behandeln ist.

P: Strafbegründung (§ 28 I) oder Strafschärfung (§ 28 II)?

Rspr.: Die Rechtsprechung begreift § 211 und § 212 noch als selbstständige, voneinander unabhängige Delikte, die sich gegenseitig ausschließen, auch wenn der BGH in einem jüngeren Urteil eine Abkehr von dieser Auffassung angedeutet hat (vgl. BGH NJW 2006, 1008 ff.). Aufgrund des bisher noch angenommenen Exklusivitätsverhältnisses sollen die Mordmerkmale die Strafe nicht verschärfen, sondern begründen, so dass § 28 I Anwendung findet.

Arg.: Argumentiert wird hierbei insbesondere mit der Systematik des Gesetzes. An keiner anderen Stelle des Gesetzes wird die Qualifikation dem Grundtatbestand vorangestellt. Die Positionierung des Mordtatbestandes (§ 211) vor dem des Totschlags (§ 212) spricht mithin gegen ein Verhältnis von Qualifikation zu Grundtatbestand. Der Formulierung des § 212 I („ohne Mörder zu sein") soll außerdem zu entnehmen sein, dass sich Mord und Totschlag gerade ausschließen.

h. L.: Die Literatur sieht § 211 hingegen als Qualifikation zu § 212 I an, mit der Folge, dass die Strafe durch die Mordmerkmale lediglich modifiziert wird und auf § 28 II zurückzugreifen ist.

Arg.: Die Formulierung „ohne Mörder zu sein" ist lediglich historisch bedingt, trifft also keinerlei Aussage im Hinblick auf das systematische Verhältnis von Mord und Totschlag. Ebenso verhält es sich mit der Voranstellung des Mordtatbestandes, die lediglich der überragenden Schwere des mit lebenslanger Freiheitsstrafe bedrohten Mordvorwurfs gerecht werden soll. Darüber hinaus schützen sowohl § 212 I als auch § 211 das Leben und mithin dasselbe Rechtsgut vor Beeinträchtigungen, was gegen die Annahme selbstständiger, voneinander unabhängiger Delikte spricht.

Stellungnahme: § 212 beschreibt die vorsätzliche Tötung eines Menschen, im Rahmen des § 211 kommen dabei erschwerende, bei § 216 privilegierende Umstände hinzu. Insofern lässt auch die Gesetzessystematik auf ein Stufenverhältnis dieser Tötungsdelikte schließen. Erfüllt nur der Teilnehmer, nicht aber der Täter ein besonderes persönliches Merkmal des § 211, so findet nach Ansicht der Rechtsprechung keine Tatbestandsverschiebung statt und es kommt lediglich eine Bestrafung wegen Teilnahme am Totschlag in Betracht. Dieses Ergebnis ist ebenso widersprüchlich und unbillig wie die von der Rechtsprechung vorgenommene Korrektur im Falle sog. gekreuzter Mordmerkmale[3], bei der sie dem Teilnehmer entgegen § 28 I die Strafmilderung versagt. Zudem nimmt die Rechtsprechung von ihrem Standpunkt aus inkonsequent Mittäterschaft bei § 211 und § 212 an (vgl. BGH NStZ 2006, 286 ff.; BGHSt 36, 231), obwohl § 28 I nur von „Teilnehmer" aber nicht von Mittäter spricht und § 28 II gerade nicht anwendbar ist. Mithin sprechen die besseren Argumente dafür, § 211 als Qualifikation zu § 212 anzusehen und im Rahmen der täterbezogenen Mordmerkmale § 28 II heranzuziehen.

Aus der Rechtsprechung: BGHSt 22, 375; 24, 106; BGH StV 1984, 69.

Übersichtsliteratur: *Hillenkamp* Strafrecht BT, 1. Problem, 1 ff.; *Jäger* BT, § 1 Rdn 7 ff.; *Otto* BT, § 8 Rdn 2 ff.; *Otto* Jura 2004, 472; *Vietze* Jura 2003, 394; *Küper* JZ 2006, 1157; *Fischer/Gutzeit* JA 1998, 41; *Mitsch* JuS 1996, 121.

Weitere Übungsklausuren: *Beulke* JA 2014, 639; *Krahl* JuS 2003, 57; *Kühl/Hinderer* JuS 2010, 697; *Kühl/Kneba* JA 2011, 426; *Norouzi* JuS 2005, 914; *Weißer* JuS 2009, 135.

Graphische Darstellung:

Täter		Teilnehmer		Strafbarkeit des Täters		Strafbarkeit des Teilnehmers (Teilnehmer ist hier Anstifter)	
tat-bezogene MM	täter-bezogene MM	Kenntnis der MM des Täters	täter-bezogene MM	hL	BGH	hL	BGH
+		+		211, 212	211	211, 212, 26	211, 26
+				211, 212	211	212, 26	212, 26
	+	+		211, 212	211	212, 26 (28 II)	211, 26 (28 I)
	+			211, 212	211	212, 26 (28 II)	212, 26
			+	212	212	211, 212, 26 (28 II)	212, 26
+	+	+	+	211, 212	211	211, 212, 26 (28 II)	211, 26

---

3 Von „gekreuzten" Mordmerkmalen spricht man dann, wenn der Teilnehmer das täterbezogene Mordmerkmal des Täters nicht teilt, stattdessen aber in eigener Person ein anderes täterbezogenes Mordmerkmal verwirklicht.

Fortsetzung

Graphische Darstellung:

Täter		Teilnehmer		Strafbarkeit des Täters		Strafbarkeit des Teilnehmers (Teilnehmer ist hier Anstifter)	
tatbezogene MM	täterbezogene MM	Kenntnis der MM des Täters	täterbezogene MM	hL	BGH	hL	BGH
+	+			211, 212	211	212, 26 (28 II, 16 I 1)	212, 26 (16 I 1)
		+ (Vorstellung, Täter verwirklicht tatbezogenes MM)		212	212	212, 26 und 211 30 I	212, 26 und 211 30 I
		+ (Vorstellung, Täter verwirklicht täterbezogenes MM)		212	212	212, 26 (28 II)	212, 26 und 211, 30 I (28 I)
+	+		+	211, 212	211	211, 212, 26 (28 II)	211, 26 (kein 28 I)

Die Rspr. begreift den Tatbestand des § 211 als einen selbstständigen neben § 212. Seine Merkmale seien deshalb strafbegründend, die „täterbezogenen" Merkmale des § 211 besondere persönliche Merkmale i. S. d. § 28 I. Da hier das Mordmerkmal der Habgier des Vordermanns beim Hintermann fehlt – denn A selbst handelte nicht aus Habgier – ordnet § 28 I eine Strafmilderung nach § 49 I an. Diese Strafmilderung lässt die Rspr. allerdings im Fall der sog. „gekreuzten Mordmerkmale", d. h. wenn Täter und Teilnehmer jeweils unterschiedliche täterbezogene Mordmerkmale verwirklichen, entfallen.

Die h. L. sieht die Tatbestände des § 212 und des § 211 gesetzessystematisch in dem Verhältnis von Grundtatbestand und Qualifikation. Die täterbezogenen Mordmerkmale ordnet sie entsprechend als besondere persönliche Mordmerkmale i. S. d. § 28 II ein. A wäre demnach wegen Anstiftung zum Mord aus niedrigen Beweggründen zu bestrafen.

Eine weitere Meinung fasst die Mordmerkmale des § 211 erst gar nicht als Sonderpflichtmerkmale i.S.d. § 28 auf, sondern als sonstige persönliche Merkmale, da die Mordmerkmale keine erhöhten Vermeidepflichten des Täters aufgrund seiner persönlichen Stellung in der Rechtsgemeinschaft begründen. Die limitierte Akzessorietät der Teilnahme wird damit nicht durchbrochen, wenn dem Hintermann die verwirklichten Mordmerkmale des Vordermanns wenigstens bewusst sind. Da A vorliegend das habgierige Handeln des X bewusst war, ist A auch dessen Habgier zuzurechnen. Nach dieser vereinzelt gebliebenen Auffassung ist § 28 nicht anwendbar. Zu diesem Ergebnis gelangt auch eine weitere Ansicht, die davon ausgeht, dass die Mordmerkmale persönliche Schuldmerkmale sind und daher § 29 anzuwenden ist.

Der h. L. ist zu folgen, da sie Unstimmigkeiten der Rechtsprechung vermeidet und der Systematik der Mordmerkmale am besten gerecht wird.

c) Ergebnis

X ist strafbar wegen Anstiftung zum Mord in mittelbarer Täterschaft (§§ 212, 211, 25 I 2. Alt., 26).

2. Anstiftung zur Sachbeschädigung in mittelbarer Täterschaft, §§ 303, 25 I 2. Alt., 26

A könnte sich weiter einer Anstiftung zur Sachbeschädigung in mittelbarer Täterschaft strafbar gemacht haben.

a) Objektiver Tatbestand

aa) Eine vorsätzliche, rechtswidrige Haupttat liegt in der Begehung der Sachbeschädigung in mittelbarer Täterschaft durch X.

bb) Zu dieser Tat hat A den X auch bestimmt, indem er den Entschluss des X zum Anbringen von Sprengstoff an dem Pkw hervorrief.

b) Subjektiver Tatbestand

A handelte außerdem mit dem erforderlichen doppelten Anstiftervorsatz hinsichtlich der Haupttat und hinsichtlich seines Bestimmens zu der Haupttat.

c) Ergebnis

X hat sich einer Anstiftung zur Sachbeschädigung in mittelbarer Täterschaft schuldig gemacht.

3. Anstiftung zur Herbeiführen einer Sprengstoffexplosion mit Todesfolge in mittelbarer Täterschaft, §§ 308 I, III, 25 I 2. Alt., 26

A könnte zudem eine Anstiftung zum Herbeiführen einer Sprengstoffexplosion mit Todesfolge in mittelbarer Täterschaft begangen haben.

a) Objektiver Tatbestand

Eine vorsätzliche, rechtswidrige Haupttat liegt in dem Herbeiführen einer Strengstoffexplosion mit Todesfolge durch X. Wie sich aus §§ 18, 11 II ergibt, ist eine Teilnahme auch am erfolgsqualifizierten Delikt des § 308 III möglich. Indem er den Entschluss des X zum Anbringen von Sprengstoff an dem Pkw hervorrief, hat A den X zu dieser Tat bestimmt.

b) Subjektiver Tatbestand

A handelte außerdem mit dem erforderlichen doppelten Anstiftervorsatz hinsichtlich der Haupttat und hinsichtlich seines Bestimmens zu der Haupttat. Insbesondere hat er die besondere Folge nicht nur vorausgesehen, sondern sogar gewollt. Damit liegt hier nicht nur Fahrlässigkeit des Anstifters hinsichtlich des Eintritts der schweren Folge (vgl. § 18), sondern sogar Vorsatz vor.

c) Ergebnis

A hat sich einer Anstiftung zum Herbeiführen einer Sprengstoffexplosion mit Todesfolge in mittelbarer Täterschaft schuldig gemacht.

III. Gesamtergebnis und Konkurrenzen

1. X ist strafbar wegen Mordes in Tateinheit mit Sachbeschädigung und der Herbeiführung einer Sprengstoffexplosion mit Todesfolge, §§ 212, 211, 303, 308 I, III, 25 I Alt. 2, 52.

    2. A ist strafbar wegen Anstiftung zum Mord in Tateinheit mit Anstiftung zur Sachbeschädigung und der Anstiftung zur Herbeiführung einer Sprengstoffexplosion mit Todesfolge, §§ 212, 211, 26, 303, 26, 308 I, III, 26, 52.

D. Definitionen

Aberratio ictus (Fehlgehen der Tat)	Der Täter hat bei seinem Angriff ein von ihm individualisiertes Tatobjekt anvisiert, aufgrund äußerer Umstände geht der Angriff jedoch fehl und trifft ein Objekt, das der Täter nicht anvisiert hatte und dessen Verletzung er auch nicht in seinen Vorsatz mit aufgenommen hat (sonst u.U. dolus alternativus).
Error in objecto vel persona (Irrtum über das Handlungsobjekt)	Der Täter irrt sich über die Identität oder eine sonstige Eigenschaft des anvisierten Tatobjekts.
Niedrige Beweggründe	alle Tatantriebe, die nach allgemeiner rechtlich-sittlicher Wertung auf tiefster Stufe stehen, durch hemmungslose Eigensucht bestimmt und deshalb besonders verwerflich und geradezu verachtenswert sind.
Gemeingefährliche Mittel	Der Täter tötet mit gemeingefährlichen Mitteln, wenn er die Wirkung des Tatmittels auf Leib oder Leben einer Mehrzahl anderer Menschen nach den konkreten Umständen nicht in der Hand hat; die bloße abstrakte Gemeingefährlichkeit genügt wegen der gebotenen restriktiven Auslegung der Mordmerkmale jedoch nicht.
Habgier	Habgier ist eine ungehemmte, überzogene und sittlich anstößige Steigerung des Erwerbssinns.
Heimtücke	Heimtückisch handelt, wer in feindlicher Willensrichtung die Arg- und Wehrlosigkeit des Opfers bewusst zur Tötung ausnutzt und dabei einen qualifizierten Vertrauensbruch begeht.
Arglos	Arglos ist das Opfer, wenn es sich zum Zeitpunkt der Tat keines Angriffs versieht.
Wehrlos	Wehrlos ist, wer sich aufgrund der Arglosigkeit nur schwer oder gar nicht verteidigen kann.
Bestimmen i.S.v. § 26	meint das Hervorrufen des Tatentschlusses (str.).
Tatbezogene Mordmerkmale	Tatbezogene Mordmerkmale sind solche der 2. Gruppe des § 211 II (objektive Mordmerkmale).
Täterbezogene Mordmerkmale	Täterbezogene Mordmerkmale sind solche der 1. und 3. Gruppe des § 211 II (subjektive Mordmerkmale).

Übungsfall 5: Kofferfreuden

A. Sachverhalt

Vermieterin Veronika Verse (V) hatte Silvia Seber (S) wegen erheblicher Mietrückstände die Wohnung in Bayreuth gekündigt. Zur Sicherheit für den geschuldeten und längst überfälligen Mietzins hat V am Tag der Räumung der Wohnung durch S einen Koffer der S mit einer Sammlung von Klassik-CD's und einigen teuren Büchern in Besitz genommen und, wie S wusste, im Eingangsbereich ihres Hauses abgestellt. Da S den Koffer wieder haben wollte, beschloss S, sich den Koffer in einer folgenden Nacht zurückzuholen.

Sie begab sich zum Haus der V, in dem sie zur Untermiete gewohnt hatte, um ihren Koffer herauszuholen. Sie brach mit einem Stemmeisen das Garagentor auf, da sie von der Garage über eine unverschlossene Verbindungstüre in das Haus der V gelangen konnte. Um möglichen Widerstand der V zu verhindern, begab sich S in das Obergeschoss und verschloss mit einem Schlüssel, der am Schlüsselbrett aufgehängt war, die Türe des Schlafzimmers, in dem V gerade schlief. Als S anschließend den Koffer im Eingangsbereich suchte, in dem V den Koffer abgestellt hatte, musste sie feststellen, dass dieser zwischenzeitlich fortgeschafft worden war. Enttäuscht nahm S, die über die Garage das Haus verließ, eine im Eingangsbereich aufgestellte, wertvolle Engelsstatue mit. Dass V immer noch eingeschlossen war, billigte S, da sie immer noch fürchtete, V könne plötzlich aufwachen und sie dann an der Mitnahme der Statue hindern. V wurde am nächsten Morgen von der Putzfrau aus ihrer misslichen Lage befreit.

Wie hat sich S strafbar gemacht? Erforderliche Strafanträge sind gestellt.

Bearbeitungszeit: Zwei Stunden

B. Lösungsskizze

Strafbarkeit der Silvia Seber (S)

I. **Versuchte Pfandkehr hinsichtlich des Koffers, §§ 289 I, II, 22, 23 I**
Vorprüfung (+)
1. **Tatentschluss**
    a) eigene bewegliche Sache (+)
    b) Voraussetzungen eines Vermieterpfandrechts (+)
    c) Wegnahme (+)
       P: Wegnahme bei besitzlosen Pfandrechten
    d) rechtswidrige Absicht (direkter Vorsatz) (+)
2. **unmittelbares Ansetzen**
3. **Rücktritt (–)**
    fehlgeschlagner Versuch
4. **Strafantrag (+)**
5. **Ergebnis: § 289 I, II, 22, 23 I (+)**
II. **Vereiteln der Zwangsvollstreckung, § 288 (–)**
III. **Diebstahl mit Waffen und Wohnungseinbruchdiebstahl hinsichtlich der Engels-statue, §§ 242 I, 244 I Nr. 1 a, 3**
1. **Objektiver Tatbestand des Grunddelikts, § 242 (+)**
2. **Objektiver Tatbestand der Qualifikation, § 244 I Nr. 1 a, 3**
    a) gefährliches Werkzeug Beisichführen (–)
    b) in Wohnung einbrechen (+)
3. **Subjektiver Tatbestand des Grunddelikts**
4. **Subjektiver Tatbestand der Qualifikation**
    Zur Ausführung der Tat (–)
5. **Regelbeispiel, § 243 I 2 Nr. 1 (–)**
6. **Ergebnis: § 242 I (+)**
IV. **Raub hinsichtlich der Engelsstatue, § 249 I**
V. **Versuchter Raub hinsichtlich der Engelsstatue, § 249 I, 22, 23 I**
Vorprüfung
1. **Tatentschluss**
    a) Wegnahme (+)
    b) Gewalt (+)
       P: Raub mittels fortwirkender Gewalt oder Gewalt durch Unterlassen
    c) Absicht rw Zueignung (+)
2. **Unmittelbares Ansetzen**
3. **Ergebnis: § 249, 22, 23 I (–)**
VI. **Freiheitsberaubung, § 239 I**
Aufhebung der körperlichen Fortbewegungsfreiheit auch bei Schlafenden (–)
P: Schützt § 239 die potentielle Fortbewegungsfreiheit
VII. **Versuchte Freiheitsberaubung, § 239 I, II, 22, 23 I**
VIII. **Hausfriedensbruch, § 123 I**
1. **Objektiver Tatbestand**
    In Wohnung eindringen (+)

2. Subjektiver Tatbestand
3. Strafantrag, § 123 II (+)
4. Ergebnis: § 123 (+)
IX. Sachbeschädigung am Garagentor, § 303 (+)
X. Gesamtergebnis/Konkurrenzen
S: §§ 289 I, II, 22, 23 I, § 242, § 123, § 303; § 52 I.

C. Gutachten

Strafbarkeit der Silvia Seber (S)

Hinweis: Es könnte hier ein Fall des Vorsatzwechsels vorliegen, bei dem es grundsätzlich geschickter ist, zunächst das vollendete, zeitlich spätere Delikt zu prüfen (hier § 242), da nur so gegebenenfalls ein einheitlicher Vorsatz bestimmt werden kann. Ergibt sich dann, dass ein beachtlicher Vorsatzwechsel vorliegt, scheidet ein Versuch aus. Hier verlagert S den Vorsatz aber von einer Pfandkehr zum Diebstahl, so dass getrennt und chronologisch aufgebaut werden kann.

I. Versuchte Pfandkehr hinsichtlich des Koffers, §§ 289 I, II, 22, 23 I

Indem S in das Haus der V eingedrungen ist, um dort ihren Koffer zu entwenden, könnte sie sich der versuchten Pfandkehr nach §§ 289 I, II, 22, 23 I strafbar gemacht haben.

Vorprüfung

Unabhängig von den Streitigkeiten, die über die Auslegung des Begriffs der „Wegnahme" im Rahmen des § 289 bestehen, ist selbst nach der weitesten Auffassung vonnöten, dass die Sache dem tatsächlichen Machtbereich eines anderen entzogen ist. Hieran fehlt es aber, da S ihr Vorhaben aufgibt und ohne den Koffer den Schauplatz verlässt. Das Delikt ist demnach nicht vollendet. Der Versuch ist strafbar nach § 289 II, 22, 23 I.

1. Tatentschluss

Der Tatentschluss der S müsste auf die Verwirklichung einer Pfandkehr gerichtet sein.

a) Der Koffer samt Inhalt stand laut Sachverhalt im Eigentum der S („einen Koffer der S"). Damit ist ein taugliches Tatobjekt nach § 289 gegeben, da § 289 eine „eigene bewegliche Sache" voraussetzt.

b) Der Tatentschluss der S müsste sich des Weiteren darauf erstreckt haben, die Sache jemandem wegzunehmen, dem ein Nutznießungs-, Pfand-, Gebrauchs- oder Zurückbehaltungsrecht an der Sache zusteht. Nach § 562 I 1 BGB hat der Vermieter ein Vermieterpfandrecht (Fall eines sog. gesetzlichen Einbringungspfandrechts) an den in die Mietwohnung eingebrachten Sachen des Mieters, wenn ihm Forderungen aus dem Mietverhältnis zustehen. Hier hatte S bei V „erhebliche Mietrückstände", so dass eine Forderung aus dem Mietverhältnis bestand. Auch war der Koffer samt Inhalt von der S in die Wohnung eingebracht (Realakt) und unterlag (wiederum samt Inhalt) nicht einem Pfändungsverbot, §§ 562 I 2 BGB, 811 f. ZPO, da es sich um CDs und teuere Bücher handelte.

Hinweis: Nach der gesetzlichen Konzeption des §§ 562 ff. BGB besteht das Vermieterpfandrecht an sämtlichen **eingebrachten Sachen des Mieters,** selbstverständlich unter der Bedingung, dass eine Forderung aus dem Mietverhältnis besteht **(Akzessorietät des Pfandrechts).** Übersteigt der Wert der eingebrachten Gegenstände betragsmäßig den Wert der Forderung aus dem Mietverhältnis, besteht zwar auch das Vermieterpfandrecht an sämtlichen eingebrachten Sachen, es erlischt aber gem. § 562a S. 2 BGB zwanglos durch Entfernen der Sachen vom Grundstück, da der Vermieter in diesem Fall der Entfernung nicht widersprechen kann, als die zurückbleibenden Sachen zu seiner Sicherung offenbar ausreichen.

Zur Prüfung: In Klausuren sind im Rahmen der Prüfung der Pfandkehr sämtliche zivilrechlichen Voraussetzungen der Entstehung des Pfandrechts einschließlich möglicher Pfändungsverbote darzulegen.

---

c) S müsste Tatentschluss bezüglich der „Wegnahme" dieser bezeichneten Sache gehabt haben.

Problematisch ist hierbei, dass es sich beim Vermieterpfandrecht um ein besitzloses Pfandrecht handelt (Einbringungspfandrecht), das tradierte Begriffsverständnis des Wegnahmebegriffs aber von § 242 geprägt ist und hiernach gerade der Bruch fremden Gewahrsams erforderlich ist[1]. In der strafrechtlichen Literatur ist deshalb umstritten, ob eine Wegnahme auch bei einem besitzlosen Pfandrecht in Frage kommt[2].

P: Wegnahme bei besitzlosen Pfandrechten
1. Die (wohl) überwiegend vertretene Ansicht bejaht auch bei einem besitzlosen Pfandrecht die Möglichkeit der Wegnahme, indem sie einen **von § 242 losgelösten** und an der Ratio des § 289 orientierten **Wegnahmebegriff** vertritt (Fall der sog. Relativität der Rechtsbegriffe). Danach wird kein Gewahrsamsbruch i. S. d. § 242 vorausgesetzt. Es reicht vielmehr aus, wenn die Sache dem tatsächlichen

---

1 *Fischer* Strafgesetzbuch, § 242 Rdn. 10.
2 Hierzu ausführlich *Maier,* in: MK, § 289 Rdn. 15.

Machtbereich eines anderen so entzogen wird, dass diesem die Ausübung der geschützten Rechte unmöglich gemacht wird (*Heine/Hecker*, in: Sch/Sch, § 289 Rdn. 9).

Argument: Ein besitzloses Pfandrecht wäre anderenfalls nicht vom Schutz des § 289 erfasst und dies obwohl der Inhaber eines besitzlosen Pfandrechts wegen der damit einhergehenden leichteren Entziehbarkeit des Pfandgegenstandes noch in höherem Maße schutzwürdig ist. Das Gesetz verfolgt in § 242 und § 289 jeweils unterschiedliche Ziele, so dass eine einheitliche Auslegung nicht erforderlich ist.

2. Eine abw. Ansicht versteht demgegenüber auch innerhalb des § 289 die Wegnahme als Gewahrsamsbruch (vgl. *Bock* ZStW 121, 553).

Argument: Der gegenüber § 288 und § 136 erhöhte Strafrahmen der Vorschrift des § 289 ist nur dadurch erklärlich, dass der Täter **fremden Gewahrsam verletzt,** gewissermaßen ein **höheres Unrecht** verwirklicht. Für eine einheitliche Auslegung spricht auch der insoweit identische Wortlaut von § 242 und § 289. Ein hinreichender Schutz des besitzlosen Pfandrechts kann auch über § 288 gewährleistet werden.

Rechtsprechung: BGHSt 32, 88 = NJW 1984, 500 f.; BayObLGSt 1981, 50 f.

Übersichtsliteratur: *Jäger* BT, Rdn 292 ff.; *Otto* Grundkurs Strafrecht, § 50 Rn 1 ff.; *Otto* JR 1982, 32; *Bohnert* JuS 1982, 256; *Laubenthal* JA 1990, 38; *Otto* Jura 1992, 666.

Weitere Übungsklausur zu § 289: *Mitsch*, JuS 2004, 323 ff.

Auch wenn vieles dafür spricht, dass der Wegnahmebegriff in § 289 keinen Bruch fremden Gewahrsams voraussetzt und weiter als in § 242 auszulegen ist, kommt es im vorliegenden Fall auf diese Streitfrage nicht an, da beide Ansichten im konkreten Fall zum gleichen Ergebnis gelangen. V hatte beim Auszug der S den Koffer in ihren Besitz genommen und dadurch Gewahrsam an diesem (samt Inhalt) begründet. Damit kommt auch eine am Begriffsverständnis des § 242 orientierte Auslegung des Wegnahmebegriffs des § 289 im konkreten Fall dazu, den Tatentschluss der S zu einem Gewahrsamsbruch anzunehmen. Die S wollte gerade den bestehenden Gewahrsam der V aufheben und sich selbst in diese Position einsetzen. Es handelt sich demnach um einen Fall, bei dem der Inhaber des besitzlosen Pfandrechts ausnahmsweise Gewahrsam an der Sache hat. Die S wollte der V den Koffer i. S. d. § 289 wegnehmen.

Hinweis: Nach § 562 b I 2 BGB darf der Vermieter bei Auszug des Mieters „diese Sachen" in seinen Besitz nehmen. Gemeint sind die dem Vermieterpfandrecht unterfallenden Sachen, d. h. die vom Mieter in die Wohnung eingebrachten Sachen bezüglich deren Entfernung der Vermieter berechtigt ist zu widersprechen. Die Rechtsfolge ist dann, dass die an den unmittelbaren Besitz geknüpften Vorschriften des Vertragspfandrechts nach § 1257 BGB entsprechend gelten.

Hier hätte die V der Entfernung des Koffers widersprechen können, da nur dieser werthaltig und pfändbar war, vgl. § 562 a BGB. Dass der Auszug aus der Wohnung und die damit verbundene Räumung der Wohnung den gewöhnlichen Lebensverhältnissen entsprach ist für § 562 b I 2 BGB unbedeutend, da diese Vorschrift sonst leer laufen würde.

---

d) S müsste zudem in rechtswidriger Absicht gehandelt haben. Da diese Absicht nicht ein Motiv des Täters charakterisiert, sondern allein auf die Rechtsgutsbeeinträchtigung Bezug nimmt, genügt dolus directus 2. Grades[3]. S wusste aufgrund ihrer Mietschulden um die Forderung der V und sie wusste auch, dass sie mit ihrer Handlung das bestehende Sicherungsrecht der V (hier genügt eine Parallelwertung in der Laiensphäre) verletzt.

2. unmittelbares Ansetzen

S müsste nach ihrer Vorstellung unmittelbar zur Tat angesetzt haben. Hierunter ist allgemein jede nach der Tätervorstellung zu beurteilende, unmittelbare konkrete Gefährdung des Rechtsguts zu verstehen. S hatte bereits den Eingangsbereich aufgesucht, in dem sie den Koffer vermutete und hätte unmittelbar zugegriffen, wenn er dort gewesen wäre. Hiermit hat sie unmittelbar zu Tatbestandsverwirklichung angesetzt.

3. Rücktritt

Gleichwohl könnte S von ihrer Tat strafbefreiend gemäß § 24 I zurückgetreten sein. Ein Rücktritt scheidet aber aus, wenn ein subjektiv fehlgeschlagener Versuch gegeben ist. Ein fehlgeschlagener Versuch liegt dann vor, wenn der Täter erkennt oder zumindest annimmt, dass er den tatbestandsmäßigen Erfolg mit den ihm zur Verfügung stehenden Mitteln nicht mehr erreichen kann. Da S erkennen muss, dass der Koffer zwischenzeitlich fortgeschafft wurde und sie ihn damit nicht mehr wegnehmen kann, war der Versuch fehlgeschlagen und damit nicht mehr rücktrittsfähig.

4. Strafantrag

Der beim absoluten Antragsdelikt des § 289 nach § 289 III zwingend erforderliche Strafantrag ist nach dem Sachverhalt gestellt.

5. Ergebnis

S hat sich einer versuchten Pfandkehr gem. § 289 I, II, 22, 23 I strafbar gemacht.

---

3 A. A. [dolus directus 1. Grades] *Bock* ZStW 121, 557 f.

II. Vereiteln der Zwangsvollstreckung, § 288

Da eine Vollendung nicht eingetreten ist (S hat den Koffer nicht beiseite geschafft) und eine Versuchsstrafbarkeit bei diesem Vergehen nicht gesetzlich fixiert ist (§ 23 I Alt. 2), kommt es gar nicht auf die Frage an, ob S die Zwangsvollstreckung drohte.

III. Diebstahl mit Waffen und Wohnungseinbruchdiebstahl hinsichtlich der Engelsstatue, §§ 242 I, 244 I Nr. 1, 3

Hinweis: Im Folgenden kann i. S. d. – allerdings mit Vorsicht zu handhabenden – Schlagworts, „nicht kleckern, sondern klotzen", auch mit § 249 bzw. §§ 249, 22, 23 begonnen werden. Da die Einbruchshandlungen aber zeitlich vorgeschaltet sind, wird hier aus Gründen einer übersichtlicheren Darstellung mit den §§ 242 ff. begonnen. Zudem werden hier ausnahmsweise § 242 und § 244 zusammen geprüft, d. h. zunächst der Tatbestand des Grunddelikts und dann sogleich der Qualifikation geprüft, da dann alle Delikte im Gutachtenstil dargestellt werden können, ohne dass bereits nach ansonsten erforderlicher Ablehnung des § 243 die ausführliche Prüfung von § 244 etwas „aufgesetzt" wirkt.

1. Objektiver Tatbestand des Grunddelikts, § 242

Bei der Engelsstatue handelt es sich um eine fremde bewegliche Sache und damit ein taugliches Tatobjekt. S müsste diese weggenommen haben, d. h. einen an der Statue bestehenden Gewahrsam gebrochen und neuen Gewahrsam begründet haben. Unzweifelhaft hatte V nach den Anschauungen des täglichen Lebens auch im Schlaf gelockerten Gewahrsam an der Statue, denn der erforderliche Gewahrsamswille setzt kein ständig aktualisiertes Gewahrsamsbewusstsein voraus. Diesen Gewahrsam hat S spätestens in dem Moment, in dem sie mit der Statue das Haus der V verlassen hat, gebrochen und neuen Gewahrsam begründet.

2. Objektiver Tatbestand der Qualifikation, § 244 I Nr. 1a, 3

a) S führte das Stemmeisen bei sich, mit dem sie die Garage geöffnet hatte. Dies könnte ein gefährliches Werkzeug nach § 244 I Nr. 1a darstellen. Wie das Merkmal des gefährlichen Werkzeugs letztlich zu definieren ist, ist umstritten, doch kommt es hierauf nicht an. Denn bloße Einbruchswerkzeuge stellen nach der überwiegenden Auffassung keine gefährlichen Werkzeuge dar, da sie gewissermaßen „verwendungsneutral" sind und nur der Vollendung der Wegnahme selbst dienen.

b) Fraglich ist, ob der Qualifikationstatbestand des § 244 I Nr. 3 erfüllt ist. Denn S könnte in eine Wohnung eingebrochen sein.

aa) Unter Einbrechen ist das gewaltsame, nicht notwendig substanzverletzende Öffnen einer den Zugang hindernden Umschließung zu verstehen. Hier hat S mit einem Stemmeisen die Garage gewaltsam aufgebrochen. S ist damit eingebrochen.

bb) Als problematisch erweist sich aber, ob S auch in eine Wohnung eingebrochen ist, da die Gewalthandlung an der Garage vorgenommen wurde. Diese unterfällt nicht dem Wohnungsbegriff, der nur den Inbegriff von Räumlichkeiten umfasst, deren Hauptzweck darin besteht, Menschen zur ständigen Benutzung zu dienen. Eine Garage dient aber bloß dem Abstellen von Geräten oder Kfz. Nur wenn die Garage als Teil der Wohnung begriffen wird, wäre der Anwendungsbereich des § 244 I Nr. 3 eröffnet. Beachtet man dabei, dass § 244 I Nr. 3 erst durch das 6. StrRG geschaffen wurde (vorher auch Regelbeispiel nach § 243) und dass die Erwägungen für die Schaffung dieser Qualifikation darin zu sehen sind, dass durch den Einbruch in eine Wohnung tief in die Intimsphäre des Opfers eingegriffen wird, was zu psychischen Anomalien bei diesem führen kann, scheint es geboten, eine Garage dann als Teil der Wohnung zu betrachten, wenn eine unmittelbare Verbindung zur Wohnung besteht (anders dann bei freistehenden Garagen). In diesem Fall dürfte die Intimsphäre des Opfers ebenso beeinträchtigt sein, wie bei einem Einbruch in die Wohnung selbst. Demnach wäre der Anwendungsbereich des § 244 I Nr. 3 eröffnet, da eine unverschlossene Verbindungstüre zwischen Garage und Haus bestand.

Anmerkung: Ebenso vertretbar wäre es, die Zugehörigkeit der Garage zur Wohnung zu verneinen. Begründen ließe sich dies damit, dass eine Garage nach dem natürlichen Wortsinn gerade keine Wohnung darstellt. Dann wäre die Prüfung des § 244 I Nr. 3 hier abzubrechen und im Anschluss an die Schuld § 243 I 2 Nr. 1 zu prüfen. Die Problematik des Vorsatzwechsels (siehe sogleich im Anschluss) stellt sich dann in derselben Form.

---

3. Subjektiver Tatbestand des Grunddelikts

S handelte vorsätzlich und in der Absicht rechtswidriger Zueignung.

4. Subjektiver Tatbestand der Qualifikation, § 244

S handelte auch vorsätzlich bezüglich der Qualifikationsmerkmale (Einbruch in eine Wohnung). Sie müsste aber auch „zur Ausführung der Tat" in die Wohnung eingebrochen sein. Problematisch hieran ist, dass S ursprünglich ihren Koffer mitnehmen wollte (Fall des § 289, da es für § 242 an einem tauglichen Tatobjekt fehlt) und sie aus diesem Grund in die Wohnung eingebrochen ist. Tatsächlich mitgenommen hat sie aber die Engelsstatue, die für sie eine fremde Sache und damit ein taugliches Tatobjekt des § 242 ist. Damit liegen, da der Einbruch nicht unmittelbar zur Ausführung des Diebstahls erfolgte, an sich nur ein untauglicher Versuch des § 289 und ein vollendeter einfacher Diebstahl an der Engelsstatue vor.

Es könnte allerdings, entsprechend den Fällen des Vorsatzwechsels beim Diebstahl, daran gedacht werden, den Versuch des § 289 und den folgenden Diebstahl zusammenzufassen. Nach h. M. soll in diesen Fällen der einheitliche Vorsatz fortbestehen, soweit nicht von einer Trennung des Gesamtgeschehens, d. h. von einer Zäsur im Tatablauf auszugehen ist[4]. Grundsätzlich hindert in Konstellationen wie der vorliegenden der Vorsatzwechsel nicht die Bejahung eines vollendeten Wohnungseinbruchsdiebstahls. Allerdings muss auch hier wieder zum Tragen kommen, dass ursprünglich der Vorsatz auf die Wegnahme einer eigenen Sache gerichtet war und nunmehr eine fremde Sache weggenommen wird.

Hinweis: Anders als bei den üblichen Fällen des Vorsatzwechsels liegt hier gerade kein untauglicher Versuch eines Wohnungseinbruchsdiebstahls vor, da S im Zeitpunkt des Einbrechens in die Wohnung „ihren" Koffer mitnehmen wollte.

Dies dürfte sich nicht mehr unter einen einheitlichen Vorsatz fassen lassen, sondern stellt eine Trennung des Gesamtgeschehens dar. Demnach scheidet § 244 I Nr. 3 auf subjektiver Tatbestandsebene aus.

5. Regelbeispiel, § 243 I 2 Nr. 1

S ist in ein Gebäude eingebrochen, so dass die objektiven Voraussetzungen des Regelbeispiels vorliegen. Es erscheint zwar fraglich, ob § 243 I 2 Nr. 1 neben § 244 I Nr. 3 überhaupt anwendbar ist, darauf kommt es aber nicht an, da wiederum das auch bei der Strafzumessungsregel des § 243 I 2 Nr. 1 vorausgesetzte subjektive Merkmal „zur Ausführung der Tat" zu verneinen ist.

6. Ergebnis

S hat sich eines einfachen Diebstahls gem. § 242 an der Statue strafbar gemacht.

---

4 Vgl. nur *Wessels/Hillenkamp*, Strafrecht BT II, Rn. 255 ff.

IV. Raub hinsichtlich der Engelsstatue, § 249 I

S könnte sich allerdings durch Einsperren der V und anschließende Mitnahme der Engelsstatue wegen Raubes nach § 249 I strafbar gemacht haben.

Die Annahme eines Raubes würde voraussetzen, dass das Einsperren der schlafenden V im Schlafzimmer als „Gewalt gegen eine Person" aufzufassen wäre, wobei die Gewalt das Mittel zur Ermöglichung der Wegnahme sein muss. Gewalt ist dabei der Einsatz physischer Kraft zur Beseitigung eines tatsächlich geleisteten oder vermuteten Widerstandes. Erforderlich ist dabei eine physische Zwangswirkung auf Opferseite, während auf Seiten des Täters keine besondere Kraftentfaltung erforderlich ist. Zwar genügt eine bloße Gewalt gegen Sachen nicht, ausreichend ist es aber, wenn sich eine unmittelbare Sacheinwirkung, wie beim Einsperren, mittelbar gegen das Opfer richtet.

Hinweis: Auch BGHSt 20, 195 ging in einem Fall, in dem ein Ehepaar im Keller eingeschlossen wurde von einer körperlichen Zwangswirkung aus. Begründen lässt sich dies damit, dass der Eingesperrte sich dieses Zustandes nicht erwehren kann. Mit der konzeptlosen Kritik des BVerfG am sog. vergeistigten Gewaltbegriff ist dies allerdings schwer vereinbar, denn auch eine verschlossene Türe wirkt erst dann physisch auf das Opfer, wenn dieses gegen die Türe läuft, bzw. versucht sie mit Gewalt zu öffnen.

Allerdings schläft V hier, d.h. sie konnten gar keinen Willen zur Fortbewegung bilden und demgemäß auch keine physische Zwangswirkung empfinden. Vor dem Hintergrund der Rechtsprechung des BVerfG, die eine Vergeistigung des Gewaltbegriffes ablehnt und zumindest eine körperliche empfundene Zwangswirkung beim Opfer verlangt, muss hiernach eine Gewaltanwendung verneint werden.

V. Versuchter Raub hinsichtlich der Engelsstatue, §§ 249 I, 22, 23 I

S könnte sich aber dadurch, dass sie die schlafende V einsperrte und die Türe verschlossen ließ des versuchten Raubes nach §§ 249 I, 22, 23 I strafbar gemacht haben.

Vorprüfung

Ein Raub wurde nicht vollendet, da es an der Gewaltanwendung fehlt (s.o.). Der Versuch ist nach §§ 23 I, 12 I strafbar.

1. Tatentschluss

S müsste Tatentschluss hinsichtlich der Begehung eines Raubes an der Statue gehabt haben.

a) S wollte nicht nur eine fremde bewegliche Sache wegnehmen, die Wegnahme wurde auch tatsächlich vollendet (s. o.).

b) Fraglich ist, ob ihr Tatentschluss auch auf die Anwendung von Gewalt gerichtet war, denn S hat die Tür des Schlafzimmers verschlossen, „um möglichen Widerstand der V zu verhindern". Sie stellte sich daher eine Situation vor, in der durch das Abschließen eine körperliche Kraftentfaltung auf Täterseite und durch das mögliche Erwachen der V, die sich dann hinter verschlossener Schlafzimmertüre befinden würde, auch eine körperliche Zwangswirkung auf Opferseite gegeben wäre. Nach ihrer Vorstellung wäre daher eine tatsächliche körperliche Zwangswirkung gegeben. Mithin hatte sie Vorsatz hinsichtlich der Anwendung von Gewalt. Problematisch ist aber, dass S die Türe nicht abgeschlossen hat, um die Wegnahme der Statue, sondern um die Wegnahme des Koffers zu ermöglichen. Das Einsperren fand schon statt, bevor der Wille zur Wegnahme der Engelsstatue gefasst wurde.

P: Raub mittels fortwirkender Gewalt oder Gewalt durch Unterlassen

Ob Raub auch bei fortwirkender Gewalt oder Gewalt durch Unterlassen möglich ist, wenn die Gewalt zuvor nicht zu Zwecken der Wegnahme eingesetzt wurde, ist umstr.

e. A.: Das bloße Ausnutzen einer schon bestehenden Gewaltsituation genügt für die Annahme des Vorsatzes bzgl. der Gewaltverübung aber nicht. Denkbar wäre daher allenfalls, das Ausnutzen einer ohne Wegnahmevorsatz begangenen Freiheitsberaubung als Gewalt durch Unterlassen zu qualifizieren.

Der BGH bejaht dies, sofern ein räumlicher und zeitlicher Zusammenhang zwischen der ursprünglichen Gewaltverübung und der späteren Wegnahme besteht und ihre Wirkung ausgenutzt wird.

Die Literatur steht dieser Annahme z. T. eher skeptisch gegenüber, da

– die Grenze zum bloßen Ausnutzen einer bestehenden Gewaltsituation fließend ist.

– in Fällen wie dem vorliegenden allein die Gewaltwirkung, aber nicht die Gewalthandlung aufrecht erhalten wird. Nach § 13 wäre der Garant aber dazu

– verpflichtet die Gewalthandlung zu unterbinden, nicht aber, die Zwangswirkungen aufzuheben (aus diesem Grund scheitert auch die Konstruktion einer Unterlassung nach vorangegangenem gefährlichen Tun)

– Gewalt durch Unterlassen eine Garantenstellung des Täters voraussetzen würde. Dieser ist aber allenfalls Garant für die Freiheit der eingesperrten Eheleute, nicht aber für deren Eigentum!

– Strafzweck des § 249 ist, dass der Täter, der sich von seiner Zueignungsabsicht treiben lässt, zur Anwendung von Gewalt hinreißen lässt. Dieser wird aber nicht berührt, wenn der Täter eine bloß bestehende Situation ausnutzt.

(**Hinweis:** Im konkreten Fall könnte auch, weniger überzeugend, der zeitlich nahe Zusammenhang von Gewalteinwirkung und Unterlassen abgelehnt werden, da die S erst noch nach ihrem Koffer suchte).

Aus der Rechtsprechung: BGHSt 48, 365 ff.; BGHSt 41, 123 ff.

Übersichtsliteratur: *Jäger* BT, Rdn. 289; *Otto* Grundkurs Strafrecht, § 46 Rdn. 5; *Schünemann* JA 1980, 349 ff.; *Otto* JZ 1985, 21 ff.; *Walter* NStZ 2005, 240 ff.

Weitere Übungsklausuren: *Graul* Jura 2000, 204 ff.; *Lewinski* JuS 2006, 431 ff.

---

aa) In dem Zeitpunkt, als S die Türe verschlossen hat, war ihr Wille nicht auf die Wegnahme einer fremden beweglichen Sache gerichtet, sondern auf die Wegnahme ihrer eigenen Sache. § 249 will aber gerade den Täter bestrafen, der sich von seiner Zueignungsabsicht geleitet, zur Verübung von Gewalt hinreißen lässt. S hat daher die Gewalt nicht final zur Wegnahme eingesetzt, da die Gewalt zum Zeitpunkt des Abschließens nicht ihrer Ermöglichung diente.

bb) Ihr Tatentschluss könnte allerdings auf eine Fortwirkung einer zu anderen Zwecken eingesetzten Gewalt oder auf eine Gewaltanwendung durch Unterlassen gerichtet gewesen sein. Ob das Ausnutzen einer schon bestehenden Gewaltsituation für die Annahme des Vorsatzes der S bzgl. der Gewaltverübung genügt, erscheint sehr zweifelhaft. Näher liegt es hier, Gewalt durch Unterlassen anzunehmen, wobei allerdings die Rechtsprechung einen engen räumlich-zeitlichen Zusammenhang zwischen Gewalteinwirkung und Unterlassen verlangt. Dies könnte hier zweifelhaft sein, da S zuerst noch nach ihrem Koffer suchte, bevor sie den Entschluss fasste, die Engelsstatue wegzunehmen. Ein hinreichender Zusammenhang kann aber noch angenommen werden, dürfte doch ein vergleichbarer Ablauf für Fälle der Gewalt durch Unterlassen typisch sein. Die überzeugende Konstruktion der Gewalt durch Unterlassen hätte damit im Ergebnis keinen Anwendungsbereich und es würden wenig stimmige Strafbarkeitslücken auftreten.

c) S handelt auch in der Absicht rechtswidriger Zueignung.

3. Unmittelbares Ansetzen

Problematisch ist allerdings, wann der Täter unmittelbar zum Raub ansetzt. Um eine Abgrenzung zu § 242 zu erreichen, setzt der Täter zum Raubversuch mit der Gewaltanwendung an, wenn diese unmittelbar in eine Wegnahme münden soll (vgl. *Fischer*, § 249, Rn. 17). Dagegen liegt beim Ansetzen zur Wegnahme ohne Nötigungshandlung regelmäßig ein Raubversuch nicht vor. Hier wäre aber Gewalt erst im Zeitpunkt des Erwachens der Eheleute denkbar. Da S aber nicht genau weiß, ob und wann V erwachen wird, steht aus ihrer Sicht auch noch nicht sicher fest, wann und ob V eine körperliche Zwangswirkung empfinden wird. S hat damit noch nicht zur Gewaltanwendung unmittelbar angesetzt. Die Konstellation ist vergleichbar mit Fällen des beendeten Versuchs, in denen das Opfer erst in den Einwirkungsbereich der geschaffenen Gefahrenlage gelangen muss.

VI. Freiheitsberaubung, § 239 I

Indem S die Türe des Schlafzimmers der V abschloss, könnte sie sich wegen Freiheitsberaubung gem. § 239 I 1. Alt. strafbar gemacht haben.

Objektiver Tatbestand

Einsperren i. S. v. § 239 I 1. Alt. meint das Verhindern des Verlassens eines Raumes durch äußere Vorrichtungen. S hat hier zwar ein äußeres Hindernis für das Verlassen des Raumes errichtet, problematisch erscheint aber, ob tatbestandlich auch dann eine Aufhebung der körperlichen Fortbewegungsfreiheit vorliegen kann, wenn das Opfer, wie hier die schlafende V, überhaupt nicht den Wunsch hatte, einen bestimmten Ort zu verlassen.

P: Schützt § 239 die potentielle Fortbewegungsfreiheit?

Schlafende können nur dann ihrer körperlichen Fortbewegungsfreiheit beraubt werden, wenn § 239 keinen aktuellen Willen zur Fortbewegung voraussetzt. Nach noch h.M ist **geschütztes Rechtsgut** die – **potenzielle körperliche Fortbewegungsfreiheit,** d. h. die Freiheit der Person, ihren Aufenthaltsort zu bestimmen. **„potenziell"** meint, dass es nicht darauf ankommt, ob ein auf Veränderung gerichteter Wille zum Ortswechsel beim Opfer tatsächlich vorliegt und durch den Täter gehindert wird. Hinreichend, aber auch erforderlich ist die natürliche Fähigkeit zur willkürlichen Fortbewegung.

Auch bei Bewusstlosen und Schlafenden wird i. d. S. ein umfassender Schutz der Fortbewegungsfreiheit verlangt und ein strafrechtlicher Schutz befürwortet, wenn das Opfer möglicherweise seinen Aufenthaltsort verlassen möchte

Die Gegenauffassung verlangt zu Recht, zumindest eine aktuelle Willensbildungsmöglichkeit, die bei einem Schlafenden und einem Bewusstlosen gerade fehlt. Dafür spricht auch die Strukturverwandtschaft mit den Nötigungsdelikten.

Zudem beruht die h. M. auf der Rechtslage vor dem 6. StrRG, als der Versuch der Freiheitsberaubung noch nicht unter Strafe stand (s. jetzt § 239 II). Da der **Versuch strafbar** ist und ein **Einverständnis tatbestandsausschließend** wirkt, ist es äußerst problematisch, auf eine potentielle Fortbewegungsfreiheit abzustellen, denn dadurch würde die bloße Möglichkeit zur Fortbewegung geschützt.

Verständlicherweise versuchte man vor 1998 den Tatbestand zum Schutz der Bewegungsfreiheit weit auszudehnen. Werden aber Fälle einbezogen, in denen das Opfer von der entzogenen Fortbewegungsmöglichkeit nichts bemerkt, so verwirklicht der Täter typischerweise **nur** ein **Handlungs-** nicht aber ein **Erfolgsunrecht.** Entsprechende Konstellationen lassen sich über die

Versuchsstrafbarkeit hinreichend erfassen, vieles spricht für eine engere Fassung des geschützten Rechtsguts.

Beachte aber: Sofern das Opfer sich der Tatsache **bewusst** geworden ist, dass es seinen Aufenthaltsort nicht verlassen kann, ist es gleichgültig, ob es diesen verlassen will. Insoweit beeinflusst unzweifelhaft das Bewusstsein, den Aufenthaltsort nicht verändern zu können, bereits die Willensbildung.

Aus der Rechtsprechung: BGHSt 14, 314; BGHSt 32, 183.

Übersichtsliteratur: *Otto* Grundkurs Strafrecht, § 28 Rdn. 2; *Jäger* BT, Rdn. 111 ff.; *Bloy* ZStW 96, 721 ff.; *Wolter* NStZ 1985, 245 ff.; *Küpper* JuS 2000, 225 ff.

Weitere Übungsklausuren: *Kühl* JuS 2007, 742 ff.; *Krack/Gasa* JuS 2008, 1005 ff.

Nach einer weit verbreiteten Auffassung schützt § 239 die potenzielle Fortbewegungsfreiheit, so dass es nicht darauf ankommen würde, ob V tatsächlich aufwacht und einen aktuellen Willen zur Fortbewegung bilden kann. Diese Auffassung ist jedoch abzulehnen, da sie im Kern auf einer Auslegung des § 239 vor Einführung einer Versuchsstrafe in § 239 II beruht. Zudem ist das Rechtsgut des § 239 zwar enger gefasst, als das der Nötigung, dennoch spricht für eine Ausklammerung der Fälle eines potenziellen Freiheitsverlustes auch die Strukturverwandtschaft zur Nötigung.

VII. Versuchte Freiheitsberaubung, §§ 239 I, II, 22, 23 I

Aus den bei versuchtem Raub genannten Erwägungen muss auch eine versuchte Freiheitsberaubung mangels unmittelbaren Ansetzens verneint werden.

VIII. Hausfriedensbruch, § 123 I

S könnte zudem einen Hausfriedensbruch gem. § 123 begangen haben, in dem sie in das Wohnhaus der V eingedrungen ist.

1. Objektiver Tatbestand

Das Haus der V ist unzweifelhaft als Wohnung, d. h. als Inbegriff von Räumlichkeiten anzusehen, deren Hauptzweck darin besteht, Menschen zur Unterkunft bzw. zur ständigen Benutzung zu dienen. Umfasst sind auch alle funktional zugehörigen Nebenräume wie Treppen und Keller. S ist in den geschützten Raum auch gegen den Willen der Berechtigten eingetreten und damit i. S. v. § 123 eingedrungen, zumal ihr aus dem Mietverhältnis bestehendes Betretungsrecht längst erloschen ist.

2. Subjektiver Tatbestand

S handelte auch vorsätzlich insbesondere auch hinsichtlich des entgegenstehenden Willens des Hausrechtsinhabers.

3. Der nach § 123 II erforderliche Strafantrag ist laut Sachverhalt gestellt.
4. Ergebnis:

S ist des Hausfriedensbruchs strafbar gem. § 123

IX. Sachbeschädigung am Garagentor, § 303 I

S könnte dadurch, dass sie mit dem Stemmeisen die Garage aufgebrochen hat, eine Sachbeschädigung begangen haben. Ein Beschädigen i. S. v. § 303 I 1. Alt. liegt vor, wenn der Täter so auf die Sache körperlich eingewirkt hat, dass ihre Unversehrtheit oder ihr bestimmungsgemäße Brauchbarkeit mehr als nur unerheblich beeinträchtigt und im Vergleich zu ihrer bisherigen Beschaffenheit nachträglich verändert worden ist. Hier ist dies durch Aufbrechen des Garagentors erfolgt und S handelt auch vorsätzlich. Der nach § 303 c erforderliche Strafantrag ist gestellt. S hat sich damit der Sachbeschädigung strafbar gemacht.

X. Gesamtergebnis/Konkurrenzen

A hat sich des Diebstahls (§ 242) in Tateinheit (§ 52) mit versuchter Pfandkehr (§ 289 I, II, 22, 23), Sachbeschädigung (§ 303) und Hausfriedensbruch (§ 123) strafbar gemacht. Da die Sachbeschädigung zur Ermöglichung des Dauerdelikts des § 123 und das Dauerdelikt der versuchten Freiheitsberaubung zur Ermöglichung des Diebstahls und der versuchten Pfandkehr begangen wurden, sind alle Delikte zu einer Handlung im Rechtssinne verklammert.

D. Definitionen

Einbrechen	ist das gewaltsame, nicht notwendig substanzverletzende Öffnen einer dem Zutritt entgegenstehenden Umschließung.
Einsperren	ist die Freiheitsberaubung durch Verhinderung des Verlassens eines, auch beweglichen, Raumes durch äußere Vorkehrungen.

Fremd	ist eine Sache, wenn sie zumindest im Miteigentum eines anderen steht.
Gewahrsam	ist die vom Herrschaftswillen getragene tatsächliche Sachherrschaft. Die Sachherrschaft ergibt sich aus den physisch-realen Einwirkungsmöglichkeiten auf die Sache und aus der sozialen, in dem betroffenen Lebenskreis üblichen Zuordnung.
Gewalt gegen eine Person	ist die physische Zufügung eines nicht notwendig erheblichen Übels, das auf den Körper des Genötigten wirkt und geleisteten oder erwarteten Widerstand verhindern oder erschweren soll.
Wegnahme	verlangt grds. den Bruch fremden und die Begründung neuen nicht notwendigerweise täteeigenen Gewahrsams. (Str. i.R.d. § 289 I s.o.).
Wohnung i.S.d. § 123	ist ein Raum oder die zusammenhängende Mehrheit von Räumen, die Menschen zumindest als Unterkunft dienen oder zur Benutzung frei stehen.
Wohnung i.S.d. § 244 I **Nr. 3**	sind die Räumlichkeiten, die als Mittelpunkt des privaten Lebens Selbstentfaltung, Entlastung und vertrauliche Kommunikation gewährleisten.
Zueignungsabsicht	ist die auf eine wenigstens vorübergehende Aneignung zielende Absicht und der zumindest bedingte Vorsatz des Täters im Hinblick auf die dauernde Enteignung.

Übungsfall 6: Pizza mit Allem

A. Sachverhalt

Pietro Peccorino (P), ein heißblütiger und noch vergleichsweise stark traditionellen Ehrvorstellungen Siziliens verhafteter Italiener, besitzt eine Pizzeria in Potsdam. Sein Koch Carlo Cabano (C) hegt großen Groll gegen den Aushilfskellner Alberto Algeve (A). C hatte sich in regelmäßigen Abständen aus den Küchenbeständen zum privaten Eigenverbrauch bedient. A hatte C gedroht, dies dem P mitzuteilen. Um sich des ungeliebten Mitwissers zu entledigen, entwickelt C einen perfiden Plan. Er ruft am Abend den A zu sich in die Küche und erzählt diesem, dass P darum gebeten habe, seiner Frau Francesca Peccorino (F) eine Flasche Champagner vorbeizubringen, da er mit seiner Frau nach Schließung des Restaurants noch ein wenig feiern wolle. Unmittelbar nachdem A sich mit einer Flasche zur Frau des P aufgemacht hat, begibt sich C zu P und erzählt diesem mit gespielter Anteilnahme, dass er P eine unangenehme Mitteilung machen müsse. C informiert P der Wahrheit zuwider darüber, dass A ein Verhältnis mit seiner Frau habe und sich gerade bei dieser befinde.

Wie von C vorausgesehen und auch beabsichtigt, schnappt sich P in tiefer Empörung über die ihm von A zugefügte Schande sein geladenes Jagdgewehr, das er in seinem Büro im Hinterraum der Pizzeria aufbewahrt und begibt sich voller Wut zu seinem Anwesen. Schon in der Toreinfahrt bemerkt P das ihm bekannte Fahrzeug des A. Schnell öffnet er die Haustüre und stürmt mit dem Jagdgewehr im Anschlag in den ersten Stock, in dem sich das gemeinschaftliche Schlafzimmer befindet. In diesem „ertappt" er seine Frau und den Aushilfskellner A mit einer Flasche Champagner und zwei Gläsern in der Hand. Seine Frau hatte den A, was P natürlich nicht wissen konnte, darum gebeten, den Champagner und zwei Gläser für die Rückkehr ihres Gatten im Schlafzimmer vorzubereiten. Da P die Situation völlig verkennt, schießt er ohne Vorwarnung mit Tötungsvorsatz auf den A. A wird entgegen der Erwartung des P nur leicht an der Schulter getroffen. Völlig verwirrt weiß sich A in der überraschenden Situation nicht anders zu helfen, als sein Heil in der Flucht aus der geöffneten Balkontüre zu suchen. P folgt ihm auf den Schlafzimmerbalkon und blickt dem A nach, wie dieser über die Brüstung hinabklettert. P nimmt zwar erstaunt zur Kenntnis, dass er A wider Erwarten doch nicht tödlich getroffen hat, sieht aber, obwohl er dies für möglich erachtet, davon ab, einen weiteren Schuss auf A abzugeben, weil er sein Ziel, seiner Frau und A eine gehörige Lehre zu erteilen, erreicht hat. Nachdem seine Frau ihn über den wahren Grund des Aufenthaltes des A im Schlafzimmer aufgeklärt hat, reinigt P voller Selbstzweifel sein Gewehr. Dabei stellt er zu seiner Überraschung fest, dass sich entgegen seiner ursprünglichen Annahme nur eine Patrone im Lauf befunden hat und er deshalb gar keinen zweiten Schuss hätte abgeben können.

Frage: Strafbarkeit von C und P? Vorschriften des WaffG und Eigentumsdelikte hinsichtlich der Mitnahme der Küchenbestände (§§ 242 ff.) sind nicht zu prüfen.

Bearbeitungszeit: Drei Stunden

B. Lösungsskizze

1. Handlungsabschnitt – Behauptung des C, A habe ein Verhältnis mit F

I. **Verleumdung des A, § 187, 1. Alt.**
   1. **Objektiver Tatbestand**
       a) Tatsache (+)
       b) unwahr (+)
       c) geeignet, verächtlich zu machen oder in der öffentlichen Meinung herabzuwürdigen (+)
       d) behauptet oder verbreitet (+)
       e) in Beziehung auf einen anderen (+)
   2. **Subjektiver Tatbestand**
       a) Vorsatz bzgl. objektiver Merkmale (+)
       b) wider besseres Wissen (+)
   3. **Ergebnis: § 187, 1. Alt. (+)**

II. **Verleumdung der F, § 187, 1. Alt.**
   1. **Objektiver Tatbestand (+)**
   2. **Subjektiver Tatbestand (+)**
   3. **Ergebnis: § 187, 1. Alt. (+)**

III. **Verleumdung des P, § 187, 1. Alt.**
   1. **Objektiver Tatbestand**
       in Beziehung auf einen anderen (–)
   2. **Ergebnis: § 187, 1. Alt. (–)**

IV. **Beleidigung des P, § 185**
   1. **Objektiver Tatbestand**
       Beleidigung (–)
       P: Unwahrheit der behaupteten Tatsache als Voraussetzung der §§ 185 ff.
   2. **Ergebnis: § 185 (–)**

2. Handlungsabschnitt – Die Reaktion des P

I. **Strafbarkeit des P**
   1. **Versuchter Mord, §§ 212 I, 211, 22, 23 I**
       Vorprüfung (+)
       a) Tatentschluss (+)
          aa) bzgl. Grundtatbestand (+)
          bb) niedrige Beweggründe, § 211 II, 1. Gr. (–)
       b) Unmittelbares Ansetzen (+)
       c) Rechtswidrigkeit und Schuld (+)
       d) Strafzumessung, § 213
          aa) schwere Beleidigung (–)
          bb) P: Täter nimmt irrtümlich schwere Beleidigung i. S. v. § 213, 1. Alt. an
          cc) verbleibende Voraussetzungen von § 213, 1. Alt.
             (1) ohne eigene Schuld (+)
             (2) zum Zorn gereizt (+)
             (3) auf der Stelle zur Tat hingerissen (+)

(4)   Verhältnismäßigkeit (+)

e)   Rücktritt

   aa)   kein fehlgeschlagener Versuch (+)

   bb)   beendeter oder unbeendeter Versuch?

      P: Abgrenzung zwischen beendetem und unbeendetem Versuch

      (1)   Einzelaktstheorie: beendet

      (2)   modifizierte Einzelaktstheorie: fehlgeschlagen

      (3)   Tatplantheorie: beendet/unbeendet

      (4)   Gesamtbetrachtungslehre: unbeendet

      (5)   Streitentscheid

   cc)   Tatausführung aufgegeben?

      P: sog. Denkzettelfall

   dd)   Freiwilligkeit (+)

f)   Ergebnis: strafbefreiender Rücktritt

2.   Gefährliche Körperverletzung, §§ 223 I, 224 I Nr. 2, 1. Alt., Nr. 5

a)   Objektiver Tatbestand

   aa)   körperliche Misshandlung oder Gesundheitsschädigung (+)

   bb)   Qualifikationsmerkmale

      (1)   Waffe (+)

      (2)   lebensgefährdende Behandlung (+)

      (3)   hinterlistiger Überfall (–)

b)   Subjektiver Tatbestand (+)

   Tötungsvorsatz beinhaltet Körperverletzungsvorsatz

c)   Ergebnis: §§ 223 I, 224 I Nr. 2, 1. Alt., Nr. 5 (+)

II.   Strafbarkeit des C

1.   Versuchter Totschlag in mittelbarer Täterschaft, §§ 212 I, 22, 23 I, 25 I 2. Alt.

Vorprüfung

a)   Tatentschluss

   aa)   P: Tatherrschaftslehre vs. subjektive Theorie

   bb)   Defektzustand

b)   Unmittelbares Ansetzen (+)

c)   Strafzumessung, § 213 (–)

d)   Rücktritt (–)

e)   Ergebnis: §§ 212 I, 22, 23 I, 25 I 2. Alt. (+)

2.   Versuchter Mord in mittelbarer Täterschaft, §§ 211, 212 I, 22, 23 I, 25 I 2. Alt.

a)   Grundtatbestand (+)

b)   Mordmerkmale

   aa)   P: Strafbegründung (§ 28 I) oder Strafschärfung (§ 28 II)?

   bb)   niedrige Beweggründe (+)

   cc)   Verdeckung einer anderen Straftat (+)

   ee)   Heimtücke (+/–)

c)   Unmittelbares Ansetzen (+)

d)   Ergebnis: §§ 211, 212 I, 22, 23 I, 25 I 2. Alt. (+)

3.   Anstiftung zum versuchten Totschlag, §§ 212 I, 22, 23 I, 26 (–)

4.   Gefährliche Körperverletzung in mittelbarer Täterschaft, §§ 223 I, 224 I Nr. 2, Nr. 5, 25 I 2. Alt.

a) Objektiver Tatbestand
    aa) körperliche Misshandlung und Gesundheitsschädigung (+)
    bb) Waffe und das Leben gefährdende Behandlung (+)
b) Subjektiver Tatbestand
    aa) Körperverletzungsvorsatz (+)
    bb) Vorsatz bzgl. Qualifikationsmerkmalen (+)
    cc) Vorsatz bzgl. mittelbarer Täterschaft
c) Ergebnis: §§ 223 I, 224 I Nr. 2, Nr. 5, 25 I 2. Alt. (+)

Gesamtergebnis/Konkurrenzen
  1. Handlungsabschnitt:
    C: § 187, 1. Alt.; § 187, 1. Alt.; 52 I
  2. Handlungsabschnitt:
    P: §§ 223, 224 I Nr. 2, 1. Alt., Nr. 5
    C: §§ 211, 212 I, 22, 23 I, 25 I 2. Alt.; §§ 223 I, 224 I Nr. 2, 1. Alt., Nr. 5, 25 I 2. Alt.; 52 I

C. Gutachten

1. Handlungsabschnitt: Behauptung des C, A habe ein Verhältnis mit F

Strafbarkeit des C

I. Verleumdung des A, § 187, 1. Alt.

Indem C äußerte, dass A ein Verhältnis mit der Frau des P habe, könnte er sich wegen Verleumdung gemäß § 187, 1. Alt. strafbar gemacht haben.

1. Objektiver Tatbestand

a) Voraussetzung hierfür ist zunächst das Vorliegen einer Tatsachenäußerung. Tatsachen sind konkrete Vorgänge oder Zustände, die sinnlich wahrnehmbar in die Wirklichkeit getreten und somit dem Beweis zugänglich sind. Abzugrenzen sind sie von reinen Werturteilen, bei denen die Äußerung durch Elemente der subjektiven Stellungnahme, des Dafürhaltens oder Meinens geprägt ist, so dass sie nicht wahr oder unwahr, sondern entsprechend der persönlichen Überzeugung nur richtig oder falsch sein kann. C erklärt vorliegend, A habe ein Verhältnis mit der Frau des P. Hierbei handelt es sich um einen beweisbaren Umstand und mithin eine Tatsachenäußerung i. S. v. § 187.

b) Diese Tatsachenäußerung müsste darüber hinaus unwahr, d.h. in ihren wesentlichen Punkten falsch sein. A hat entgegen der Aussage des C kein Verhältnis mit der Frau des P. Die Aussage ist folglich unwahr.

c) Sie müsste außerdem geeignet sein, den Betroffenen verächtlich zu machen oder in der öffentlichen Meinung herabzuwürdigen. Erfasst sind hiervon sämtliche Aspekte des Ehrbegriffs. Fraglich ist demnach, ob dem Betroffenen durch das Zuschreiben negativer Qualitäten der sittliche, personale oder soziale Geltungswert ganz oder teilweise abgesprochen wird. Indem C dem A eine Affäre mit der Frau des P unterstellt, wirft er A ein unsittliches Verhalten vor, wodurch diesem die moralische Integrität diesbezüglich abgesprochen und seine sittliche Unzulänglichkeit attestiert wird. Dies stellt eine eindeutige Abwertung des Betroffenen und mithin eine ehrenrührige Tatsache i.S.v. § 187 dar.

d) Diese unwahre ehrenrührige Tatsache müsste C behauptet oder verbreitet haben. Behaupten bedeutet, etwas als nach eigener Überzeugung wahr hinstellen, während unter Verbreiten die Mitteilung fremden Wissens und fremder Überzeugung durch Weitergabe von Tatsachenbehauptungen anderer zu verstehen ist. C erzählt P mit gespielter Anteilnahme, dass A ein Verhältnis mit seiner Frau habe. C macht P somit glaubhaft, dass C selbst weiß und davon überzeugt ist, dass dieses Verhältnis besteht. C hat mithin Tatsachen der fraglichen Art behauptet.

e) Diese Behauptung müsste in Beziehung auf einen anderen ergangen sein. Voraussetzung hierfür ist, dass der von der Äußerung Betroffene und der Empfänger der Mitteilung nicht personenidentisch sind. C schildert P, dass A ein Ehebrecher ist. Da A und P verschiedene Personen sind, erfolgte die Behauptung in Beziehung auf einen anderen.

2. Subjektiver Tatbestand

a) C handelte darüber hinaus vorsätzlich bezüglich der objektiven Tatbestandsmerkmale.

b) Ferner müsste C gemäß § 187 wider besseres Wissen gehandelt, also sichere Kenntnis von der Unwahrheit gehabt haben. C weiß, dass seine Behauptung, A habe ein Verhältnis mit F, nicht der Wahrheit entspricht. Er hatte diesbezüglich direkten Vorsatz.

3. Ergebnis

C hat sich wegen einer Verleumdung zum Nachteil des A gemäß § 187, 1. Alt. strafbar gemacht.

II. Verleumdung der F, § 187, 1. Alt.

Indem C behauptet, A habe ein Verhältnis mit der Frau des P, könnte er auch wegen Verleumdung gegenüber F zu bestrafen sein.

1. Objektiver Tatbestand

Diese Anschuldigung stellt eine unwahre Tatsachenbehauptung dar (s. o.), die in Beziehung auf F getätigt wird. Ihr wird dadurch ein Ehebruch und mithin ein unsittliches Verhalten unterstellt, das geeignet ist, sie in der öffentlichen Meinung herabzuwürdigen (s. o.).

2. Subjektiver Tatbestand

C wollte diese Tatsachenbehauptung trotz Kenntnis ihrer Unwahrheit aufstellen und wusste, dass dies auch geeignet war, F verächtlich zu machen. C handelte demnach vorsätzlich.

3. Ergebnis

C hat sich durch seine Äußerung auch einer Verleumdung gegenüber F nach § 187, 1. Alt. strafbar gemacht.

III. Verleumdung des P, § 187, 1. Alt.

C könnte zudem wegen einer Verleumdung zum Nachteil des P nach § 187, 1. Alt. strafbar sein, weil er durch seine Äußerungen P als betrogenen Ehemann zu erkennen gibt.

1. Objektiver Tatbestand

Bei der Behauptung, P werde von A und F hintergangen handelt es sich – wie bereits dargelegt – um eine unwahre Tatsachenäußerung. Dass C den P als betrogenen Ehemann zu erkennen gibt, könnte Zweifel an seiner Beziehungskompetenz aufkommen lassen und ihm die Fähigkeit absprechen, seine Ehe aufrecht zu erhalten. Hierin ist möglicherweise eine Abwertung seiner sozialen Kompetenzen zu sehen, die geeignet ist, P verächtlich zu machen oder in der öffentlichen Meinung herabzuwürdigen. Eine Strafbarkeit nach § 187, 1. Alt. scheitert allerdings daran, dass diese Äußerung im Zwiegespräch zwischen C und P erfolgte, so dass Betroffener und Empfänger der Mitteilung personenidentisch sind.

2. Ergebnis
C hat sich keiner Verleumdung gegenüber P nach § 187, 1. Alt. strafbar gemacht.

IV. Beleidigung des P, § 185

Indem C den P als betrogenen Ehemann bezeichnet, könnte er sich wegen einer Beleidigung gegenüber P nach § 185 zu verantworten haben.

1. Objektiver Tatbestand
Eine Beleidigung ist dabei als Angriff auf die Ehre eines anderen durch die Kundgabe von Nichtachtung, Missachtung oder Geringachtung zu verstehen, im Rahmen dessen dem Betroffenen der sittliche, personale oder soziale Geltungswert ganz oder teilweise abgesprochen wird. C äußert sich hier gegenüber P mit gespielter Anteilnahme und erklärt, er müsse ihm eine „unangenehme Mitteilung" machen. Allein die Information darüber, dass einer seiner Angestellten ein Verhältnis mit seiner Frau hat, ist aber kein Ausdruck der Geringschätzung, der P seinen sozialen Geltungswert als Ehemann abspricht. Dagegen sprechen sowohl liberalisierte Moral- und Wertvorstellungen und gewandelte Vorstellungen von Partnerschaften als auch der Umstand, dass C mit seiner Behauptung nicht unmittelbar an ein Verhalten des P angeknüpft hat. Eine Beleidigung i.S.v. § 185 ist damit nicht gegeben. Bei der gebotenen normativ-faktische Bestimmung des Ehrbegriffs ist hingegen gleichgültig, inwieweit sich P selbst möglicher Weise aufgrund seiner eher traditionell geprägten Ehrvorstellungen beleidigt gefühlt hat.

2. Ergebnis
C hat sich keiner Beleidigung gegenüber P nach § 185 schuldig gemacht.

P: Unwahrheit der behaupteten Tatsache als Voraussetzung der §§ 185 ff.
Während bei **§ 187** die **Unwahrheit** der behaupteten Tatsache ein **Tatbestandsmerkmal** ist und sich deshalb auch der Vorsatz des Täters darauf beziehen muss, ist bei **§ 186** die Nichterweislichkeit der behaupteten Tatsache lediglich eine **objektive Bedingung der Strafbarkeit,** auf die sich nach umstr. Auffassung weder Vorsatz noch Fahrlässigkeit des Täters beziehen müssen. Wird

eine ehrenrührige Tatsache unmittelbar gegenüber dem Verletzten geäußert (so im Ausgangspunkt im Fall), dann ist nur **§ 185** anwendbar. Da das Äußeren der Wahrheit für sich genommen –
abgesehen von Fällen der Formalbeleidigung – aber nicht erkränkend sein kann, ist in den Fällen
der Tatsachenbehauptung gegenüber dem Betroffenen die Unwahrheit ein **ungeschriebenes
Tatbestandsmerkmal** der Beleidigung.

Übersichtsliteratur: *Geppert* Jura 2002, 820 ff.; *Jäger* BT, § 4, Rdn 142 ff.; vgl. auch: *Otto* BT, § 32,
Rdn 3.

Weitere Übungsklausuren: *Ellbogen/Richter* JuS 2002, 1192; *Krahl* JuS 2003, 1187; *Kaspar* JuS
2005, 526; *Kühl* JuS 2007, 742.

2. Handlungsabschnitt: Die Reaktion des P

I. Strafbarkeit des P

1. Versuchter Mord, §§ 212 I, 211, 22, 23 I

Indem P mit seinem Jagdgewehr auf A schießt, könnte er sich des versuchten
Mordes nach §§ 212 I, 211, 22, 23 I strafbar gemacht haben.

Vorprüfung

A wird hier nur leicht an der Schulter verletzt und ist noch am Leben. Der tatbestandliche Erfolg in Form des Todes ist somit nicht eingetreten. Das Delikt ist
demnach nicht vollendet. Der Versuch ist strafbar, vgl. §§ 211 I, 12 I, 23 I.

a) Tatentschluss

aa) P wollte A töten, hierauf kam es ihm an. Er hatte mithin Tatentschluss bezüglich der Verwirklichung des Grunddelikts.
bb) Hierzu könnten ihn niedrige Beweggründe i. S. v. § 211 II, 1. Gruppe veranlasst
haben.

Hinweis: Bearbeiter könnten hier geneigt sein, § 211 erst im Anschluss an § 212 zu prüfen, weil
dies die Möglichkeit eröffnet, beim Mordmerkmal der „niedrigen Beweggründe" auf die Wertungen im Rahmen des § 213 (s. u.) zurückzugreifen. Zu bedenken ist allerdings, dass der Rücktritt
auch den qualifizierten Tatbestand erfasst, so dass die Prüfung der Qualifikation erfolgen würde,
obwohl das Grunddelikt aufgrund eines strafbefreienden Rücktritts entfällt. Um dennoch auf
eventuell vorliegende Mordmerkmale eingehen zu können, empfiehlt es sich hier, § 212 und § 211
zusammen zu prüfen.

Niedrige Beweggründe sind alle Tatantriebe, die nach allgemeiner rechtlich-sittlicher Wertung auf tiefster Stufe stehen, durch hemmungslose Eigensucht bestimmt und deshalb besonders verwerflich, ja geradezu verachtenswert sind. Hierbei ist eine Gesamtwürdigung der Umstände der Tat, der Lebensverhältnisse des Täters sowie aller inneren und äußeren Faktoren, die für die Handlungsantriebe des Täters maßgebend waren, vorzunehmen. Im Kern bedeutet dies, dass Beweggründe niedrig sind, wenn zwischen dem Anlass der Tat und ihren Folgen ein unerträgliches Missverhältnis besteht, wobei gerade bei ambivalenten Motiven wie Rache, Hass, Wut und Eifersucht besondere Vorsicht bei der Bewertung geboten ist. P ist aufgrund der ihm von A zugefügten Schande zutiefst empört und wütend. Gleichwohl berechtigt ein Ehebruch nicht zu einer Tötung. Hieran ändert auch die Herkunft des P nichts. Selbst wenn seine Ehre für ihn eine bedeutende Rolle spielt, so sind bei der Bewertung des Tötungsmotivs dennoch die Anschauungen der Rechtsgemeinschaft der Bundesrepublik Deutschland zugrunde zu legen. Anders verhält sich dies nur, wenn der Täter die Umstände nicht kennt, die die Niedrigkeit der Beweggründe ausmachen. Hierfür müsste P noch stark in den Wertvorstellungen seines Heimatstaates verhaftet sein. Dass sich P unausweichlich zur Wiederherstellung seiner Ehre in die Pflicht genommen sah, ist jedoch nicht ersichtlich. Zu berücksichtigen ist hier allerdings, dass der Schuss auf A ein provokationsbedingter Affekt war, der auf einem spontanen Tatentschluss beruhte. P befand sich in einer emotionalen Ausnahmesituation, die von A mitverursacht wurde. Die Motivation zur konkreten Tat beruhte weniger auf hemmungsloser, triebhafter Eigensucht als viel mehr auf nachvollziehbarer Wut, Kränkung und Enttäuschung. Zudem sind die Mordmerkmale aufgrund der hohen Strafandrohung restriktiv auszulegen. Ein niedriger Beweggrund i.S.v. § 211 II, 1. Gruppe scheidet mithin aus[1]. Mangels entsprechenden Tatentschlusses kommt deshalb lediglich eine Strafbarkeit des P wegen versuchten Totschlags nach §§ 212 I, 22, 23 I in Betracht.

b) Unmittelbares Ansetzen

Des Weiteren müsste P unmittelbar zur Tatbestandsverwirklichung angesetzt haben. Unabhängig davon, ob gefordert wird, dass kein weiterer wesentlicher Zwischenakt zur Tatbestandsverwirklichung nötig ist, ein Einbrechen in die Schutzsphäre des Opfers vorliegt oder die Schwelle zum „Jetzt geht's los" überschritten wird, hat A spätestens in dem Moment, in dem er den Schuss aus dem Gewehr abgibt, nach allen Theorien unmittelbar angesetzt.

---

1 A.A. kaum vertretbar.

c) Rechtswidrigkeit und Schuld

Den Liebhaber der Ehefrau zu erschießen ist nicht gerechtfertigt. Insbesondere kommt keine Rechtfertigung wegen Verletzung des Hausrechts bzw. der Privatsphäre des P durch A in Betracht (sonst u. U. § 32 StGB), da hier objektiv aufgrund des Einverständnisses der Ehefrau keine Verletzung des Hausrechts vorlag. Auch der Irrtum des P, A sei der Liebhaber seiner Frau, begründet keinesfalls einen Erlaubnistatbestandsirrtum des P, da selbst bei Zugrundelegung der Vorstellungen des P weder die Verletzung des räumlich-gegenständlichen Bereichs der Ehe noch des Hausrechts bzw. der Privatsphäre sogleich mit Waffengewalt abgewehrt werden darf. P handelte somit rechtswidrig und schuldhaft.

d) Strafzumessung, § 213

Die Strafe ist aber nach § 213, 1. Alt. zu mildern, wenn P durch eine schwere Beleidigung seitens des A zum Zorn gereizt und hierdurch auf der Stelle zur Tat hingerissen worden wäre.

aa) Ob der Ehebruch durch einen Dritten als schwere Beleidigung i. S. d. § 213, 1. Alt. anzusehen ist, muss anhand einer objektiven Gesamtbetrachtung aller maßgeblichen Umstände ermittelt werden. Eine schwere Beleidigung ist dabei nicht nur bei Ehrverletzungen i. S. d. §§ 185 ff. anzunehmen, sondern umfasst jede schwere Kränkung. Teilweise wurde in Fällen wie dem vorliegenden ohne weiteres eine provozierende, schwere Kränkung des betrogenen Ehegatten bejaht. Diese Einschätzung beruhte jedoch häufig auf einseitig maskulinen, antiquierten Ehrvorstellungen und ging damit oftmals zu weit. Mithin ist bei der Einstufung einer sexualbezogenen Kränkung als schwere Beleidigung i. S. v. § 213, 1. Alt. Zurückhaltung geboten. Dennoch wäre angesichts des Angestelltenverhältnisses zwischen P und A und den Treffen mit F im gemeinschaftlichen Schlafzimmer von einem massiven Vertrauensbruch auszugehen. In Anbetracht dessen, dass ein solcher Ehebruch aber rein tatsächlich nicht vorliegt, ist eine schwere Beleidigung i. S. v. § 213, 1. Alt. nicht gegeben.

bb) Aus der Situation, dass P irrtümlich von einer solchen Provokation ausgeht, werden unterschiedliche Konsequenzen gezogen.

P: Täter nimmt irrtümlich schwere Beleidigung i. S. v. § 213, 1. Alt. an

e. A.: Geht der Täter irrtümlich von einer schweren Beleidigung aus, so greift die Rechtsprechung auf § 213, 2. Alt. zurück.

    a. A.: Teile der Literatur stellen demgegenüber darauf ab, dass der Täter von einer den Unwertgehalt seines Verhaltens mindernden Provokation ausgeht, und wendet deshalb § 16 II analog an.

    Stellungnahme: Gegen letztgenannte Ansicht spricht allerdings, dass sich ein Irrtum i. S. d. § 16 II nur auf Merkmale beziehen kann, die auch Vorsatzgegenstand sind. Voraussetzung ist also, dass das „mildere Gesetz" i. S. d. § 16 II einen Privilegierungstatbestand enthält. Zwar besteht hinsichtlich des Strafrahmens kein Ermessensspielraum seitens des Richters, dennoch ist § 213, 1. Alt. keine echte tatbestandliche Privilegierung, sondern als gesetzlich konkretisiertes Beispiel der sonstigen minder schweren Fälle nach § 213, 2. Alt. bloße Strafzumessungsregel des § 212. Mithin gelangt man auch über § 16 II nicht zur Anwendbarkeit des § 213, 1. Alt. Die Fehlvorstellung des Täters von einer Provokation kann aber im Rahmen des § 213, 2. Alt. als Milderungsgrund Berücksichtigung finden, so dass es einer Analogie zu § 16 II nicht bedarf. Um durch einen Rückgriff auf § 213, 2. Alt. die Wertungen des § 213, 1. Alt. aber nicht zu unterlaufen, müssen auch die sonstigen unrechts- bzw. schuldmindernden Voraussetzungen des § 213, 1. Alt. gegeben sein.

Aus der Rechtsprechung: BGH NStZ 1988, 216.

Übersichtsliteratur: *Otto* BT, § 5 Rdn 1 ff.; *Detter* NStZ 2003, 486; *Schneider* NStZ 2001, 455; *Theune* NStZ 1986, 493.

Die Rechtsprechung prüft das Vorliegen eines sonstigen minder schweren Falls nach § 213, 2. Alt., während Teile der Literatur unter Hinweis auf die Vorstellung von einer den Unwert seines Verhaltens mindernden Provokation § 16 II analog anwenden. Gegen die in der Literatur vertretene Ansicht spricht allerdings, dass sich ein Irrtum i. S. d. § 16 II nur auf diejenigen Merkmale beziehen kann, die auch Vorsatzgegenstand sind. Bei § 213, 1. Alt. handelt es sich aber nicht um eine echte tatbestandliche Privilegierung, sondern um eine bloße Strafzumessungsregel des § 212. Einer Analogie zu § 16 II bedarf es auch deshalb nicht, weil die irrtümliche Annahme einer Provokation im Rahmen des § 213, 2. Alt. als Milderungsgrund berücksichtigt werden kann. Richtigerweise ist daher auf § 213, 2. Alt. zurückzugreifen[2].

cc) Um jedoch die Wertung des § 213, 1. Alt. nicht zu unterlaufen, müssen zu diesem Irrtum noch weitere unrechts- oder schuldmindernde Umstände hinzutreten, die in der Lage sind, die fehlende Provokation aufzuwiegen. Von einem minder schweren Fall ist also erst dann auszugehen, wenn im Übrigen auch die weiteren Voraussetzungen des § 213, 1. Alt. erfüllt sind.

(1) Die Provokation müsste demnach ohne eigene Schuld erfolgt sein. Anhaltspunkte dafür, dass P genügende Veranlassung für ein Verhältnis des A mit seiner Frau gegeben hat, sind vorliegend jedoch nicht ersichtlich.

(2) P müsste darüber hinaus von A zum Zorn gereizt worden sein. Ausreichend hierfür sind alle sthenischen Antriebe. P handelt hier in tiefer Empörung und Wut über die ihm von A vermeintlich zugefügte Schande.

(3) Erforderlich ist weiterhin, dass P auf der Stelle zur Tat hingerissen wurde. Hierfür ist weniger ein räumlicher oder zeitlicher als viel mehr ein motivations-

---

2 A. A. vertretbar.

psychologischer Zusammenhang erforderlich. Ein solcher Zusammenhang ist dann anzunehmen, wenn die Tat noch unter dem Eindruck der durch die schwere Beleidigung hervorgerufenen Erregung verübt wird. P ertappt seine Frau und A im gemeinschaftlichen Schlafzimmer, nachdem er von C über eine Affäre der beiden unterrichtet wurde. Unter dem Einfluss dieser Eindrücke wurde P zur Tat hingerissen und schoss auf A. Die versuchte Tötung des A ist mithin auf diesen psychischen Erregungszustand zurückzuführen, der wiederum auf der vermeintlichen Provokation durch A beruht. Die tatauslösende Kausalität ist damit ebenso gegeben.

(4) Auch wenn die Tötung eines Menschen als Reaktion auf Kränkungen oder Misshandlungen stets unverhältnismäßig ist, so muss dennoch eine Verhältnismäßigkeit zwischen Tat und Provokation in der Hinsicht gegeben sein, dass die Provokation nach Art und Schwere geeignet ist, einen so heftigen Affekt beim Täter zu verursachen. Das Verhältnis des Aushilfskellners A mit der Frau des P stellt für diesen eine besonders kränkende Ehrverletzung dar und ist damit kein objektiv nichtiger Anlass für dessen Reaktion[3].

dd) Die Strafe des P ist somit gemäß § 213 zu mildern[4].

e) Rücktritt

Gleichwohl könnte P von seiner Tat strafbefreiend gemäß § 24 I **zurückgetreten** sein.

aa) Ein Rücktritt scheidet aus, wenn ein subjektiv fehlgeschlagener Versuch gegeben ist. Ein fehlgeschlagener Versuch liegt dann vor, wenn der Täter erkennt oder zumindest annimmt, dass er den tatbestandsmäßigen Erfolg mit den ihm zur Verfügung stehenden Mitteln nicht mehr erreichen kann. Zum Zeitpunkt der Tat ging P davon aus, noch mehr Schüsse aus dem Gewehr abgeben zu können. Demnach konnte er seiner Vorstellung nach die Tat noch fortsetzen. Ein fehlgeschlagener Versuch liegt somit nicht vor.

bb) Fraglich ist, ob es sich um einen beendeten oder unbeendeten Versuch handelt, schließlich hat P bereits einen zur Tötung geeigneten Schuss auf A abgegeben und war anschließend sehr überrascht, dass er A doch nicht tödlich verletzt hatte.

---

3 Teilweise finden diese Erwägungen schon im Rahmen der Schwere der Beleidigung und nicht als gesondertes, ungeschriebenes Tatbestandsmerkmal Berücksichtigung (vgl. *Fischer* § 213 Rn. 7).
4 A. A. vertretbar.

P: Abgrenzung zwischen beendetem und unbeendetem Versuch

1. Die **Einzelaktstheorie** stellt auf die Einschätzung des Täters zu Beginn einer jeden einzelnen Tathandlung ab. Beendet ist der Versuch, wenn der Täter den jeweiligen Einzelakt schon für erfolgstauglich hält.

2. Nach der **modifizierten Einzelaktstheorie** wird zwischen verselbständigtem und nicht verselbständigtem Versuch differenziert. Beendet ist ein Versuch, wenn er sich relativ verselbständigt hat. Dies ist der Fall, wenn der Täter sein bisheriges Handeln für erfolgstauglich hält, aber meint, der Erfolgseintritt sei noch durch Gegenmaßnahmen aufzuhalten.

3. Gemäß der **Tatplantheorie** ist auf die Vorstellung des Täters bei Tatbeginn entsprechend seinem Tatplan abzustellen. Hat der Täter zur Erreichung seines Ziels nur eine bestimmte Handlung ins Auge gefasst, so ist der Versuch nach Vornahme dieser Handlung beendet.

4. Der **Gesamtbetrachtungslehre** zufolge ist der maßgebliche Rücktrittshorizont der Ausführungshorizont. Unbeendet ist ein Versuch, wenn der Täter nach der letzten Ausführungshandlung aus seiner Sicht noch nicht alles getan hat, was erforderlich ist, damit es zum Erfolgseintritt kommen kann. Beendet ist der Versuch, wenn der Täter in diesem Zeitpunkt – zutreffend oder irrig – den Eintritt des tatbestandlichen Erfolges für möglich hält oder dem Erfolgseintritt gleichgültig gegenübersteht. Nach der Gesamtbetrachtungslehre soll die wahrgenommene Wirklichkeit unter Beachtung des unmittelbaren räumlichen und zeitlichen Zusammenhangs nach der letzen Ausführungshandlung korrigiert werden können.

Stellungnahme: Die Einzelaktstheorie führt zu einer Aufspaltung in künstliche Handlungseinheiten, die tatsächlich nur ein Geschehen darstellen. Eine Differenzierung nach einem relativ und absolut verselbständigten Versuch ist zwar durchaus verständlich, da die rücktrittfreundliche Rechtsprechung im Wege der Gesamtbetrachtung § 24 ins Uferlose ausgedehnt hat, es wird aber argumentiert, dass sie § 24 fremd und dessen Wortlaut (Aufgeben der „Tat") widerspreche. Die Orientierung am ursprünglichen Tatplan würde dagegen den Täter mit größerer krimineller Energie, der alle Alternativen minutiös plant, bevorzugen. Daher wird fast einhellig der Gesamtbetrachtungslehre gefolgt. Hierfür sprechen vermeintlich auch Opferschutzgesichtspunkte. Solange der Erfolg noch nicht eingetreten ist, soll es dem Täter möglich sein, von seinem Plan abzusehen. Nach den anderen Theorien ist diese Strafbefreiungsmöglichkeit dem Täter bereits mit der ersten erfolgstauglichen Einzelhandlung genommen. Es „lohnt" sich dann für den Täter scheinbar nicht mehr aufzuhören. Natürlich ist auch diese Argumentation willkürlich (wenn auch in Klausuren zu bevorzugen), da sich kein Täter diese Gedanken macht. Selbst wenn ihm dessen ungeachtet eine „goldene Brücke" offen gehalten werden soll, müsste ihm eine nur bei Versuch eintretende Strafmilderung Motivation genug sein, die Tat nicht zu vollenden.

Aus der Rechtsprechung: BGH NStZ 2009, 25.

Übersichtsliteratur: *Bosch* Jura 2014, 395; *Exner* Jura 2010, 276; *Jäger* AT, § 8 Rdn 314 ff.; *Otto* AT, § 19 Rdn 8 ff.; *Miebach/Heim* NStZ-RR 2009,129; *Herzberg* NJW 1986, 2466; JK 1/11 StGB § 24/41.

Weitere Übungsklausuren: *Bock* JuS 2006, 603; *Krahl* JuS 2003, 57; *Perron/Gutfleisch* JuS 2006, 706; *Safferling* JuS 2004, 64.

---

(1) Gemäß der Einzelaktstheorie ist der Versuch dann beendet, wenn der Täter zu Beginn einer jeden einzelnen Tathandlung diese schon für erfolgstauglich hält.

Bei Abgabe des Schusses ging P davon aus, A tödlich verletzen zu können. Er hielt den Schuss für erfolgstauglich. Demnach liegt ein beendeter Versuch vor.

(2) Nach der modifizierten Einzelaktstheorie ist ein Versuch beendet, wenn er sich relativ verselbständigt hat. Hierfür muss der Täter sein bisheriges Handeln für erfolgstauglich halten, aber gleichzeitig davon ausgehen, dass der Erfolgseintritt noch durch das Einleiten von Gegenmaßnahmen abgewendet werden kann. Vorliegend ging P davon aus, dass der Schuss zum Tod des A führen könnte. Als er den Schuss auf A abgab waren dessen Folgen für ihn aber nicht mehr beherrschbar, so dass sich der Versuch bereits absolut verselbständigt hatte. Nach dieser Ansicht handelt es sich vorliegend um einen fehlgeschlagenen Versuch, von dem ein Rücktritt nicht mehr möglich ist.

(3) Die Tatplantheorie stellt demgegenüber auf die Vorstellung des Täters bei Tatbeginn entsprechend seinem Tatplan ab. Abhängig davon, ob P hier nur einen Schuss auf A abgeben wollte oder eine unbestimmte Anzahl an Schüssen plante, liegt somit ein beendeter oder unbeendeter Versuch vor.

(4) Der Gesamtbetrachtungslehre zufolge ist der Versuch beendet, wenn der Täter nach der letzten Ausführungshandlung den Eintritt des tatbestandlichen Erfolges für möglich hält oder dem Erfolgseintritt gleichgültig gegenübersteht. Unmittelbar nach dem Schuss erkennt P, dass A nur leicht an der Schulter getroffen wurde. Demzufolge handelt es sich um einen unbeendeten Versuch. Selbst wenn A zunächst davon ausgegangen sein sollte, bereits alles zum Eintritt des Erfolges Erforderliche getan zu haben, hätte er insoweit unmittelbar im Anschluss an die Abgabe des Schusses seine Vorstellung von der Tat und damit seinen Rücktrittshorizont korrigiert.

(5) Sowohl die Einzelaktstheorie als auch die Unterscheidung zwischen relativ und absolut verselbständigtem Versuch stellen eine unnatürliche Aufspaltung eines Lebenssachverhalts dar, die § 24 fremd ist. Ebenso wenig kann die Tatplantheorie überzeugen, die denjenigen Täter privilegiert, der mit größerer krimineller Energie schon alle möglichen Alternativen in seinen ursprünglichen Tatplan aufgenommen hat. Auch im Hinblick auf Opferschutzgesichtspunkte ist deshalb der Gesamtbetrachtungslehre zu folgen. Solange der Erfolg noch nicht eingetreten ist, soll es dem Täter möglich sein, von seinem ursprünglichen Plan abzusehen. Nach den anderen Theorien „lohnt" es sich für den Täter nicht mehr, aufzuhören, da ihm diese Strafbefreiungsmöglichkeit bereits mit Vornahme der ersten erfolgstauglichen Einzelhandlung verwehrt wird. Gemäß der Gesamtbetrachtungslehre liegt somit ein unbeendeter Versuch vor.

cc) A müsste die weitere Tatausführung gemäß § 24 I 1, 1. Alt. aufgegeben haben. Die noch erforderlichen Ausführungshandlungen müssen unterlassen werden und von der weiteren Realisierung des Entschlusses muss endgültig Abstand genommen werden. Problematisch ist vorliegend allerdings, dass P nur deshalb von der weiteren Tatausführung absieht, weil er sein Ziel, A und seiner Frau eine gehörige Lektion zu erteilen, bereits erreicht hat. Es ist umstritten, ob ein strafbefreiender Rücktritt vom Versuch in solchen Fällen möglich ist, bei denen der Täter das sog. außertatbestandliche Handlungsziel erreicht hat (sog. Denkzettelfall).

P: Denkzettel-Fälle

e. A.: Nach der Rechtsprechung ist der Rücktritt möglich, weil Tat i. S. v. § 24 nur die Tat im sachlich-rechtlichen Sinne ist und deshalb außertatbestandliche Beweggründe oder Ziele für die Tataufgabe des angestrebten tatbestandsmäßigen Erfolges bedeutungslos sind.

    a. A.: Dem wird entgegengehalten, dass derjenige nicht mehr die ursprüngliche Tatausführung aufgeben kann, der sein primäres Handlungsziel erreicht hat. Denn logische Voraussetzung für die Aufgabe der weiteren Tatausführung ist die Aufgabe des ursprünglichen Tatentschlusses. Ein Tatentschluss kann aber nur dann i. S. v. § 24 I 1 aufgegeben werden, wenn er von seiner Zielsetzung her noch nicht gegenstandslos geworden ist. Da der Täter aber das Ziel seines Handelns erreicht hat und die Tatausführung für ihn ohnehin keinen Sinn mehr ergibt, hat sich sein gesamter Tatplan erfüllt. Es liegt demnach keine honorierungswürdige Verzichtsleistung vor.

    Stellungnahme: Für eine Rücktrittsmöglichkeit spricht, dass andernfalls der mit dolus eventualis handelnde Täter hinsichtlich des Rücktritts schlechter gestellt wird als der mit direktem Tötungsvorsatz handelnde Täter, dem wegen seines umfassenderen Tatplans und des noch nicht vollständig erreichten Erfolges die Möglichkeit eines Rücktritts noch offen steht. Auch Opferschutzgesichtspunkte und die Intention, das gefährdete Rechtsgut möglichst weit gehend zu erhalten, sprechen hierfür. Unter Tat i. S. v. § 24 I ist folglich die in den gesetzlichen Straftatbeständen umschriebene Handlung und der tatbestandsmäßige Erfolg zu verstehen, so dass ein strafbefreiender Rücktritt auch bei Erreichen eines außertatbestandlichen Handlungsziels noch möglich ist.

Aus der Rechtsprechung: BGHSt 39, 221 (mit zust. Anmerkung: *Beckemper* JA 2003, 203); vgl. auch: BGH NJW 1993, 943 (mit Anmerkung: *Streng* NStZ 1993, 257); BGH NStZ 2014, 450 mit Besprechung *Jäger* JA 2014, 149.).

Übersichtsliteratur: *Scheinfeld* JuS 2002, 250; *Herzberg* NStZ 1990, 311; *Otto* AT, § 19 Rdn. 25.

Weitere Übungsklausur: *v. Lewinski* JuS 2006, 431.

Dagegen spricht, dass derjenige, dessen ursprünglicher Tatentschluss gegenstandslos geworden ist, weil er sein Handlungsziel bereits erreicht hat, keinen honorierungswürdigen Verzicht leistet. Bedenklich hieran ist die damit einhergehende Privilegierung des mit direktem Tötungsvorsatz handelnden Täters, der – im Gegensatz zu dem mit dolus eventualis Handelnden – den in seinen Tatplan aufgenommenen Erfolg noch nicht vollständig erreicht hat und deshalb noch zurücktreten kann. Um das Opfer möglichst weit reichend zu schützen, muss es sich für den Täter „lohnen", von der weiteren Tatausführung Abstand zu nehmen. Dementsprechend ist eine Tat i. S. v. § 24 nur die Tat im sachlich-rechtlichen Sinne,

d. h. die in den gesetzlichen Straftatbeständen umschriebene Handlung und der tatbestandsmäßige Erfolg. Erreicht der Täter mithin ein außertatbestandliches Handlungsziel, so ist ein strafbefreiender Rücktritt weiterhin möglich[5].

dd) Die Aufgabe muss freiwillig, d. h. aus autonomen, selbstbestimmten Motiven, erfolgen. Wie sich später herausstellt, waren in dem Gewehr keine weiteren Patronen. P hätte demnach seine Tat rein tatsächlich nicht fortsetzten können. Allerdings ist die Freiwilligkeit als subjektives Moment unabhängig von den tatsächlichen Umständen aus Tätersicht zu beurteilen. P geht von weiteren Patronen in seinem Gewehr aus. Dennoch verzichtet er auf weitere Schüsse. Er besinnt sich eines Besseren, ohne dass ihm dies durch äußere Umstände aufgezwungen wird. P handelt somit freiwillig.

f) Ergebnis
P ist vom versuchten Totschlag gemäß §§ 212 I, 22, 23 I strafbefreiend zurückgetreten.

2. Gefährliche Körperverletzung, §§ 223 I, 224 I Nr. 2, 1. Alt, Nr. 5
Indem P mit dem Jagdgewehr auf A schoss, könnte er sich wegen gefährlicher Körperverletzung nach §§ 223 I, 224 I Nr. 2, 1. Alt, Nr. 5 zu verantworten haben.

a) Objektiver Tatbestand
aa) P müsste A dann körperlich misshandelt oder an der Gesundheit geschädigt haben. Eine körperliche Misshandlung ist jede üble, unangemessene Behandlung, durch die das körperliche Wohlbefinden oder die körperliche Unversehrtheit nicht nur unerheblich beeinträchtigt wird. Gesundheitsschädigung meint das Hervorrufen oder Steigern eines vom körperlichen Normalzustand negativ abweichenden pathologischen Zustands. Ein Schuss in die Schulter mit dem Projektil eines Jagdgewehrs verursacht beim Opfer nicht nur Schmerzen, sondern auch eine blutende Wunde. Dieser anormale körperliche Zustand stellt ein körperliches Leiden dar. Sowohl eine körperliche Misshandlung als auch eine Gesundheitsschädigung sind damit gegeben.

bb) P müsste darüber hinaus mindestens ein Qualifikationsmerkmal erfüllt haben.

(1) Ein Jagdgewehr ist eine Waffe i. S. d. des § 1 II WaffenG und mithin auch i. S.v. § 224 I Nr. 2, selbst wenn der Begriff der Waffe lediglich im strafrechts-

---

5 A. A. vertretbar.

technischen Sinne und nicht als Blankett-Verweisung auf die Definitionen des WaffG zu verstehen ist.

(2) Bei dem Schuss auf A könnte es sich weiterhin um eine das Leben gefährdende Behandlung nach § 224 I Nr. 5 handeln. Teilweise wird hierfür angesichts des hohen Strafrahmens der Eintritt einer konkreten Lebensgefährdung vorausgesetzt. Diese ist bei einem leichten Treffer an der Schulter allerdings nicht gegeben. Da der Wortlaut hier aber eindeutig auf die Verletzungshandlung und nicht den Erfolg abstellt, ist es ausreichend, wenn die Verletzungshandlung nach den konkreten Umständen objektiv geeignet ist, das Leben des A in Gefahr zu bringen. Ein gezielter Schuss mit einem Jagdgewehr auf einen Menschen kann zur Beschädigung lebenswichtiger Organe und großem Blutverlust führen. Eine das Leben gefährdende Behandlung gemäß § 224 I Nr. 5 liegt damit vor.

(3) Für einen hinterlistigen Überfall i. S. d. § 224 I Nr. 3 müsste der Täter seine Angriffsabsicht planmäßig berechnend verborgen halten, um dadurch dem Angegriffenen die Abwehr zu erschweren. Die bewusste Ausnutzung eines Überraschungsmoments genügt hierfür nicht. P stürmt vorliegend ins Zimmer und schießt ohne Vorwarnung, seine Absichten hält er dabei aber nicht verborgen. Ein hinterlistiger Überfall ist daher nicht gegeben.

b) Subjektiver Tatbestand

P handelte hier vorsätzlich bezüglich der Tötung des A (s. o.). Dieser Tötungsvorsatz soll nach teilweise vertretener Ansicht das gleichzeitige Vorliegen eines Körperverletzungsvorsatzes bereits begrifflich ausschließen. Dies würde hier aber zu dem unbilligen Ergebnis führen, dass wegen des Rücktritts vom Versuch des Tötungsdelikts die bereits verwirklichte Körperverletzung straflos bliebe. Um den Vorgang zudem nicht lebensfremd aufzuspalten und weil die Körperverletzung notwendiges Durchgangsstadium jeder Tötung ist, beinhaltet jeder Tötungsvorsatz zwangsläufig auch einen Körperverletzungsvorsatz. P wollte die Körperverletzung auch mittels einer Waffe begehen und nahm dabei zumindest billigend in Kauf, dass es sich bei seinem Vorgehen um eine das Leben gefährdende Behandlung handelt.

c) Ergebnis

P hat sich wegen einer gefährlichen Körperverletzung i. S. d. §§ 223 I, 224 I Nr. 2, 1. Alt., Nr. 5 strafbar gemacht.

II. Strafbarkeit des C

1. Versuchter Totschlag in mittelbarer Täterschaft, §§ 212 I, 22, 23 I, 25 I 2. Alt.

Dadurch dass C sich des A entledigen will, indem er P von einem angeblichen Verhältnis der F mit A berichtet, könnte er sich wegen versuchten Totschlags in mittelbarer Täterschaft gemäß §§ 212 I, 22, 23 I, 25 I 2. Alt. strafbar gemacht haben.

Vorprüfung

Das Delikt ist nicht vollendet (s. o.) und der Versuch ist gemäß §§ 212 I, 12 I, 23 I strafbar.

a) Tatentschluss

aa) Da C die Tötungshandlung nicht unmittelbar selbst vornehmen wollte, kann bei ihm nur dann eine täterschaftliche Tötung des A in Frage kommen, wenn C die von P durchzuführende Tötungshandlung im Wege mittelbarer Täterschaft zugerechnet werden kann. C wirkte dahingehend auf P ein, dass dieser losging, um A zu töten. Er rief also den Tatentschluss bei P hervor und leistete gleichzeitig einen kausalen Tatbeitrag. Aufgrund der vorsätzlichen rechtswidrigen Haupttat des P (s. o.), die auch durch den Rücktritt nicht entfällt, kommt hier neben einer mittelbaren Täterschaft nach § 25 I 2. Alt. auch eine Anstiftung gemäß § 26 in Betracht. Um von einer mittelbaren Täterschaft i. S. v. § 25 I 2. Alt. ausgehen zu können, müsste sich der Vorsatz des C darauf bezogen haben, die Tötung „durch einen anderen" zu begehen. Die Frage nach einer mittelbar täterschaftlichen Steuerung der Fremdhandlung wird anhand unterschiedlicher Theorien beurteilt.

P: Tatherrschaftslehre vs. subjektive Theorie

1. Bei der **Tatherrschaftslehre** kommt es maßgeblich auf die steuernde Gestaltung des Tatablaufs an. Erforderlich ist ein vom Vorsatz umfasstes „In-den-Händen-Halten" des tatbestandsmäßigen Geschehensablaufs. Anhand von Wertungsaspekten gilt es die Unterlegenheit des Werkzeugs und die dazu korrespondierende Überlegenheit des Hintermannes festzustellen.

2. Die **subjektive Theorie** stellt dagegen auf die Willensrichtung und die Einstellung zur Tat ab. Ergibt eine wertende Gesamtbetrachtung aller vom Hintermann berücksichtigten Umstände, dass er mit Täterwillen (animus auctoris) gehandelt und die Tat als seine eigene gewollt hat, dann ist er Täter und nicht bloßer Teilnehmer. Die Handlungsherrschaft des unmittelbar Handelnden muss folglich von der Willensherrschaft des Hintermannes überlagert werden. Der Hintermann muss die von ihm richtig erfasste Situation in der Weise zur Begehung einer Straftat ausnutzen, dass er den Tatmittler gleichsam als Werkzeug „in der Hand" hat und so kraft seiner überlegenen Willensherrschaft mittelbar auch dessen Tatausführung beherrscht.

3. Stellungnahme: Die Einordnung als Täter oder Teilnehmer wird nach der subjektiven Theorie häufig lediglich daran orientiert, welchen Strafrahmen der Rechtsanwender für angemessen erachtet. Selbst wer sämtliche Tatbestandsmerkmale eigenhändig verwirklicht hat, kann demnach bloßer Gehilfe sein. Allein die Tatherrschaftslehre scheint es zu ermöglichen, deutlich kenntlich zu machen, auf wessen Herrschaft der tatbestandliche Erfolg zurückgeht. Der objektive Ansatz der Tatherrschaftslehre, d. h. das Anknüpfen an den objektiven Tatbeitrag, der in das Gesamtgeschehen eingeordnet wird, führt zu bestimmteren und voraussehbareren Ergebnissen als die subjektive Theorie. Tatsächlich führt natürlich auch die Tatherrschaftslehre in vielen Fällen keineswegs zu eindeutigen Ergebnissen, da auch Tatherrschaft de facto im Wege der Gesamtabwägung der Umstände ermittelt wird. Natürlich sollte in Klausuren dennoch, wie unten aufgezeigt, eindeutig Stellung bezogen werden.

Aus der Rechtsprechung: BGHSt 18, 87; BGHSt 28, 348; BGH NJW 1999, 2449; BGH JuS 2010, 738 (Besprechung *Hecker*).

Übersichtsliteratur: *Hillenkamp* Strafrecht AT, 19. Problem, 145 ff.; *Otto* AT, § 21 Rdn 15; *Jäger* AT, § 6 Rdn 227; *Otto* Jura 1987, 246; *Rönnau* JuS 2007, 514; *Seher* JuS 2009, 1; *Roxin* JA 1979, 519.

Weitere Übungsklausuren: *Corell* Jura 2010, 627; *Seher* JuS 2007, 132; *Knauer* JuS 2002, 53; *Stoffers/Murray* JuS 2000, 986; *Amelung/Boch* JuS 2000, 261.

Nach der subjektiven Theorie werden dem Hintermann die Tatbeiträge des Vordermannes dann zugerechnet, wenn er mit Täterwillen gehandelt und die Tat folglich als seine eigene gewollt hat. Die Tatherrschaftslehre fragt demgegenüber danach, ob der Hintermann aufgrund einer überlegenen Stellung bzw. eines Defizits beim Vordermann Herr des Geschehens ist. Der subjektiven Theorie ist entgegenzuhalten, dass hier Täter und Teilnehmer beliebig austauschbar zu sein scheinen. Der objektive Ansatz der Tatherrschaftslehre führt demgegenüber zu berechenbareren Ergebnissen und damit zu mehr Rechtssicherheit. Ihr ist deshalb der Vorzug zu gewähren.

bb) Zusätzlich zum kausalen Tatbeitrag des C bedarf es also einer Werkzeugeigenschaft des unmittelbar Handelnden auf Grund eines sog. Defektzustandes. Vorliegend handelt P aber tatbestandsmäßig, rechtswidrig und schuldhaft. Ein Strafbarkeitsmangel liegt mithin nicht vor. Dennoch irrt P über die Sachlage. Er möchte A nur töten, weil er ihn für den Liebhaber seiner Frau hält. P hätte A ohne diesen Irrglauben nicht versucht zu töten. C hat den Irrtum bewusst hervorgerufen, um sich des A zu entledigen. Die Reaktion des P hatte C vorausgesehen und auch beabsichtigt. Er besaß ein erhebliches Eigeninteresse am Taterfolg und Überlegenheit in Wissen und Wollen. Durch Steuerung der Irrtumslage hat er subjektiv und objektiv das Geschehen gesteuert. Demnach ist P als der Irrende bei wertender Betrachtung als Werkzeug anzusehen (sog. Täter hinter dem Täter). Mittelbare Täterschaft liegt damit vor.

Hinweis: Der BGH hat bisher nur bei zwei Fallgestaltungen einen „Täter hinter dem Täter" anerkannt. Zum einen bei organisierten Machtapparaten wie der Mafia, dem NS- oder DDR-Regime, die erhebliche Organisationsstrukturen aufweisen. Zum anderen dann, wenn der Täter einem vermeidbaren Verbotsirrtum unterliegt (sog. Katzenkönigfall). Im letztgenannten Fall hat der BGH zu Recht betont, dass trotz des sog. Prinzips der Eigenverantwortlichkeit im Strafrecht die mittelbare Täterschaft ein offenes Wertungsproblem ist und damit für ihre Annahme nicht stets ein Strafbarkeitsmangel des Vordermanns erforderlich ist. Vorliegend ist allerdings nichts dafür ersichtlich, dass P bei Begehung der Tat die Einsicht fehlte, Unrecht zu tun (s. o.). Da P auch den konkreten Sinn seiner Handlungen erkannt hat, ist es ebenso gut vertretbar, einen Defektzustand und damit die mittelbare Täterschaft abzulehnen. Dann ist von einer Anstiftung seitens C auszugehen.

---

b) Unmittelbares Ansetzen

Wann im Zusammenhang mit einer mittelbaren Täterschaft von einem unmittelbaren Ansetzen auszugehen ist, wird unterschiedlich beurteilt. Zum Teil wird der Versuchsbeginn schon im Einwirken des Hintermannes auf den Tatmittler gesehen. Andere stellen auf den Zeitpunkt ab, in dem der mittelbare Täter das Geschehen aus der Hand gibt. Nach restriktivster Ansicht setzt der mittelbare Täter erst dann unmittelbar zur Tatbestandsverwirklichung an, wenn auch das Werkzeug dies tut. Ein unmittelbares Ansetzen liegt hier nach allen Ansichten vor, da der Tatmittler P die Tathandlung in Form des Schusses auf A bereits ausgeführt hat.

c) Die Voraussetzungen des **§ 213** sind bezüglich C nicht erfüllt. Da auf die Strafzumessungsvorschrift § 28 II analoge Anwendung findet, ändert es auch nichts, dass die Strafe des P nach § 213 zu mildern ist.

d) **Der Rücktritt** des P stellt einen persönlichen Strafaufhebungsgrund dar, so dass dieser auf die Strafbarkeit des C keinerlei Auswirkung hat.

e) Ergebnis

C hat sich mithin wegen eines versuchten Totschlags in mittelbarer Täterschaft nach §§ 212 I, 22, 23 I, 25 I 2. Alt. strafbar gemacht.

2. Versuchter Mord in mittelbarer Täterschaft, §§ 211, 212 I, 22, 23 I, 25 I 2. Alt.

a) C hat sich wegen eines versuchten Totschlags in mittelbarer Täterschaft strafbar gemacht.

b) Darüber hinaus könnte er auch wegen versuchten Mordes in mittelbarer Täterschaft zu bestrafen sein. Voraussetzung hierfür ist, dass sich der Tatentschluss des C auch auf die Verwirklichung eines Mordmerkmals erstreckt.

aa) C könnte hier ein Mordmerkmal der 1. Gruppe verwirklicht und aus niedrigen Beweggründen gehandelt haben. Die Mordmerkmale der 1. und 3. Gruppe beschreiben besondere Motive und Absichten, die deliktstypisch sind und auf den Täter Bezug nehmen. Mithin handelt es sich um besondere persönliche Merkmale i. S. v. § 28. Uneinigkeit besteht allerdings darüber, ob diese die Strafe begründen (§ 28 I) oder lediglich modifizieren (§ 28 II).

P: Strafbegründung (§ 28 I) oder Strafschärfung (§ 28 II)?

Rspr.: Die Rechtsprechung begreift § 211 und § 212 noch als selbständige, voneinander unabhängige Delikte, die sich gegenseitig ausschließen, auch wenn der BGH in einem jüngeren Urteil eine Abkehr von dieser Auffassung angedeutet hat (vgl. BGH NJW 2006, 1008 ff.). Aufgrund des bisher noch angenommenen Exklusivitätsverhältnisses sollen die Mordmerkmale die Strafe nicht verschärfen, sondern begründen, so dass § 28 I Anwendung findet.

Arg.: Argumentiert wird hierbei insbesondere mit der Systematik des Gesetzes. An keiner anderen Stelle des Gesetzes wird die Qualifikation dem Grundtatbestand vorangestellt. Die Positionierung des Mordtatbestandes (§ 211) vor dem des Totschlags (§ 212) spricht mithin gegen ein Verhältnis von Qualifikation zu Grundtatbestand. Der Formulierung des § 212 I ("ohne Mörder zu sein") soll außerdem zu entnehmen sein, dass sich Mord und Totschlag gerade ausschließen.

h. L.: Die Literatur sieht § 211 hingegen als Qualifikation zu § 212 I an, mit der Folge, dass die Strafe durch die Mordmerkmale lediglich modifiziert wird und auf § 28 II zurückzugreifen ist.

Arg.: Die Formulierung "ohne Mörder zu sein" ist lediglich historisch bedingt, trifft also keinerlei Aussage im Hinblick auf das systematische Verhältnis von Mord und Totschlag. Ebenso verhält es sich mit der Voranstellung des Mordtatbestandes, die lediglich der überragenden Schwere des mit lebenslanger Freiheitsstrafe bedrohten Mordvorwurfs gerecht werden soll. Darüber hinaus schützen sowohl § 212 I als auch § 211 das Leben und mithin dasselbe Rechtsgut vor Beeinträchtigungen, was gegen die Annahme selbständiger, voneinander unabhängiger Delikte spricht.

Stellungnahme: § 212 beschreibt die vorsätzliche Tötung eines Menschen, im Rahmen des § 211 kommen dabei erschwerende, bei § 216 privilegierende Umstände hinzu. Insofern lässt auch die Gesetzessystematik auf ein Stufenverhältnis dieser Tötungsdelikte schließen. Erfüllt nur der Teilnehmer, nicht aber der Täter ein besonderes persönliches Merkmal des § 211, so findet nach Ansicht der Rechtsprechung keine Tatbestandsverschiebung statt und es kommt lediglich eine Bestrafung wegen Teilnahme am Totschlag in Betracht. Dieses Ergebnis ist ebenso widersprüchlich und unbillig wie die von der Rechtsprechung vorgenommene Korrektur im Falle sog. gekreuzter Mordmerkmale[6], bei der sie dem Teilnehmer entgegen § 28 I die Strafmilderung versagt. Mithin sprechen die besseren Argumente dafür, § 211 als Qualifikation zu § 212 anzusehen und im Rahmen der täterbezogenen Mordmerkmale § 28 II heranzuziehen.

---

6 Von „gekreuzten" Mordmerkmalen spricht man dann, wenn der Teilnehmer das täterbezogene Mordmerkmal des Täters nicht teilt, stattdessen aber in eigener Person ein anderes täterbezogenes Mordmerkmal verwirklicht.

Aus der Rechtsprechung: BGHSt 22, 375; BGHSt 24, 106; BGH StV 1984, 69.

Übersichtsliteratur: *Hillenkamp* Strafrecht BT, 1. Problem, 1ff.; *Jäger* BT, § 1 Rdn 7ff.; *Otto* BT, § 8 Rdn 2ff.; *Otto* Jura 2004, 472; *Vietze* Jura 2003, 394; *Küper* JZ 2006, 1157; *Fischer/Gutzeit* JA 1998, 41.

Weitere Übungsklausuren: *Krahl* JuS 2003, 57; *Norouzi* JuS 2005, 914; *Weißer* JuS 2009, 135.

Die Literaturauffassung sieht in § 211 die Qualifikation zu § 212 und geht deshalb von einer Strafschärfung nach § 28 II aus. Die Rechtsprechung begreift § 211 demgegenüber als einen im Verhältnis zu § 212 selbständigen Tatbestand und wendet dementsprechend § 28 I an. Hiergegen spricht allerdings, dass die Formulierung „ohne Mörder zu sein" lediglich historisch bedingt ist und die Voranstellung des Mordtatbestandes nur die Bedeutsamkeit und Tragweite des Mordvorwurfs zum Ausdruck bringen soll. Darüber hinaus schützen beide Tatbestände das Rechtsgut Leben. § 212 beschreibt dabei die vorsätzliche Tötung eines Menschen, die im Rahmen des § 211 durch erschwerende, bei § 216 durch privilegierende Umstände modifiziert wird. Insofern lässt auch die Gesetzessystematik auf ein Stufenverhältnis schließen. § 211 ist mithin als Qualifikation zu § 212 I anzusehen[7].

bb) Niedrige Beweggründe sind ein täterbezogenes Mordmerkmal und müssen daher gemäß § 28 II auch auf C zutreffen. Die Motive des C ergeben sich hier nicht aufgrund des Ehebruchs. C handelt, damit A dem P nicht erzählt, dass C sich regelmäßig zum privaten Eigenverbrauch an den Küchenbeständen bedient. Aus purem Egoismus stellt C dadurch seine Belange über das Lebensrecht des A, seine Motive stehen gänzlich außer Verhältnis zur Vernichtung eines Menschenlebens. Dieses Vorgehen ist als besonders verwerflich anzusehen. C hat mithin aus niedrigen Beweggründen gehandelt.

Hinweis: Folgt man vorliegend der Ansicht der Rechtsprechung, so findet § 28 I dennoch keine Anwendung, weil jene Vorschrift lediglich auf den Teilnehmer (Anstifter oder Gehilfen) abstellt. Bei der mittelbaren Täterschaft ist allein das Delikt selbst maßgeblich. Da C vorliegend ein eigenes Mordmerkmal verwirklicht, kommen also Literatur und Rechtsprechung zum gleichen Ergebnis. Ein Rückgriff auf § 28 I hätte – vorausgesetzt man geht mit der Auffassung der Rechtsprechung konform – nur dann erfolgen müssen, wenn man oben die mittelbare Täterschaft ablehnt und von Anstiftung ausgeht. Dann ergibt sich hier aber wiederum das Problem der sog. gekreuzten Mordmerkmale (s. o.).

---

7 A. A. vertretbar.

cc) Die Generalklausel der sonstigen niedrigen Beweggründe muss aber als subsidiär zurücktreten, sobald eines der speziellen Motiv- oder Absichtsmerkmale der 1. oder 3. Gruppe vorliegt. In Betracht kommt hier das Handeln zur Verdeckung einer anderen Straftat. Indem C sich an den Küchenbeständen bedient, hat er zumindest einen Diebstahl i. S. d. § 242 I begangen. Da er nicht wollte, dass dieser von P entdeckt wird, brachte er P dazu, auf A zu schießen. C handelte, um den Diebstahl zu verdecken und verwirklichte so auch ein täterbezogenes Mordmerkmal der 3. Gruppe.

dd) Darüber hinaus könnte die Tat **heimtückisch** begangen worden sein. Heimtückisch handelt, wer in feindlicher Willensrichtung die Arg- und Wehrlosigkeit des Opfers bewusst zur Tötung ausnutzt, wobei die Wehrlosigkeit auf der Arglosigkeit beruhen muss. A geht davon aus, dass er von P beauftragt wurde, dessen Frau eine Flasche Champagner vorbeizubringen. Deshalb befürchtet er auch in der Wohnung des P keinen tätlichen Angriff. Indem C dem P den Aufenthaltsort von A mitteilt und dieser wie vorhergesehen sofort hineilt, um A dort zu töten, hat C diese Situation bewusst ausgenutzt. Bezüglich C ist das Mordmerkmal der Heimtücke folglich zu bejahen[8]. Aufgrund des bestehenden Arbeitsverhältnisses muss auch die Ausnutzung eines besonderen Vertrauensverhältnisses bejaht werden.

Hinweis: Die 2. Gruppe der Mordmerkmale sind tatbezogene unrechtserhöhende Mordmerkmale. Da sie die Begehungsweise und damit primär den Verhaltensunwert des Tatgeschehens näher kennzeichnen, kommt eine Akzessorietätslockerung nach § 28 diesbezüglich nicht in Betracht.

---

c) C hat darüber hinaus **unmittelbar** zur Tatbestandsverwirklichung **angesetzt** (s. o.).

d) Ergebnis

C hat sich zudem wegen eines versuchten Mordes in mittelbarer Täterschaft nach §§ 211, 212 I, 22, 23 I, 25 I 2. Alt. strafbar gemacht.

3. Anstiftung zum versuchten Totschlag, §§ 212 I, 22, 23 I, 26

Fraglich ist, ob sich C auch einer Anstiftung zum versuchten Totschlag nach §§ 212 I, 22, 23 I, 26 schuldig gemacht hat. P hat eine vorsätzliche rechtswidrige Haupttat in Form des versuchten Totschlags begangen. Den Entschluss zu dieser

---

8 A. A. vertretbar.

Tat hat C durch seine Äußerungen hervorgerufen. Neben dem Bestimmen zur Haupttat müsste C aber auch mit Anstiftervorsatz gehandelt haben. Teilweise wird angenommen, dass jeder, der mittelbar Täter sein will, zugleich auch den Vorsatz hat, Anstifter zu sein. Tatsächlich besteht eine solche Deckungsgleichheit aber nicht. Während sich der Anstiftervorsatz auf die vorsätzliche rechtswidrige Haupttat eines anderen bezieht, geht es beim Vorsatz zur mittelbaren Täterschaft um die eigene Tatbegehung durch ein im Defektzustand befindliches menschliches Werkzeug. Da sich beide Vorsatzformen somit gegenseitig ausschließen, kommt eine Strafbarkeit des C als Anstifter nicht in Betracht.

Hinweis: Die Prüfung der Anstiftung kann natürlich ohne weiteres auch weggelassen werden oder es erfolgt ein Hinweis auf deren Subsidiarität, wenn man sie ebenso für verwirklicht erachtet.

4. Gefährliche Körperverletzung in mittelbarer Täterschaft, §§ 223 I, 224 I Nr. 2, Nr. 5, 25 I 2. Alt.

Durch den Schuss mit dem Jagdgewehr in den Oberkörper des A könnte C auch eine gefährliche Körperverletzung in mittelbarer Täterschaft gemäß §§ 223 I, 224 I Nr. 2, Nr. 5, 25 I 2. Alt. verwirklicht haben.

a) Objektiver Tatbestand

aa) A wurde durch den Schuss in die Schulter körperlich misshandelt und an seiner Gesundheit geschädigt (s.o.). Der tatbestandliche Erfolg ist mithin eingetreten. C hat die hierzu erforderliche Handlung – den Schuss auf A – zwar nicht eigenhändig vorgenommen, die Handlungen des P sind dem C als mittelbarem Täter i.S.d. § 25 I 2. Alt. insoweit aber zuzurechnen (s.o.).

bb) C könnte darüber hinaus ein Qualifikationsmerkmal verwirklicht haben. P begeht die Körperverletzung mittels einer Waffe i.S.v. § 224 I Nr. 2 sowie mittels einer das Leben gefährdenden Behandlung nach § 224 I Nr. 5 (s.o.). Da P hier als „menschliches Werkzeug" des C fungiert (s.o.), ist die Vorgehensweise als „Werk" des Hintermannes C anzusehen.

b) Subjektiver Tatbestand

aa) Aufgrund der hier vertretenen Einheitslösung (s.o.) schließt der Tötungsvorsatz des C (s.o.) den Vorsatz bezüglich der Körperverletzung mit ein.

bb) C hatte vorhergesehen und beabsichtigt, dass P das Jagdgewehr nimmt und damit auf A schießt. Aufgrund des Wissens und Wollens bezüglich des Gewehrs und der Tötung des A handelte C vorsätzlich in Bezug auf § 224 I Nr. 2 und Nr. 5.

cc) C wollte diese Tat auch durch P begehen und handelte demnach auch vorsätzlich hinsichtlich der mittelbaren Täterschaft.

c) Ergebnis

C hat sich wegen einer gefährlichen Körperverletzung in mittelbarer Täterschaft nach §§ 223 I, 224 I Nr. 2, Nr. 5, 25 I 2. Alt. strafbar gemacht.

Gesamtergebnis/Konkurrenzen

1. Handlungsabschnitt:

Vorliegend hat sich ein Handlungsentschluss in einer Willensbetätigung, nämlich der Äußerung, A habe ein Verhältnis mit F, realisiert. Hierdurch hat sich C sowohl einer Verleumdung gegenüber A als auch einer Verleumdung gegenüber F strafbar gemacht. Mithin ist eine Handlung im natürlichen Sinn gegeben, die dasselbe Strafgesetz mehrmals verletzt. Insofern liegt gleichartige Idealkonkurrenz nach § 52 I vor.

2. Handlungsabschnitt:

1. P ist wegen gefährlicher Körperverletzung nach §§ 223, 224 I Nr. 2, Nr. 5 zu bestrafen.

2. C hat sich wegen eines versuchten Mordes in mittelbarer Täterschaft gemäß §§ 211, 212 I, 22, 23 I, 25 I 2. Alt. in Tateinheit (§ 52 I) zur vollendeten gefährlichen Körperverletzung gemäß §§ 223 I, 224 I Nr. 2, Nr. 5, 25 I 2. Alt. strafbar gemacht.

D. Definitionen

Tatsachen	konkrete Vorgänge oder Zustände, die sinnlich wahrnehmbar in die Wirklichkeit getreten und somit dem Beweis zugänglich sind
Werturteile	Bei reinen Werturteilen ist die Äußerung durch Elemente der subjektiven Stellungnahme, des Dafürhaltens oder Meinens geprägt, so dass sie nicht wahr oder unwahr, sondern entsprechend der persönlichen Überzeugung nur richtig oder falsch sein kann.

unwahr	Unwahr ist eine Tatsachenäußerung, wenn sie in ihren wesentlichen Punkten falsch ist.
geeignet, verächtlich zu machen oder in der öffentlichen Meinung herabzuwürdigen	wenn dem Betroffenen durch das Zuschreiben negativer Qualitäten der sittliche, personale oder soziale Geltungswert ganz oder teilweise abgesprochen wird
behaupten	Behaupten bedeutet, etwas als nach eigener Überzeugung wahr hinstellen.
verbreiten	Mitteilung fremden Wissens und fremder Überzeugung durch Weitergabe von Tatsachenbehauptungen anderer
in Beziehung auf einen anderen	Betroffener der Äußerung und Empfänger der Mitteilung müssen personenverschieden sein
wider besseres Wissen	Wider besseres Wissen handelt, wer sichere Kenntnis von der Unwahrheit seiner Äußerung hat.
Beleidigung	Angriff auf die Ehre eines anderen durch die Kundgabe von Nichtachtung, Missachtung oder Geringachtung, im Rahmen dessen dem Betroffenen der sittliche, personale oder soziale Geltungswert ganz oder teilweise abgesprochen wird
niedrige Beweggründe	alle Tatantriebe, die nach allgemeiner rechtlich-sittlicher Wertung auf tiefster Stufe stehen, durch hemmungslose Eigensucht bestimmt und deshalb besonders verwerflich und geradezu verachtenswert sind
schwere Beleidigung	umfasst nicht nur Ehrverletzungen i. S. d. §§ 185 ff., sondern jede schwere Kränkung
ohne eigene Schuld	der Täter darf die Provokation nicht veranlasst oder zur Verschärfung der Situation beigetragen haben
zum Zorn gereizt	ausreichend sind alle sthenischen Affekte wie Wut oder Empörung
auf der Stelle zur Tat hingerissen	Hierfür ist weniger ein räumlicher oder zeitlicher als viel mehr ein motivationspsychologischer Zusammenhang erforderlich. Die Tat muss noch unter dem beherrschenden Einfluss der durch die Kränkung hervorgerufenen Erregung verübt werden.
Verhältnismäßigkeit i. S. d. § 213, 1. Alt.	Die Provokation muss nach Art und Schwere geeignet sein, einen heftigen Affekt beim Täter zu verursachen. Zu verneinen ist dies bei einem objektiv nichtigen Anlass.

fehlgeschlagener Versuch	wenn der Täter erkennt oder zumindest annimmt, dass er den tatbestandsmäßigen Erfolg mit den ihm zur Verfügung stehenden Mitteln nicht mehr erreichen kann
Aufgeben	die noch erforderlichen Ausführungshandlungen müssen unterlassen und von der weiteren Realisierung des Entschlusses muss endgültig Abstand genommen werden
freiwillig	aus autonomen, selbstbestimmten Motiven
körperliche Misshandlung	jede üble, unangemessene Behandlung, durch die das körperliche Wohlbefinden oder die körperliche Unversehrtheit nicht nur unerheblich beeinträchtigt wird
Gesundheitsschädigung	Gesundheitsschädigung meint das Hervorrufen oder Steigern eines vom körperlichen Normalzustand negativ abweichenden pathologischen Zustands.
Waffe	Gegenstand, der nach seiner Art dazu bestimmt ist, Menschen durch ihre mechanische oder chemische Wirkung erheblich zu verletzen
lebensgefährdende Behandlung	h. M.: abstrakte Lebensgefahr ausreichend a. A.: Eintritt einer konkreten Lebensgefährdung erforderlich
hinterlistiger Überfall	Bei einem hinterlistigen Überfall hält der Täter seine Angriffsabsicht planmäßig berechnend verborgen, um dadurch dem Angegriffenen die Abwehr zu erschweren. Die bewusste Ausnutzung eines Überraschungsmoments genügt hierfür nicht.
Heimtücke	Heimtückisch handelt, wer in feindlicher Willensrichtung die Arg- und Wehrlosigkeit des Opfers bewusst zur Tötung ausnutzt.
arglos	Arglos ist das Opfer, wenn es sich zum Zeitpunkt der Tat keines Angriffs versieht.
wehrlos	Wehrlos ist, wer sich aufgrund der Arglosigkeit nur schwer oder gar nicht verteidigen kann.

Übungsfall 7: Ruhe Sanft

A. Sachverhalt

Der 74-jährige Rentner Reimund Reinecke (R) leidet an einer schweren Leber-erkrankung, die ihm immer wieder starke Schmerzen verursacht und vermutlich in einem Jahr zu seinem Tod führen wird. Er beschließt deshalb aus dem Leben zu scheiden und verfasst an seine Frau Anneliese (A) folgenden Brief:

„Liebe Anneliese! Ich ertrage dieses Leben nicht mehr, bitte verzeih mir, ich mache jetzt Schluss. Hole bitte keinen Arzt, besser ein Ende mit Schrecken als ein Jahr in Schmerzen! Dein Reimund"

Daraufhin nahm R die Tabletten einer Großpackung eines starken Schlaf-mittels zu sich und fiel in tiefe Bewusstlosigkeit. Als A nach Hause kam, fand sie den Brief und rief in ihrer Verzweiflung den Hausarzt der Familie, Dr. H. Tahl (T), an. Dieser kam sofort, diagnostizierte eine schwere Tablettenvergiftung und er-kannte, dass R sofort ins Krankenhaus muss. Als er deshalb einen Krankenwagen rufen wollte, bat A ihn inständig, ihren Mann, der ohnehin nur noch ein Jahr zu leben habe, in ihrer Pflege zu belassen. T erkannte zwar das damit verbundene Risiko, willigte aber schließlich ein und gab R eine den Kreislauf belebende Spritze. Zudem ermahnte er A, ihn anzurufen, wenn R nicht in zwei Stunden zur Besinnung kommen sollte. Er werde jedenfalls am nächsten Tag noch einmal nach R sehen.

Obwohl R auch nach zwei Stunden nicht wieder zu Bewusstsein kam, fasste A unter dem Eindruck des Briefes, den R ihr geschrieben hatte, nunmehr den Entschluss, den Wunsch ihres Mannes zu respektieren. Sie wollte es jetzt dem Schicksal überlassen, ob ihr Ehemann R an der Vergiftung sterben werde oder nicht. Da sie T nicht benachrichtigte, erschien dieser erst am nächsten Morgen. R lebte zwar noch, sein Zustand hatte sich aber erheblich verschlechtert. Nun-mehr ließ T nicht mehr mit sich reden und veranlasste die sofortige Einweisung von R in ein Krankenhaus. Infolge der Tablettenvergiftung war es just bei Er-scheinen des T zu einem Kreislaufversagen gekommen und der behandelnde Arzt im Krankenhaus ordnete an, dass R an eine Herz-Lungen-Maschine ange-schlossen wird. Dennoch verstarb R nach kurzer Zeit an Organversagen. Die Obduktion des R ergab, dass das Organversagen unmittelbare Folge der Ta-blettenvergiftung war. Es lässt sich weder feststellen, ob die tödlichen Folgen des Tablettenkonsums durch eine rechtzeitige Einweisung noch beseitigt werden hätten können, noch ob diese zumindest den Todeseintritt deutlich verzögert hätte. Die erst später vorgenommene Einweisung hat aber die Überlebenschancen des R zumindest deutlich verringert. Dies war A und T bewusst und wurde von diesen in Kauf genommen.

Frage: Wie haben sich die Beteiligten strafbar gemacht?

Bearbeitungszeit: Zwei Stunden

B. Lösungsskizze

Erster Handlungsabschnitt: Die Herbeirufung des T und die Behandlung mit einer Spritze

I. **Strafbarkeit des T**
1. **Totschlag durch Unterlassen, §§ 212 I, 13 I**
   a) Objektiver Tatbestand
      aa) Tod eines Menschen (+)
      bb) Abgrenzung zwischen Tun und Unterlassen
      cc) taugliche Tötungshandlung?
         P: Abgrenzung zur passiven Sterbehilfe
      dd) Unterlassungskausalität?
         P: Abgrenzung in Fällen der Risikoverringerung
   b) Ergebnis: § 212, 13 I (–)
2. **Versuchter Totschlag durch Unterlassen, §§ 212 I, 13 I, 22, 23**
   a) Vorprüfung
   b) Tatentschluss
      P: Abgrenzung bed. Vorsatz und bewusste Fahrlässigkeit
   c) Ergebnis: §§ 212 I, 13, 22, 23 (–)
3. **Fahrlässige Tötung durch Unterlassen, §§ 222, 13**
   a) Tatbestand
   b) Ergebnis: §§ 222, 13 I (–)
4. **Aussetzung, § 221 I Nr. 2**
   a) Objektiver Tatbestand
      aa) Imstichlassen (+)
      bb) Obhuts-/ Beistandspflicht (+)
      cc) P: Garantenpflicht trotz Suizidwillen (–)
   b) Ergebnis: § 221 I Nr. 2 (–)
5. **Unterlassene Hilfeleistung, § 323 c**
   a) Objektiver Tatbestand
      aa) Unglücksfall (+)
         P: Selbstmord als Unglücksfall
   b) Ergebnis: § 323 c (–)
6. **Gefährliche Körperverletzung, §§ 223, 224 I Nr. 2**
   a) Objektiver Tatbestand
      aa) körperliche Misshandlung (+)
         P: Ärztlicher Heileingriff
      bb) gefährliches Werkzeug (–)
   b) Vorsatz (+)
   c) Rechtswidrigkeit
      aa) (mutmaßliche) Einwilligung (–)
      bb) Rechtfertigender Notstand (–)
   d) Schuld, Erlaubnisirrtum
   e) Ergebnis: § 223 (+)

II. **Strafbarkeit der A**
1. **Versuchte Tötung auf Verlangen durch Unterlassen, §§ 216 II, 13 I, 22, 23 I (–)**

Zweiter Handlungsabschnitt: Zwei Stunden später

I. **Strafbarkeit der A**
  1. **Versuchte Tötung auf Verlangen durch Unterlassen, §§ 216 II, 13 I, 22, 23 I**
   a) Vorprüfung
   b) Tatentschluss
      P: Begehung durch Unterlassen
   c) Ergebnis: §§ 216 I, 13 I, 22,23 (–)
  2. **Unterlassene Hilfeleistung, § 323 c**
   a) Objektiver Tatbestand
   b) Ergebnis: § 323 c (–)
IV. **Gesamtergebnis**
   A: straflos
   T: straflos.

C. Gutachten

1. Handlungsabschnitt: Die Herbeirufung des T und die Behandlung mit einer Spritze

I. Strafbarkeit des T

1. Totschlag durch Unterlassen, §§ 212 I, 13 I

T könnte sich dadurch, dass er R nicht rechtzeitig ins Krankenhaus eingeliefert hat, wegen Totschlags durch Unterlassen nach §§ 212 I, 13 I strafbar gemacht haben.

a) Objektiver Tatbestand

aa) Der tatbestandsmäßige Erfolg ist mit dem Tod des R eingetreten. Auch wenn R aufgrund des Tablettenmissbrauchs sowie seiner Erkrankung nur noch kurze Zeit zu leben gehabt hätte, war sein Leben dennoch gleichermaßen schutzwürdig.

Aufbauhinweis: Auch wenn vorliegend zum Zeitpunkt der Verabreichung der Spritze kein Tötungsvorsatz vorlag, sollte hier, da die Abgrenzung zur Fahrlässigkeit problematisch ist, mit der Prüfung des Vorsatzdeliktes begonnen werden.

---

bb) Zudem müsste eine Handlung oder ein Unterlassen des R vorliegen. Fraglich ist, ob hier auf die Nichteinweisung, d. h. ein Unterlassen i. S. v. § 13 I, oder auf die nicht ausreichende Behandlung mittels einer Spritze abzustellen ist. Nach dem Schwerpunkt der Vorwerfbarkeit liegt hier ein Unterlassen vor, weil T im Hinblick auf den eingetretenen Tod des R der Vorwurf zu machen ist, dass er es unterlassen hat, durch rechtzeitige Einweisung in ein Krankenhaus die bestmögliche Behandlung zu wählen. Geht man mit der Abgrenzung nach dem Kriterium des Energieeinsatzes davon aus, dass aktives Tun vorliegt, wenn der Täter im Hinblick auf den konkret zum Erfolg führenden Geschehensverlauf Energie eingesetzt hat, könnte scheinbar auch auf die Verabreichung der Spritze abgestellt werden. Diese hätte bei einer lebensverlängernden Wirkung den Erfolg in seiner konkreten Gestalt beeinflusst. Tatsächlich werden aber auch die Vertreter dieser Ansicht die Verabreichung der Spritze nicht als das todesverursachende tatbestandsmäßige Verhalten ansehen.

cc) Das Unterlassen der sofortigen Einweisung könnte jedoch keine taugliche Tötungshandlung sein, weil das Selbstbestimmungsrecht des Patienten eine verfassungskonforme Auslegung der Tötungsdelikte, hier des § 212 nach den Grundsätzen der passiven Sterbehilfe erforderlich macht.

Aufbauhinweis: Der BGH (BGHSt 55, 191) hat in Fällen des von ihm so bezeichneten Behandlungsabbruchs die Unterscheidung von aktivem Tun und Unterlassen für hinfällig erklärt und für beide Fälle eine Rechtfertigungslösung postuliert. Abgesehen davon, dass diese Entscheidung höchst unsystematisch und widersprüchlich ist, schließt sie nicht aus, den Begriff der passiven Sterbehilfe als Oberbegriff auch für Fälle des Behandlungsabbruchs weiter zu verwenden, selbst wenn der BGH die Abgrenzung zwischen aktiver und passiver Sterbehilfe in BGHSt 55, 191, (203) für „nicht geeignet" erachtet. Selbstverständlich kann statt dessen auch von Behandlungsabbruch gesprochen werden.

Die Einordnung der sog. passiven Sterbehilfe in den Straftataufbau ist umstr. Da eine Ansicht mit unterschiedlicher Begründung bereits die Tatbestandsmäßigkeit ablehnt, kann eine Abgrenzung zu anderen Formen etwa der Teilnahme am Selbstmord bereits bei der Tathandlung angesprochen werden. Die Rechtsprechung sieht dies hingegen – wie auch die Bezeichnung „gerechtfertigter Behandlungsabbruch" erkennen lässt – als Rechtfertigungsproblem an, letztlich um Kollisionen mit § 216 zu vermeiden.

Wie sich die Grundsätze der passiven Sterbehilfe auf die Prüfung der Strafbarkeit auswirken ist umstritten.

Neben einem Tatbestandsausschluss werden von der h.M. Rechtfertigungsmodelle etwa mittels einer (mutmaßlichen) Einwilligung oder § 34 StGB vertreten. Hierauf kommt es aber nicht an, da bereits der Anwendungsbereich der passiven Sterbehilfe nicht eröffnet ist. Zwar ist nach h.M. nicht erforderlich, dass das Grundleiden eines Kranken einen irreversiblen Verlauf genommen hat und dessen Tod in kurzer Zeit eintreten wird, jedenfalls aber soll das Institut des gerechtfertigten Behandlungsabbruchs nur Fälle erfassen, in denen die Beendigung des Lebens auf dem Verlauf des begonnenen Krankheitsprozesses beruht, d. h. ein (aktiver oder passiver) Abbruch der Behandlung erfolgt. Hier beruht der Tod aber nicht auf dem Krebsleiden, sondern auf der Vergiftung. Davon abgesehen sah T von der sofortigen Einweisung auch nicht deshalb ab, um die Leiden des R zu verkürzen, sondern weil ihn die A inständig darum gebeten hat, den R ihrer Pflege zu überlassen.

Hinweis: Die Bedeutung der Unterordnung unter den Willen des Sterbenden ist unklar, da der BGH offenlässt, welchen Tatbestand der Täter beim Behandlungsabbruch verwirklicht, vielmehr betont, dass der Behandlungsabbruch die tatbestandlichen Grenzen des § 216 unberührt lasse. Da die Rechtfertigung an die Verwirklichung des tatbestandlichen Unrechts anknüpft, ist dies offensichtlich wenig durchdacht.

Auch eine anderweitige, über das Selbstbestimmungsrecht vermittelte „Sterbehilfe" (Einverständnis des Patienten in die Nichtrettung auch bei nicht lebensbedrohlicher Situation) kommt nicht in Betracht, da die Lebererkrankung trotz des zu erwartenden Todes in einem Jahr keine aussichtslose Prognose stellt, die eine Suspendierung der Regel des § 216, der den Tötungswunsch des Rechtsgutinhabers für rechtlich z. T. unbeachtlich erklärt, rechtfertigen könnte.

dd) Das Unterlassen des T müsste zudem für den Tod des R kausal gewesen sein. Beim unechten Unterlassungsdelikt sind die Anforderungen an eine Verhinderungskausalität umstr., da ein Wegdenken einer Handlung entsprechend der klassischen conditio-sine-qua-non-Formel im Falle eines Unterlassens nicht möglich ist. Die weitaus überwiegend vertr. Ansicht verlangt, dass die gebotene, aber unterlassene Handlung den tatbestandsmäßigen Erfolg mit an Sicherheit grenzender Wahrscheinlichkeit verhindert hätte müssen. Nach dem Sachverhalt steht aber gerade nicht fest, ob die tödlichen Folgen des Tablettenkonsums durch eine rechtzeitige Einweisung noch beseitigt oder zumindest deutlich verzögert werden hätten können. Das sofortige Verbringen in ein Krankenhaus kann damit vorliegend hinzugedacht werden, ohne dass der Erfolg (Tod durch Organversagen) mit an Sicherheit grenzender Wahrscheinlichkeit entfällt.

Allerdings sind die Überlebenschancen des R durch die verzögerte Einweisung in ein Krankenhaus deutlich verringert worden. Mit der in der Literatur vertretenen Risikoverminderungslehre ließe sich damit durchaus eine Kausalität annehmen. Nach ihr ist maßgeblich, dass sich im Erfolg eine Gefahr realisiert hat, die der Täter herabzumindern verpflichtet war. Folgerichtig reicht es aus, wenn die Möglichkeit besteht, dass die Vornahme der gebotenen Handlung den Erfolg abgewendet haben könnte. Da die Risikoverminderungslehre aber eine tatbestandliche Zurechnung trotz möglicherweise vermindertem Erfolgsunrechts gestattet und damit Erfolgsdelikte contra legem in Gefährdungsdelikte umwandelt, ist sie abzulehnen und es muss vorliegend eine Kausalität verneint werden.

b) Ergebnis
T hat sich keines Totschlags durch Unterlassen strafbar gemacht.

2. Versuchter Totschlag durch Unterlassen, §§ 212 I, 13 I, 22, 23
a) Vorprüfung
T könnte sich des versuchten Totschlags durch Unterlassen nach §§ 212 I, 13, 22, 23 strafbar gemacht haben, da zwar der Totschlag durch Unterlassen mangels Kausalität nicht vollendet ist, es aber im Hinblick auf den Tatentschluss beim Versuch genügt, wenn der Täter es zumindest als eine Möglichkeit in Kauf genommen hat, dass die gebotene Handlung möglicher Weise den Erfolg verhindert hätte können. Der Versuch ist strafbar, vgl. §§ 212 I, 23 I, 12 I.

b) Tatentschluss
A hätte mit vorbehaltlosem Tatentschluss handeln müssen, den R durch Unterlassen der gebotenen Handlung zu töten. Problematisch ist allerdings, ob T hinsichtlich des Todeserfolges mit dolus eventualis oder lediglich bewusst fahrlässig gehandelt hat. Wie diese Abgrenzung zu erfolgen hat, ist umstr.

P: Abgrenzung bedingter Vorsatz (dolus eventualis) von bewusster Fahrlässigkeit
Für Eventualvorsatz (bedingter Vorsatz) ist zumindest Voraussetzung, dass der Täter den Erfolgseintritt für möglich erachtet (Wissenselement, das aber auch bei bewusster Fahrlässigkeit vorhanden ist). Umstr. ist aber, ob zusätzlich eine Willenskomponente erforderlich ist und wenn ja welches voluntative Element maßgebend sein soll.

Rspr. (Billigungstheorie): Die Rechtsprechung verlangt grundsätzlich ein billigend in Kauf nehmen. Im Rechtssinne billigt nach dem BGH aber auch, wer sich damit abfindet, dass seine Handlung den an sich unerwünschten Erfolg herbeiführt.

Kritik: Es ist zwar richtig, dass der Erfolg nicht erwünscht sein muss, fraglich bleibt jedoch, wie das Merkmal des „Billigens" bestimmt werden soll. Die Abgrenzung der §§ 212, 211 einerseits und § 222 erfolgt damit auf unsicherer Grundlage.

Möglichkeitstheorie: Täter hält Eintritt der Tatbestandsverwirklichung für möglich und handelt dennoch. Eine Willenskomponente ist entbehrlich, da der Täter, wenn er die Möglichkeit des Erfolgseintritts erkennt, bewusst dem konkreten Verbot zuwider handelt. Ein „Abfinden" liegt in diesen Fällen in der Natur der Sache. Wer hingegen meint, es werde „alles gut gehen", der erkennt regelmäßig schon nicht die Möglichkeit des Erfolgseintritts.

Kritik: Damit wäre die bewusste Fahrlässigkeit überflüssig.

Risikotheorie (ähnl. Gefährdungstheorie): Täter erkennt das mit seiner Handlung verbundene (unerlaubte) Risiko und entscheidet sich zu handeln.

Kritik: Damit wird aber die tatbestandsmäßige Kenntnis des Erfolges ersetzt durch Kenntnis des Risikos.

Wahrscheinlichkeitstheorie: Der Täter handelt mit Eventualvorsatz, wenn er die Rechtsgutverletzung nicht nur für möglich, sondern für wahrscheinlich erachtet. Die bloße Möglichkeit kann nicht ausreichen, da sie nicht mit einer hinreichenden subjektiven Wahrscheinlichkeitsvorstellung verbunden ist und damit eine bloße Spekulation über die subjektive Tatseite beinhaltet.

Kritik: Abgrenzung dürfte praktisch nur sehr schwierig durchzuführen sein

Gleichgültigkeitstheorie: Der Täter muss die „Nebenfolge" zumindest gleichgültig hinnehmen; es genügt nicht, wenn er die Nebenfolge als unerwünscht ansieht und hofft, dass sie ausbleibt. Nur ein höherer Gesinnungsunwert kann letztlich die Vorsatzstrafe rechtfertigen.

H. M. und Billigungstheorie: Der Täter handelt mit bedingtem Vorsatz, wenn er die Möglichkeit des Erfolgseintritts erkannt (und ernst genommen hat, so die **Ernstnahmetheorie**) und ihn billigend in Kauf genommen hat oder sich mit dem Eintritt abgefunden hat. Bewusste Fahrlässigkeit liegt hingegen vor, wenn der Täter ernsthaft darauf vertraut, dass der Erfolg nicht eintritt (oder wenn er sich ernsthaft bemüht hat, den Erfolgseintritt zu verhindern).

Grobformel zu Abgrenzung:

Sagt sich der Täter

⇨ „na wenn schon" ▸ Vorsatz

⇨ „es wird schon gut gehen" ▸ Fahrlässigkeit

Finden sich im Sachverhalt Formulierungen wie: „A nahm den Tod billigend in Kauf" oder „A vertraute darauf, dass der Tod nicht eintritt", steht fest, dass A im ersten Fall bedingt vorsätzlich und im zweiten Beispiel bewusst fahrlässig gehandelt hat. Eine Disskussion des Streits zur Abgrenzung muss dann nicht erfolgen.

Aus der Rechtsprechung: BGHSt 7, 363 (Lederriemen-Fall).

Übersichtsliteratur: *Hillenkamp* Strafrecht AT, 1. Problem, 1 ff.; *Kindhäuser* AT, § 14 Rdn 17 ff.; *Otto* AT, § 7 Rdn 35 ff.; *Otto* Jura 1996, 473.

Weitere Übungsklausuren: *Brüning* ZJS 2009, 282 f.; *Edlbauer* Jura 2007, 944 f.; *Perron/Bott/ Gutfleisch* Jura 2006,710 f.; *Singelstein* JA 2011, 757 f.

Nach der Möglichkeitstheorie soll es darauf ankommen, ob der Täter die konkrete Möglichkeit der Rechtsgutsverletzung gesehen und dennoch gehandelt hat. Danach hätte T vorsätzlich gehandelt, da ihm die Möglichkeit einer kausalen Herbeiführung des Erfolges durch Nichteinweisung bewusst war. Die Wahrscheinlichkeitstheorie stellt hingegen darauf ab, ob der Täter den Eintritt des Erfolges nicht nur für möglich, sondern für wahrscheinlich gehalten hat. Dies lässt sich hier mit Bestimmtheit dem Sachverhalt nicht entnehmen, dürfte aber angesichts des konkreten Entschlusses des T, zunächst abwarten zu wollen, eher fern liegen. Zumindest wird man in dubio pro reo annehmen müssen, dass T einen Todeseintritt durch Nichteinweisung nur für möglich hielt. Die herrschende Meinung, insbesondere die Rspr., verlangt nicht nur ein Wissens-, sondern auch ein Wollenselement. Für sie ist entscheidend, ob der Täter den für möglich gehaltenen Erfolg gebilligt oder billigend in Kauf genommen hat. Billigen soll zwar auch im Hinblick auf einen an sich unerwünschten Erfolg möglich sein, auch eine Billi-

204 — Übungsfall 7: Ruhe Sanft

gung „im Rechtssinne" verlangt aber, dass der Täter sich mit seinem Eintritt abgefunden hat.

Laut Sachverhalt nahm T in Kauf, dass die erst später vorgenommene Einweisung die Überlebenschancen des R deutlich verringert, was auf seinen Tötungsvorsatz hindeuten könnte. Sein tatsächliches Verhalten lässt aber auf Gegenteiliges schließen, wenn er dem R eine belebende Spritze verabreicht und die Ehefrau genau instruiert, um den Erfolg abzuwenden. Im Sinne der Billigungstheorie des BGH lehnt er damit den Erfolg innerlich ab und hofft bzw. vertraut gerade auf dessen Ausbleiben. T handelt lediglich bewusst fahrlässig. Gestützt werden kann dieses Ergebnis auch durch einen Blick auf die sog. Hemmschwellentheorie, die Anforderungen an die Beweiswürdigung bei der Feststellung bedingten Vorsatzes aufstellt. Nach ihr liegt die Annahme einer Billigung nahe, wenn der Täter sein Vorhaben trotz äußerster Gefährlichkeit durchführt oder er es dem Zufall überlässt, ob die erkannte Gefahr eintritt oder nicht. Bei Tötungen sollen angesichts einer bei ihnen bestehenden, besonderen psychologischen Hemmschwelle besondere Anforderungen an den Nachweis an die Billigung des Todeserfolges zu stellen sein.

c) Ergebnis
T hat sich daher nicht nach §§ 212 I, 13, 22, 23 strafbar gemacht.

3. Fahrlässige Tötung durch Unterlassen, §§ 222, 13 I
a) Tatbestand
Der tatbestandsmäßige Erfolg ist zwar eingetreten, bereits oben wurde aber festgestellt, dass die Unterlassung des T nicht ursächlich für die Herbeiführung des Todeserfolges war.

b) Ergebnis
Er hat sich daher nicht nach § 222 strafbar gemacht.

4. Aussetzung, § 221 I Nr. 2
Dadurch, dass T die Wohnung verlassen hat, ohne R in ein Krankenhaus einzuweisen, könnt er sich wegen einer Aussetzung nach § 221 I Nr. 2 strafbar gemacht haben.

a) Objektiver Tatbestand

aa) Da T die hilflose Lage des R nicht herbeigeführt hat, kommt nur ein Imstichlassen trotz bestehender Obhuts- bzw. Beistandspflicht in Betracht. R ist bewusstlos, so dass er sich schon vor dem Zeitpunkt, in dem T die Wohnung verlassen hat, in einer Lage befand, in der er auf die Solidarität der Gemeinschaft angewiesen war. Imstichlassen ist das Unterlassen der gebotenen Hilfeleistung, obwohl dem Täter das möglich war. Da T dem R nicht geholfen hat, obwohl ihm das möglich war, könnte er ihn im Stich gelassen haben.

bb) Dies würde voraussetzen, dass C eine Obhuts- oder Beistandspflicht getroffen hat. Obhuts- und Beistandspflichten werden durch Garantenstellungen begründet. T war Hausarzt der Familie und infolge dessen Schutzgarant aus tatsächlicher Übernahme einer Garantenstellung[1].

cc) Die bestehende Garantenpflicht könnte aber suspendiert sein, weil der Suizidwille des Opfers zu beachten ist. Früher erachteten die Rechtsprechung und Teile des älteren Schrifttums den Willen des Lebensmüden noch für unbeachtlich, da nicht ausgeschlossen werden könnte, dass der Lebensmüde bei Wiedererlangung des Bewusstseins seine Weisung zurücknimmt und nunmehr eine Rettung wünsche. Aufgrund der Ratio der Straflosigkeit des Suizids und zur Anerkennung des Selbstbestimmungsrechts des Einzelnen wird heute hingegen eine Garantenstellung abgelehnt, wenn die Selbsttötung auf einer freien und eigenverantwortlichen Entscheidung beruht, d. h. frei von Zwang, Täuschung und anderen wesentlichen Willensmängeln ist.

Allerdings hatte die bisherige Rechtsprechung ab dem Zeitpunkt eine Ausnahme gemacht, indem der Suizident hilfsbedürftig werde. Diese Rettungspflicht des Garanten begründete sie damit, dass sich ein Tatherrschaftswechsel vollzogen habe[2]. Anders als bei nahen Angehörigen, bei denen die Einschränkung einer Garantenpflicht vor dem Hintergrund der häufig bestehenden Nähebeziehung zum Suizidenten Sinn ergibt, ist ein Arzt gerade dazu berufen, Leben zu retten. Nur bei Vorliegen besonderer Umstände des Einzelfalls darf ein Arzt nach der Rechtsprechung ausnahmsweise von lebensrettenden Maßnahmen absehen. Ob diese Ansicht nach Anerkennung des Behandlungsabbruchs durch den BGH noch aufrechterhalten wird, sei dahin gestellt. Immerhin ließe sich im Einklang mit der Ansicht der Rspr. argumentieren, dass beim Suizid die Bewusstlosigkeit und damit der Herrschaftsverlust nicht wie beim Behandlungsabbruch auf einem zu respektierenden, eigenverantwortlich gefassten Sterbewillen beruhen. Die ganz überwiegend vertretene Gegenansicht im Schrifttum lehnt eine Hilfeleistungs-

---

1 Vgl. *Otto*, AT, § 9, Rn. 65.
2 Vgl. BGHSt 32, 367 ff.

pflicht ohnehin zu Recht ab, da der Gesetzgeber die Nichthinderung einer fremden Selbsttötung aus dem Anwendungsbereich der Tötungsdelikte bewusst ausgenommen habe (keine strafbare Beihilfe zum Suizid). Handle es sich um eine freiverantwortliche Entscheidung des Suizidenten, aus dem Leben scheiden zu wollen, dann gehe das Selbstbestimmungsrecht des Suizidenten vor[3]. Diese Einschränkung erscheint überzeugend, zumal mit § 323 c eine flexiblere und ausreichende Sanktionsnorm zur Erfassung pflichtwidrigen Verhaltens eines Arztes oder naher Angehöriger zur Verfügung steht. Obwohl vorliegend vor allem T und nicht mehr der bewusstlose R das Geschehen beherrschte muss deshalb eine Garantenstellung des T verneint werden.

Hinweis: Sieht man dies anders, könnte ein Imstichlassen verneint werden. Zwar erfordert dies keine räumliche Trennung, sondern kann auch bei bloßer Untätigkeit bei räumlicher Anwesenheit, d.h. bei Unterlassen einer Hilfeleistung gegeben sein. Durch die Verabreichung der Spritze und die Instruktion der A hat T allerdings – wenn auch nicht gerade tauglich – Hilfe geleistet.

---

b) Ergebnis
T hat sich nicht nach § 221 I Nr. 2 strafbar gemacht.

5. Unterlassene Hilfeleistung, § 323 c
Dadurch, dass T es unterlässt, R zu helfen, könnte er sich wegen unterlassener Hilfeleistung nach § 323 c strafbar gemacht haben.

a) Objektiver Tatbestand
Dann müssten der Selbsttötungsversuch des R und die daraus entstehende Lebensgefährdung einen Unglücksfall darstellen. Hierunter versteht man jedes plötzlich eintretende Ereignis, das Schaden an Leib, Leben oder Sachen von bedeutendem Wert zu bringen droht. Umstritten ist aber, ob der Suizid einen Unglücksfall darstellt.

Hinweis: Teilweise wird die Diskussion um die Hilfspflicht bei Selbsttötungen auch in den Prüfungspunkten „Zumutbarkeit" bzw. „Erforderlichkeit" geführt. Der hier gewählte Standort ist in der Klausur aber nicht zu begründen.

---

3 Vgl. Wessels/*Hettinger* BT 1 Rn. 44 ff.

In der Literatur wird dies überwiegend verneint, wenn eine frei verantwortliche Begehung durch den Suizidenten vorliegt. Nicht zuletzt wegen des Selbstbestimmungsrechts des Suizidenten könne ein Suizid kein „plötzliches" Ereignis i. S. eines Unglücksfalls sein. Demgegenüber bejahte der BGH zumindest ab Eintritt der Hilfsbedürftigkeit einen Unglücksfall, da es für eine Gefahrenlage gleichgültig sei, ob diese von außen oder vom Willen des Suizidenten selbst hervorgerufen werde. Dafür mag auch sprechen, dass Selbsttötungsversuche oft Appellcharakter im Sinne eines Schreis nach Beistand haben. Richtig dürfte es deshalb sein, nur dann einen Unglücksfall anzunehmen, wenn kein freiverantwortlicher Entschluss zur Selbsttötung vorliegt. Hierfür sind keine Anzeichen im Sachverhalt ersichtlich, so dass auch keine allgemeine Hilfspflicht besteht.

b) Ergebnis
T hat sich daher nicht nach § 323c strafbar gemacht.

6. §§ 223 I, 224 I Nr. 2
T könnte sich durch Verabreichen der Spritze trotz entgegenstehendem Willen des R wegen gefährlicher Körperverletzung nach §§ 223 I, 224 I Nr. 2 strafbar gemacht haben.

a) Objektiver Tatbestand
aa) Eine körperliche Misshandlung ist jede üble, unangemessene Behandlung, durch die das körperliche Wohlbefinden nicht nur unerheblich beeinträchtigt wird. Gesundheitsschädigung ist das Hervorrufen oder die Steigerung eines pathologischen, d. h. negativ vom körperlichen Normalzustand abweichenden Zustands. Die Gabe der Spritze führt zu einer nicht nur unerheblichen Beeinträchtigung des körperlichen Wohlbefindens. Es lässt sich damit im Grundsatz eine körperliche Misshandlung annehmen. Dass R bewusstlos ist und deshalb kein Schmerzempfinden hat, spielt keine Rolle, da eine Misshandlung keine Schmerzzufügung voraussetzt. Eine Gesundheitsschädigung scheidet hingegen aus, da die Spritze zu keinem pathologischen Zustand geführt hat.

Fraglich ist aber, ob ein ärztlich indizierter Heileingriff überhaupt eine körperliche Misshandlung darstellen kann, da das körperliche Wohlbefinden durch diesen Eingriff gerade verbessert werden soll. Eine m.M. in der Literatur verneint deshalb eine Tatbestandsmäßigkeit, während die Rechtsprechung den Schutz des Selbstbestimmungsrechts des Patienten betont und daher den Tatbestand des § 223 bejaht. Eine Lösung der Problematik folgt nach der Rspr. auf der Ebene der Einwilligung. Zu folgen ist der Einwilligungslösung, da das Instrument der Rechtfertigung auch zu der rechtspolitisch erwünschten Konsequenz einer hinreichenden Patientenaufklärung führt und auch nur so eine aufgedrängte ärztliche Hilfe strafrechtlich erfasst werden kann.

bb) Die Spritze stellt hingegen auch nach Ansicht der Rspr. kein gefährliches Werkzeug i. S. d. § 224 I Nr. 2 StGB dar, da sie nicht zu Angriffs- oder Verteidigungszwecken, sondern zu Heilzwecken eingesetzt wurde.

b) Subjektiver Tatbestand
T handelte vorsätzlich.

c) Rechtswidrigkeit
aa) Da sich R einen schnellen Tod wünschte und nicht wollte, dass ärztliche Maßnahmen wie die Vergabe einer Spritze durch einen Arzt erfolgten, hat er jedenfalls nicht ausdrücklich in die Gabe der belebenden Spritze eingewilligt. Die ernstliche und endgültige Verweigerung ärztlicher Hilfe verbietet aber zugleich den Rückgriff auf das Institut der mutmaßlichen Einwilligung, da der ausdrücklich erklärte Wille des Rechtsgutinhabers insoweit nicht durch einen Interessenabwägung ausgehebelt werden darf.

bb) Des Weiteren könnte ein rechtfertigender Notstand gem. § 34 vorliegen. Verletzt wurde die körperliche Integrität des R um dessen Leben vor der drohenden Gefahr des Todes durch Vergiftung zu retten.

(1) Für einen rechtfertigenden Notstand ist zunächst eine Notstandslage erforderlich.

Diese erfordert eine Gefahr für ein Rechtsgut. Als geschütztes Rechtsgut kommen Leib und Leben des R in Betracht. Gefahr ist eine auf tatsächliche Umstände gegründete Wahrscheinlichkeit eines schädigenden Ereignisses. Die Gefahr ist gegenwärtig, wenn bei ungestörter Weiterentwicklung der Dinge der Eintritt eines Schadens zumindest höchst wahrscheinlich ist. Hier bestand unzweifelhaft die Gefahr bzw. an Sicherheit grenzende Wahrscheinlichkeit, dass R bei Nichtbehandlung versterben wird.

(2) Auch darf die Gefahr nicht anders abwendbar sein. Die Erforderlichkeit ist gegeben, wenn kein anderes weniger gravierendes, aber dennoch wirksames Mittel zur Verfügung steht. Hier kann bereits daran gezweifelt werden, ob die Spritze überhaupt ein geeignetes Mittel war, die Gefahr abzuwenden und auf welche Sicht zur Beurteilung der Geeignetheit abzustellen ist.

(3) Letztlich muss aber eine Rechtfertigung in diesen Fällen einer internen Güterkollision ausscheiden, da ansonsten die Grundsätze und Voraussetzungen

der Einwilligung oder mutmaßlichen Einwilligung ausgehebelt werden könnten und dadurch dem Selbstbestimmungsrecht des Opfers nicht hinreichend Rechnung getragen werden kann. Soll der Patientenwille in den Fällen einer aufgedrängten bzw. eigenmächtigen Heilbehandlung geschützt werden, darf er nicht über § 34 für unbeachtlich erklärt werden, denn ein Menschenleben wäre stets höher einzustufen als die körperliche Unversehrtheit des Rechtsgutinhabers. Dieses Ergebnis dürfte im Übrigen auch durch die Angemessenheitsklausel des § 34 S. 2 bestätigt werden. Setzt sich der Täter über Autonomie und Selbstbestimmungsrecht desjenigen hinweg, dessen Rechtsgüterschutz bezweckt wird, wird man schwerlich von einer Angemessenheit ausgehen können.

d) Schuld

Sollte sich T sowohl über die Geeignetheit der Spritze zur Erfolgsabwendung als auch über die Möglichkeit einer Rechtfertigung seines Verhaltens geirrt haben, so würde ein sog. Doppelirrtum vorliegen, der als Erlaubnisirrtum nach den Grundsätzen des Verbotsirrtums (§ 17) zu behandeln ist. Bei einem Verbotsirrtum handelt der Täter nur dann ohne Schuld, wenn der Irrtum unvermeidbar war (§ 17 S. 1 StGB). Davon geht man aus, wenn der Täter nach der ihm zumutbaren Anspannung seines Gewissens keine Einsicht in die Unrechtmäßigkeit seines Verhaltens hätte gewinnen können. Gefragt wird, ob der Täter nach seinen Fähigkeiten und Kenntnissen in der Lage gewesen ist, sein Verhalten als rechtswidrig zu erkennen, oder ob er zumindest Anlass gehabt hätte, über die Rechtmäßigkeit nachzudenken und gegebenenfalls Erkundigungen einzuholen. Angesichts der Stellung als Arzt wird man hier aufgrund der berufsspezifischen Sorgfaltspflichten eine Vermeidbarkeit bejahen müssen[4].

e) Ergebnis

T hat sich daher nach § 223 I strafbar gemacht.

---

[4] A. A. auch angesichts der unklaren Strafbarkeitsrisiken bei einer unterlassenen Behandlung sehr gut vertretbar.

II. Strafbarkeit der A

1. Versuchte Tötung auf Verlangen durch Unterlassen, §§ 216 II, 13 I, 22, 23

Unabhängig davon, ob vorliegend eine Strafbarkeit nach §§ 216, 13 I oder §§ 222, 13 I bzw. § 323 c in Betracht gezogen wird, hat A sofort einen Arzt herbeigerufen und damit ihrer Hilfspflicht entsprochen. Das Einwirken auf den Arzt ist mangels vorsätzlicher Haupttat im Hinblick auf die verspätete Einweisung ebenfalls nicht strafbar.

2. Handlungsabschnitt: Zwei Stunden später

I. Strafbarkeit der A

1. Versuchte Tötung auf Verlangen durch Unterlassen, §§ 216 II, 13 I, 22, 23 I

a) Vorprüfung

A könnte sich der versuchten Tötung auf Verlangen strafbar gemacht haben. Der Entschluss, nach zwei Stunden den T nicht erneut zu benachrichtigen, wurde nicht kausal für den Todeseintritt und die Tat ist damit nicht vollendet. Der Versuch ist strafbar, vgl. §§ 216 II, 22, 23 I.

b) Tatentschluss

A fasste den Vorsatz, den R sterben zu lassen, erst nach wiederholtem Durchlesen des Briefes. Zu diesem Zeitpunkt könnte damit eine Strafbarkeit wegen Tötung auf Verlangen durch Unterlassen in Betracht kommen, wenn eine Begehung des § 216 durch Unterlassen überhaupt möglich ist.

Ob eine Tötung auf Verlangen durch Unterlassen möglich ist, wird kontrovers diskutiert. Die Rspr. hat dies jedenfalls früher bejaht[5], sofern ein zur Lebensrettung verpflichteter Garant bei ausdrücklichem und ernstlichem Verlangen seines Schützlings dessen Tod nicht verhindert[6]. Die Problematik ist gleichgelagert wie die oben aufgeworfene Frage nach einer Suspendierung der Garantenpflicht. Bejaht man eine Garantenpflicht der A, so ist damit zugleich die Annahme einer Tatherrschaft der A zwingend indiziert. Dann scheidet aber die Möglichkeit einer Teilnahme am Suizid des R nach allen Beteiligungslehren aus. Die A würde dann ihre Garantenpflicht missachten, was nach der Pflichtdeliktslehre zur Annahme der

---

5 Vgl. BGHSt. 13, 162; 32, 367.
6 Vgl. BGHSt. 13, 162; 32, 367.

Täterschaft ausreicht. Selbst wenn man darüber hinausgehend ein der Tatherrschaft bei den Begehungsdelikten vergleichbares Moment verlangen würde, läge es ebenfalls vor, da A die Macht hatte, einen Arzt zur Rettung des R zu rufen.

Das überwiegende strafrechtliche Schrifttum verneint demgegenüber zu Recht die Möglichkeit der Verwirklichung des § 216 StGB durch Unterlassen, da die Bestrafung der Befolgung eines ernstlichen Tötungsverlangens durch einen Lebensrettungsgaranten den Grundsatz der Straflosigkeit bloßer Suizidteilnahme aushöhlen würde[7]. Zwar hatte A grundsätzlich eine Beschützergarantenposition gegenüber dem Leben ihres Ehemannes R inne, die sowohl auf §§ 1353 ff. BGB (formell) als auch auf natürliche Verbundenheit (materiell) gestützt werden kann. Diese Garantenpflicht wurde aber durch den freiverantwortlich gefassten Suizidwunsch des R suspendiert, so dass auch eine Obhutsverantwortung der A i. S. v. § 216 auscheiden muss.

c) Ergebnis
A hat sich daher nicht nach §§ 216 I, 13, 22, 23 strafbar gemacht.

2. Unterlassene Hilfeleistung, § 323 c
Dadurch, dass A es unterlässt, T zu rufen, könnte sie sich wegen unterlassener Hilfeleistung nach § 323 c strafbar gemacht haben.

a) Objektiver Tatbestand
Dann müssten der Selbsttötungsversuch des R und die daraus entstehende Lebensgefährdung einen Unglücksfall darstellen. Wie oben aufgezeigt ist dies aber vorliegend abzulehnen.

b) Ergebnis
A hat sich daher nicht nach § 323c strafbar gemacht.

IV. Gesamtergebnis/Konkurrenzen

T und A sind straflos.

---

7 Vgl. Wessels/*Hettinger* BT 1 Rn. 161; differenzierend MK-StGB/*Schneider*, § 216 Rn. 62.

D. Definitionen

Schutzgaranten	sind verpflichtet, Gefahren von einer zu beschützenden Person abzuwehren.
Überwachungsgaranten	müssen die von einer bestimmten Gefahrenquelle ausgehenden Risiken abwehren.
hilflose Lage	In einer hilflosen Lage ist das Opfer, wenn es ihm nicht möglich ist, sich aus eigener Kraft vor Gefahren für sein Leben oder seine körperliche Integrität zu schützen.
Imstichlassen	ist das Unterlassen der gebotenen Hilfeleistung.
Obhuts- und Beistandspflichten	werden durch Garantenstellungen begründet.
Unglücksfall	ist jedes plötzlich eintretende Ereignis, das Schaden an Leib, Leben oder Sachen von bedeutendem Wert zu bringen droht.
Erforderlichkeit der Hilfeleistung	Erforderlich ist eine Hilfeleistung, wenn sie aus der Sicht eines Beobachters, also ex-ante, notwendig erscheint, um den drohenden Schaden abzuwenden.
Kausalität bei Unterlassen	bestimmt sich danach, ob die gebotene, aber unterlassene Handlung den tatbestandsmäßigen Erfolg mit an Sicherheit grenzender Wahrscheinlichkeit verhindert hätte.
bedingter Vorsatz	liegt vor, wenn der Täter den für möglich gehaltenen Erfolg gebilligt oder billigend in Kauf genommen hat.
körperliche Misshandlung	ist jede üble, unangemessene Behandlung, durch die das körperliche Wohlbefinden nicht nur unerheblich beeinträchtigt wird.
Nicht anders abwendbar	ist eine Gefahr, wenn kein milderes Mittel zur Verfügung steht, mit dem die Gefahr genauso sicher abgewendet werden kann.
Unvermeidbarer Verbotsirrtum	liegt vor, wenn der Täter nach der ihm zumutbaren Anspannung seines Gewissens keine Einsicht in das Unrechtmäßige seines Verhaltens hätte gewinnen können. Gefragt wird, ob der Täter nach seinen Fähigkeiten und Kenntnissen in der Lage gewesen ist, sein Verhalten als rechtswidrig zu erkennen, oder ob er zumindest Anlass gehabt hätte, über die Rechtmäßigkeit nachzudenken und gegebenenfalls Erkundigungen einzuholen.

Übungsfall 8: Eine Familientragödie

A. Sachverhalt

Zwischen Dieter Drechsler (D) und seinem Sohn Thomas (T) kam es zum Zerwürfnis, nachdem D seinem Sohn einen Teil seiner Firma übertragen und ihn neben sich als weiteren Geschäftsführer angestellt hatte. T versuchte schon aus Trotz alles anders zu machen als sein Vater und diesen bewusst zu demütigen. So hat er bei Durchsicht der Firmenunterlagen entdeckt, dass D eine Steuerhinterziehung begangen hatte und diesem gedroht, alles den Finanzbehörden anzuzeigen, wenn er in Zukunft die Geschäftsleitung nicht gänzlich ihm überlasse. Da D seine Anstellung und seine Firma nicht vollständig verlieren wollte, beschloss D, seinen Sohn zu töten. Als T eines Abends gegen 21 Uhr 30 mit seiner Ehefrau Verona (V) nach Hause kam, wartete D in einiger Entfernung zum Eingang der Wohnung des T hinter einem Busch mit einer Pistole, um seinen Sohn zu erschießen. D wusste, dass die Pistole nur mit einer Patrone geladen war, ging aber als geübter Schütze davon aus, seinen Sohn auf alle Fälle zu treffen. Weil T aber von V begleitet wurde, die zur Tatzeit in der 30. Woche schwanger war, zögerte D zunächst, den Schuss auf T abzugeben. Da er aber T auf alle Fälle töten wollte, trat er hinter dem Busch hervor und rief laut in Richtung der beiden Gestalten: „Jetzt bekommst Du die Rechnung serviert. Warum hast Du auch Deinem eigenen Vater gedroht". D gab einen Schuss auf T und V ab, wobei er zwar in der Dunkelheit lediglich die unklaren Umrisse zweier Personen erkennen, nicht aber zwischen T und V unterscheiden konnte. Er hoffte, seinen Sohn zu treffen, nahm aber auch die Tötung der V in Kauf. Der Schuss traf V in die linke Seite und führte zu einer lebensgefährlichen Herzverletzung. D erkannte, dass er V getroffen hatte, konnte aber kein weiteres Mal schießen, da er keine weitere Munition bei sich hatte. D flüchtete, während T einen Notarzt benachrichtigte, der V in ein Krankenhaus brachte.

Die dort operierende Ärztin Nadine Nasal (N) musste eine traurige Feststellung machen. Das Kind könnte zwar durch eine Notoperation gegebenenfalls zur Welt gebracht werden und überleben, die Operation hätte allerdings den sicheren Tod der V zur Folge. Da V nach Einschätzung der N nur noch wenige Tage zu leben hatte, entschloss sie sich zur Operation. Das Kind überlebte, erlitt allerdings infolge des erheblichen Blutverlustes seiner Mutter und der zeitweiligen Unterversorgung schwere Schäden, die u.a. zu einer Lähmung der rechten Körperhälfte führten. V starb wie von N vorhergesehen. Ohne Operation hätte sie allerdings bei entsprechender Versorgung noch einige Tage zu leben gehabt, auch wenn sie voraussichtlich nicht mehr aus dem Koma erwacht wäre, in welches sie infolge des Schusses gefallen war.

Wie haben sich D und N strafbar gemacht?

Bearbeitungszeit: Drei Stunden

B. Lösungsskizze

Erster Tatkomplex: Im Dunkeln der Nacht
Strafbarkeit des D

I.   **Totschlag (hinsichtlich V), § 212 I**
    1.   **Objektiver Tatbestand**
        a)   kausale Verursachung des Todes eines Menschen (+)
        b)   objektive Zurechnung trotz Dazwischentretens eines Dritten (+)
    2.   **Subjektiver Tatbestand**
        bedingter Vorsatz bzgl. der Tötung der V
        P: Bestrafung bei Alternativvorsatz

II. **Mord (hinsichtlich V), § 211**
    1.   **Heimtücke (–)**
    2.   **Ergebnis: §§ 212 (+)**

III. **Gefährliche Körperverletzung (hinsichtlich V), §§ 223 I, 224 I 1 Nr. 2, 3, 5**
    1.   **Objektiver Tatbestand (+)**
    2.   **Subjektiver Tatbestand (+)**
    3.   **Ergebnis: §§ 223, 224 subsidiär**

IV. **Versuchter Totschlag (hinsichtlich T), §§ 212, 22, 23 I**
    Vorprüfung (+)
    1.   **Tatentschluss (+)**
    2.   **Unmittelbares Ansetzen (+)**
    3.   **Rücktritt, § 24 I 1 Alt. 1 (–)**
        Versuch fehlgeschlagen

V.   **Versuchter Mord (hinsichtlich T), §§ 211, 22, 23 I**
    1.   **Heimtücke (–)**
    2.   **Verdeckungsabsicht (–)**
    3.   **niedrige Beweggründe (–)**
    4.   **Ergebnis: §§ 212, 22, 23 I (+)**

VI. **Körperverletzung (hinsichtlich des Kindes), §§ 223 I, 224, 226 I**
    Abgrenzung zu § 218; taugliches
    Tatobjekt (–)

VII. **Versuchter Schwangerschaftsabbruch, §§ 218 I, IV, 22, 23 I**
    1.   **Tatentschluss (+)**
        Vorsatz bei Tötung der Schwangeren
    2.   **Unmittelbares Ansetzen (+)**
    3.   **besonders schwerer Fall, § 218 II (–)**
        kein eigenständiger Unrechtsgehalt
    4.   **Rücktritt (–)**
    5.   **Ergebnis: §§ 218 I, IV, 22, 23 I (+)**

Zweiter Tatkomplex: Die Operation
Strafbarkeit der N

I.   **Mord, §§ 212 I, 211**
    1.   **Objektiver Tatbestand des Grunddelikts**
        kausale Verursachung des Todes eines Menschen (+)

2. **Tatbestand der Qualifikation**
   Heimtücke auch bei Besinnungslosen (–)
3. **Subjektiver Tatbestand**
   a) Vorsatz (+)
   b) niedriger Beweggrund (–)
4. **Rechtswidrigkeit**
   a) mutmaßliche Einwilligung (–)
   b) Nothilfe (–)
   c) rechtfertigender Notstand
      aa) gegenwärtige Gefahr (+)
      bb) Erforderlichkeit (+)
      cc) Interessenabwägung
          P: Rechtfertigung der Tötung eines unrettbar Verlorenen
   d) rechtfertigende Pflichtenkollision (–)
5. **Schuld**
   a) entschuldigender Notstand (–)
   b) übergesetzlicher entschuldigender Notstand (+)
6. **Ergebnis: §§ 212, 211 (–)**

II. **Gefährliche Körperverletzung (hinsichtlich V), §§ 223, 224**
   1. **Objektiver Tatbestand des Grunddelikts**
   2. **Objektiver Tatbestand der Qualifikation**
      Gefährliches Werkzeug (+)
   3. **Rechtswidrigkeit**
   4. **Ergebnis: §§ 223, 224 (–)**
III. **Strafbarkeit gemäß §§ 223, 224, 226 zum Nachteil des Kindes (–)**

Gesamtergebnis
T: § 211; §§ 211, 22, 23; §§ 218 I, IV, 22, 23; § 52 I
N: Straflos.

C. Gutachten

Erster Tatkomplex: Im Dunkeln der Nacht

Strafbarkeit des D

I. Totschlag (hinsichtlich V), § 212

Indem D mit seiner Pistole einen Schuss in Richtung von T und V abgegeben hat, könnte er sich des Totschlags gem. § 212 I strafbar gemacht haben.

1. Objektiver Tatbestand

a) Der tatbestandsmäßige Erfolg ist mit dem Tod der V eingetreten und für diesen war auch ein Handeln des D ursächlich i. S. d. conditio sine qua non-Formel. Der Schuss kann nicht hinweggedacht werden, ohne dass der Erfolg in seiner konkreten Gestalt entfallen würde, denn ohne den Schuss wäre es nicht zur tödlichen Notoperation durch N gekommen. Das vorsätzliche Handeln der N lässt damit nicht die Kausalität des Schusses für den Tod der V entfallen. Es liegt insoweit kein Fall einer überholenden Kausalität vor.

b) Fraglich ist aber, ob D dieser Erfolg auch objektiv zugerechnet werden kann oder ob hier nicht ein eigenverantwortliches Dazwischentreten der N den Zurechnungszusammenhang unterbricht. Grundsätzlich endet die Verantwortung des Erstverursachers dann, wenn ein Dritter vollverantwortlich eine selbstständig auf den Erfolg hinwirkende Gefahr begründet, die sich dann alleine im Erfolg realisiert. Kommt das Tatopfer erst im Krankenhaus aufgrund eines fahrlässigen Verhaltens der behandelnden Ärzte zu Tode, dann wird überwiegend eine objektive Zurechnung bejaht, denn mit leicht fahrlässigen Behandlungsfehlern muss nach allgemeiner Lebenserfahrung gerechnet werden. Hier hat N aber V vorsätzlich getötet, um das Leben des Kindes zu retten. Auch in den Fällen des vorsätzlichen Eingreifens eines Dritten kann eine objektive Zurechnung ausnahmsweise bejaht werden, wenn das Verhalten des Dritten so spezifisch mit der Ausgangsgefahr verbunden ist, dass es bereits typischerweise in der Ausgangsgefahr angelegt ist. Diese Betrachtung entspricht im Ergebnis auch dem vor allem durch die Rechtsprechung praktizierten Adäquanzurteil. Sie fragt vorrangig danach, ob das Dazwischentreten des Dritten so sehr außerhalb der allgemeinen Lebenserfahrung liegt, dass mit ihm vernünftigerweise nicht mehr zu rechnen ist. Hier muss eine objektive Zurechnung bejaht werden, denn es liegt durchaus nahe, dass ein Arzt trotz Tötungsverbots versuchen wird, zumindest das Leben des Kindes durch eine Operation zu retten. Die tödliche Verletzung einer Schwangeren hat insoweit auch die Ausgangsgefahr begründet, die das Verhalten der N als typische Folge hervorgerufen hat. Hierfür spricht auch, dass das Dazwischentreten der H kaum als „freiverantwortlich" angesehen werden kann, schließlich hat D gerade den für N bestehenden Gewissensnotstand, möglicherweise in Form eines übergesetzlichen Notstands, geschaffen, aufgrund dessen N die V getötet hat[1].

---

1 Insoweit liegt der Fall an der Grenze einer objektiv gegebenen mittelbaren Täterschaft, sofern man der sog. Schuldlösung (§§ 2 JGG, 20, 21, 35 StGB) nahe steht.

2. Subjektiver Tatbestand

Fraglich ist indes, ob D auch den subjektiven Tatbestand erfüllt, d. h. den Tod der V zumindest bedingt vorsätzlich herbeigeführt hat. Im vorliegenden Fall ist dies deshalb problematisch, weil D zwar primär seinen Sohn töten wollte, dabei aber den Tod der schwangeren V zumindest billigend in Kauf genommen hat. D wusste damit nicht sicher, welchen von zwei sich gegenseitig ausschließenden Erfolgen (Tod des T oder Tod der V und damit auch der Leibesfrucht) er durch die Abgabe des Schusses verwirklichen wird, er hat aber beide Möglichkeiten zumindest in Kauf genommen. Es liegt damit kein Fall der aberratio ictus, sondern ein sog. Alternativvorsatz vor. Die rechtliche Beurteilung dieses sog. Alternativvorsatzes ist umstritten.

P: Bestrafung bei Alternativvorsatz

Aufbauhinweis: Bei dolus alternativus dürfte es sich zumindest in Fällen der vorliegenden Art anbieten, zunächst das vollendete Delikt zu prüfen, auch wenn es nicht als falsch angesehen werden kann, wenn ein Bearbeiter mit dem Delikt beginnt, dessen Erfolg der Täter mit zielgerichtetem Willen herbeiführen wollte (hier die Tötung des T). Gedanklich sollte bei Alternativvorsatz eine Abgrenzung zum kumulativen Vorsatz erfolgen, bei dem sich der Täter vorstellt, er könne mehrere Erfolge nebeneinander verwirklichen. Da D hier aber davon ausgeht, nur entweder T oder V töten zu können, darf nicht etwa deshalb ein kumulativer Vorsatz angenommen werden, weil immer die Gefahr besteht, dass eine Kugel nach tödlicher Verletzung des ersten Opfers auch noch eine zweite Person tödlich treffen kann. Dies gilt natürlich auch bei der Abgabe mehrerer Schüsse, wenn sich der Täter bei jedem einzelnen Schuss jeweils nur vorgestellt hat, eine der beiden Personen treffen zu können.

(1) Die überwiegend vertretene Ansicht nimmt bei Alternativvorsatz Idealkonkurrenz hinsichtlich aller konstruktiv erfassten Delikte an (vgl. Schönke/Schröder/*Sternberg-Lieben/ Schuster,* § 15 Rdn. 90 ff.; *Jeßberger/Sander* JuS 2006, 1065). Die Sachgerechtigkeit dieser Lösung muss bezweifelt werden, da zugunsten des Täters anzunehmen ist, dass er bei Abgabe des Schusses davon ausging, er könne nur eine der von ihm bewusst begründeten Gefahren verwirklichen. Die Annahme von Idealkonkurrenz negiert die Unterscheidung von alternativem und kumulativem Vorsatz, da dann das abgestufte Handlungsunrecht nicht zum Ausdruck gebracht werden kann.

(2) Eine zweite Ansicht stellt vorrangig auf den objektiv verwirklichten Tatbestand und beim Ausbleiben aller Erfolge auf den Vorsatz der schwereren Alternative ab (NK-*Zaczyk* StGB, § 22 Rdn. 20). Begründet wird dies damit, dass es nur um Wille und Wirklichkeit ginge: Die Bestrafung erfolgt nur aus der vollendeten
Tat, da einem wirklichen Vollzug nicht ein wirkmächtiger zweiter beigesellt, sondern nur beigedacht werden kann. Die Bestrafung nach der schwereren Alternative beim Ausbleiben aller Erfolge steht dazu nicht im Widerspruch, da es hier allein um die Potenz der Handlung geht.

(3) Nach einer dritten Ansicht soll allein der Vorsatz zur Verwirklichung des schwereren Deliktes zu berücksichtigen sein (vgl. Lackner/*Kühl* § 15 Rn. 29; *Kühl* JuS 1980, 275; für eine Kombination von Vorsatz und Fahrlässigkeit *Joerden* ZStW 95 (1983), 565 ff.). Dies überzeugt allerdings dann nicht, wenn gerade das leichtere Delikt vollendet ist und damit das verwirklichte Erfolgsunrecht im Strafausspruch nicht deutlich wird. Zudem zeigt der vorliegende Fall die

Schwierigkeiten bei der Bestimmung des schweren Delikts, da die Tötung der Schwangeren zwei Erfolge herbeiführen kann (Tötung der Schwangeren und Abtreibung des Embryos; zumindest das BVerfG geht davon aus, dass das ungeborene Leben dem geborenen Leben gleichartig und damit im Grundsatz gleichwertig ist, vgl. BVerfGE 39, 1; 88, 203), anderseits die Tötung der V von anderen Mordmerkmalen getragen ist als die Tötung des T.

(4) Teilweise wird eine differenzierende Lösung vorgeschlagen. Tritt einer der beiden Erfolge ein, so soll der Täter grundsätzlich nur wegen des vollendeten Delikts zu betrafen sein, wenn es sich um Tatbestände annähernd gleicher Schutzrichtung und Tatschwere handelt. Wiegt aber die versuchte Tat im Unrechtsgehalt wesentlich schwerer als die vollendete Vorsatztat, soll von Tateinheit auszugehen sein. Wurde hingegen keines der ins Auge gefassten Delikte vollendet, so ist wegen Versuchs lediglich nach dem schwersten Delikt zu betrafen, sofern dadurch der Unrechtsgehalt der Tat hinreichend erfasst werden kann (so *Wessels/Beulke/Satzger*, Strafrecht AT, Rdn. 344; *Wessels* JA 1984, 221 (224)).

Übersichtsliteratur: *Jäger* AT, Rdn. 71; *Otto* Grundkurs Strafrecht, § 7 Rdn. 21 ff.; *Pawlik* JZ 2004, 1045 (1048 f.); zu einer Entscheidung, an die der vorliegende Sachverhalt angelehnt ist, vgl. *Bosch* JA 2006, 330 ff.; *Schmitz* ZStW 112 (2000), 301 ff.; *Satzger* Jura 2008, 112 (118).

Unter Berücksichtigung der aufgezeigten Argumente kann bei Alternativvorsatz eine unrechtsadäquate Lösung nur unter Beachtung der Konkurrenzregeln gefunden werden. Damit hat D jedenfalls vorsätzlich hinsichtlich der Tötung der V gehandelt.

II. Mord (hinsichtlich V), § 211

1. Heimtücke

D könnte zudem das Mordmerkmal der Heimtücke verwirklicht haben. Heimtückisch handelt, wer in feindlicher Willensrichtung die Arg- und Wehrlosigkeit des Opfers bewusst zur Tötung ausnutzt, wobei die Wehrlosigkeit auf der Arglosigkeit beruhen muss. Arglos ist, wer sich zum Zeitpunkt des unmittelbaren Ansetzens des Täters zur Tötungshandlung keines Angriffs gegen Leib oder Leben versieht. Heimtücke könnte bejaht werden, wenn V bei Beginn des tätlichen Angriffs ahnungslos ist und sich aufgrund dessen weder wehren noch rechtzeitig Hilfe herbeirufen konnte, d. h. in ihren Verteidigungsmöglichkeiten stark eingeschränkt ist. Zwar tritt D offen auf T zu und ruft „Jetzt bekommst Du die Rechnung serviert", so dass nicht nur T, sondern auch V zu diesem Zeitpunkt wohl die feindseligen Absichten des D erkannt hat, dies ändert aber zunächst nichts an einer heimtückischen Tötung, da D unmittelbar danach schießt und V letztlich keine Möglichkeit mehr hatte, auf den Angriff zu reagieren. Insofern bedarf es einer Ausnahme von der an sich erforderlichen Zeitgleichheit zwischen Arg- und Wehrlosigkeit, denn ansonsten hätte es der Täter in der Hand, trotz fehlender

Reaktionsmöglichkeiten des Opfers über das Merkmal der Heimtücke zu disponieren. Die bloße Ausnutzung der Arg- und Wehrlosigkeit des Opfers könnte aber für die Annahme eines Heimtückemordes nicht ausreichend sein. Sofern zusätzlich ein Vertrauensmissbrauch bei der Heimtücke als erforderlich angesehen wird, müsste dieser verneint werden. Das Verhältnis zwischen D und T ist zerrüttet, so dass trotz bestehender Verwandtschaft kein Vertrauensverhältnis angenommen werden kann. Tatsächlich dürfte allein der Angriff aus dem Hinterhalt auf ein argloses Opfer noch kein so über die normale Tötung hinausreichendes Unrecht begründen, dass eine lebenslange Freiheitsstrafe gerechtfertigt erscheint. Ein Tatentschluss zur heimtückischen Tötung ist deshalb abzulehnen.

2. Ergebnis

D hat sich lediglich des Totschlags an V gemäß § 212 strafbar gemacht.

III. Gefährliche Körperverletzung an V, §§ 223 I, 224 I 1 Nr. 2, 3, 5

Hinweis: Da die Körperverletzungsdelikte ohnehin als subsidiär hinter die Tötungsdelikte zurücktreten, wird teilweise davon ausgegangen, dass eine Prüfung der Körperverletzungsdelikte zumindest überflüssig, wenn nicht sogar unzulässig ist (vgl. auch *Beulke* Klausurenkurs I Rdn. 117). Zumindest eine Prüfung des § 227 nach vorsätzlichem Totschlag müsste an sich als unzulässig angesehen werden, da trotz der Streitfrage, ob erfolgsqualifizierte Delikte auch bei vorsätzlicher Herbeiführung der Todesfolge greifen, jedenfalls im konkreten Fall eine Prüfung bei vorsätzlicher Herbeiführung widersprüchlich erscheint. Leider finden sich tatsächlich in den Musterlösungen der Landesjustizprüfungsämter teilweise abweichende Lösungsvorschläge. Jedenfalls müssen die §§ 223 ff. immer dann geprüft werden, wenn das Tötungsdelikt selbst nur bis zum Versuchsstadium gelangt ist, da dann von Tateinheit auszugehen ist. Auch bei Vollendung erscheint eine kurze Darstellung vertretbar, da diese zumindest in Examensmusterlösungen regelmäßig angeführt werden.

1. Objektiver Tatbestand

D hat V unzweifelhaft körperlich misshandelt und u. a. aufgrund der Bewusstlosigkeit bzw. Herzverletzung auch an der Gesundheit beschädigt. Er hat damit den Grundtatbestand der Körperverletzung verwirklicht. Die Körperverletzung erfolgte mit einer Waffe im technischen Sinne (§ 224 I Nr. 2 Alt. 1) und wurde zugleich mittels einer lebensgefährlichen Handlung begangen (§ 224 I Nr. 5), wobei es hier angesichts der tödlichen Verletzung nicht darauf ankommt, ob für diese Alternative bereits eine abstrakte Lebensgefahr ausreicht. Ein hinterlistiger

Überfall (§ 224 I Nr. 3) muss hingegen abgelehnt werden, da D seine wahren Absichten nicht planmäßig verdeckt hat.

2. Subjektiver Tatbestand

Der Tötungsvorsatz umfasst nach der sog. Einheitstheorie auch den Körperverletzungsvorsatz als notwendiges Durchgangsstadium. Hinsichtlich § 224 I Nr. 5 handelte D auch mit Lebensgefährdungsvorsatz.

3. Ergebnis

§§ 223 I, 224 I 1 Nr. 2, 5 sind tatbestandlich erfüllt, werden aber im Wege der Subsidiarität verdrängt.

IV. Versuchter Totschlag (hinsichtlich T), §§ 212, 22, 23 I

Indem D mit seiner Pistole einen Schuss auf T abgegeben hat, könnte er sich des versuchten Totschlags nach §§ 212 I, 22, 23 I strafbar gemacht haben.

Vorprüfung

D hat nicht T, sondern V getroffen. Der tatbestandliche Erfolg in Form des Todes ist somit nicht eingetreten und das Delikt nicht vollendet. Der Versuch ist strafbar, vgl. §§ 211 I, 12 I, 23 I.

1. Tatentschluss

D wollte T töten, hierauf kam es ihm an. Er hatte mithin Tatentschluss bezüglich der Verwirklichung des Grunddelikts, zumal die zugleich billigend in Kauf genommene Tötung der V den Vorsatz unberührt lässt (s. o. zum Alternativvorsatz).

2. Unmittelbares Ansetzen

Des Weiteren müsste D unmittelbar zur Tatbestandsverwirklichung angesetzt haben. Nach der sog. Vereinigungsformel wird ein unmittelbares Ansetzen danach bestimmt, ob keine weiteren wesentlichen Zwischenakte zur Tatbestandsverwirklichung nötig sind, ein Einbrechen in die Schutzsphäre des Opfers vorliegt, d. h. ein räumlicher und zeitlicher Zusammenhang mit der unmittelbaren Tatausführung besteht und die Schwelle zum „Jetzt geht's los" überschritten wird.

i.d.S. hat D spätestens in dem Moment, in dem er den Schuss aus der Pistole abgibt, nach allen Theorien unmittelbar angesetzt.

3. Rücktritt, § 24 I 1 Alt. 1

Als D erkannte, dass er den Falschen getroffen hatte und er mangels weiterer Munition keinen zweiten Schuss abgab, könnte er durch Aufgeben der weiteren Tatausführung strafbefreiend vom Versuch zurückgetreten sein.

Dann dürfte der Versuch aber nicht fehlgeschlagen sein. Ein fehlgeschlagener Versuch liegt vor, wenn der Täter nach seinen Vorstellungen die Tat mit den bereits eingesetzten oder den zur Hand liegenden Mitteln nicht mehr ohne zeitliche Zäsur vollenden kann, so dass ein erneutes Ansetzen notwendig ist, um zu dem gewünschten Ziel zu gelangen. Hier war sich D bewusst, dass er ohne eine deutliche Zäsur keinen weiteren Schuss abgeben kann. Der Versuch war damit fehlgeschlagen und ein Rücktritt ausgeschlossen.

Hinweis: Teilweise wird die Rechtsfigur des **fehlgeschlagenen Versuchs** mangels ausdrücklicher Verankerung im Gesetz abgelehnt. Deshalb ist es ebenso möglich, stattdessen die **Freiwilligkeit** des Rücktritts abzulehnen, da D hier weder aus autonomen noch aus rechtlich anerkennenswerten Motiven von der ihm unmöglichen weiteren Tatausführung absieht.

V. Versuchter Mord (hinsichtlich T), §§ 212, 211, 22, 23 I

V könnte sich des versuchten Mordes nach §§ 212, 211, 22, 23 I strafbar gemacht haben, wenn er bei Abgabe des Schusses auch ein Mordmerkmal verwirklicht hat.

1. Heimtücke

D könnte Tatentschluss hinsichtlich einer heimtückischen Tötung des T gehabt haben. Dass im Grundsatz Heimtücke in Frage kommt, wurde bereits oben aufgezeigt. Im Gegensatz zur Tötung der V könnte ein Tatentschluss zur heimtückischen Tötung des T hier allerdings deshalb zweifelhaft sein, weil T seinen Vater zu erpressen versuchte. So wird insbesondere durch die Rechtsprechung eine normativ orientierte einschränkende Auslegung des Heimtückemerkmals befürwortet, um in bestimmten Fällen einen Wertungsgleichklang mit dem Notwehrrecht zu ätzlich mit einem Gegenangriff rechnen, wenn er im Begriff steht, einen (endgültigen) Rechtsgutverlust für den zu Erpressenden zu bewirken[2]. Der Erpresser ist dann nicht mehr gänzlich arglos, selbst wenn ihn die Gegenwehr im konkreten Moment des Angriffs tatsächlich überrascht hat. Diese Auffassung gründet sich im Ergebnis auf eine zweifelhafte Bestimmung des Unwerts des Heimtückemerkmals, das eine hier u.U. nicht vorhandene „Tücke" der Begehung voraussetzen soll. Wird hingegen die Frage der Arglosigkeit als ein tatsächlicher Befund hinsichtlich des Opferbewusstseins angesehen, kann auch keine normative Beschränkung desselben erfolgen[3]. Im Ergebnis muss die Streitfrage hier aber nicht entschieden werden, da die Drohung mit einer jedenfalls an sich rechtmäßigen Offenbarung der Steuerverfehlung lediglich eine Dauergefahr[4] begründet, die nicht das gesteigerte Tötungsunrecht vermindern kann[5]. T hatte damit weder tatsächlich noch aus normativen Erwägungen aufgrund der vorangegangenen Demütigung eine solche Gegenwehr zu befürchten, so dass D an sich Tatentschluss hatte, die Arg- und Wehrlosigkeit des T bewusst zur Tötung auszunutzen. Ein Tatentschluss zur heimtückischen Tötung ist aber wegen Fehlens einer Vertrauensbeziehung (s.o.) abzulehnen.

2. Verdeckungsabsicht

D könnte zudem mit Verdeckungsabsicht gehandelt haben, wenn es ihm bei seinem Handeln darauf angekommen ist, eine vorangegangene Straftat zu verdecken. Diese Absicht muss zwar nicht die einzige Triebfeder zur Tötung eines anderen gewesen sein, dennoch erscheint zweifelhaft, ob hier die Tötung vorwiegend deshalb erfolgt, weil D eine Offenbarung der Steuerverfehlungen durch T verhindern wollte. Nach dem Sachverhalt wollte D vor allem den vollständigen Verlust seiner Anstellung und seiner Firma verhindern. Nach der Rechtsprechung würde dies allerdings keine Rolle spielen, da sie auch „verdeckungsnahe" Beweggründe genügen lässt und damit die Vermeidung außerstrafrechtlicher Konsequenzen, etwa beruflicher Nachteile, in einem „Erst-Recht-Schluss" einbezieht. Diese Auffassung ist abzulehnen, da sie weder dem Wortlaut noch der generalpräventiven Funktion des Verdeckungsmerkmals gerecht wird und systematisch das Gebot einer restriktiven Auslegung der Mordmerkmale überspielt. Verdeckungsabsicht ist daher abzulehnen.

---

2 Vgl. BGHSt 48, 207.
3 So *Wessels/Hettinger* Strafrecht BT 1, Rdn. 111a; *Küper* GA 2006, 310 (312).
4 Zu einer Einschränkung in den Fällen der Dauergefahr BGHSt 48, 255, 258; krit. *Rengier* NStZ 2004, 233 ff.; *Otto* NStZ 2004, 142 (144).
5 Zur Möglichkeit der Notwehr bei sog. Chantage vgl. *Eggert* NStZ 2001, 225 ff.

3. Niedrige Beweggründe

D könnte zudem durch niedrige Beweggründe zur Tat bewegt worden sein. In Frage kommt Rache als sonstiger niedriger Beweggrund. Niedrig sind alle Tatantriebe, die nach allgemeiner rechtlich-sittlicher Wertung auf tiefster Stufe stehen, durch hemmungslose Eigensucht bestimmt und deshalb besonders verwerflich, ja geradezu verachtenswert sind. Beweggründe sind vor allem dann niedrig, wenn zwischen dem Anlass der Tat und ihren Folgen ein unerträgliches Missverhältnis besteht, wobei gerade bei ambivalenten Motiven wie Rache, Hass, Wut und Eifersucht besondere Vorsicht bei der Bewertung geboten ist. Diese müssen selbst auf niedrigen Motiven beruhen. Immer da, wo die Motivation im weitesten Sinn „menschlich begreiflich" wird, ist die Annahme niedriger Beweggründe zweifelhaft, wofür vor allem das Missverhältnis zwischen Tatanlass und Erfolg indiziellen Charakter hat. D ist aufgrund der ihm von T zugefügten Demütigungen zur Tötung motiviert. Dieser Tatantrieb ist im weitesten Sinne menschlich verständlich, so dass auch dieses subjektive Mordmerkmal abzulehnen ist.

4. Ergebnis

D hat sich nur des versuchten Totschlags nach §§ 212, 22, 23 I strafbar gemacht.

VI. Körperverletzung (hinsichtlich des Kindes), §§ 223 I, 224, 226 I

Da das Kind infolge der Schussverletzungen der Mutter (erheblicher Blutverlust) schwere Schäden (Lähmung) erlitt, könnte sich D auch der Körperverletzung strafbar gemacht haben. Problematisch ist im vorliegenden Fall aber, ob hier überhaupt Körperverletzungsdelikte in Frage kommen, da die erfolgsverursachende Handlung sich bereits am nasciturus auswirkte. Für die Abgrenzung zwischen §§ 218 ff. und §§ 223 ff. ist entscheidend, ob sich die Handlungen zu einem Zeitpunkt auswirken, bei dem der Geburtsakt bereits begonnen hat, d.h. normalerweise mit Beginn der Eröffnungswehen (zum Zeitpunkt der Begehung einer Tat vgl. auch § 8). Es kommt darauf an, an welchem Objekt (Leibesfrucht oder Mensch) sich die Handlung auswirkt, nicht darauf, welche Lebensform zum Zeitpunkt des Erfolges vorliegt. Eine Körperverletzung an einem nasciturus kann nicht begangen werden, da es sich bei diesem nicht um eine Person gemäß § 223 handelt[6], auch wenn der geborene Mensch an den gegenüber dem nasciturus

---

6 BVerfG NJW 1988, 2945; BGHSt 31, 348; anders aus pragmatischen Erwägungen das LG Aachen

vorgenommenen Einwirkungen leidet. Die Einwirkungshandlung fand vor der Geburt auf den nasciturus statt, dieser ist kein taugliches Opfer. Spätere Fortwirkungen auf den geborenen Menschen können mangels direkter Einwirkungshandlung nicht berücksichtigt werden. Eine Körperverletzung ist deshalb abzulehnen.

VII. Versuchter Schwangerschaftsabbruch, §§ 218 I, IV, 22, 23 I

Indem D auf die schwangere V einen Schuss abgegeben hat, könnte er sich der versuchten Abtreibung strafbar gemacht haben. Der Schwangerschaftsabbruch wurde nicht vollendet, da die Leibesfrucht nicht abgetötet, vielmehr durch die Operation ein lebensfähiges Kind zur Welt gebracht wurde. Die Strafbarkeit des versuchten Schwangerschaftsabbruchs ergibt sich aus §§ 218 IV 1, 23 I 2. Alt.

1. Tatentschluss
D hatte aufgrund der oben angeführten Erwägungen bedingten Vorsatz in Form eines Alternativvorsatzes im Hinblick auf die Tötung der V und damit als notwendige Folge auch hinsichtlich des Abbruchs der ihm bekannten Schwangerschaft. D hatte damit Tatentschluss zur Abtötung der Leibesfrucht, denn der Vorsatz, eine Schwangere zu töten, schließt den Vorsatz bezüglich der Tötung der Leibesfrucht mit ein[7].

2. Unmittelbares Ansetzen
Mit Abgabe des Schusses hat D unzweifelhaft nach allen hierzu vertretenen Ansichten unmittelbar zur Tatbestandsverwirklichung angesetzt, da er zum Teil bereits die tatbestandliche Ausführungshandlung selbst vorgenommen hat.

3. Schwangerschaftsabbruch in einem besonders schweren Fall, § 218 II
D könnte zudem das Regelbeispiel des Abs. 2 Nr. 2 verwirklicht haben, da durch die Abtreibungshandlung zugleich der Tod der Schwangeren verursacht wurde. Die Verwirklichung eines Regelbeispiels bei nur versuchtem Grunddelikt

---

JZ 1971, 507 im sog. Contergan-Fall, da es früher keine ausreichende zivilrechtliche Arzneimittelhaftung gab.

7 Vgl. BGHSt 11, 15; BGH NStZ 1996, 276.

ist nach allgemeiner Auffassung möglich, es ist nur zu fragen, ob der geringere Unrechtsgehalt der versuchten Tat die Regelwirkung entkräftet. § 218 II ist aber nicht für die Fälle konzipiert, in welchen die Schwangere vorsätzlich getötet wird, denn das über den Abbruch hinausgehende Unrecht der Folgen für die Schwangere wird bereits von §§ 212 ff. umfasst[8].

4. Rücktritt

Ein Rücktritt ist aus den bei T angeführten Erwägungen zu verneinen.

5. Ergebnis

D hat sich des versuchten Schwangerschaftsabbruchs gem. §§ 218 I, IV, 22, 23 I strafbar gemacht.

Zweiter Tatkomplex: Die Operation
Strafbarkeit der N

I. Mord, §§ 212 I, 211

Dadurch, dass N die Notoperation durchgeführt hat, obwohl diese den sicheren Tod der V zur Folge hatte, könnte sie sich des Mordes strafbar gemacht haben.

1. Objektiver Tatbestand des Grunddelikts, § 212

a) Der tatbestandlich vorausgesetzte Erfolg des Grunddelikts ist mit dem Tod der V eingetreten.

b) Dieser müsste durch eine Handlung der N, die Operation, verursacht worden sein. Nach der Äquivalenztheorie ist eine Handlung für den Erfolg ursächlich, wenn sie nicht hinweggedacht werden kann, ohne dass der Erfolg in seiner konkreten Gestalt entfallen würde. Da auf den Erfolg in seiner konkreten Gestalt abzustellen ist, sind hypothetische Ersatzursachen, die an Stelle der Handlung des Täters den Erfolg herbeigeführt hätten, für die Beurteilung des Kausalverlaufs unerheblich. Der Umstand, dass V in wenigen Tagen ohnehin gestorben wäre, muss deshalb bei der Feststellung der Kausalität außer Betracht bleiben.

---

8 Vgl. zu § 218 II Nr. 1 ebenso BGH NStZ 1996, 276.

2. Tatbestand der Qualifikation, § 211

N könnte zudem das objektive Mordmerkmal der **Heimtücke** verwirklicht haben. Arglos i. S. der oben angeführten Heimtückedefinition ist, wer im Augenblick des unmittelbaren Ansetzens des Täters zur Tötungshandlung nicht mit einem Angriff auf das Leben gerechnet hat und deshalb in seiner Verteidigungsfähigkeit eingeschränkt ist. Nach ganz überwiegend vertretener Auffassung setzt Arglosigkeit die Fähigkeit voraus, Argwohn zu empfinden. Bei konstitutionell Arg- und Wehrlosen, wie Kleinstkindern[9] und Besinnungslosen[10], ist damit kein heimtückischer Mord möglich, da diese weder die böse Absicht des Täters erkennen noch diesem wirksam entgegentreten können. Ob dieser Ungleichbehandlung konstitutionell nicht zum Argwohn fähiger Opfer uneingeschränkt zugestimmt werden kann[11], darf hier offen bleiben, da Heimtücke jedenfalls deshalb ausscheidet, weil N offensichtlich keinen Ausnutzungsvorsatz hatte. Selbst wenn mit einer im Schrifttum verbreiteten Ansicht nicht verlangt wird, dass die Tat Ausdruck einer verwerflichen Gesinnung oder eines verwerflichen Vertrauensbruchs ist, so muss dennoch die Arg- und Wehrlosigkeit in subjektiver Hinsicht in tückisch-verschlagener Weise[12] oder zumindest in feindlicher Willensrichtung[13] zur Tötung ausgenutzt worden sein. Obwohl N lediglich zum Besten des Kindes und nicht der V handeln wollte, muss hier ausnahmsweise ein entsprechendes Ausnutzen bzw. Ausnutzungsbewusstsein verneint werden. Heimtücke ist deshalb abzulehnen.

3. Subjektiver Tatbestand

a) N handelte mit direktem Vorsatz, da N sicher wusste, dass durch die Operation der Tod der V eintreten wird.

b) Das Vorliegen eines **sonstigen niedrigen Beweggrundes,** d. h. eines subjektiven Mordmerkmals, ist abzulehnen, da nicht bereits jede Tötung ein auf sittlich tiefster Stufe stehendes und allgemein verachtenswertes Motiv darstellt. In der gebotenen Gesamtbetrachtung aller Umstände muss das Ziel, das Leben des Kindes zu retten, berücksichtigt werden. Das Motiv zur Tötungshandlung ist in hohem Maße menschlich verständlich und es besteht damit auch kein krasses Missverhältnis zwischen Tötungshandlung und Tötungsanlass.

---

9 Vgl. BGHSt 4, 11 (13); 8, 216; BGH NStZ 2006, 338 ff.; vgl. aber auch zur Tötung dreijähriger Kinder BGH NJW 1978, 709 f.; NStZ 1995, 230 ff.; gegebenenfalls kann aber die Ausnutzung der Schutzbereitschaft argloser Dritter Heimtücke begründen, vgl. BGH NStZ 2008, 93.
10 Vgl. BGHSt 23, 119; BGH NStZ 2007, 523 ff.
11 Kritisch etwa *Bosch/Schindler* Jura 2000, 77 (79 f.).
12 So etwa *Wessels/Hettinger* Strafrecht BT 1, Rdn. 108, 114.
13 So BGHSt 9, 385.

4. Rechtswidrigkeit

a) Auch wenn V vielleicht bereit gewesen wäre, ihr ohnehin verlorenes Leben für ihr Kind zu opfern, muss eine Rechtfertigung kraft **mutmaßlicher Einwilligung** ausscheiden. Wie auch § 216 zeigt, schließt der Grundsatz des absoluten Lebensschutzes eine Einwilligung des Rechtsgutträgers aus. Das Leben genießt den ungeteilten Schutz der Rechtsordnung, so dass es der Verfügungsgewalt seines Rechtsgutträgers entzogen ist.

b) Ebenso wenig kann N dem Kind **Nothilfe** (§ 32) gegen einen Angriff auf sein Leben leisten. Es besteht bereits keine Notwehrlage, da von der Mutter (V) kein Angriff in Form eines willensgesteuerten Verhaltens ausgeht.

c) N könnte jedoch durch **rechtfertigenden Notstand** (§ 34) gerechtfertigt sein.

aa) Es könnte eine Notstandslage in Form einer gegenwärtigen Gefahr für das Leben des Embryos bestanden haben. Eine gegenwärtige Gefahr liegt vor, wenn ohne eine alsbaldige Abwehrmaßnahme der Eintritt oder die Intensivierung eines Schadens ernstlich zu befürchten ist. Ohne Operation stand der Tod der V und damit auch ihres Kindes unmittelbar bevor. Auch wenn der Tod der V erst in einigen Tagen zu befürchten war, genügt für § 34 eine so genannte Dauergefahr, d. h. eine Gefahr, die zu ihrer Abwendung bereits zum Zeitpunkt des Handelns des Täters ein Eingreifen erfordert. Die Gefahr muss nicht dem Täter selbst drohen, es genügt wie hier ein Handeln zugunsten Dritter in Form der sog. Notstandshilfe.

bb) Die Notstandshandlung müsste objektiv erforderlich gewesen sein, d. h. zur Abwendung der Gefahr geeignet und unter Berücksichtigung der ex ante erkennbaren Umstände als mildestes Mittel zur sicheren Beseitigung der Gefahr erscheinen. Hier war die Operation zweifellos ein geeignetes Mittel, das Leben des Kindes zu retten und auch die einzige Möglichkeit, so dass die Tötung der Mutter zugleich das relativ mildeste Mittel war.

cc) Erforderlich ist des Weiteren, dass im Rahmen einer Interessenabwägung das geschützte Interesse das beeinträchtigte Interesse wesentlich überwiegt. Hier kollidieren das Leben des Kindes als geschütztes Rechtsgut und das Leben der V als beeinträchtigtes Rechtsgut und damit steht Leben gegen Leben. Auch das bereits „todgeweihte" Leben unterfällt grundsätzlich dem ungeschmälerten strafrechtlichen Lebensschutz. Ebenso wird man aufgrund der annähernden Gleichstellung des ungeborenen Lebens durch das BVerfG das ungeborene Leben nicht per se als minderwertig gegenüber dem Leben der V ansehen können. Problematisch ist deshalb, ob der Grundsatz des absoluten Lebensschutzes, der an sich jede Abwägung von Leben gegen Leben ausschließt, auch dann Gültigkeit beansprucht, wenn ein Leben ohnehin verloren ist, das andere aber auf seine Kosten gerettet werden kann.

P: Rechtfertigung der Tötung eines unrettbar Verlorenen

(1) Die überwiegende Ansicht lässt außerhalb der Perforation (Tötung des Embryos zur Rettung des Lebens der Mutter) keine durch Notstand gerechtfertigte Tötung eines anderen Menschen zu. Eine qualitative Unterscheidung strafrechtlich geschützten Lebens wird abgelehnt, vielmehr der Grundsatz des absoluten Lebensschutzes betont, der es ausschließe, den Schutz von der Lebensfähigkeit oder Lebenserwartung des Einzelnen abhängig zu machen (vgl. BGHSt 35, 347, 349 f.; Schönke/Schröder/*Perron*, § 34 Rdn. 24, 30 ff.; *Wessels/Beulke/Satzger* Strafrecht AT, Rdn. 464; *Wessels/Hettinger* Strafrecht BT 1 Rdn. 2, 28 m. w. N.).

(2) Von der Gegenansicht wird auf den Solidaritätsgedanken verwiesen. Danach soll der „unrettbar Verlorene" kein Recht auf Verteidigung haben. Bei Zulässigkeit der Verteidigungshandlung würde der Lebensschutz für den Notstandstäter in sein Gegenteil verkehrt. Zudem habe derjenige, der ohnehin dem Tod ausgeliefert ist, kein Recht, einen anderen mit in den Tod zu reißen (so *Erb*, in: MüKo, § 34 Rdn. 119 f.; *Günther*, in: SK, § 34 Rdn. 43). Folgt man dieser Ansicht, steht ebenso wenig die fehlende Angemessenheit der Notstandshandlung, § 34 S. 2, einer Rechtfertigung entgegen. Die eigenständige Bedeutung dieser Klausel ist zwar nicht unumstritten, nachdem die Interessenabwägung aber zugunsten des ungeborenen Kindes ausgefallen ist, verbleiben im Rahmen der Angemessenheit nur die nicht abwägbaren Rechtsstaatsprinzipien, die etwa eine Folter als Verletzung der Menschenwürde verbieten (*Neumann*, in: NK, § 34 Rdn. 117 ff.). Sie sind nach dieser Ansicht bei „unrettbar Verlorenen" gerade nicht betroffen, so dass § 34 S. 2 hier kein eigenständiges Korrektiv sein kann.

Übersichtsliteratur: Zu ähnlich gelagerten Fällen *Jäger* AT, Rdn. 204 ff.; *Merkel* ZStW 114 (2002), 437 (452 f.); *Otto* Grundkurs Strafrecht, § 8 Rn. 187 ff.; *Pawlik* Jura 2002, 26 (31); *Zieschang* JA 2007, 679 (683).

Weitere Übungsklausur: *Bergmann/Kroke* Jura 2010, 946; *Walter/Schwabenbauer* JA 2012, 504

Stellt man darauf ab, dass ein Verbot der Abwägung letztlich dazu führt, dass der Notstandstäter keines der betroffenen Leben retten könnte und damit beide verloren sind, dann könnte bei Schicksalsgemeinschaften wie im vorliegenden Fall kraft einer Solidaritätspflicht, die den ohnehin Sterbenden trifft, ein Überwiegen des zu rettenden Guts bejaht werden. Diese Ansicht ist jedoch abzulehnen, weil der Grundsatz des absoluten Lebensschutzes bewusst eine unüberwindbare Schranke für Erwägungen darüber bilden soll, welches Leben noch Schutz verdient. Die zudem bestehenden Schwierigkeiten der Bestimmung einer Grenze, ab wann Leben unrettbar verloren und nicht mehr schützenswert erscheinen, gebietet eine Grenzziehung die keiner Relativierung zugänglich ist. Die Interessenabwägung fällt damit zu Lasten des ungeborenen Kindes aus und eine Rechtfertigung nach § 34 scheidet aus.

d) Da N hier einerseits die aktive Handlungspflicht hat, das werdende Leben des Kindes zu retten, andererseits aber die Pflicht hat, alles zu unterlassen, was das Leben der Schwangeren gefährdet, könnte eine Rechtfertigung aufgrund einer **rechtfertigenden Pflichtenkollision** in Frage kommen. Nach herrschender

Ansicht ist die Annnahme einer Pflichtenkollision aber nur bei (gleichrangigen) Handlungspflichten und damit im Rahmen eines Unterlassungsdeliktes möglich, nicht aber wenn sich eine aktive Handlungspflicht und eine Unterlassenspflicht gegenüber stehen[14]. Im letztgenannten Fall verbleibt es allein bei einer Rechtfertigung nach § 34.

Von einer vereinzelt vertretenen Ansicht wird zwar auch in Fällen der Kollision von Handlungs- und Unterlassungspflicht eine Rechtfertigung für möglich erachtet[15], auch dann ist aber ein Vergleich der Wertigkeit der kollidierenden Pflichten erforderlich, wobei im vorliegenden Fall aus den oben angeführten Erwägungen nicht nur ein Überwiegen des Lebens des Embryos, sondern wohl auch eine Gleichrangigkeit der Handlungs- und Unterlassungspflicht verneint werden muss.

5. Schuld

a) N könnte wegen **entschuldigenden Notstands** nach § 35 ohne Schuld gehandelt haben.

aa) Eine gegenwärtige, nicht anders abwendbare Gefahr für eines der enumerativ angeführten geschützten Rechtsgüter ist gegeben, denn auch die Gefahr für das werdende Leben kann eine Notstandssituation nach § 35 begründen.

bb) Allerdings scheitert eine Entschuldigung hier am fehlenden Näheverhältnis zwischen N und dem Kind, da N nicht Angehörige (vgl. § 11 I Nr. 1 a) oder eine sonst der Leibesfrucht nahe stehende Person ist.

b) Da weder eine Rechtfertigung nach § 34 noch eine Entschuldigung nach § 35 möglich ist, könnte allenfalls eine Entschuldigung kraft **übergesetzlichen entschuldigenden Notstands** in Frage kommen.

Nach überwiegender Ansicht kann der Täter in ganz außergewöhnlichen Konfliktsituationen und damit in sehr eng begrenzten Fällen entschuldigt sein, wenn er sich in einer nahezu unlösbaren Pflichtenkollision dafür entscheidet, die Beeinträchtigung von Rechtsgütern höchsten Ranges zu verhindern[16]. Es muss demnach zunächst eine gegenwärtige Gefahr für ein Rechtsgut von höchstem Rang vorliegen. Dies kann hier aufgrund der akuten Bedrohung des werdenden Lebens des Kindes angenommen werden. Der Täter muss durch seine Rettungs-

---

14 Vgl. *Baumann/Weber/Mitsch* Strafrecht AT, § 17 Rdn. 133; *Kindhäuser* LPK § 34 Rdn. 55.

15 Vgl. *Otto* Grundkurs Strafrecht AT, § 8 Rdn. 205 ff.

16 Vgl. Schönke/Schröder/*Lenckner/Sternberg-Lieben*, Vorbem. §§ 32 ff. Rdn. 115 ff.; *Wessels/Beulke* Strafrecht AT, Rdn. 677 f.; abw. *Roxin* AT I, § 22 Rdn. 147; abl. *Mitsch* JA 2006, 515; für Straflosigkeit wegen Annahme eines persönlichen Strafaufhebungsgrundes in vergleichbaren Fällen *Jäger* JA 2008, 678 ff.

handlung noch größeres Unheil verhindern, d. h. hier können sowohl die Fälle des qualitativen als auch des quantitativen Notstands zu einer Entschuldigung führen. Während es auf Unrechtsebene keine Rolle spielen kann, dass V nur noch eine kurze Zeit zu Leben hat, darf hier eine qualitative Interessenabwägung, die der Täter nach bestem Wissen und Gewissen vorgenommen hat, auf Schuldebene berücksichtigt werden. Bei einer ethischen Gesamtbewertung stellt die Tötung der V das geringere Übel dar und N handelte auch subjektiv in Gewissensnotstand und mit Gefahrabwendungswillen.

Hinweis: Eine andere Ansicht ist hier sehr gut vertretbar, da das ungeborene Leben mit dem Leben der Mutter kollidiert und sich damit die Frage stellt, ob die beiden Rechtsgüter „Leben" insoweit qualitativ vergleichbar sind.

---

6. Ergebnis

N ist nicht strafbar wegen Totschlags (§ 212) bzw. Mordes (§ 211 I).

II. Gefährliche Körperverletzung (hinsichtlich V), §§ 223, 224

1. Objektiver Tatbestand des Grunddelikts, § 223

Körperliche Misshandlung ist jede üble und unangemessene Behandlung, die die körperliche Unversehrtheit oder das körperliche Wohlbefinden nicht nur unerheblich beeinträchtigt. Dies ist hier unzweifelhaft gegeben, insbesondere wird hier die Frage, ob der ärztliche Heileingriff eine tatbestandliche Körperverletzung darstellt, nicht relevant, weil die von N vorgenommene Operation bereits ex ante auf den Tod der V hinauslief. Damit handelt es sich um keinen lege artis durchgeführten Eingriff im Hinblick auf V.

2. Objektiver Tatbestand der Qualifikation, § 224

Die Operation erfolgte hier auch mittels eines gefährlichen Werkzeugs nach § 224 I Nr. 2, da der Begriff jeden Gegenstand umfasst, der nach seiner objektiven Beschaffenheit und der konkreten Art der Verwendung geeignet ist, erhebliche Verletzungen hervorzurufen. Nach der Rspr. ist zwar erforderlich, dass der Täter das gefährliche Werkzeug bei einem Angriff oder Kampf zu Angriffs- oder Verteidigungszwecken verwendet, woran es fehlt, wenn der Einsatz der ärztlichen

Behandlungen dient[17]. Da hier aber die Benutzung des ärztlichen OP-„Werkzeugs" der Tötung des Patienten dient, müssen auch § 224 I Nr. 2 und Nr. 5 bejaht werden.

3. Rechtswidrigkeit

Die Rechtswidrigkeit muss aus den oben genannten Erwägungen bejaht werden. Teilweise wird allerdings unter künstlicher und systemwidriger Aufspaltung des Tötungs- und Körperverletzungserfolges in vergleichbaren Fällen eine Rechtfertigung der Körperverletzung nach § 34 bejaht. Eine Notstandslage in Form einer gegenwärtigen Gefahr für das Leben des Kindes (Embryos) lag insoweit vor und im Rahmen der Interessenabwägung müsste dann eine Rechtfertigung des Körperverletzungserfolgs angenommen werden, da das werdende Leben des Kindes als geschütztes Rechtsgut die körperliche Unversehrtheit wesentlich überwiegt. Diese Auffassung ist jedoch abzulehnen, da sie ein einheitliches Geschehen unvertretbar aufspaltet. Auch hier kommt demnach nur eine Entschuldigung kraft übergesetzlichen Notstands in Frage.

4. Ergebnis

N ist nicht strafbar wegen gefährlicher Körperverletzung (§§ 223, 224).

III. Strafbarkeit gemäß §§ 223, 224, 226 zum Nachteil des Kindes

Eine Strafbarkeit wegen Körperverletzung zum Nachteil des Kindes kommt nicht in Betracht. Zwar war N kausal für die Schädigungen des Kindes, weil sie es zur Welt brachte, doch ist ihr dieser Erfolg nicht objektiv zurechenbar, da weder der Blutverlust noch die Unterversorgung bei der Mutter und damit auch nicht die Schädigungen des Kindes durch N verursacht wurden.

D. Definitionen

Dolus alternativus/ Alternativvorsatz	ist gegeben, wenn der Täter bei der Vornahme einer bestimmten Handlung nicht sicher weiß, ob er dadurch den einen oder den anderen von zwei sich gegenseitig ausschließenden Erfolgen verwirklicht.

---

[17] Vgl. BGH NJW 1978, 1206.

Es handelt sich daher um eine Vorsatzkombination, wobei der Vorsatz seiner Art nach auf zwei oder mehr Tatbestände, der Zahl nach aber nur auf einen gerichtet ist.

Arglos
ist das Opfer, wenn es sich zum Zeitpunkt der Tat keines Angriffs versieht.

Fehlgeschlagener Versuch
liegt vor, wenn der Täter nach seinen Vorstellungen die Tat mit den bereits eingesetzten oder den zur Hand liegenden Mitteln nicht mehr ohne zeitliche Zäsur vollenden kann, so dass ein erneutes Ansetzen notwendig ist, um zu dem gewünschten Ziel zu gelangen.

Gegenwärtige Gefahr
liegt vor, wenn ohne eine alsbaldige Abwehrmaßnahme der Eintritt oder die Intensivierung eines Schadens ernstlich zu befürchten ist.

Heimtücke
Heimtückisch handelt, wer in feindlicher Willensrichtung die Arg- und Wehrlosigkeit des Opfers bewusst zur Tötung ausnutzt und dabei einen qualifizierten Vertrauensbruch begeht.

Körperliche Misshandlung
ist jede üble und unangemessene Behandlung, die die körperliche Unversehrtheit oder das körperliche Wohlbefinden nicht nur unerheblich beeinträchtigt.

Niedrige Beweggründe
sind alle Tatantriebe, die nach allgemeiner rechtlich-sittlicher Wertung auf tiefster Stufe stehen, durch hemmungslose Eigensucht bestimmt und deshalb besonders verwerflich und geradezu verachtenswert sind.

Unmittelbares Ansetzen
Nach der sog. Vereinigungsformel wird ein unmittelbares Ansetzen danach bestimmt, ob keine weiteren wesentlichen Zwischenakte zur Tatbestandsverwirklichung nötig sind, ein Einbrechen in die Schutzsphäre des Opfers vorliegt, d. h. ein räumlicher und zeitlicher Zusammenhang mit der unmittelbaren Tatausführung besteht und die Schwelle zum „Jetzt geht's los" überschritten wird.

Verdeckungsabsicht
Ein Täter handelt mit Verdeckungsabsicht, wenn es ihm bei seinem Handeln darauf angekommen ist, eine vorangegangene Straftat zu verdecken.

Wehrlos
ist, wer sich aufgrund der Arglosigkeit nur schwer oder gar nicht verteidigen kann.

Übungsfall 9: Tankstellenfall

A. Sachverhalt

Anton (A) kommt eines Abends im Januar 2004 in seiner Stammkneipe „Rote Laterne" mit dem ihm bis dahin unbekannten Bauunternehmer Berthold (B) ins Gespräch. Dabei erklärt ihm B, dass er schon seit Tagen dringend ein Baugerüst zu kaufen suche, aber kein ordentliches Angebot erhalte. A bietet daraufhin B das an dem Haus neben der „Roten Laterne" befindliche Gerüst an, das er als sein eigenes ausgibt. Beide besichtigen das Gerüst und werden sich über einen Preis von 3.000,– EUR einig. Das Geschäft wird mit Handschlag besiegelt. B, der das Gerüst am nächsten Tag abbauen und mitnehmen soll, zahlt noch am selben Abend.

A macht sich mit seinem Kraftfahrzeug auf den Heimweg. An einer Selbstbedienungstankstelle tankt er 60 Liter Superbenzin und begibt sich dann in den Verkaufsraum. Dort merkt er, dass der Angestellte unaufmerksam ist. Er nimmt daher eine Zeitschrift an sich, legt passend deren Preis auf die Verkaufstheke und verlässt den Raum. Ohne das Benzin zu bezahlen, fährt er unerkannt fort. Erst danach fällt dem Angestellten Theo (T) auf, dass A getankt hat.

Wie hat sich A strafbar gemacht?

Bearbeitungszeit: Zwei Stunden

B. Lösungsskizze

Strafbarkeit des A

I. **Der Verkauf des Baugerüsts**
1. **Unterschlagung, § 246 I**
   a) Objektiver Tatbestand
      aa) fremde bewegliche Sache (+)
      bb) Zueigung (–)
         P: Anforderungen an Zueignungshandlung insbesondere bei Drittzueignung
   b) Ergebnis: § 246 I (–)
2. **Betrug, § 263, zum Nachteil des B**
   a) Objektiver Tatbestand
      aa) Täuschung und Irrtum (+)
      bb) Vermögensverfügung (+)
      cc) Vermögensschaden (+)
   b) Subjektiver Tatbestand (+)
   c) Ergebnis: § 263 (+)
II. **Das Verhalten an der Tankstelle**
1. **Diebstahl, § 242 I**
   a) Objektiver Tatbestand
      aa) fremde bewegliche Sache (+)
      bb) Wegnahme (–)
   b) Ergebnis: § 242 I (–)
2. **Betrug, § 263**
   a) Objektiver Tatbestand
      aa) konkludente Täuschung (+)
      bb) Irrtum (+)
      cc) Vermögensverfügung/Dreiecksbetrug (+)
      dd) Vermögensschaden (+)
   b) Subjektiver Tatbestand (+)
   c) Ergebnis: § 263 (+)
3. **Unterschlagung, § 246 I**
   a) Objektiver Tatbestand
      aa) fremde bewegliche Sache (+)
      bb) Zueigung (+)
   b) Subjektiver Tatbestand (+)
   c) Ergebnis: § 246 I (+)
III. **Gesamtergebnis/Konkurrenzen**

C. Gutachten

Strafbarkeit des A

I. Der Verkauf des Baugerüsts

1. Unterschlagung, § 246 I

Indem A dem B das ihm nicht gehörende Baugerüst verkauft hat, könnte er sich einer Unterschlagung gemäß § 246 I zum Nachteil des eigentlichen Eigentümers des Gerüsts schuldig gemacht haben.

a) Objektiver Tatbestand

aa) Dazu müsste das Gerüst für A eine fremde bewegliche Sache gewesen sein. Fremd ist eine Sache dann, wenn sie zumindest im Miteigentum eines anderen steht. Das Gerüst gehörte nicht A, war ihm also fremd. Mit der Möglichkeit, ein Gerüst abbauen zu können, ist es auch beweglich im natürlichen Sinne.

bb) Diese fremde Sache müsste A sich oder einem Dritten zugeeignet haben. Problematisch ist, ob in dem Verkauf des Gerüsts bereits eine solche Zueignung gesehen werden kann.

P: Anforderungen an eine Zueignungshandlung i. S. v. § 246

Der Begriff der Zueignung in § 246 meint zunächst inhaltlich dasselbe wie in § 242. Im Gegensatz zum Diebstahl (§ 242) verlangt § 246 aber bereits im objektiven Tatbestand eine Zueignungshandlung und nicht lediglich eine darauf gerichtete Absicht des Täters. Dennoch ist im Diebstahlstatbestand die Art des Rechtsgutsangriffs mittels der Tathandlung der Wegnahme eindeutiger umschrieben. Bei der Unterschlagung muss der Täter – anders als vor der Neufassung des Tatbestandes durch das 6. StrRG – die Sache vor der Zueignung nicht mehr zwingend im Gewahrsam haben. Der Verzicht hierauf führt in Fällen der vorliegenden Art zu einer nicht unbedenklichen Weite des Tatbestandes, wenn bei besitz- bzw. gewahrsamsloser (Dritt-) Zueignung jede Form der Zueignungshandlung genügt.

1. Eine **Zueignung** setzt nach h. M. objektiv ein Verhalten voraus, das für einen objektiven Beobachter erkennbar darauf schließen lässt, dass der Täter die Sache für sich behalten oder einem Dritten zueignen will **(Manifestation des Zueignungswillens)**. Die Zueignung muss nach außen manifestiert werden.

a) **Weite Manifestationstheorie:** Eine Zueignung kann auch durch äußerlich neutrale Handlungen erfolgen, sofern sie vom Zueignungswillen getragen sind. Die Rechtsprechung nimmt etwa in Fällen, in denen ein Bote ordnungsgemäß für eine ausgelieferte Sache das Entgelt entgegennimmt, eine Zueignung an, wenn er dabei in der Absicht handelt, das Empfangene zu behalten (vgl. BGHSt 14, 38 [41], sog. weite Manifestationstheorie).

Argument: Ein objektiv neutrales Verhalten, wenn der Täter bei diesem mit Zueignungsvorsatz handelt, muss genügen, da die Tatbestandsfassung des § 246 nicht verlangt, dass bei objektiv mehrdeutigen Erklärungen (z. B. Verkaufsangeboten) andere Deutungen sicher ausgeschlossen sein müssen. Eine engere Interpretation hat zur Folge, dass nur Handlungen wie etwa die Veräußerung im eigenen Interesse oder der Verbrauch bzw. die Verarbeitung der Sache erfasst sind, so dass § 246 die ihm zugedachte Funktion als generelles Zueignungsdelikt nicht erfüllen kann.

b) **Enge Manifestationstheorie:** Erforderlich ist eine Handlung, aus der auch ohne Berücksichtigung des Zueignungswillens auf einen Zueignungsvorsatz geschlossen werden kann. Mehrdeutige Handlungen, die auch bei fehlendem Zueignungswillen möglich sind, scheiden damit als Zueignungshandlungen aus (vgl. etwa *Kudlich* JuS 2001, 771 f.; Sch./Sch./*Eser/Bosch* § 246 Rdn. 11).

Beispiel: Der Entleiher einer Sache bietet diese zum Verkauf an: Eine Manifestation des Zueignungswillens und damit eine Zueignung liegen vor, da das Recht zum Verkauf nur dem Eigentümer zusteht. Die Zueignung erfolgt durch das Angebot zum Verkauf. Nach a.A. soll hingegen ein bloßes Verkaufsangebot nur die Vorbereitung einer Unterschlagung sein, da eine Aneignung eine vollständige Einverleibung der Sache oder ihres Wertes in das Vermögen des Täters oder eines Dritten erfordert. Besonders problematisch sind insoweit die Fälle der besitzlosen Drittzueignung. Hier wird zu Recht auch von vielen Vertretern der engen Manifestationslehre eine Änderung der Sachherrschaftsverhältnisse gefordert.

2. Mit unterschiedlichen Differenzierungen und z.T. unklarer Zuordnung wird von den folgenden Theorien (die z.T. auch abweichend bezeichnet werden) neben der bloßen Manifestation des Zueignungswillens auch die Verwirklichung eines **materiellen Zueignungsunrechts** gefordert.

a) **Aneignungstheorie:** Der Täter muss sich die Sache aneignen, indem er eine sinnvolle wirtschaftliche Nutzung beginnt; die Enteignung muss er nur beabsichtigen (insoweit genügt eine überschießende Innentendenz).

Argument: Von einem Zueignen kann nur bei rechtswidriger Anmaßung einer eigentümerähnlichen Verfügungsgewalt gesprochen werden. Die Manifestationslehre führt hingegen zu einer unangemessenen Vorverlagerung der Unterschlagung in den Bereich von Vorbereitungs- und Versuchshandlungen.

b) **Enteignungstheorie:** Der Täter muss das Opfer tatsächlich auf Dauer enteignen, wobei es insoweit genügt, wenn der Täter eine zum endgültigen Sachverlust führende Situation geschaffen hat (vgl. v.a. Maurach/Schroeder/*Maiwald*, Strafrecht Besonderer Teil I, § 34 Rdn. 27 f.).

Argument: Die strukturelle Parallelität zum Diebstahlstatbestand und der Charakter als Eigentumsdelikt verlangen eine Eigentumsverletzung, die aber erst mit dem endgültigen Sachverlust eintritt. Im Gegensatz zur Manifestationslehre verbleibt ein sinnvoller Anwendungsbereich für den bloßen Versuch der Zueignung.

c) **Gefährdungstheorie:** Täter muss sich die Sache aneignen (so wie 2.), zudem aber zumindest die konkrete Gefahr einer dauernden Enteignung begründen und die tatsächliche Enteignung beabsichtigen.

Argument: Angeführt werden die Identität des Zueignungsbegriffs in § 246 und § 242 und die ansonsten eintretende unzulässige Verkürzung des Bereichs versuchter Unterschlagung.

Aus der Rechtsprechung: BGHSt 14, 38 = JA 2001, 25 ff. (Besprechung); OLG Celle JA 2002, 649 ff. (Besprechung); OLG Brandenburg JuS 2010, 740 (Besprechung *Hecker*); LG Potsdam StV 2008, 361 f.

Übersichtsliteratur: *Börner* Jura 2005, 389 ff.; *Degner* JZ 2001, 388 ff.; *Duttge/Sotelsek* Jura 2002, 526 ff.; *Jäger* JuS 2000, 1167; *Jäger* BT, Rdn. 179; *Otto* Die einzelnen Delikte, § 42 Rdn. 5 ff.; *Schenkewitz* NStZ 2003, 17 ff.; *Sinn* NStZ 2002, 64 ff.

Weitere Übungsklausuren: *Küper* Jura 1996, 205 ff.; *Lange/Trost* JuS 2003, 961 (963 f.); *Haustein* JA 2015, 351.

Eine Zueignung ist ein Verhalten, mit dem der Täter zum Ausdruck bringt, dass er den Berechtigten von der Sachherrschaft ausschließt und selbst umfassende Sachherrschaft für sich oder einen Dritten begründet, weil er oder der Dritte die Sache eigenmächtig gebrauchen, d. h. wirtschaftlich nutzen will. Die Zueignung setzt sich dabei aus drei Elementen zusammen: der Enteignung des Berechtigten, der Aneignung der Sache durch den Täter bzw. an einen Dritten und der Absicht der wirtschaftlichen Nutzung der Sache.

(1) Nach früher ständiger Rspr. und h. L. wurde für die Beantwortung der Frage, ob eine Zueignung erfolgt war, auf den Willen des vermeintlichen Täters und die Manifestation dieses Willens in einem erkennbaren Akt abgestellt. Hatte der Täter sich zum Eigenbesitzer gemacht und dies nach außen bekundet, hatte er sich die Sache zugeeignet. Tatbestandsvoraussetzung war damit aber auch, dass der Täter den Gegenstand der Zueignung in Gewahrsam hatte, mithin umfassende Sachherrschaft über ihn ausübte. In dem Moment, in dem der Täter sich zum Eigenbesitzer machte, hatte er den Berechtigten von der Sachherrschaft ausgeschlossen.

(2) Nach der Neufassung des Tatbestandes durch das 6. StrRG muss der Täter nunmehr nicht zwingend Gewahrsam an der Sache haben. Damit ist die Unterschlagung, ebenso wie der Diebstahl, ein Delikt gegen die umfassende Sachherrschaft einer Person über eine Sache geworden. Deshalb kann nicht mehr alleine auf den Willen des Täters, sich die Sache zuzueignen, und dessen Manifestation nach außen abgestellt werden. Durch die Zueignungshandlung muss vielmehr objektiv gesehen eine Änderung der Sachherrschaftsverhältnisse eingetreten sein. Mithin ist Mindestvoraussetzung, dass der Täter oder der von ihm begünstigte Dritte nach der Zueignungshandlung eine nicht völlig untergeordnete Herrschaftsbeziehung über den Gegenstand erlangt. Rein verbale Zueignungshandlungen scheiden bei fehlender Sachherrschaft demnach aus.

Vorliegend haben weder A noch B umfassende Sachherrschaft über das Gerüst zum Zeitpunkt des Verkaufs gehabt oder durch den Vertragsschluss erlangt. Eine Zueignung kann in dem Vertragsschluss aus objektiver Sicht deshalb noch nicht gesehen werden. Eine Strafbarkeit wegen Unterschlagung ist damit nicht gegeben.

b) Ergebnis
A hat sich nicht wegen einer Unterschlagung gemäß § 246 I strafbar gemacht.

2. Betrug, § 263, zum Nachteil des B
Indem A dem B in einem Bargeschäft ein fremdes Gerüst verkauft hat, könnte er sich gem. § 263 I strafbar gemacht haben.

a) Objektiver Tatbestand

aa) Dann hätte A durch eine Täuschungshandlung bei B einen Irrtum hervorrufen müssen. A täuschte B über seine Fähigkeit, seine Pflichten aus dem Kaufvertrag erfüllen, d. h. dem B vertragsgemäß Eigentum verschaffen zu können. Bei B entstand durch die Angaben des A fälschlicher weise die Vorstellung, A sei Eigentümer des Gerüsts und wolle es B gegen die vereinbarte Kaufpreiszahlung übereignen. Mithin entstand bei B ein durch die Täuschung des A hervorgerufener Irrtum.

bb) Aufgrund seines Irrtums hatte B auch über sein Vermögen verfügt, indem er den vereinbarten Kaufpreis an A bezahlte, um das Gerüst zu erwerben.

Hinweis: Hier könnte entweder ein Eingehungsbetrug geprüft werden (d. h. auf die Täuschung bei Vertragsschluss abgestellt und die Vertragsverpflichtungen verglichen werden) oder die Prüfung entsprechend eines Erfüllungsbetruges erfolgen (geschuldete und tatsächliche Leistung verglichen werden). Nach h. A. (allerdings mit unklarer Abgrenzung) ist vorrangig auf den Erfüllungsbetrug abzustellen und ein Eingehungsbetrug nur zu prüfen, wenn es zu einem tatsächlichen Leistungsaustausch oder zumindest zur Leistung des Getäuschten nicht kommt.

---

cc) Durch die vorgenommene Vermögensverfügung hätte B auch einen Vermögensschaden erleiden müssen. Die Bestimmung eines Vermögensschadens hat durch den Vergleich der Vermögenssituation des Opfers vor und nach der erfolgten Vermögensverfügung unter Berücksichtigung einer unmittelbaren Schadenskompensation zu erfolgen (Gesamtsaldierung). Ein Schaden liegt bei der Verschlechterung der Vermögenssituation vor. Trotz der gezahlten 3.000,– EUR erwarb B kein Eigentum an dem Gerüst, da es ihm nicht vom Eigentümer übergeben wurde. Auch ein gutgläubiger Erwerb gemäß §§ 929, 932 ff. BGB scheidet aus, da dieser ebenfalls den Besitz seitens des Erwerbers oder die Übergabe durch den Veräußerer voraussetzt. Demnach hat B das Eigentum an den 3.000,– EUR verloren, ohne eine adäquate Gegenleistung zu erhalten. Er wurde dadurch in seinem Vermögen geschädigt.

b) Subjektiver Tatbestand

A handelte auch vorsätzlich und mit der Absicht, die gewonnenen 3.000,– EUR selbst wirtschaftlich zu nutzen. Da A auch wusste, dass er auf die Zahlung der 3.000,– EUR keinen Rechtsanspruch hat, handelte er mit der Absicht, sich einen rechtswidrigen Vermögensvorteil zu verschaffen.

c) Ergebnis
A hat sich eines Betruges zum Nachteil des B strafbar gemacht.

II. Das Verhalten an der Tankstelle

1. Diebstahl, § 242 I
Durch das Einfüllen des Benzins in den Tank seines Autos könnte sich A eines Diebstahls schuldig gemacht haben.

a) Objektiver Tatbestand
aa) Dazu müsste das Benzin eine für A fremde, bewegliche Sache gewesen sein. Dabei kommt es nicht auf den Aggregatszustand der Sache an, so dass auch Benzin als körperlicher Gegenstand in flüssiger Form umfasst ist. Die Sache müsste zudem fremd sein. Fremd ist eine Sache, wenn sie zumindest im Miteigentum eines anderen steht. Zum Zeitpunkt des Tankens liegt noch keine bzw. höchstens eine aufschiebend bedingte Einigung vor. Der Tankwart stimmt einem Eigentumswechsel erst dann zu, wenn der Kunde den für das Benzin geschuldeten Betrag gezahlt hat. Dies kann entweder damit begründet werden, dass konkludent wegen des berechtigten Sicherungsinteresses des Verkäufers ein Eigentumsvorbehalt vereinbart wird oder es wird angenommen, dass eine Übereignung auch ohne Eigentumsvorbehalt erst an der Kasse stattfindet. Auch wenn über §§ 948, 947 BGB durch Vermischung Miteigentum begründet wird, reicht dieses Miteigentum dennoch, um eine fremde Sache anzunehmen. Das Benzin stand mithin nicht im Eigentum des A und war damit für diesen fremd.

Hinweis: Obwohl zum Zeitpunkt des Tankens kein Diebstahlsvorsatz vorlag und der Gewahrsamswechsel bereits mit Einfüllen des Benzins in den Tank des Fahrzeugs vollzogen bzw. die Wegnahme vollendet worden ist, sollte auf die Eigentumslage bereits hier eingegangen werden. Sie ist zumindest mitbestimmend für die Prüfung des Betruges und der Unterschlagung. Wer durch Gestattung des Selbstbedienungstankens ein unbedingtes Übereignungsangebot annimmt (kaum vertretbar), kann konsequenterweise an der Kasse nur Betrug prüfen.

Allgemein sollte sich der Klausurbearbeiter in Fällen des Selbstbedienungstankens zunächst fragen, ob der verantwortliche Angestellte der Tankstelle den Tankvorgang beobachtet hat und zu welchem Zeitpunkt der Tankende den Entschluss fasst, nicht zu bezahlen, da diese beiden Aspekte den weiteren Prüfungsgang bestimmen.

---

bb) A müsste das Benzin auch weggenommen, d. h. fremden Gewahrsam gebrochen und neuen Gewahrsam begründet haben. Gewahrsam ist die vom Herrschaftswillen getragene tatsächliche Sachherrschaft. Die Sachherrschaft ergibt sich aus den physisch-realen Einwirkungsmöglichkeiten auf die Sache und aus der sozialen, in dem betroffenen Lebenskreis üblichen Zuordnung. Mit dem Einfüllen des Benzins in den Tank des Autos des A wird es in den Herrschaftsbereich des A übertragen, was von A auch so gewollt ist. A hat fortan Gewahrsam an diesem Benzin.

Das hätte auch unter dem Bruch des fremden Gewahrsams, also entgegen dem Willen des früheren Gewahrsamsinhabers geschehen müssen. Allerdings war der Tankstellenpächter als Inhaber des früheren Gewahrsams mit der Übertragung des Benzins in den Herrschaftsbereich seines Kunden generell einverstanden. Daher liegt kein Handeln gegen den Willen des Inhabers, mithin also kein Gewahrsamsbruch vor. A hat das Benzin damit nicht weggenommen.

Hinweis: Nach a. A. soll ein Einverständnis des Tankwartes nur angenommen werden können, wenn dieser den scheinbar ordnungsgemäßen Tankvorgang beobachtet. Folgerichtig muss bei einem bereits von Anfang an zahlungsunwilligen Autofahrer regelmäßig Sachbetrug angenommen werden. Entschließt sich der Täter hingegen erst an der Kasse nicht zu bezahlen, kommt wegen des ohne Diebstahlsvorsatz herbeigeführten Gewahrsamswechsels ebenfalls nur Betrug in Frage.

b) Ergebnis
A hat sich durch das Einfüllen des Benzins nicht wegen § 242 strafbar gemacht.

rug, § 263 I
Indem A lediglich die Zeitschriften nicht aber das Benzin bezahlte, könnte er sich eines Betruges strafbar gemacht haben.

a) Objektiver Tatbestand
aa) A müsste T getäuscht haben. Täuschung ist die bewusst irreführende Einwirkung auf das Vorstellungsbild eines anderen, durch die eine Fehlvorstellung über Tatsachen hervorgerufen werden soll. Tatsachen sind dem Beweis zugängliche, konkrete äußere oder innere Geschehnisse oder Zustände der Vergangenheit oder der Gegenwart. Die Frage, ob A getankt hat und damit dem Tankstellenpächter über den Kaufpreis der Zeitschrift hinaus auch denjenigen für getanktes Benzin schuldet, ist ein dem Beweis zugänglicher Zustand und damit eine Tatsache. A schuldet dem T auch den Kaufpreis, da der Kaufvertrag, im Unterschied zur Übereignung, an der Zapfsäule geschlossen wird. A hätte darüber hinaus über

bestehende Verbindlichkeiten täuschen müssen. Eine ausdrückliche Täuschung liegt nicht vor. Es könnte aber eine konkludente Täuschung darin liegen, dass A nur die Zeitschrift zur Bezahlung vorlegte. Fraglich ist aber, ob darin zugleich die konkludente Erklärung enthalten ist, er habe nichts anderes zu bezahlen. Entscheidend ist in diesem Zusammenhang, welcher objektive Erklärungswert dem Verhalten des A nach der Verkehrsanschauung zukommt. Danach erklärt derjenige, der in einem Selbstbedienungsladen etwas zur Bezahlung vorlegt, dass er nur diese und keine weiteren Gegenstände zu bezahlen hat. Das System des Selbstbedienungsgeschäftes basiert darauf, dass der Kunde die Waren auswählt, die er zu erwerben wünscht und sie dem Kassierer vorlegt. Dieser geht wiederum davon aus, dass der Kunde nur über die Gegenstände, die er vorlegt, Kaufverträge abschließen will. Aus diesem Grund besteht keine Verpflichtung des jeweiligen Kassierers in einem Selbstbedienungsladen, jeden Kunden danach zu fragen, ob er über die an der Kasse vorgelegten Waren hinaus noch andere zu bezahlen habe. Unter dieser Prämisse ist eine Täuschung vorliegend zu bejahen.

Hinweis: Die **Täuschung** (= Einwirkung auf den Intellekt eines anderen) kann in **verschiedenen Formen** erfolgen: entweder ausdrücklich, konkludent (wo die Verkehrsauffassung dem Täterverhalten einen bestimmten Erklärungswert beimisst) oder durch Unterlassen

Vorgehensweise: Zunächst ist zu prüfen, ob eine **ausdrückliche** bewusst unwahre Erklärung vorliegt oder ein sonstiges Verhalten mit **konkludentem** Erklärungswert. Im letztgenannten Fall hat eine Auslegung nach der Verkehrsanschauung zu erfolgen, wobei von besonderer Bedeutung ist, welche Pflichten- und Risikoverteilung hinsichtlich der Kenntnis der betreffenden Umstände angesichts des jeweiligen Geschäftstyps besteht. Erst zuletzt ist auf das **Unterlassen** gebotener Aufklärung einzugehen, da bei Täuschung durch Unterlassen das Unterlassen einer gebotenen Handlung der aktiven Täuschungshandlung entsprechen (§ 13 I 2. HS) und der Täter hierfür eine Garantenstellung innehaben muss, die sich aus Gesetz, Ingerenz, aus einem besonderen Vertrauensverhältnis oder aus Treu und Glauben ergeben kann.

---

bb) Durch diese Täuschung wurde beim Angestellten an der Tankstelle die Vorstellung hervorgerufen, A habe nichts weiter zu bezahlen, was jedoch nicht der Wirklichkeit entsprach. Er unterlag damit einem Irrtum.

cc) Aufgrund dieses Irrtums hätte der Kassierer auch über das Vermögen des potenziell Geschädigten, hier des Tankstellenpächters, verfügt haben müssen.

(1) Der Begriff der Vermögensverfügung umfasst jedes Handeln, Dulden oder Unterlassen, das eine Vermögensminderung unmittelbar herbeiführt. Da nicht davon auszugehen ist, dass das Benzin dem Angestellten der Tankstelle gehört, sind Getäuschter bzw. Verfügender und Geschädigter hier nicht identisch. Der Verfügende muss aber in den Fällen des sog. Dreiecksbetrugs nicht der Geschädigte sein, sofern dem Geschädigten das Verhalten des Dritten zugerechnet werden kann. Hier kommt unproblematisch sowohl nach der Lager- als auch nach der

Befugnistheorie eine Verfügung des T in Betracht, da dieser in einer Obhutbeziehung zu den zu verkaufenden Sachen im Lager des Inhabers steht und nach § 56 HGB auch die Befugnis zur Veräußerung der angebotenen Waren hat.

Erläuterung: In den Fällen des Dreiecksbetrugs sollte eine vertiefte Auseinandersetzung mit den hierzu vertretenen, im Folgenden aufgeführten Theorien nur dann erfolgen, wenn etwa eine Abgrenzung zur Konstellation des Diebstahls in mittelbarer Täterschaft erforderlich ist.

Rein faktische Nähetheorie: Eine Vermögensverfügung liegt vor, wenn der Dritte rein tatsächlich in der Lage ist, über Vermögen des Geschädigten zu verfügen.

Dagegen: Diese Auffassung wird als zu weitgehend kritisiert, da eine bloß tatsächliche Zugriffsmöglichkeit keine Grundlage dafür sein könne, dem Geschädigten das Verhalten als eigenes Verhalten zuzurechnen.

Lehre vom normativen Näheverhältnis (Lagertheorie – hL): Der Dritte muss (schon vor der Tat) im „Lager" des Geschädigten stehen und faktisch als Repräsentant tätig werden, indem er eine Obhutsbeziehung zur konkreten Sache hat.

Befugnis- oder Ermächtigungstheorie: Das Verhalten des Getäuschten ist in zivilrechtsorientierter Betrachtung dem Vermögensinhaber zuzurechnen, wenn der Getäuschte sich auf eine entsprechende Ermächtigungsgrundlage stützen kann oder glaubte dies zu können.

Aus der Rechtssprechung: BGHSt 18, 221 = NJW 1963, 1068.

Übersichtsliteratur: *Fock/Gerhold* JA 2010, 511; *Jäger* BT, Rdn. 343 f.; *Kindhäuser/Nikolaus* JuS 2006, 293 ff.; *Otto* Die einzelnen Delikte, § 51 Rdn. 44.

Weitere Übungsklausuren: *Gröseling* JuS 2003, 1097 ff.; *Popp/Schnabl* JuS 2006, 326 (329).

Ein Verfügungsbewusstsein wird dabei nur im Rahmen des Sachbetruges gefordert. Gegenstand der Verfügung ist vorliegend die Forderung auf Bezahlung des Benzins. Indem der Kassierer diesen Anspruch nach Abschluss des Kaufvertrages nicht geltend machte und zuließ, dass A den Verkaufsraum verließ, minderte er den Wert der Forderung. Diese blieb zwar weiterhin bestehen, doch ist eine Forderung gegen einen Schuldner, der dem Gläubiger unbekannt ist, weniger wert als eine Forderung gegen einen bekannten Schuldner. Dass der Kassierer nicht wusste, dass er eine Verfügung über die Forderung vornimmt, ist nach dieser Auffassung irrelevant. Eine Vermögensverfügung liegt vor.

(2) Eine andere Auffassung ergänzt die oben genannte Definition, indem verlangt wird, dass der Getäuschte den vermögensrelevanten Charakter seiner Verfügung kennt. Fraglich ist, ob vorliegend ein solches Bewusstsein beim Kassierer gegeben war. Ein Kassierer an der Kasse eines Selbstbedienungsgeschäftes geht davon aus, dass er alle Waren abgerechnet hat, die vom Kunden zu bezahlen waren (soweit es hingegen um Fälle des Besitzbetruges geht, verlangt auch der BGH ein konkretes Verfügungsbewusstsein, um Fälle des Sachbetrugs vom Diebstahl abgrenzen zu können). Deshalb macht er keine weiteren Forderungen

geltend. Ihm ist daher durchaus bewusst, dass er dadurch für den Fall, dass weitere Forderungen bestehen sollten, den Wert dieser Forderungen vermindert. Der Kassierer handelt demnach mit Verfügungsbewusstsein. Auch nach dieser Auffassung liegt deshalb eine Vermögensverfügung vor.

Damit hat der Getäuschte nach allen vertretenen Auffassungen über das Vermögen des Tankstellenpächters verfügt.

dd) Durch die vorgenommene Vermögensverfügung müsste das Vermögen des Tankstellenpächters auch beschädigt worden sein. Eine Forderung gegen einen unbekannten Schuldner ist weitgehend wertlos. Der Vergleich der Vermögenssituationen des Tankstellenpächters vor und nach der Tat ergibt einen negativen Saldo und damit einen Vermögensschaden.

b) Subjektiver Tatbestand

A handelte auch vorsätzlich und in der Absicht, sich in Höhe des Kaufpreises des Benzins rechtswidrig zu bereichern.

c) Ergebnis

A hat sich eines Betruges gemäß § 263 I schuldig gemacht.

3. Unterschlagung, § 246 I

Das Betanken des Wagens oder später die bloße Zahlung der Zeitschrift an der Kasse könnte eine Unterschlagung des Benzins darstellen.

a) Objektiver Tatbestand

aa) Bei dem Benzin handelte es sich um eine fremde, bewegliche Sache (vgl. oben II. 1. a). Daran ändert auch das Einfüllen des Benzins in den Tank nichts, da dadurch noch kein Eigentum des A begründet wurde. Vielmehr ist anzunehmen, dass das Benzin bis zur Bezahlung desselben im (Mit-)Eigentum (vgl. § 948 BGB) des Tankstellenpächters verbleibt und somit für den tankenden Kunden bis zur Bezahlung weiterhin fremd ist.

bb) Diese Sache hätte sich A auch zueignen müssen. Mit der Erlangung des Besitzes durch das Betanken begründete er zwar mit Einverständnis des Tankstellenpächters eigenen Gewahrsam am Benzin. Die bloße Gewahrsamsbegründung ist allerdings nicht ausreichend für eine Zueignung. Vielmehr bedarf es der Manifestation des Willens, die Sache als eine eigene zu behandeln, diese mithin fortan im Eigenbesitz zu halten, nach außen. Das Einfüllen von Benzin in den Tank eines Autos an einer Tankstelle gehört aber zum üblichen Verhalten der Beteiligten. Diesem kann nicht die Aussage entnommen werden, man wolle sich den wirtschaftlichen Nutzen des Benzins bereits ab der Betankung zu Eigen machen. Vielmehr muss jeder davon ausgehen, dass das Benzin bis zum Zeitpunkt der vollständigen Bezahlung als fremdes, nämlich als im Eigentum des Tankstellenbetreibers stehend, in Besitz gehalten wird. Eine Manifestation der Zueignung nach außen stellt das Betanken danach noch nicht dar.

Allerdings könnte das bloße Bezahlen der Zeitschrift, nicht aber des Benzins, eine Unterschlagung darstellen. A bezahlte an der Kasse lediglich die Zeitschrift. Damit brachte er zum Ausdruck, dass er auch tatsächlich nur diesen Betrag schuldete. Dadurch zeigte A, dass er nicht bereit war, den Kaufpreis für das Benzin zu bezahlen und die ordnungsgemäße Eigentumsübertragung herbeizuführen, sondern maßte sich vollständig die Eigentümerposition an. Diese Zueignung war auch rechtswidrig, da A keinen Anspruch auf die Nutzung des Benzins hatte und der Tankstellenbesitzer damit auch nicht einverstanden war.

b) Subjektiver Tatbestand
A handelte auch mit Zueignungsvorsatz.

c) Ergebnis
A hat sich einer Unterschlagung strafbar gemacht.

III. Gesamtergebnis/Konkurrenzen

A hat sich durch den Gerüstverkauf wegen eines Betruges strafbar gemacht. Aufgrund der Vorfälle an der Tankstelle hat sich A eines Betruges und einer Unterschlagung strafbar gemacht. Zwar bezieht sich der Betrug auf die Kaufpreisforderung für das Benzin, die Unterschlagung hingegen auf die tatsächliche Sachherrschaft über das Benzin selbst, der durch die Unterschlagung entstandene Schaden geht jedoch nicht über den durch den Betrug eingetreten hinaus. Damit ist die Unterschlagung gegenüber dem Betrug subsidiär. Der Betrug durch den Gerüstverkauf steht zu dem Betrug an der Tankstelle in Tatmehrheit, § 53.

D. Definitionen

Zueignen	setzt nach h. M. ein Verhalten voraus, das für einen objektiven Beobachter erkennbar darauf schließen lässt, dass der Täter die Sache für sich behalten oder einem Dritten zueignen will (Manifestation des Zueignungswillens).
Fremd	ist eine Sache, wenn sie zumindest im Miteigentum eines anderen steht.
Wegnahme	verlangt den Bruch fremden und die Begründung neuen nicht notwendigerweise tätereigenen Gewahrsams.
Gewahrsam	ist die vom Herrschaftswillen getragene tatsächliche Sachherrschaft. Die Sachherrschaft ergibt sich aus den physisch-realen Einwirkungsmöglichkeiten auf die Sache und aus der sozialen, in dem betroffenen Lebenskreis üblichen Zuordnung.
Täuschung i. S. v. § 263	setzt eine bewusst irreführende Einwirkung auf das Vorstellungsbild eines anderen durch Vorspiegeln falscher oder die Entstellung bzw. Unterdrückung wahrer Tatsachen voraus.
Irrtum	ist jede Fehlvorstellung über Tatsachen, d. h. jeder Widerspruch zwischen Vorstellung und Wirklichkeit.
Vermögensverfügung	ist jedes freiwillige Tun, Dulden und Unterlassen, das unmittelbar einen Vermögensschaden beim Getäuschten oder einem Dritten herbeiführt.
Vermögensschaden	wird ermittelt durch den Vergleich der Vermögenssituation des Opfers vor und nach der erfolgten Vermögensverfügung unter Berücksichtigung einer unmittelbaren Schadenskompensation (Gesamtsaldierung).

Übungsfall 10: Eisen und Draht

A. Sachverhalt

Der vorbestrafte Zeitschriftenwerber Emil Eisen (E) besucht die 73 Jahre alte Dagmar Draht (D), um sie zum Abschluss eines Abonnements zu veranlassen. D bittet E zwar in ihr Wohnzimmer, zeigt dann aber kein Interesse an den Zeitschriften des E. Als E enttäuscht die Wohnung der D verlassen will, betritt er ungewollt ihr Schlafzimmer. D geht daraufhin davon aus, dass E sie bestehlen will. Sie stellt sich ihm in den Weg und schreit ihn an, ob er sie „beklauen" wolle. E versucht, sich wortlos an ihr vorbeizudrängen, D blockiert jedoch die Schlafzimmertüre und packt ihn fest am Arm. E meint, einem Vorbestraften werde man ohnehin nicht glauben. Da er sich nicht anders zu helfen weiß, will er D einen Faustschlag ins Gesicht versetzen. D kann diesem gerade noch ausweichen, stürzt dabei aber zu Boden und schlägt mit dem Kopf auf dem Boden auf.

Als E die D mit einer stark blutenden Kopfwunde bewusstlos auf dem Boden liegt sieht, gerät er in Panik. E erkennt, dass D lebensgefährlich verletzt ist und ohne Hilfe sterben könnte. Er sieht aber von einer Benachrichtigung des Rettungsnotdienstes ab, weil er fürchtet, wegen seines Verhaltens zur Verantwortung gezogen zu werden und seine Stelle als Zeitschriftenwerber zu verlieren. Als E sich jedoch bereits auf dem Weg nach Hause befindet, bekommt er Mitleid mit der Situation der D und kehrt zum Haus der D zurück. Im Garten des Nachbarhauses erblickt er den Nachbarn Bernd Birne (B), der gerade Äpfel von seinem Apfelbaum erntet. Er ruft dem B zu, Frau D habe einen Schwächeanfall erlitten und fühle sich nicht gut. Er müsse leider gehen, aber vielleicht könne er (B) „ja mal nach ihr sehen". Nachdem B die Äpfel geerntet hat, klingelt er bei D und ruft, als diese nicht öffnet, den Notarzt an. Dieser kommt unverzüglich, die Türe wird aufgebrochen und die gerade wieder zu Bewusstsein gekommene D in ein Krankenhaus gebracht. Der dort behandelnde Chirurg C stellt einen komplizierten Schädelbruch fest und führt die erforderliche Operation durch. Bei der Operation übersieht C leicht fahrlässig eine nur schwer erkennbare, durch den Sturz verursachte Sickerungsblutung im Gehirn. D kann nach vier Wochen Krankenhausaufenthalt nach Hause entlassen werden, verstirbt jedoch drei Monate später an den Folgen der unerkannt gebliebenen Sickerblutung. Ohne die zwingend gebotene Operation wäre D bereits früher gestorben, bei rechtzeitiger Entdeckung der Sickerblutung hätte der Tod jedoch abgewendet werden können.

Strafbarkeit des E?

Bearbeitungszeit: Drei Stunden

B. Lösungsskizze

Erster Tatkomplex: Der Faustschlag

I. **Körperverletzung, § 223 I**
1. **Objektiver Tatbestand**
   a) körperlich misshandelt oder an der Gesundheit geschädigt (+)
   b) Ursächlichkeit der Handlung: Äquivalenztheorie (+)
   c) objektive Zurechnung
      P: atypischer Kausalverlauf (–)
      P: eigenverantwortliche Selbstgefährdung (–)
2. **Subjektiver Tatbestand (+)**
   P: Irrtum über den Kausalverlauf (–)
3. **Rechtswidrigkeit**
   Notwehr, § 32 (–)
   a) Angriff auf Entschließungs-/Fortbewegungsfreiheit des E (+)
   b) Gegenwärtigkeit (+)
   c) Rechtswidrigkeit (+/–)
      aa) § 32 durch D?
         P: Erlaubnistatbestandsirrtum der D:
         nicht relevant, da Irrtum nicht die Rechtswidrigkeit ausschließt
      bb) § 127 I StPO durch D?
         P: Begriff der Tat
         Nach materiell-rechtlichen Theorien (–): nur bei tatsächlich begangener Straftat
         Nach prozessualen Theorien (+): Vorliegen eines dringenden Tatverdachts genügt
   d) Erforderlichkeit (–): Angesichts des Alters der D und der Tatumstände, nicht das mildeste Mittel
4. **Ergebnis § 223 I (+)**
II. **Körperverletzung mit Todesfolge, § 227 I**
1. **Grunddelikt (+)**
2. **Objektiver Tatbestand**
   a) Erfolge ingetreten/Ursächlichkeit der Handlung: Äquivalenztheorie (+)
   b) zumindest Fahrlässigkeit hinsichtlich schwerer Folge (vgl. § 18) (+)
      aa) Verletzung der objektiv erforderlichen Sorgfalt (+)
      bb) Objektive Vorhersehbarkeit (+)
         hinsichtlich Sturz (+)
         hinsichtlich leicht fahrlässigem Behandlungsfehler (+)
   c) Objektive Zurechnung
      P: eigenverantwortliche Selbstschädigung (–)
      P: Dazwischentreten des C (–):
      bei leichten und mittleren ärztlichen Kunstfehlern: Zurechnung (+)
   d) Gefahrverwirklichungszusammenhang (+)
      Letalitätstheorie: Todeserfolg muss sich gerade aus dem vorsätzlich zugefügten Körperverletzungserfolg entwickeln (–)

Gegenauffassung: Es genügt, dass Körperverletzungshandlung den tödlichen Erfolg herbeigeführt hat (+)
3. **Ergebnis § 227 (+)**

Zweiter Tatkomplex: Die unterlassene Benachrichtigung des Rettungsnotdienstes

I. **Totschlag durch Unterlassen, §§ 212, 13**
    1. **objektiver Tatbestand**
        a) Erfolg (+)
        b) Unterlassen der gebotenen Rettungshandlung (Benachrichtigung des Rettungsdienstes) (+)
        c) hypothetische Kausalität (–)
    2. **Ergebnis § 212, 13 (+)**
II. **Versuchter Totschlag durch Unterlassen, §§ 212, 22, 23 I, 13 I**
    Vorprüfung: keine Vollendung, Versuch strafbar (§§ 12 I, 23 I)
    1. **Tatentschluss (+)**
        a) Tatentschluss, die physisch-real mögliche Rettungshandlung zu unterlassen (+)
        b) Tatentschluss hinsichtlich hypothetischer Kausalität
        c) Tatentschluss hinsichtlich einer Garantenstellung aus Ingerenz (+)
    2. **unmittelbares Ansetzen (+)**
        P: unmittelbares Ansetzen beim Unterlassen
        h. M.: Alternativformel (+)
    3. **Rücktritt, § 24 I 1, 2. Alt. (+)**
        a) fehlgeschlagener Versuch (–)
        b) Rücktrittsvoraussetzungen
           P: beendeter und unbeendeter Versuch beim Unterlassungsdelikt
        c) Erfolgsverhinderung (+)
           P: verhindern
    4. **Ergebnis §§ 212, 22, 23 I, 13 I (–)**
III. **Versuchter Mord durch Unterlassen, §§ 212, 211, 22, 23 I, 13 (–)**
    1. **Tatentschluss**
        a) Verdeckungsabsicht
           P: keine aktive Verdeckung
        b) niedrige Beweggründe (–)
    2. **Ergebnis §§ 212, 211, 22, 23 I, 13 (–)**
IV. **§ 221 I Nr. 2 (–)**
    1. **Objektiver Tatbestand**
        a) in hilfloser Lage im Stich gelassen (+)
        b) Beistandspflicht (+)
        c) Eintritt einer konkreten Gefahr: Intensivierung der bestehenden Lage (–)
    2. **Ergebnis (–)**

Gesamtergebnis: E ist strafbar gemäß § 227.

C. Gutachten
Erster Tatkomplex: Der Faustschlag

I. Körperverletzung, § 223 I

E könnte sich, indem er zum Faustschlag in das Gesicht der D ausholte und diese beim Ausweichen stürzte und mit dem Kopf auf dem Boden aufschlug, der Körperverletzung strafbar gemacht haben.

1. objektiver Tatbestand

a) Dazu müsste E die D körperlich misshandelt oder an der Gesundheit geschädigt haben. Das Aufschlagen auf dem Boden beeinträchtigt als unangemessene Behandlung das körperliche Wohlbefinden und die körperliche Unversehrtheit mehr als nur unerheblich und stellt damit eine körperliche Misshandlung dar. Ebenso ist eine Gesundheitsschädigung eingetreten, denn darunter ist jedes Hervorrufen oder Steigern eines wenn auch nur vorübergehenden, vom Normalzustand abweichenden Zustands pathologischer Art zu verstehen, wobei dieser körperlicher oder seelischer Art sein kann. Hier muss dies bereits aufgrund der Bewusstlosigkeit der D angenommen werden.

Hinweis: In vergleichbaren Konstellationen neigen schlechte Klausurbearbeitungen dazu, lediglich einen Versuch zu prüfen, obwohl ein Verletzungserfolg unzweifelhaft vorliegt und lediglich dessen Zurechnung zu problematisieren ist. Ebenso wenig kann hier bereits mit der Prüfung von Tötungsdelikten begonnen werden, da eine mögliche vorsätzliche Herbeiführung des Todeserfolges nur durch Unterlassen denkbar ist.

---

b) Für den eingetretenen Erfolg war zweifellos die Handlung des E (Ausholen mit der Faust) ursächlich, denn nach der Äquivalenztheorie ist jedes Verhalten kausal, das nicht hinweggedacht werden kann, ohne dass der Erfolg in seiner konkreten Gestalt entfiele. Hätte E nicht ausgeholt, wäre D nicht ausgewichen und dabei gestolpert.

c) Problematisch ist allerdings, ob E der konkret eingetretene Erfolg objektiv als sein Werk zugerechnet werden kann. Eine Zurechung setzt allgemein voraus, dass der Täter ein rechtlich relevantes (unerlaubtes) Risiko geschaffen und sich dieses im Erfolg realisiert hat. Diese allgemeine Formel wird anhand von Fallgruppen konkretisiert.

aa) Problematisiert werden kann eine Zurechnung zunächst unter dem Gesichtspunkt des atypischen Kausalverlaufs, der eine objektive Zurechnung dann entfallen lässt, wenn der eingetretene Erfolg völlig außerhalb dessen liegt, was nach dem gewöhnlichen Verlauf der Dinge und nach der allgemeinen Lebenserfahrung noch in Rechnung zu stellen ist. Zwar ist der Erfolg letztlich erst durch ein Abwehrverhalten der D eingetreten, es ist aber keineswegs ungewöhnlich, dass das spätere Opfer (D) versucht, einem Schlag auszuweichen und dabei stolpert, vor allem weil hier regelmäßig die Überraschung, Furcht oder ein Panikverhalten des Opfers berücksichtigt werden muss. So kann auch nach dem Sachverhalt D dem Schlag nur „gerade noch ausweichen".

P: Atypischer Kausalverlauf
Ein atypischer Kausalverlauf liegt vor, wenn der eingetretene Erfolg völlig **außerhalb** dessen liegt, was nach dem gewöhnlichen Verlauf der Dinge und nach der **allgemeinen Lebenserfahrung** noch in Rechnung zu stellen ist.

Die Kausalitätsformel kennt keine Einschränkung nach Adäquanzgesichtspunkten, bei rechtlich wertender Betrachtung darf aber allein der Ursachenzusammenhang bei völlig ungewöhnlichen Abläufen nicht entscheidend sein.

h. L.: Prüfung auf Tatbestandsebene; nur objektiv zurechenbar, wenn die durch das Verhalten geschaffene, rechtlich missbilligte Gefahr sich im Erfolgseintritt verwirklicht hat. Zur Feststellung der Atypizität wird ein Wahrscheinlichkeitsurteil gefällt, d. h. es wird gefragt, um wie viel wahrscheinlicher der Erfolgseintritt durch das Verhalten des Täters geworden ist (vgl. auch *Otto* Jura 2001, 275 f.).

Rspr.: Die Rspr. verlegt die Prüfung des regelwidrigen Kausalverlaufs ausschließlich in den Vorsatzbereich und prüft einen **Irrtum über den Kausalverlauf.** Die Abweichung des tatsächlichen vom ursprünglich vorgestellten Kausalverlauf muss erheblich sein und darf nicht mehr voraussehbar sein.

Nach der Auffassung des Schrifttums ist hingegen ein Irrtum über den Kausalverlauf nur zu prüfen, wenn zuvor die objektive Zurechnung bejaht wurde, d. h. wenn der Kausalverlauf zwar objektiv voraussehbar war, der Täter aber subjektiv nicht mit diesem gerechnet hat.

Übersichtsliteratur: *Seher* Jura 2001, 814; *Schumann* Jura 2008, 408.

Weitere Übungsklausuren: *Herrmann/Heyer* JA 2012, 191; *Jahn/Ebner* JuS 2007, 923; *Norouzi* JuS 2007, 146; *Käßner/Seibert* JuS 2006, 810; *Theiß/Winkler* JuS 2006, 1083; *Dannecker* JuS 2002, 1087.

---

bb) Eine objektive Zurechnung könnte aber unter dem Gesichtspunkt der eigenverantwortlichen Selbstgefährdung des Opfers entfallen, sofern sich nicht das von E gesetzte, sondern ein vom späteren Opfer selbst gesetztes Risiko („eigenverantwortliches" Fluchtverhalten und Stolpern) verwirklicht hätte. Panik- und Ausweichreaktionen muss jedoch eine entsprechende eigenverantwortliche Selbststeuerung des Kausalverlaufs abgesprochen werden, wenn es sich um nahe liegende Fluchtreaktionen auf das vom Täter gesetzte Risiko handelt[1]. Dass D das Risiko vielleicht durch die irrtümliche Annahme eines rechtswidrigen Angriffs des E (Verwechseln der Türe zum Schlafzimmer) mitverursacht hat, spielt in der konkreten Situation keine Rolle.

P: Eigenverantwortliche Selbstgefährdung

Der Schutzbereich der Fremdschädigungsdelikte endet dort, wo der eigene Verantwortungsbereich des Opfers beginnt (deshalb lässt sich das Problem natürlich – allerdings ohne Erkenntnisgewinn – auch als Problem des Schutzzweckzusammenhangs formulieren). Nach dem sog. **Prinzip der Eigenverantwortlichkeit** geht es darum, die verschiedenen Verantwortungsbereiche abzugrenzen und etwa Fälle der freiverantwortlichen Selbstschädigung bzw. Selbstgefährdung sowie der einverständlichen Fremdgefährdung von einer Zurechnung auszugrenzen. Umstritten ist vor allem, anhand welcher Kriterien die Eigenverantwortlichkeit zu bestimmen ist. Argumentativ und methodisch entspricht die Prüfung in Fällen vorliegender Art der Prüfung des gefahrspezifischen Zusammenhangs in § 227 und bezieht etwa täterschaftliche Gesichtspunkte (wer beherrscht den Geschehensablauf), Adäquanzgesichtspunkte und Aspekte der Wissensasymmetrie zwischen Täter und Opfer mit ein.

Aus der Rechtsprechung: BGH JuS 2011, 372 (Besprechung *Jahn*);

Übersichtsliteratur: *Seher* Jura 2001, 814; *Christmann* Jura 2002, 679; *Schumann* Jura 2008, 408; *Otto* Grundkurs Strafrecht AT, § 6 Rdn 61; *Mitsch* JuS 2013, 20.

Weitere Übungsklausuren: *Albrecht/Kasper* JuS 2010, 1071; *Jahn/Ebner* JuS 2007, 923; *Brüning* JuS 2007, 255; *Norouzi* JuS 2007, 146; *Käßner/Seibert* JuS 2006, 810; *Norouzi* JuS 2006, 531; *Dannecker* JuS 2002, 1087; *Wedler* JA 2015, 671.

---

2. Subjektiver Tatbestand

Problematisch könnte der Vorsatz des E sein. E wollte den Körperverletzungserfolg nicht durch den Sturz der D, sondern durch den Schlag herbeiführen. Dabei könnte es sich um einen Irrtum über den Kausalverlauf handeln.

P: Irrtum über den Kausalverlauf

Der Vorsatz muss sich auf den gesamten objektiven Unrechtstatbestand und deshalb auch auf den Kausalverlauf in seinen wesentlichen Zügen beziehen. **Unwesentliche Abweichungen,** die sich in den Grenzen des **nach allgemeiner Lebenserfahrung Voraussehbaren** halten und keine andere Bewertung der Tat rechtfertigen, lassen den Vorsatz hingegen nicht entfallen.

---

1 Abw. Ansicht kaum vertretbar. Zumindest müsste dann folgerichtig später ein erfolgsqualifizierter Versuch (§§ 227 I, 22, 23 I) angeprüft, aber abgelehnt werden.

In Klausuren muss in erster Linie auf eine zutreffende Einordnung der Irrtumsproblematik geachtet werden:

1. Hat der Täter zum Zeitpunkt der objektiv maßgeblichen „Tötungs"-handlung nach seiner Vorstellung noch **nicht** zur Tötung **unmittelbar angesetzt,** dann stellt sich das Problem des Irrtums über den Kausalverlauf nicht, da zu diesem Zeitpunkt noch kein strafrechtlich relevanter Vorsatz vorliegt. Der Täter haftet für den Todeserfolg nur wegen Fahrlässigkeit; z. B. das Opfer erstickt im Kofferraum eines Kfz auf dem Weg zu einem Ort, an dem der Täter das Opfer zunächst erpressen und erst dann töten will (vgl. BGH NStZ 2002, 309; dazu *Jäger* JR 2002, 381; *Sowada* Jura 2004, 814).

2. Geht der Täter davon aus, dass zum Zeitpunkt, in dem er die Tötungshandlung vornimmt, der Todeserfolg bereits eingetreten ist (klassische Fälle der Beseitigung der vermeintlichen Leiche: z. B. das in der Jauchegrube versenkte, vermeintlich bereits zuvor getötete Opfer erstickt erst bei der Beseitigung; dazu BGHSt 14, 193). Bei diesen **zweiaktigen Geschehen** ist zwar objektiv meist vorhersehbar, dass der Erfolg erst mit dem zweiten Teilakt eintritt, problematisch ist allerdings, ob beide Akte getrennt – dann Versuch (§§ 212 I, 22, 23 I) und Fahrlässigkeit (§ 222) in Tatmehrheit (§ 53) – oder einheitlich gewürdigt werden müssen – dann gegebenenfalls Vollendung, § 212 I.

3. In allen übrigen Fällen muss allein die Frage der Wesentlichkeit anhand des Grades der Abweichung vom vorgestellten Kausalverlauf beurteilt werden.

Aus der Rechtsprechung: BGHSt 14, 193 *(Jauchegrubenfall);* BGH NStZ 2001, 29; 2002, 475.

Übersichtsliteratur: *Valerius* JA 2006, 261; *Driendl* GA 1986, 253; *Prittwitz* GA 1983, 110.

Weitere Übungsklausuren: *Jahn/Ebner* JuS 2007, 923; *Norouzi* JuS 2007, 146; *Käßner/Seibert* JuS 2006, 810; *Dannecker* JuS 2002, 1087.

Ist die Abweichung des tatsächlichen vom ursprünglich vorgestellten Kausalverlauf eines Geschehens wesentlich und liegt der weitere Geschehensablauf nicht mehr im Rahmen des nach allgemeiner Lebenserfahrung Vorhersehbaren, fehlt es am Vorsatz. Die Ausweichreaktion der D und der Sturz weichen jedoch nicht wesentlich vom vorgestellten Kausalverlauf ab. Vielmehr ist das Ausweichen als natürliche Reaktion auf den bevorstehenden Schlag zu erwarten und auch ein daraus resultierender Sturz liegt nicht außerhalb des Vorhersehbaren[2]. Vorsatz ist mithin zu bejahen.

---

2 Es lässt sich auch vertreten, dass der konkrete Verlauf zwar objektiv voraussehbar war, dass die eingetretene Abweichung aber eine subjektiv wesentliche Abweichung des vorgestellten vom tatsächlich eingetreten Kausalverlauf beinhaltet. Wird dies angenommen, müsste aufgrund des Tatbestandsirrtums (§ 16) im Folgenden versuchte Körperverletzung geprüft werden.

3. Rechtswidrigkeit

Die Körperverletzung des E könnte allerdings gerechtfertigt sein. In Betracht kommt eine Rechtfertigung aufgrund von Notwehr gem. § 32.

a) Ein Angriff ist jede durch menschliches Verhalten drohende Verletzung rechtlich geschützter Güter oder Interessen. D verstellt E den Weg, packt ihn fest am Arm und beschimpft ihn als Dieb. Angegriffen wird daher zum einen die Entschließungs- und Fortbewegungsfreiheit des E, zum anderen aber auch seine Ehre.

b) Der Angriff müsste des Weiteren gegenwärtig sein. Gegenwärtig ist der Angriff, wenn er unmittelbar bevorsteht, bereits begonnen hat oder noch fortdauert. Als E zum Schlag ausholt, hält D ihn immer noch am Arm fest und versperrt ihm den Weg. Zwar ist die Bezeichnung als Dieb bereits ausgesprochen, ein Angriff auf die Ehre kann aber aufgrund des engen zeitlichen Zusammenhangs und der wohl weiterhin drohenden Wiederholung noch als fortdauernd angesehen werden.

c) Der Angriff müsste rechtswidrig gewesen sein. Rechtswidrig ist jeder Angriff, der den Bewertungsnormen des Rechts objektiv zuwiderläuft und nicht durch einen Erlaubnissatz gedeckt ist, d. h. die D dürfte selbst nicht gerechtfertigt sein.

aa) In Betracht käme eine Rechtfertigung nach § 32, wenn tatsächlich ein Angriff des E auf das Eigentum der D vorlag. E verwechselte jedoch lediglich die Türen, er hatte keinerlei Vorsatz bezüglich eines Diebstahls. Das Eigentum der D war nicht in Gefahr. Indem D sich dies jedoch vorstellte, könnte sie einem Erlaubnistatbestandsirrtum unterlegen sein. Da der Erlaubnistatbestandsirrtum allerdings nicht die Rechtswidrigkeit entfallen lässt (sondern entweder den Vorsatz oder die Schuld), kann D nicht nach § 32 gerechtfertigt sein.

Hinweis: Ein Teil der Lehre verlangt allerdings für Notwehr ein vom Vorsatz getragenes oder schuldhaftes Verhalten des Angreifers (vgl. etwa *Frister* GA 1988, 305; *Otto* Grundkurs AT, § 8 Rdn. 21 f.). Unter dieser Prämisse kann bereits hier die Notwehrprüfung abgebrochen werden, weil sich E dann u. U. bereits nicht auf eine Notwehrlage berufen kann. In besseren Arbeiten kann eine Auseinandersetzung mit dieser Streitfrage erwartet werden.

---

bb) Des Weiteren könnte eine Rechtfertigung über § 127 I StPO in Betracht kommen. Nach § 127 I 1 StPO ist jedermann befugt, einen auf frischer Tat Betroffenen oder Verfolgten, wenn er der Flucht verdächtig ist oder seine Identität nicht sofort festgestellt werden kann, vorläufig festzunehmen. D hätte E also festnehmen dürfen, wenn dieser auf frischer Tat betroffen wurde. Dabei ist strittig, ob § 127 I StPO eine wirklich begangene Straftat oder eine rechtswidrige Tat voraussetzt oder wie § 127 II StPO einen dringenden Tatverdacht genügen lässt.

P: „Tat" im Sinne des § 127 I StPO
Strenge materiell-rechtliche Betrachtung: Der Tatbegriff verlangt in § 127 I StPO eine tatbe-standsmäßige, rechtswidrige und schuldhafte Verwirklichung
Argumente:
- Unterschied zu § 127 II StPO schon im Wortlaut.
- Aufgrund ihres Ausnahmecharakters ist die Vorschrift eng auszulegen. Der Festgenommne verliert sonst sein Notwehrrecht.
- Die Freiheitsrechte eines anderen dürfen nur bei tatsächlich vorliegender Tat angetastet werden.
- Beamte sind zur Festnahme verpflichtet, d. h. das Risiko des Irrtums hat der Festgenommene zu tragen (vgl. § 127 II StPO). Die Festnahme durch Private erfolgt freiwillig, das Risiko hat er selbst zu tragen. Im Übrigen haben Private keine vergleichbaren Kenntnisse wie Polizeibeamte, so dass ihr Irrtumsrisiko höher ist.
- Der Bürger steht keiner staatlichen Autorität gegenüber und muss sich deshalb nicht einer nur verdachtsbegründeten Festnahme beugen.
Nach einer **eingeschränkt materiell-rechtlichen** Betrachtung soll lediglich keine Schuld erforderlich sein, es genügt die tatbestandsmäßige und rechtswidrige Handlung.
Argumente:
- Die Schuld lässt sich zum Zeitpunkt der Festnahme kaum erkennen.
- Es wird durch das Gesetz keine Unterscheidung hinsichtlich der Person des festzunehmenden Täters vorgenommen, auch Strafunmündige können festgenommen werden.
- Auch gegen Unzurechnungsfähige kann ein Verfahren durchgeführt werden.
- Es besteht möglicher Weise ein Interesse daran, die für sie verantwortliche Person zu ermitteln.
Prozessuale Betrachtung: Der Festnehmende muss nach pflichtgemäßer Prüfung einen dringenden Tatverdacht annehmen dürfen, d. h., er muss von der Täterschaft überzeugt gewesen sein.
Argumente:
- Eine Prozessnorm kann nicht zu Beginn des Verfahrens voraussetzen, was am Ende des Prozesses festgestellt werden soll.
- Ein Privater handelt in diesem Moment in öffentlicher, nämlich strafverfolgender Funktion; es muss die gleiche Überzeugung genügen.
- Die kurzfristige Festnahme eines Unschuldigen ist eher zumutbar als das Risiko des Festnehmenden der Notwehr des Festgenommenen (u. U. bis zur Tötung) ausgesetzt zu sein.
- Eine sichere Erkenntnismöglichkeit besteht nie und damit quasi auch kein Festnahmerecht.
- Im Prozessrecht kommt es nur auf die Bedingungen an, unter denen Tatrealität angenommen werden darf. Auch die rechtskräftig festgestellte Tat ist durch die Wiederaufnahmemöglichkeit keine sichere Tatrealität.

Übersichtsliteratur: *Otto* Jura 2003, 685; *Kargl* NStZ 2000, 8; *Hillenkamp* 32 Probleme aus dem Strafrecht AT, 8. Problem, 61 ff.; *Mitsch* JA 2016, 161; *Sickor* JuS 2012, 1074.

Weitere Übungsklausuren: *Kühl* JuS 2007, 742; *Tenckhoff* Jura 1995, 96.

Nur wenn man der prozessualen Betrachtung folgen würde, käme man hier zu einem Festnahmerecht der D. Neben dem Wortlautvergleich mit § 127 II StPO, spricht gegen diese Ansicht vor allem, dass man einem Unschuldigen das Notwehrrecht verweigern würde. Jeder könnte eine ihm verdächtig erscheinende Person festnehmen, ohne dass dieser sich wehren dürfte. Eine solche Auffassung ist vor allem angesichts der meist mangelhaften Rechtskenntnis und kriminalistischen Erfahrung Privater zu weit gehend und daher abzulehnen. D handelte nicht gerechtfertigt und ein rechtswidriger Angriff ist mithin zu bejahen.

d) Die Verteidigungshandlung müsste des Weiteren erforderlich gewesen sein. Erforderlich ist die Verteidigungshandlung, die zur Angriffsabwehr geeignet ist, d. h. die grundsätzlich geeignet ist, den Angriff entweder ganz zu beenden oder ihn wenigstens aufzuhalten bzw. abzumildern und die das mildeste zur Verfügung stehende Gegenmittel darstellt. Der versuchte Schlag des E war geeignet, den Angriff der D zu unterbinden. Zweifelhaft erscheint allerdings die Erforderlichkeit, da D laut Sachverhalt bereits 73 Jahre alt ist. Jedenfalls bei einer Frau diesen Alters kann kaum angenommen werden, dass nur ein Schlag ins Gesicht sie dazu bringen kann, den D loszulassen. Zum einen hätte E es erst mit Worten versuchen können, zum anderen wäre auch weniger Gewaltanwendung ein geeignetes Mittel gewesen, dem Angriff auf die Bewegungsfreiheit zu begegnen. Die Verteidigungshandlung war mithin nicht erforderlich. Dies gilt in besonderem Maße natürlich auch für den Angriff auf die Ehre, der zunächst lediglich verbal zu parieren ist. E ist nicht gem. § 32 gerechtfertigt. Er handelte somit rechtswidrig.

4. Ergebnis

E hat sich gem. § 223 I strafbar gemacht.

II. Körperverletzung mit Todesfolge, § 227 I

E könnte sich des Weiteren der Körperverletzung mit Todesfolge strafbar gemacht haben.

Hinweis: Wird oben eine vollendete Körperverletzung abgelehnt, muss konsequent ein Versuch geprüft werden. Dabei stellt sich das Problem, ob es einen sog. **erfolgsqualifizierten Versuch** gibt. Ein erfolgsqualifizierter Versuch ist dadurch gekennzeichnet, dass der Grundtatbestand nur versucht wurde, die qualifizierende Folge aber eingetreten ist und diesbezüglich Fahrlässigkeit (§ 18) vorliegt.

    Lehre von der Erfolgsgefährlichkeit: Der Grundtatbestand muss stets vollendet sein. Dieser Weg wäre zu wählen, wenn darauf abgestellt wird, dass die schwere Folge gerade und immer aus dem Erfolg des Grundtatbestands resultieren muss. Dagegen argumentiert vor allem die Lehre von der Handlungsgefährlichkeit, die hervorhebt, dass die schwere Folge an die Handlungsgefährlichkeit anknüpft, so dass ein erfolgsqualifizierter Versuch stets möglich ist (umstr. sind dann nur die Fälle, in denen der Versuch des Grundtatbestands, wie bei § 221, selbst nicht strafbar ist, da dann der erfolgsqualifizierte Versuch zugleich strafbegründende Wirkung haben würde).

Die h. M. (so auch BGH NJW 2003, 153 – Guben-Fall) differenziert nach der tatbestandlichen Ausgestaltung des jeweiligen Delikts und prüft bei jedem Delikt, ob dieses hinsichtlich der Herbeiführung der Gefahr auf die tatbestandsmäßige Handlung oder den Erfolg abstellt. Bei § 227 wird die Handlungsgefährlichkeit von der h. M. bejaht.

1. Grunddelikt

Das Grunddelikt der Körperverletzung (§ 223 I) ist erfüllt (s. o.).

2. Objektiver Tatbestand

a) E hat den Tod der D i. S. d. conditio sine qua non-Formel ursächlich herbeigeführt, denn durch das Ausholen zum Schlag wurde die Fluchtreaktion der D bedingt, die zu der tödlichen Sickerblutung führte.

b) Hinsichtlich der Herbeiführung der schweren Folge ist zumindest Fahrlässigkeit erforderlich (vgl. § 18). Der Täter muss objektiv sorgfaltswidrig bei objektiver Voraussehbarkeit der Tat gehandelt haben.

aa) E muss objektiv sorgfaltswidrig gehandelt haben, d. h. diejenige Sorgfalt außer Acht gelassen haben, die von einem besonnenen und gewissenhaft handelnden Menschen in der konkreten Lage und der sozialen Rolle des Handelnden zu erwarten ist. Wird ein besonnener und gewissenhaft handelnder Mensch ungerechtfertigt von einer alten Frau festgehalten, so wird dessen erstes Mittel kaum ein Schlag ins Gesicht sein. Viel näher liegt der Versuch, die Frau zum Loslassen zu überreden oder sich mit milderen Mitteln aus ihrem Griff zu befreien, nicht jedoch auszuholen, um ihr einen Faustschlag ins Gesicht zu versetzen. Durch diese Handlung hat E die objektiv erforderliche Sorgfalt verletzt, zumal damit zu rechnen war, dass E sich auch bei einer Ausweich- oder Panikreaktion verletzen kann.

bb) Der Sturz müsste des Weiteren objektiv vorhersehbar gewesen sein[3]. Objektiv vorhersehbar ist ein Ereignis, wenn es nicht so sehr außerhalb der allgemeinen Lebenserfahrung liegt, dass vernünftiger Weise nicht mit ihm gerechnet werden muss. Es liegt innerhalb der Lebenserfahrung und ist damit objektiv voraussehbar, dass ein Mensch einem bevorstehenden Schlag ausweicht und dabei so un-

---

3 Natürlich sind objektive Voraussehbarkeit und die Bestimmung der in der konkreten Situation anzuwendenden Sorgfalt so eng miteinander verbunden, dass sie rein tatsächlich nicht isoliert beurteilt werden können.

glücklich stürzt, dass er sich lebensgefährliche Verletzungen zuzieht. Selbst der Umstand, dass tödliche Verletzungen unerkannt bleiben und eine unbedingt erforderliche Behandlung unterbleibt, liegt nicht außerhalb jeder Lebenserfahrung, zumindest dann nicht, wenn der Arzt wie hier lediglich leicht fahrlässig handelt.

c) Problematisch ist allerdings die objektive Zurechnung des Todeserfolges, da dieser auch durch ein Mitverschulden des Arztes bedingt gewesen ist. Dass die objektive Zurechnung nicht unter dem Gesichtspunkt der eigenverantwortlichen Selbstschädigung entfällt, wurde bereits ausgeführt (s.o.). Insoweit ist hinsichtlich Körperverletzungs- und Tötungserfolg keine getrennte Beurteilung und Würdigung erforderlich (s.o.). Eine objektive Zurechnung könnte allerdings wegen des eigenverantwortlichen – hier fahrlässigen – Dazwischentretens des C entfallen, wenn durch diesen ein neuer, eigenständig zu beurteilender Kausalverlauf begründet wurde. Grundsätzlich wird bei Fahrlässigkeit die Verantwortung des Erstverursachers nicht dadurch ausgeschlossen, dass die Verhinderung des durch die Tat angelegten Risikos auch in den Aufgabenbereich eines Dritten (hier des C) gehört (kein allgemeines Regressverbot)[4]. Sehr umstritten sind allerdings Konstellationen, in denen das vom Ersttäter verletzte Opfer (zumindest auch) aufgrund eines ärztlichen Fehlverhaltens zu Tode kommt. Eine Zurechnung wird hier jedenfalls dann ausgeschlossen werden müssen, wenn das Opfer nicht an den ihm zugefügten Verletzungen, sondern erst aufgrund eines neuen, durch den ärztlichen Fehler geschaffenen, selbständigen Risikos verstirbt. Dieser Fall liegt hier jedoch nicht vor, da die nicht erkannte Sickerblutung durch den Sturz herbeigeführt wurde. Abgesehen von dieser Konstellation wird überwiegend bei leichteren und mittleren ärztlichen Kunstfehlern eine Zurechnung bejaht, da mit solchen Fehlern grundsätzlich gerechnet werden muss und das Drittverhalten damit typischerweise bereits in der Ausgangsgefahr angelegt ist[5]. Der Tod der D kann E mithin zugerechnet werden.

d) Zwischen Grunddelikt und qualifizierender Folge muss aber mehr als nur ein schlichter Kausalzusammenhang bestehen, denn sonst kann die gegenüber dem Grund- und Fahrlässigkeitsdelikt erhöhte Strafe nicht gerechtfertigt werden. Es muss eine besonders enge Beziehung zwischen dem Grunddelikt und der Folge bestehen, d.h. es muss sich in der besonderen Folge gerade die dem Grundtatbestand anhaftende eigentümliche Gefahr – die sog. tatbestandsspezifische Ge-

---

4 Zum Problemkreis vgl. *Geppert* Jura 2001, 490.

5 Vgl. *Otto* Grundkurs AT, § 6 Rdn. 50; *Baier* JA 2002, 843. Da eine Strafbarkeit des C nicht zu prüfen ist, sei nur ergänzend darauf hingewiesen, dass auf der anderen Seite kein Fall der Risikoverringerung hinsichtlich C vorliegt. Zwar ist D durch die Operation letztlich später gestorben, C hat aber insoweit ein neues Risiko geschaffen.

fahr – niederschlagen (Gefahrverwirklichungs- oder Unmittelbarkeitszusammenhang).

P: Bezugspunkt des tatbestandsspezifischen Gefahrzusammenhangs

Letalitätstheorie: Der Todeserfolg muss sich gerade **aus dem** vorsätzlich zugefügten **Körperverletzungs*erfolg* entwickeln** (die Wunde selbst muss also letztlich tödlich sein). Dafür soll der Wortlaut sprechen: „Tod der verletzten Person".

Rechtsprechung und Teile der Lit.: Es genügt, dass die **Körperverletzungs*handlung*** den tödlichen Erfolg herbeigeführt hat. Der Begriff der Körperverletzung meint auch die Handlung, die genauso gefährlich sein kann. Der Wortlaut des § 227 bezieht sich auf § 223 bis § 226, klammert die Versuchsregelungen (z.B. § 223 II) nicht aus und zeigt somit, dass die Gefährlichkeit der Handlung (ab Versuchsbeginn) die tatbestandsspezifische Gefährlichkeit aufweisen kann.

Aus der Rechtsprechung: BGHSt 14, 110, 112 (bei einem Schlag mit der Pistole auf den Kopf löst sich ein tödlicher Schuss); BGHSt 31, 96 *(Hochsitzfall)*.

Weitere Übrungsklausur: *Murmann* JA 2011, 593.

Der Schlag des E war kausal für den Sturz der D, der wiederum die Sickerblutung hervorrief, die zum Tode der D führte. Damit hat sich die letztlich verwirklichte Gefahr unmittelbar aus der Gefahr des Schlagens entwickelt. Nach überzeugender Ansicht ist nicht erforderlich, dass der Erfolg der vorsätzlichen Körperverletzung unmittelbar den Todeserfolg herbeiführt (so die sog. Letalitätstheorie). Vielmehr genügt es, wenn sich die Gefahr wie hier unmittelbar aus der Körperverletzungshandlung entwickelt. Es kann hier deshalb ein Gefahrverwirklichungszusammenhang angenommen werden[6].

3. Ergebnis

E hat sich gem: § 227 strafbar gemacht. § 223 ist bereits von § 227 umfasst.

III. Fahrlässige Tötung; § 222

§ 222 tritt gegenüber § 227 zurück und muss daher nicht eigenständig geprüft werden.

---

6 Genauso gut kann mit der ersten Auffassung § 227 abgelehnt werden, wenn hervorgehoben wird, dass D nicht an den (vorgestellten) Verletzungsfolgen des Faustschlags, sondern an den Sturzfolgen gestorben ist. Dann wäre eine Prüfung des § 227 hier zu Ende.

Zwischenergebnis

E hat sich im ersten Tatkomplex gemäß § 227 wegen einer Körperverletzung mit Todesfolge strafbar gemacht.

Zweiter Tatkomplex: Die unterlassene Benachrichtigung des Rettungsnotdienstes

I. Totschlag durch Unterlassen; §§ 212, 13

E könnte sich dadurch, dass er den Rettungsdienst nicht benachrichtigt, des Totschlags durch Unterlassen strafbar gemacht haben.

1. Objektiver Tatbestand

a) Der tatbestandsmäßige Erfolg ist eingetreten, da D an den Folgen einer unerkannt gebliebenen Sickerblutung, die sie sich infolge des Sturzes zugezogen hat, verstorben ist.

b) E hat die gebotene Rettungshandlung, die Benachrichtigung des Rettungsdienstes, unterlassen, obwohl ihm die gebotene Handlung ohne weiteres physisch-real möglich gewesen wäre.

c) Das Unterlassen des E (Nichtbenachrichtigung des Rettungsdienstes) müsste für den eingetretenen Erfolg kausal gewesen sein. Bei den Unterlassungsdelikten wird dies hypothetisch im Wege normativer Betrachtung ermittelt. Es wird gefragt, ob die rechtlich gebotene Handlung den Erfolg mit an Sicherheit grenzender Wahrscheinlichkeit abgewendet hätte, d. h., ob sie nicht hinzugedacht werden kann, ohne dass der tatbestandsmäßige Erfolg entfällt (Quasi-Kausalität). Hier muss dies aus zwei Gründen verneint werden. Zum einen wäre die Sickerblutung auch dann unerkannt geblieben, wenn E sofort den Rettungsdienst benachrichtigt hätte. Damit hätte weder der Erfolg in seiner konkreten noch in seiner abstrakten Gestalt durch eine schnellere Benachrichtigung des Rettungsdienstes verhindert werden können. Zum anderen wurde durch B der Notarzt benachrichtigt und es lässt sich dem Sachverhalt nicht entnehmen, dass gerade in Folge der inzwischen verstrichenen Zeit die Folgen der Sickerblutung nicht mehr abgewendet werden konnten. Auch die Risikoerhöhungslehre, sofern sie im Bereich des Unterlassens überhaupt für anwendbar erachtet wird[7], würde hier zu keinem anderen Ergebnis kommen, obwohl sie den Rettungspflichtigen auch zur Wahrnehmung unsicherer Ret-

---

[7] Vgl. zu dieser *Otto* Jura 2001, 275, 277.

tungschancen für verpflichtet erachtet. Nach dieser Variante der Risikoerhöhungstheorie müsste zumindest das Risiko des Todeseintritts durch das Nichthandeln des E konkret erhöht worden sein, da aber B die erforderliche Handlung vorgenommen hat, kann dies nicht festgestellt werden.

2. Ergebnis

E hat sich damit nicht des Totschlags durch Unterlassen strafbar gemacht.

II. Versuchter Totschlag durch Unterlassen (§§ 212 I, 13 I, 22, 23 I)

E könnte sich durch dieselbe Unterlassung jedoch des versuchten Totschlags durch Unterlassen strafbar gemacht haben.

Vorprüfung: Die Tat ist mangels Kausalität nicht vollendet. Der Versuch ist beim Verbrechen des Totschlags strafbar (§§ 12 I, 23 I).

1. Tatentschluss

a) E hat den Tatentschluss gefasst, die ihm physisch-real mögliche Rettungshandlung zu unterlassen.

b) E hat dabei auch bedingt vorsätzlich in Kauf genommen, dass die Rettungshandlung den Erfolg mit an Sicherheit grenzender Wahrscheinlichkeit verhindern könnte.

Hinweis: Der Unterlassungsvorsatz muss zwar auch die Unterlassungskausalität umfassen, es genügt aber insoweit, wenn der Täter es als eine Möglichkeit ansieht, dass die gebotene Handlung den Erfolg mit an Sicherheit grenzender Wahrscheinlichkeit abwendet, mag er sich selbst auch dessen nicht sicher sein (vgl. etwa BGH JZ 1973, 173).

---

c) E müsste Tatentschluss hinsichtlich einer möglichen Garantenstellung gehabt haben, wobei es genügt, wenn er zumindest die tatsächlichen Umstände erkannte, aus denen sich seine Garantenstellung ergibt. Hier kommt eine Garantenstellung aus Ingerenz in Frage, d. h. eine Erfolgsabwendungspflicht aufgrund vorangegangenen pflichtwidrigen Vorverhaltens. Gleichgültig, ob für Ingerenz bereits ein gesteigert riskantes Verhalten genügt, oder ob hierfür pflichtwidriges Verhalten erforderlich ist, E war selbst nach der insoweit strengsten Auffassung aufgrund seines beabsichtigten, pflichtwidrigen Faustschlages (s. o.) zur Erfolgsabwendung verpflichtet und er konnte die pflichtwidrigkeitsbegründenden Umstände auch erkennen. Eine Garantenstellung aus Ingerenz ist mithin gegeben.

2. Unmittelbares Ansetzen

E müsste des Weiteren zur Tatbestandsverwirklichung nach § 22 unmittelbar angesetzt haben. Wann der Täter beim Unterlassungsdelikt unmittelbar ansetzt, ist umstritten.

P: Unmittelbares Ansetzen beim Unterlassen

1. Theorie des letztmöglichen Eingriffs: Versuchsbeginn in dem Augenblick, in dem der Garant nach seiner Vorstellung die Handlung spätestens hätte vornehmen müssen, wenn sie den Erfolg noch hätte verhindern sollen.

　　Folge: Unterlassungsversuch nur als fehlgeschlagener oder untauglicher Versuch möglich.

Argument: Die Rechtsordnung verlangt nur die rechtzeitige Abwendung des Erfolges, es ist gleichgültig, wann der Garant die gebotserfüllende Handlung vornimmt. Ansonsten wird der Unterlassungsversuch ins Vorbereitungsstadium verlagert. (dagegen: klassische petitio principii)

2. Theorie des erstmöglichen Eingriffs: Versuchsbeginn, sobald die Handlungspflicht entsteht und der Täter ihr pflichtwidrig nicht nachkommt.

Argument: Der Täter kann nicht wissen, ob die erste auch die letzte Rettungschance ist. Der Garant hat schon bei Verstreichen lassen der ersten Möglichkeit alles nach seiner Vorstellung Erforderliche getan und muss nur noch den Erfolg abwarten (vgl. Begehungstäter).

　　Wer irrig annimmt, dass er nach der letzten Chance noch eine weitere hat, befindet sich nach den anderen Ansichten im vorsatzausschließenden Irrtum, was kriminalpolitisch unhaltbar ist (unbeachtlicher Kausalitätsirrtum).

3. Allgemeine Ansatzformel: Wenn das Unterlassen in die vom Tatbestand vorausgesetzte Handlung unmittelbar einmündet und die Gefahr der Tatbestandsverwirklichung bewirkt.

Argument: Kriterium der Rechtsgutsgefährdung und des Aus-der-Hand-Gebens verlegt den Versuchsbeginn oft unzulässig weit nach vorne.

4. Alternativformel: Wenn durch weitere Verzögerungen der Rettungshandlung eine unmittelbare Gefahr für das Rechtsgut entsteht oder der Täter den Kausalverlauf aus den Händen gibt.

Argument: Versuchsbeginn richtet sich nach der Gebotenheit des Handelns. Der Garant ist auch zur Verminderung der Gefahr verpflichtet. Aufgabe des Garanten ist es, Gefahren und Beeinträchtigung vom Rechtsgut abzuwehren, deshalb muss er eingreifen, wenn nach seiner Vorstellung sein späteres Eingreifen auch nur möglicherweise die drohende Rechtsgutsverletzung nicht mehr abwenden kann.

Übersichtsliteratur: *Bosch* Jura 2011, 909; *Engländer* JuS 2003, 641; *Otto* Grundkurs Strafrecht AT, § 18 Rdn. 35; *Rönnau* JuS 2014, 109.

Weitere Übungsklausuren: *Weber* JuS 1988, 885; *Frisch/Murmann* JuS 1999, 1196; *Hanft* JuS 2005, 1010; *Haverkamp/Kaspar* JuS 2006, 895; *Küpper* JuS 2000, 225.

Nach einer sehr restriktiven Auffassung ist das Verstreichenlassen der letzten Rettungsmöglichkeit entscheidend, während eine sehr weit gefasste Meinung bereits das Verstreichenlassen der ersten Rettungsmöglichkeit genügen lässt. Gegen die erstgenannte Ansicht lässt sich anführen, dass durch diese der Täter unangemessen privilegiert wird, während die zweitgenannte Ansicht die Strafbarkeit zu sehr in das Vorfeld der Tatbestandsverwirklichung verschiebt, weil der Täter auch ohne subjektiv vorgestellte Gefährdung des Opfers bestraft wird. Eine weitere Auffassung zieht hingegen die allgemeine Ansatzformel heran und fragt, ob durch die Unterlassung das Rechtsgut bereits unmittelbar gefährdet ist und die Unterlassung ohne weitere wesentliche Zwischenakte in die Tatbestandserfüllung übergeht. Die wohl h. M. bedient sich hingegen der sog. Alternativformel. Danach liegt ein unmittelbares Ansetzen vor, wenn entweder nach der Tätervorstellung bereits eine akute Gefährdung des Rechtsgutes eingetreten ist oder der Garant bei der Möglichkeit einer eintretenden Rechtsgutsgefährdung das Kausalgeschehen schon vorher aus der Hand gibt. Hier muss nach allen Ansichten ein unmittelbares Ansetzen bejaht werden[8]. E befand sich bereits auf dem Weg nach Hause, er hatte das Geschehen damit aus der Hand gegeben und ging davon aus, die D lebensgefährlich verletzt zu haben, d. h. er hatte die akute Gefährdung der D erkannt.

3. Rücktritt, § 24 I 1, 2. Alt.

E könnte jedoch vom Versuch zurückgetreten sein, indem er zurückkehrte und den Nachbarn B darum bat, nach der D zu sehen.

a) Der Versuch war noch nicht (subjektiv) fehlgeschlagen, da E eine objektiv mögliche Erfolgsverhinderung auch subjektiv erkannte.

b) Fraglich ist, ob sich die Rücktrittsvoraussetzungen beim Unterlassungsdelikt nach den Voraussetzungen des unbeendeten (§ 24 I 1, 2. Alt.) oder des beendeten Versuchs richten (§ 24 I 1, 2. Alt.). Die Rechtsprechung geht davon aus, dass die Rücktrittsvoraussetzungen beim Unterlassungsdelikt dieselben sind wie beim beendeten Versuch des Begehungsdelikts. Ein Versuch des Unterlassungsdelikts könne nur vorliegen, wenn der Täter den Eintritt des tatbestandsmäßigen Erfolges zumindest für möglich halte. § 24 I 1, 1. Alt. sei deshalb nur auf den Versuch des Begehungsdelikts anwendbar. Kennzeichen des Unterlassungsversuchs sei es gerade, dass der Täter nur durch aktives Tun den Erfolg abwenden kann. Nach der Gegenauffassung soll hingegen so lange von einem unbeendeten Versuch auszugehen sein, so lange die ursprünglich gebotene Handlung noch nachholbar ist

---

8 A. A. mit sehr guter Begründung vertretbar, wenn auf die letzte Rettungsmöglichkeit abgestellt wird.

und sie den Erfolg der Tat verhindert. Sind hingegen aus Tätersicht weitere Handlungen zur Erfolgsabwendung notwendig, so sei das Stadium des beendeten Versuchs erreicht.

c) Nach beiden Auffassungen setzt ein strafbefreiender Rücktritt im vorliegenden Fall voraus, dass E den Eintritt des Erfolges verhindert hat. Im vorliegenden Fall wurde E für eine Verhinderung des Erfolges insoweit ursächlich, als er den Nachbarn B drauf hinwies, „er könne ja mal nach D sehen", denn dadurch wurde nach dem Sachverhalt ein früher eintretender Tod der D verhindert und dies ist dem E auch zuzurechnen.

Problematisch ist allerdings, ob ein Verhindern die Ausschöpfung der erkannten Verhinderungschancen voraussetzt.

P: Verhinderungsbemühen im Rahmen von Unterlassungsdelikten

1. h. L.: Es reicht aus, wenn der rücktrittswillige Täter bewusst und gewollt eine neue Kausalreihe in Gang setzt, die für das Ausbleiben des Erfolges wenigstens mitursächlich wird.

Argumente: Wortlaut verlangt nur „Verhinderung", setzt keine qualitativen Anforderungen. Enge Auslegung verstößt gegen Art. 103 II GG, da zu Lasten des Täters.

2. Rspr.: Die allerdings etwas unklare und sehr pragmatische Rechtsprechung dürfte weit gehend der h. L. entsprechen: Der Täter muss nicht die optimale oder sicherste Möglichkeit ergreifen, aber er muss in subjektiver Hinsicht zumindest seinen Tatvorsatz endgültig aufgeben und die von ihm gewählte Rettungshandlung für geeignet halten, die Tatvollendung zu verhindern. Bei Inanspruchnahme fremder Hilfe muss das Verhindern des Taterfolgs dem Täter als „sein Werk" zugerechnet werden.

Argumente: Rücktritt kommt dem Täter nur dann zugute, wenn er sich nach außen erkennbar auf die Seite des Rechts gestellt hat, d. h., wenn er es auf die Erfolgsverhinderung angelegt hat. Eine zufällige Erfolgsverhinderung kommt ihm nicht zugute.

3. A. A.: Täter muss die optimale oder sicherste Möglichkeit zur Erfolgsverhinderung ergreifen

Argumente: Ansonsten treten Wertungswidersprüche auf; da selbst § 24 I 2 und II 2 ein ernsthaftes Bemühen verlangen, die z. T. auch den untauglichen, d. h. weniger gefährlichen Versuch erfassen, muss dies erst Recht für den tauglichen Versuch gelten.

Übersichtsliteratur: *Engländer* JuS 2003, 641; *Exner* Jura 2010, 276.

Weitere Übungsklausuren: *Hanft* JuS 2005, 1010; *Haverkamp/Kaspar* JuS 2006, 895; *Dreher* JA 2005, 789; *Abraham* JuS 2013, 903.

Nach einer Auffassung ist ein optimales Verhinderungsbemühen erforderlich. Der Täter muss alles tun, was in seinen Kräften steht und was subjektiv zur Erfolgsabwendung erforderlich ist. Als Argument wird angeführt, dass beim Rücktritt vom tauglichen, das heißt gefährlichen Versuch nach S. 1 nichts anderes gelten kann als beim untauglichen und damit objektiv ungefährlichen Versuch, der nach § 24 I 2 ein ernsthaftes Bemühen um die Erfolgsverhinderung voraussetzt. Nach dieser Auffassung müsste ein Rücktritt abgelehnt werden und E wäre wegen versuchten Totschlags durch Unterlassen zu bestrafen. Nach einer vermittelnden Auffassung muss zwischen eigen- und fremdhändiger Erfolgsverhinderung unterschieden werden. Wenn der Täter Dritte einschaltet, muss er das aus seiner Sicht Bestmögliche unternommen haben, da er den riskanteren Weg wählt. Nach herrschender Literaturansicht ist es hingegen ausreichend, wenn der rücktrittswillige Täter bewusst und gewollt eine neue Kausalreihe in Gang setzt, die für das Ausbleiben des Erfolges wenigstens mitursächlich wird. Hier hat E dem Nachbarn B Bescheid gesagt, so dass durch dessen Eingreifen D gerettet werden konnte. Nach dieser Ansicht wäre E strafbefreiend zurückgetreten. Nach Auffassung der Rechtsprechung muss der Täter zusätzlich noch in subjektiver Hinsicht seinen Tatvorsatz endgültig aufgeben und die von ihm gewählte Rettungsmöglichkeit für geeignet halten, die Tatvollendung zu verhindern. E bekommt laut Sachverhalt Mitleid mit der Situation der D. Er geht des Weiteren davon aus, dass B der D helfen werde, so dass auch nach dieser Ansicht ein Rücktritt gegeben wäre.

Für die Ansichten der h. L. und der Rechtsprechung spricht, dass die Rücktrittsvoraussetzungen beim tauglichen Versuch des Unterlassungsdeliktes dieselben sind wie beim beendeten Versuch des Begehungsdeliktes, somit ist es nur sinnvoll, auch den Rücktrittshorizont gleich zu bestimmen. Der Täter muss innerhalb des beendeten Versuchs aber nur die Rettungsmöglichkeit wählen, die er für geeignet hält, die Vollendung zu verhindern. Des Weiteren spricht der Wortlaut „Vollendung verhindert" keinerlei qualitative Anforderungen an die Handlung aus, so dass das Verlangen einer optimalen Verhinderungshandlung zu Lasten des Täters gehen würde und damit gegen Art. 103 II GG verstößt. Zudem kann der Opferschutz angeführt werden, denn – wie der Fall verdeutlicht – zwingt ein optimales Rettungsbemühen meist zur Offenbarung des eigenen Fehlverhaltens und könnte damit rettungswillige Täter der vorangegangenen Tat von einem Rücktritt abhalten. E hat durch die Alarmierung des B die Vollendung ausreichend verhindert. Da E auch freiwillig, d. h. aus autonomen Gründen (Mitleid) von der weiteren Tatausführung abgesehen hat, ist er strafbefreiend zurückgetreten[9].

4. Ergebnis
E nicht strafbar gem. §§ 212 I, 13 I, 22, 23 I.

---

9 Folgt man der ersten Ansicht, wäre E nicht zurückgetreten und damit strafbar gemäß §§ 212 I, 13 I, 22, 23 I .

III. Versuchter Mord durch Unterlassen, §§ 211, 22, 23 I, 13 I

Durch das Liegenlassen der D und das Verlassen der Wohnung könnte E sich des versuchten Mordes durch Unterlassen gem. §§ 211, 22, 23 I, 13 I strafbar gemacht haben.

1. Tatentschluss

E könnte Tatentschluss bezüglich eines Mordes aus Verdeckungsabsicht gehabt haben, da er von einer Benachrichtigung des Rettungsdienstes aus Angst vor den rechtlichen Konsequenzen seines Vorverhaltens und den damit verbundenen beruflichen Nachteilen absieht.

Grundsätzlich setzt das Mordmerkmal der Verdeckungsabsicht voraus, dass der Täter mit Absicht hinsichtlich einer zu verdeckenden Straftat handelt, wobei allein die subjektiven Vorstellungen des Täters vom Vorliegen einer Straftat entscheidend sind. Dabei ist zwar umstritten, ob die Tötung Mittel der Verdeckung sein muss, hierauf kommt es vorliegend jedoch nicht an, da eine Rettung der D nach Auffassung des E zur Offenbarung des eigenen Verhaltens führt. Nach der herrschenden Meinung würde des Weiteren die Absicht der Vermeidung außerstrafrechtlicher Konsequenzen (solche, die wie die Vermeidung beruflicher Nachteile nicht die Strafverfolgung betreffen) zur Annahme einer Verdeckungsabsicht genügen. Die h. M. argumentiert, dass der Wortlaut diese Auslegung zulasse und Mord kein gegen die Belange der Strafrechtspflege gerichtetes Delikt sei. Diese Erweiterung ist allerdings abzulehnen, da sie das systematische Verhältnis der subjektiven Mordmerkmale zueinander missachtet.

Die damit zumindest wegen der Straftatverdeckung grundsätzlich mögliche Annahme eines Mordmerkmals ist allerdings problematisch, da E lediglich eine Rettung der D unterlässt, aber nicht aktiv verdeckt. Ob bei Unterlassen eine Verdeckungsabsicht überhaupt qualifizierend wirken kann, erscheint sehr problematisch.

P: Verdeckungsabsicht bei Unterlassen

1. Grundproblematik: Das Bundesverfassungsgericht fordert eine restriktive Auslegung der Mordmerkmale, da die lebenslange Freiheitsstrafe nur dann verhältnismäßig ist, wenn durch entsprechende Auslegung sichergestellt ist, dass nur besonders verwerfliche Tötungen erfasst sind. Zum Teil wird das Merkmal der Verdeckungsabsicht als verfassungsrechtlich bedenklich eingestuft, weil eine Selbstbegünstigung ansonsten strafausschließend oder -mindernd (vgl. § 258 V), hier aber qualifizierend wirkt. Allerdings sind Selbstbegünstigungsfälle nicht mit Verdeckungstötungen vergleichbar. Dort versucht der Täter die Wiederherstellung des rechtmäßigen Zustands zu verhindern bzw. sich der Strafverfolgung zu entziehen, ohne den zuvor begründeten

Schaden zu vergrößern. Bei der Tötung kommt es aber zu einer weiteren schweren Rechtsgutsverletzung. Zum Schutze des Opfers muss diesem Tötungsanreiz aus generalpräventiven Erwägungen mit einer erhöhten Strafandrohung entgegengewirkt werden.

2. Einschränkung des Merkmals: Der BGH hat in seiner früheren Rechtsprechung gefordert, dass nach der Tätervorstellung gerade der Todeserfolg Mittel zur Erreichung des Verdeckungsziels sein müsse. Wenn der Täter also den als möglich vorausgesehenen Tod des von ihm verletzten Opfers nicht als Mittel zur Verdeckung der Körperverletzung einsetzte, sondern ihn lediglich als Folge der Flucht in Kauf nahm, schied Verdeckungsmord aus. Diese Ansicht erfuhr starke Kritik, so dass der BGH seine Rechtsprechung aufgab und seitdem vertritt, dass das Mittel der Verdeckung nur der vom Täter in Gang gesetzte Ursachenverlauf sein müsse. Dieser Ursachenverlauf müsse dazu dienen, die Straftat nicht offenbar werden zu lassen.

Übersichtsliteratur: *Grunewald* GA 2005, 502; *Satzger* Jura 2011, 749; *Theile* JuS 2006, 110.

Weitere Übungsklausuren: *Norouzi*, JuS 2005, 914.

Nach dieser Ansicht handelte E mit Verdeckungsabsicht, da er nur aufgrund der Befürchtung für sein Verhalten zur Verantwortung gezogen zu werden von einer Benachrichtigung des Rettungsdienstes absah. Allerdings ist zu bedenken, dass hier ein Mord durch Unterlassen in Frage steht. § 13 verlangt bei verhaltensgebundenen Delikten eine Entsprechung des Unrechtsgehalts des Unterlassens mit dem Unrechtsgehalt einer aktiven Begehung. Eine aktive Verdeckungstötung erfordert aber die Überschreitung einer weitaus höheren Hemmschwelle als ein bloßes „Liegenlassen", das als Panikreaktion menschlich nachvollziehbar erscheint. Die unterlassene Aufdeckung kann also nicht mit einer aktiven Verdeckung verglichen werden. E handelte mithin nicht in Verdeckungsabsicht[10].

2. Ergebnis

E hat sich keines versuchten Verdeckungsmordes durch Unterlassen strafbar gemacht.

IV. Aussetzung, § 221 I Nr. 2

Dadurch dass E die Wohnung der D verließ, ohne einen Rettungswagen zu rufen, könnte er sich der Aussetzung gem. § 221 I Nr. 2 strafbar gemacht haben.

---

10 Selbst wenn die Verdeckungsabsicht hier mit der Rechtsprechung und wohl h. L. bejaht wird, scheidet eine Strafbarkeit aufgrund des Rücktritts aus.

1. Objektiver Tatbestand

a) E müsste D durch seine Flucht in einer hilflosen Lage im Stich gelassen haben. Hilflos ist, wer sich in der konkreten Situation nicht selbst vor potentiellen Gefahren für Leben und Gesundheit schützen kann. D ist bewusstlos und somit in einer hilflosen Lage. Das Imstichlassen erfasst sowohl das räumliche Entfernen vom Opfer als auch das untätige Verweilen beim Opfer. E hat sich durch seine Flucht räumlich entfernt und damit die D in hilfloser Lage im Stich gelassen.

b) E müsste verpflichtet gewesen sein, D beizustehen. Diese in der Vorschrift genannte Obhuts- und Beistandspflicht deckt sich mit den Pflichten des § 13. Erforderlich ist also eine Garantenstellung. E hatte eine Garantenstellung aus Ingerenz (s. o.).

c) Die Verwirklichung des Tatbestands setzt zudem den Eintritt einer konkreten Gefahr des Todes oder einer schweren Gesundheitsschädigung voraus. Eine konkrete Gefahr für eines der beiden Schutzgüter liegt vor, wenn der Nichteintritt einer Verletzung lediglich vom rettenden Zufall abhängt. Bei der Feststellung der Gefahr sind sowohl die äußeren Umstände, wie Temperatur, Entfernung zum nächsten Wohnhaus, Erreichbarkeit von Rettern etc., als auch die individuelle Verfassung des Opfers, wie Alter und Gesundheitszustand zu berücksichtigen. D ist laut Sachverhalt lebensgefährlich verletzt. In dem Moment, in dem E die D verlässt, hängt es nur noch vom Zufall ab, ob sie gefunden und gerettet wird oder nicht. Eine konkrete Gefahr kann damit angenommen werden. Allerdings ist zu beachten, dass die konkrete Gefahr gerade durch das Imstichlassen verursacht worden sein muss bzw., wenn das Opfer sich bereits in einer hilflosen Lage befindet, die Gefahr verstärkt werden muss. Die konkrete Gefahr ergab sich hier durch das Stürzen der D. Das Imstichlassen schuf die Gefahr damit nicht. Fraglich ist, ob diese durch das Verlassen der Wohnung verstärkt wurde. Die Gefahr des Todes wurde durch den Sturz hervorgerufen, allein das Verlassen der Wohnung steigert diese Todesgefahr nicht. Anders wäre der Fall zu beurteilen, wenn der Täter das Opfer an einen Ort verbringt, an dem die Wahrscheinlichkeit verringert wird, das Retter das Opfer finden; so zum Beispiel wenn ein Opfer von einer viel befahrenen Straße in den Wald verbracht wird. Durch das Liegenlassen allein wird die Gefahr nicht erhöht.

2. Ergebnis

E hat sich nicht gem. § 221 I Nr. 2 strafbar gemacht.

Gesamtergebnis:

E hat sich nur gem. § 227 strafbar gemacht.

D. Definitionen

körperliche Misshandlung	jede substanzverletzende Einwirkung auf den Körper des Opfers sowie jede üble, unangemessene Behandlung, durch die das körperliche Wohlbefinden oder die körperliche Unversehrtheit mehr als nur unerheblich beeinträchtigt wird.
Gesundheitsschädigung	ist das Hervorrufen, Steigern oder Aufrechterhalten eines vom Normalzustand der körperlichen Funktionen des Opfers nachteilig abweichenden krankhaften Zustandes körperlicher oder seelischer Art.
Äquivalenztheorie	jede Bedingung für einen Erfolg, die nicht hinweggedacht werden kann, ohne dass der Erfolg in seiner konkreten Gestalt entfiele (conditio sine qua non)
Objektiv zurechenbar	ist ein Erfolg dann, wenn der Täter eine rechtlich relevante Gefahr geschaffen hat, die sich im tatbestandsmäßigen Erfolg realisiert.
Angriff	ist jede durch menschliches Verhalten drohende Verletzung rechtlich geschützter Güter oder Interessen.
Gegenwärtig	ist der Angriff, der unmittelbar bevorsteht, begonnen hat oder noch fortdauert.
Rechtswidrig	ist jeder Angriff, der den Bewertungsnormen des Rechts objektiv zuwiderläuft und nicht durch einen Erlaubnissatz gedeckt ist.
Erforderlich	ist die Verteidigungshandlung, die zur Angriffsabwehr geeignet ist, d. h. die grundsätzlich dazu in der Lage ist, den Angriff entweder ganz zu beenden oder ihm wenigstens ein Hindernis in den Weg zu stellen und die das mildeste zur Verfügung stehende Gegenmittel darstellt.
Fehlgeschlagen	ist der Versuch einer Straftat dann, wenn der Täter erkannt hat oder annimmt, dass er mit den ihm zur Verfügung stehenden Mitteln den tatbestandlichen Erfolg entweder gar nicht mehr oder zumindest nicht ohne zeitlich relevante Zäsur herbeiführen kann.
Unbeendet	ist der Versuch, wenn der Täter noch nicht alles getan zu haben glaubt, was nach seiner Vorstellung von der Tat zu ihrer Vollendung notwendig ist.

Verdeckungsabsicht   Mit Verdeckungsabsicht tötet, wem es darauf ankommt durch die Tötung entweder die Aufdeckung
der Vortat in einem die Strafverfolgung sicherstel-
lenden Umfang oder die Aufdeckung seiner Täterschaft zu verbergen.

Übungsfall 11: Das Jagdschloss

A. Sachverhalt

Paul Pech (P), der wegen seiner Spielleidenschaft erhebliche Wettschulden angehäuft hatte, erzählte seiner Freundin Veronika Vogel (V), er beabsichtige, den einsam in seinem Jagdschloss im Fichtelgebirge lebenden Grafen Gunther v. Gräfenstein (G) zu überfallen. Er wolle G Bargeld und den teuren Familienschmuck abnehmen, den dieser in einer Vitrine im Kaminzimmer aufbewahre. Er habe beim Grafen als Gärtner gearbeitet und wisse, dass G schon lange ein schweres Herzleiden plage. G verlasse das Schloss wegen seiner Gebrechlichkeit und Ängstlichkeit kaum noch, sondern sitze meist in seinem alten Ohrensessel am Kamin und döse vor sich hin. Damit ihm G nicht in die Quere komme, nehme er aber einen Totschläger mit, um den Grafen hinterrücks zu erschlagen. V fand den Plan des P zu gefährlich und riet ihm, die Tat so auszuführen, dass kein Blut fließe. P solle sich an den Grafen anschleichen, wenn dieser in seinem Sessel sitze, ihm eine Decke über den Kopf werfen, so dass G ihn nicht erkennen könne, und dann den Grafen fest mit einem mitgebrachten Seil fesseln.

P beschloss, den Rat der V zu befolgen. Er begab sich am nächsten Abend mit einem Taxi zum Schloss des Grafen. Am Schloss angekommen, wies er den Taxifahrer (T) an, er solle auf ihn warten. Er habe nur kurz etwas im Schloss zu erledigen. P trat durch die wie üblich offen gelassene Eingangstür, begab sich ins Kaminzimmer und sah den alten Grafen in seinem Ohrensessel sitzen. G döste am Kaminfeuer und wandte P den Rücken zu. Unbemerkt trat P an G heran, warf ihm eine Decke über den Kopf und fesselte den vor Schreck aufschreienden G grob mit einem mitgebrachten Strick an den Sessel. Als er den gebrechlichen Mann fest verschnürt hatte, stöhnte dieser vor Schreck und Schmerzen schwer. P packte angesichts des erbärmlichen Anblicks des gefesselten G das Mitleid und er sah von der weiteren Ausführung seines Vorhabens ab. Er löste die Fesseln des G und rannte aus dem Schloss, bevor G sich von der Decke und den Fesseln vollständig befreien konnte. P ging davon aus, G werde sich schon selbst zu helfen wissen.

Da P an sich vorhatte, den unwissenden T aus der Beute zu bezahlen, P selbst aber kein Geld dabei hatte, entschloss er sich kurzerhand, T aus dem Taxi zu stoßen. Nachdem P auf dem Fahrersitz Platz genommen hatte, rief er dem auf den Boden gefallenen, unverletzten T zu, er könne sein Taxi am Taxistand des nahe gelegenen Bahnhofs abholen. P fuhr zum Bahnhof, stellte das Fahrzeug dort ab und kehrte zu V zurück.

G konnte sich nach kurzer Zeit aus seiner misslichen Lage befreien. Er starb aber nur wenig später an einem Herzinfarkt, den er aufgrund der ihm widerfahrenen Behandlung erlitt.

Wie haben sich V und P strafbar gemacht?

Vermerk: § 221 und die Körperverletzungsdelikte (§§ 223, 224, 227) sind nicht zu prüfen.

Bearbeitungszeit: Drei Stunden

B. Lösungsskizze

Erster Tatkomplex – Die Fesselung des G

I. **Strafbarkeit des Pech**
1. **Versuchter Raub mit Todesfolge, §§ 251, 22, 23**
   Vorprüfung (+)
   P: Erfolgsqualifizierter Versuch
   a) Tatentschluss hinsichtlich des Grunddelikts (+)
   b) Unmittelbares Ansetzen zum Grunddelikt (+)
   c) Erfolgsqualifikation
      aa) qualifizierende Folge (+)
      bb) tatbestandsspezifischer Gefahrzusammenhang (+)
      cc) leichtfertige Verursachung der schweren Folge (§ 251) (+)
   d) Rücktritt
      aa) Anwendbarkeit von § 24 II (+)
      bb) kein Fehlschlag (+)
      cc) Rücktritt vom Grunddelikt möglich (+)
          P: Rücktritt vom erfolgsqualifizierten Versuch
      dd) Aufgeben statt Verhindern (+)
      ee) freiwillig (+)
   e) Ergebnis: §§ 251, 22, 23 (–)
2. **Versuchter schwerer Raub, §§ 250 I Nr. 1 a, b, II Nr. 1 Alt. 2, 22, 23**
   a) Tatentschluss
      aa) gefährliches Werkzeug, § 250 I Nr. 1 a (–)
          P/Übersicht: Begriff des gefährlichen und sonstigen Werkzeugs
      bb) sonstiges Werkzeug, § 250 I Nr. 1 b (+)
      cc) Gefahr schwerer Gesundheitsschädigung, § 250 I Nr. 1 c (–)
      dd) Verwenden gefährlichen Werkzeugs, § 250 II Nr. 1 (–)
      ee) in die Gefahr des Todes bringen, § 250 II Nr. 3 a (–)
   b) Rücktritt (+)
   c) Ergebnis: § 250, 22, 23 (–)
3. **Versuchter Bandendiebstahl, §§ 242, 244 I Nr. 2, 22, 23 (–)**
   Bande (–)
4. **Freiheitsberaubung mit Todesfolge, § 239 I, IV**
   a) Objektiver Tatbestand des Grunddelikts, § 239 (+)
   b) Subjektiver Tatbestand (+)
   c) § 239 IV (+)
   d) Rücktritt (–)
   e) Ergebnis: § 239 IV (+)
5. **Fahrlässige Tötung, § 222**
6. **Nötigung, § 240 (+)**
   Konsumtion bzw. Spezialität
7. **Hausfriedensbruch, § 123 (+)**
8. **Konkurrenzen im Ersten Tatkomplex**

II. **Strafbarkeit der Vogel**
1. **Anstiftung zum versuchten Raub mit Todesfolge, §§ 251, 22, 23, 26**
    a) Objektiver Tatbestand
        aa) Vorsätzlich begangene rw Haupttat
        bb) Bestimmen zur Haupttat (+)
    b) doppelter Anstiftervorsatz
    c) Kenntnis der die schwere Folge verursachenden Umstände und Leichtfertigkeit (+)
    d) Rechtswidrigkeit (Notstand, § 34)
        aa) Gefahr (+)
        bb) gegenwärtig (+)
        cc) nicht anders abwendbar (–)
2. **Anstiftung zur Freiheitsberaubung mit Todesfolge, §§ 239 I, IV, 26 (+)**
3. **Fahrlässige Tötung, § 222 (+)**
4. **Nichtanzeige von Straftaten, § 138 I Nr. 7 (–)**

Zweiter Tatkomplex: Die Fahrt mit dem Taxi
Strafbarkeit des Pech

I. **Räuberischer Angriff auf Kraftfahrer, § 316a**
   Führer eines Kraftfahrzeugs (–)
II. **Raub, § 249**
1. **Objektiver Tatbestand (+)**
   Gewalt zur Wegnahme
2. **Subjektiver Tatbestand**
   Zueignungsabsicht (–)
3. **Ergebnis: § 249 (–)**
III. **Räuberische Erpressung, § 255**
1. **Objektiver Tatbestand**
    a) Gewalt (+)
    b) abgenötigtes Verhalten
       P: Beschaffenheit des abgenötigten Verhaltens
       Vermögensverfügung (–)
2. **Ergebnis: § 255 (–)**
IV. **Unbefugter Gebrauch eines Fahrzeugs, § 248b (+)**
V. **Diebstahl des Benzins, § 242 I (–)**
   Subsidiarität
VI. **Nötigung, § 240 (+)**

Gesamtergebnis/Konkurrenzen

C. Gutachten

Erster Tatkomplex: Die Fesselung des G

I. Strafbarkeit des Pech

1. Versuchter Raub mit Todesfolge, §§ 251, 22, 23

Hinweis: Da sich im Fallaufbau bei der Prüfung des versuchten Raubes die Frage stellt, ob ein Rücktritt trotz Eintritts der schweren Folge möglich ist, wird die Prüfung des versuchten Raubes sogleich mit der Prüfung der versuchten Erfolgsqualifikation verbunden (vgl. auch *Jäger* Strafrecht AT Rdn. 376).

P könnte sich des versuchten Raubes mit Todesfolge nach §§ 251, 22, 23 I strafbar gemacht haben, weil er G mit tödlichen Folgen fesselte, um ihm anschließend ungestört Bargeld und den Familienschmuck wegnehmen zu können.

Vorprüfung

Die Tat ist nicht vollendet, da es zu keiner Wegnahme gekommen ist. Der Versuch des Raubes ist strafbar, vgl. §§ 249, 12 I, 23 I. Ob hingegen auch ein erfolgsqualifizierter Versuch möglich ist, wird nicht einheitlich beurteilt. Während eine Erfolgsqualifikation selbst unproblematisch den Versuchsregeln zugänglich ist (vgl. auch § 11 II), weil sie auch vorsätzlich verwirklicht werden kann, wird dies für den Fall des versuchten Raubes mit fahrlässig herbeigeführter schwerer Folge (erfolgsqualifizierter Versuch) nicht einheitlich beurteilt.

P: Erfolgsqualifizierter Versuch

Letalitätstheorie: Erfolgsqualifikationen knüpfen immer an den Erfolg des Grunddelikts an. Dieser muss eintreten, damit sich aus ihm die schwere Folge ergeben kann (*Maurach/Gössel/Zipf* AT II, § 43 Rdn. 169).

    a. A.: Ein erfolgsqualifizierter Versuch kann immer dann in Betracht gezogen werden, wenn die qualifizierende Folge beim Versuch der Grunddeliktsverwirklichung eingetreten ist (*Otto* Grundkurs Strafrecht AT, Rdn. 83 ff.).

    h. L.: Die h. L. differenziert nach Art des Grunddelikts und bejaht die Möglichkeit eines erfolgsqualifizierten Versuchs, wenn der qualifizierende Erfolg an die Tathandlung des Grunddelikt anknüpft (wie z. B. §§ 178, 227, 251), nicht aber, wenn das erfolgsqualifizierte Delikt (wie beispielsweise §§ 226, 306 b) den Eintritt der Erfolgsgefahr des Grunddelikts voraussetzt (vgl. *Stratenwerth/Kuhlen* AT/1, § 15 Rdn. 58 f.; *Wessels/Beulke/Satzger* Strafrecht AT, Rdn. 876).

    Stellungnahme: Die im Grunde willkürliche und nicht konsequent eingehaltene Differenzierung der h. L. stützt sich vorwiegend auf die unterschiedliche Formulierung der jeweiligen Tatbestände, ohne dass dem Gesetzgeber jedoch ein entsprechendes Differenzierungsbewusstsein nachgewiesen werden könnte (vgl. auch *Otto* Grundkurs Strafrecht AT, Rdn. 87). Die für sie vorgebrachten Argumente setzten das jeweils zu Beweisende voraus; warum die jeweils geforderte spezielle Gefährlichkeit aus einem bestimmten Umstand folgen soll, bleibt unbegründet (vgl. nur *Beulke* Klausurenkurs III, Rdn. 405). Legt der Täter etwa einen Brandsatz, der ein Gebäude in Brand setzen soll und kommt bereits bei Zündung des Brandsatzes ein Mensch zu Tode, so würde – ohne sachliche Legitimation – die Möglichkeit einer Bestrafung aus der Erfolgsqualifikation davon abhängen, ob zuvor das Gebäude in Brand gesetzt wurde. Es spricht deshalb viel dafür, die Möglichkeit eines erfolgsqualifizierten Versuchs unabhängig von der Differenzierung der h. L. zuzulassen.

Aus der Rechtsprechung: BGH NJW 2003, 150 ff. (am Bsp. § 227).

Übersichtsliteratur: *Jäger* AT, Rdn. 381; *Kudlich* JA 2009, 246 ff.; *Kühl* Jura 2003, 19 ff.; *Laue* JuS 2003, 743 ff. (am Bsp. § 227).

Weitere Übungsklausuren: *Kinzig/Linke* JuS 2012, 229; *Krack/Gasa* JuS 2008, 1005 ff.; *Kudlich* JuS 2003, 32 ff.; *Norouzi* JuS 2006, 531, 533 f. (am Bsp. § 227); *Schapiro* JA 2005, 615, 617 f.

Würde mit der Letalitätstheorie verlangt, dass sich der Todeserfolg aus der Erfolgsgefahr des Grunddelikts verwirklicht haben muss, kann bei § 251 keine Strafbarkeit wegen erfolgsqualifizierten Versuchs in Frage kommen. Diese Auffassung findet jedoch keinen Anhalt im Gesetz. Die h. L. differenziert nach Art des Grunddelikts und bejaht die Möglichkeit eines erfolgsqualifizierten Versuchs, wenn der qualifizierende Erfolg an die Tathandlung des Grunddelikts anknüpft, nicht aber, wenn er mit dem Erfolg des Grunddelikts verbunden ist. Eine abweichende Ansicht verzichtet auf diese Differenzierung und verlangt lediglich, dass sich im Versuch des Grunddelikts die besondere Gefährlichkeit zeigt, die sich im Eintritt der schweren Folge niedergeschlagen hat. Im vorliegenden Fall kommt es auf diese Differenzierung aber nicht an, da § 251 jedenfalls zu den Delikten gerechnet wird, bei denen der qualifizierende Erfolg an die Handlungsgefährlichkeit anknüpft. Die Möglichkeit eines Versuchs des § 251 ist damit zu bejahen.

a) Tatentschluss hinsichtlich des Grunddelikts

P müsste zunächst Tatentschluss hinsichtlich des Grunddelikts, d. h. eines Raubes, gehabt haben. Tatentschluss hinsichtlich eines Raubes liegt hier unzweifelhaft vor, da P durch das Fesseln Gewalt (vis absoluta) angewendet hat, um möglichen Widerstand auszuschalten und dadurch die Wegnahme zu ermöglichen. Sein Tatentschluss ist demnach auch auf den funktionalen Zusammenhang zwischen Wegnahme und Gewalt gerichtet. Zudem handelte P mit Zueignungsabsicht.

b) Unmittelbares Ansetzen zum Grunddelikt

Des Weiteren müsste P unmittelbar angesetzt haben. Ein unmittelbares Ansetzen liegt vor, wenn der Täter aus seiner Sicht das Rechtsgut bereits unmittelbar gefährdet, die Handlung ohne weitere wesentliche Zwischenakte in die Tatbestandserfüllung übergeht, räumlich zeitliche Nähe gegeben ist und der Täter subjektiv die Schwelle zum „Jetzt geht's los" überschreitet. Zum mehraktigen Delikt des Raubes setzt der Täter bereits dann an, wenn er zu einer Nötigungshandlung angesetzt hat, die unmittelbar zur Tatvollendung führen soll. Hier ist die Gewaltanwendung sogar bereits vollendet und in unmittelbarem Anschluss daran sollte die Wegnahme erfolgen[1]. Daher kann das unmittelbare Ansetzen unproblematisch bejaht werden.

c) Erfolgsqualifikation

aa) Da G infolge der Fesselung und der ihm widerfahrenen Behandlung einen Herzinfarkt mit tödlichen Folgen erlitt, ist auch der von § 251 vorausgesetzte Todeserfolg eingetreten. Für diesen war ein Verhalten des P ursächlich, da G an den Folgen der Behandlung gestorben ist.

bb) Der Tod des G müsste „durch den Raub verursacht" worden sein, d. h. im qualifizierenden Erfolg müsste sich die unmittelbare, tatbestandsspezifische Gefahr des Grunddelikts verwirklicht haben.

Hinweis: Zunächst wurde durch die Rechtsprechung das Unmittelbarkeitskriterium verwendet, in jüngerer Zeit jedoch dahingehend präzisiert, dass ein spezifischer Zusammenhang gegeben sein muss. In Klausuren werden beide Kriterien am besten kumulativ angeführt, auch wenn sie letztlich nicht mehr als eine Frage des objektiven Zurechnungszusammenhangs ansprechen.

Hier kann die deliktstypische Lebensgefahr unproblematisch auf den Einsatz des qualifizierten Nötigungsmittels, d. h. die Tathandlung zurückgeführt werden und diese hat sich auch im eingetretenen Erfolg verwirklicht. Die Fesselung mit Strick und Decke diente der qualifizierten Nötigung i. S. d. Raubtatbestandes und gerade die für das Fesseln eines gebrechlichen alten Mannes typischen Gefahren haben sich im Erfolgseintritt niedergeschlagen. Die Opferkonstitution und der aufgrund dieser eingetretene Herzinfarkt sind keineswegs so ungewöhnlich, als dass ein spezifischer Gefahrzusammenhang verneint werden müsste[2].

---

1 Setzt der Täter lediglich zur Wegnahme und nicht zur Gewaltanwendung an, liegt i. d. R. noch kein Raubversuch vor. Hat der Täter erst zur Gewaltanwendung unmittelbar angesetzt, muss sich die Wegnahmehandlung unmittelbar anschließen; vgl. *Wessels/Hillenkamp* Strafrecht BT 2, Rdn. 359.
2 Zum Todeseintritt infolge Herzversagens wegen nächtlicher Konfrontation mit Einbrechern, vgl. BGH NStZ-RR 97, 270.

cc) P müsste eine gesteigerte Form der Fahrlässigkeit hinsichtlich der schweren Folge vorgeworfen werden können, wobei die insoweit erforderliche Leichtfertigkeit meist mit grober Fahrlässigkeit gleichgesetzt wird. Dass das Verhalten objektiv sorgfaltswidrig war, folgt bereits aus der Verwirklichung des Grunddelikts. Der Tod des G war auch ohne Weiteres objektiv voraussehbar, da der Kausalverlauf vom Standpunkt eines objektiven Beobachters aus nicht außerhalb jeglicher Lebenserfahrung liegt. Aber auch Leichtfertigkeit ist anzunehmen, denn einen erkanntermaßen herzkranken und gebrechlichen alten Mann so zu erschrecken und schwer zu fesseln (zumal mit einer über den Kopf geworfenen Decke), verletzt die Sorgfaltspflichten in besonders schwerer Weise.

d) Rücktritt

aa) P könnte von seiner Tat aber strafbefreiend gemäß § 24 II zurückgetreten sein, sofern sich die Rücktrittvoraussetzungen nach § 24 II richten. Beim angestifteten Alleintäter wird die Regelung des § 24 I von § 24 II verdrängt, da mehrere Tatbeteiligte vorhanden sind. § 24 II 1 verlangt zwar von dem zurücktretenden Beteiligten, dass er die Vollendung verhindert und unterscheidet damit nicht zwischen unbeendetem und beendetem Versuch wie § 24 I. Gleichwohl kann natürlich – wie im konkreten Fall – auch hier die bloße Untätigkeit des Zurücktretenden genügen, wenn nur dieser die Vollendung herbeiführen kann.

bb) Ein Rücktritt scheidet aus, wenn ein subjektiv fehlgeschlagener Versuch gegeben ist. Ein fehlgeschlagener Versuch liegt dann vor, wenn der Täter erkennt oder zumindest annimmt, dass er den tatbestandsmäßigen Erfolg mit den ihm zur Verfügung stehenden Mitteln nicht mehr erreichen kann. P ging aber sehr wohl davon aus, die Wertgegenstände noch wegnehmen zu können, sah davon aber aus Mitleid ab. Ein fehlgeschlagener Versuch liegt somit nicht vor.

cc) Da hier ein unbeendeter Raubversuch vorliegt, kann P, obwohl § 24 II 1 ein Verhindern der Vollendung verlangt, vom Raub durch bloßes Aufgeben der weiteren Tatausführung zurücktreten. Problematisch ist aber, ob ein Rücktritt vom erfolgsqualifizierten Delikt überhaupt möglich ist, da zwar die Wegnahme noch aufgegeben werden kann, die qualifizierende Folge aber bereits eingetreten ist. Der Rücktritt kann sich hier nicht auf die fahrlässige Folge des Deliktes beziehen, sondern nur auf das vorsätzlich begangene Grunddelikt.

P: Rücktritt vom erfolgsqualifizierten Versuch
Ob ein Rücktritt vom Grunddelikt noch möglich ist, wenn die qualifizierende Folge bereits eingetreten ist, wird nicht einheitlich beurteilt. Lässt man einen Rücktritt zu, entfällt auch eine Strafbarkeit aus dem erfolgsqualifizierten Delikt und es bleibt – wie beispielsweise hier – nur die Möglichkeit einer Bestrafung aus § 222.

e. A.: Keine Möglichkeit des Rücktritts, da der erfolgsqualifizierte Versuch an die Handlungsgefährlichkeit des Grunddelikts anknüpft und mit Eintritt der schweren Folge zwar mangels Wegnahme keine Vollendung im formellen Sinne vorliege, die Wegnahme für das Erfolgsunrecht des erfolgsqualifizierten Versuchs aber letztlich ohne Bedeutung ist (vgl. *Fischer* Strafgesetzbuch, § 18 Rdn. 10; *Jäger* NStZ 1998, 161; *Wolters* GA 2007, 73 ff.).

h. L.: Nach dem klaren Wortlaut des § 24 besteht hinsichtlich des Grunddelikts auch dann die Möglichkeit des Rücktritts, wenn die qualifizierende Folge bereits eingetreten ist (vgl. *Otto* Grundkurs AT, § 18 Rdn. 84). Damit entfällt aber zugleich eine Strafbarkeit aus der Erfolgsqualifikation. Teilweise wird – etwas zirkulär – darauf verwiesen, dass die Gegenauffassung den Vollendungszeitpunkt so weit vorverlagere, dass dadurch der Raubtatbestand zum Unternehmensdelikt umgedeutet werde. Dem Täter würde so durch eine täterbelastende Reduktion der eindeutigen, die Strafbarkeit ausschließenden Vorschrift des § 24, die Möglichkeit des Rücktritts genommen (vgl. BGHSt 42, 161) und damit gegen Art. 103 II GG verstoßen.

Aus der Rechtsprechung: BGHSt 42, 158.

Übersichtsliteratur: *Jäger* AT, Rdn. 325 f.; *Kress/Weisser* JA 2006, 115, 117 f.; *Kudlich* JuS 1999, 349, 355; *Kudlich* JA 2009, 246, 250; *Kühl* Jura 2003, 19, 22; *Otto* Jura 1997, 476.

Weitere Übungsklausuren: *Krack/Gasa* JuS 2008, 1005, 1006; *Laue/Dehne-Niemann* Jura 2010, 73; *Lotz/Reschke* Jura 2012, 481; *Schapiro* JuS 2005, 615, 618.

Ein Rücktritt vom Grunddelikt muss angesichts des eindeutigen Wortlauts von § 24 möglich bleiben. Eine teleologische Reduktion von § 24, wie sie von einem Teil des Schrifttums praktiziert wird, verstößt als täterbelastende Analogie gegen Art. 103 II GG. Auch der Einwand, anders könne das tatsächlich verwirklichte Unrecht nicht hinreichend erfasst werden, überzeugt nicht, da zumindest eine Strafbarkeit wegen selbstständiger Fahrlässigkeitsdelikte (hier § 222) verbleibt.

dd) P hat trotz des insoweit missverständlichen Wortlauts von § 24 II, der ein Verhindern der Tat verlangt, die erforderliche Rücktrittshandlung vorgenommen. Kann ohne Zutun des Täters die Tat nicht vollendet werden, dann genügt es, wenn dieser die weitere Tatausführung aufgibt.

ee) Der Rücktritt war auch freiwillig, da P aus Mitleid, d. h. aus selbstbestimmten Motiven von der weiteren Tatausführung abgesehen und damit aus autonomen Motiven gehandelt hat. Er besinnt sich eines Besseren, ohne dass ihm dies durch äußere Umstände aufgezwungen wird.

e) Ergebnis

Damit ist P strafbefreit nach § 24 II vom Versuch des § 251 zurückgetreten.

2. Versuchter schwerer Raub, §§ 250 I Nr. 1 a, b, II Nr. 1 Alt. 2, 22, 23

Hinweis: Im vorliegenden Fall kann selbstverständlich zunächst von einer Prüfung des § 250 abgesehen werden, da P vom Grundtatbestand zurückgetreten ist (allerdings nur die zweitbeste Lösung). Die folgenden Probleme sind dann aber bei S anzusprechen, da der Rücktritt des P nicht zu ihren Gunsten wirkt. Hier wird aus Gründen der Übersichtlichkeit bereits bei P der Versuch des § 250 angesprochen. Die Prüfung von § 250, 22, 23 kann auch innerhalb von § 251 erfolgen, sofern man wegen des Rücktritts eine weitere Prüfung der Qualifikation für unzulässig erachtet.

---

a) Tatentschluss

aa) P könnte Tatentschluss hinsichtlich der Verwirklichung qualifizierender Umstände nach § 250 I Nr. 1a gehabt haben. Dann müssten der mitgebrachte Strick und die Decke als gefährliches Werkzeug i. S. v. § 250 I Nr. 1a angesehen werden.

P/Übersicht: Begriff des gefährlichen und sonstigen Werkzeugs in § 250
Wie ist der Begriff „gefährliches Werkzeug" in § 244 I Nr. 1a Var. 2 und § 250 I Nr. 1a Var. 2 zu bestimmen und wie unterscheidet er sich von § 244 I Nr. 1b und § 250 II Nr. 1?

    I. Ausgangspunkt: Der Begriff des gefährlichen Werkzeugs in Nr. 1a sollte nach der Beschlussempfehlung des Rechtsausschusses im Zuge des 6. StrRG wie in § 224 I Nr. 2 verstanden werden.

    Problem: In § 224 wird ein Gegenstand verlangt, der nach objektiver Beschaffenheit und Art seiner Benutzung im Einzelfall geeignet ist, erhebliche Körperverletzungen zuzufügen.

    Nach § 250 I Nr. 1a Var. 2 soll es gerade nicht auf einen bestimmten Einsatz des Gegenstands ankommen, wie auch der Vergleich mit Nr. 1b zeigt. Zudem genügt vorsätzliches Beisichführen, ohne dass sich der Täter Gedanken über die Verwendung machen muss.

    II. Mögliche Deutungen:
    1. Objektiv-generell (vgl. u. a. *Dencker* JR 1999, 1; *Schroth* NJW 1998, 2864):
    Gefährlich sind Werkzeuge, denen *nach allgemeiner Anschauung* eine besondere Eignung zur Zufügung von Verletzungen innewohnt und zu denen Täter *erfahrungsgemäß* greifen, wenn sie in Bedrängnis geraten. Es erscheint allerdings zweifelhaft, ob es eine rein objektive Bestimmung der Gefährlichkeit gibt (z. B. Stemmeisen, das beim Einbruch mitgeführt wird).

    2. Objektiv-konkret:
    Gefährlich sind Werkzeuge, die in der konkreten Situation keine andere Bedeutung haben können als die, eine Leibes- und Lebensgefahr zu begründen (single-use-Werkzeuge/Waffenersatzfunktion).

    Problematisch ist die Grenzziehung, da etwa ein Taschenmesser durchaus zum Dosenöffnen verwendet werden kann, bei einem Einbruchdiebstahl bei entsprechender Klingenlänge aber als „single-use-Werkzeug" in Frage kommen kann (BGH NStZ 2008, 512 ff.).

    3. Objektiv und subjektiv (z. B. *Wessels/Hillenkamp* Strafrecht BT II, Rdn. 273; *Küper/Zopfs* BT Rdn. 774):

    Die Gegenstände müssen nicht nur generell geeignet sein, erhebliche Körperverletzungen zu bewirken, sondern der Täter muss einen inneren Verwendungsvorbehalt (eine entsprechende Verwendungsabsicht/Gebrauchsabsicht) umsetzen.

Diese Ansicht passt offensichtlich nicht zur Gesetzessystematik, die lediglich in § 244 I Nr. 1b eine spezifische Verwendungsabsicht verlangt.

III. § 250 I Nr. 1b wurde vom Gesetzgeber bewusst als **Auffangtatbestand** gerade auch für objektiv ungefährliche Mittel geschaffen. Er hat dies auch im Gesetzeswortlaut zum Ausdruck gebracht, da er den gefährlichen Werkzeugen in Nr. 1a die **ungefährlichen Werkzeuge** in Nr. 1b gegenübergestellt („sonst ein ...") und für letztere Vorschrift die Ungefährlichkeit quasi zur Voraussetzung gemacht hat. Von § 250 I Nr. 1b werden grundsätzlich Gegenstände erfasst, die geeignet sind, den Widerstand des Tatopfers mittels Gewalt oder Drohung zu überwinden.

Der Gegenstand muss allerdings **„seiner Art nach"** (BGHSt 24, 339, 341) **geeignet** sein, von dem Opfer **als Bedrohung** wahrgenommen zu werden. Daran fehlt es bei offensichtlich harmlosen Gegenständen, bei denen die Täuschung im Vordergrund steht. **Nicht** genügend sind daher alle **nach äußerem Erscheinungsbild offensichtlich ungefährlichen Gegenstände** (z. B. Lippenpflegestift im Rücken oder Metallrohr im Nacken des Opfers). Die Beurteilung des äußeren Erscheinungsbildes eines Gegenstandes hat aus der Sicht eines objektiven Betrachters und nicht etwa aus der des Tatopfers zu erfolgen.

IV. In § 250 II Nr. 1 wird der Begriff des gefährlichen Werkzeugs durch die Rechtsprechung systemwidrig wie in § 224 ausgelegt.

Aus der Rechtsprechung: BGH NJW 1998, 2914 ff. (zu § 250 I Nr. 1 b); BGH NStZ-RR 2004, 169 ff. (zu § 250 II Nr. 1); BGH JA 2012, 792 (mit Anm. Kudlich).

Übersichtsliteratur: *Fahl* Jura 2012, 593; *Fischer* NStZ 2003, 569 ff.; *Jäger* BT, Rdn. 267 ff. u. 294 f.; *Geppert* Jura 1999, 599 ff.; *Kemme* Jura 2013, 810; *Krüger* Jura 2002, 766 ff.; *Küper* JZ 1999, 187 ff.; *Otto* Die einzelnen Delikte, § 41 Rdn. 50 ff.; *Rönnau* JuS 2012, 117.

Weitere Übungsklausuren: *Hohn* JuS 2004, 982 ff. (am Bsp. § 250 II Nr. 1); *Kett-Straub/Henn* JA 2010, 590; *Kühl/Schramm* JuS 2003, 681 ff.; *Meurer/Dietmeier* Jura 1999, 643, 644; *Weißer* JuS 2005, 620 ff. (am. Bsp. § 244 I Nr. 1 a); *Zieschang* JuS 1999, 49, 51 f.

Im Gegensatz zu § 250 I Nr. 1b setzt Nr. 1a keine Gebrauchsabsicht voraus. Da es nach dem Wortlaut von Nr. 1a gerade nicht auf einen bestimmten Einsatz des Gegenstandes ankommt und sich der Täter eigentlich auch keinerlei Gedanken über dessen Verwendung machen muss, sondern das bloße Beisichführen genügt, kann sich bei Nr. 1a, anders als bei § 224 I, die Gefährlichkeit nicht aus der Art der Benutzung ergeben. Genügt aber bereits das bloße Beisichführen, dann muss unabhängig von dem Streit, ob zur Bestimmung allein auf die objektive Gefährlichkeit, eine abstrakt-konkrete Gefährlichkeit oder auch auf subjektive Komponenten abzustellen ist, ein gefährliches Werkzeug nach seiner objektiven Beschaffenheit zumindest generell geeignet sein, erhebliche Verletzungen herbeizuführen. Dies wird bei Fesselwerkzeugen allgemein verneint, obwohl sie in der konkreten Anwendung (auf die es aber gerade nicht ankommt) durchaus lebensgefährlich sein können.

bb) Unproblematisch erfüllt ist jedoch § 250 I Nr. 1b, da Seil und Decke sonstige Werkzeuge sind, die P bei sich geführt hat, um den Widerstand des G mit Gewalt zu überwinden. Unter den Begriff des sonstigen Werkzeugs können auch objektiv ungefährliche Gegenstände subsumiert werden, sofern der Täter sie in der Absicht mitführt, die Tatmittel zur Verhinderung oder Überwindung des Widerstandes einer anderen Person mittels Gewaltanwendung einzusetzen.

cc) § 250 I Nr. 1 c muss hingegen verneint werden, da P keinen entsprechenden „Gefährdungsvorsatz" hatte. Es handelt sich bei dieser Qualifikation um keine Erfolgsqualifikation, so dass Fahrlässigkeit nicht genügt, sondern Gefährdungsvorsatz erforderlich ist. P handelt hinsichtlich der Gesundheits- und Lebensgefahr aber nur leichtfertig, da er die konkrete Art der Tatausführung auf Anraten von S gerade gewählt hatte, um „kein Blut zu vergießen". Obwohl P um die Herzerkrankung des P wusste, hat er sich der nahe liegenden Einsicht verschlossen, dass eine Fesselung lebensgefährlich sein könnte. Trotz dieser Achtlosigkeit kann P aber kein erforderliches Gefahrenbewusstsein unterstellt werden.

dd) Problematisch ist, ob § 250 II Nr. 1 verneint werden muss, da der Begriff des gefährlichen Werkzeugs an sich nur parallel zu § 250 I Nr. 1a bestimmt werden kann. Die Rechtsprechung verlangt zwar ein objektiv gefährliches Werkzeug, will dieses aber entsprechend § 224 bestimmen, d. h. anders als bei Nr. 1a nach Art der konkreten Anwendung. Damit sind grundsätzlich auch neutrale Gegenstände wie die verwendete Decke und der Strick einbezogen, wenn sie in der Art der konkreten Anwendung erhebliche Verletzungen verursachen können[3]. Da dann aber im konkreten Fall auf die Fesselung eines herzkranken Menschen abzustellen ist, wäre § 250 II Nr. 1 erfüllt. Dieser Wechsel führt zu nicht mehr nachvollziehbaren Ungleichheiten in der Strafzumessung, da die Verwendung eines gefährlichen Werkzeugs in 250 II Nr. 1 mit fünf Jahren Mindeststrafe bedroht ist[4]. Deshalb wird man § 250 I Nr. 1a und II Nr. 1 jedenfalls einheitlich auszulegen haben und Fesselungswerkzeuge nicht als gefährliches Werkzeug ansehen können.

ee) Gleiches wie für § 250 I Nr. 1c gilt für § 250 II Nr. 3b, da P zwar G durch die Tat in die Gefahr des Todes gebracht hat, er aber nicht mit Lebensgefährdungsvorsatz gehandelt hat („es soll kein Blut fließen"; P meint, G werde sich schon selbst zu helfen wissen; s. o.).

b) Rücktritt

Die nach § 250 I Nr. 1b grundsätzlich gegebene Strafbarkeit des P entfällt wegen Rücktritts vom Grunddelikt nach § 24 II 1 (s. o.).

---

3 Vgl. etwa zum Klebeband BGH NStZ-RR 03, 328; NStZ 07, 334. Andererseits sind grundsätzlich gefährliche KO-Tropfen, die bei der Tat „bestimmungsgemäß" verwendet werden, nach Auffassung des BGH keine gefährlichen Werkzeuge i. S. v. § 250 II Nr. 1.

4 Zutr. *Fischer* Strafgesetzbuch, § 250 Rdn. 22 a.

c) Ergebnis

Eine Strafbarkeit nach §§ 250, 22, 23 entfällt, da P strafbefreiend nach § 24 II vom Versuch des § 250 I Nr. 1b zurückgetreten ist.

3. Versuchter Bandendiebstahl, §§ 242, 244 I Nr. 2, 22, 23[5]

Versuchter Bandendiebstahl scheidet schon deshalb aus, weil nach überwiegend vertretener Auffassung zwei Mitglieder keine Bande sein können. Zudem würde auch keine Bandenabrede vorliegen und schließlich müsste ein unmittelbares Ansetzen zum Grunddelikt verneint werden.

4. Freiheitsberaubung mit Todesfolge, § 239 I, IV

Durch das Fesseln des G könnte sich P einer Freiheitsberaubung gemäß § 239 I, u. U. sogar mit Todesfolge, § 239 IV, strafbar gemacht haben.

a) Objektiver Tatbestand des Grunddelikts, § 239

Eine Freiheitsberaubung setzt eine Beeinträchtigung der persönlichen Fortbewegungsfreiheit für eine nicht unerhebliche Dauer durch Einsperren oder auf sonstige Weise, etwa Festhalten, voraus. Hier hat P den G auf andere Weise der Freiheit beraubt, da er ihn gefesselt und damit durch vis absoluta am Verlassen seines Aufenthaltsortes gehindert hat. Es genügt insoweit, dass die körperliche Fortbewegungsfreiheit des G zumindest für einen gewissen Zeitraum aufgehoben gewesen ist[6]. Es ist damit für die Vollendung der Tat unerheblich, dass P die Fesseln schon bald wieder gelöst hat.

b) Subjektiver Tatbestand

P hat auch vorsätzlich, hier sogar mit Absicht gehandelt, da es ihm darauf ankam, G für die Dauer des Diebstahls am Verlassen seines Aufenthaltsortes zu hindern.

c) § 239 Abs. IV

aa) Entsprechend obiger Ausführungen (zu § 251) ist auch die Erfolgsqualifikation des § 239 IV erfüllt.

---

5 § 244 ist nicht zwingend zu erwähnen.
6 Das RG lässt die Dauer eines „Vaterunsers" genügen.

bb) Der Tod ist auf die spezifischen Gefahren der Freiheitsberaubung zurückzuführen (Unmittelbarkeitszusammenhang). Es genügt insoweit, wenn sich die spezifische Gefährlichkeit des Fesselns im Todeseintritt niedergeschlagen hat. Da schon bei § 251 Leichtfertigkeit angenommen wurde, muss erst Recht bei § 239 IV einfache Fahrlässigkeit (vgl. § 18) bejaht werden.

d) Rücktritt

Da das Grunddelikt des § 239 bereits vollendet ist, scheidet ein Rücktritt aus. Es spielt keine Rolle, dass P die Fesseln nachträglich gelöst hat, dies kann allenfalls im Rahmen der Strafzumessung berücksichtigt werden.

e) Ergebnis

P hat sich nach § 239 IV strafbar gemacht.

5. Fahrlässige Tötung, § 222

Nachdem bereits bei § 239 IV und bei § 251 Fahrlässigkeit angenommen wurde, hat sich P unproblematisch auch nach § 222 strafbar gemacht.

6. Nötigung, § 240

P hat sich ebenso der Nötigung strafbar gemacht, da G durch Gewalt zur Duldung der Wegnahme genötigt werden sollte. Soweit diese Nötigung aber über die bloße Duldung der Freiheitsberaubung hinausreicht, wird sie durch §§ 249, 22, 23 verdrängt und lebt auch nach dem Rücktritt nicht wieder auf.

7. Hausfriedensbruch, § 123

§ 123 ist zu bejahen, da P gegen den Willen des G in dessen Wohnung eingedrungen ist. Der Begriff der Wohnung umfasst alle Räumlichkeiten, deren Hauptzweck darin besteht, Menschen zur ständigen Benutzung zu dienen, ohne dass sie in erster Linie Arbeitsräume sind. Damit sind die Räume des Jagdschlosses, in denen sich G aufzuhalten pflegt, unzweifelhaft vom Wohnungsbegriff umfasst. P ist auch eingedrungen, da er den geschützten Raum gegen den Willen des Berechtigten betreten hat. Die Tatsache, dass die Tür zum Schloss offen stand, schließt den Hausfriedensbruch nicht aus, denn es genügt das Überwinden einer „geistigen

Barriere"[7]. Nach § 123 II ist allerdings ein Strafantrag erforderlich (vgl. § 77 II). Da der Hausrechtsinhaber und damit der Verletzte verstorben ist und das Strafantragsrecht nicht übergeht (vgl. § 77 II), kann die Tat nicht mehr verfolgt werden (absolutes Antragsdelikt).

8. Konkurrenzen im Ersten Tatkomplex:

Da P vom Raub zurückgetreten ist, verbleibt lediglich eine Strafbarkeit wegen § 239 IV (§ 227 war nicht zu prüfen!). § 222 wird von § 239 IV konsumiert.

II. Strafbarkeit der Vogel

Hinweis: Die Strafbarkeit der V wird hier am besten im Anschluss an die Strafbarkeit des P im ersten Tatkomplex geprüft. Eine Teilnahme an den Delikten des P im zweiten Tatkomplex (Taxi) scheidet wegen fehlendem Teilnahmevorsatz offensichtlich aus.

1. Anstiftung zum versuchten Raub mit Todesfolge, §§ 251, 22, 23, 26
a) Objektiver Tatbestand

aa) Eine teilnahmefähige, rechtswidrige und vorsätzlich begangene Haupttat liegt vor, da die erfolgsqualifizierte Tat des § 251 nach der Regelung des § 11 II insgesamt eine Vorsatztat darstellt.

bb) V müsste P zur Tat bestimmt, d. h. in ihm den Tatvorsatz hervorgerufen haben. Da V den P veranlasst hat, den Totschläger durch ein „unblutiges Mittel" zu ersetzen, hat sie zwar in P den Tatentschluss zur Begehung der Tat mittels eines Stricks hervorgerufen, zugleich aber bewirkt, dass die Gewaltanwendung gegenüber G abgeschwächt wurde.

Es liegt dem ersten Anschein nach ein Fall vor, der einer sog. Abstiftung vergleichbar ist, wobei deren dogmatisch richtige Verankerung und Rechtsfolge umstritten ist. Problematisch ist aber, dass V im Ergebnis durch eine Art Umstiftung auf eine andere Tatmodalität letztlich den Tod des G verursacht hat, da sich im Todeseintritt gerade die spezifische Gefahr des Fesselns verwirklicht hat. Der Fall der Abstiftung erfasst an sich nur Fälle, in denen der Anstifter den Angestifteten statt zur Verwirklichung der von ihm geplanten Qualifikation nur zur

---

7 Zu Unrecht krit. gegen diesen Begriff *Fischer* Strafgesetzbuch, § 123 Rdn. 1551, der zwar zu Recht darauf hinweist, dass ein bloßer Beherrschungswille keine räumliche Sphäre schafft, i. E. aber ebenso wenig die Überwindung eines physischen Widerstandes verlangt.

Begehung des Grunddelikts bestimmt. Nach h. M. würde eine Abstiftung dazu führen, dass dem Anstifter die Tat nicht objektiv zugerechnet werden kann. Angesichts der Risikoverringerung wäre es widersinnig, der V zur Last zu legen, dass sie P nicht völlig von seinem Raubvorhaben abgebracht hat. Hier liegt aber kein klassischer Fall der Risikoverringerung vor, da V statt dem sicheren Tod durch Erschlagen für G ein neues Risiko, den Tod durch die Folgen der Fesselung, hervorgerufen hat. Ein Bestimmen kann deshalb nicht verneint werden[8].

b) Subjektiver Tatbestand

V handelte auch mit doppeltem Anstiftervorsatz, da sie sowohl Vorsatz hinsichtlich der Verwirklichung der Haupttat (hier des Grunddelikts) als auch hinsichtlich ihrer eigenen Bestimmungshandlung hatte. Hinsichtlich der schweren Folge ist nur Fahrlässigkeit (vgl. § 18) erforderlich.

c) Kenntnis der die schwere Folge verursachenden Umstände und Leichtfertigkeit

V handelte schließlich auch fahrlässig (leichtfertig) hinsichtlich der schweren Folge, da sie die Umstände kannte, die zur Gefährlichkeit der Fesselung führten, insbesondere über die Erkrankung des G informiert war. Sie hat sich bei ihrer „Abstiftung" leichtfertig der Erkenntnis verschlossen, dass die Fesselung des G aufgrund seiner Herzschwäche und seines Alters tödlich sein kann.

d) Rechtswidrigkeit (Notstand)

V könnte durch Notstand (oder vergleichbar mutmaßliche Einwilligung) gerechtfertigt sein, da es sicherlich im Interesse des G lag, nicht gleich erschlagen, sondern „nur" gefesselt zu werden.

aa) Dann müsste eine Gefahr vorliegen. Gefahr ist ein Zustand, der den Eintritt eines Schadens ernstlich befürchten lässt. Hier bestand die Gefahr, dass P den G erschlägt.

bb) Diese Gefahr war auch gegenwärtig, da sie jederzeit in eine Rechtsgutsverletzung umschlagen konnte. Hier lag eine sog. Dauergefahr vor, die aber für § 34 im Gegensatz zu § 32 ausreicht.

---

8 Eine a. A. ist natürlich vertretbar, wenn abstrakt auf die Risikoverringerung für das Rechtsgut Leben abgestellt wird.

cc) Die Gefahr dürfte ferner nicht anders abwendbar gewesen sein. In der Situation der V bestand aber für sie ein milderes Mittel, die Gefahr für das Leben des G sicher abzuwenden, da sie durchaus den G noch rechtzeitig warnen oder zumindest Dritte (etwa die Polizei) um Hilfe hätte bitten können. Eine Rechtfertigung ist deshalb abzulehnen.

Hinweis: Alternativ wird in Fällen der Abstiftung des zur Tatbegehung entschlossenen Täters mangels Bestimmen (keine Anstiftung des omnimodo facturus) eine Anstiftung abgelehnt und – wie auch z. T. von den oben angeführten Ansichten – eine psychische Beihilfe durch Bestärken im Tatentschluss geprüft. Eine Strafbarkeit wegen Beihilfe könnte aus den oben angeführten Erwägungen entsprechend angenommen oder abgelehnt werden[9]. Die Lösung über Beihilfe erscheint aber unscharf und wenig konsequent, da vor allem die Frage der Ursächlichkeit schwer zu bestimmen ist und etwa dann, wenn dem Täter die leichtere Tat attraktiver – weil risikoloser durchführbar – erscheint, psychische Beihilfe angenommen werden müsste.

---

2. Anstiftung zur Freiheitsberaubung mit Todesfolge, §§ 239 IV, 22, 23, 26

V hat sich der Anstiftung zu §§ 239 I, IV strafbar gemacht, da im ursprünglichen Tatplan des P die Freiheitsberaubung nicht vorgesehen war. Auch hinsichtlich der schweren Folge der Freiheitsberaubung muss Fahrlässigkeit bejaht werden. Die Fahrlässigkeit stützt sich bei V auf die Anstifterhandlung, weil es sorgfaltswidrig und objektiv voraussehbar ist, dass der Vorschlag, den herzkranken G zu fesseln, seinen Tod herbeiführen kann (s. o.).

3. Fahrlässige Tötung, § 222

Liegt vor (s. o.).

4. Nichtanzeige von Straftaten, § 138 I Nr. 7

§ 138 I Nr. 7 scheidet selbst bei Straflosigkeit der V aus, da eine Anzeigepflicht auch bei strafloser Teilnahme an den Delikten nicht besteht.

---

9 Zur Möglichkeit der psychischen Beihilfe, die wohl von der h. L. bejaht wird, *Jeschek/Weigend* Strafrecht AT, § 64 II 2c; *Kudlich* Jus 2005, 592. Zumindest im Zusammenhang mit § 251 erscheint nur mit guter Begründung vertretbar, dass jede Änderung der Ausführungsmodalitäten die Tat zu einer anderen werden lässt. Dann könnte Anstiftung – gegebenenfalls statt dessen Beihilfe – bejaht werden.

Zweiter Tatkomplex: Die Fahrt mit dem Taxi
Strafbarkeit des Pech

I. Räuberischer Angriff auf Kraftfahrer, § 316 a

P könnte zudem einen räuberischen Angriff auf Kraftfahrer begangen haben, als er T aus dem Taxi stieß. Gemäß § 316 a muss das Opfer bei Verüben des Angriffs entweder Führer oder Mitfahrer des Kraftfahrzeugs sein. Führer eines Kraftfahrzeugs ist, wer das Kraftfahrzeug in Bewegung zu setzen beginnt, es in Bewegung hält oder allgemein mit dem Betrieb des Fahrzeugs und/oder mit der Bewältigung von Verkehrsvorgängen beschäftigt ist. Auch bei einem verkehrsbedingten Anhalten des Fahrzeugs wird dieses durch Betätigen der Bremse weiter geführt. Vorliegend handelte es sich aber nicht um einen verkehrsbedingten Stopp, T hielt vielmehr das Taxi an der Zielstelle an, um auf die Rückkehr seines Fahrgastes zu warten. Eine restriktive Auslegung sowohl des Begriffs des Führens eines Kraftfahrzeugs als auch der Ausnutzung der besonderen Verhältnisse des Straßenverkehrs ist nicht zuletzt wegen der hohen Mindeststrafe des § 316 a geboten, die allenfalls dadurch plausibel wird, dass neben individuellen Rechtsgütern auch die Sicherheit des Straßenverkehrs geschützt wird. Es wird damit eine Situation vorausgesetzt, in der es der Täter ausnutzt, dass das Opfer mit Verkehrsvorgängen beschäftigt ist. Da T im Zeitpunkt des Angriffs (Stoß aus dem Fahrzeug) kein Führer eines Fahrzeugs war, scheidet § 316 a aus.

II. Raub, § 249

P könnte sich des Raubes strafbar gemacht haben, weil er T aus dem Taxi gestoßen hat, um dieses für die Heimfahrt nutzen zu können.

1. Objektiver Tatbestand
P hat mittels des Stoßes Gewalt in Form von vis absoluta angewendet, um die Wegnahme des Taxis zu ermöglichen. Eine Wegnahme hat unzweifelhaft stattgefunden, da P den Gewahrsam des T gebrochen und mit dem Wegfahren auch neuen, tätereigenen Gewahrsam begründet hat.

2. Subjektiver Tatbestand

P hat auch vorsätzlich gehandelt. Problematisch ist jedoch das Merkmal der Zueignungsabsicht. Die Anmaßung einer eigentümerähnlichen Verfügungsgewalt setzt sowohl die Absicht zumindest vorübergehender Aneignung als auch Eventualvorsatz hinsichtlich einer dauerhaften Enteignung des wahren Eigentümers voraus. Eine vorübergehende Aneignung liegt vor, da P das Fahrzeug wie ein Eigentümer als Fortbewegungsmittel nutzen will. Problematisch ist aber, ob P die Vereitelung der Eigentümerbefugnisse des T auf Dauer in Kauf genommen hat (Enteignungskomponente). Abzugrenzen ist dabei zur bloßen Gebrauchsanmaßung i. S. d. § 248 b. Entscheidend ist, ob der Täter den Gewahrsam nur zeitweilig brechen, d. h. später wieder herstellen will. Entscheidend ist damit der Wille zur Rückführung. Bei unbefugtem Gebrauch muss der Wille des Täters im Zeitpunkt der Wegnahme dahin gehen, den Berechtigten in eine solche Lage zu versetzen, dass er seine ursprüngliche Verfügungsgewalt über das Fahrzeug ohne Mühe wieder ausüben kann. Ein starkes Indiz für einen Enteignungsvorsatz des Täter kann der Umstand sein, dass sich dieser des Fahrzeugs an einem Ort entledigt, an dem es dem Zufall überlassen bleibt, ob der Eigentümer das Fahrzeug zurückerhält, und an dem es dem Zugriff Dritter preisgegeben ist[10]. Hier ist hingegen der Vorsatz des P nicht auf eine dauerhafte Enteignung gerichtet, da er das Fahrzeug an einem Ort zurücklässt, an dem T dieses ohne Weiteres wiedererlangen kann (Taxi am Taxistand). Er stellt eine Wiedererlangung zudem dadurch sicher, dass er den Taxifahrer über den künftigen Standort informiert.

3. Ergebnis

P hat sich mangels Zueignungsabsicht keines Raubes strafbar gemacht.

III. Räuberische Erpressung, § 255

P könnte sich wegen räuberischer Erpressung strafbar gemacht haben, indem er T aus dem Taxi stieß und ihn dadurch dazu nötigte, die Wegfahrt mit dem Taxi zu dulden.

---

10 Vgl. u. a. BGHSt 22, 45; BGH NStZ 1982, 420; NStZ 1996, 38.

1. Objektiver Tatbestand

a) P müsste Gewalt gegen eine Person oder eine qualifizierte Drohung angewendet haben. P hat vis absulta angewendet, als er T aus dem Fahrzeug stieß. Dieses Verhalten war zwar wohl nicht gefährlich für Leib oder Leben des T, die Gewalt muss aber nicht die Intensität der durch eine Drohung in Aussicht gestellten Gefahr erreichen, es genügt vielmehr jede nicht unerhebliche Gewaltanwendung.

b) Problematisch ist aber, welche Qualität das abgenötigte Verhalten haben muss.

Problem: Beschaffenheit des abgenötigten Verhaltens

1. h.L.: Es ist eine **Vermögensverfügung** erforderlich (nicht gegeben bei vis absoluta).

Argument: Mit dem Erfordernis der Vermögensverfügung kann eine **klare Trennlinie** zwischen **Eigentums- und Vermögensdelikten** gezogen werden. Ein Verzicht auf diese führt zu weitgehender **Überflüssigkeit des § 249.** Das kann der Gesetzgeber angesichts der herausragenden Stellung der Norm kaum gewollt haben.

2. Rspr. (BGHSt 14, 386): Es genügt jedes beliebige abgenötigte Verhalten, allerdings ist § 249 (auf Konkurrenzebene) **spezieller,** wenn es sich nach dem **äußerlichen Erscheinungsbild** um ein „Nehmen" handelt

Argument: Der **Wortlaut** des § 255 entspricht hinsichtlich der Nötigungsmittel dem des § 240, bei dem vis absoluta auch genügt. Es gibt keine Anhaltspunkte für einen engeren Gewaltbegriff in § 255. Bei fehlender Zueignungsabsicht wird der brutalere Täter, der zu vis absoluta greift, bevorzugt, da er weder unter § 249 noch unter § 255 fallen würde, während der nur drohende Täter nach § 255 bestraft wird.

Stellungnahme: Für die h.L. spricht, dass § 249 gegenüber den §§ 253, 255 praktisch überflüssig wäre, da ersterem eigenständige Bedeutung nur zukäme, wenn der Täter Zueignungsabsicht hätte, gleichzeitig aber keine Bereicherungsabsicht vorläge, was nur bei einem wertlosen Tatobjekt (z. B. Liebhaberstück) der Fall wäre. § 249 wäre nach der Rspr. lex specialis gegenüber § 255, was sich **gesetzessystematisch** nicht erklären lässt, da dann die Folge des allgemeineren Tatbestandes auf den des spezielleren verweisen würde („gleich einem Räuber zu bestrafen" in § 255).

Schließlich würde schon beim Einsatz nicht-qualifizierter Nötigungsmittel zum Zwecke der Durchführung eines Diebstahls nach der Rspr. eine Bestrafung nach § 253 in Betracht kommen, wobei besonders schwere Fälle eine Freiheitsstrafe nicht unter einem Jahr auslösen (§ 253 IV). Besonders schwere Fälle des Diebstahls können demgegenüber nur geringer bestraft werden (s. § 243), eine höhere Bestrafung des Diebstahls kommt nur als Raub – eben bei Einsatz qualifizierter Nötigungsmittel – in Betracht. Diese Abstufung übergeht die Rspr.

Aus der Rechtsprechung: BGH NJW 1964, 1865 ff.

Übersichtsliteratur: *Hecker* JA 1998, 300, 301 ff.; *Jäger* BT, Rdn. 376; *Kudlich/Aksoy* JA 2014, 81; *Otto* Die einzelnen Delikte, § 53 Rdn. 24; *Rönnau* JuS 2012, 888.

Weitere Übungsklausuren: *Helmrich* JA 2006, 351, 354; *Kasiske* Jura 2012, 736; *Kühl/Schramm* JuS 2003, 681 f.; *Radtke/Matula* JA 2012, 265; *Sternberg-Lieben/Sternberg-Lieben* JuS 2002, 576, 579; *Zieschang* JuS 1999, 49 f.

Was unter einem Handeln, Dulden oder Unterlassen i. S. v. §§ 253, 255 zu verstehen ist, ist umstritten und hängt maßgeblich davon ab, welcher Ansicht man zum Verhältnis von § 249 und §§ 253, 255 folgt. Sieht man in § 253 mit der h. L. ein Selbstschädigungsdelikt – wie § 263 – so muss das Opfer die Vermögensminderung vornehmen. Das ist aber nur dann der Fall, wenn das Verhalten des Opfers im weitesten Sinn „freiwillig" ist, also die Voraussetzungen einer Vermögensverfügung erfüllt. Die Literatur wendet den Raub in Abgrenzung zur Erpressung auf solche Fälle an, in denen der Gewahrsamsinhaber die Vorstellung hat, er könne den Verlust der Sache nicht verhindern. Entscheidend soll die Strukturverwandtschaft zwischen Betrug und Erpressung (beides Vermögensverschiebungsdelikte durch Selbstschädigung) sein, die auch bei § 253 eine Vermögensverfügung erforderlich mache. Für diese Auffassung spricht die klarere Abgrenzung von §§ 242, 249 und §§ 253, 255. Allerdings muss dann geklärt werden, wie das Verfügungsbewusstsein beim Genötigten beschaffen sein muss, da dieser angesichts seiner Zwangslage nie „freiwillig" handelt. Zum Teil wird darauf abgestellt, ob der Genötigte seine Mitwirkung an der Herbeiführung des Schadens für unerlässlich hält. Zum anderen wird weitergehend verlangt, der Handelnde müsse für die Annahme einer Verfügung noch eine Wahlmöglichkeit besitzen. Da der Gewahrsamsverlust durch T sowieso nicht hätte verhindert werden können, wäre nach dieser Auffassung eine durch Drohung erzwungene Wegnahme i. S. v. § 249 zu bejahen. Da es jedoch an einer Zueignungsabsicht des P fehlt, scheidet § 249 aus. Für § 255 ist daneben wegen der dargestellten Abgrenzung kein Raum.

Die Rechtsprechung unterscheidet § 249 und § 255 lediglich nach dem äußeren Erscheinungsbild, ob der Täter sich die Sache geben lässt oder ob er den Gewahrsamswechsel selbst vollzieht. Raub ist demnach ein Sonderfall der Erpressung. Dafür spricht die Wortlautparallele von § 253 zu § 240, denn auch dort sind die Fälle der willenlosen Duldung tatbestandlich eingeschlossen. Zudem hat diese Auffassung den Vorteil, dass sie Strafbarkeitslücken vermeidet, zumal die innere Einstellung des Opfers ohnehin nur schwer zu ermitteln ist.

Die Rechtsprechung würde damit im vorliegenden Fall grundsätzlich Raub annehmen, für räuberische Erpressung bleibt aber Raum, wenn Raub wie hier wegen fehlender Zueignungsabsicht des P ausscheidet. Für die Rechtsprechung genügt es, wenn der Täter vis absoluta anwendet, um sich einer Sache zu bemächtigen, dabei aber ohne Zueignungsabsicht handelt, denn bei §§ 253, 255 genügt es, wenn der Täter in der Absicht rechtswidriger Bereicherung gehandelt hat (hier der Vermögensvorteil durch die Nutzung des Fahrzeugs). Nach der Rechtsprechung ist P strafbar wegen räuberischer Erpressung.

Die überzeugenderen Argumente sprechen für die Ansicht der h. L., da Strafbarkeitslücken allein kein Argument für die Auslegung eines Tatbestandes

292 —— Übungsfall 11: Das Jagdschloss

sein können und nur über das Erfordernis der Vermögensverfügung eine systematisch zutreffende Abgrenzung der Tatbestände überhaupt möglich ist.

2. Ergebnis
P hat sich nicht nach §§ 253, 255 strafbar gemacht.

IV. Unbefugter Gebrauch eines Fahrzeugs, § 248 b I

Die Benutzung des Taxis unterfällt § 248 b I, da P das Kraftfahrzeug gegen den Willen des Berechtigten, d. h. unbefugt in Gebrauch genommen hat. Die Verfolgung der Tat setzt nach § 248 b III einen Strafantrag des Verletzten voraus.

V. Diebstahl des Benzins, § 242 I

Der bei Gelegenheit des unbefugten Gebrauchs des Kraftfahrzeugs verübte Diebstahl am Benzin tritt hinter § 248 b zurück (Subsidiarität bzw. Konsumtion, da notwendige Begleittat), da ansonsten bei Anwendung der Subsidiaritätsklausel des § 248 b der Tatbestand offensichtlich überflüssig wäre.

VI. Nötigung, § 240

Ebenfalls erfüllt ist natürlich der Tatbestand der Nötigung (s. o.).

Gesamtergebnis/Konkurrenzen

Tatkomplex I und II liegen in Tatmehrheit (§ 53) vor.
    1. P ist strafbar wegen § 239 IV in Tatmehrheit (§ 53) zu § 248 b, 240 in Tateinheit (§ 52).
    2. V ist strafbar wegen § 239 IV, 26.

D. Definitionen

Gewalt i. S. v. § 249   muss gegen eine Person gerichtet sein und verlangt daher körperlich wirkenden Zwang, der nach der

Vorstellung des Täters dazu geeignet und bestimmt ist, einen tatsächlich geleisteten oder erwarteten Widerstand zu überwinden oder unmöglich zu machen.

unmittelbares Ansetzen liegt vor, wenn der Täter aus seiner Sicht das Rechtsgut bereits unmittelbar gefährdet, die Handlung ohne weitere wesentliche Zwischenakte in die Tatbestandserfüllung übergeht, räumlich zeitliche Nähe gegeben ist und der Täter subjektiv die Schwelle zum „Jetzt geht's los" überschreitet.

fehlgeschlagener Versuch liegt vor, wenn der Täter erkennt oder zumindest annimmt, dass er den tatbestandsmäßigen Erfolg mit den ihm zur Verfügung stehenden Mitteln nicht mehr erreichen kann.

objektiv sorgfaltswidrig handelt, wer die Regeln nicht beachtet, die ein gewissenhafter und einsichtiger Teilnehmer des jeweiligen Verkehrskreises eingehalten hätte, um die Tatbestandsverwirklichung zu erkennen und zu vermeiden.

Leichtfertigkeit ist eine gesteigerte Form der Fahrlässigkeit, die meist mit grober Fahrlässigkeit gleichgesetzt wird und voraussetzt, dass der Täter, die im Verkehr geboten Sorgfalt in besonders hohem Maße außer Acht lässt.

Wohnung umfasst begrifflich alle Räumlichkeiten, deren Hauptzweck darin besteht, Menschen zur ständigen Benutzung zu dienen, ohne dass sie in erster Linie Arbeitsräume sind.

Eindringen i.S.v. § 123 ist das Gelangen in die geschützten Räume gegen den Willen des Berechtigten.

freiwillig gibt der Täter die weitere Tatausführung auf, wenn er noch Herr seiner Entschlüsse ist und er damit aus autonomen Motiven von der weiteren Tatausführung absieht.

Gefahr für ein Rechtsgut liegt vor, wenn seine Schädigung aufgrund der gegebenen Umstände wahrscheinlich ist.

gegenwärtig ist eine Gefahr, wenn das schädigende Ereignis alsbald einzutreten droht, wobei im Rahmen des § 34 auch eine Dauergefahr genügt.

Führer eines Kraftfahr-zeugs	ist, wer das Kraftfahrzeug in Bewegung zu setzen beginnt, es in Bewegung hält oder allgemein mit dem Betrieb des Fahrzeugs und/oder mit der Bewältigung von Verkehrsvorgängen beschäftigt ist.
Zueignungsabsicht	erfordert dolus eventualis bezüglich einer dauernden Enteignung und dolus directus 1. Grades bezüglich einer wenigstens vorübergehenden Aneignung.

Übungsfall 12: Rauschtatfall

A. Sachverhalt

Anton (A), der nach dem Genuss von Alkohol zu Aggressivität neigt und alkoholbedingt schon mehrfach in Schlägereien verwickelt war, hat erfahren, dass seine Ehefrau Erika (E) eine Affäre mit seinem besten Freund Friedrich (F) hat. Frustriert sucht A die Gaststätte des Cäsar (C) auf und ertränkt dort seinen Kummer, indem er wild durcheinander Bier, Wein und diverse Schnäpse zu sich nimmt. Nach einiger Zeit sieht er durch das Fenster des Wirtshauses F in die Straße einbiegen. A läuft aus dem Lokal, rennt auf die Straße und schlägt dem überraschten F mit der Faust ins Gesicht. F erleidet einen Nasenbeinbruch und flüchtet.

Daraufhin begibt sich A wieder in die Gaststätte. Dort setzt er sich zu seinem gerade eingetroffenen Zechkumpanen Bertram (B) und trinkt mit diesem weiter. Wegen seiner starken Alkoholisierung wird A aber nach einer weiteren Stunde von C des Lokals verwiesen. Voller Verbitterung macht sich A auf den Heimweg. An der Tür entnimmt er dem Schirmständer einen fremden Schirm, im Glauben, es sei sein eigener.

Vor der Gaststätte merkt A, dass ihm das Gehen recht schwer fällt. Aus diesem Grund schwingt er sich auf ein Fahrrad, das vor der Gaststätte abgestellt war. Er ist entschlossen, von nun an mit diesem Fahrrad seine Wege zu erledigen. Froh über die Neuerwerbung, aber noch verärgert über den Rausschmiss, dreht er eine Kurve, nimmt dabei einen vor der Tür liegenden Stein an sich und wirft ihn durch die Scheibe der Gaststätte. Das erleichtert ihn sehr, zumal ihm B beim Rausschmiss gesagt hat: »Lass dir das nicht bieten!«

Am nächsten Morgen wacht A mit einem fürchterlichen Brummschädel auf. Seine Erinnerungen an den vorangegangenen Abend sind nur noch rudimentär. Voller Entsetzen entdeckt er in seinem Schlafzimmer ein fremdes Fahrrad. Er eilt mit diesem zur Gaststätte des C, um sich dort zu erkundigen, ob jemand etwas über das Fahrrad weiß. Bei dieser Gelegenheit wird er über den Sachverhalt aufgeklärt und auch darüber, dass C bereits Strafantrag gegen ihn gestellt hat wegen der zerbrochenen Scheibe und F wegen dem Schlag ins Gesicht. Das Fahrrad gehört X, der es von A zurückerhält. Die Verwechslung des Schirmes ist noch nicht bemerkt worden. Die Polizei geht aufgrund der Aussagen des Gastwirtes über die Anzahl der von A konsumierten Getränke davon aus, dass A zur Tatzeit, dem Faustschlag, eine Blutalkoholkonzentration (BAK) von mindestens 2,0‰ aufwies, eine BAK von über 3,0‰ kann allerdings nicht sicher ausgeschlossen werden.

Strafbarkeit des A und des B?

Bearbeitungszeit: Drei Stunden

B. Lösungsskizze

Strafbarkeit des A

I. **Körperverletzung durch den Faustschlag gegen F, § 223 I**
    1. **Objektiver Tatbestand**
        a) Körperliche Misshandlung (+)
        b) Gesundheitsschädigung (+)
    2. **Subjektiver Tatbestand**
        Vorsatz (+)
    3. **Schuld**
        a) P: § 20 im alkoholbedingten Rauschzustand: in dubio pro reo (+)
        b) P: vorsätzliche actio libera in causa? (−)
    4. **Ergebnis: § 223 I (−)**
II. **Körperverletzung durch das vorangegangene Sich-Betrinken, § 223 I**
    1. **Objektiver Tatbestand**
        a) Erfolg (+)
        b) Handlung (−)
    2. **Ergebnis: § 223 I (−)**
III. **Fahrlässige Körperverletzung durch das Sich-Betrinken, § 229**
    1. **Tatbestandsmäßigkeit**
        a) Erfolg (+)
        b) Handlung (+): Sich-Betrinken
            P: fahrlässige alic?
        c) Objektive Sorgfaltspflichtverletzung bei objektiver Vorhersehbarkeit des Erfolgs (+)
        d) Pflichtwidrigkeitszusammenhang
    2. **Schuld**
        a) bei Beginn des Sich-Betrinkens (+)
        b) subjektive Sorgfaltspflichtverletzung bei individueller Vorhersehbarkeit und Vermeidbarkeit (+)
    3. **Strafantrag, § 230 I (+)**
    4. **Ergebnis: § 229 (+)**
IV. **Diebstahl des Schirms, § 242 I**
    1. **Objektiver Tatbestand**
        Wegnahme einer fremden beweglichen Sache (+)
    2. **Subjektiver Tatbestand**
        Tatbestandsirrtum (fremd), § 16 I (+)
    3. **Ergebnis: § 242 I (−)**
V. **Diebstahl des Fahrrads, § 242 I**
    1. **Objektiver Tatbestand**
        Wegnahme einer fremden beweglichen Sache (+)
    2. **Subjektiver Tatbestand**
        a) Vorsatz hinsichtlich obj. Tatbestands (+)
        b) Absicht rechtswidriger Zueignung (+/−)
            P: Täter ist alkoholbedingt nicht in der Lage zwischen rechtswidrig und rechtmäßig zu unterscheiden

3. Schuld

   a) alkoholbedingte Schuldunfähigkeit, § 20

   b) alic (–)

4. Ergebnis: § 242 I (–)

VI. Unbefugter Gebrauch eines Fahrzeugs durch Benutzen des Fahrrads, § 248 b I (–)

VII. Sachbeschädigung durch Einwerfen der Scheibe, § 303 I

1. Objektiver Tatbestand

   a) fremde Sache (+)

   b) Beschädigen/Zerstören (+)

2. Subjektiver Tatbestand (+)

3. Schuld

   a) alkoholbedingte Schuldunfähigkeit, § 20

   b) alic (–)

4. Ergebnis: § 303 I (–)

VIII. Vorsätzliche Trunkenheit im Verkehr, § 316 I

1. Objektiver Tatbestand

   a) Führen eines Fahrzeugs im Straßenverkehr (+)

   b) in fahruntüchtigem Zustand (+)

      P: Promillegrenzen im Verkehrsstrafrecht

2. Subjektiver Tatbestand (–)

3. Ergebnis: § 316 I (–)

IX. Fahrlässige Trunkenheit im Verkehr, § 316 II

1. Objektiver Tatbestand

   a) Führen eines Fahrzeugs im Straßenverkehr in fahruntüchtigem Zustand (+)

   b) Fahrlässigkeit, § 316 II: objektive Sorgfaltspflichtverletzung bei objektiver Vorhersehbarkeit des Erfolges (+)

2. Schuld

   a) alkoholbedingte Schuldunfähigkeit, § 20

   b) (fahrlässige) alic (–)

3. Ergebnis: § 316 II (–)

X. Vollrausch, § 323 a I

1. Objektiver Tatbestand

   a) Rausch (+)

      P: Rauschzustand

   b) Sich-Versetzen (+)

2. Subjektiver Tatbestand (+)

3. Objektive Bedingung der Strafbarkeit Rauschtat(en)

   a) Körperverletzung, § 223 I (+)

   b) Diebstahl des Schirms, § 242 I

      rauschbedingter Tatbestandsirrtum? (–)

   c) Diebstahl des Fahrrads, § 242 I (+)

   d) Sachbeschädigung, § 303 I (+), Strafantrag, §§ 323 a III, 303 c

   e) Fahrlässige Trunkenheit im Verkehr, § 316 II (+)

4. Schuld

5. Ergebnis: § 323 a I i.V. m. §§ 223 I, 242 I, 303 I, 316 II (+)

Konkurrenzen/Ergebnis Strafbarkeit des A
A ist strafbar gemäß §§ 323 a I, 229, 52 I.

Strafbarkeit des B

I.   **Beihilfe zum Vollrausch, §§ 323 a I, 27 I**
P: Sind Anstiftung und Beihilfe zum Vollrausch möglich? (+/−)

II. **Anstiftung zur Sachbeschädigung, §§ 303 I, 26**
(−) wegen zu unbestimmten Vorsatzes

Konkurrenzen/Ergebnis Strafbarkeit des B
B hat sich nicht strafbar gemacht.

C. Gutachten

Strafbarkeit des A

I. Körperverletzung durch den Faustschlag gegen F, § 223 I

Indem A dem F ins Gesicht geschlagen hat, könnte er sich einer Körperverletzung gemäß § 223 I schuldig gemacht haben.

1. Objektiver Tatbestand

A könnte F körperlich misshandelt haben. Körperliche Misshandlung meint jede üble unangemessene Behandlung, die die körperliche Unversehrtheit mehr als nur unerheblich beeinträchtigt. Davon ist bei einem schmerzhaften Schlag ins Gesicht auszugehen. Ebenso hat er F an der Gesundheit beschädigt, d.h. einen krankhaften Zustand bei ihm hervorgerufen, da F einen Nasenbeinbruch erlitt.

2. Subjektiver Tatbestand

A handelte zielgerichtet, mithin vorsätzlich mit dolus directus 1. Grades hinsichtlich einer körperlichen Misshandlung und Gesundheitsschädigung.

3. Schuld

Schließlich müsste A schuldhaft gehandelt haben.
a) Dass die Wut bzw. Enttäuschung des A infolge einer tiefgreifenden Bewusstseinsstörung i.S.d. § 20 bereits zu einem schuldausschließenden Affekt geführt hat, lässt sich dem Sachverhalt nicht entnehmen. Allerdings könnte der alko-

holbedingte Rauschzustand des A eine krankhafte seelische Störung i. S. d. § 20 sein.

P: Schuldunfähigkeit im alkoholbedingten Rauschzustand

Nach h. M. fallen durch Alkohol oder Drogen ausgelöste Intoxikationspsychosen unter den Begriff der krankhaften seelischen Störung, während tiefgreifende Bewusstseinsstörungen nur die Folge der krankhaften Störung seien (nach a. A. ist hingegen der Rauschzustand selbst eine tiefgreifende Bewusstseinsstörung). In der Rechtsprechung haben sich bestimmte Richtwerte zur Feststellung der Schuldunfähigkeit herausgebildet.

- Ab 2,0‰ kommt eine verminderte Schuldfähigkeit nach § 21 in Betracht, ab 3,0‰ eine Schuldunfähigkeit nach § 20. Dennoch sollte in Klausuren besondere Sorgfalt auf die Formulierung verwendet werden, da kein allgemeiner Erfahrungssatz existiert, dass jeder Mensch ab einer Blutalkoholkonzentration von 3,0‰ schuldunfähig ist. Bei Tötungsdelikten wird von einer erhöhten Hemmschwelle zur Tatbegehung ausgegangen, hier liegen die Richtwerte um 10 % höher bei 2,2‰ (§ 21) bzw. 3,3‰ (§ 20).
- Diese Grundsätze werden jedoch nicht schematisch angewendet, maßgeblich bleibt die Berücksichtigung aller äußeren und inneren Umstände des Einzelfalls und der Persönlichkeitsverfassung des Täters (Alkoholgewöhnung, Ausfallerscheinungen etc.; vgl. BGH NStZ 2005, 329).
- In Klausuren können diese Richtwerte zu Grunde gelegt werden, da meist keine Umstände benannt werden die das Beweisanzeichen der festgestellten BAK entkräften. Wird im Sachverhalt der Täter als „volltrunken" oder „völlig betrunken" beschrieben, so ist von dessen Schuldunfähigkeit, § 20, auszugehen (*Joecks* Studienkommentar StGB, § 20 Rdn. 4). Werden ausnahmsweise keine Tatzeitwerte benannt oder in der oben dargestellten Form umschrieben, muss gegebenenfalls unter Berücksichtigung des in dubio pro reo-Grundsatzes eine Rückrechnung auf die Tatzeit erfolgen (vgl. hierzu *Wessels/Beulke* Strafrecht AT, Rdn. 412).

Übersichtsliteratur: *Sch/Sch-Perron/Weißer*, § 20 Rdn. 16 ff.

Im vorliegenden Fall wurde zwar sicher festgestellt, dass A zum Zeitpunkt der Tatbegehung (sog. Koinzidenzprinzip) eine BAK von mindestens 2,0‰ aufwies. Da aber auch eine BAK von 3,0‰ nicht sicher ausgeschlossen werden kann, ist hier nach dem Grundsatz in dubio pro reo zugunsten des A von eben dieser BAK auszugehen, ab der nach § 20 regelmäßig eine Schuldunfähigkeit anzunehmen ist. Da besondere Umstände – etwa eine erhebliche Alkoholgewöhnung – im Sachverhalt nicht geschildert sind, war A folglich schuldunfähig i. S. d. § 20.

b) Möglicherweise kann A aber dennoch wegen einer vorsätzlichen Körperverletzung bestraft werden. Voraussetzung wäre, dass hier nach den Grundsätzen der sog. actio libera in causa eine Ausnahme vom Koinzidenzprinzip des § 20 gemacht werden kann.

P: Die vorsätzliche actio libera in causa (a. l. i. c.)

Die sog. actio libera in causa ist eine Konstruktion, die eine Bestrafung des Täters auch dann ermöglichen soll, wenn er sich vorsätzlich in einen Rauschzustand versetzt, um bei Begehung der Tat nach § 20 schuldunfähig zu sein. Der aus dem Lateinischen stammende Ausdruck meint, dass zwar die Tat (actio) selbst „unfrei", also schuldlos, begangen wird, die Ursache (causa) dieser Schuldlosigkeit aber „frei", also schuldhaft, gesetzt wurde.

Voraussetzung für die Anwendbarkeit der Rechtsfigur der vorsätzlichen a. l. i. c. ist, dass der Täter im noch schuldfähigen Zustand den Vorsatz fasst hinsichtlich
- der Herbeiführung des Defektzustandes sowie
- hinsichtlich der späteren Straftat, die er in diesem Zustand begehen will.

Da diese Konstruktion gesetzlich nicht geregelt ist, ist ihre Zulässigkeit heftig umstritten. Als **inhaltliche/sachliche Argumente für die Rechtsfigur** werden vorgebracht,
- dass die sonst nur übrig bleibende Bestrafung nach § 323 a die kriminelle Energie eines solchen Täters nicht erfasse,
- dass man sich nicht rechtsmissbräuchlich auf § 20 berufen dürfe,
- Präventionsinteressen der Gesellschaft.

Selbst ihre Befürworter berufen sich aber auf **verschiedene dogmatische Begründungen,** die sich u. a. auch auf den Aufbau der Falllösung auswirken:

1. Modelle, die an die eigentliche Tathandlung anknüpfen

Anknüpfend an die eigentliche Tathandlung (z. B. ein Schuss, hier der Schlag ins Gesicht des F) werden folgende dogmatische Begründungen vertreten:
- **Ausnahmemodelle:** Zum einen wird vertreten, dass in Fällen des frei verantwortlich herbeigeführten Rauschzustandes das Koinzidenzprinzip des § 20 nicht gelte, nach dem die Schuld „bei Begehung der Tat" vorliegen muss. Rechtstechnisch wird dieses Ergebnis über eine teleologische Reduktion des § 20 erreicht, oder es wird argumentiert, diese Ausnahme von § 20 sei richterrechtlich bzw. gewohnheitsrechtlich anerkannt.
- **Ausdehnungsmodell/Schuldvorverlagerungstheorie:** Ein weiterer Ansatzpunkt ist, dass der Passus des § 20 „bei Begehung der Tat" so weit ausgelegt wird, dass das Stadium des Sich-Betrinkens erfasst wird. Der Schuldvorwurf wird also auf den Zeitpunkt des Sich-Betrinkens vorverlagert, zu dem Schuldfähigkeit bestand.

Gegen diese Modelle wird vorgebracht, dass sie gegen den Wortlaut des § 20 und gegen Art. 103 II GG verstoßen, der strafbarkeitsbegründendes Gewohnheitsrecht gerade verbietet.

2. Modelle, die an die Herbeiführung des Defektzustandes anknüpfen

Andere Lösungen sehen die Herbeiführung des Defektzustandes (hier: das Sich-Betrinken) als strafbarkeitsbegründende Handlung an:
- **Tatbestandslösung:** Nach der unter den Befürwortern der a. l. i. c. wohl h. M. sei die Herbeiführung des Defektzustandes als tatbestandsmäßige Handlung i. S. d. Äquivalenztheorie ausreichend. Auch der BGH hält diese Lösung bei Erfolgsdelikten weiterhin für anwendbar, der Gefahr der uferlosen Strafbarkeitsausweitung kann im Rahmen der objektiven Zurechnung und im subjektiven Tatbestand begegnet werden. Der BGH hat jedoch klargestellt, dass diese Lösung nicht auf Tätigkeitsdelikte – insbesondere nicht auf Straßenverkehrsdelikte – anwendbar ist, da dort der Tatbestand gerade eine ganz bestimmte Handlung voraussetzt – etwa das „Führen eines Fahrzeugs".

– **Lösung über die Grundsätze der mittelbaren Täterschaft:** Schließlich wird argumentiert, der Täter mache sich mit der Herbeiführung des Defektzustandes selbst zum später schuldlos handelnden Werkzeug. Auch hier ist zu beachten, dass diese Lösung bei Tätigkeitsdelikten nicht anwendbar ist, da letztlich auch hier auf das Sich-Betrinken als tatbestandsmäßige Handlung abgestellt wird. Dazu kommt, dass dieses Modell bei eigenhändigen Delikten (ebenfalls die Straßenverkehrsdelikte) nicht anwendbar ist, da diese nicht in mittelbarer Täterschaft verwirklicht werden können.

Gegen die Tatbestandslösung spricht, dass sie im Rahmen des Versuchs zu einer bedenklichen Ausweitung der Strafbarkeit führt, da danach ein unmittelbares Ansetzen bereits mit dem Ansetzen zum Sich-Betrinken anzunehmen ist.

Hinweis: Nimmt man mittelbare Täterschaft an, dann liegt ein unmittelbares Ansetzen vor, wenn der Täter – hier gleichbedeutend mit dem Werkzeug – das Geschehen „aus der Hand gibt", nicht mehr beherrscht, also den Defektzustand erreicht. Nach dem oben beschriebenen Ausnahme-/ Ausdehnungsmodell ist ein unmittelbares Ansetzen erst mit dem Ansetzen zur tatbestandsmäßigen Handlung anzunehmen.

Gegen die Lösung über die mittelbare Täterschaft spricht vor allem der Wortlaut des § 25 I, 2. Alt., der verlangt, dass die Tat „durch einen anderen" begangen wird. Mit den hier und oben genannten Gegenargumenten ist es also sehr gut vertretbar, die Rechtsfigur der vorsätzlichen a. l. i. c. ganz abzulehnen.

Aufbauhinweis: Im Gutachtenaufbau stellt man diese Ansichten am besten folgendermaßen dar: Zunächst ist auf die eigentliche Tathandlung abzustellen und dort sind im Rahmen der Schuld das Ausnahme- und Ausdehnungsmodell anzusprechen. Sodann ist an die zum Defektzustand führende Handlung anzuknüpfen und dort im objektiven Tatbestand anzusprechen, ob bzw. in wie weit die Tatbestandslösung und die Lösung über die mittelbare Täterschaft eine tragfähige Begründung liefern (vgl. die vorliegende Falllösung).

Zu beachten sind auch die **weiteren Auswirkungen** (neben denen zum unmittelbaren Ansetzen), die sich ergeben, wenn man sich für eine ganz bestimmte Lösung zur Bejahung der a. l. i. c. entschließt. Verwechselt etwa der Täter im Rauschzustand das Opfer, so ist im subjektiven Tatbestand genau zu prüfen, ob hier wirklich ein error in persona vorliegt. Folgt man der Tatbestandslösung, so wählt der Täter ja bereits beim Betrinken das Opfer aus, er verfehlt dieses dann aber im betrunkenen Zustand, so dass man hier zur aberratio ictus kommt. Folgt man der mittelbaren Täterschaftslösung, so ist das menschliche Werkzeug einem mechanischen Werkzeug gleichzustellen, das im Rauschzustand fehlgeht, so dass man auch nach dieser Auffassung zu einer aberratio ictus statt einem error in persona kommt.

Übersichtsliteratur: *Dold* GA 2008, 427; Hettinger GA 1989, I *Hillenkamp* AT, 32. Probleme, 13. Problem S. 93 ff.; *Jäger* AT, § 5 Rdn. 177 ff.; *Otto* Jura 1999, 217 (Anmerkung zu BGHSt 42, 235: Haltung des BGH zur a. l. i. c., insbesondere bei Verkehrsdelikten); *ders.* AT, § 13 Rdn. 15 ff.; *Rönnau* JA 1997, 707; *Satzger* Jura 2006, 513 ff.

Zu den Auswirkungen/Folgeproblemen insb. des Tatbestandsmodells: *Rönnau* JuS 2010, 300; *Schweinberger* JuS 2006, 507.

Weitere Übungsklausur: *Kudlich* JA 2009, 185 ff.; *Swoboda* Jura 2007, 224 ff.; *Timpe* JA 2010, 514.

So wird vertreten, dass in Fällen des frei verantwortlich herbeigeführten Rauschzustandes das Koinzidenzprinzip des § 20, nach dem die Schuld „bei Begehung der Tat" vorliegen muss, nicht gelte (Ausnahmemodell) bzw. es wird hinsichtlich der Schuld auf den Zeitpunkt im schuldfähigen Zustand abgestellt (Schuldvorverlagerungstheorie). Der Täter solle sich in solchen Fällen nicht rechtsmissbräuchlich auf § 20 berufen dürfen. Allerdings müssten dann hier auch die Voraussetzungen der vorsätzlichen actio libera in causa vorliegen, d.h. der Täter müsste im schuldfähigen Zustand den Vorsatz hinsichtlich der Herbeiführung des Defektzustandes und der späteren Tat gehabt haben. Dies ist hier nicht der Fall. A hatte zwar Vorsatz hinsichtlich des Berauschens, nicht aber hinsichtlich der späteren Tat gegen F, vielmehr kommt es erst später im stark berauschten Zustand und spontan zum Angriff gegen F. Da die Voraussetzungen der vorsätzlichen actio libera in causa somit nicht vorliegen, kommen selbst die Befürworter dieser Konstruktion hier nicht zur Schuldfähigkeit. Damit kann dahinstehen, ob diese Konstruktion überhaupt zulässig ist oder ob sie gegen Art. 103 II GG verstößt. A handelte nicht schuldhaft.

Hinweis: Es muss davon abgeraten werden, die Meinungen noch ausführlicher darzustellen – und zwar nicht nur aus Zeitgründen. Es wirkt wesentlich besser als auswendig gelerntes Wissen zu präsentieren, wenn die Bearbeiter zeigen, dass es hier nicht auf einen Streitentscheid ankommt und dass sie das erkannt haben. Wird Schuldunfähigkeit kraft Alkoholkonsums in strafrechtlichen Klausuren angesprochen, wird allzu häufig die gesamte Diskussion zur a.l.i.c. ausgebreitet, obwohl es im konkreten Fall vielleicht gar nicht darauf ankam.

---

4. Ergebnis

A hat sich nicht gemäß § 223 I strafbar gemacht.

II. Körperverletzung durch das vorangegangene Sich-Betrinken, § 223 I

Hinweis: Es ist sicherlich gut vertretbar und im vorliegenden Fall vielleicht sogar besser, auf die an das Sich-Betrinken anknüpfende Prüfung zu verzichten, da bereits oben die Voraussetzungen der vorsätzlichen a.l.i.c. verneint wurden. Hier soll zur Verdeutlichung des vorgeschlagenen Aufbaus dennoch eine Prüfung erfolgen.

Indem A sich betrunken hat, so dass es in der Folge zu dem Schlag gegen F kam, könnte er sich gemäß § 223 I i.V.m. den Grundsätzen über die vorsätzliche actio libera in causa strafbar gemacht haben.

1. Objektiver Tatbestand

a) Der tatbestandsmäßige Erfolg in Form der Gesundheitsschädigung und der körperlichen Misshandlung liegt vor (s. o.).

b) Fraglich ist jedoch, ob auf das Sich-Betrinken als tatbestandsmäßige Handlung abgestellt werden darf. Das wäre der Fall, wenn man mit der sog. Tatbestandslösung das Sich-Versetzen in den Rauschzustand im Rahmen der Konstruktion der vorsätzlichen actio libera in causa als tatbestandsmäßige Handlung ausreichen lässt. Auch wenn man die Lösung über die mittelbare Täterschaft heranzieht, nach der sich der Täter im schuldfähigen Zustand selbst zum später schuldlos handelnden Werkzeug macht, könnte auf das Sich-Betrinken als tatbestandsmäßige Handlung abgestellt werden. Allerdings müssten im vorliegenden Fall dann die Voraussetzungen der actio libera in causa gegeben sein. Das ist – wie gesehen – nicht der Fall. Da hier selbst die Befürworter der actio libera in causa nicht zu einer Strafbarkeit gelangen, kann wiederum eine Auseinandersetzung mit den genannten Theorien unterbleiben. Das Sich-Betrinken kann nicht als strafbarkeitsbegründende Handlung des A herangezogen werden.

2. Ergebnis

A ist nicht der Körperverletzung gemäß § 223 I strafbar.

III. Fahrlässige Körperverletzung durch das Sich-Betrinken, § 229

A könnte sich aber durch das Betrinken einer fahrlässigen Körperverletzung nach § 229 schuldig gemacht haben.

1. Tatbestandsmäßigkeit

a) Der tatbestandsmäßige Erfolg liegt vor (s. o.).

b) Fraglich ist, auf welche Handlung abzustellen ist. Als solche kommt zunächst der Schlag seitens des A in Betracht. Zu diesem Zeitpunkt war A allerdings schuldunfähig (s. o.), so dass eine Strafbarkeit ausscheidet. Allerdings kann man für das fahrlässige Erfolgsdelikt relativ unproblematisch an den Alkoholkonsum anknüpfen, ohne dass es der Konstruktion der fahrlässigen actio libera in causa bedarf. Es ist der Fahrlässigkeitsstrafbarkeit ja gerade inhärent, dass hier auch im Vorfeld liegende sorgfaltswidrige Verhaltensweisen Anknüpfungspunkt für eine Strafbarkeit sein können, soweit der Zurechnungszusammenhang nicht unterbrochen ist. Schließlich besteht bei Fahrlässigkeitsdelikten keine Versuchsstrafbarkeit, so dass hier auch keine Verwischung der Grenze zwischen strafloser Vorbereitungshandlung und Versuch droht.

P: Die fahrlässige actio libera in causa

Von einer fahrlässigen actio libera in causa spricht man, wenn sich der Täter vorsätzlich oder fahrlässig in einen Defektzustand versetzt, in dem er dann eine Tat begeht, die er nicht vorausgesehen hat, aber hätte voraussehen können (unbewusste Fahrlässigkeit) oder in Fällen, in denen er auf den Nichteintritt des Erfolgs vertraut (bewusste Fahrlässigkeit). Im Rahmen der Fahrlässigkeitsdelikte ist umstritten, ob man die Konstruktion der a. l. i. c. überhaupt braucht:

e. A.: Einerseits wird (entsprechend obiger Argumentation im Fließtext) die Konstruktion der a. l. i. c. hier für überflüssig gehalten. Aufgrund der Natur der Fahrlässigkeitsdelikte könnte man ebenso an ein Vorverhalten im schuldfähigen Zustand tatbestandlich anknüpfen, da eine fahrlässige Ingangsetzung der Tat hier nicht an die Versuchsgrenze gebunden sei.

a. A.: Andererseits wird argumentiert, dass ansonsten auf eine nicht unmittelbar rechtsgutsverletzende Handlung abgestellt werde. So wird auch bei Fahrlässigkeit mit der Konstruktion der a. l. i. c. operiert bzw. die Rechtsfigur und damit eine Strafbarkeit wegen Verstoßes gegen Art. 103 II GG abgelehnt.

Übersichtsliteratur: *Fahl* JA 1999, 842 ff.; *Jäger* AT, § 5 Rdn. 182 ff.; *Kühl,* StrafR-AT, § 17 Rdn. 94 ff.; *Mitsch* JuS 2001, 105 (111); *Otto* AT, § 13 Rdn. 29 f.; *Streng* in: MüKo StGB, § 20 Rdn. 148 ff.; *ders.* JZ 2000, 20 (25).

Weitere Übungsklausur: *Binduzus/Ludwig* JuS 1998, 1123, 1127.

---

c) Ferner müsste F objektiv sorgfaltswidrig bei objektiver Vorhersehbarkeit des Erfolgs gehandelt haben. Ein besonnener und gewissenhafter Mensch in der konkreten Lage des A hätte durchaus erkennen können, dass gerade aufgrund der bekannten Persönlichkeitsstruktur des A der Konsum von Alkohol zu gesteigerter Aggressivität und zu Gewalttätigkeiten führen kann.

d) Hinsichtlich der objektiven Zurechnung bestehen keine Besonderheiten, insbesondere besteht ein Pflichtwidrigkeitszusammenhang, der Erfolg war vermeidbar.

2. Schuld

Fraglich ist, ob A auch schuldhaft handelte.

a) Zu Beginn des Sich-Betrinkens (auf das hier als tatbestandsmäßige Handlung abgestellt wird) war A noch schuldfähig.

b) Schließlich müsste A noch subjektiv sorgfaltswidrig bei individueller Vorhersehbarkeit und Vermeidbarkeit des Erfolgs gehandelt haben. A war des Öfteren alkoholisiert in Schlägereien verwickelt. Ihm war bewusst, dass er unter Alkoholeinfluss zu gesteigerter Aggressivität und Tätlichkeiten neigt, folglich handelte er subjektiv sorgfaltspflichtwidrig und der Erfolg war ihm vorhersehbar und auch ohne Weiteres vermeidbar.

3. Strafantrag
Der nach § 230 I erforderliche Strafantrag wurde gestellt.

4. Ergebnis
A hat sich der fahrlässigen Körperverletzung gemäß § 229 strafbar gemacht.

IV. Diebstahl hinsichtlich des Schirms, § 242 I

Als A den Schirm mitnahm, könnte er sich ferner eines Diebstahls gemäß § 242 I strafbar gemacht haben.

1. Objektiver Tatbestand
Der Schirm war für A eine fremde bewegliche Sache, da er ihm nicht gehörte und nicht herrenlos war. A müsste den Schirm weggenommen haben, d. h. fremden Gewahrsam gebrochen und neuen begründet haben. Gewahrsam ist das von einem Herrschaftswillen getragene, tatsächliche Herrschaftsverhältnis einer Person über eine Sache unter Berücksichtigung der Verkehrsanschauung bzw. der sozialen Zuordnung. Im vorliegenden Fall ist davon auszugehen, dass der Gewahrsam des Eigentümers in Form des gelockerten Gewahrsams am Schirm fortbestand, solange er in der Gaststätte war. Wäre er vom Eigentümer vergessen worden, so hätte der Gastwirt Gewahrsam an dem Schirm erlangt. A hat den noch fortbestehenden Gewahrsam gebrochen und eigenen begründet, als er den Schirm an sich nahm.

2. Subjektiver Tatbestand
Problematisch ist allerdings, ob A vorsätzlich gehandelt hat, insbesondere hinsichtlich des Tatbestandsmerkmals „fremd". Als A den Schirm an sich nahm, glaubte er, es sei sein eigener. Damit irrte er über den Bedeutungsgehalt des

normativen Tatbestandsmerkmals „fremd" i.S.d. § 242 I. Ein solcher Tatbestandsirrtum führt nach § 16 I zum Ausschluss des Vorsatzes[1].

3. Ergebnis

Mangels Vorsatzes ist A daher nicht des Diebstahls, § 242 I, an dem Regenschirm strafbar.

V. Diebstahl hinsichtlich des Fahrrads, § 242 I

Durch die Mitnahme des vor der Tür stehenden Fahrrads, könnte sich A eines Diebstahls, § 242, strafbar gemacht haben.

1. Objektiver Tatbestand

Das Fahrrad war für A eine fremde bewegliche Sache, da es nicht in seinem Alleineigentum stand. A hat dieses Fahrrad weggenommen, da er den fortbestehenden Gewahrsam des wahren Eigentümers X gegen dessen Willen gebrochen und neuen, eigenen begründet hat.

2. Subjektiver Tatbestand

a) A handelte vorsätzlich hinsichtlich der objektiven Tatbestandsmerkmale.
b) Fraglich ist, ob A in der Absicht rechtswidriger Zueignung handelte. A wollte nach seinem im Rausch gefassten Plan das Fahrrad von nun an zur Erledigung seiner Wege benutzen, also das Fahrrad unter Anmaßung einer eigentümerähnlichen Stellung zumindest vorübergehend dem eigenen Vermögen einverleiben (Aneignungskomponente) sowie den Berechtigten dauerhaft aus seiner Position verdrängen (Enteignungskomponente). Es handelt sich gerade nicht um eine Gebrauchsanmaßung, die lediglich ausnahmsweise nach § 248b strafbar ist. A hatte zum Zeitpunkt der Wegnahme keinen Rückführungswillen. Dass er X das Fahrrad am nächsten Tag im nüchternen Zustand zurückgegeben hat, ändert daran als bloße „Schadenswiedergutmachung" zunächst nichts.

---

[1] Dass dieser Irrtum möglicherweise rauschbedingt war, ist bei der Erörterung des § 242 irrelevant. Bedeutung kann die Rauschbedingtheit eines Irrtums allerdings im Rahmen des § 323a erlangen.

Problematisch ist allerdings, ob A auch in der Absicht *rechtswidriger* Zueignung handelte, obwohl er sich in einem Rauschzustand befand.

P: Absicht rechtswidriger Zueignung im Rauschzustand

e. A.: Nach einer Mindermeinung genügt für die Absicht *rechtswidriger* Zueignung die natürliche zielgerichtete Absicht nicht. Es sei erforderlich, dass sich der Täter mit dem Zueignungsakt bewusst gegen die Rechtsordnung stelle, da die spezifische Absicht bei den Zueignungsdelikten den wesentlichen Unrechtsgehalt bestimme. Weil ein Täter im Zustand der Schuldunfähigkeit aber unfähig sei, zwischen rechtmäßig und rechtswidrig zu unterscheiden, können nach dieser Ansicht Delikte, die eine rechtswidrige Zueignung oder Bereicherung voraussetzen (z. B. Diebstahl, Betrug, Erpressung etc.), im Vollrausch nicht vorsätzlich verwirklicht werden. Konsequenz dieser Ansicht ist auch, dass diese Taten als Rauschtaten i.S.d. § 323a nicht in Betracht kommen, da als Rauschtaten i.S. dieses Tatbestandes nur solche gelten, bei denen es an der Schuld fehlt. Objektiver und subjektiver Tatbestand müssen jedoch gegeben sein.

h. M.: Überwiegend wird aber eine natürliche, zielgerichtete Absicht für die Absicht rechtswidriger Zueignung als ausreichend erachtet. Die Problematik des Rausches wird vielmehr – wie bei anderen Delikten auch – im Rahmen der Schuld verortet, § 20.

Aus der Rechtsprechung: BayObLG NJW 1992, 2040; dazu m. Anm. *Meurer* JR 1992, 346 (347).

Übersichtsliteratur: *Otto,* JK 92, StGB § 323 a/3; *ders.* Die einzelnen Delikte, § 81 Rdn. 10 f.

---

aa) Nach einer Ansicht genügt für die Absicht rechtswidriger Zueignung die natürliche, zielgerichtete Absicht. Danach handelte A hier unproblematisch in der Absicht rechtswidriger Zueignung, da er keinen Anspruch auf das Fahrrad hatte und dies auch wusste (Parallelwertung in der Laiensphäre).

bb) Nach einer anderen Auffassung genügt für die Absicht *rechtswidriger* Zueignung die natürliche, zielgerichtete Absicht nicht. Es sei erforderlich, dass sich der Täter mit dem Zueignungsakt bewusst gegen die Rechtsordnung stelle, da die spezifische Absicht bei den Zueignungsdelikten den wesentlichen Unrechtsgehalt bestimme. Wesentlich sei die Auflehnung des Täters gegen die Vermögensordnung als *rechtswidrige* Auflehnung. Sei der Täter aber unfähig, bewusst Stellung gegen die Rechtsordnung zu beziehen, so könne er die Absicht rechtswidriger Zueignung nicht verwirklichen. A war aufgrund seines Rausches nicht in der Lage, in dem hier geforderten Maße zwischen Recht und Unrecht zu unterscheiden. Er handelte daher nach dieser Ansicht nicht in der Absicht rechtswidriger Zueignung.

cc) Gegen die zuletzt genannte Ansicht spricht trotz ihrer hohen Plausibilität zunächst der Wortlaut des § 242. Verlangt wird die Absicht *rechtswidriger* und nicht *schuldhafter* Zueignung. Hier wird letztlich das Unrechtsbewusstsein, die Fähigkeit das Unrecht der Tat einzusehen oder nach dieser Einsicht zu handeln, im Vorsatz verortet. Dagegen spricht aber der Wortlaut des § 20 sowie des § 17. Die

Vorschriften zeigen, dass der Gesetzgeber das Unrechtsbewusstsein der Schuld zuordnet[2]. Zudem führt eine solche Betrachtung zu bedenklichen Strafbarkeitslücken im Bereich des Vollrauschtatbestandes, § 323a, da dann alle Delikte, die eine rechtswidrige Zueignung oder Bereicherung verlangen, als Rauschtaten i.S. dieses Tatbestandes nicht in Betracht kommen. Damit würde eine Fülle von Taten (Diebstahl, Betrug, Erpressung etc.) nicht von § 323a erfasst, was im Gesetz keinen Rückhalt findet. A handelte daher mit der erforderlichen Absicht rechtswidriger Zueignung.

3. Schuld

a) A war allerdings infolge Trunkenheit schuldunfähig gemäß § 20, s.o.

b) Auch hinsichtlich des Diebstahls scheidet eine Strafbarkeit nach den Grundsätzen der vorsätzlichen actio libera in causa aus, da A im schuldfähigen Zustand keinen Vorsatz hinsichtlich der späteren Mitnahme des Fahrrads hatte.

4. Ergebnis

A hat sich keines Diebstahls gemäß § 242 I am Fahrrad strafbar gemacht.

VI. Unbefugter Gebrauch eines Fahrzeugs durch Benutzen des Fahrrads, § 248b I

Ein unbefugter Gebrauch eines Fahrzeugs durch Benutzen des Fahrrads gemäß § 248b I scheidet aus. Zwar hat A gegen den Willen des Berechtigten das Fahrrad genutzt. Auch umfasst der Vorsatz hinsichtlich der Zueignung den Vorsatz der Ingebrauchnahme. Jedoch greift auch hier § 20, im Übrigen ist § 248b gegenüber § 242 I formell subsidiär.

VII. Sachbeschädigung durch Einwerfen der Scheibe, § 303 I

A könnte sich einer Sachbeschädigung gemäß § 303 I strafbar gemacht haben, als er den Stein durch die Scheibe warf und sie dabei zu Bruch ging.

---

2 Anders natürlich in Fällen, in denen der Täter sich über die Rechtswidrigkeit der Zueignung irrt, weil er etwa davon ausgeht, einen fälligen und durchsetzbaren Anspruch auf die Sache zu haben. Tatsächlich fällt eine strikte Trennung der jeweiligen Irrtümer hier schwer.

1. Objektiver Tatbestand

a) Die Scheibe war für A eine fremde bewegliche Sache.

b) Sie wurde durch seinen Steinwurf auch unproblematisch zerstört.

2. Subjektiver Tatbestand

A müsste vorsätzlich gehandelt haben. A war sich seines Verhaltens trotz der Volltrunkenheit bewusst, als er den Stein durch das Fenster warf. Er handelte mit natürlichem Vorsatz.

3. Schuld

a) A war jedoch nach § 20 schuldunfähig, s.o.

b) Eine actio libera in causa kommt ebenfalls mangels Vorsatzes bzgl. der späteren Rauschtat nicht in Betracht.

4. Ergebnis

A kann demnach nicht aus § 303 bestraft werden.

VIII. Vorsätzliche Trunkenheit im Verkehr, § 316 I

A könnte sich, als er mit dem Fahrrad nach Hause fuhr, gemäß § 316 I einer vorsätzlichen Trunkenheit im Verkehr schuldig gemacht haben.

1. Objektiver Tatbestand

a) Bei seiner Trunkenheitsfahrt hat A ein Fahrzeug im Straßenverkehr geführt.

b) Außerdem müsste A infolge seines Alkoholkonsums fahruntüchtig gewesen sein.

P: Promillegrenzen im Verkehrsstrafrecht

Hinsichtlich der Fahruntüchtigkeit sind die von der Rechtsprechung entwickelten Grenzwerte der Blutalkoholkonzentration von Bedeutung. Unterschieden werden relative und absolute Fahruntüchtigkeit.

1. Relative Fahruntüchtigkeit

Ab 0,3‰ liegt die sog. relative Fahruntüchtigkeit vor. Um die von den §§ 315 c, 316 geforderte alkoholbedingte Fahruntüchtigkeit annehmen zu können, müssen hier *zusätzliche Indizien, insbesondere Ausfallerscheinungen* (z. B. typische alkoholbedingte Fahrfehler wie Schlangenlinienfahren, Schwanken, Lallen des Fahrers etc.) dazukommen.

2. Absolute Fahruntüchtigkeit

Ab einer BAK von 1,1‰ beim Führen von Kraftfahrzeugen (Grundwert: 1,0‰; Sicherheitszuschlag für Messungenauigkeiten: 0,1‰) und einer BAK beim Führen von Fahrrädern von 1,6‰ wird von der Rechtsprechung eine absolute Fahruntüchtigkeit angenommen, d. h. die alkoholbedingte Fahruntüchtigkeit wird *unwiderleglich vermutet*.

3. § 24a StVG

Ab einer BAK von 0,5‰ liegt eine Ordnungswidrigkeit i. S. d. § 24a StVG vor. Dort ist die Promillegrenze ausdrücklich als Tatbestandsmerkmal genannt, während die oben genannten Grenzwerte lediglich prozessuale Vermutungen darstellen.

Mangels gesicherter Erkenntnisse im Bereich **anderer berauschender Mittel** (Medikamente, Drogen wie Haschisch, Ecstasy, LSD, Kokain, Heroin etc.) existieren dort keine absoluten Grenzwerte. Hier ist die Beweislage der relativen Fahruntüchtigkeit maßgeblich, d. h. es muss Beweis (mangels Wiederholbarkeit anhand von Indizien, insbesondere Ausfallerscheinungen) über die Fahruntüchtigkeit erhoben werden.

Übersichtsliteratur: *König* JA 2003, 131; *Geppert* Jura 2001, 559.

Weitere Übungsklausuren: *Baier* JA 2005, 37; *Aselmann/Krack* Jura 1999, 254.

Für rauschbedingte Fahrmängel gibt der Sachverhalt keine Anhaltspunkte. Jedoch nimmt die Rechtsprechung regelmäßig absolute Fahruntüchtigkeit von Radfahrern bei 1,6‰ an. Da A mindestens eine BAK von 2,0‰ aufwies, war A mithin absolut fahruntüchtig.

2. Subjektiver Tatbestand

Weiter müsste A vorsätzlich gehandelt, d. h. in Kenntnis seiner Fahruntüchtigkeit das Fahrrad benutzt haben. Der Sachverhalt enthält jedoch keinen Hinweis, dass sich A Gedanken über seine Fahrtüchtigkeit machte. Vor der Tür bemerkt A zwar, dass ihm das Gehen recht schwer fällt, daraus kann jedoch nicht auf Vorsatz hinsichtlich der Fahruntüchtigkeit im Hinblick auf das Führen eines Fahrrades geschlossen werden. Ferner kann nicht ohne Weiteres von der Höhe der Alkoholkonzentration auf Vorsatz geschlossen werden. Es ist deshalb davon auszugehen, dass sich A seiner Fahruntüchtigkeit nicht bewusst war. Er handelte daher nicht vorsätzlich.

3. Ergebnis
A hat sich nicht gemäß § 316 I strafbar gemacht.

IX. Fahrlässige Trunkenheit im Verkehr, § 316 II

A könnte sich durch dieselbe Handlung aber einer fahrlässigen Trunkenheit im Verkehr schuldig gemacht haben, § 316 II.

1. Tatbestandsmäßigkeit
a) A hat ein Fahrzeug im Straßenverkehr in fahruntüchtigem Zustand geführt, s.o.
b) Nach § 316 II wird bestraft, wer fahrlässig seine Fahruntüchtigkeit verkennt. Da jedem Erwachsenen die Gefahren des Alkohols bekannt sind, kann unterstellt werden, dass auch A bei seinen Fähigkeiten die Möglichkeit hatte, sich seiner alkoholbedingten Fahruntüchtigkeit bewusst zu werden. Er handelte auch objektiv sorgfaltspflichtwidrig, als er das Fahrrad im alkoholisierten Zustand benutzte.

2. Schuld
a) Allerdings war A nach § 20 schuldunfähig, s.o.
b) Fraglich ist aber, ob sich A die Trunkenheitsfahrt über die Grundsätze der actio libera in causa dennoch zurechnen lassen muss. Für eine vorsätzliche actio libera in causa liegen keine Anhaltspunkte vor. Aber auch eine fahrlässige actio libera in causa kommt nicht in Betracht, da es A, als er in der Gaststätte zechte, nicht vorhersehbar war, dass er sich in volltrunkenem Zustand dazu entschließen würde, ein fremdes Fahrrad für den Nachhauseweg zu benutzen. Der Streit darüber, ob es der Konstruktion der actio libera in causa im Fahrlässigkeitsbereich überhaupt bedarf, muss daher nicht entschieden werden.

3. Ergebnis
A hat sich nicht gemäß § 316 II schuldig gemacht.

X. Vollrausch, § 323a I

A könnte aber des Vollrausches gemäß § 323a I schuldig sein.

1. Objektiver Tatbestand

a) A müsste sich in einem Rauschzustand befunden haben. Der Rausch ist durch Intoxikationswirkungen gekennzeichnet. Umstritten ist, wann der Rauschzustand erreicht ist.

P: Rauschzustand

Wann ein Rauschzustand vorliegt, wird unterschiedlich beurteilt.

h. M.: Der Rausch muss nach h. M. zumindest die Schwere des § 21 erreicht haben, also 2,0‰ („sicherer Bereich des § 21").
 – Argument: Dies ermöglicht eindeutige Abgrenzungen.

a. A.: Nach einer anderen Auffassung genügt auch ein Zustand unterhalb der Grenze des § 21.
 – Argumentiert wird, dass das Vorliegen von Intoxikationswirkungen unabhängig von der Beurteilung der Schuldfähigkeit zu sehen sei.

Ergänzung: Kann weder ausgeschlossen werden, dass der Täter schuldunfähig war, noch, dass keinerlei Intoxikationswirkungen vorlagen, so bleibt der Täter regelmäßig straflos. Eine Strafbarkeit wegen des eigentlichen Delikts entfällt in dubio pro reo wegen Schuldunfähigkeit, während es für § 323a in dubio pro reo am Rauschzustand fehlt (a. A. u. a. *Otto* Jura 1986, 482 f.; *Geppert* Jura 2009, 48 f.). Eine Wahlfeststellung kommt wegen fehlender rechtsethischer und psychologischer Vergleichbarkeit nicht in Betracht (OLG Karlsruhe NJW 2004, 3356 f.). Kann zwar nicht ausgeschlossen werden, dass ein Zustand i. S. d. § 20 vorlag, steht aber fest, dass der Rausch den Grad des § 21 erreicht hat, kann § 323a unproblematisch angenommen werden.

Übersichtsliteratur: *Fahl* JuS 2005, 1076; *Geppert* Jura 2009, 40 ff.; *Otto* BGH-FG 2000, 127 ff.; *ders.* Jura 1986, 478 ff.; *ders.* Die einzelnen Delikte, § 81 Rdn. 1 ff.; *Ranft* Jura 1988, 133 ff.; *Rengier* Strafrecht BT II, § 41 Rdn. 22 m. w. N.

Weitere Übungsklausur zum Vollrausch: *Hamm* JuS 1992, 1031 ff.; *Saal* Jura 1994, 157 ff.; *Schroeder* JuS 2004, 312 ff.

Nach h. M. muss der Rausch zumindest die Schwere des § 21 erreicht haben, also mindestens 2,0‰. Nach einer anderen Ansicht genügt auch ein Rauschzustand unterhalb der Schwelle des § 21. Nach dem Sachverhalt ist hier aber jedenfalls der sichere Bereich des § 21 mit 2,0‰ erreicht, so dass ein Streitentscheid entbehrlich ist.

b) A hat sich mit dem Konsum der alkoholischen Getränke auch in den Rauschzustand versetzt.

2. Subjektiver Tatbestand

A hat sich auch vorsätzlich in einen Rauschzustand versetzt, um seinen Kummer im Alkohol zu ertränken.

3. Objektive Bedingung der Strafbarkeit

Hinweis: Nach h. M. ist die **Rauschtat objektive Strafbarkeitsbedingung,** d. h. eine Strafbarkeitsvoraussetzung, auf die sich weder Vorsatz bzw. Fahrlässigkeit noch Rechtswidrigkeit und Schuld beziehen müssen. Eine Mindermeinung hält dies für einen **Verstoß gegen den Schuldgrundsatz** und fordert einerseits, dass der Täter die Begehung der Rauschtat hätte vorsehen können (*Roxin* AT I § 23 Rdn. 7 ff.) bzw. andererseits, dass er seine alkoholbedingte Neigung zu entsprechenden Taten kannte oder hätte kennen müssen und diesbezüglich fahrlässig handelte (*Joecks* StGB § 323 a Rdn. 25). Damit wird aber jenseits irrationalen Gefühlsdezisionismus einerseits ohnehin kaum eine Strafbarkeitseinschränkung erreicht, da bei entsprechender Begründung fast alles vorhersehbar ist, noch wird damit der Kern des Problems getroffen. Sofern objektive Strafbarkeitsbedingungen tatsächlich entgegen dem Willen des historischen Gesetzgebers schuldrelevant sind, steht der Rechtsprechung nicht die Kompetenz zur Korrektur dieser Fehlentscheidung zu, vielmehr ist der Tatbestand mangels Möglichkeit einer verfassungsgemäßen Reduktion schlicht verfassungswidrig. Als **Tatbestandsannex** kann die objektive Bedingung der Strafbarkeit nach dem (objektiven und subjektiven) Tatbestand geprüft werden oder aber (um mit der h. M. zum Ausdruck zu bringen, dass keine spezielle Schuldbeziehung bestehen muss) nach der Schuld. Zur objektiven Bedingung der Strafbarkeit allgemein: *Satzger* Jura 2006, S. 108 ff.

Weiter müsste A im Rausch eine rechtswidrige Tat begangen haben, wegen der er nicht bestraft werden kann, weil er schuldunfähig war. Als derartige Taten kommen hier mehrere in Betracht:

a) A hat zunächst tatbestandlich und rechtswidrig eine Körperverletzung gemäß § 223 I verwirklicht, wobei er wegen fehlender Schuldfähigkeit nicht bestraft werden konnte.

b) Fraglich ist, ob der Diebstahl hinsichtlich des Schirms, § 242 I, als Rauschtat in Betracht kommt. Der Diebstahl könnte hier von Belang sein, falls der Irrtum des A rauschbedingt war. Das kann jedoch dahinstehen, denn selbst wenn der Irrtum rauschbedingt war, begründet dies nicht die Zueignungsabsicht bei A. Da er den Schirm nämlich für seinen eigenen hielt, handelte er nicht im Bewusstsein, den wahren Berechtigten von der Sachherrschaft auszuschließen und selbst umfassende Sachherrschaft zu begründen. Dieses Bewusstsein ist auch nicht unter Hinweis auf den Rauschzustand des A zu ersetzen.

c) A hat ferner einen Diebstahl hinsichtlich des Fahrrads, § 242 I, tatbestandlich und rechtswidrig, gemäß § 20 jedoch nicht schuldhaft begangen.

d) Entsprechendes gilt für die Sachbeschädigung, § 303 I, an der Scheibe der Gaststätte. Der gemäß §§ 323 a III, 303 c erforderliche Strafantrag wurde gestellt.

e) Schließlich konnte A wegen der alkoholbedingten Schuldunfähigkeit nicht wegen fahrlässiger Trunkenheit im Verkehr, § 316 II, bestraft werden.

4. Schuld
Ferner handelte A hinsichtlich des Berauschens auch schuldhaft.

5. Ergebnis
A hat sich eines Vollrausches gemäß § 323 a I i.V. m. §§ 223 I, 242 I, 303 I, 316 II strafbar gemacht.

Konkurrenzen/Ergebnis Strafbarkeit des A
A ist strafbar wegen Vollrausches und fahrlässiger Körperverletzung gemäß §§ 323 a I, 229, 52 I. Damit zum Ausdruck kommt, dass A im Rausch eine vorsätzliche Körperverletzung verwirklicht hat, müssen § 323 a und § 229 in Tateinheit stehen.

Strafbarkeit des B

I. Teilnahme am Vollrausch, §§ 323 a I, 27 I

Indem B mit A gezecht hat, könnte er sich der Beihilfe zum Vollrausch des A strafbar gemacht haben, §§ 323 a I, 27 I.

Umstritten ist aber bereits, ob eine Teilnahme am Vollrausch überhaupt möglich ist.

P: Möglichkeit der Teilnahme am Vollrausch

e. A.: Nach einer Ansicht ist eine Teilnahme am Vollrausch nach Sinn und Zweck der Vorschrift ausgeschlossen: Sinn der Vorschrift sei es, gerade dem Täter die Pflicht zur Selbstkontrolle aufzuerlegen und nicht anderen (Gastwirten, Zechgenossen) die Pflicht zur Kontrolle über den Täter.

a. A.: Nach anderer Auffassung ist eine Teilnahme durchaus möglich. Zu bedenken sei, dass auch nach anderen Vorschriften eine Strafbarkeit von Zechgenossen und Gastwirten in Betracht komme (Garantenhaftung aus Ingerenz, § 13) und dass die Gefahr der uferlosen Strafbarkeitsausweitung nicht gegeben sei, da eine fahrlässige Teilnahme bzw. eine Teilnahme am fahrlässigen Vollrausch bereits nach allgemeinen Regeln nicht möglich sei (Stichwort: vorsätzliche rechtswidrige Haupttat).

a. A.: Nach wieder anderer Auffassung sei das Merkmal des „Sich"-Berauschens persönliches Merkmal i. S. d. § 28 I, vgl. auch § 14 I Nr. 3, so dass hinsichtlich des Teilnehmers zwar eine Strafmilderung in Betracht kommt, eine Teilnahmestrafbarkeit aber grundsätzlich möglich bleibt.

Übersichtsliteratur: *Fahl* JuS 2005, 1076; *Geppert* Jura 2009, 40 (47); *Otto* Jura 1986, 478 (486).

Eine Teilnahmemöglichkeit ist nach hier vertretener Ansicht jedoch aus teleologischen Gründen abzulehnen. Sinn der Vorschrift ist es, dem Täter die Pflicht zur Selbstkontrolle aufzuerlegen und nicht anderen – wie etwa Gastwirten oder Zechkumpanen – die Pflicht zur Kontrolle über den Täter. Eine Teilnahme des B am Vollrausch des A ist daher von vornherein abzulehnen.

II. Anstiftung zur Sachbeschädigung, §§ 303 I, 26

Indem B dem A zurief, er solle sich den Rauswurf aus der Gaststätte nicht gefallen lassen, könnte er sich einer Anstiftung zu der späteren Sachbeschädigung des A hinsichtlich des Einwerfens der Scheibe strafbar gemacht haben, §§ 303 I, 26.

Problematisch ist aber der Anstiftervorsatz des B. Er müsste den Vorsatz gehabt haben, A zu einer bestimmten Tat zu bestimmen. Die allgemeine Aufforderung eines anderen zur Begehung irgendwelcher unbestimmter Taten genügt dafür nicht. Da B den A lediglich aufforderte, sich das nicht bieten zu lassen, kann nicht angenommen werden, dass B einen entsprechenden Vorsatz hatte.

Konkurrenzen/Ergebnis Strafbarkeit des B
B hat sich nicht strafbar gemacht.

D. Definitionen

Körperliche Misshandlung	ist jede üble unangemessene Behandlung, die die körperliche Unversehrtheit mehr als nur unerheblich beeinträchtigt.
Gesundheitsschädigung	ist ein Hervorrufen oder Steigern eines krankhaften Zustands, unabhängig von dessen Dauer.
Actio libera in causa (a. l. i. c.)	bezeichnet eine „im Ursprung freie Handlung"; Voraussetzung für die Anwendbarkeit der Rechtsfigur der vorsätzlichen a. l. i. c. ist, dass der Täter im noch schuldfähigen Zustand den Vorsatz fasst hinsichtlich – der Herbeiführung des Defektzustandes – sowie hinsichtlich der späteren Straftat, die er in diesem Zustand begehen will.

Übungsfall 13: Feuer und Teufel im Hotel

A. Sachverhalt

Ferdinand Feuer (F) betreibt ein am Ortsrand der Gemeinde Audorf gelegenes, in seinem Alleineigentum stehendes Hotel. F will das wenig attraktive Hotel schon seit langem abreißen und durch ein modernes „Wellness"-Hotel ersetzen lassen. Das Hotelgebäude besteht neben den Hotelzimmern und den Gästeräumen auch aus einer ausschließlich von F genutzten Anliegerwohnung. Da er die Versicherungssumme aus einer für das Hotel abgeschlossenen Brandversicherung gut gebrauchen kann, beschließt er, das Hotel auf „warmem Wege" zu sanieren und während der Betriebsferien in der Vorweihnachtszeit in Brand zu setzen. Zu dieser Zeit sind keine Gäste oder Angestellte im Hotel, lediglich die Putzfrau Emilia Eimer (E) kommt gelegentlich am frühen Nachmittag vorbei, um die Hotelzimmer zu reinigen. F begibt sich am späten Abend des 23. Dezember mit einem Brandbeschleuniger ins Hotel, um im Heizölkeller einen natürlichen Brandherd vorzutäuschen. Vor Inbrandsetzung vergewissert sich F durch einen ausgiebigen Rundgang, dass niemand anwesend ist. Dabei entdeckt er neben der Pförtnerloge den Putzeimer der E. F rechnet durchaus mit der Möglichkeit, dass E trotz der fortgeschrittenen Stunde ausnahmsweise noch einige Putzarbeiten im Hotel erledigen könnte, er nimmt die Gefährdung der E durch den Brand jedoch billigend in Kauf, da er davon ausgeht, E werde sich, nachdem sie den Brand bemerkt habe, schon selbst zu helfen wissen. Nachdem der Keller des Hotels infolge der Brandlegung des F lichterloh brannte, verlässt F das Gebäude und eilt zu seinem in der Nähe abgestellten Fahrzeug.

Als F die Hotelauffahrt entlangfährt, stellt sich ihm plötzlich in ca. 30 Metern Entfernung der Polizeibeamte Theo Teufel (T) in den Weg und forderte ihn zum Anhalten auf. T war auf einer Streifenfahrt auf die seltsame „Beleuchtung" des Hotels aufmerksam geworden und wollte, nachdem er erkannt hatte, dass im Hotel Feuer gelegt worden war, den vermeintlichen Brandstifter zum Anhalten zwingen. F nimmt an, dass T ihn noch nicht erkannt hat und beschleunigt deshalb unvermittelt auf 50 km/h, um den im Weg stehenden T zur Freigabe des Weges zu zwingen. Er geht dabei davon aus, dass T noch rechtzeitig zur Seite springen kann. Tatsächlich kann sich T in letzter Sekunde durch einen beherzten Sprung zur Seite retten, er zerreißt sich jedoch – von F unbemerkt – sein Hosenbein am rechten Kotflügel des Fahrzeugs und erleidet kleinere Schürfwunden. Nachdem F auf diese Weise flüchten kann, wird T durch Schreie der E alarmiert, die sich im Obergeschoss des Hotels in der Putzkammer befindet und den Brand deshalb erst sehr spät bemerkt hat. T stürzt ins Hotel und rennt ins Obergeschoss, um E zu retten, wird aber bei seiner Suche im Obergeschoss von einem brennenden Dachbalken erschlagen. E hat hingegen über die Hintertreppe noch rechtzeitig den Weg ins Freie gefunden und erleidet lediglich eine Rauchvergiftung. F selbst bemerkt als er aus seinem Fahrzeug aussteigt einen Kleiderfetzen am Kotflügel und geht deshalb davon aus, dass T sich verletzt haben könnte. Er unternimmt jedoch nichts, da er froh ist, dem T unbemerkt entkommen zu sein.

Wie hat sich F strafbar gemacht?

Vermerk: Widerstand gegen Vollstreckungsbeamte (§ 113) und Nötigung (§ 240) sind nicht zu prüfen!

Bearbeitungszeit: Drei Stunden

B. Lösungsskizze

Erster Tatkomplex: Die Brandlegung des F

I.   **Brandstiftung, § 306 I Nr. 1**
1.   **Objektiver Tatbestand**
a)   in Brand gesetztes Gebäude (+)
b)   fremd (–)
2.   **Ergebnis: § 306 I Nr. 1 (–)**

II. **Schwere Brandstiftung, § 306 a I**
1.   **Objektiver Tatbestand**
a)   § 306 a I Nr. 1 Alt. 1: dient Gebäude der Wohnung von Menschen?
aa) abstrakte Gefahr ausreichend
P: F vergewissert sich, dass niemand im Gebäude ist: teleologische Reduktion?
bb) der Wohnung von Menschen dienen
P: dient Hotel auch während der Betriebsferien der Wohnung von Menschen?
P: gemischt genutzte Gebäude
b)   § 306 a I Nr. 3: Räumlichkeit, die zeitweise dem Aufenthalt von Menschen dient, zu einer Zeit, in der Menschen sich dort aufzuhalten pflegen (–) (a. A. vertretbar)
2.   **Ergebnis: § 306 a I (–) (a. A. vertretbar)**

III. **Schwere Brandstiftung, § 306 a II**
1.   **Objektiver Tatbestand**
a)   eine in § 306 I Nr. 1 – 6 bezeichnete Sache in Brand gesetzt (+)
b)   „dadurch" einen anderen Menschen in die Gefahr einer Gesundheitsschädigung gebracht (+)
c)   gefahrspezifischer Zusammenhang (+)
2.   **Subjektiver Tatbestand (+)**
3.   **Ergebnis: § 306 a II (+)**

IV. **Besonders schwere Brandstiftung, § 306 b I**
1.   **Objektiver Tatbestand**
schwere Gesundheitsschädigung (–)
2.   **Ergebnis: § 306 b I (–) (a. A. vertretbar)**

V.   **Schwere Brandstiftung, § 306 b II Nr. 1**
1.   **Objektiver Tatbestand**
a)   vorsätzliche Brandstiftung gemäß § 306 a II (+)
b)   konkrete Todesgefahr der E (+)
2.   **Subjektiver Tatbestand**
Vorsatz hinsichtlich der Herbeiführung der Todesgefahr?
3.   **Ergebnis: § 306 b II Nr. 1 (+) (a. A. vertretbar)**

VI. **Besonders schwere Brandstiftung, § 306 b II Nr. 2**
1.   **Ermöglichungsabsicht**
in der Absicht handelt, eine andere Straftat zu ermöglichen oder zu verdecken
P: restriktive Anwendung?
2.   **Ergebnis: § 306 b II Nr. 2 (+) (a. A. vertretbar)**

VII. **Brandstiftung mit Todesfolge, § 306 c**
1.   **Objektiver Tatbestand**
a)   Tod eines anderen Menschen (+)

     b) fahrlässige Verursachung (+)

     c) P: gefahrspezifischer Zusammenhang

2. Subjektiver Tatbestand (+)

3. Ergebnis: § 306 c (+) (a. A. vertretbar)

VIII. Fahrlässige Tötung, § 222

Wird von § 306 c konsumiert.

IX.   Versicherungsmissbrauch, § 265

1. Objektiver Tatbestand (+)

Beschädigung der versicherten Sache

2. Subjektiver Tatbestand (+)

3. Ergebnis: § 265 (+) (a. A. vertretbar)

Konkurrenzen:

§ 306 b II Nr. 1 verdrängt § 306 a II. Zwischen § 306 b II Nr. 1 und § 306 c kann Idealkonkurrenz angenommen werden. § 306 b II Nr. 2 steht dazu ebenfalls in Idealkonkurrenz (a. A. vertretbar).

Zweiter Tatkomplex: Die Flucht des F

I.   Gefährlicher Eingriff in den Straßenverkehr, § 315 b I Nr. 3, III i.V.m. § 315 III Nr. 1 b

1. Objektiver Tatbestand

Beeinträchtigung der Sicherheit des Straßenverkehrs durch einen ähnlichen, ebenso gefährlichen Eingriff (+)

P: Abgrenzung verkehrsfremder Eingriffe in den Straßenverkehr von außen (§ 315 b) und verkehrsimmanente Straßenverkehrsgefährdungen durch verkehrswidriges Verhalten (§ 315 c)

2. Ergebnis: § 315 b I Nr. 3, III i.V.m. § 315 III Nr. 1 b (−)

II.   Unerlaubtes Entfernen vom Unfallort, § 142 I Nr. 1

1. Objektiver Tatbestand

     a) Unfall im Straßenverkehr (+)

     b) Entfernen trotz feststellungsbereiter Person (+)

2. Subjektiver Tatbestand

P: erst wurde der Unfall nicht bemerkt: Tatbestandsirrtum?

P: nachträgliche Unfallkenntnis: Berechtigtes oder entschuldigtes Entfernen?

3. Ergebnis: § 142 I Nr. 1 (−)

Gesamtergebnis/Konkurrenzen

Tatkomplex 1 und 2 liegen in Tatmehrheit vor. Strafbarkeit im zweiten Tatkomplex wegen § 113 I, II Nr. 1 (ist nicht zu prüfen).

C. Gutachten

Erster Tatkomplex: Die Brandlegung des F

I. Brandstiftung gemäß § 306 I Nr. 1 Alt. 1

F könnte sich gemäß § 306 I Nr. 1 Alt. 1 wegen Brandstiftung strafbar gemacht haben, indem er mittels eines Brandbeschleunigers im Heizölkeller des Hotels einen Brand gelegt hat.

Aufbauhinweis: Obwohl § 306 als spezielles Sachbeschädigungsdelikt entgegen seiner Stellung in den Brandstiftungsdelikten nicht der Grundtatbestand aller folgender Straftatbestände ist, empfiehlt sich seine vorgezogene Prüfung (auch weil dadurch Probleme des Eigentums, der Inbrandsetzung etc. abgeschichtet dargestellt werden können). Im Übrigen wird seine Prüfung auch deshalb an die Spitze gestellt, weil die gemeingefährlichen Tatbestände der §§ 306 aff., obwohl es sich um keine Eigentumsdelikte handelt, § 306 verdrängen sollen (vgl. *Jäger* Strafrecht Besonderer Teil Rdn. 502). Z. T. wird allerdings auch vorgeschlagen, die Prüfung unmittelbar mit § 306a zu beginnen.

---

1. Objektiver Tatbestand

a) F müsste ein fremdes Gebäude in Brand gesetzt haben. Gebäude sind alle durch Wände und Dach begrenzten, mit dem Erdboden fest verbundenen Bauwerke, die den Eintritt von Menschen gestatten. In Brand gesetzt ist eine Sache, wenn sie vom Feuer in einer Weise erfasst ist, die ein Fortbrennen aus eigener Kraft, d. h. ohne Fortwirken des Zündstoffes ermöglicht. Bei Gebäuden genügt die Inbrandsetzung eines für dessen bestimmungsgemäßen Gebrauch wesentlichen Bestandteils. Dies ist hier ohne Zweifel gegeben, da im Ergebnis infolge der Brandlegung durch F zunächst der Keller und später das ganze Gebäude lichterloh brannten und damit wesentliche Gebäudeteile vom Feuer erfasst waren. Neben der Inbrandsetzung wird nach dem Sachverhalt (herabstürzender Dachbalken) auch von einer teilweisen Zerstörung, d. h. der Herbeiführung der Unbrauchbarkeit einzelner für den bestimmungsgemäßen Gebrauch des Objekts wesentlicher Gebäudeteile durch Brandlegung auszugehen sein.

b) § 306 scheidet jedoch aus, da die einfache Brandstiftung kein gemeingefährliches Delikt, sondern ein Spezialfall der Sachbeschädigung ist, das der Einwilligung des dispositionsbefugten Eigentümers untersteht. Verlangt wird deshalb eine fremde Sache, hier steht das Gebäude aber im Alleineigentum des F (aus demselben Grund entfallen §§ 303, 305).

2. Ergebnis
F hat sich nicht gemäß § 306 I Nr. 1 strafbar gemacht[1].

II. Schwere Brandstiftung gemäß § 306 a I

F könnte sich gemäß § 306 a I wegen schwerer Brandstiftung strafbar gemacht haben, indem er mittels eines Brandbeschleunigers im Heizölkeller des Hotels einen Brand gelegt hat.

1. Objektiver Tatbestand
a) In Betracht kommt zunächst § 306 a I Nr. 1 Alt. 1, wenn es sich bei dem Hotel um ein Gebäude handelt, das der Wohnung von Menschen dient.

aa) Das Eigentum spielt bei § 306 a im Gegensatz zu § 306 keine Rolle, da es sich um ein abstraktes Gefährdungsdelikt handelt. Ebenso wenig ist von Bedeutung, dass sich F zunächst vergewissern wollte, dass keine anderen Personen gefährdet werden können, da eine teleologische Reduktion des abstrakten Gefährdungsdeliktes in diesen Fällen allenfalls bei sehr kleinen, leicht zu überschauenden Gebäuden in Frage kommt, d. h. wenn eine Gefährdung von Menschenleben durch zuverlässige und lückenlose Maßnahmen des Täters absolut ausgeschlossen ist. Hier hat F ohnehin die Gefährdung der E erkannt. Zudem muss bei einem Gebäude wie einem Hotel, das über eine Vielzahl von Räumen verfügt, eine teleologische Reduktion schon im Ansatz ausscheiden[2].

bb) Grundsätzlich dienen sowohl die Hotelzimmer als auch die von F genutzte Wohnung der Wohnung von Menschen, so dass der Anwendungsbereich des § 306 a eröffnet ist.

(1) F will das Hotel aber während der Betriebsferien anzünden. Zu dieser Zeit stehen die Hotelzimmer leer. Mangels Nutzung dienen die Zimmer daher zumindest zu diesem Tatzeitpunkt nicht der Wohnung von Menschen[3].

(2) Eine andere Betrachtung könnte jedoch deshalb angezeigt sein, weil F im Hotel eine Anliegerwohnung hat. Grundsätzlich muss nicht das ganze Gebäude

---

1 A. A. noch vertretbar, wenn betont wird, dass auch § 306 ein Element der Gemeingefährlichkeit enthalte; vgl. dazu BGH NJW 2001, 765; abl. hierzu *Wolff* JR 2002, 94 ff.
2 Aufgrund der Sachverhaltsangaben („ausgiebiger Rundgang") sollte die Problematik der teleologischen Reduktion, die ihre Rechtfertigung in der hohen Strafe und dem Schuldprinzip findet, dennoch kurz angesprochen werden, auch wenn sie leicht erkennbar nicht in Frage kommt; zum Problemkreis vgl. BGHSt 16, 121, 124 f.; BGH NStZ 1999, 32, 33 f.
3 Vgl. BGH NStZ 1999, 34; a. A. vertretbar.

ausschließlich Wohnzwecken dienen. Auch gemischt genutzte Baukörper fallen unter § 306 a, wenn sie aufgrund baulicher Beschaffenheit ineinander übergehen und ein einheitliches, zusammengehöriges Gebäude bilden.

Da aber über die Wohnungseigenschaft allein die tatsächliche Lage entscheidet (Wohnen ist ein Realakt), kann diese Eigenschaft durch bloßen Realakt wieder aufgegeben werden (sog. Entwidmung). Eine solche Entwidmung kann nach h. M. auch dadurch konkludent erfolgen, dass der bisherige Besitzer und einzige Bewohner das Gebäude in Brand setzt[4]. Wenn alle Bewohner eines Gebäudes dieses entwidmen, dann sind allenfalls die Anforderungen an eine hinreichende objektive Manifestation der Aufgabe der bisherigen Zweckbestimmung problematisch. Früher wurde noch die Auffassung vertreten, dass der Willensentschluss zur Aufgabe des Gebäudes als Wohnung nur dann von Bedeutung ist, wenn er vor dem Anzünden äußerlich erkennbar in die Tat umgesetzt wurde (etwa durch Leerräumen des Gebäudes udgl.)[5]. Heute wird dies jedoch zu Recht nicht mehr vertreten, da dann bloße Zufälligkeiten über den Unrechts- und Schuldgehalt der Tat entscheiden. Damit lag hier infolge der Entwidmung kein taugliches Tatobjekt i. S. v. § 306 a I vor.

b) Gedacht werden könnte des Weiteren an § 306 a I Nr. 3, wenn F das Gebäude zu einer Zeit in Brand gesetzt hätte, in der sich Menschen dort aufzuhalten pflegen. In Betracht kommt dies, weil die Putzfrau E am frühen Nachmittag häufig zum Putzen vorbeikommt. Ausschlaggebend ist aber hier nicht der tatsächliche Aufenthalt der E, sondern die für die jeweilige Räumlichkeit nach ihrer tatsächlichen Zweckverwendung typische Aufenthaltszeit. Der tatsächliche Aufenthalt der E genügt dann nicht, wenn dahinter – wie hier – keine entsprechende Regelhaftigkeit, sondern nur ein zufälliger Aufenthalt steht (E ist nur ausnahmsweise noch am späten Abend anwesend). § 306 a I Nr. 3 muss deshalb abgelehnt werden[6].

2. Ergebnis

F hat sich nicht gemäß § 306 I Nr. 1 strafbar gemacht.

---

4 BGHSt 16, 394 (396); kurze Streitdarstellung *Saal* Jura 1995, 427 (430) m. w. N.

5 Da es sich hierbei um eine Auffassung des RG [RGSt 60, 136 (137)] handelt, die zwischenzeitlich nicht mehr vertreten wird, muss auf diese Streitfrage natürlich nicht mehr ausdrücklich eingegangen werden. Es genügt vielmehr der Hinweis, dass eine Entwidmung auch konkludent möglich ist.

6 A. A. nur schwer vertretbar.

III. Schwere Brandstiftung gemäß § 306 a II

F könnte sich deshalb gemäß § 306 a II wegen schwerer Brandstiftung strafbar gemacht haben, weil er mittels eines Brandbeschleunigers im Heizölkeller des Hotels einen Brand gelegt und hierdurch E eine Rauchvergiftung erlitten hat, sowie T durch einen herabstürzenden Balken erschlagen worden ist.

1. Objektiver Tatbestand

a) F müsste „eine in § 306 I Nr. 1–6 bezeichnete Sache" in Brand gesetzt haben. Hier wird nicht zugleich auf das Merkmal fremd Bezug genommen, d. h. es muss sich um keine in fremdem Eigentum stehende Sache handeln. Die Tat bezog sich auf ein Gebäude und die Inbrandsetzung war vollendet (s. o.).

b) Durch den Brand muss ein anderer Mensch in die konkrete Gefahr einer Gesundheitsbeschädigung gebracht worden sein. Hier hat E sogar tatsächlich eine Körperverletzung in der Form einer schweren Rauchvergiftung erlitten, so dass eine Gefährdung zu bejahen ist.

c) Zwischen Tathandlung und konkreter Gefährdung besteht ein gefahrspezifischer Zusammenhang. Dies kann unproblematisch bejaht werden, da sich E zum Zeitpunkt der Tat bereits im Gebäude befand.

2. Subjektiver Tatbestand

F nimmt die Gefährdung der E in Kauf und hat damit sowohl hinsichtlich der Brandlegung als auch der konkreten Gefährdung der E vorsätzlich gehandelt.

3. Ergebnis

F hat sich damit nach § 306 a II strafbar gemacht.

IV. Besonders schwere Brandstiftung gemäß § 306 b I

F könnte sich gemäß § 306 b I wegen besonders schwerer Brandstiftung strafbar gemacht haben, weil er mittels eines Brandbeschleunigers im Heizölkeller des Hotels einen Brand gelegt hat, infolgedessen E eine Rauchvergiftung erlitten hat.

1. Objektiver Tatbestand

Fraglich ist, ob die schwere Rauchvergiftung eine schwere Gesundheitsschädigung ist. Der Begriff der schweren Gesundheitsschädigung ist weiter als der der schweren Körperverletzung i. S. d. § 226. Regelmäßig wird sie zusätzlich zu den in § 226 genannten Folgen auch dann bejaht, wenn der physische oder psychische Krankheitszustand die Gesundheit des Opfers ernstlich, einschneidend oder nachhaltig beeinträchtigt. Insbesondere langwierige, qualvolle oder lebensbedrohliche Zustände fallen hierunter, aber auch eine erhebliche Beeinträchtigung der Arbeitskraft bzw. anderer körperlicher Fähigkeiten. Bei einer einfachen Rauchvergiftung ist eine ernste Krankheit abzulehnen, zumindest wenn diese wie hier nicht mit zusätzlichen Folgen verbunden ist.

2. Ergebnis

F hat sich nicht gemäß § 306 b I strafbar gemacht[7].

V. Besonders schwere Brandstiftung gemäß § 306 b II Nr. 1

F könnte sich gemäß § 306 b II Nr. 1 wegen besonders schwerer Brandstiftung strafbar gemacht haben, weil er mittels eines Brandbeschleunigers im Heizölkeller des Hotels einen Brand gelegt und hierdurch E eine Rauchvergiftung erlitten hat und T erschlagen worden ist.

1. Objektiver Tatbestand

a) Die hierfür erforderliche vorsätzliche Brandstiftung ist nach § 306 a II erfüllt.
b) Durch die Brandstiftung wurde eine konkrete Todesgefahr der E herbeigeführt, da es nur vom Zufall abhing, ob der erforderliche Todeserfolg eintritt. Zudem könnte auch der Tod des T als qualifizierende Folge in Betracht kommen, da dieser jedenfalls ursächlich auf den Brand zurückzuführen ist.

2. Subjektiver Tatbestand

F müsste hinsichtlich der Herbeiführung einer konkreten Todesgefahr nach § 306 b II Nr. 1 vorsätzlich gehandelt haben, da § 306 b II eine normale Qualifikation und kein erfolgsqualifiziertes Delikt ist.

---

7 A. A. noch vertretbar.

Zur Erläuterung: § 306 b II Nr. 1: Qualifikation oder erfolgsqualifiziertes Delikt?

Der BGH (BGH NJW 1999, 3131) geht mit der fast einhellig vertretenen Auffassung davon aus, dass § 306 b II Nr. 1 kein erfolgsqualifiziertes Delikt ist, sondern auch hinsichtlich des Eintritts der Gefahr Vorsatz voraussetzt (§ 18 ist nicht anwendbar).

Hierfür kann einerseits die hohe Mindeststrafe von fünf Jahren und andererseits der Wortlaut des § 306 b II Nr. 1 angeführt werden, denn bei erfolgsqualifizierten Delikten heißt es regelmäßig „und dadurch". Darüber hinaus spricht die Entstehungsgeschichte gegen ein erfolgsqualifiziertes Delikt. Zunächst war der Kreis der „tauglichen" Gefährdungsopfer auf Personen beschränkt, die sich im Zeitpunkt der Begehung der Tat in dem Brandobjekt aufhielten – dies musste vom Vorsatz des Täters umfasst sein. Im weiteren Verlauf wurde die Beschränkung des Kreises der potentiellen Gefährdungsopfer aufgegeben, an der Strafrahmenuntergrenze jedoch festgehalten. Eine früher vertretene Ansicht wollte hingegen Fahrlässigkeit hinsichtlich der Lebensgefahr genügen lassen, da sonst eine Strafrahmendivergenz zu § 306 c besteht, der bei leichtfertiger Herbeiführung des Todes zehn Jahre Mindeststrafe vorsieht. Da § 306 c nur die wenigstens leichtfertige Todesverursachung erfasst, unterfällt II Nr. 1 auch der Fall einer nur einfach-fahrlässigen Verursachung des Todes eines anderen Menschen.

Übersichtsliteratur: Zur Systematik der Brandstiftungsdelikte *Cantzler* JA 1999, 474 ff.; *Geppert* Jura 1998, 597 ff.; schematische Darstellung *Kudlich* PdW StR BT II, Fall 215214.; *Sinn* Jura 2001, 803.

Weitere Übungsklausur: *Murmann* Jura 2001, 258 ff.

In Abgrenzung des Lebensgefährdungsvorsatzes vom bedingten Tötungsvorsatz muss der Täter zumindest die Gefährdung anderer erkannt haben, auch wenn er unberechtigt auf deren Nichteintritt vertraut. Hier muss nach den Angaben des Sachverhalts (F nimmt die Gefährdung in Kauf) von einem Lebensgefährdungsvorsatz ausgegangen werden[8].

3. Ergebnis

F hat sich gemäß § 306 b II Nr. 1 strafbar gemacht.

VI. Besonders schwere Brandstiftung gemäß § 306 b II Nr. 2

F könnte sich gemäß § 306 b II Nr. 2 wegen besonders schwerer Brandstiftung strafbar gemacht haben, indem er mittels eines Brandbeschleunigers im Heizölkeller des Hotels einen Brand gelegt hat, um die Versicherungssumme zu erhalten.

---

8 A. A. nur schwer vertretbar.

1. Ermöglichungsabsicht

Strafschärfungsgrund könnte hier sein, dass der Täter die Handlung in der Absicht vorgenommen hat, eine andere Straftat zu ermöglichen oder zu verdecken. Als Ermöglichungsziel kommt hier der durch F geplante Betrug und § 265 in Frage.

P: Absicht eine Straftat zu verdecken oder zu ermöglichen gem. § 306 b II Nr. 2

Umstritten ist, ob die Nr. 2 restriktiv ausgelegt werden muss:

1. Ansicht der Literatur: Die Literatur tritt z. T. für eine restriktive Handhabung dieser Alternative ein. Andernfalls führe die finale Verknüpfung mit einer weiteren Straftat bei Inbrandsetzung und Gefährdung eines anderen dazu, dass der Täter eine Mindeststrafe von fünf Jahren verwirkt habe, während beispielsweise bei Zerstörung eines Fahrzeugs und Gefährdung eines anderen ohne Inbrandsetzung nur eine Mindeststrafe nach § 265 bestehe (Geldstrafe). Deshalb sei § 306 b auf die Fälle einer Ausnutzung einer Gemeingefährdung, d. h. der Brandsituation als solcher zu beschränken (vgl. dazu *Hecker* GA 1999, 332; SK/*Wolters* § 306 b Rdn. 12).

2. Ansicht des BGH: Der BGH (vgl. BGHSt 45, 211) hat diese Einschränkung abgelehnt, da der Unwert der schweren Brandstiftung allein in der Verknüpfung von Unrecht mit weiterem Unrecht liege (so wie in § 211 und § 315 III Nr. 1b). Keine andere Tat soll hingegen ein gleichzeitig mitverwirklichter Versicherungsmissbrauch (§ 265) sein (vgl. auch BGHSt 51, 236).

Übersichtsliteratur: *Bosch* JA 2007, 743; *Kudlich* JA 2000, 361; *Otto* Grundkurs Strafrecht BT, § 79 Rdn. 14; *Rönnau* JuS 2001, 328 ff.; *Wessels/Hettinger* Strafrecht BT 1, Rdn. 972; *Wrage* JuS 2003, 985 (991).

Weitere Übungsklausur: *Kudlich* JA 2008, 703 ff.; *Müller/Hönig* JA 2001, 517 (523) anhand eines kurzen Beispielfalls.

Teilweise wird angesichts der hohen Mindeststrafe (fünf Jahre) und sonst auftretenden Wertungswidersprüchen eine einschränkende Auslegung des § 306 b II Nr. 2 gefordert. Der BGH hat diese Einschränkung hingegen abgelehnt und hervorgehoben, dass der spezifische Unwert der schweren Brandstiftung allein in der Verknüpfung des Unrechts der Brandstiftung mit weiterem Unrecht liege. Angesichts des offenen Wortlauts von § 306 b II Nr. 2, der gerade keine Beschränkung auf die Ausnutzung der gemeingefährlichen Brandsituation vorsieht, ist dem BGH zuzustimmen. Insoweit kommt als zu ermöglichende Straftat allerdings lediglich der geplante Betrug in Frage, da der mit der Inbrandsetzung zugleich verwirklichte Versicherungsmissbrauch keine andere Straftat ist. F hatte auch die Absicht, einen Betrug zu begehen, da er der Versicherung eine unverschuldete Schadensverursachung vorspiegeln wollte. Dadurch wäre das Vermögen der Versicherung geschädigt worden, da nach § 61 VVG der Versicherer von der Verpflichtung zur Leistung frei ist, wenn der Versicherungsnehmer den Versicherungsfall vorsätzlich herbeiführt.

Hinweis: Hier kann der Betrugstatbestand nur inzident angesprochen werden, da F den Schadensfall noch nicht der Versicherung gemeldet hat und damit auch kein unmittelbares Ansetzen zum Betrugsversuch gegeben ist. Dennoch genügt eine kursorische Prüfung, da es im Rahmen des Absichtsmerkmals allein auf die Tätervorstellung ankommt.

---

2. Ergebnis

F hat sich gemäß § 306 b II Nr. 2 strafbar gemacht[9].

VII. Brandstiftung mit Todesfolge gemäß § 306 c

F könnte sich der Brandstiftung mit Todesfolge strafbar gemacht haben, da T in den Flammen umgekommen ist.

1. Objektiver Tatbestand

a) Der tatbestandsmäßige Erfolg, der Tod des T, ist eingetreten und hierfür war ein Verhalten des F ursächlich.

b) Das Verhalten des F war bereits allein wegen der Verwirklichung des Grunddelikts objektiv sorgfaltswidrig und es ist objektiv voraussehbar, dass Retter in den Flammen zu Tode kommen können.

c) Problematisch ist aber der gefahrspezifische Zusammenhang, da angesichts der hohen Mindeststrafe bei der Erfolgsqualifikation des § 306 c der Tod *durch* die Brandstiftung verursacht worden sein muss. Nicht erforderlich ist zwingend ein Tod durch Verbrennen, die schwere Folge muss aber mit den spezifischen Gefahren der Brandstiftung im unmittelbaren zeitlichen und räumlichen Zusammenhang stehen.

Ob bei der Schädigung von Rettern eine tatbestandstypische Gefahr angenommen werden kann, ist umstritten, da hier auch eine eigenverantwortliche Selbstgefährdung des Retters (autonome Handlung) vorliegen könnte. Der Polizeibeamte T hat sich zum Tatzeitpunkt nicht im Gebäude aufgehalten, sondern hat sich erst danach hinein begeben. Nach der alten Fassung des Tatbestandes war erforderlich, dass sich das spätere Opfer zur Zeit der Brandlegung in den Räumlichkeiten befand. Fraglich ist, ob der spezifische Gefahrverwirklichungszusammenhang auch bei der Gefährdung von Rettern gegeben ist, die erst zur Rettung das bereits in Brand gesetzte Gebäude betreten haben.

---

9 A. A. gut vertretbar.

P: Schädigung von Rettern als tatbestandstypische Gefahr

1. Ansicht: Berufstypische Gefährdungen, die von allen Delikten und nicht nur von §§ 306 ff. ausgehen, stellen keine brandtypischen Gesundheitsgefährdungen dar. Das Risiko der Gefährdung des Retters besteht bei allen Unglücken. Deshalb liegt keine gerade den §§ 306, 306 a anhaftende Besonderheit vor.

2. Ansicht: Bei Eigenverantwortlichkeit des Helfers wird der Zurechnungszusammenhang und damit der Gefahrverwirklichungszusammenhang unterbrochen. Bei einem berufstypischen Helfer liegt keine Eigenverantwortlichkeit vor, da er zur Rettung beruflich verpflichtet ist.

3. Ansicht: § 306 c ist erfüllt, wenn das rettende Eingreifen Dritter typische Folge der Brandstiftung und nicht von vornherein aussichtslos ist. Gerade die Gesundheitsgefährdung von Rettern ist eine spezifische Gefahr einer Brandstiftung.

Mögliche Argumentation: Die Ansicht, die an das Kriterium der Eigenverantwortlichkeit anknüpft, trägt sowohl Art. 2 I GG als auch den Schützbedürfnissen der berufsmäßigen Retter Rechnung. Es überzeugt nicht, die berufstypischen Gefahren grundsätzlich aus der Reihe der typischen Brandgefahren auszunehmen, da auch der berufsmäßige Retter den gleichen strafrechtlichen Schutz verdient wie derjenige, der nicht berufsmäßig rettet. Vielmehr bietet es sich an, auch insoweit eine Abgrenzung nach den jeweiligen Verantwortungssphären über die Frage einer eigenverantwortlichen Selbstgefährdung vorzunehmen. Dies wird auch dem Umstand gerecht, dass sich nach der Neufassung der Brandstiftungsdelikte das Opfer – nicht mehr wie früher – zum Zeitpunkt der Inbrandsetzung im Gebäude aufgehalten haben muss.

Übersichtsliteratur: *Heinrich/Reinbacher* Jura 2005, 743 ff. (Fall 5); *Dencker/Struensee/Nelles/Stein, Einführung* in das 6. StRRG 1998, 115 Rdn. 90 ff; *Satzger* JA 2014, 695.

Weitere Übungsklausur: *Collin* Jura 2006, 544 ff.; *Ernst* Jura 2014, 1292; *Kress/Weisser* JA 2006, 115 ff; *Seiterle* Jura 2011, 958.

Eine Gesundheitsgefährdung droht Polizisten bei jedem Einsatz. Deshalb liegt keine gerade den §§ 306, 306 a anhaftende Besonderheit vor. Aus diesem Grunde könnte § 306 c hier abgelehnt werden. Dennoch bleibt offen, ob ein Ausschluss von Berufshelfern auch dann gerechtfertigt ist, wenn deren typische Aufgabe – wie bei einem Polizisten – gerade nicht die Abwehr von brandspezifischen Gefahren, sondern lediglich die allgemeine Gefahrenabwehr ist. Es ist insoweit nicht sachgerecht, den Polizisten anders als jeden beliebigen Dritten zu behandeln, der ein nachvollziehbares Motiv zur Rettung hat. Unabhängig von der Frage, ob bei einem berufstypischen Retter eine Durchbrechung der Zurechung aufgrund von Eigenverantwortlichkeit angenommen werden kann, muss hier deshalb ein spezifischer Gefahrverwirklichungszusammenhang bejaht werden. Dies zumindest dann, wenn wie hier das rettende Eingreifen Dritter eine typische Folge der Brandstiftung und nicht von vornherein aussichtslos ist.

2. Subjektiver Tatbestand

F müsste wenigstens leichtfertig gehandelt haben. Leichtfertig ist ein Verhalten, das – bezogen auf den Todeseintritt – einen hohen Grad von Fahrlässigkeit aufweist (grobe Fahrlässigkeit). Für F war ein mögliches Einschreiten Dritter und deren mögliche Tötung objektiv und subjektiv vorhersehbar. F musste damit rechnen, dass Retter zum brennenden Hotel eilen und sich dabei gefährden könnten. Leichtfertigkeit liegt vor.

3. Ergebnis

F hat sich gemäß § 306 c strafbar gemacht.

VIII. Fahrlässige Tötung, § 222

Die mitverwirklichte fahrlässige Tötung wird von § 306 c konsumiert.

IX. Versicherungsmissbrauch, § 265

1. Objektiver Tatbestand

Das Hotel ist als eine gegen Untergang durch Feuer versicherte Sache taugliches Tatobjekt des § 265. Entscheidend ist allein das förmliche Bestehen eines Versicherungsvertrages (Sachversicherung). Die versicherte Sache wurde durch das Feuer beschädigt, wahrscheinlich sogar zerstört.

2. Subjektiver Tatbestand

Der Vorsatz muss neben der Tatsache des Bestehens einer Sachversicherung auch die Absicht umfassen, sich oder einem Dritten Leistungen aus der Sachversicherung zu verschaffen. Hier handelte F mit der tatbestandlich geforderten Absicht, sich selbst Leistungen aus der Versicherung zu verschaffen.

3. Ergebnis

F hat sich des Versicherungsmissbrauchs strafbar gemacht, da die Tat mit Vornahme der Tathandlung vollendet ist. Die formelle Subsidiaritätsklausel greift nicht, da F sich mangels unmittelbaren Ansetzens keines versuchten Betruges strafbar gemacht hat.

Konkurrenzen:

§ 306 a II wird durch § 306 b II Nr. 1 verdrängt. Zwischen § 306 b II Nr. 1 und § 306 c kann Idealkonkurrenz angenommen werden, da F die E gefährdet, aber den Todeserfolg bei T herbeiführt. § 306 b II Nr. 2 steht dazu ebenso wie § 265 ebenfalls in Idealkonkurrenz.

Zweiter Tatkomplex: Die Flucht des F

I. Gefährlicher Eingriff in den Straßenverkehr, § 315 b I Nr. 3, III i. V. m. § 315 III Nr. 1 b

F könnte durch das Zufahren auf den Polizeibeamten T die Sicherheit des Straßenverkehrs durch einen ähnlichen, ebenso gefährlichen Eingriff i. S. v. § 315 b I Nr. 3 in qualifizierter Form gemäß § 315 b III i. V. m. § 315 III Nr. 1 b gefährdet haben.

1. Objektiver Tatbestand

T und F nahmen am Verkehr teil. Gemäß § 315 b I Nr. 3 macht sich strafbar, wer einen ähnlichen, ebenso gefährlichen Eingriff vornimmt wie in den dort aufgezählten Fällen. Erforderlich ist dabei eine Abgrenzung von verkehrsfremden Eingriffen in den Straßenverkehr von außen (§ 315 b) und verkehrsimmanenten Straßenverkehrsgefährdungen durch verkehrswidriges Verhalten (dann § 315 c).

P: Abgrenzung von § 315 c und § 315 b

1. BGH früher: Ein verkehrsfremder Eingriff liegt vor, wenn ein Verkehrsverstoß unter bewusster Zweckentfremdung des Fahrzeugs als Waffe begangen wird (vgl. noch BGHSt 25, 306; 41, 231, 239)

    2. A. A.: Entscheidend ist allein das objektive Gewicht des Eingriffs, nicht aber eine zusätzlich hinzutretende Verletzungsabsicht. Es genügt damit eine „grobe Einwirkung von einigem Gewicht". Gegen diese Ansicht spricht, dass dadurch letztlich die Beschränkung des § 315 c auf eine bestimmte Anzahl sog. „Todsünden" des Fahrzeugführers umgangen werden kann.

    3. Neu (BGH 4. Senat BGHSt 48, 233, 238): Für alle Alternativen des § 315 b ist zusätzlich zu verlangen, dass das Fahrzeug mit (mindestens bedingtem) Schädigungsvorsatz, etwa als Waffe oder Werkzeug, missbraucht wird. Handelt der Täter zwar in der Absicht der Pervertierung des Verkehrsvorgangs, aber nur mit Gefährdungsvorsatz, scheidet ein gefährlicher Eingriff i. S. v. § 315 b aus. Kritisch lässt sich anmerken, dass § 315 b dadurch seinen eigentlichen Anwendungsbereich für die Fälle einbüßt, in denen mangels Vorliegens einer der enumerativ aufgezählten Verstöße des § 315 c dieser nicht gegeben ist. Handelt der Täter mit Schädigungsvorsatz, werden (u. U. neben § 315 III) meist auch §§ 224 I Nr. 2, 5 oder § 211 – gegebenenfalls als Versuch – vorliegen.

Aus der Rechtsprechung: BGH NStZ 2010, 391.

Übersichtsliteratur: *Dreher* JuS 2003, 1159 ff.; *Otto* Grundkurs StR, § 80 Rdn. 16 ff.; *Wessels/Hillenkamp* StR BT 1, Rdn. 979 ff; *Bosch* JK 6/11 StGB 315b/14.

Weitere Übungsklausuren: *Burchard/Engelhart* JA 2009, 271 ff.; *Eisele* JA 2003, 40 ff.; *Krüger/Steinhilper* Jura 1981, 660 ff.; *Seier* JA 1990, 202 ff.

F nimmt eine Handlung aus dem Verkehrsfluss heraus vor und handelt damit im Verkehrsgeschehen. Er wirkt nicht, wie es § 315 b verlangt, von außen darauf ein. Allerdings benutzt F sein Fahrzeug in verkehrsuntypischer Weise und in verkehrsfeindlicher Absicht als Waffe, um den Polizeibeamten zur Freigabe des Weges zu nötigen. Dieses Vorgehen ist nicht verkehrstypisch, sondern erreicht durch die bewusst zweckwidrige Pervertierung des Verkehrsvorgangs eine verkehrsfremde Qualität, die dem typischen Anwendungsbereich des § 315 b entsprechen könnte, wie etwa das Bereiten eines Hindernisses. Um der Gefahr der Ausdehnung auf „normale" Verkehrsverstöße vorzubeugen, ist § 315 b nach der neuesten Rechtsprechung des BGH allerdings nur dann anwendbar, wenn der Täter sein Fahrzeug mit mindestens bedingtem Schädigungsvorsatz als Waffe gebraucht. Dies muss hier verneint werden, da F sein Fahrzeug nur mit Gefährdungsvorsatz zu seiner rücksichtslosen Fluchtfahrt genutzt hat.

2. Ergebnis
F hat sich nicht gemäß § 315 b I Nr. 3, III i.V.m. § 315 III Nr. 1 b strafbar gemacht.

II. Unerlaubtes Entfernen vom Unfallort, § 142 I Nr. 1

Indem F weggefahren ist, obwohl er mit seinem Wagen das Hosenbein des T zerrissen hat, könnte er sich gemäß § 142 I Nr. 1 strafbar gemacht haben.

1. Objektiver Tatbestand
a) Ein Unfall im Straßenverkehr ist jedes plötzliche Ereignis, das mit dem Straßenverkehr und seinen Gefahren ursächlich zusammenhängt und zu einem nicht völlig belanglosen Personen- oder Sachschaden führt. Auch bei vorsätzlicher Herbeiführung kann ein Unfall gegeben sein.
b) Eine feststellungsbereite Person i.S.v. § 142 I Nr. 1 war anwesend. F hat sich dennoch entfernt.

2. Subjektiver Tatbestand

F hat den Unfall nicht bemerkt, daher kommt allenfalls ein Tatbestandsirrtum über das Merkmal Unfall in Betracht. Gleichwohl hat F nachträglich von dem Unfall Kenntnis erlangt. Früher war umstritten, ob ein nachträgliches Bemerken einem „berechtigten oder entschuldigten Entfernen" gleichzustellen ist.

P: Ist § 142 II Nr. 2 anwendbar, wenn sich das Opfer unvorsätzlich vom Unfallort entfernt und später den Unfall bemerkt?

1. BGH und h. L. früher: Die h. M. dehnte § 142 II Nr. 2 auch auf das unvorsätzliche Entfernen vom Unfallort aus, wenn der Täter später vom Unfall Kenntnis erlangt. Die Begriffe berechtigt oder entschuldigt sollten nicht technisch, sondern ihrem natürlichen Wortsinn entsprechend auch auf tatbestandsmäßig nicht vorsätzliche Verhaltensweisen angewendet werden. Auch spreche die ratio legis der Norm für eine weite Auslegung, da es auch darum ginge, die zivilrechtlichen Ansprüche der Unfallbeteiligten untereinander zu sichern. Eine Bestrafung setze allerdings voraus, dass zwischen der nachträglichen Kenntniserlangung und dem Unfallgeschehen noch ein zeitlicher und räumlicher Zusammenhang bestehe.

2. A. A., BVerfG: Die Gegenansicht berief sich insbesondere auf das Analogieverbot. Darüber hinaus würden andernfalls die Sekundärpflichten nach § 142 II weiter reichen als die Primärpflichten nach § 142 I, aus denen sie hergeleitet sind. Das BVerfG ist dieser Auffassung beigetreten und sieht in einer weiten Auslegung einen Verstoß gegen den Bestimmtheitsgrundsatz, Art. 103 II GG (vgl. BVerfG v. 19. 3. 2007, NJW 2007, 1666 ff.).

Aus der Rechtsprechung: BGH JuS 2011, 275 (Besprechung *Jahn*).

Übersichtsliteratur: Zu BVerfG v. 19. 3. 2007 *Niemann* Jura 2008, 135 ff.; *Hillenkamp* 40 Probleme StR BT, 18. Problem, S. 86 ff.; *Otto* Grundkurs StR, § 80 Rdn. 65; *Wessels/Hettinger* StR BT 1 Rdn. 1013 f; *Bosch* Jura 2011, 593; *Mitsch* JuS 2010, 303.

Weitere Übungsklausur: *Lang/Sieber* JA 2014, 913; *Mitsch* JA 1995, 32 ff.

Da F zunächst den Unfall nicht bemerkt hatte, ist sein späteres Erkennen irrelevant. § 142 umfasst diese Konstellation nicht.

3. Ergebnis

F hat sich nicht gemäß § 142 strafbar gemacht.

Konkurrenzen:

F hat sich lediglich nach § 113 I strafbar gemacht, dieser war nach Aufgabenstellung jedoch nicht zu prüfen.

Gesamtergebnis/Konkurrenzen
Tatkomplex 1 und 2 liegen in Tatmehrheit (§ 53 I) vor. Zu den einzelnen Delikten siehe oben.

D. Definitionen

Gebäude	sind alle durch Wände und Dach begrenzten, mit dem Erdboden fest verbundenen Bauwerke, die den Eintritt von Menschen gestatten.
In Brand gesetzt	ist eine Sache, wenn sie vom Feuer in einer Weise erfasst ist, die ein Fortbrennen aus eigener Kraft, d. h. ohne Fortwirken des Zündstoffes, ermöglicht.
Schwere Gesundheits-schädigung	ist weiter gefasst als die schwere Körperverletzung i. S. d. § 226. Regelmäßig wird sie dann bejaht, wenn der physische oder psychische Krankheitszustand die Gesundheit des Opfers ernstlich, einschneidend oder nachhaltig beeinträchtigt. Insbesondere langwierige, qualvolle oder lebensbedrohliche Zustände fallen hierunter.
Leichtfertig	ist ein Verhalten, das einen hohen Grad von Fahrlässigkeit aufweist (grobe Fahrlässigkeit).
Beeinträchtigung der Sicherheit des Straßenverkehrs	liegt vor, wenn der Verkehr in seinem ungestörten, geregelten Ablauf gefährdet wird.
Unfall im Straßenverkehr	ist jedes plötzliche Ereignis, das mit dem Straßenverkehr und seinen Gefahren ursächlich zusammenhängt und zu einem nicht völlig belanglosen Personen- oder Sachschaden führt.

Übungsfall 14: Im Bierzelt fliegen die Fäuste

A. Sachverhalt

Ausgangsfall

Ein lustiger Bierzeltabend nahm sein jähes Ende als eine kleine Pöbelei in eine handfeste Rauferei mit etwa zwanzig Beteiligten ausartete.

Raufbold Robert (R) beteiligte sich zwar nicht an der Prügelei, hielt aber den Security-Mitarbeiter Sebastian (S) abseits des Kampfgeschehens fest, so dass dieser nicht wie beabsichtigt schlichtend in das Geschehen eingreifen konnte.

Auch nachdem R das Bierzelt längst verlassen hatte, flogen hier weiter die Fäuste. Schließlich warf Theo (T) einen Maßkrug auf den etwas abseits stehenden, unbeteiligten Udo (U), den er fälschlicher Weise für den Verräter Viktor (V) gehalten hatte. Dass dieser hieran sterben könnte, zog T allerdings nicht in Betracht. U erlitt eine Schädelfraktur und verstarb.

Im Anschluss an diese Geschehnisse betrat Willi (W) das Bierzelt. W traute sich zwar nicht, selbst in die handgreifliche Auseinandersetzung einzugreifen, feuerte die mit ihm befreundeten Kämpfer aber lautstark an.

Wie haben sich R, T und W strafbar gemacht?

1. Abwandlung

T verfehlte U mit dem Maßkrug. Dieser war angesichts einer solchen Dreistigkeit allerdings derart erzürnt, dass er den vom Security-Mitarbeiter S verlorenen Schlagstock ergriff, auf T zustürmte und begann, damit auf ihn einzuschlagen. Hierdurch erlitt T schwere Verletzungen. Als T, der den Schlägen nicht entfliehen konnte, sein Leben in Gefahr sah und sich nicht mehr anders zu helfen wusste, zog er sein Taschenmesser und stach auf U ein, der diesen Verletzungen kurze Zeit später erlag.

Wie hat sich T strafbar gemacht?

2. Abwandlung

T verfehlte U mit dem Bierkrug. Daraufhin griff U zum Schlagstock und prügelte derart auf T ein, dass dieser auf einem Auge erblindete.

Kann T wegen Beteiligung an der Schlägerei bestraft werden?

Bearbeitungszeit: Drei Stunden

B. Lösungsskizze

Ausgangsfall

I. **Strafbarkeit des T – Der Wurf mit dem Maßkrug**
   1. **Gefährliche Körperverletzung, §§ 223 I, 224 I Nr. 2, 2. Alt., Nr. 5**
      a) Objektiver Tatbestand
         aa) körperliche Misshandlung oder Gesundheitsschädigung (+)
         bb) Qualifikationsmerkmale
            (1) gefährliches Werkzeug (+)
            (2) lebensgefährdende Behandlung (+)
      b) Subjektiver Tatbestand
         aa) Vorsatz bzgl. objektiver Merkmale des Grundtatbestands
            P: error in persona und aberratio ictus
         bb) Vorsatz bzgl. Qualifikationsmerkmale
      c) Ergebnis: §§ 223 I, 224 I Nr. 2, 2. Alt., Nr. 5 (+)
   2. **Körperverletzung mit Todesfolge, § 227 I**
      a) Grundtatbestand (+)
      b) besonderer Erfolg (+)
      c) objektive Zurechenbarkeit (+)
         E: schwere Folge als Konsequenz aus Handlung oder Erfolg?
      d) Fahrlässigkeit (+)
      e) Ergebnis: § 227 I (+)
   3. **Beteiligung an einer Schlägerei, § 231 I**
      a) Objektiver Tatbestand
         aa) Beteiligung an einer Schlägerei oder an einem von mehreren verübten Angriff
            (1) Schlägerei (+)
            (2) Angriff mehrerer (–)
            (3) Beteiligung (+)
      b) Subjektiver Tatbestand (+)
      c) Objektive Strafbarkeitsbedingung
         Tod eines Menschen (+)
         E: objektive Strafbarkeitsbedingung
      d) Ergebnis: § 231 I (+)
   4. **Landfriedensbruch, § 125 I Nr. 1**
      a) Anwendbarkeit (+)

b) Objektiver Tatbestand

aus einer Menschenmenge heraus (–)

c) Ergebnis: § 125 I Nr. 1 (–)

5. Hausfriedensbruch, § 123 I (–)

6. Konkurrenzen

§§ 223 I, 224 I Nr. 2, 2. Alt., Nr. 5; 227 I; 231 I (§ 52)

II. Strafbarkeit des R – Das Zurückhalten des S

1. Freiheitsberaubung, § 239 I

a) eingesperrt (–)

b) auf andere Weise der Freiheit beraubt (+)

c) subjektiver Tatbestand

d) Ergebnis: § 239 I (+)

2. Nötigung, § 240 I

a) Objektiver Tatbestand

aa) Nötigungshandlung (+)

bb) Nötigungsmittel (+)

cc) Nötigungserfolg (+)

b) Subjektiver Tatbestand (+)

c) Rechtswidrigkeit und Schuld (+)

d) Ergebnis: § 240 I (+)

3. Beteiligung an einer Schlägerei, § 231 I

a) Objektiver Tatbestand

aa) Schlägerei (+)

bb) Beteiligung (+)

(1) P: Parteinahme erforderlich?

(2) P: Beteiligung vor Eintritt der schweren Folge

b) Subjektiver Tatbestand, objektive Strafbarkeitsbedingung, Rechtswidrigkeit und Schuld (+)

c) Ergebnis: § 231 I (+)

4. Konkurrenzen

§§ 240 I; 231 I (§ 52)

III. Strafbarkeit des W – Das Anfeuern

Beteiligung an einer Schlägerei, § 231 I

a) Objektiver Tatbestand

aa) P: psychische Mitwirkung

bb) P: Beteiligung nach Eintritt der schweren Folge

cc) Beteiligung an einer Schlägerei (+)

b) Subjektiver Tatbestand

c) Ergebnis: § 231 I (+)

1. Abwandlung: Strafbarkeit des T

I. Versuchte gefährliche Körperverletzung, §§ 223 I, 224 I Nr. 2, 2. Alt., Nr. 5, II, 22, 23 I

1. Tatentschluss (+)

2. Unmittelbares Ansetzen (+)

3. Ergebnis: §§ 223 I, 224 I Nr. 2, 2. Alt., Nr. 5, II, 22, 23 I (+)

II. **Totschlag, § 212 I**
  1. **Tatbestandsmäßigkeit (+)**
  2. **Rechtswidrigkeit: Rechtfertigung nach § 32?**
    a) Notwehrlage
      aa) gegenwärtiger Angriff (+)
      bb) Rechtswidrigkeit (+)
    b) Notwehrhandlung
      aa) Erforderlichkeit (+)
      bb) Gebotenheit (+)
        P: Notwehrprovokation
    c) Verteidigungswille (+)
  3. **Ergebnis: § 212 I (–)**
III. **Beteiligung an einer Schlägerei, § 231 I**
  1. **Tatbestandsmäßigkeit (+)**
  2. **Rechtswidrigkeit und Schuld (+)**
    P: gerechtfertigte Herbeiführung der schweren Folge
  3. **Ergebnis: § 231 I (+)**

2. Abwandlung: Strafbarkeit des T

Beteiligung an einer Schlägerei, § 231 I
  1. **Objektiver Tatbestand**
    a) Beteiligung an einer Schlägerei und schwere Folge (+)
    b) P: Täter ist Opfer der schweren Folge
  2. **Subjektiver Tatbestand (+)**
  3. **Absehen von Strafe, § 60 (+)**
  4. **Ergebnis: § 231 I (+), Bestrafung (–)**

Gesamtergebnis/Konkurrenzen:
Ausgangsfall:
T: §§ 223 I, 224 I Nr. 2, 2. Alt., Nr. 5; 227 I; 231 I (§ 52)
R: §§ 240 I, 231 I (§ 52)
W: § 231 I
1. Abwandlung: T: § 231 I
2. Abwandlung: T ist straflos.

C. Gutachten
Ausgangsfall

I. Strafbarkeit des T – Der Wurf mit dem Maßkrug

Aufbauhinweis: Studenten neigen oftmals dazu, vorschnell auf den vermeintlich einfacheren chronologischen Prüfungsaufbau zurückzugreifen. Gerade der vorliegende Fall bietet allerdings die Gelegenheit, dem Korrektor durch einen logisch strukturierten Aufbau zu zeigen, dass man auch die Gesamtzusammenhänge des Falles erkannt hat. Der Tod des U ist Voraussetzung für eine

Strafbarkeit nach § 231. Dieser tritt aber erst durch den Wurf mit dem Bierkrug im zweiten Handlungsabschnitt ein. Ginge man hier chronologisch vor, müsste die Verursachung der schweren Folge durch den Wurf des T vorab inzident geprüft werden. Dies würde nicht nur den Aufbau verkomplizieren, sondern auch Prüfungspunkte des zweiten Abschnitts unnötiger Weise vorwegnehmen.

---

1. Gefährliche Körperverletzung, §§ 223 I, 224 I Nr. 2, 2. Alt., Nr. 5

Indem T den Maßkrug an den Kopf des U warf, könnte er sich der gefährlichen Körperverletzung gemäß §§ 223 I, 224 I Nr. 2, 2. Alt., Nr. 5 strafbar gemacht haben.

a) Objektiver Tatbestand

aa) T müsste U hierfür körperlich misshandelt oder an der Gesundheit geschädigt haben. Eine körperliche Misshandlung ist jede üble, unangemessene Behandlung, durch die das körperliche Wohlbefinden oder die körperliche Unversehrtheit nicht nur unerheblich beeinträchtigt wird. Gesundheitsschädigung meint das Hervorrufen oder Steigern eines vom körperlichen Normalzustand negativ abweichenden pathologischen Zustands. Das Auftreffen des Maßkruges auf dem Kopf des Opfers verursacht nicht nur Schmerzen, sondern auch einen Bruch des Schädelknochens. Dieser anormale körperliche Zustand stellt ein körperliches Leiden dar. Sowohl eine körperliche Misshandlung als auch eine Gesundheitsschädigung sind damit gegeben.

bb) T könnte darüber hinaus ein Qualifikationsmerkmal erfüllt haben.

(1) Dazu müsste es sich bei dem Bierkrug um ein gefährliches Werkzeug i. S. d. § 224 I Nr. 2, 2. Alt. handeln. Dies wäre dann der Fall, wenn der Krug nach seiner objektiven Beschaffenheit und der Art seiner konkreten Verwendung geeignet ist, erhebliche Verletzungen herbeizuführen. Der Maßkrug ist aufgrund seines Gewichts und der Wucht des Aufpralls nach einem Wurf imstande, massive Verletzungen zu verursachen. Er ist ein gefährliches Werkzeug i. S. d. § 224 I Nr. 2, 2. Alt.

(2) Der Wurf mit dem Bierkrug könnte weiterhin eine das Leben gefährdende Behandlung nach § 224 I Nr. 5 darstellen. Teilweise wird hierfür angesichts des hohen Strafrahmens der Eintritt einer konkreten Lebensgefährdung vorausgesetzt. Hiergegen spricht aber, dass der Gesetzeswortlaut eindeutig auf die Verletzungshandlung und nicht den Erfolg abstellt. Abgesehen davon erleidet U hier eine Schädelfraktur, d. h. einen Bruch des Schädelknochens, an der er verstirbt, so dass auch nach restriktivster Auffassung eine das Leben gefährdende Behandlung i. S. v. § 224 I Nr. 5 zu bejahen ist.

b) Subjektiver Tatbestand

aa) T müsste darüber hinaus vorsätzlich hinsichtlich der Körperverletzung gehandelt haben. Vorliegend wollte T eigentlich V mit dem Maßkrug treffen. Er verwechselte also die Person des U mit der des V. Bei dieser Fehlvorstellung über die Identität des Tatobjekts (sog. error in persona), spielt die Gleichwertigkeit der Objekte eine entscheidende Rolle. Sowohl bei V als auch bei U handelt es sich um eine „andere Person" i.S.d. § 223 I. Vorgestelltes und tatsächlich angegriffenes Objekt sind hier tatbestandlich gleichwertig. T hat auch genau die Person getroffen, auf die er gezielt hat. Angriffs- und Verletzungsobjekt sind mithin identisch. Die Objektsverwechslung stellt lediglich einen unbeachtlichen Motivirrtum dar, der für den Vorsatz ohne Belang ist. T handelte demnach vorsätzlich.

P: error in persona

Beim sog. **error in persona** unterliegt der Täter einer Identitätsverwechslung. § 16 setzt aber lediglich voraus, dass sich der Täter solcher Umstände bewusst ist, die zur Verwirklichung des Tatbestandes führen; so beispielsweise die Tötung eines Menschen. Dass der Täter die Identität des Opfers verkennt, ist insoweit ein unbeachtlicher Motivirrtum und ändert nichts daran, dass sich seine Vorstellung auf die konkret ins Auge gefasste und anvisierte Person bezieht. Voraussetzung ist allerdings, dass das vorgestellte und das tatsächlich angegriffene Objekt tatbestandlich gleichwertig sind (vgl. bereits Fall „Das Sprengstoffattentat").

---

bb) T wollte die Körperverletzung auch mittels eines gefährlichen Werkzeugs begehen und nahm dabei zumindest billigend in Kauf, dass sein Vorgehen eine das Leben gefährdende Behandlung darstellt.

c) Ergebnis

T ist wegen gefährlicher Körperverletzung nach §§ 223 I, 224 I Nr. 2, 2. Alt., Nr. 5 zu bestrafen.

2. Körperverletzung mit Todesfolge, § 227 I

Aufbauhinweis: Im Rahmen von Vorsatz-Fahrlässigkeitskombinationen empfiehlt es sich, erst im Anschluss an die vollständige Prüfung des Grunddelikts auf die Erfolgsqualifikation einzugehen. Dies erleichtert nicht nur den Aufbau der Falllösung und trägt zur Übersichtlichkeit bei, sondern hilft auch dabei, sauber zwischen den einzelnen Prüfungspunkten zu trennen und Probleme richtig zu verorten.

T könnte sich, indem er den Bierkrug an den Kopf des U warf und dieser daraufhin verstarb, der Körperverletzung mit Todesfolge nach § 227 I strafbar gemacht haben.

a) Eine Körperverletzung in Form der gefährlichen Körperverletzung nach §§ 223 I, 224 I Nr. 2, 2. Alt., Nr. 5 ist gegeben (s.o.).

b) Darüber hinaus müsste die **besondere Tatfolge** i.S.d. § 18 eingetreten und von T verursacht worden sein. U ist tot. Hätte T den Krug nicht geworfen, wäre dies nicht passiert. T hat mithin den Tod des U verursacht.

c) Dies müsste T auch **objektiv zurechenbar** sein. Voraussetzung hierfür ist ein tatbestandsspezifischer Gefahrzusammenhang zwischen der Körperverletzung und dem Tod des Opfers.

Vorliegend führte der gezielte Wurf mit dem Maßkrug zu einer Schädelfraktur und zum Tod des U. Somit haftet sowohl dem Körperverletzungserfolg als auch der Körperverletzungshandlung die spezifische Gefahr eines tödlichen Ausgangs an, die sich im Eintritt des Todes auch unmittelbar niedergeschlagen hat. Der tatbestandsspezifische Gefahrzusammenhang ist damit gegeben.

E: Strafbarkeit wegen versuchter Körperverletzung mit Todesfolge?
Ob eine Strafbarkeit wegen versuchter Körperverletzung mit Todesfolge in Betracht kommt, ist abhängig von der Frage, ob sich die schwere Folge aus dem Körperverletzungserfolg ergeben muss oder ob es genügt, dass die schwere Folge das Resultat der Körperverletzungshandlung darstellt.

Lit.: Voraussetzung ist, dass sich in der schweren Folge gerade die von Art und Schwere der Verletzung herrührende Gefahr realisiert hat (sog. **Letalitätstheorie**).

BGH: Versuchte Körperverletzung mit Todesfolge ohne weiteres möglich. Ausreichend ist, dass die schwere Folge aus der Handlungsgefahr des Grunddelikts resultiert (sog. **erfolgsqualifizierter Versuch**).

Stellungnahme: Für das Erfordernis eines Körperverletzungserfolges spricht zum einen der Wortlaut des § 227, der den Tod der „verletzten" Person voraussetzt.

Zum anderen ist aufgrund seiner hohen Strafandrohung eine restriktive Auslegung des § 227 geboten. Andererseits spricht § 227 aber auch von „Körperverletzung" und verweist dabei auf die §§ 223–226, ohne jedoch die jeweiligen zweiten Absätze auszunehmen, welche die Versuchsstrafbarkeit attestieren. Bezieht man in die Erwägung zudem Opferschutzgesichtspunkte und die Tatsache mit ein, dass es oftmals zufallsabhängig ist, ob der Erfolg eintritt oder nicht, sprechen die gewichtigeren Argumente dafür, in Übereinstimmung mit der Rechtsprechung des BGH bereits an die Tathandlung anzuknüpfen. Dieser kann ebenso die spezifische Gefahr des Todeseintritts anhaften wie einem Körperverletzungserfolg[1].

Aus der Rechtsprechung: BGHSt 48, 43 (sog. Gubener Verfolgungsjagdfall); BGHSt 14, 110 (sog. Pistolenfall); BGHSt 31, 96 (sog. Hochsitzfall); JA 2003, 455ff. (BGH U. v. 9.10.02 Az 5 StR 42/02).

Übersichtsliteratur: *Jäger* StR BT, Rdn. 88ff.; *Kühl* Jura 2003, 19ff.; *Kudlich* JA 2009, 246ff.; *Swoboda* Jura 2003, 549ff.; *Wessels/Hettinger* Strafrecht BT 1, Rdn. 296ff.

Weitere Übungsklausuren: *Kudlich* JuS 2003, 32ff.; *Norouzi* JuS 2006, 531, 533f.; *Schrödl* JA 2003, 656ff.

---

1 A.A. gut vertretbar.

d) Gemäß §§ 227 I, 18 müsste T hinsichtlich der schweren Folge Fahrlässigkeit zur Last fallen. Da hier die objektive und subjektive Pflichtwidrigkeit bereits aus der Verwirklichung des Grunddelikts folgt, genügt für die Bejahung der Fahrlässigkeit die objektive und subjektive Voraussehbarkeit der Todesfolge. Dass die Wucht des Aufpralls eines schweren Kruges, der gezielt auf einen Menschen geworfen wird, zu dessen Tod führen kann, ist für jedermann und auch für T voraussehbar. T handelte somit fahrlässig.

e) Darüber hinaus handelte er rechtswidrig und schuldhaft.

f) T hat sich gemäß § 227 I der Körperverletzung mit Todesfolge strafbar gemacht. Die mitverwirklichte fahrlässige Tötung nach § 222 tritt im Wege der Gesetzeseinheit dahinter zurück.

3. Beteiligung an einer Schlägerei, § 231 I

Dadurch dass T Schläge austeilte, könnte er sich der Beteiligung an einer Schlägerei gemäß § 231 I strafbar gemacht haben.

a) Objektiver Tatbestand

aa) Zunächst müsste sich T an einer Schlägerei oder an einem von mehreren verübten Angriff beteiligt haben.

(1) Eine Schlägerei ist ein Streit von mindestens drei Personen, der mit gegenseitigen Körperverletzungen einhergeht, unabhängig davon, ob einer von ihnen schuldlos oder gerechtfertigt handelt. Vorliegend schlugen etwa zwanzig Personen aufeinander ein. Eine Schlägerei i. S. v. § 231 I ist damit gegeben.

(2) Fraglich ist, ob auch ein Angriff mehrerer i. S. d. § 231 I vorliegt. Ein Angriff mehrerer ist die in feindseliger Willensrichtung unmittelbar auf den Körper eines anderen abzielende Einwirkung durch mindestens zwei Personen. Dabei sind aber weder gegenseitige Tätlichkeiten wie bei der Schlägerei noch eine Mittäterschaft nach § 25 II vorausgesetzt, es genügt vielmehr jedes einheitliche Zusammenwirken. Da vorliegend aber jeder gegen jeden kämpft und dabei nicht von mehreren gezielt auf den Körper einer bestimmten Person eingewirkt wird, handelt es sich nicht um einen Angriff mehrerer nach § 231 I.

(3) T müsste weiterhin an der Schlägerei beteiligt gewesen sein. Beteiligter ist jeder, der am Tatort anwesend ist und aktiv an den Tätlichkeiten mitwirkt. Nicht beteiligt ist dagegen, wer nur das Objekt des Angriffs bildet und sich auf bloße Schutzwehr beschränkt. T hat selbst Schläge ausgeteilt und damit aktiv fördernd ins Geschehen eingegriffen. Er hat sich somit an einer Schlägerei beteiligt i. S. d. § 231 I.

b) Subjektiver Tatbestand

Weiterhin handelte T auch vorsätzlich in Bezug auf die Beteiligung an einer Schlägerei.

c) Objektive Bedingungen der Strafbarkeit

Aufbauhinweis: Vorzugswürdig erscheint hier die Verortung der objektiven Strafbarkeitsbedingung als sog. Tatbestandsannex im Anschluss an den objektiven und subjektiven Tatbestand. Hierfür sprechen zum einen prüfungsökonomische Gesichtspunkte, weil es bei Nichtvorliegen der Bedingung keiner Ausführungen zu Rechtswidrigkeit und Schuld bedarf, zum anderen wird dadurch deutlich, dass es sich hierbei nicht um einen Teil des regulären Tatbestandes handelt, auf den sich der Vorsatz beziehen muss. Um hervorzuheben, dass die objektive Strafbarkeitsbedingung auch Rechtswidrigkeit und Schuld nicht tangiert, kann die Prüfung aber ebenso gut nach derjenigen von Rechtswidrigkeit und Schuld erfolgen.

Darüber hinaus könnte durch die Schlägerei der Tod eines Menschen verursacht worden sein. Auch wenn U nicht an der Rauferei beteiligt war, stand der Wurf des Bierkrugs im Zusammenhang mit der Schlägerei. Gerade die Verletzung von Außenstehenden verdeutlicht die Gefährlichkeit der Schlägerei. Hierdurch kam U auch zu Tode. Die objektive Strafbarkeitsbedingung ist mithin gegeben.

E: Objektive Bedingung der Strafbarkeit
Weitere Beispiele: § 186 (Nichterweislichkeit), § 323 a (Rauschtat)
   Gründe: Die Gründe dafür, dass man sich einer objektiven Strafbarkeitsbedingung bedient, sind u. a. kriminalpolitischer Natur. Beweisschwierigkeiten bestehen insbesondere dahingehend, dass im Nachhinein meist nicht mehr ermittelbar ist, wer für die schwere Folge ursächlich geworden ist. Insofern stellt § 231 einen Auffangtatbestand für Sachverhalte mit Beweisproblemen dar. Beweisprobleme alleine können jedoch die Strafbarkeit nach § 231 insbesondere dann nicht rechtfertigen, wenn einem Beteiligten der Nachweis gelingt, dass ein anderer die schwere Folge unmittelbar herbeigeführt hat. Strafgrund des abstrakten Gefährdungsdelikts ist deshalb vor allem die generelle Gefährlichkeit von Schlägereien bzw. von Angriffen mehrerer. Aufgeheizte und tumultartige Auseinandersetzungen bergen insbesondere deshalb eine erhebliche Eskalationsgefahr, weil hier die Grenzen zwischen Freund und Feind leicht verwischen. Das Bewusstsein der Anonymität des eigenen Tatbeitrags innerhalb der Personenmehrheit lässt die Hemmschwelle zusätzlich sinken. Diese gruppendynamischen und psychologischen Verstärkungseffekte werden zusätzlich noch dadurch intensiviert, dass Schlägereien oftmals in der Öffentlichkeit stattfinden, wo Zuschauer die Beteiligten anfeuern. Aufgrund dieser Interaktionsdynamik zieht potentiell jede einzelne Mitwirkungshandlung unüberschaubare und unbeherrschbare Folgen nach sich.
   Auswirkungen: Da solche Verhaltensweisen typischerweise die Gefahr einer schweren Folge in sich bergen, muss die objektive Strafbarkeitsbedingung nicht vom Vorsatz umfasst

sein. Sie ist objektive Voraussetzung ohne subjektives Gegenstück. § 16 findet demnach keine Anwendung[2].

Probleme: Objektive Bedingungen der Strafbarkeit lösen insbesondere im Hinblick auf das aus dem Schutz der Menschenwürde (Art. 1 I GG) und dem Rechtsstaatsprinzip (Art. 20 III GG) abgeleitete Schuldprinzip verfassungsrechtliche Bedenken aus. Ein Verstoß gegen den Grundsatz „nulla poena sine culpa", wonach dem Täter das von ihm verwirklichte Unrecht individuell zurechenbar sein muss, soll hier angesichts des hohen Strafrahmens in der Begründung einer Erfolgshaftung – selbst für die von anderen herbeigeführten Erfolge – zu sehen sein (vgl. *Rönnau/ Bröckers* GA 1995, 550; *Hirsch* LK-StGB, § 231 Rn. 1 und *Roxin* AT § 23 II Rdn. 12 verlangen deshalb, dass der Täter zumindest die Möglichkeit des Eintritts einer der in § 231 bezeichneten Folgen voraussehen konnte).

Legitimation: Überwiegend wird die Vereinbarkeit objektiver Strafbarkeitsbedingungen mit dem Schuldprinzip darauf gestützt, dass diese lediglich **strafbeschränkenden Charakter** haben. Strafwürdiges Verhalten werde vom Gesetzgeber bereits vollständig mit dem jeweiligen Tatbestand umschrieben (hier die Beteiligung an einer Schlägerei). Dieses „an sich" strafwürdige Verhalten wird aber nicht als strafbedürftig angesehen, weshalb zusätzlich eine objektive Bedingung gefordert wird, die letztlich eine Einschränkung der Strafbarkeit des Betroffenen bewirkt. Zudem wurde der Vorwurf eines zu hohen Strafrahmens durch die Aufwertung der Körperverletzungsdelikte im Rahmen des 6. StrRG, das mit einer Erhöhung der Strafdrohung und der Einbeziehung des Versuchs in § 223 einherging, inzwischen entkräftet. Die Ausgestaltung des § 231 trägt gerade dem Problem Rechnung, dass auch anfangs harmlose Raufereien leicht ausarten und von den beteiligten Akteuren zu keiner Zeit vollständig beherrschbar sind. Deshalb nimmt jeder Täter mit der Teilnahme auch das für ihn erkennbare Risiko auf sich, dass es zum Eintritt einer schweren Folge kommt (vgl. *Satzger* Jura 2006, 108, 110 f.; *Paeffgen* NK-StGB, § 231 Rdn. 3).

Aus der Rechtsprechung: BGHSt 14, 132; 16, 130; 33, 104; 39, 305.

Übersichtsliteratur: *Satzger* Jura 2006, 108; *Zopfs* Jura 1999, 172; *Henke* Jura 1985, 585, 588 ff; *Rönnau* JuS 2011, 697.

Weitere Übungsklausuren: *Kett-Straub/Stief* JuS 2008, 236, 240; *Kretschmer* Jura 1998, 244 ff.

---

d) Rechtswidrigkeit und Schuld

T handelte zudem rechtswidrig und schuldhaft.

---

2 Ebenso existieren subjektive Voraussetzungen der Strafbarkeit ohne objektives Gegenstück wie beispielsweise Absichten, niedrige Beweggründe etc. (z. B. §§ 211, 242, 249, 263).

Hinweis zu Abs. 2: „Ohne dass ihm dies vorzuwerfen ist" verweist lediglich auf etwaige Rechtfertigungs- oder Entschuldigungsgründe. Die Aufnahme in § 231 II (früher Satz 2) erfolgte durch das 6. StRG um klarzustellen, dass Straffreiheit nur für den besteht, der zu keinem Zeitpunkt in vorwerfbarer Weise beteiligt war[3].

e) Ergebnis

T hat sich der Beteiligung an einer Schlägerei nach § 231 I strafbar gemacht.

4. Landfriedensbruch, § 125 I Nr. 1

Indem T an der Rauferei teilgenommen hat, könnte er sich gemäß § 125 I Nr. 1 wegen Landfriedensbruchs strafbar gemacht haben.

a) Anwendbarkeit

Eine Strafbarkeit nach § 125 I Nr. 1 kommt dann nicht in Betracht, wenn die Tat in anderen Vorschriften mit schwererer Strafe bedroht ist (§ 125 I a. E.). Vorliegend hat sich T bereits nach § 231 I strafbar gemacht. Beide Tatbestände sehen allerdings ein Strafmaß von bis zu drei Jahren Freiheitsstrafe oder Geldstrafe vor. Aufgrund des identischen Strafrahmens greift die Subsidiaritätsklausel nicht und § 125 I Nr. 1 findet Anwendung.

b) Objektiver Tatbestand

In Betracht kommt ein gewalttätiger Landfriedensbruch nach § 125 I Nr. 1. Dazu müsste sich T an Gewalttätigkeiten gegen Menschen oder Sachen beteiligt haben. Hierunter ist ein aggressives, gegen die körperliche Unversehrtheit von Personen oder Sachen gerichtetes Tun von einiger Erheblichkeit unter Einsatz physischer Kraft zu verstehen. Die Prügelei geht mit solchen Gewalttätigkeiten gegen Menschen einher. Auch von einer Menschenmenge i. S. v. § 125 I, d. h. einer räumlich vereinigten, der Zahl nach nicht sofort überschaubaren Personenvielzahl, ist bei den im Bierzelt Anwesenden auszugehen, da hier das Hinzutreten oder Ausscheiden eines einzelnen für den äußeren Eindruck keine Rolle spielt. Die Gewalttätigkeiten müssten aber auch aus der Menschenmenge heraus, d. h. mit vereinten Kräften von Mitgliedern der Menge gegen außenstehende Personen verübt worden sein. Vorliegend kam es aber zu Ausschreitungen innerhalb der

---

3 Vgl. *Otto* Grundkurs Strafrecht BT, § 23 Rdn. 4.

Menschenmenge, im Rahmen derer jeder gegen jeden kämpfte, so dass die Gewalttätigkeiten auch nicht mit vereinten Kräften begangen wurden.

c) Ergebnis
T hat sich mithin nicht gemäß § 125 I strafbar gemacht.

5. Hausfriedensbruch, § 123 I
In Betracht kommt weiterhin eine Strafbarkeit des T nach § 123 I. Das Bierzelt stellt einen abgegrenzten, einer konkreten berechtigten Person zugeordneten räumlichen Bereich und damit befriedetes Besitztum i.S.v. § 123 I dar. Die sich prügelnden Gäste haben das Bierzelt aber nicht gegen den Willen des Berechtigten betreten, sind also nicht eingedrungen. Auch ist nichts dafür ersichtlich, dass sie sich trotz Aufforderung des Berechtigten nicht entfernt haben. Eine Strafbarkeit wegen Hausfriedensbruchs scheidet folglich aus.

6. Konkurrenzen
§ 231 I tritt als abstraktes Gefährdungsdelikt nicht hinter die Verletzungsdelikte der §§ 223 I, 224 I Nr. 2, 2. Alt., Nr. 5 und § 227 I zurück. Die Mitwirkung an einem Geschehen, von dem besondere Folgerisiken ausgehen, enthält einen Unrechtsgehalt, der von jenen Körperverletzungsdelikten nicht erfasst wird. Es liegt somit Tateinheit nach § 52 vor. Um klarzustellen, dass Auslöser der Todesfolge nicht nur eine „einfache", sondern eine gefährliche Körperverletzung war, stehen auch §§ 223 I, 224 I Nr. 2, 2. Alt., Nr. 5 und § 227 I in Idealkonkurrenz (§ 52).

II. Strafbarkeit des R – Das Zurückhalten des S

1. Freiheitsberaubung, § 239 I
Durch das Festhalten des S könnte sich R einer Freiheitsberaubung gemäß § 239 I schuldig gemacht haben.
a) Da S nicht durch äußere Vorrichtungen oder sonstige Vorkehrungen am Verlassen eines Raumes gehindert wurde, hat R diesen nicht i. S. d. § 239 I eingesperrt.
b) Er könnte S aber auf andere Weise der Freiheit beraubt haben. Dazu müsste die Handlung des R die Aufhebung der Fortbewegungsfreiheit des S bewirkt haben. Durch das Festhalten konnte S nicht wie beabsichtigt zum Kampfgeschehen vordringen. R hat S seiner Freiheit durch Festhalten beraubt.
c) R handelte zudem vorsätzlich, rechtswidrig und schuldhaft.

d) R hat sich mithin einer Freiheitsberaubung nach § 239 I strafbar gemacht.

2. Nötigung, § 240 I

Indem R den S daran hindert, ins Geschehen einzugreifen, könnte er sich einer Nötigung nach § 240 I strafbar gemacht haben.

a) Objektiver Tatbestand

aa) R müsste einen anderen Menschen genötigt haben. Dazu müsste er S zu einem Verhalten veranlasst haben, das dessen Willen widerstrebt. S will schlichtend in das Geschehen eingreifen. R zwingt ihn, dies zu unterlassen. Eine Nötigungshandlung i. S. v. § 240 I liegt damit vor.

bb) Als Nötigungsmittel kommt hier die Anwendung von Gewalt in Betracht. Gewalt ist dabei der physisch wirkende Zwang zur Überwindung eines geleisteten oder erwarteten Widerstandes. Das Festhalten des S stellt eine körperliche Zwangswirkung und mithin Gewalt i. S. d. § 240 I dar.

cc) Darüber hinaus müsste ein Nötigungserfolg in Form einer Handlung, Duldung oder Unterlassung vorliegen. Da R den S davon abhält, schlichtend einzugreifen, wird dieser zu einem Unterlassen genötigt.

b) Subjektiver Tatbestand

R wollte S davon abhalten, schlichtend tätig zu werden. Dies war Ziel seines Handelns. Er handelte somit mit direktem Vorsatz ersten Grades.

c) Rechtswidrigkeit und Schuld

Gemäß § 240 II ist die Tat rechtswidrig, wenn die Anwendung der Gewalt zu dem angestrebten Zweck als verwerflich anzusehen ist. R zwingt den S hier zur Unterlassung der Beschwichtigung des Streits. Der Einsatz von Gewalt zur Verhinderung eines an sich gebotenen Verhaltens stellt eine verwerfliche Mittel-Zweck-Relation dar. Da auch keine Rechtfertigungs- oder Entschuldigungsgründe ersichtlich sind, ist die Tat zudem rechtswidrig und schuldhaft.

d) Ergebnis

R hat sich gemäß § 240 I strafbar gemacht.

3. Beteiligung an einer Schlägerei, § 231 I

Indem R den S davon abhielt, schlichtend in das Geschehen einzugreifen, könnte er sich auch der Beteiligung an einer Schlägerei nach § 231 I strafbar gemacht haben.

a) Objektiver Tatbestand

aa) Wie bereits gezeigt handelt es sich vorliegend um eine Schlägerei.

bb) R müsste an dieser Schlägerei beteiligt gewesen sein. Die bloße Anwesenheit des R ist für eine Beteiligung allerdings nicht ausreichend. Er müsste auch zur Fortsetzung der Auseinandersetzung beigetragen haben. Zwar hat R nicht aktiv an den Kampfhandlungen teilgenommen, durch die Verhinderung einer Schlichtung durch S hat er aber dazu beigetragen, dass diese weiter andauern.

(1) Fraglich ist zunächst, ob für eine Beteiligung des R eine Parteinahme erforderlich ist.

P: Parteinahme bei Unterstützung der Streitenden

Fehlt es an einer unmittelbar aktiven Mitwirkung an den Kampfhandlungen, so bereitet die Grenzziehung zwischen Täterschaft und Teilnahme im Rahmen der Beteiligung an einer Schlägerei oftmals Schwierigkeiten.

e. A.: Teilweise wird die allen Beteiligten zugute kommende Unterstützung (z. B. Bereitlegen von Waffen, Ablenken der Polizei, Abhalten von Schlichtern) nur dann als Beteiligung i. s. v. § 231 gewertet, wenn der Hilfeleistende gleichzeitig Partei ergreift. Tut er dies nicht, so kommt lediglich eine Teilnahme nach §§ 26, 27 in Betracht (so beispielsweise Wolters SK-StGB, § 231, Rn. 5; *Hohmann* MüKo-StGB, § 231 Rdn. 16, 29; *Paeffgen* NK-StGB, § 231 Rdn. 7, 19; *Zopfs* Jura 1999, 172, 173).

Arg.: Bedenken gegen die Würdigung als täterschaftliche Begehung bestehen insbesondere dahingehend, dass damit der durch § 231 ohnehin schon vorverlagerte Strafrechtsschutz unnötigerweise noch weiter ausgedehnt wird. Eine Teilnahme i. s. v. §§ 26, 27 wäre dann nur noch bei tatortfernen Beiträgen möglich. Leistet ein Dritter dadurch Hilfe zu einer (nachweisbaren) Körperverletzung, dass er Schutzwillige oder die Polizei abhält, so soll er lediglich wegen Beihilfe zur Körperverletzung nach §§ 223, 27 zu bestrafen sein. Allein die schlechte Beweislage bei Schlägereien dürfe nicht zur Ausübung einer Verdachtsstrafe führen.

a. A.: Trägt ein Dritter durch seine Handlungen dazu bei, dass die Streitigkeiten weiter andauern oder intensiviert werden, bedarf es für eine Beteiligung i. s. v. § 231 I keiner Parteinahme (*Eschelbach* BeckOK, § 231 Rdn. 12; *Wessels/Hettinger* BT 1, Rdn. 349; *Fischer* § 231 Rdn. 8).

Arg.: Eine handfeste Auseinandersetzung wird nicht weniger gefährlich, wenn sich einer gegen alle wendet, indem er die Kampfhandlungen „am Laufen hält". Werden Beschwichtigungsversuche unterbunden oder Waffen bereitgestellt, so leistet auch dies den gruppendynamischen und psychologischen Verstärkungseffekten Vorschub. Strafgrund ist die generelle Gefährlichkeit von Schlägereien, weshalb für eine täterschaftliche Beteiligung i. S. d. § 231 I jede Unterstützung des Kampfes ausreicht.

Aus der Rechtsprechung: BGH NJW 1961, 839, 840.

Teilweise wird verlangt, dass derjenige, der sich nicht unmittelbar an der Schlägerei beteiligt, Partei ergreift. Nicht ausreichend ist demnach eine allen Kämpfenden zugute kommende Hilfe wie beispielsweise das Bereitlegen von Waffen, das Ablenken der Polizei oder – wie hier – das Abhalten von Schlichtern. In Fällen wie dem vorliegenden soll also nur eine Teilnahme nach §§ 26, 27 in Betracht kommen. Hiergegen spricht allerdings, dass das Gefahrenpotential einer tätlichen Auseinandersetzung auch dann steigt, wenn diese aufrechterhalten oder intensiviert wird. Ob die Hilfe dabei nur einer oder allen streitenden Parteien zugute kommt, macht insoweit keinen Unterschied. Gruppendynamische und psychologische Verstärkungseffekte werden auch dann begünstigt, wenn Beschwichtigungsversuche verhindert oder Waffen zur Verfügung gestellt werden. Nach Sinn und Zweck des Gesetzes ist demnach in jeder Unterstützung der Kampfhandlungen auch eine Beteiligung i. S. d. § 231 I zu sehen.

(2) Problematisch ist weiterhin, dass R vor Eintritt der schweren Folge das Bierzelt verlassen hat.

P: Beteiligung vor Eintritt der schweren Folge

h. M.: Die h. M. bejaht eine Strafbarkeit nach § 231 I auch dann, wenn der Täter seine Beteiligung an der Schlägerei aufgibt, bevor die schwere Folge eingetreten ist, weil das geschaffene Gefährlichkeitsmoment noch nach Beendigung der Beteiligung fortwirkt.

a. A.: Vereinzelt wird die Beteiligung i. S. v. § 231 aber auf solche Fälle beschränkt, in denen der Täter während der Zeit der Verursachung der schweren Folge zur Gefährlichkeit des Raufhandelns beigetragen hat. Begründet wird dies damit, dass das Kriterium des „fortwirkenden Gefährlichkeitsmoments" den Geltungsbereich des § 231 bedenklich konturenlos werden lässt und somit nur ein enger zeitlicher Zusammenhang mit dem Eintritt der schweren Folge eine genügend klare und sachgerechte Zäsur darstellt (so *Krey/Hellmann/Heinrich* Strafrecht BT 1, Rdn. 321 ff., insb. Rdn. 323; ohne Begründung *Welzel,* Strafrecht, § 40 II 2).

Stellungnahme: Durch den Eintritt der objektiven Strafbarkeitsbedingung in Form der schweren Folge wird die Gefährlichkeit der Tatbeiträge indiziert. Eine Verneinung der Strafbarkeit aus § 231 bei der vorausgegangenen Beteiligung würde dem Zweck des Gesetzes zuwiderlaufen. Jeder Beteiligte könnte sich dann bei Beweisschwierigkeiten darauf berufen, dass er schon vor dem Eintritt der schweren Folge aufgegeben habe oder erst im Nachhinein hinzugetreten sei. Solchen Schutzbehauptungen sollte aber gerade durch den Verzicht auf das Erfordernis der Kausalität des einzelnen Tatbeitrags für die Erfolgsverursachung Einhalt geboten werden. Strafgrund des abstrakten Gefährdungsdelikts ist die generelle Gefährlichkeit der Beteiligung, weil sie die Streitfreude der Prügelnden noch steigert. Diese Wirkung besteht auch bei späterer Abwesenheit noch fort, so dass immer ein potentieller Beitrag zur Gefährlichkeit bejaht werden kann.

Aus der Rechtsprechung: RGSt 3, 236, 241; BGH NJW 1960, 874, 875.

Übersichtsliteratur: *Henke* Jura 1985, 585, 590 ff.; *Jäger* StR BT, Rdn. 96; *Otto* Die einzelnen Delikte, § 23 Rdn. 6.

Weitere Übungsklausuren: *Kett-Straub/Stief* JuS 2008, 236, 240; *Kretschmer* Jura 1998, 244, 249.

§ 231 legt nicht fest, wann die objektive Strafbarkeitsbedingung eintreten muss. Durch den Eintritt der schweren Folge wird aber die Gefährlichkeit der Tatbeiträge indiziert, die auch dann noch fortwirkt, wenn einzelne Täter ihre Beteiligung bereits beendet haben. Dass hierdurch ein gewisses Maß an Unschärfe im Hinblick auf den Geltungsbereich des § 231 zu beklagen ist, ändert nichts daran, dass dem kriminalpolitischen Anliegen, Beweisschwierigkeiten zu vermeiden und Schutzbehauptungen vorzubeugen, möglichst weitgehend Geltung zu verschaffen ist. Die Verneinung der Strafbarkeit aus § 231 bei einer Beteiligung, die vor Verursachung der schweren Folge aufgegeben wurde, ist mit dem Sinn und Zweck des Gesetzes mithin nicht in Einklang zu bringen. R war somit gemäß § 231 I an der Schlägerei beteiligt.

b) Subjektiver Tatbestand, objektive Strafbarkeitsbedingung, Rechtswidrigkeit, Schuld

R handelte außerdem vorsätzlich in Bezug auf die Beteiligung an einer Schlägerei, rechtswidrig und schuldhaft. Abgesehen davon ist durch den Tod des U auch die objektive Bedingung der Strafbarkeit erfüllt.

c) Ergebnis

R hat sich folglich der Beteiligung an einer Schlägerei strafbar gemacht.

4. Konkurrenzen

Ist Nötigungszweck allein die Beeinträchtigung der Fortbewegungsfreiheit, so tritt § 240 gegenüber § 239 nach Spezialitätsgrundsätzen zurück. S soll hier aber nicht nur zur Duldung der Freiheitsberaubung genötigt werden, sondern auch zur Unterlassung einer bestimmten Handlung. Das Unterlassen der Hilfeleistung kann S aber nur unter zeitweiligem Verzicht auf seine Bewegungsfreiheit abverlangt werden. Die Freiheitsberaubung dauert also nur so lange an, wie R zur Verwirklichung der Nötigung braucht und ist damit deren zwangsweise Folge bzw. Begleiterscheinung. Das Unrecht der Tat ist deshalb von § 240 I erfasst.

§ 240 I schützt die Willensfreiheit des einzelnen Angegriffenen, während § 231 I die Gesundheit und das Leben aller durch die Schlägerei gefährdeten Personen schützt. Das Unrecht der Nötigung wird somit nicht von § 231 I abgegolten. § 240 I und § 231 I stehen in Idealkonkurrenz (§ 52).

III. Strafbarkeit des W – Das Anfeuern

Beteiligung an einer Schlägerei, § 231 I
Indem W die Kämpfer lautstark anfeuerte, könnte er sich der Beteiligung an einer
Schlägerei gemäß § 231 I schuldig gemacht haben.

a) Objektiver Tatbestand
Dazu müsste W Beteiligter der Schlägerei gewesen sein, die den Tod des U verursacht hat. W hat sich nicht aktiv in die handgreifliche Auseinandersetzung
eingemischt. Auch das Anfeuern der Streitenden führt aber zu deren Fortgang.
aa) Fraglich ist, ob diese psychische Mitwirkung für eine Beteiligung i. S. d. § 231
ausreicht oder ob lediglich Teilnahme nach §§ 26, 27 in Betracht kommt.

P: Psychische Mitwirkungshandlungen
e. A.: Teilweise wird die rein psychische Unterstützung wie das Anfeuern der Streitenden lediglich
als Teilnahmehandlung i. S. d. §§ 26, 27 gewertet. Gestützt wird dies darauf, dass die körperliche
Kraftentfaltung regelmäßig einen weitaus größeren Beitrag zur Gefährlichkeit einer Schlägerei
leistet. Darüber hinaus ist nur bei einem tätlich Beteiligten die unmittelbare Verursachung einer
schweren Folge zu befürchten (*Stree* FS für Rudolf Schmitt, 215, 219 f.).

    h. M.: Die Gegenansicht sieht auch in der psychischen Mitwirkung eine Beteiligung i. S. v.
§ 231 I. Hierfür spricht, dass der einzelne Tatbeitrag nicht kausal sein muss für den Eintritt der
schweren Folge. So kann beispielsweise auch das Bereitstellen von Waffen die schwere Folge
nicht unmittelbar herbeiführen und gilt dennoch als Mitwirkung.

    Stellungnahme: In Anbetracht dessen, dass auch das Anfeuern ein aktives Mitwirken am
Fortgang der Auseinandersetzung darstellt und einen Beitrag zu deren Gefährlichkeit leistet,
indem es die Streitfreude der Prügelnden zumindest aufrechterhält, ist letztgenannter Ansicht der
Vorzug zu geben. Eines „Mitschlagens" bedarf es insoweit also nicht[4].

Aus der Rechtsprechung: BGH NJW 1999, 2895, 2896.

Übersichtsliteratur: *Zopfs* Jura 1999, 172, 173.

Für erstgenannte Ansicht spricht, dass psychische Unterstützungshandlungen wie
das Anfeuern regelmäßig weit weniger zur Gefährlichkeit einer Schlägerei beitragen als der Einsatz von Körperkraft. Andererseits werden durch das Anfeuern
die Streitfreude der Beteiligten und damit auch die Auseinandersetzung aktiv
aufrechterhalten. Um einen Beitrag zu deren Gefährlichkeit zu leisten, ist insoweit
also kein „Mitschlagen" erforderlich; insbesondere im Hinblick darauf, dass der
einzelne Tatbeitrag für den Eintritt der schweren Folge nicht kausal sein muss.

---

4 A. A. vertretbar.

Auch die psychische Mitwirkung ist deshalb von genereller Gefährlichkeit und mithin eine Beteiligung i. S. v. § 231.

bb) Auch die objektive Bedingung, welche die Rauferei als gefährlich qualifiziert, ist eingetreten. Problematisch hieran ist, dass W erst nach Eintritt der schweren Folge hinzugekommen ist.

P: Beteiligung nach Eintritt der schweren Folge

Besonders umstritten ist die Frage der Strafbarkeit nach § 231 I, wenn sich der Betreffende erst nach Eintritt der schweren Folge an der Schlägerei beteiligt hat.

e. A.: Teilweise wird eine Strafbarkeit nach § 231 I mit dem Hinweis darauf verneint, dass die Gefährlichkeit der Auseinandersetzung bei vorheriger Beteiligung durch den Erfolgseintritt objektiv bescheinigt wird, während ein solches Indiz für den weiteren Verlauf der Schlägerei bei der nachträglichen Beteiligung nicht vorhanden ist. Der Täter forciert hier kein gefährliches Geschehen, das in eine schwere oder tödliche Körperverletzung mündet. Ebenso wie bei einer Schlägerei ohne schwere Folge besteht in solchen Fällen kein kriminalpolitisches Bedürfnis für eine Bestrafung. Die vorangegangene Gefährlichkeitsphase darf dem Täter demnach nicht angelastet werden (so u. a. *Otto* Grundkurs Strafrecht BT, § 23 Rdn. 6; *Rengier* BT II, § 18 Rdn. 11; *Hardtung* JuS 2008, 1060, 1065; Schönke/Schröder/*Stree/Sternberg-Lieben* § 231 Rdn. 9; *Wolters* SK-StGB, § 231 Rdn. 8).

a. A.: Dagegen spricht allerdings, dass sich auch vorliegend jeder Beteiligte darauf berufen könnte, erst im Nachhinein zur Schlägerei hinzugetreten zu sein, um sich damit über den Grundsatz in dubio pro reo einer Bestrafung zu entziehen. Darüber hinaus steigert sich die Gefährlichkeit der Rauferei mit jeder weiteren Einmischungshandlung, so dass es auch hier einer Kausalität des einzelnen Tatbeitrags für die Erfolgsverursachung nicht bedarf. Eine Beteiligung i. S. v. § 231 I ist somit bei jeder Handlung anzunehmen, die auf Unterstützung des Kampfes gerichtet ist (vgl. BGH NJW 1961, 1732; *Hohmann* MüKo-StGB, § 231 Rdn. 24 f.; *Fischer* § 231 Rdn. 8c; *Wessels/Hettinger* Rdn. 259 f.).

Stellungnahme: Entscheidend ist letztlich, in welche Beziehung man die Beteiligung an der Schlägerei zur Verursachung der schweren Folge setzt. Einigkeit besteht dahingehend, dass sich die Beteiligung auf eine Auseinandersetzung beziehen muss, die ausweislich der schweren Folge einen bestimmten Gefährlichkeitsgrad erreicht hat. Die erstgenannte Ansicht fordert aber zusätzlich die Möglichkeit, dass die Beteiligung selbst die Rauferei zu einem gefährlichen, die schwere Folge auslösenden Geschehen gemacht hat. Zu bedenken ist allerdings, dass die Verursachung der schweren Folge oftmals von Zufälligkeiten abhängt und nicht zwangsläufig die Gefährlichkeit des Geschehens zum Ausdruck bringt. Insbesondere erfasst § 231 sämtliche schweren Folgen und nicht nur jene, die auf eine besonders gefährliche Auseinandersetzung zurückzuführen sind. Dahinter steht die Überlegung, dass die mit Raufhandlungen einhergehenden Gefahren grundsätzlich strafwürdig sind, ein Strafbedürfnis aber erst dann besteht, wenn sich jene Gefahren in einer schweren oder tödlichen Verletzung manifestiert haben. Maßgeblich ist also letztlich nur die Beteiligung an einer Schlägerei, in deren Verlauf es (irgendwann) zum Eintritt einer schweren Folge kam. Ein Kausalzusammenhang zwischen Beteiligung und schwerer Folge ist deshalb nicht erforderlich. Auch die Mitwirkung nach deren Verursachung führt demnach zur Strafbarkeit nach § 231 I.

Aus der Rechtsprechung: BGH NJW 1961, 1732.

Übersichtsliteratur: *Henke,* Jura 1985, 585, 590 ff.; *Jäger* StR BT, Rdn. 96; *Zopfs* Jura 1999, 172, 177 ff.

Weitere Übungsklausuren: *Kett-Straub/Stief* JuS 2008, 236, 240.

In diesen Fällen wird eine Strafbarkeit nach § 231 I meist deshalb abgelehnt, weil der Beteiligte hier keinen gefahrerhöhenden Beitrag geleistet haben kann, der sich in der schweren oder tödlichen Körperverletzung niederschlägt. Die schwere Folge kann demnach nur bis zu ihrer Verursachung ein Indiz für die besondere Gefährlichkeit der Auseinandersetzung sein. Nach anderer Ansicht sind aber auch Mitwirkungshandlungen nach Eintritt der schweren Folge von § 231 I erfasst. Hierfür spricht neben dem kriminalpolitischen Anliegen, Schutzbehauptungen vorzubeugen, auch die gesetzgeberische Intention, Schlägereien dann strafrechtlich zu würdigen, wenn deren Gefährlichkeit anhand einer schweren oder tödlichen Verletzung für jedermann erkennbar in Erscheinung getreten ist. Eine Kausalität des einzelnen Tatbeitrags für die Erfolgsverursachung ist hierfür aber nicht erforderlich. Im Hinblick darauf, dass der Eintritt der schweren Folge oftmals nur vom Zufall abhängt, lässt dieser nicht notwendig Rückschlüsse auf die Gefährlichkeit des Geschehens zu. Stattdessen trägt jede einzelne Einmischungshandlung zur Erhöhung der Gefährlichkeit bei. Die besseren Gründe sprechen mithin dafür, eine Beteiligung i. S. v. § 231 I bei jeder Handlung anzunehmen, die auf Unterstützung des Kampfes gerichtet ist, auch wenn diese erst nach Verursachung der schweren Folge erbracht wird[5].

cc) W hat durch das lautstarke Anfeuern der mit ihm befreundeten Kämpfer zur Fortsetzung der Auseinandersetzung beigetragen. Er hat sich somit gemäß § 231 I an einer Schlägerei beteiligt.

b) Subjektiver Tatbestand
W handelte zudem vorsätzlich in Bezug auf die Beteiligung an einer Schlägerei.

c) Ergebnis
W hat sich folglich der Beteiligung an einer Schlägerei nach § 231 I strafbar gemacht.

---

5 A. A. vertretbar.

1. Abwandlung: Strafbarkeit des T

I. Versuchte gefährliche Körperverletzung, §§ 223 I, 224 I Nr. 2, 2. Alt., Nr. 5, 22, 23 I

Aufbauhinweis: Grundsätzlich ist es vorzugswürdig, den Aufbau an der Schwere der Delikte zu orientieren und mit dem schwersten zu beginnen. Da im Rahmen der Notwehrprovokation aber das Vorverhalten des T relevant wird, empfiehlt es sich hier, um eine Inzidentprüfung zu vermeiden, chronologisch vorzugehen und mit dem Wurf des Bierkrugs zu beginnen.

Durch den Wurf mit dem Bierkrug könnte T eine versuchte gefährliche Körperverletzung gemäß §§ 223 I, 224 I Nr. 2, 2. Alt., Nr. 5, 22, 23 I begangen haben.

Vorprüfung
U wurde nicht verletzt. Der tatbestandliche Erfolg ist mithin nicht eingetreten. Die Versuchsstrafbarkeit ergibt sich aus §§ 223 II, 224 II, 23 I.

1. Tatentschluss
T müsste vorsätzlich gehandelt haben. T wollte U mit dem Bierkrug treffen, weil er ihn für V hielt. T nahm dabei zumindest billigend in Kauf, dass die körperliche Unversehrtheit des U erheblich beeinträchtigt und ein pathologischer Zustand hervorgerufen wird. Darüber hinaus handelte T, obwohl er sich bewusst war, dass der Maßkrug nach Art der konkreten Verwendung als Wurfgeschoss geeignet ist, erhebliche Verletzungen zu verursachen und sein Verhalten eine das Leben gefährdende Behandlung darstellt. T handelte demnach mit Wissen und Wollen bezüglich der objektiven Tatbestandmerkmale und damit vorsätzlich.

2. Unmittelbares Ansetzen
Unabhängig davon, ob gefordert wird, dass kein weiterer wesentlicher Zwischenakt zur Tatbestandsverwirklichung nötig ist, ein Einbrechen in die Schutzsphäre des Opfers vorliegt oder die Schwelle zum „Jetzt geht's los" überschritten wird, hat T spätestens in dem Moment, in dem er den Maßkrug in Richtung des U wirft, nach allen Theorien unmittelbar angesetzt.

3. Ergebnis

T hat sich wegen versuchter gefährlicher Körperverletzung nach §§ 223 I, 224 I Nr. 2, 2. Alt., Nr. 5, 22, 23 I strafbar gemacht.

II. Totschlag, § 212 I

Indem T auf U einstach und dieser starb, könnte er wegen Totschlag nach § 212 I zu bestrafen sein.

1. Tatbestandsmäßigkeit

Mit dem Tod des U durch die Messerstiche des T ist der objektive Tatbestand des § 212 I erfüllt. T nahm den Tod des U zumindest billigend in Kauf und handelte somit auch vorsätzlich.

2. Rechtswidrigkeit

Das Vorgehen des T könnte allerdings durch Notwehr (§ 32) gerechtfertigt sein.
a) Dazu müsste zunächst eine Notwehrlage in Form eines gegenwärtigen rechtswidrigen Angriffs vorliegen.
aa) Ein Angriff ist dabei jede durch menschliches Verhalten drohende Verletzung rechtlich geschützter Güter oder Interessen. U prügelte mit dem Schlagstock immer weiter auf T ein, der dadurch schwere Verletzungen erlitt und in Lebensgefahr gebracht wurde. Ein gegenwärtiger Angriff liegt demnach vor.
bb) Die Rechtswidrigkeit des Angriffs ist dann gegeben, wenn er den Bewertungsnormen des Rechts objektiv zuwiderläuft und nicht durch einen Erlaubnissatz gedeckt ist. T hatte den Bierkrug bereits geworfen und U verfehlt. Ein gegenwärtiger Angriff seitens T liegt damit nicht (mehr) vor, so dass U seinerseits auch nicht durch Notwehr gerechtfertigt ist. Der Angriff des U ist damit rechtswidrig.
b) Weiterhin müsste die gegen den Angreifer gerichtete Notwehrhandlung erforderlich und geboten gewesen sein.
aa) Die Notwehrhandlung ist dann erforderlich, wenn sie zur Angriffsabwehr geeignet ist und zugleich das mildeste zur Verfügung stehende Abwehrmittel darstellt. Die Maßnahme des T konnte den Angriff beenden und war somit ein geeignetes Mittel. Ein verbaler Schlichtungsversuch durch gutes Zureden wäre hier wohl angesichts der schweren Verletzungen, die T bereits erlitt, wenig Erfolg versprechend gewesen. T, der sein Leben in Gefahr sah, muss sich nicht dem Risiko einer unzureichenden Abwehrhandlung aussetzen.

356 — Übungsfall 14: Im Bierzelt fliegen die Fäuste

bb) Fraglich ist, ob vorliegend aufgrund der sog. Notwehrprovokation eine Einschränkung des Notwehrrechts im Rahmen der Gebotenheit vorzunehmen ist.

P: Absichtsprovokation bzw. schuldhaft herbeigeführte Notwehrlage

Absichtsprovokation: Dem Täter kommt es gerade darauf an, den Angreifer unter dem Deckmantel der Notwehr zu verletzen.

(1) Der teilweise vertretenen Ansicht, die dem Provokateur auch in diesem Fall sein **volles Notwehrrecht** einräumt, weil die Rechtsordnung vom Provozierten verlangt, dass er der Provokation widersteht, kann nicht gefolgt werden. Wer sich rechtsmissbräuchlich verhält und sich dadurch gegen das Recht stellt, kann sich nicht gleichzeitig auf selbiges berufen. In der Versagung des Notwehrrechts ist deshalb auch keine Aberkennung schützenswerter Positionen zu sehen.

(2) Nach heute kaum noch vertretener Ansicht soll der Provokateur bei seiner Verteidigungshandlung zwar durch Notwehr gerechtfertigt sein, über die Rechtsfigur der **actio illicita in causa** aber wegen der schuldhaften Verursachung der Notwehrlage aus dem Vorsatz- bzw. Fahrlässigkeitsdelikt bestraft werden. Ein und dasselbe Verhalten kann aber nicht sowohl rechtmäßig als auch rechtswidrig sein. Aufgrund seiner Widersprüchlichkeit ist auch von dieser Ansicht Abstand zu nehmen (*Lindemann/Reichling* JuS 2009, 496 ff.).

(3) Um eine entsprechende Unterscheidung zwischen der absichtlich provozierten und der nur schuldhaft herbeigeführten Notwehrlage vornehmen zu können, ist das Notwehrrecht nicht – wie teilweise gefordert – einzuschränken, sondern im Hinblick auf das Verbot rechtsmissbräuchlichen Verhaltens mit der **h. M.** gänzlich zu **versagen**. Für dieses Ergebnis finden sich in der Literatur noch weitere Lösungsansätze. Das gefahrauslösende Vorverhalten wird dort auch als Einwilligung in das Risiko einer Rechtsgutsverletzung, Ingerenz oder Obliegenheitsverletzung eingestuft (zusammenfassend *Matt* NStZ 1993, 271, 273).

Hinweis: Übersteigt der Angriff des Provozierten das vom Provokateur beabsichtigte Maß, kann das Notwehrrecht trotz Absichtsprovokation erhalten bleiben (vgl. *Krey* AT 1, Rdn. 557).

Schuldhaft herbeigeführte Notwehrlage: Der Provokateur handelt zwar nicht absichtlich, führt aber sonst vorwerfbar die Notwehrsituation herbei.

Abgestuftes Notwehrrecht: Im Rahmen der schuldhaft herbeigeführten Notwehrlage besteht grundsätzlich Einigkeit darüber, dass hier das Notwehrrecht weder vollständig einzuschränken ist noch völlig uneingeschränkt gewährt werden kann. Stattdessen ist eine Abstufung dahingehend vorzunehmen, dass der Provokateur dem Angriff tunlichst **auszuweichen** hat. Ist ihm das nicht möglich, muss er sich auf defensive Verteidigungsmaßnahmen beschränken, auch wenn dies mit geringeren Beeinträchtigungen und Verletzungen einhergeht **(Schutzwehr)**. Zu verletzenden Gegenangriffen **(Trutzwehr)** darf er erst dann übergehen, wenn auch dadurch keine ausreichende Verteidigung gewährleistet ist.

Hinweis: Eine Mindermeinung versucht wiederum über die Rechtsfigur der actio illicita in causa den Täter, der sich an diese Stufenfolge hält und gerechtfertigt zur Trutzwehr greift, wegen der aktiven Gegenwehr aus dem Fahrlässigkeitsdelikt zu bestrafen. Abgesehen davon, dass hierfür aufgrund der ausweglosen Situation des Provozierenden kein Bedürfnis besteht, ist diese Ansicht aus den bereits erwähnten Gründen abzulehnen.

P: Muss das notwehreinschränkende Provokationsverhalten rechtswidrig sein oder reicht ein sozialethisch missbilligenswertes Verhalten aus?

BGH: Nach Ansicht des BGH kann auch ein nicht rechtswidriges Vorverhalten Berücksichtigung finden, soweit es mit der Tatsituation in unmittelbarem räumlichem Zusammenhang steht, als sozialethisch verwerflich anzusehen ist und der Täter weiß, dass dadurch ein rechtswidriger Angriff veranlasst werden könnte.

h. L.: Diese Ansicht ist in der Literatur überwiegend auf Kritik gestoßen. Argumentiert wird damit, dass sich der Provokateur auf dem Boden des Rechts bewegt und selbiges ohne Abstriche gegen rechtswidrige – wenn auch provozierte – Angriffe verteidigen kann. Nicht verbotene Taktlosigkeiten, Hänseleien o.Ä. dürfen allenfalls „mit gleicher Münze heimgezahlt" werden. Ein Abstellen auf sozialethische Kriterien ist mit rechtlichen Maßstäben nicht zu erfassen und deshalb zu vage.

Hinweis: Dieses Problem wird sich in der Mehrzahl der Fälle deshalb nicht stellen, weil die zu einem rechtswidrigen Angriff führenden Provokationen meist ihrerseits rechtswidrig sind. Erfasst sind insbesondere nicht nur Beleidigungen, Sachbeschädigungen, Tätlichkeiten etc., sondern auch Beeinträchtigungen privatrechtlich geschützter Rechte wie des Besitzes oder des allgemeinen Persönlichkeitsrechts. Eine Rechtfertigung der Attacke des Provozierten scheitert hier allein daran, dass der im Vorverhalten des Provokateurs liegende Angriff nicht mehr gegenwärtig ist.

Aus der Rechtsprechung: BGH NStZ-RR 2002, 205; NJW 1972, 1821, 1822; NJW 1975, 1423, 1424; BGH NJW 2003, 1955, 1958 f; BGH JuS 2011, 272 (Besprechung *Hecker*); BGH JuS 2014, 946 (Besprechung *Hecker*).

Übersichtsliteratur: *Bosch* JA 2006, 490; *Jäger* StR AT, Rdn. 122 f.; *Küpper* JA 2001, 438 ff.; *Mitsch* JuS 2001, 751; *Otto* Grundkurs, § 8 Rdn. 74 ff.; *Zaczyk* JuS 2004, 750, 753 f.

Weitere Übungsklausuren: *Berz/Saal* Jura 2003, 205 ff.; *Esser/Krickl* JA 2008, 787 ff.; *Kudlich* JuS 2003, 32 ff.; *Laubenthal* JA 2004, 39 ff.; *Müller/Raschke* Jura 2011, 704; *Nestler* JA 2014, 262; *Norouzi* JuS 2004, 494.

T hat den Angriff nicht absichtlich provoziert, um U unter dem Deckmantel der Notwehr zu verletzen. Rechtsmissbräuchliches Verhalten, das zu einem Verlust des Notwehrrechts führen würde, ist T insofern nicht vorzuwerfen. Dennoch hat er durch den Wurf mit dem Maßkrug U dazu veranlasst, auf T loszugehen und somit vorwerfbar eine Notwehrsituation herbeigeführt. Die Rechtsordnung erwartet allerdings, dass man auf rechtmäßiges provozierendes Verhalten nicht mit einem rechtswidrigen Angriff reagiert, andernfalls verlässt der provozierte Angreifer als erster den „Boden des Rechts", so dass kein Anlass dafür besteht, dem Angegriffenen das Recht zur erforderlichen Verteidigung zu verwehren. Richtigerweise kommt deshalb eine Einschränkung des Notwehrrechts nur bei rechtlich zu beanstandendem Vorverhalten in Betracht[6]. Da T sich durch den Wurf mit dem Bierkrug einer versuchten gefährlichen Körperverletzung strafbar gemacht hat (s. o.), liegt auch nach restriktivster Auffassung ein notwehreinschränkendes Provokationsverhalten vor. Der Streit, ob hierfür auch ein nur sozialethisch zu missbilligendes Verhalten ausreichend ist, kann folglich dahinstehen. Aufgrund der schuldhaft herbeigeführten Notwehrlage ist das Notwehrrecht des T mithin einzuschränken. T hat dem Angriff deshalb auszuweichen. Gelingt ihm dies nicht, muss er sich auf Schutzwehr, d. h. auf defensive Verteidigungshandlungen beschränken. Reichen auch diese Maßnahmen zur Abwehr des Angriffs nicht aus, so kann in Abhängigkeit von der Stärke des Angriffs auch der Einsatz von Waffen oder die Tötung des Angreifers erlaubt sein. Ein Ausweichen war T hier nicht möglich. Durch die Prügel mit dem Schlagstock erlitt er schwere Verletzungen und sah sein Leben in Gefahr. Die Hinnahme solch gravierender eigener Verletzungen ist dem Angegriffenen nicht zuzumuten. T wusste sich auf anderem Wege nicht mehr zu helfen und griff in letzter Not zum Messer. Die Ausübung von Trutzwehr ist T somit nicht versagt. Sein Vorgehen war mithin geboten.

c) T handelte darüber hinaus mit Verteidigungswillen.

d) Die Voraussetzungen des § 32 sind somit gegeben. T handelte gerechtfertigt nach § 32 und folglich nicht rechtswidrig.

3. Ergebnis
T hat sich keines Totschlags gemäß § 212 I strafbar gemacht.

III. Beteiligung an einer Schlägerei, § 231 I

Indem T bei der tätlichen Auseinandersetzung mitwirkte, den Maßkrug warf und auf U einstach, könnte er wegen der Beteiligung an einer Schlägerei nach § 231 I zu bestrafen sein.

1. Tatbestandsmäßigkeit
T hat sich durch seine Tätlichkeiten aktiv und unmittelbar an der Schlägerei beteiligt (s. o.). U starb an den Messerstichen, so dass auch die schwere Folge eingetreten ist. T handelte zudem vorsätzlich (s. o.).

---

6 A. A. vertretbar.

2. Rechtswidrigkeit und Schuld

Fraglich ist, inwiefern es sich auf die Strafbarkeit nach § 231 I auswirkt, dass T bezüglich der Messerstiche gerechtfertigt handelt.

P: Gerechtfertigte Herbeiführung der schweren Folge

Fraglich ist, ob auch derjenige nach § 231 I zu bestrafen ist, der die schwere Folge gerechtfertigt herbeigeführt hat.

e. A.: Eine Ansicht verneint diese Frage deshalb, weil andernfalls der Beteiligte unzumutbarer Weise dazu gezwungen wäre, die erforderliche Notwehrhandlung zu unterlassen, um straffrei zu bleiben.

h. M.: Nach anderer Ansicht ist die Rolle, die das individuelle Vorgehen des Beteiligten bei der Herbeiführung der schweren Folge spielt, für die Strafbarkeit nach § 231 I nicht von Bedeutung.

Stellungnahme: Auch wenn die Notwehrhandlung eines Beteiligten, der im Verlauf der Schlägerei in eine Notwehrlage geraten ist, gerechtfertigt ist, so war doch hinsichtlich der vorangegangenen Beteiligung noch keine rechtfertigende Situation gegeben[7]. Die abstrakte Gefährlichkeit der früheren Handlungen bleibt auch weiterhin bestehen. Wie zuvor gezeigt, bedarf es nicht einmal eines kausalen Zusammenhangs zwischen Beteiligung und schwerer Folge, so dass erst recht die kausale, aber gerechtfertigte Herbeiführung selbiger nach § 231 I zu bestrafen ist. Auch eine gerechtfertigt verursachte Verletzung ist ein typisches Risiko der Schlägerei und bringt die ihr innewohnenden Gefahren für Leib und Leben zum Ausdruck.

Aus der Rechtsprechung: RGSt 3, 236, 239; BGHSt 39, 305.

Übersichtsliteratur: *Jäger* StR BT, Rdn. 96; *Zopfs* Jura 1999, 172, 180 f.

Weitere Übungsklausuren: *Kett-Straub/Stief* JuS 2008, 236, 240; *Kudlich* JuS 2003, 32 ff. (am Bsp. § 227)

Dies ist abhängig davon, ob die Rechtswidrigkeit dahingehend aufgespalten werden kann, dass der Täter zwar hinsichtlich einer Körperverletzung, nicht aber in Bezug auf § 231 I gerechtfertigt ist. Bejaht man dies, so wäre der Täter dann, wenn er selbst durch die Notwehrhandlung die schwere Folge herbeiführt, gezwungen, die Notwehrhandlung zu unterlassen, um straffrei zu bleiben. Andererseits sind aber auch Verletzungen, die in Notwehr zugefügt werden, ein typisches Risiko der Schlägerei und ein Ausdruck der mit ihr verbundenen Gefahren für Leib und Leben. Die abstrakte Gefährlichkeit der früheren Handlungen des T bleibt bestehen, so dass die Rechtfertigung der konkreten Verletzungshandlung die Strafbarkeit nach § 231 unberührt lässt. Hinsichtlich der Beteiligung an einer

---

7 Beschränkt sich das Verhalten des Täters ausschließlich auf gerechtfertigte Abwehrhandlungen, liegt schon keine Beteiligung i. S. v. § 231 I vor. Ist da wirklich Tathandlung schon zu verneinen?

Schlägerei durch das Austeilen von Schlägen und den Wurf mit dem Maßkrug handelte T demnach rechtswidrig und schuldhaft.

3. Ergebnis
T hat sich der Beteiligung an einer Schlägerei nach § 231 I strafbar gemacht.

2. Abwandlung: Strafbarkeit des T

Beteiligung an einer Schlägerei, § 231 I

Eine Strafbarkeit des T wegen der Beteiligung an einer Schlägerei könnte sich daraus ergeben, dass er an der tätlichen Auseinandersetzung mitwirkte und den Maßkrug warf.

1. Objektiver Tatbestand
a) T hat sich durch seine Tätlichkeiten aktiv und unmittelbar an der Schlägerei beteiligt (s.o.). Da T, verursacht durch Prügel mit dem Schlagstock, das Sehvermögen auf einem Auge verliert, liegt auch die objektive Strafbarkeitsbedingung in Form einer schweren Körperverletzung gemäß § 226 I Nr. 1 vor.

b) Problematisch hierbei ist allerdings, dass gerade die Verletzung des T dessen Strafbarkeit begründen soll. Es stellt sich deshalb die Frage, ob eine Strafbarkeit nach § 231 auch dann in Betracht kommt, wenn der Täter selbst das Opfer der schweren Folge ist. T war hier nicht nur Opfer der Prügelei, sondern hat sich aktiv und unmittelbar durch den Wurf mit dem Maßkrug daran beteiligt. Durch seinen Beitrag hat er die Gefährlichkeit der Auseinandersetzung und die Gefahr für andere Personen gesteigert. Dass er selbst die Verletzung erleidet, ist ebenfalls Ausfluss der abstrakten Gefährlichkeit solcher Raufhandlungen und kann im Rahmen von § 60 Berücksichtigung finden. Der objektive Tatbestand des § 231 I ist mithin erfüllt.

P: Täter ist Opfer der schweren Folge

e.A.: Weil bei einer Selbstverletzung nicht auszuschließen ist, dass der Verletzte tatsächlich nur sich selbst gefährdet hat, eine die besondere Gefährlichkeit der Auseinandersetzung belegende gesteigerte Fremdgefährdung also möglicherweise nicht besteht, ist derjenige, der sich selbst verletzt aus dem Täterkreis des § 231 I auszunehmen. Die Selbstverletzung ist demnach nur Ausdruck einer Selbstgefährdung, die straflos bleiben muss (vgl. *Günther* JZ 1985, 785, 786 f.; *Hirsch* LK-StGB, § 231 Rdn. 10; *Rengier* BT II, § 18 Rdn. 9).

a. A.: Strafgrund und deshalb entscheidend ist auch hier wieder die abstrakte Gefährlichkeit der Beteiligung an einer Schlägerei, die immer auch mit dem Risiko schwerer Folgen verbunden ist. Der Täter hat durch sein Handeln dazu beigetragen, dass es zu Folgen dieser Art kommen kann. Dass die schwere Folge bei ihm selbst eingetreten ist, ändert hieran nichts (so u. a. BGHSt 33, 100, 103; *Hardtung* JuS 2008, 1060, 1064).

Stellungnahme: Fordert man wie die erstgenannte Ansicht die Feststellung, dass es tatsächlich zu einer Fremdgefährdung kam, so wäre dies wiederum mit der gesetzgeberischen Intention, bei Beweisschwierigkeiten Schutzbehauptungen vorzubeugen, nicht vereinbar[8]. Darüber hinaus geht mit der Selbstverletzung regelmäßig auch die Gefährdung anderer Personen einher. Die Indizwirkung für eine gesteigerte Gefährlichkeit bleibt deshalb auch in diesen Fällen bestehen. Dem Umstand, dass der Täter die Verletzung erleidet und damit selbst Leidtragender ist, kann durch § 60 Rechnung getragen werden.

Aus der Rechtsprechung: BGHSt 33, 100, 104.

Übersichtsliteratur: *Henke,* Jura 1985, 585, 588 f.; *Jäger* StR BT, Rdn. 96; *Zopfs* Jura 1999, 170, 179 f.

Weitere Übungsklausuren: *Kett-Straub/Stief* JuS 2008, 236, 240.

2. Subjektiver Tatbestand

Da es sich bei der schweren Folge um eine objektive Strafbarkeitsbedingung handelt, muss sich der Vorsatz des T hierauf nicht beziehen. Bezüglich der Beteiligung an einer Schlägerei handelte T vorsätzlich.

3. Ergebnis

T hat sich der Beteiligung an einer Schlägerei schuldig gemacht.

E: Absehen von Strafe, § 60

Gemäß § 60 sieht das Gericht von Strafe ab, wenn die Folgen der Tat, die den Täter getroffen haben, so schwer sind, dass die Verhängung einer Strafe offensichtlich verfehlt wäre und der Täter für die Tat nicht eine Freiheitsstrafe von mindestens einem Jahr verwirkt hat.

Die für § 231 I strafbegründende schwere Folge, nämlich der Verlust der Sehfähigkeit auf einem Auge, hat nur T selbst getroffen. Unter Würdigung des gesamten Sachverhalts drängt es sich dem verständigen Betrachter hier auf, dass dieser Verlust Warnung und Strafe genug für T ist. Zudem ist der Vorwurf, der T hinsichtlich der Beteiligung an einer Schlägerei zu machen ist, zwar gewichtig, aber nicht von äußerster Schwere. In Anbetracht dessen scheint eine Bestrafung nicht mehr geboten. Demnach ist hier gemäß § 60 von Strafe abzusehen. Auf Fragen der Strafzumessung ist in Klausuren zwar nicht einzugehen, hier könnte allerdings ausnahmsweise ein entsprechender Hinweis erfolgen.

---

8 Etwas anderes kann nur dann gelten, wenn ausgeschlossen ist, dass die Selbstverletzungshandlung eine Fremdgefährdung bewirkt haben könnte; beispielsweise weil ein Angreifer stolpert, zu Boden fällt und sich dabei verletzt (vgl. *Zopfs* Jura 1999, 170, 180).

Gesamtergebnis/Konkurrenzen

Ausgangsfall:
Strafbarkeit des T: T hat durch ein und dieselbe Handlung eine Körperverletzung mit Todesfolge (§ 227 I) sowie eine gefährliche Körperverletzung (§§ 223 I, 224 I Nr. 2, 2. Alt., Nr. 5) begangen und sich der Beteiligung an einer Schlägerei (§ 231 I) strafbar gemacht, weshalb alle drei Delikte im Verhältnis der Idealkonkurrenz (§ 52) zueinander stehen.

Strafbarkeit des R: Auch die Strafbarkeit des R wegen Nötigung (§ 240 I) und Beteiligung an einer Schlägerei (§ 231 I) knüpft an ein und dieselbe Handlung an. Die Delikte stehen mithin in Tateinheit (§ 52).

Strafbarkeit des W: W hat sich nach § 231 I wegen Beteiligung an einer Schlägerei strafbar gemacht.

1. Abwandlung
Strafbarkeit des T: T hat sich nach § 231 I wegen Beteiligung an einer Schlägerei strafbar gemacht.

2. Abwandlung
Strafbarkeit des T: T ist straflos.

D. Definitionen

körperliche Misshandlung	ist jede üble, unangemessene Behandlung, durch die das körperliche Wohlbefinden oder die körperliche Unversehrtheit nicht nur unerheblich beeinträchtigt wird.
Gesundheitsschädigung	meint das Hervorrufen oder Steigern eines vom körperlichen Normalzustand negativ abweichenden pathologischen Zustands.
gefährliches Werkzeug	Gefährlich ist ein Werkzeug, das nach seiner objektiven Beschaffenheit und der Art seiner konkreten Verwendung geeignet ist, erhebliche Verletzungen herbeizuführen.
lebensgefährdende Behandlung	h. M.: abstrakte Lebensgefahr ausreichend a. A.: Eintritt einer konkreten Lebensgefährdung erforderlich

error in persona	Beim error in persona trifft der Täter das Objekt, auf das er zielt, irrt sich jedoch bei der Identität seines Opfers (sog. Verwechslung des Tatobjekts).
aberratio ictus	Bei der aberratio ictus tritt ein anderer als der vom Täter angestrebte Erfolg ein (sog. Fehlgehen der Tat).
Schlägerei	ist ein Streit von mindestens drei Personen, der mit gegenseitigen Körperverletzungen einhergeht, unabhängig davon, ob einer von ihnen schuldlos oder gerechtfertigt handelt.
Angriff mehrerer	ist die in feindseliger Willensrichtung unmittelbar auf den Körper eines anderen abzielende Einwirkung durch mindestens zwei Personen.
Beteiligung i. S. v. **§ 231**	Beteiligter ist jeder, der am Tatort anwesend ist und physisch oder psychisch mitgewirkt hat. Nicht beteiligt ist dagegen, wer nur das Objekt des Angriffs bildet und sich auf bloße Schutzwehr beschränkt.
Gewalttätigkeiten gegen Menschen oder Sachen	ist ein aggressives, gegen die körperliche Unversehrtheit von Personen oder Sachen gerichtetes Tun von einiger Erheblichkeit unter Einsatz physischer Kraft zu verstehen.
Menschenmenge	ist eine räumlich vereinigte, der Zahl nach nicht sofort überschaubare Personenvielzahl.
aus der Menschenmenge heraus	liegt vor, wenn Gewalttätigkeiten mit vereinten Kräften von Mitgliedern der Menge gegen außenstehende Personen verübt werden.
befriedetes Besitztum	ist ein abgegrenzter, einer konkreten berechtigten Person zugeordneter räumlicher Bereich.
eindringen i. S. v. **§ 123 I**	ist das Betreten des geschützten Raumes gegen den Willen des Berechtigten.
Nötigung	ist das Veranlassen zu einem Verhalten, das dem Willen des Opfers widerstrebt.
Gewalt	ist physisch wirkender Zwang zur Überwindung eines geleisteten oder erwarteten Widerstandes.
einsperren	ist das Festhalten in einem umschlossenen Raum durch äußere Vorrichtungen oder sonstige Vorkehrungen, so dass der Betroffene objektiv gehindert ist, diesen Ort zu verlassen.
auf andere Weise der Freiheit berauben	Auf andere Weise wird das Opfer der Freiheit beraubt, wenn die Handlung objektiv die Aufhebung der Fortbewegungsfreiheit bewirkt.

Angriff	ist jede durch menschliches Verhalten drohende Verletzung rechtlich geschützter Güter oder Interessen.
gegenwärtig	ist der Angriff, der unmittelbar bevorsteht, begonnen hat oder noch fortdauert.
rechtswidrig	ist der Angriff, wenn er den Bewertungsnormen des Rechts objektiv zuwiderläuft und nicht durch einen Erlaubnissatz gedeckt ist.
erforderlich	ist die Notwehrhandlung, wenn sie zur Angriffsabwehr geeignet ist und zugleich das mildeste zur Verfügung stehende Abwehrmittel darstellt.
geboten	ist die Verteidigungshandlung wenn normative und sozialethische Erwägungen dazu führen, dass von dem Angegriffenen die Hinnahme der Rechtsgutsverletzung oder eine eingeschränkte Verteidigung zu verlangen ist.
Verhängung einer Strafe offensichtlich verfehlt	Verfehlt ist die Strafe, wenn sie unter keinem ihrer Leitgesichtspunkte eine sinnvolle Funktion hat, die Zufügung des staatlichen Strafübels im Verhältnis zu den Folgen der Tat für den Täter also nicht mehr ins Gewicht fällt.

Übungsfall 15: Skifahrt mit Folgen

A. Sachverhalt

Rosi (R) fährt mit ihrem Freund Hans (H) zum Skifahren nach Zell am See. R hat erst vor wenigen Tagen ihren Führerschein erworben, da H selbst aber von einem langen Arbeitstag erschöpft ist, überlässt er R trotz der zwischenzeitlich eingetretenen Dunkelheit das Steuer seines Fahrzeugs. R fährt mit angepasster Geschwindigkeit auf einer wenig belebten Nebenstraße außerhalb des Ortsbereichs als sie plötzlich wahrnimmt, dass ein betrunkener Fahrradfahrer (F) die Fahrbahn, sein Fahrrad schiebend, überquert. Trotz einer Vollbremsung kann R einen seitlichen Zusammenstoß mit dem Fahrrad nicht vermeiden und kommt erst einige Meter später zum Stehen. Ein routinierter Autofahrer hätte den Unfall durch schnelles Gasgeben und Ausscheren nach links wahrscheinlich vermeiden können. F hat nur ein paar leichte Schrammen abbekommen und sein Fahrrad blieb unbeschädigt. Da er weitere „Scherereien" vermeiden will, steigt er auf sein Fahrrad und fährt davon. R hat lediglich mitbekommen, dass F sofort wieder aufgestanden ist und geht davon aus, dass er sich nur leichte Verletzungen zugezogen hat. Auch R fährt deshalb weiter, ohne allerdings noch einmal in die Rückspiegel zu sehen und zu bemerken, dass F bereits davongeradelt ist.

Nach einigen Tagen am Urlaubsort lernen R und H in einer Skihütte am Abend den Studenten Gerd (G), kennen. Am nächsten Morgen traf H, der an diesem Tag alleine zum Skifahren ging, G an der Einfahrt zu einer sehr steilen und wegen schlechter Schneelage gesperrten Skiabfahrt wieder. Zwischen G und H entwickelte sich eine Diskussion darüber, ob man die steile Piste trotz der schlechten Verhältnisse „im Schuss" ohne Abzubremsen hinunterfahren könne. Sie sind sich einig, dass ein gewisses Sturz- und Verletzungsrisiko besteht, gehen aber davon aus, dass man es schaffen könnte. H redet nun auf G ein, den Beweis dafür anzutreten und bietet ihm für eine entsprechende Abfahrt 500 Euro an. G, der dies zunächst weit von sich weist, wird durch die 500 Euro verlockt und beschließt, die Abfahrt zu wagen. G fährt los, schafft es auch etwa die halbe Piste abzufahren, verliert dann aber aufgrund seiner hohen Geschwindigkeit auf einer Eisplatte die Kontrolle über seine Skier und stürzt schwer. Dabei zieht er sich – womit keiner der beiden zuvor gerechnet hatte – lebensgefährliche Sturzverletzungen zu. H, der den Sturz vom oberen Rand der Piste beobachten konnte, wird schlagartig klar, dass der bewegungslos im Schnee liegende G angesichts der Schwere des Sturzes sicher in Lebensgefahr schwebt und sterben könnte. Er nimmt dies aber in Kauf und hilft nicht, weil er befürchtet, seine Einwirkung auf G könne sonst herauskommen und dann eine Bestrafung zur Folge haben. H verlässt deshalb schnell den Ort des

Geschehens. G verstirbt tatsächlich später an den Folgen des Sturzes, bei sofortiger Herbeiholung von Hilfe hätte G vielleicht gerettet werden können.

G und H wurden, von beiden unbemerkt, bei ihren „Verhandlungen" von einem ortsansässigen Skifahrer Siegmund (S) beobachtet, der auch wahrnehmen konnte, dass H seinen Geldbeutel gezückt hatte, um dem G einen Geldschein zu zeigen. S kommt etwa eine Stunde später zum Unfallort zurück und erblickt den zwischenzeitlich gestorbenen G. Er begab sich zu diesem, nahm dessen neuen Skier in Besitz und brachte diese zu seinem Bruder Balthasar (B). S wollte die Skier verkaufen und bat seinen Bruder B, dem er die ganze Vorgeschichte erzählte, um Hilfe. B gestattete ihm, die Skier in seiner Garage unterzustellen, bis er einen Käufer gefunden habe. Es ging B dabei ausschließlich darum, S den Besitz an den Skiern zu erhalten. Er hielt es hingegen für unwahrscheinlich, dass S wegen Unterschlagung verdächtigt oder strafrechtlich verfolgt werden könne. Danach sucht S die Polizei auf, die zwischenzeitlich eine öffentliche Suche nach Zeugen des Unfalls gestartet hatte. S beschreibt eine Person, die wie H aussah und sagt aus, dass G unmittelbar nach dem Gespräch zu seiner tödlichen Abfahrt aufgebrochen sein muss. Er habe später eine Person mit zwei Paar Skier an der Liftstation gesehen. Da sich die Wirtin der Skihütte noch an G und H erinnern konnte, fällt der Verdacht auf H. H wurde, obwohl er zu den Tatvorwürfen schwieg und beteuerte, am Tattag mit seiner Freundin Ski gefahren zu sein, vor dem Amtsgericht angeklagt. H bittet deshalb seine Freundin R vor Gericht auszusagen und zu beschwören, sie wären am Tattag gemeinsam an einem anderen Skilift gefahren und nicht am Tatort gewesen. R sagt genau so aus, wie H sie gebeten hat und wird danach, wie H dies vorausgesehen hat, vereidigt. Während R meint, sie seien tatsächlich am fraglichen Tag die ganze Zeit zusammen gewesen, weiß H ganz genau, dass er nur am folgenden Tag an dem behaupteten Skilift gewesen war. H ging allerdings davon aus, dass auch R den wahren Sachverhalt erkannt hat. S hingegen hatte schon einige Gespräche mit Interessenten geführt, noch bevor er aber die Skier verkaufen konnte, wurden diese bei B durch die Polizei gefunden.

Frage: Strafbarkeit von R, H und B?

Bearbeitungszeit: Vier Stunden

B. Lösungsskizze

Erster Handlungsabschnitt: Der Unfall

Strafbarkeit der R

I. **Fahrlässige Körperverletzung, § 229**
   1. **Objektiver Tatbestand**
      a) Erfolgseintritt (+)
      b) Abgrenzung Tun und Unterlassen
      c) Kausalität
      d) objektive Sorgfaltspflichtverletzung bei objektiver Voraussehbarkeit (+)
         P: Generalisierter oder individualisierter Sorgfaltsmaßstab
      e) objektive Zurechnung (rechtmäßiges Alternativverhalten) (+)
   2. **Schuld**
      Individuelle Sorgfaltspflichtverletzung (–)
   3. **Ergebnis: § 229 (–)**
II. **Unerlaubtes Entfernen vom Unfallort, § 142**
   1. **Objektiver Tatbestand (+)**
      a) Unfall (+)
      b) Voraussetzungen der Nr. 1
      c) Feststellungsverzicht (+)
   2. **Ergebnis: § 142 (–)**

Zweiter Handlungsabschnitt: Die Mutprobe

Strafbarkeit des H

Fahrlässige Tötung, § 222
   1. **Tatbestandsmäßigkeit**
      a) Todeserfolg verursacht (+)
      b) objektiv sorgfaltswidrig (+)
      c) objektiv voraussehbar (+)
      d) objektive Zurechnung (–)
         P: Abgrenzung der straflosen Teilnahme an einer Selbstgefährdung von der einverständlichen Fremdgefährdung
   2. **Ergebnis: § 222 (–)**

Dritter Handlungsabschnitt: Die Entscheidung, dem gestürzten G nicht zu helfen

Strafbarkeit des H

I. **Totschlag durch Unterlassen, §§ 212, 13**
   1. **Objektiver Tatbestand**
      Kausalität (–)
      P: Vermeidbarkeitstheorie vs. Risikoverminderungslehre
   2. **Ergebnis: §§ 212, 13 (–)**

II. Versuchter Mord durch Unterlassen, §§ 212, 22, 13
 1. **Tatentschluss**
    a) hinsichtlich Erfolg und Kausalität (+)
    b) Verdeckungsabsicht (+)
    c) Tatentschluss bzgl. Garantenstellung (−)
 2. **Ergebnis: §§ 212, 22, 13 (−)**
III. Aussetzung, § 221 I Nr. 2 (−)
IV. Unterlassene Hilfeleistung, § 323 c (+)
 1. **Objektiver Tatbestand (+)**
    a) Unglücksfall (+)
    b) Hilfe unterlassen (+)
    c) erforderlich (+)
    d) zumutbar (+)
 2. **Subjektiver Tatbestand (+)**
 3. **Ergebnis: § 323 c (+)**

Vierter Handlungsabschnitt: Die Aussage vor Gericht

A. Strafbarkeit der R

I. Falschaussage, § 153
 1. **Objektiver Tatbestand**
    P: Wann ist eine Aussage falsch
 2. **Subjektiver Tatbestand**
II. Fahrlässiger Falscheid (§ 161)
    Tatbestandsmäßigkeit

B. Strafbarkeit des H
I. Anstiftung zur Falschaussage bzw. zum Meineid (§§ 153, 154, 26)
II. Versuchte Anstiftung zum Meineid (§§ 154, 30 I)
 1. **Tatentschluss bzgl.**
    a) Verbrechen (+)
    b) Bestimmen (+)
 2. **Unmittelbares Ansetzen**
    Ergebnis: §§ 154, 30 I (+)
III. Verleitung zum Meineid (§ 160 I)
    Objektiver Tatbestand
 1. **R gutgläubig (+)**
 2. **Verleiten (−)**

Fünfter Handlungsabschnitt: Hilfe unter Brüdern

Strafbarkeit des B

I. Strafvereitelung, § 258 I
II. Begünstigung, § 257
 1. **Objektiver Tatbestand**
    a) Rechtswidrige Vortat
    b) Hilfe leisten

    2. Subjektiver Tatbestand
    3. § 258 VI analog?
    4. Ergebnis
III. Hehlerei, § 259
    1. Objektiver Tatbestand
        a) Taugliches Tatobjekt
        b) Absatzhilfe
            P: Absatzerfolg erforderlich
    2. Subjektiver Tatbestand

Gesamtergebnis/Konkurrenzen
1. Handlungsabschnitt:
R: nicht strafbar
2. und 3. Handlungsabschnitt:
H: § 323 c
4. Handlungsabschnitt:
R: nicht strafbar
H: §§ 154, 30 I
5. Handlungsabschnitt:
B: § 257

C. Gutachten

Erster Handlungsabschnitt: Der Unfall

Strafbarkeit der R

I. Fahrlässige Körperverletzung, § 229

Indem R den F angefahren hat, könnte sie sich wegen fahrlässiger Körperverletzung gemäß § 229 strafbar gemacht haben.

1. Objektiver Tatbestand

a) Der tatbestandsmäßige Erfolg ist eingetreten. Durch den Zusammenstoß wurde F körperlich misshandelt. Auch wenn er nur leichte Verletzungen erlitt, handelt es sich um eine mehr als nur unerhebliche Beeinträchtigung des körperlichen Wohlbefindens.

b) Problematisch könnte allerdings sein, ob R diesen Erfolg durch ein aktives Tun oder ein Unterlassen herbeigeführt hat. Einerseits hat R am Straßenverkehr teilgenommen und F angefahren, so dass ein aktives Tun naheliegt. Anderseits kam es aber zu dem Unfall vor allem deshalb, weil R die Handlung unterlassen hat, die ein geübter Kraftfahrer zur Vermeidung des Zusammenstoßes vorgenommen hätte

(Gasgeben und Ausscheren). Nach einer Ansicht liegt ein aktives Tun vor, wenn durch Einsatz von Energie ein Kausalgeschehen in Gang gesetzt oder in eine bestimmte Richtung gelenkt wird. Hier wäre deshalb unzweifelhaft von einem aktiven Tun, dem für den Zusammenstoß ursächlichen Fahren mit dem Pkw, auszugehen. Nach herrschender Auffassung ist hingegen entscheidend, worauf bei normativer Betrachtung unter Berücksichtigung des sozialen Handlungssinns der Schwerpunkt des strafrechtlichen Verhaltens liegt. Da das Unterlassen der Anwendung der im Verkehr erforderlichen Sorgfalt Wesensmoment jeder Fahrlässigkeit ist, aber erst die Fahrt selbst dem Anfahren seinen eigentlichen Handlungssinn zuweist ist von einem positiven Tun auszugehen. Damit liegt nach allen Auffassungen hier ein aktives Tun vor.

c) Das Verhalten der R (Anfahren des F) war auch unzweifelhaft ursächlich i.S. der Äquivalenztheorie für die Herbeiführung des gesundheitsschädigenden Erfolges, da die Fahrt nicht hinweggedacht werden kann, ohne dass dieser Erfolg entfällt. Dass der Unfall von einem geübten Kraftfahrer nur wahrscheinlich vermieden worden wäre, spielt bei aktiver Begehungstat für die Frage der Feststellung eines tatsächlichen Ursachenzusammenhangs keine Rolle.

d) R müsste bei objektiver Voraussehbarkeit der Tatbestandsverwirklichung die im Verkehr erforderliche Sorgfalt außer Acht gelassen haben. Art und Maß der anzuwendenden Sorgfalt ergeben sich aus den Anforderungen, die bei einer Betrachtung der Gefahrenlage ex ante an einen besonnenen und gewissenhaften Menschen in der konkreten Lage und sozialen Rolle des Handelnden zu stellen sind[1].

Die h.M. legt bei der Beurteilung der Sorgfaltswidrigkeit einen generellen Maßstab zugrunde. Im konkreten Fall liegt damit eine Sorgfaltspflichtverletzung vor, wenn ein geübter Kraftfahrer den Unfall vermieden hätte. Dabei ist im Straßenverkehr auch der sog. Vertrauensgrundsatz zu beachten, der eine sorgfaltsbegrenzende Wirkung haben soll. Ein Verkehrsteilnehmer kann sein Verhalten im Vertrauen auf das verkehrsrichtige Verhalten der übrigen Verkehrsteilnehmer einrichten, es sei denn, es ist häufig mit typischen Verkehrsverstößen anderer zu rechnen oder diese sind offensichtlich nicht in der Lage, den Verkehrsanforderungen zu entsprechen. Zwar kann R darauf vertrauen, dass keine Betrunkenen sorgfaltswidrig auf die Fahrbahn laufen und muss deshalb nicht bereits die Geschwindigkeit auf ein Fehlverhalten abstimmen. Hier konnte aber in der konkreten Situation ein rechtzeitiges Ausscheren von einem geübten Kraftfahrer erwartet werden.

---

1 **Weitere Nachweise zur Bestimmung des Sorgfaltsmaßstabes:** *Jäger* AT § 10, Rdn 374 ff.; *Otto* AT § 10, Rdn 11; *Fischer* § 15, Rdn 16 ff.; *Wolter* GA 1977, 257 ff.; *Kindhäuser* GA 1994, 197 ff.

Eine Gegenauffassung will die individuellen Fähigkeiten des Betroffenen berücksichtigen. Maßstab muss dann hier der „Führerscheinneuling" sein und es würde bereits an einer objektiven Sorgfaltswidrigkeit fehlen. Diese Auffassung ist aber abzulehnen, da sie ohnehin nur zu einer unsystematischen Verschiebung des Problemkreises führt. Zwar ist es zutreffend, dass die Maßfiguren beliebig klein gefasst werden können und problematisch ist, wo die Grenze der Generalisierung gezogen werden soll. Eine individuelle Betrachtung führt aber zur gleichen Problematik, da dann im Rahmen der Übernahmefahrlässigkeit eine entsprechende Prüfung erfolgt. R hat damit objektiv sorgfaltswidrig bei objektiver Voraussehbarkeit des Erfolges gehandelt.

e) Die objektive Zurechnung des Körperverletzungserfolges könnte allerdings unter dem Gesichtspunkt des rechtmäßigen Alternativverhaltens problematisch sein. Sie entfällt aber nur dann, wenn der gleiche Erfolg „mit an Sicherheit grenzender Wahrscheinlichkeit" auch bei pflichtgemäßem Verhalten eingetreten wäre[2]. Hier wäre aber bei pflichtgemäßem Verhalten der Erfolg wahrscheinlich verhindert worden, so dass der Erfolg auch objektiv zurechenbar ist.

2. Schuld

Die Fahrlässigkeitsschuld ist mangels subj. Sorgfaltsverstoßes zu verneinen. Zwar besteht die Pflicht des § 1 II StVO zur gegenseitigen Rücksichtnahme, R konnte aber als Führerscheinneuling den Unfall bei der ihr möglichen Sorgfalt nicht vermeiden. Es liegt insoweit auch kein Fall der Übernahmefahrlässigkeit vor, da R sonst als Führerscheinneuling gar keine Fahrten unternehmen und damit auch nie geübter werden könnte.

3. Ergebnis

Mangels subjektiver Sorgfaltspflichtverletzung hat sich R keiner fahrlässigen Körperverletzung nach § 229 strafbar gemacht.

II. Unerlaubtes Entfernen vom Unfallort, § 142 I

Indem R, nachdem sie F angefahren hat, den Unfallort verlassen hat, könnte sie sich der Unfallflucht nach § 142 I strafbar gemacht haben.

---

2 **Näheres zum rechtmäßigen Alternativverhalten:** *Kölbel* JuS 2006, 309 ff.; *Duttge* NStZ 2006, 266 ff.; *Schatz* NStZ 2003, 581 ff.; *Jäger* in Jung FS 2007, 345 ff.; *Fischer* Vor § 13, Rdn. 29.

1. Objektiver Tatbestand

a) Unter einem Verkehrsunfall ist jedes für zumindest einen Beteiligten plötzliche, mit dem Straßenverkehr und seinen Gefahren ursächlich zusammenhängende Ereignis zu verstehen, das einen nicht völlig belanglosen Personen- oder Sachschaden zur Folge hat. F hat zumindest leichte Verletzungen erlitten, so dass ein nicht unerheblicher Personenschaden anzunehmen ist.

b) R ist Unfallbeteiligte i. S. v. § 142 V und hat sich auch vom Unfallort entfernt.

c) Feststellungen nach § 142 I Nr. 1 wurden nicht getroffen. Auch setzte R ihre Fahrt unmittelbar im Anschluss an den Zusammenstoss fort. Der Tatbestand des § 142 I könnte aber durch einen Verzicht auf Feststellungen seitens F ausgeschlossen sein. § 142 hat den Charakter eines Vermögensgefährdungsdelikts und dient der Feststellung und Sicherung von Ansprüchen des Geschädigten. Der feststellungsberechtigte Unfallbeteiligte F hat hier aber unbefugt den Unfallort verlassen. Dadurch hat er konkludent zum Ausdruck gebracht, dass er auf entsprechende Feststellungen verzichtet. Da auch sonst keine Feststellungsinteressenten ersichtlich sind, besteht für den anderen Beteiligten, also R, keine Feststellungs- oder Wartepflicht mehr. Der Feststellungsverzicht wirkt nicht wie teilweise behauptet wird lediglich rechtfertigend, sondern lässt die Pflicht entfallen und hat damit tatbestandsausschließende Wirkung. R hat den konkludenten Feststellungsverzicht des F allerdings nicht wahrgenommen. Es liegt damit die Konstellation eines untauglichen Versuchs vor, dessen Strafbarkeit aus einem Umkehrschluss zu § 23 III abgeleitet werden kann[3]. Da der Versuch bei § 142 aber nicht mit Strafe bedroht ist, bleibt R straflos.

2. Ergebnis

R ist demnach nicht nach § 142 I strafbar.

Zweiter Handlungsabschnitt: Die Mutprobe
Strafbarkeit des H

Fahrlässige Tötung, § 222

H könnte sich der fahrlässigen Tötung strafbar gemacht haben, indem er G zu der gefährlichen Abfahrt überredet hat.

---

[3] Str., teilweise wird auch auf § 22 verwiesen, da es auf das Vorstellungsbild des Täters ankommt.

1. Tatbestandsmäßigkeit

a) H hat den Tod des G (mit-)verursacht, da er durch die Überredung des G zur Abfahrt sowie die Zusage der Zahlung von 500 Euro eine nicht hinwegdenkbare Ursache für den Tod des G gesetzt hat (Äquivalenztheorie).

b) H hat dabei auch objektiv sorgfaltswidrig gehandelt, da er laut Sachverhalt zu einer Ordnungswidrigkeit angestiftet und sich daran beteiligt hat (vgl. § 14 OWiG). Er veranlasste G zu einer Skifahrt auf einer gesperrten Piste mit nicht angepasster Geschwindigkeit und hat damit die Anforderungen nicht erfüllt, die für einen gewissenhaften Teilnehmer des betreffenden Verkehrskreises in Anbetracht der ex ante erkennbaren Lebens- und Leibesgefahren für G geboten waren. Ein sorgfaltsgemäß handelnder Skifahrer hätte sich insbesondere an die FIS-Verhaltensregeln und die Regeln zur Pistenbenutzung vor Ort gehalten.

c) Der tödliche Ausgang war objektiv voraussehbar, da bei einer Schussfahrt auf einer Piste mit unzureichenden Schneeverhältnissen ein (tödlicher) Sturz des G im Rahmen des nach allgemeiner Lebenserfahrung Voraussehbaren liegt. Der Erfolgseintritt wäre ohne die rechtlich missbilligte Gefahrschaffung vermieden worden.

d) Problematisch ist allerdings die objektive Zurechenbarkeit des Erfolges, da sich G gegebenenfalls eigenverantwortlich selbst gefährdet hat. Ebenso lässt sich unter dem Aspekt des Pflichtwidrigkeitszusammenhangs fragen, ob sich im tödlichen Erfolg gerade die Pflichtwidrigkeit des H verwirklicht hat, d. h. ob der Erfolg im Schutzbereich der verletzten Sorgfaltsnorm liegt.

P: Abgrenzung der straflosen Teilnahme an einer Selbstgefährdung von der einverständlichen Fremdgefährdung

Ausgangspunkt der Prüfung ist die Feststellung, dass eine Beteiligung an einer eigenverantwortlichen Selbstgefährdung eine Teilnahme an einem Geschehen bedeutet, das keine Tat i. S. d. §§ 25, 26, 27 darstellt, weil das Gesetz nur die Verletzung eines anderen mit Strafe bedroht. Wenn die Teilnahme an einer Selbsttötung straflos ist, muss dies ebenso gelten, wenn jemand ohne überlegenes Wissen an einer eigenverantwortlich gewollten Selbstgefährdung teilnimmt, bei der sich das bewusst eingegangene Risiko verwirklicht. Auch eine fahrlässige Mitwirkung an einer fremden Selbsttötung oder fremden Selbstgefährdung muss dann „erst recht" straflos sein.

Eine einverständliche Fremdgefährdung liegt hingegen vor, wenn sich das Opfer in vollem Risikobewusstsein einer Gefahr aussetzt, die von einem anderen ausgeht, d. h. wenn das Geschehen in den Händen des Täters liegt. Es muss deshalb eine Abgrenzung nach Verantwortungsbereichen erfolgen, wobei diese im Kern danach vorgenommen wird, wer das Geschehen beherrscht bzw. Tatherrschaft über dieses besitzt.

Die Kriterien zur Bestimmung, wer das riskante Geschehen beherrscht, sind umstritten. So wird etwa nach einer Ansicht für ausreichend erachtet, dass das Opfer den unmittelbar erfolgsursächlichen Geschehensablauf zumindest mitbeherrscht hat (Hier: G kann die von ihm beherrschte Abfahrt jederzeit abbrechen), während nach einer anderen Ansicht das Opfer zeitlich nach dem Täter gehandelt haben muss (Hier: G hat nach der Überredung durch H die Schussfahrt selbst durchgeführt).

Rechtsprechung: BGHSt 32, 262; BGHSt 7, 112; BGHSt 49, 166; BGH NStZ 2014, 709.

Übersichtsliteratur: *Jäger* AT, § 2 Rdn 44 ff.; *Otto* AT, § 6 Rdn 59 ff.; *Otto* Jura 1984, 536; *Trüg* JA 2002, 214; *Küpper* JuS 2004, 757; *Satzger* Jura 2014, 695.

Weitere Übungsklausuren: *Walter/Uhl* JA-Übungsblätter 2009, 31; *Norouzi* JuS 2007, 146 ff.; *Thoss* Jura 2005, 128 ff.; *Schrödl* JA 2003, 656 ff.; *Hillenkamp* JuS 2001, 159 ff.

Hätte sich H lediglich an einer eigenverantwortlichen Selbstgefährdung beteiligt, dann würde dies eine Teilnahme an einem Geschehen bedeuten, das keine Tat i. S. d. §§ 25, 26, 27 darstellt. Das Gesetz bedroht nur die Verletzung eines anderen mit Strafe. Eine nur durch rechtfertigende Einwilligung straflose Fremdgefährdung liegt hingegen vor, wenn sich G lediglich einer von H beherrschten Gefährdung ausgesetzt hätte. Die Kriterien einer eigenverantwortlichen Selbstgefährdung sind umstritten. Teilweise wird etwa gefordert, das Opfer müsse den unmittelbar erfolgsursächlichen Geschehensablauf zumindest mitbeherrscht haben oder es müsse zeitlich noch nach dem Täter gehandelt haben. Ein Streitentscheid muss aber nicht erfolgen, da nach allen Auffassungen die Voraussetzungen einer eigenverantwortlichen Selbstgefährdung gegeben sind.

2. Ergebnis

Eine fahrlässige Tötung scheidet aus, da G sich eigenverantwortlich selbst gefährdet hat.

Dritter Handlungsabschnitt: Die Entscheidung, dem gestürzten G nicht zu helfen
Strafbarkeit des H

I. Totschlag durch Unterlassen, §§ 212, 13

Durch die Entscheidung, G keine Hilfe zu leisten, könnte sich H jedoch des Totschlags durch Unterlassen strafbar gemacht haben.

1. Objektiver Tatbestand

Der Erfolg ist zwar eingetreten, problematisch ist aber die hypothetische Kausalität der unterlassenen Rettung für den Erfolgseintritt.

Problem: Vermeidbarkeitstheorie vs. Risikoverminderungslehre
Problematisch ist die Bejahung der Kausalität dann, wenn das hinzugedachte rettende Verhalten die Rettungschancen lediglich verbessert, den Erfolgseintritt in Form des Todes aber möglicherweise dennoch nicht verhindert hätte.

h. M.: Nach der Vermeidbarkeitstheorie ist die hypothetische Kausalität nur dann gegeben, wenn das Eingreifen des Täters den Eintritt des Erfolges mit an Sicherheit grenzender Wahrscheinlichkeit verhindert hätte.

a. A.: Die Risikoverminderungslehre lässt demgegenüber die Möglichkeit genügen, dass die Vornahme der gebotenen Handlung den Erfolg abgewendet haben könnte. Eine solche Erweiterung erscheint sinnvoll, um den Unterlassenden zur Vornahme jeder auch unsicheren Rettungschance zu verpflichten.

Stellungnahme: Ist nicht sicher, ob der Erfolg tatsächlich hätte abgewendet werden können, schafft das Unterlassen gerade kein nachweisliches Risiko. Stattdessen wird der Unterlassungstäter für einen Erfolg zur Verantwortung gezogen, den er u. U. nicht hätte verhindern können. Eine solche Haftungserweiterung würde in einer Verdachtsstrafe münden und eine tatbestandliche Zurechnung trotz möglicherweise vermindertem Erfolgsunrecht gestatten.

Rechtsprechung: BGH NJW 1990, 2560 (2565); BGH NStZ 1987, 505.

Übersichtsliteratur: *Brammsen* Jura 1991, 533 ff.; *Jäger* AT, § 9 Rdn. 333; *Otto* AT, § 9 Rdn 98 f.; *Schatz* NStZ 2003, 581 ff.; *Otto* Jura 1992, 97; *Schünemann* StV 1985, 229.

Weitere Übungsklausur: *Freund* JuS 2001, 475.

Nach h. M. muss gefragt werden, ob bei pflichtgemäßem Verhalten der tödliche Erfolg mit an Sicherheit grenzender Wahrscheinlichkeit vermieden worden wäre. Eine solche Feststellung ist hier nicht möglich, da G nur vielleicht gerettet worden wäre, wenn H rechtzeitig Hilfe herbeigeholt hätte.

Eine m. M. lässt es hingegen i.S. einer Risikoverminderungspflicht genügen, wenn die gebotene Handlung die Gefahr des Erfolgseintritts zumindest vermindert hätte. Diese Auffassung ist jedoch gerade bei Unterlassungsdelikten abzulehnen, da es – anders als beim fahrlässigen Begehungsdelikt – an einer realen Kausalität des Täterverhaltens für den Erfolg fehlt und die Risikoerhöhungslehre damit eine echte kausalitätsersetzende Funktion hat.

2. Ergebnis
Totschlag durch Unterlassen scheidet mangels hypothetischer Kausalität aus.

II. Versuchter Mord durch Unterlassen, §§ 212, 22, 13

H könnte sich des versuchten Totschlags durch Unterlassen strafbar gemacht haben als er sich entschloss, nicht Hilfe zu holen, obwohl er erkannte, dass G in Lebensgefahr schwebt.

1. Tatentschluss

a) Der Tatentschluss des H war darauf gerichtet, die an sich erforderliche und ihm mögliche Rettung des G durch Benachrichtigung eines Rettungsdienstes zu unterlassen. Er erkannte die für G bestehende Lebensgefahr und nahm den möglichen Tod des G billigend in Kauf. Tatentschluss besteht auch hinsichtlich der hypothetischen Kausalität, denn H nahm es zumindest billigend in Kauf, dass eine Benachrichtigung des Rettungsdienstes den Tod des G möglicherweise mit an Sicherheit grenzender Wahrscheinlichkeit vermieden hätte.

b) H könnte zudem das subjektive Mordmerkmal der Verdeckungsabsicht erfüllt haben. Das Merkmal liegt allerdings nicht vor, wenn der Täter lediglich Ordnungswidrigkeiten verdecken will. Hier liegt objektiv nur eine Beteiligung an einer Ordnungswidrigkeit (vgl. § 14 OWiG) vor, da die Überredung des G straflos bleibt. H befürchtet allerdings laut Sachverhalt „Bestrafung". Damit handelt H in der Vorstellung, ein Wahndelikt zu verdecken. Vergleichbar den Konstellationen, in denen ein Angreifer zur Verdeckung einer nicht erkannten, durch Notwehr gerechtfertigten Körperverletzung getötet wird, muss auch hier Verdeckungsabsicht bejaht werden. Das Mordmerkmal der Verdeckungsabsicht hat zwar eine vorwiegend generalpräventive Funktion, da aber für diese Zwecksetzung das Vorstellungsbild und die Motivation des Täters entscheidend sein muss, ist hier trotz des Gebots der restriktiven Auslegung von Mordmerkmalen von Verdeckungsabsicht auszugehen.

c) Problematisch ist aber, ob sich der Tatentschluss des H auch auf die erforderliche Garantenstellung erstreckte, die hier allenfalls aus pflichtwidrigem Vorverhalten abgeleitet werden kann. Es liegt ein pflichtwidriges Vorverhalten vor, so dass es nicht darauf ankommt, ob das Vorverhalten pflichtwidrig sein muss oder ob jede rechtlich missbilligte Gefahrschaffung genügt. Zudem muss aber zwischen Pflichtwidrigkeit und Erfolg eine bestimmte Beziehung bestehen, der Täter muss die nahe Gefahr des Eintritts des konkret verursachten Erfolges durch seine Pflichtwidrigkeit geschaffen haben. Bei eigenverantwortlicher Selbstgefährdung könnte dann ein Pflichtwidrigkeitszusammenhang abzulehnen sein, weil die

Verantwortung für die Gefahrenlage auf den anderen übergegangen ist[4]. Die nicht ganz einheitliche Rechtsprechung nimmt dennoch eine Garantenstellung auch dann an, wenn der Betroffene eigenverantwortlich eine tödliche Gefährdung herbeiführt. Sie begründet dies damit, dass der Selbstgefährdende die konkrete Folge nicht wolle und deshalb auch keinen Anlass habe, den anderen aus der Verantwortung zu entlassen. Diese Rechtsprechung führt aber zu Wertungswidersprüchen, da der Garant zunächst dem Opfer Hilfe bei seiner Selbstgefährdung leisten kann, ihn aber bei Verwirklichung der Gefährdung vor dieser bewahren muss. Die entsprechende Wertung und Abgrenzung von Verantwortungsbereichen kann nur einheitlich erfolgen. Eine Hilfeleistungspflicht als Garant ist deshalb abzulehnen.

2. Ergebnis

H hat sich nicht des versuchten Mordes durch Unterlassen, §§ 212, 211, 22, 13, strafbar gemacht.

III. Aussetzung, § 221 I Nr. 2

Auch eine Aussetzung durch Imstichlassen in hilfloser Lage scheidet aus, da auch diese eine Beistandspflicht (Garantenstellung) voraussetzt. Zudem verlangt § 221 in allen Alternativen den Eintritt einer konkreten Gefahr. Befindet sich das Opfer bereits in einem hilflosen Zustand, dann genügt für den Gefahrerfolg die Intensivierung der bestehenden Lage. Nach dem Sachverhalt muss dies abgelehnt werden, da G bereits durch die Fahrt und den Unfall lebensgefährdende Verletzungen erlitten hatte, wobei unklar bleibt, ob eine sofortige Rettung überhaupt geholfen hätte.

IV. Unterlassene Hilfeleistung, § 323 c

Dadurch dass H es unterlässt, G zu helfen, könnte er sich wegen unterlassener Hilfeleistung nach § 323 c strafbar gemacht haben.

---

4 **Näheres hierzu:** *Kubink* JA 2003, 257 ff.; *Schünemann* NStZ 1982, 60 ff.; *Jäger* AT, § 2 Rdn 47 ff.

1. Objektiver Tatbestand

a) Dann müsste der Sturz des G einen Unglücksfall darstellen. Hierunter versteht man jedes plötzlich eintretende Ereignis, das Schaden an Leib, Leben oder Sachen von bedeutendem Wert zu bringen droht. Als sich G bei dem Sturz lebensgefährlich verletzt, ist ein solcher Unglücksfall gegeben.

b) H fährt davon, ohne G in ein Krankenhaus zu bringen oder Hilfe zu holen. Er hat es daher unterlassen, Hilfe zu leisten.

c) Die Hilfeleistung durch H muss ferner erforderlich gewesen sein. Erforderlich ist eine Hilfeleistung, wenn sie aus der Sicht eines Beobachters, also ex ante, notwendig erscheint, um den drohenden Schaden abzuwenden. Hier bestand zumindest die Möglichkeit, das Leben des G zu retten, wenn H Hilfe geholt hätte. Ob eine Rettung überhaupt noch möglich ist, muss wegen der gebotenen ex ante-Sicht unerheblich sein. Die Hilfeleistung durch H war deshalb erforderlich.

d) Darüber hinaus muss H die Hilfeleistung zumutbar sein. Für die Beurteilung der Zumutbarkeit sind vor allem eigene schutzwürdige Belange des Täters maßgeblich, die der Hilfeleistung entgegenstehen. Derartige schutzwürdige Belange sind bei H nicht zu erkennen. Die Hilfeleistung war H zumutbar.

2. Subjektiver Tatbestand

Der subjektive Tatbestand setzt voraus, dass sich der Täter der Notsituation sowie der Erforderlichkeit und Zumutbarkeit der Hilfeleistung bewusst ist. H hat die Notlage des G erkannt und ist sich auch der Umstände bewusst, die seine Hilfeleistung erforderlich und zumutbar machen. A unterlässt die Hilfeleistung daher vorsätzlich.

3. Ergebnis

H hat sich mithin wegen unterlassener Hilfeleistung nach § 323 c strafbar gemacht.

Vierter Handlungsabschnitt: Die Aussage vor Gericht

A. Strafbarkeit der R

I. Falschaussage, § 153

1. Objektiver Tatbestand

R könnte sich dadurch, dass sie in der Hauptverhandlung aussagte, am Tattag den ganzen Tag mit H zusammen und nicht am Tatort verbracht zu haben, nach § 153 strafbar gemacht haben. R wurde vor Gericht als Zeugin vernommen und ist damit taugliche Täterin des § 153. Zeuge im Sinne der §§ 48 ff. StPO im Strafverfahren ist eine Person, die in einer nicht gegen sie selbst gerichteten Strafsache ihre Wahrnehmungen über innere oder äußere Tatsachen durch Aussage kundgeben soll.

Hinweis: Die Frage, wann eine Aussage falsch ist, wird in Klausuren immer in zwei Schritten geprüft.

1. Unterliegt die Aussage überhaupt der Wahrheitspflicht? Frage nach dem Gegenstand der Vernehmung.

2. Ist die Aussage falsch? Theorien zur Frage der Falschheit einer Aussage.

Der Wahrheitspflicht unterliegen dabei alle Angaben, die Gegenstand der Vernehmung nach § 68 StPO sind. Die Tatsache, an welchem Ort sich R und H zum Tatzeitpunkt befunden haben, wird von der Wahrheitspflicht des Zeugen erfasst. Fraglich ist aber, ob die Zeugenaussage falsch gewesen ist.

P: Wann ist eine Aussage „falsch" [5]

1. Nach der **objektiven Wahrheits- oder Aussagetheorie** ist der Widerspruch zwischen Wort und Wirklichkeit entscheidend (vgl. BGHSt 7, 147; *Geppert* Jura 2002, 173 (175); Sch./Sch./*Lenckner/ Bosch*, vor § 153 ff. Rn. 6). Falsch meint, dass der Inhalt der Aussage dem tatsächlichen Geschehen widerspricht.

Argumente:

(1) Die Aussagedelikte sollen die Rechtspflege vor einer Irreführung durch falsche Aussagen schützen; eine entsprechende Gefährdung besteht nur bei objektiv unwahren Aussagen.

(2) Diese Betrachtung ermöglicht einen einheitlichen Begriff der Falschheit auch für § 160, denn dort liegt ein falscher Eid auch dann vor, wenn der Eidesleistende glaubt die Wahrheit zu beschwören. Ebenso versagt die subjektive Theorie bei fahrlässiger Abweichung des Aussageinhalts von der Wirklichkeit, da eine fahrlässige Abweichung von der eigenen Überzeugung kaum Sinn macht.

2. Für die **subjektive Wahrheits-Theorie** ist der Widerspruch zwischen Wort und Wissen entscheidend (vgl. OLG Bremen NJW 1960, 1827). Der Täter besitzt ein von der Aussage abweichendes Vorstellungsbild.

Argumente:

(1) Vom Zeugen können nur Vorstellungen erfragt werden, da Gegenstand der menschlichen Wahrnehmung immer nur Sinneseindrücke, nicht aber „reale" Tatsachen sind. Vom Einzelnen darf deshalb bereits tatbestandlich nichts Unmögliches, d. h. die objektive Wahrheit verlangt werden.

(2) Auch jede wider besseren Wissens gemachte Aussage ist zumindest abstrakt gefährlich.

(3) Die Eidesformel nach § 66 c StPO verlangt die Bekräftigung „nach bestem Wissen" ausgesagt zu haben. Die objektive Deutung versagt zudem bei falschen Aussagen des Zeugen

---

5 *Bosch* Jura 2015, 1295.

über innere Tatsachen, da diese unabhängig von der objektiven Wahrheit als falsch angesehen werden.

3. Die **Pflichttheorie** stellt auf den Widerspruch zwischen Wort und Pflicht ab (vgl. Otto Jura 1985, 389). Der Täter verletzt seine prozessualen Wahrheitspflichten.

Argumente:

(1) Die Rechtspflege verlangt vor allem, dass ein Zeuge seine Aussage und sein Erinnerungsvermögen gewissenhaft erforscht und kritisch überprüft.

(2) Unrecht setzt eine Pflichtwidrigkeit voraus. Diese ist bei den Aussagedelikten im Begriff der „Falschheit" enthalten.

(3) Wäre nur eine objektiv wahre Aussage pflichtgemäß, müsste der Zeuge selbst bemüht sein, die Wahrheit zu erforschen, obwohl dies eine Aufgabe des Richters ist.

Nach der objektiven Wahrheits-Theorie ist der Widerspruch zwischen Wort und Wirklichkeit entscheidend, d.h. der Inhalt der Aussage widerspricht dem tatsächlichen Geschehen. Da R aussagt, H sei am Tattag nicht am Tatort sondern mit ihr zusammen gewesen, ist die Aussage objektiv falsch. Die subjektive Wahrheits-Theorie stellt auf den Widerspruch zwischen Wort und Wissen ab, d.h. der Täter muss ein von der Aussage abweichendes Vorstellungsbild besitzen. Dies müsste hier verneint werden, denn R ist davon überzeugt, die Wahrheit auszusagen. Nach der Pflichttheorie ist der Widerspruch zwischen Wort und Pflicht maßgebend, d.h. der Täter muss für eine falsche Aussage seine prozessualen Wahrheitspflichten verletzen. Dies muss hier verneint werden, da sich dem Sachverhalt nicht entnehmen lässt, dass R Anlass gehabt hätte, über die Richtigkeit der Aussage nachzudenken, von deren Inhalt sie überzeugt war. Der objektiven Aussagetheorie ist zu folgen, da die Rechtspflege nur an dem tatsächlich Vorgefallenen und nicht an dem interessiert ist, was der Täter in seiner Erinnerung als wahr empfindet. Der richtige Ort für die Frage nach der subjektiven Pflichtwidrigkeit des Zeugen ist der subjektive Tatbestand der Aussagedelikte.

2. Subjektiver Tatbestand

R fehlt der Vorsatz bzgl. der Falschheit der Aussage, da sie den Widerspruch zwischen Wort und Wirklichkeit nicht erkannt hat. Aus diesem Grund kommt auch die Annahme eines Meineides nach § 154 nicht in Betracht.

II. Fahrlässiger Falscheid (§ 161)

Tatbestandsmäßigkeit

§ 161 verlangt die objektive Verwirklichung des § 154 und eine Sorgfaltswidrigkeit bezüglich der Falschaussage. Hier ist problematisch, ob der Meineid sorgfaltswidrig geleistet wurde. Dies ist auch dann möglich, wenn etwas Unwahres als sicheres Erinnerungsbild hingestellt wird, obwohl bei hinreichender Überlegung eine Verbesserung des Erinnerungsbildes erreicht oder zumindest Zweifel geäußert werden hätten können. Hier ist dies aber gerade nicht der Fall, da R sicher davon ausgeht, sie hätte den ganzen Tag mit H verbracht. Ihr Erinnerungsbild hätte sich auch bei Nachdenken etc. nicht geändert.

B. Strafbarkeit des H

I. Anstiftung zur Falschaussage bzw. zum Meineid (§§ 153, 154, 26)

Es fehlt bereits eine vorsätzliche Haupttat der R, so dass eine Anstiftung ausscheiden muss.

II. Versuchte Anstiftung zum Meineid (§§ 154, 30 I)

Vorprüfung
Die Haupttat ist, mangels Vorsatz der R, nicht ins Versuchsstadium gekommen.

1. Tatentschluss
a) Meineid ist als Verbrechen taugliche Tat einer versuchten Anstiftung
b) H wollte R zu einer Meineidstat bestimmen, da er davon ausging, H kenne die Unwahrheit der Aussage und werde ihre Aussage beeidigen.

2. Unmittelbares Ansetzen
Durch die Bitte, vor Gericht auszusagen, hat H unmittelbar zur Anstiftung angesetzt.

Ergebnis:
H hat sich der versuchten Anstiftung zum Meineid strafbar gemacht. Der ebenfalls verwirklichte Versuch der Anstiftung zu einer falschen uneidlichen Aussage, §§ 159, 153, 30 I, tritt als subsidiär zurück.

III. Verleitung zum Meineid (§ 160 I)

Objektiver Tatbestand

1. R hat den objektiven Tatbestand des § 154 verwirklicht, war aber gutgläubig.

2. Verleiten setzt eine beliebige Einwirkung (auch Drohung oder Täuschung) auf die Aussageperson voraus, die fragliche Aussage zu erstatten. Problematisch erscheint, dass H davon ausging, dass R bösgläubig ist. § 160 soll lediglich Strafbarkeitslücken schließen, die deshalb bestehen, weil bei eigenhändigen Delikten mittelbare Täterschaft ausscheidet. Es stellt sich deshalb die Frage, ob § 160 dennoch auch bei unerkannter Gutgläubigkeit des Werkzeugs angenommen werden kann. § 160 verlangt aber nach ganz h. M. zu recht beim Verleitenden das Bewusstsein, dass die Aussageperson unvorsätzlich falsch aussagen soll. Begründet wird dies damit, dass es an einer Strafbarkeitslücke fehlt, wenn ein Anstiftungsvorsatz vorhanden und damit eine Strafbarkeit nach § 30 I, 154 möglich ist. Ein solches Bewusstsein fehlte bei H.

Exkurs: Wie wäre der Fall zu beurteilen, wenn R den Schwindel durchschaut und vorsätzlich falsch ausgesagt hätte, H aber davon ausgegangen wäre, dass R davon überzeugt sei, die Wahrheit auszusagen

A. Strafbarkeit der R

§ 154

R ist unproblematisch wegen Meineids strafbar

B. Strafbarkeit des H

I. Anstiftung zum Meineid (§§ 154, 26)

Scheidet aus, da H keinen (Anstifter-) Vorsatz hat, die R zu einer vorsätzlichen Unrechtsverwirklichung anzustiften. Im Gegensatz zu anderen Fällen der „versuchten mittelbaren Täterschaft" enthält der Vorsatz zu mittelbarer Täterschaft bei § 154 nicht den Anstiftungsvorsatz, da § 160 bei „mittelbarer Täterschaft" einen milderen Strafrahmen vorsieht.

II. Verleitung zum Meineid (§ 160 I)

Problem: Ist § 160 auch bei Veranlassung vorsätzlicher Falschaussage anwendbar?

1. Auffassung: Bei Erkennen der Absichten des Verleitenden liegt ein Exzess des Vordermannes vor, der dem Hintermann nicht zugerechnet werden dürfe (Die Gutgläubigkeit ist ein ungeschriebenes Tatbestandsmerkmal des § 160).

⇨ Nur versuchte Verleitung zum Falscheid durch F (§§ 160, 22, 23).

2. Auffassung: Strafgrund des § 160 ist auch die Gefährdung der Rechtspflege durch Veranlassung einer Falschaussage. Die Gefährdung ist objektiv eingetreten; dass der Veranlassende „noch mehr erreicht hat", darf ihn nicht entlasten (so BGH).

Dass R tatsächlich vorsätzlich einen Meineid leistet, wäre, wenn man der 2. Auffassung folgt, lediglich eine unwesentliche Abweichung vom vorgestellten Kausalverlauf. Nach dieser Auffassung wäre H strafbar wegen § 160.

Fünfter Handlungsabschnitt: Hilfe unter Brüdern
Strafbarkeit des B

I. Strafvereitelung, § 258

B könnte sich durch Lagerung der Skier in der Garage der Strafvereitelung nach § 258 strafbar gemacht haben.

Eine rechtswidrige Vortat eines anderen liegt vor, da S eine Unterschlagung (G war bereits tot und die Skier damit gewahrsamslos; die zivilrechtliche Fiktion des § 857 BGB gilt im Strafrecht nicht) zu Lasten der Erben begangen hat. Ob B durch die Lagerung der Skier die Strafverfolgung gegen S verzögert hat, lässt sich dem Sachverhalt zwar nicht unmittelbar entnehmen, wird aber abzulehnen sein, da die Polizei ohne seine Aussage gar keine Kenntnis von einer möglichen Täterschaft gehabt hätte. Zumindest fehlt aber bei B die Absicht oder der direkte Vorsatz hinsichtlich der Herbeiführung des Vereitelungserfolges, da B nicht damit rechnet, dass S wegen seiner Tat verfolgt werden könnte.

II. Begünstigung § 257

B könnte sich durch Lagerung der Skier in der Garage, bis S einen Käufer gefunden hat, der Begünstigung nach § 257 schuldig gemacht haben.

1. Objektiver Tatbestand

a) S hat eine rechtswidrige Tat, eine Unterschlagung (§ 246) zu Lasten der Erben, begangen. Er hat durch diese einen zivilrechtlich entziehbaren Tatvorteil (den Besitz an den Skiern des G, die in das Eigentum der Erben übergegangen sind) erlangt.

b) B müsste Hilfe geleistet haben. Bei Begünstigung steht die Restitutionsvereitelung im Vordergrund, d. h. objektiv muss eine Hilfeleistung vorliegen, die geeignet ist, die durch die Vortat erlangten Vorteile (hier die Skier) gegen Entzug zugunsten des Verletzten (hier die Erben des G) zu sichern. Teilweise wird als Hilfeleisten i. S. d. § 257 bereits jedes Verhalten angesehen, das geeignet ist, den Vortäter günstiger zu stellen. Hier ist die Aufbewahrung in der Garage jedenfalls objektiv geeignet, den dargestellten Tatvorteil gegen Entziehung zu sichern (Die Skier können in der Garage des B schlechter gefunden werden), so dass B nach allen Auffassungen Hilfe geleistet hat. Die Tatvollendung ist nicht von dem Eintritt eines Begünstigungserfolges abhängig.

2. Subjektiver Tatbestand

Neben dem unzweifelhaft gegebenen Vorsatz ist auch eine Restitutionsvereitelungsabsicht erforderlich, d. h., es muss dem Hilfeleistenden darauf ankommen, im Interesse des Vortäters die Wiederherstellung des gesetzmäßigen Zustands zu erschweren oder zu verhindern. Hier handelt B mit der von § 257 vorausgesetzten Absicht, dem S die Vorteile der Tat zu sichern.

3. Strafe

Fraglich ist, ob der Strafausschließungsgrund des § 258 VI (eine Strafvereitelung ist straflos, wenn sie zugunsten eines Angehörigen begangen wird) auf den Tatbestand der Begünstigung übertragen werden kann. Die Rechtsprechung betont zu Recht, dass die Vorschrift auf eine Begünstigung nur dann Anwendung finden kann, wenn die Begünstigung mit einer Strafvereitelung zusammentrifft und wenn nach der Vorstellung des Täters, die Strafvereitelung nicht ohne gleichzeitige Begünstigung erreicht werden kann. Hier hat B aber nicht in der Absicht gehandelt, seinen Angehörigen der Strafverfolgung zu entziehen.

4. Ergebnis

B hat sich der Begünstigung gemäß § 257 strafbar gemacht.

III. Hehlerei, § 259

Durch Unterstellen der Skier in der Garage, bis S einen Käufer gefunden hat, könnte sich B der Hehlerei in Form einer Absatzhilfe strafbar gemacht haben.

1. Objektiver Tatbestand

a) Die Skier sind tauglicher Gegenstand der Hehlerei, wenn sie durch eine gegen fremdes Vermögen gerichtete rechtswidrige Tat erlangt worden sind. Hier sind die Skier durch eine Unterschlagung in den Besitz des S gelangt. Damit liegt eine taugliche Vortat vor. Diese Tat war rechtlich und zeitlich abgeschlossen, bevor die Tat nach § 259 begangen wurde, da bereits die Ansichnahme der Skier den Zueignungswillen des S manifestiert.

b) In Betracht kommt hier die Tatbestandsalternative der „Absatzhilfe", da B nicht etwa die Sache in eigener Regie absetzen sollte, sondern S durch die Aufnahme des Hehlerguts in seine Garage unselbständig nach Weisung des S beim Absatz behilflich sein sollte (Eine Beihilfe zum Absatz scheidet aus, da S als Vortäter kein taatuglicher Täter der Hehlerei ist). Durch das Überlassen seiner Garage, hat B dem S die wirtschaftliche Verwertung der Sache erleichtert, denn S konnte sich infolgedessen mehr Zeit für die Suche nach einem geeigneten Käufer lassen.

Fraglich ist jedoch, ob ein vollendetes Absatzhelfen auch dann vorliegen kann, wenn der Absatzerfolg noch ausgeblieben ist. Denn S hat nur Gespräche mit Interessenten geführt, konnte die Skier aber nicht absetzen.

P: Verlangen die Tathandlungen „Absetzen" bzw. „Absatzhilfe", dass ein Absatzerfolg eintritt oder genügt ein Tätigwerden beim Absatz?[6]
Vorab: Diese Frage ist für beide Begehungsformen aufgrund der gleichen Strafdrohung einheitlich zu beantworten.

1. Nach der älteren Rechtsprechung liegt eine vollendete Hehlerei schon dann vor, wenn der Hehler Absatzhandlungen vorgenommen hat. Der Bereich strafbaren Handelns muss erreicht sein, wobei das Bemühen um Absatz geeignet sein musste, eine Perpetuierung herbeizuführen (BGHSt. 43, 110; der BGH deutet an, sich in Zukunft anders zu entscheiden, vgl. BGH NStZ 2008, 152; dazu *Bosch* JA 2008, 231; in BGHSt 59, 40 ff. hat sich die Rspr. der Lehre angeschlossen).
Dafür:
– Die alte Fassung der Vorschrift erfasste jede auf den Absatz zielende Tätigkeit („Mitwirken beim Absatz"). An dieser Rechtslage wollte der Gesetzgeber durch die Neufassung der Vorschrift nichts ändern.
– der weite Wortlaut der Vorschrift lässt eine solche Auslegung, wonach unter Absetzen jede darauf gerichtete Tätigkeit verstanden werden kann, zu.
– kriminalpolitisches Bedürfnis

2. Die wohl überwiegende Rechtslehre (*Rengier* BT 1 § 22 Rn 35) hält demgegenüber einen Absatzerfolg für unabdingbar, so dass bei Nichteintritt des Absatzerfolges nur Versuch anzunehmen ist.
Dafür:
– allg. Sprachverständnis bei „Absetzen" beinhaltet gelungenes Weiterverschieben, also Erfolg; dann kann aber bei Absatzhilfe wegen gleicher Strafdrohung nichts anderes gelten
– § 259 III stellt die versuchte Hehlerei unter Strafe, womit die Fälle fehlenden Absatzerfolges zwanglos erfasst werden können und dem Strafbedürfnis hinreichend Rechnung getragen wird
– von einer Perpetuierung einer rechtswidrigen Vermögenslage kann erst die Rede sein, wenn die Sache weiterverschoben wurde
– wird kein Absatzerfolg vorausgesetzt, wird die Hehlerei in ein Unternehmensdelikt (vgl. § 11 I Nr. 6) uminterpretiert

---

Im Schrifttum, dem sich die Rechtsprechung nunmehr angeschlossen hat, wird dies überwiegend abgelehnt, da der Wortlaut eine erfolgsorientierte Auslegung nahe lege. Die Veräußerung muss tatsächlich bewirkt worden sein. Als Argument wird auch der Strafgrund der Hehlerei herangezogen. Da diese an die Aufrecht-

---

6 BGH NJW 2014, 951; *Küper* JZ 2015, 1032.

erhaltung einer rechtswidrigen Besitzlage anknüpfe, müsse das Hehlergut tatsächlich in die Hand eines neuen Besitzers gelangt sein. Nur so sei auch § 259 III, die einheitliche Versuchsstrafbarkeit für alle Handlungsmodalitäten des § 259, zu erklären. Ansonsten käme es zu willkürlichen Ergebnissen, denn für die Ankaufshehlerei ist nach allgemeiner Auffassung ein Wechsel im Besitz erforderlich. Der Abschluss des obligatorischen Geschäfts genügt gerade noch nicht für ein Ankaufen und kann auch keine Strafe wegen Versuchs begründen. Zudem sei auch das Merkmal des „Absetzens" nur die Kehrseite der Alternative des „Verschaffens", die einen Gewahrsamsübergang erfordere. Nach dieser Meinung liegt im Fall keine Vollendung, sondern nur Versuch vor. Das unmittelbare Ansetzen liegt dann im In-Empfang-Nehmen und Unterstellen des Rads für die Zeit, bis ein Käufer gefunden sein würde.

Die Rechtsprechung des BGH ließ zu Recht für vollendete Absatzhilfe jede vom Absatzwillen getragene vorbereitende, ausführende oder helfende Tätigkeit genügen, die geeignet ist, den Vortäter bei seinem Bemühen um die wirtschaftliche Verwertung des Hehlergutes zu unterstützen. Straflose Hilfe liege nur dann vor, wenn der Vortäter noch keine Tätigkeit entfaltet hat, die für ihn den Beginn des Ansetzens bedeutet. Hier hatte S selbst unmittelbar zu Hehlerei angesetzt, so dass eine Absatzhilfe vorliegt. Auch der BGH berief sich auf den Wortlaut von § 259 und stellte fest, dass unter Absetzen auch die darauf gerichtete Tätigkeit verstanden werden kann. Der Gesetzgeber habe durch die Neufassung des § 259 den bisherigen Rechtszustand nicht ändern wollen. Für die frühere Auffassung des BGH spricht vor allem die Tatsache, dass es Formen der Absatzhilfe und Absatzbemühungen gibt, die in ihrem Schuldgehalt und ihrer Gefährlichkeit andere Hehlereihandlungen deutlich übertreffen, so dass sich die von der h. L. geforderte „deckungsgleiche Auslegung" der Hehlereimerkmale kaum rational begründen lässt. Deshalb liegt hier objektiv eine vollendete Absatzhilfe vor.

2. Subjektiver Tatbestand

Problematisch ist, ob B auch in der Absicht handelte, einen Dritten zu bereichern, da er hier den S bereichern wollte. Dass auch der Vortäter Dritter i. S. d. § 259 sein kann, wird von der h. M. verneint, da Begünstigung und Hehlerei klar zu trennen sind. Auch die tatbestandliche Fassung spricht dafür, denn § 259 trennt nach dem Wortlaut zwischen „Drittem" und „anderen" (dem Vortäter). Schließlich spricht die Entstehungsgeschichte für diese Auffassung, denn ursprünglich genügt für § 259 nur die Absicht, sich selbst zu bereichern. Mit der Erweiterung auf eine Drittbereicherungsabsicht sollte lediglich auch die Strafbarkeit des Gewerbegehilfen erfasst werden, der handelt, um seinem Geschäftsherrn einen Vorteil zu erbringen.

3. Ergebnis

B hat sich nicht nach § 259 strafbar gemacht.

Gesamtergebnis/Konkurrenzen

1. Handlungsabschnitt:

R hat sich nicht strafbar gemacht.

2. und 3. Handlungsabschnitt:

H hat sich lediglich der unterlassenen Hilfeleistung strafbar gemacht § 323 c.

4. Handlungsabschnitt:

R hat sich nicht strafbar gemacht. H ist strafbar wegen versuchter Anstiftung zum Meineid nach §§ 154, 30 I.

5. Handlungsabschnitt

B hat sich der Begünstigung (§ 257) strafbar gemacht.

D. Definitionen

Falsch i. S. v. §§ 153 ff.	ist eine Aussage, wenn der Inhalt der Aussage dem tatsächlichen Geschehen widerspricht und damit ein Widerspruch zwischen Wort und Wirklichkeit besteht (str., so die objektive Wahrheitstheorie).
Heimtücke, § 211 II	Heimtückisch handelt, wer in feindlicher Willensrichtung die Arg- und Wehrlosigkeit des Opfers bewusst zur Tötung ausnutzt.
Unglücksfall, § 323 c	ist ein Ereignis, das die unmittelbare Gefahr eines erheblichen Schadens für andere Menschen, d. h. für Leben, Leib oder Freiheit mindestens einer Person oder für fremde Sachen von bedeutendem Wert bewirkt.
Verdeckungsabsicht, § 211 II	ist der zielgerichtete Wille, durch die Tötungshandlung zu verhindern, dass eine andere – sei es auch irrig angenommene oder nur für möglich

	gehaltene – eigene oder fremde Straftat von den Strafverfolgungsorganen entdeckt wird.
Verkehrsunfall, § 142	ist ein plötzliches Ereignis, das mit den Gefahren des öffentlichen Straßenverkehrs ursächlich zusammenhängt und einen nicht völlig belanglosen Fremdschaden zur Folge hat.
Versetzen in eine hilflose Lage, § 221	in eine hilflose Lage wird ein Mensch versetzt, wenn er unter dem bestimmenden Einfluss des Täters in eine Situation gebracht wird, in der er sich gegen eine Gefahr für Leben oder Gesundheit, die aus dieser Situation entstehen kann, ohne fremde Hilfe nicht zu schützen vermag und solche Hilfe für ihn nicht verfügbar ist.
Vollendete Absatzhilfe	ist jede vom Absatzwillen getragene vorbereitende, ausführende oder helfende Tätigkeit, die geeignet ist, den Vortäter bei seinem Bemühen um die wirtschaftliche Verwertung des Hehlergutes zu unterstützen.

Übungsfall 16: Gams und Bart

A. Sachverhalt

Gerda Gams (G) aus Augsburg unternahm mit ihrem Bekannten Bernd Bart (B) einen Stadtbummel in München und entdeckte dabei das just an diesem Tage neu eröffnete Sportgeschäft „extreme sports". Zur Eröffnung wurde vor dem Geschäft eine Tombola veranstaltet, dessen Hauptpreis ein teures Mountainbike war. Da G schon immer von einem solch schicken „Bike" geträumt hatte, beteiligte sie sich mit B, wie eine Vielzahl anderer Passanten auch, eifrig an der Tombola. G gewann lediglich eine Baseball-Kappe mit dem Aufdruck des Sportfachgeschäfts („extreme sports") und musste miterleben, wie Peter Pickel (P), ein anderer Tombola-Teilnehmer, das Fahrrad gewann. Da kam G eine „glorreiche" Idee. Sie setzte sich schnell die Baseball-Kappe auf und teilte dem überraschten B mit, sie werde sich jetzt das Fahrrad besorgen. Falls es Ärger geben sollte, solle B ihr eventuelle Verfolger mit Gewalt vom Leibe halten, indem er sie anremple und so zu Fall bringe. B sagte ihr zu, das im Falle der Entdeckung zu tun.

G ging zu P, der gerade mit dem gewonnenen Fahrrad das Sportfachgeschäft verlassen hatte, und erklärte ihm, sie sei in der Werkstatt des Sportfachgeschäfts für die Montage des Fahrrads zuständig und habe vergessen, die Gangschaltung richtig einzustellen. P könne auf Kosten des Hauses das gegenüberliegende Café besuchen, während sie die Gangschaltung nachstelle. Hocherfreut überließ P der G das Fahrrad und hatte sich bereits zum Eingang des Cafés begeben, als er sich noch einmal umdrehte und mit ansehen musste, wie G sich gerade auf das Fahrrad setzte und sich bereits einige Meter mit diesem fortbewegt hatte. P schrie „Haltet den Dieb meines Fahrrads" und alarmierte dadurch den Verkäufer Emil Eisen (E), der schnell aus dem Sportgeschäft gerannt kam und die G auch noch aufhalten hätte können. Um zu verhindern, dass E der G das Fahrrad wieder abnehmen konnte, hatte aber B den E so geschickt angerempelt, dass dieser zu Boden stürzte, sich verletzte und G unerkannt den Ort des Geschehens verlassen konnte.

Wie haben sich G und B strafbar gemacht?

Bearbeitungszeit: Vier Stunden

B. Lösungsskizze

Strafbarkeit der G, der Trick mit der Gangschaltung

I. **Betrug hinsichtlich des Fahrrads gegenüber P zu dessen Nachteil und zum Vorteil der G, § 263 I**
    1. **Objektiver Tatbestand**
       a) Täuschung (+): über Rückgabewillen
       b) entsprechender Irrtum (+)
       c) Vermögensverfügung (–)
          P: Abgrenzung zwischen Sachbetrug (Verfügung) und Trickdiebstahl (Wegnahme); gelockerter Gewahrsam
    2. **Ergebnis: § 263 I (–)**
II. **Diebstahl hinsichtlich des Fahrrads, § 242 I**
    1. **Objektiver Tatbestand**
       a) fremde bewegliche Sache (+): Fahrrad
       b) Wegnahme (+)
          P: gelockerter Gewahrsam
    2. **Subjektiver Tatbestand**
       a) Vorsatz bzgl. objektiver Merkmale (+)
       b) Zueignungsabsicht (+)
    3. **Ergebnis: § 242 I (+)**
III. **Unbefugter Gebrauch eines Fahrzeugs, § 248 b I (+), aber subsidiär gegenbüber § 242 I**

Strafbarkeit des B hinsichtlich seines Verhaltens gegenüber E

I. **Räuberischer Diebstahl, § 252**
    1. **Objektiver Tatbestand**
       a) Vortat (+): Diebstahl des Fahrrads durch G
       b) Personengewalt (+): Anrempeln des E
       c) Abgrenzung § 249 und § 252:
          Einsatz des Nötigungsmittels nach voll- aber noch nicht beendetem Diebstahl
       d) P: Beteiligung des Täters des § 252 an der Vortat?
    2. **Subjektiver Tatbestand**
       P: Beutesicherungsabsicht (–), § 252 erfasst keine Drittbesitzerhaltungsabsicht
    3. **Ergebnis: § 252 (–)**
II. **Räuberische Erpressung, §§ 253, 255**
    1. **Objektiver Tatbestand**
       a) Tathandlung (+): Nötigung des E, die Flucht der G mit dem Fahrrad zu dulden
       b) Tatmittel (+/–): Personengewalt gegen E, aber:
          P: vis absoluta taugliches Tatmittel?
       c) Nötigungserfolg (+/–):
          aa) P: Muss das abgenötigte Verhalten eine Vermögensverfügung sein, oder genügt jedes beliebige Verhalten (auch unter vis absoluta)?
          bb) P: Dreieckserpressung (Näheverhältnis)

    d) P: sog. „Sicherungserpressung":
       Tatbestands- und Konkurrenzlösung
       → jedenfalls im Ergebnis §§ 253, 255 (–)
   2. Ergebnis: §§ 253, 255 (–)
III. Nötigung, § 240 I (+)
IV. Körperverletzung, § 223 I (+)
V. Beihilfe zum Diebstahl der G durch das Anrempeln, §§ 242 I, 27
   1. Objektiver Tatbestand
    a) teilnahmefähige Haupttat (+): Diebstahl der G
    b) Beihilfehandlung: Fördern der Haupttat (+/–)
       P: Sukzessive Beihilfe
   2. Ergebnis: §§ 242 I, 27 (+/–)
VI. (Psychische) Beihilfe zum Diebstahl der G durch die Zusage etwaige Verfolger anzurempeln, §§ 242 I, 27
   1. Objektiver Tatbestand
    a) teilnahmefähige Haupttat (+):
       Diebstahl der G
    b) Beihilfehandlung: Fördern der Haupttat (+/–)
       P: Psychische Beihilfe
   2. Subjektiver Tatbestand
    Vorsatz bzgl. Haupttat und Teilnahmehandlung (doppelter Gehilfenvorsatz) (+)
   3. Ergebnis: §§ 242 I, 27 (+/–)
VII. Begünstigung, § 257 I
   1. Objektiver Tatbestand
    a) tatbestandsmäßige, rechtswidrige Vortat (+): Diebstahl der G
    b) Hilfeleisten (+)
   2. Subjektiver Tatbestand
    Vorsatz und Vorteilssicherungsabsicht zugunsten der G (+)
   3. Rechtswidrigkeit (+)
   4. Schuld (+)
   5. Strafausschluss nach § 257 III 1 (+/–)
   6. Strafantragserfordernis, § 257 IV
   7. Ergebnis: § 257 I (+/–)

Strafbarkeit der G im Zusammenhang mit dem Anrempeln des E durch B

I. Räuberischer Diebstahl in mittelbarer Täterschaft, §§ 252, 25 I, 2. Alt.
   1. Objektiver Tatbestand
    a) Vortat (+): Diebstahl des Fahrrads durch G
    b) auf frischer Tat betroffen (+)
    c) Personengewalt durch G gegenüber E (–)
    d) Zurechnung des Verhaltens des B über
       § 25 I, 2. Alt. (+/–)
       P: B als qualifikationslos-doloses bzw. absichtslos-doloses Werkzeug?
   2. Subjektiver Tatbestand
    a) Vorsatz hinsichtlich objektiver Tatbestandsmerkmale inklusive Tatherrschaft (+)
    b) Beutesicherungsabsicht (+)

   3. Ergebnis: §§ 252, 25 I, 2. Alt. (+/−)

II. **Anstiftung zur Nötigung, §§ 240 I, 26 (+)**

III. **Anstiftung zur Körperverletzung, §§ 223 I, 26 (+/−)**

IV. **Anstiftung zur Begünstigung, §§ 257 I, 26 (+/−)**

Strafbarkeit des B wegen Beteiligung an einem räuberischen Diebstahl der G

Beihilfe zum räuberischen Diebstahl der G, §§ 252, 27 (+/−)

Gesamtergebnis/Konkurrenzen:

G: §§ 252, 25 I, 2. Alt.

B: §§ 252, 27; 223 I; 52.

C. Gutachten

Strafbarkeit der G, der Trick mit der Gangschaltung

Hinweis: An diesem Fall zeigt sich besonders deutlich, dass sich manchmal ein Aufbau nach Tatbeteiligten besser eignet, um die Probleme des Falles darzustellen. Das gilt insbesondere für die schwierige Teilnahmeproblematik im unteren Teil, die es erforderlich macht, zwischen den Beteiligten hin und her zu wechseln. Dennoch muss zugleich im ersten Teil (chronologisch) die Frage des Gewahrsamswechsels (von Bedeutung etwa für die Prüfung von § 252) geklärt sein.

I. Betrug hinsichtlich des Fahrrads gegenüber P zum Nachteil des P und zum Vorteil der G, § 263 I

G könnte dadurch, dass sie P vorspiegelte, er solle ihr das Fahrrad nur kurz zur Einstellung der Gangschaltung überlassen, einen Betrug gem. § 263 I begangen haben.

1. Objektiver Tatbestand

a) Dann müsste G den P zunächst getäuscht haben. Täuschung verlangt eine Einwirkung auf das Vorstellungsbild eines anderen durch Vorspiegelung falscher Tatsachen. G spiegelte P vor, sie sei in der Werkstatt des Sportfachgeschäfts tätig und wolle das Fahrrad nur kurz mitnehmen, um die Gangschaltung einzustellen. Sie täuschte damit über ihren Rückgabewillen (innere Tatsache), da sie das Fahrrad nicht zurückgeben will.

Hinweis: Fälle der Abgrenzung von Trickdiebstahl und Sachbetrug veranschaulichen eine Grundregel bei der Prüfung des Betrugstatbestands, die leider häufig missachtet wird. Da die einzelnen Merkmale, Täuschung, Irrtum, Vermögensverfügung und -schaden, jeweils ursächlich verknüpft sind, ist nur die Tatsachentäuschung relevant, die letztlich den Schaden ursächlich herbeiführt. Weil für die Abgrenzung der endgültige Gewahrsamsverlust (bzw. das Bewusstsein hierüber) entscheidend ist, muss über den Rückgabewillen getäuscht werden. Anders als etwa in Fällen der Zechprellerei (vgl. *Wessels/Hillenkamp* Strafrecht BT/2, Rdn. 494) kommt hier nur eine Täuschung über innere Tatsachen in Betracht. Wie auch sonst in Betrugsfällen empfiehlt es sich, zunächst gedanklich zu prüfen, worin der Schaden bestehen könnte und auf diesen dann die Prüfung der Betrugsmerkmale auszurichten.

b) G hat dadurch kausal bei P auch einen entsprechenden Irrtum, d. h. eine Fehlvorstellung über die innere Tatsache des Rückgabewillens erregt.

c) Fraglich ist aber, ob P eine darauf beruhende Vermögensverfügung vorgenommen hat. Unter Vermögensverfügung ist jedes Handeln, Dulden oder Unterlassen zu verstehen, das sich unmittelbar vermögensmindernd auswirkt. Als Vermögensverfügung kommt hier die Überlassung des Fahrrads bzw. die Verfügung über den Gewahrsam an diesem und damit ein Sachbetrug in Betracht. Allerdings könnte G hier auch lediglich eine täuschungsbedingte Gewahrsamslockerung herbeigeführt, in der Folge die Sache selbst weggenommen und damit einen Trickdiebstahl nach § 242 begangen haben. Nach h. M. stehen Diebstahl und Betrug in einem Exklusivitätsverhältnis zueinander, weil Diebstahl ein Fremd- und Betrug ein Selbstschädigungsdelikt ist. Es ist deshalb zu prüfen, ob eine Wegnahme oder eine Vermögensverfügung vorliegt.

P: Abgrenzung zwischen Trickdiebstahl und Sachbetrug
Erörtert werden kann der Problemkreis entweder bei der Prüfung des Diebstahls bei der „Wegnahme" oder im Rahmen des Betruges beim Prüfungspunkt „Vermögensverfügung". Zwingend muss jeweils mit dem Tatbestand begonnen werden, der im Ergebnis nicht gegeben ist. Die Prüfung ist im Rahmen der Tathandlung abzubrechen, nachdem die Abgrenzungskriterien angeführt und auf den Fall angewendet wurden. Im Anschluss wird unter Verweis auf bereits erfolgte Ausführungen der tatsächlich erfüllte Tatbestand geprüft. Diese Reihenfolge ist ein Gebot des Gutachtenstils und erlaubt dem Bearbeiter zugleich die Prüfung des nicht gegebenen Tatbestands.

Die **Abgrenzung** erfolgt anhand der **inneren Willensrichtung des Opfers.**
Eine Vermögensverfügung und damit ein Sachbetrug liegt vor, wenn
- sich das Opfer des *endgültigen* Gewahrsamsverlustes *bewusst* gewesen ist **(Verfügungsbewusstsein, str.),**
- der Gewahrsam *freiwillig* aufgegeben wurde **(Freiwilligkeit)** und
- die Gewahrsamsaufgabe *unmittelbar* den Schaden herbeigeführt hat **(Unmittelbarkeit).**

Daran fehlt es, wenn lediglich eine **täuschungsbedingte Gewahrsamslockerung** vorliegt, die der Täter zur Wegnahme ausnutzt. Beispiele hierfür sind etwa das täuschungsbedingte Aushändigen eines Gegenstandes zur Ansicht, zur Anprobe etc.

Ergänzung: Häufig treten auch Klausurfälle auf, in denen die **Konkretisierung des Verfügungsbewusstseins** Schwierigkeiten bereitet. So etwa wenn der Täter in der Verpackung eines großen Gegenstandes zusätzlich einen kleinen Gegenstand

verbirgt oder einen teuren Gegenstand in die Verpackung eines günstigen Artikels steckt:

e. A.: generelles Verfügungsbewusstsein der Kassiererin hinsichtlich des gesamten Inhalts der Verpackung.

a. A.: Verfügungsbewusstsein nur über konkreten Inhalt, Ware wird über Eintippen/Einscannen des Preises individualisiert; mit der Annahme eines generellen Verfügungsbewusstseins würde man der Kassiererin einen Verstoß gegen arbeitsvertragliche Pflichten unterstellen.

Übersichtsliteratur: *Otto* Grundkurs Strafrecht, BT, § 51 Rdn. 151 ff.; *Jäger* Strafrecht BT, § 10 Rdn. 332 ff.; *Rengier* Strafrecht Besonderer Teil I, § 13 Rdn. 75 ff. ; *Ogalakcioglu* JA 2012, 902.

Weitere Übungsklausuren: *Böse/Nehring* JA 2008, 110; *Burghardt/Bröckers* JuS 2014, 238; *Dürr* Jura 2014, 352; *Jäger* JA 2007, 604; *Fahl* JuS 2004, 885 ff.; *ders.* JA 1996, 40; *Rotsch* JA 2004, 532 ff.; *Heinrich* Jura 1997, 366; *Erbe* Jura 1981, 86.

Die Abgrenzung ist anhand der inneren Willensrichtung des Opfers vorzunehmen. Eine Vermögensverfügung liegt vor, wenn sich das Opfer einer endgültigen Gewahrsamsübertragung bewusst war, diese freiwillig erfolgte und sie unmittelbar den Schaden herbeigeführt hat. Vorliegend hat P zwar G das Fahrrad übergeben, allerdings wollte er in der Nähe im Café gegenüber der Werkstatt verweilen, so dass er jederzeit hätte zurückkommen und die Sachherrschaft über das Rad ausüben hätte können. Als P wegging kam es lediglich zu einer täuschungsbedingten Gewahrsamslockerung, die G zur späteren Wegnahme ausnutzte. P dachte außerdem, er würde das Rad zurückbekommen. Er war sich keines endgültigen Gewahrsamsübergangs bewusst, so dass es am Verfügungsbewusstsein fehlte. Folglich lag hier keine Verfügung und damit kein Sachbetrug, sondern ein Trickdiebstahl vor, den es im Folgenden zu prüfen gilt.

2. Ergebnis

G hat sich nicht wegen Betruges nach § 263 I strafbar gemacht.

II. Diebstahl hinsichtlich des Fahrrads, § 242 I

G könnte einen Diebstahl gem. § 242 I begangen haben, als sie mit dem Mountainbike des P davongefahren ist.

1. Objektiver Tatbestand

a) Das Fahrrad ist für G eine fremde bewegliche Sache, da P bereits Eigentümer des Fahrrads war.

b) G müsste das Fahrrad weggenommen haben, d.h. fremden Gewahrsam gebrochen und neuen, nicht notwendigerweise tätereigenen Gewahrsam begründet haben. Fraglich ist, ob G fremden Gewahrsam gebrochen hat. Gewahrsam ist die vom Herrschaftswillen getragene tatsächliche Sachherrschaft. Die Sachherrschaft ergibt sich aus den physisch-realen Einwirkungsmöglichkeiten des Täters unter Berücksichtigung der Anschauungen des Verkehrs und des täglichen Lebens. Wie soeben festgestellt hat G den gelockerten Gewahrsam des P gebrochen. Problematisch könnte allenfalls der Zeitpunkt sein, in dem die Wegnahme vollendet wurde. Wenngleich für die Begründung neuen Gewahrsams nicht das Fortschaffen der Sache notwendig ist, so wird man sagen können, dass die Einwirkungsmöglichkeiten des P schwinden, je weiter er sich in Richtung des Cafés bewegt. Spätestens aber mit dem Wegfahren begründete G neuen Gewahrsam, da sie nun die Sachherrschaft ungehindert von P, der sie nicht mehr erreichen kann, ausüben kann.

Hinweis: In Klausurlösungen wird allzu häufig stereotyp ein Gewahrsamsbruch ohne echte Subsumtion der Sachverhaltsumstände bejaht. Gleichgültig, ob die natürliche Auffassung des täglichen Lebens oder eine sozial-normative Betrachtung zur Bestimmung der Gewahrsamsverhältnisse herangezogen werden (vgl. dazu Schönke/Schröder/*Eser/Bosch* § 242 Rdn. 23 f.), muss der Gewahrsamswechsel, etwa im Hinblick auf die Abgrenzung von § 249 zu § 252, stets sorgfältig anhand der Sachverhaltsangaben begründet werden. Bei Kraftfahrzeugen wird für die Vollendung der Wegnahme zwar verlangt, dass der Täter mit diesen eine kurze Wegstrecke zurückgelegt hat (vgl. BGHSt 18, 69; *Fischer* § 242 Rdn. 20), kann aber der Täter wie hier bereits nach wenigen Metern Fahrstrecke seinen neu begründeten Gewahrsam ungehindert vom ursprünglichen Gewahrsamsinhaber ausüben, genügt dies für die Vollendung der Tathandlung.

---

2. Subjektiver Tatbestand

G handelte mit Vorsatz hinsichtlich des objektiven Tatbestands des Diebstahls sowie mit Zueignungsabsicht, da es ihr Ziel war, sich das Fahrrad zumindest vorübergehend der eigenen Vermögenssphäre einzuverleiben (Aneignungsabsicht) und sie den P dauerhaft aus seiner Eigentümerstellung verdrängen wollte (Enteignungskomponente).

3. Ergebnis

G hat sich eines Diebstahls nach § 242 I strafbar gemacht.

III. Unbefugter Gebrauch eines Fahrzeugs, § 248 b I

Zwar verwirklichte G tatbestandsmäßig, rechtswidrig und schuldhaft § 248 b I, insbesondere sind Fahrräder auch vom Begriff des Fahrzeugs in dieser Vorschrift umfasst. § 248 b I tritt aufgrund der Subsidiaritätsklausel aber kraft gesetzlicher Anordnung hinter § 242 I zurück.

Strafbarkeit des B durch sein Verhalten gegenüber E

I. Räuberischer Diebstahl, § 252

Da B den E anrempelte und diesen zu Fall brachte, um zu verhindern, dass E der G das gestohlene Fahrrad wieder abnimmt, könnte er sich eines räuberischen Diebstahls gem. § 252 strafbar gemacht haben.

1. Objektiver Tatbestand

a) Eine taugliche Vortat liegt in Form des Diebstahls der G vor.

b) Auch der Anwendungsbereich des § 252 ist in Abgrenzung zu den §§ 249 ff. eröffnet, da G noch keinen gesicherten Gewahrsam erlangt hatte und der Diebstahl damit zwar vollendet (s. o.), aber noch nicht beendet war.

c) Ferner hat B, indem er E anrempelte und zu Fall brachte, Gewalt gegen eine Person ausgeübt.

d) Jedoch ist problematisch, inwieweit B an der Vortat beteiligt gewesen sein muss, um tauglicher Täter des § 252 sein zu können.

P: Ist eine Beteiligung des Täters des § 252 an der Vortat erforderlich?

Die Frage ist umstritten, wobei ein Streitentscheid hier aufgrund der subjektiven Anforderungen entbehrlich ist:

h. M.: Nach überwiegender Ansicht kann nur derjenige Täter eines räuberischen Diebstahls sein, der an der Vortat als Täter beteiligt war. Bei Mittätern, die nicht im Beutebesitz sind, kann der Besitz nach § 25 II zugerechnet werden. Dafür spreche die Raubähnlichkeit des § 252: Der räuberische Diebstahl setze sich auch aus Diebstahls- und Nötigungskomponente zusammen und beim Raub sei unbestritten, dass der Räuber beide Bestandteile täterschaftlich verwirklicht haben muss.

a. A.: Eine andere Ansicht verlangt zumindest Teilnahme an der Vortat, da aber eine Anwendung des § 25 II hier ausscheidet, wird bei mehreren zumindest (Mit-)Besitz an der Beute verlangt.

a. A.: Nur vereinzelt wird vertreten, dass der Täter überhaupt nicht an der Vortat beteiligt sein muss.

Vgl. zum Ganzen: BGH StV 1991, 349; *Otto* Grundkurs Strafrecht, BT, § 46 Rdn. 64; SK/*Sinn* § 252 Rdn. 25; *Natus* Jura 2014, 722.

Weitere Übungsklausur: *Hillenkamp* JuS 2003, 157.

Nach h. M. kann nur derjenige Täter eines räuberischen Diebstahls sein, der bereits an der Vortat als Täter beteiligt war. Selbst die u. a. früher auch vom BGH vertretene Gegenansicht verlangt zumindest eine Teilnahme an der Vortat. Nur ganz vereinzelt wird zu Unrecht der Standpunkt vertreten, der Täter nach § 252 müsse an der Vortat überhaupt nicht beteiligt sein. Jedoch kommt es hierauf unter Umständen gar nicht an, wenn die Anwendung des § 252 am subjektiven Tatbestand scheitert.

2. Subjektiver Tatbestand

Neben dem allgemeinen Tatbestandsvorsatz erfordert § 252 eine Beutesicherungsabsicht, d. h. der Täter muss handeln, um „sich" im Besitz des gestohlenen Gutes zu erhalten. Jedoch hatte B kein eigenes Interesse an dem Mountainbike, er wollte lediglich den Besitz der G am Fahrrad sichern. Eine solche „Drittbesitzerhaltungsabsicht" wird von § 252 nicht erfasst. § 252 wurde im Gegensatz zu den anderen Vermögensdelikten im Zuge des 6. StRG eben nicht auf Drittzueignungsfälle erweitert. Eine erweiternde Auslegung zu Lasten des Täters würde hier an Art. 103 II GG scheitern.

3. Ergebnis

B ist nicht des räuberischen Diebstahls gem. § 252 schuldig.

II. Räuberische Erpressung, §§ 253, 255

B könnte sich durch sein Verhalten aber der räuberischen Erpressung strafbar gemacht haben, §§ 253, 255.

1. Objektiver Tatbestand

a) Eine taugliche Tathandlung liegt vor, denn B hat den E genötigt, die Flucht der G mit dem Fahrrad zu dulden.

b) Indem B den E anrempelte, so dass dieser zu Boden stützte, hat B auch Personengewalt gegenüber E angewendet. Problematisch ist aber, dass B hier mit vis absoluta handelte (willensausschließende Gewalt). Ob vis absoluta ein taugliches Tatmittel i. S. d. § 255 sein kann, ist umstritten und hängt eng mit der Frage zusammen, ob man als abgenötigtes Verhalten bei § 255 eine Vermögensverfügung fordert.

P: Abgrenzung Raub, § 249 und Räuberische Erpressung, §§ 253, 255

1. Auffassung (Rspr. und Teile der Literatur)
Nach der Rspr. beinhaltet jede Wegnahme i. S. d. § 249 die Duldung der Wegnahme i. S. d. §§ 253, 255, daher ist **Raub** die **speziellere Vorschrift**. Der Täter muss **keine Vermögensverfügung** für die Verwirklichung der §§ 253, 255 vornehmen.
Konsequenzen:
- § 249 und §§ 253, 255 schließen sich tatbestandlich nicht aus, **§ 249 verdrängt** auf Konkurrenzebene die **§§ 253, 255.**
- Da keine Vermögensverfügung gefordert wird, erfolgt eine **Abgrenzung** allein anhand des **äußeren Erscheinungsbildes** (Wegnahme führt zu Raub; Weggabe zur räuberischen Erpressung).
- Da kein willensgetragenes Verhalten in Form einer Vermögensverfügung verlangt wird, kann **vis absoluta** (willensausschließende Gewalt) **taugliches Tatmittel** i. S. d. §§ 253, 255 sein.
Argumente für die Rspr.:
- Der **Wortlaut** des § 253 lässt jedwede „Duldung" ausreichen, eine Vermögensverfügung wird nicht gefordert.
- Postulat der **Einheit der Rechtsordnung:** Der Begriff der Nötigung ist wie bei § 240 zu verstehen, vis absoluta wird dort umfasst, daher kann die räuberische Erpressung kein Selbstschädigungsdelikt sein.
- **Brutalere,** zu vis absoluta greifende **Gewalttäter** werden **ungerechtfertigt privilegiert** gegenüber Tätern, die lediglich mit gegenwärtiger Gefahr für Leib oder Leben drohen. Die Nötigungshandlung des gefährlicheren Täters würde nur über § 240 erfasst, während der Täter, der sich einer Drohung bedient, nach §§ 253, 255 bestraft werden muss.

2. Auffassung (Literatur)
Nach anderer Ansicht soll Raub ein Fremdschädigungsdelikt, die **räuberische Erpressung** ein dem Betrug strukturverwandtes **Selbstschädigungsdelikt** sein. Wie beim Betrug soll daher bei den §§ 253, 255 eine **Vermögensverfügung** erforderlich sein.
Konsequenzen:
- § 249 und §§ 253, 255 stehen in tatbestandlichem Exklusivitätsverhältnis.
- Eine Vermögensverfügung verlangt ein willensgetragenes Verhalten. Einigkeit besteht deshalb zumindest darüber, dass **vis absoluta** (willensausschließende Gewalt) **kein taugliches Tatmittel** i. S. d. §§ 253, 255 sein kann.
- Da ein willensgetragenes Verhalten vorausgesetzt wird, muss für die **Abgrenzung** von Raub und räuberischer Erpressung auf die **innere Willensrichtung** des Opfers abgestellt werden. Problematisch ist allerdings, welche Anforderungen an das Willenselement zu stellen sind, da das abgenötigte Verhalten jedenfalls nicht freiwillig erfolgt.
  a) **Erste Meinung:** Entscheidend soll sein, ob sich der Genötigte subjektiv in einer **Schlüsselposition** sieht: Ist die Mitwirkung notwendig, damit der Gewahrsamsverlust eintritt (§ 253), oder kann der Täter unabhängig von der Mitwirkung des Opfers ohnehin

auf den Gegenstand zugreifen (§ 249)? Hat das Opfer noch eine Einflussmöglichkeit auf den Gewahrsamsverlust?

b) **Zweite Meinung:** Entscheidend für eine Vermögensverfügung ist allein, dass das Opfer willentlich verfügt, wobei nur danach zu fragen ist, ob es zu einer Gewahrsamsübertragung mit – wenn auch erzwungenem – faktischem Einverständnis kommt. Ein äußerliches Nehmen gibt Anhaltspunkte für ein fehlendes Einverständnis (§ 249), ein Geben für ein faktisches Einverständnis (§ 253). Diese Auffassung unterscheidet sich im Ergebnis nur wenig von der Rechtsprechung.

Argumente für die Literatur:
Der Wortlaut des § 253 fordert einen Vermögensnachteil und (Dritt-) Bereicherungsabsicht wie der Betrug. § 263 enthält auch nicht ausdrücklich das Erfordernis einer Vermögensverfügung.

Systematische Argumente: § 249 wurde im StGB vor den §§ 253, 255 geregelt.

Das spricht eher für Generalität als für Spezialität des § 249. Außerdem verweist nirgendwo sonst im StGB das generelle Delikt hinsichtlich des Strafrahmens auf das speziellere Delikt.

Fordert man keine Vermögensverfügung, so kommt es zu einer **Umgehung der gesetzgeberischen Wertstufenbildung** bei den Vermögensdelikten, beispielsweise der gesetzgeberisch privilegierten Gebrauchsanmaßung (§ 248 b) wenn es an der Zueignungsabsicht beim Raub fehlt.

Übersichtsliteratur: *Küper* Strafrecht BT, S. 396 ff./ Rdn. 728 ff.; *Otto* Grundkurs Strafrecht, BT, § 53 Rdn. 4 ff., 23 ff.

Weitere Übungsklausuren: *Morgenstern* Jura 2008, 625; *Jäger* JA 2007, 604; *Kühl/Schramm* JuS 2003, 681; *Graul* JuS 1999, 562; *Mitsch* JA 1997, 655; *Eifert* JuS 1993, 1032; *Werner* Jura 1990, 599.

---

aa) Nach einer Ansicht ist die räuberische Erpressung ein dem Betrug nachgebildetes Selbstschädigungsdelikt, daher soll bei den §§ 253, 255 wie beim Betrug eine Vermögensverfügung des Opfers erforderlich sein. Da die Vermögensverfügung ein willensgetragenes Verhalten voraussetzt, kann sie nicht vorliegen, wenn wie hier mit vis absoluta genötigt wurde.

bb) Die Gegenansicht verlangt keine Vermögensverfügung im Rahmen der räuberischen Erpressung. Der Begriff der Nötigung sei wie in § 240 zu verstehen. Da vis absoluta dort auch erfasst sei, müsse willensausschließende Gewalt auch bei den §§ 253, 255 taugliches Nötigungsmittel sein.

cc) Den Vorzug verdient die zuletzt genannte Ansicht[1]. Zum einen ist dem Wortlaut der §§ 253, 255 das Erfordernis einer Vermögensverfügung nicht zu entnehmen. Zum anderen führt die Gegenansicht zu einer ungerechtfertigten Privilegierung brutalerer, zu vis absoluta greifender Gewalttäter gegenüber den Tätern, die lediglich mit gegenwärtiger Gefahr für Leib oder Leben drohen. Während Letztge-

---

1 Dieser Weg wird hier aus didaktischen Gründen gewählt. Die Gegenauffassung ist natürlich ebenso vertretbar und dogmatisch überzeugender; vgl. auch Eser/Bosch, in: Sch/Sch, § 253 Rdn. 8 f.

nannte nach §§ 253, 255 bestraft werden können, verbleibt für die rücksichtsloser vorgehenden Täter nur die Strafbarkeit nach § 240. Folglich ist das Anrempeln seitens des B taugliche Tathandlung i. S. d. §§ 253, 255.

c) Fraglich ist, ob auch ein Nötigungserfolg gegeben ist.

Es ist zwar keine Vermögensverfügung des Opfers erforderlich, problematisch könnte aber sein, dass hier nicht der potentiell geschädigte P, sondern der schutzbereite Dritte E genötigt wurde. Jedoch ist anerkannt, dass bei der räuberischen Erpressung – ähnlich wie beim Betrug – zwar Genötigter und Verfügender, nicht aber Genötigter und Geschädigter personenidentisch sein müssen (sog. Dreieckserpressung).

P: Anforderungen an das Näheverhältnis bei der Dreieckserpressung

Bei der Dreieckserpressung ist – ähnlich wie beim Dreiecksbetrug – umstritten, welche Anforderungen an das Verhältnis zwischen „verfügendem" bzw. „genötigtem" Dritten und Geschädigtem zu stellen sind. Die Abgrenzung erfolgt weitgehend analog zum Dreiecksbetrug, zu beachten sind jedoch zwei Besonderheiten:

1. Auch die **Rechtsprechung,** die wie eben gesehen bei der räuberischen Erpressung keine Vermögensverfügung fordert, verlangt im Rahmen der Dreieckserpressung ein „Näheverhältnis". An dieses werden jedoch verhältnismäßig geringe Anforderungen gestellt. Ein faktisches oder gar rechtliches Näheverhältnis wird nicht verlangt, es soll vielmehr ausreichen, wenn der **Dritte** spätestens im Zeitpunkt der Tatbegehung **schutzbereit** auf der Seite des Vermögensinhabers steht.

2. Sofern man eine Verfügungsbefugnis im Rahmen des Näheverhältnisses fordert, kann es bei der Erpressung nicht auf die subjektive Vorstellung des Verfügenden ankommen, „befugt" zu handeln, da auch der an sich zur Verfügung „Befugte" diese Vorstellung regelmäßig nicht hat.

Übersichtsliteratur: *Küper* Strafrecht BT, S. 407 ff./Rdn. 657 ff.; *Ingelfinger* JuS 1998, 537; *Otto* JZ 1995, 1020; *Ebel* Jura 2008, 256.

Weitere Übungsklausur: *Maier/Ebner* JuS 2007, 651.

Allerdings ist dann nach allen Ansichten – auch nach der, die keine Vermögensverfügung im Rahmen der §§ 253, 255 fordert – ein Näheverhältnis zwischen Genötigtem und Geschädigtem erforderlich. Ähnlich wie beim Betrug (§ 263) ist umstritten, welche Anforderungen an dieses Näheverhältnis zu stellen sind. Da hier aus Gründen einer einheitlichen Abgrenzung der Rechtsprechung gefolgt wird, kann ein Näheverhältnis aufgrund der Schutzbereitschaft des Dritten (E) bejaht werden. Davon abgesehen ließe sich aber auch ein faktisches Näheverhältnis i. S. d. „Lagertheorie" bejahen.

d) Problematisch bleibt allerdings, dass die Handlung des B lediglich darauf gerichtet war, G die Vorteile aus der vorangegangen Tat zu sichern. Fraglich ist, wie eine solche „Sicherungserpressung" zu behandeln ist und ob diese trotz fehlender Strafbarkeit nach § 252 uneingeschränkt möglich sein kann.

P: Sicherungserpressung
Eine Sicherungserpressung, bei der der Täter lediglich (einem Dritten) Vorteile aus einer vorangegangenen Tat sichern will, wird nicht von § 255 erfasst. Eine andere Betrachtungsweise unterliefe die spezifischen Voraussetzungen des räuberischen Diebstahls (§ 252). Dies gilt insbesondere in Fällen wie hier, in denen es dem Gehilfen an einer egoistischen Beutesicherungsabsicht fehlt. Er würde über §§ 253, 255 einer erhöhten Strafbarkeit ausgesetzt, da bei räuberischer Erpressung eine Drittbereicherungsabsicht genügt. § 255 würde zum umfassenden Auffangdelikt im Falle der Beutesicherung mit Raubmitteln, obwohl der Gesetzgeber im Rahmen des 6. StRG § 252 nicht um die Möglichkeit einer „Drittbesitzerhaltungsabsicht" erweitert hat.
Zur Ablehnung von § 252 stehen zwei unterschiedliche Wege zur Verfügung:
1. Nach der **Konkurrenzlösung** tritt die Sicherungserpressung als mitbestrafte Nachtat zurück.
2. Nach der **Tatbestandslösung** wird bereits der nach §§ 253, 255 erforderliche Vermögensnachteil und damit der Tatbestand verneint.
Arg.:
– Die Sicherungserpressung führe nicht zu einem der Vortat gegenüber selbstständigen Schaden (vgl. auch *Otto* Jura 1994, 276 ff.).
– Die Verfestigung der rechtswidrigen Vermögenslage, die als solche schon durch die Vortat hergestellt werde, sei mit der Strafbarkeit der Vortat abgegolten.
– Die Konkurrenzlösung könne nicht begründen, warum ein Verbrechen eine nicht ins Gewicht fallende Nachtat gegenüber einem Vergehen als Vortat sein soll.

Übersichtsliteratur: *Otto* Grundkurs Strafrecht, BT, § 51 Rdn. 151 ff.; *Wessels/Hillenkamp* Strafrecht BT/2, Rdn. 734 f.

Übungsklausur: *Hillenkamp* JuS 2003, 157; *Britz/Jung* JuS 2000, 1194.

Es besteht weitgehend Einigkeit, dass eine Sicherungserpressung nicht zu einer eigenständigen Strafbarkeit gem. §§ 253, 255 führen soll. Die räuberische Erpressung würde ansonsten zu einem umfassenden Auffangtatbestand für jede Art der Beutesicherung mit Raubmitteln und die spezifischen Voraussetzungen des § 252 würden unterlaufen. Zum einen wird daher vertreten, die Sicherungserpressung trete als mitbestrafte Nachtat zurück (Konkurrenzlösung), zum anderen wird eine Anwendbarkeit bereits auf Tatbestandsebene über das Nachteilserfordernis eingeschränkt. Die letztgenannte Lösung verdient den Vorzug. Der Gewahrsamsverlust als möglicher Schaden ist bereits durch den Diebstahl eingetreten. Demgegenüber begründet die Handlung des B keinen weiteren Vermögensnachteil, der nicht schon mit der Vortat abgegolten wäre. Zudem kann nur schwer begründet werden, warum ein Verbrechen i.S.d. §§ 253, 255 gegenüber einem bloßen Vergehen nach § 242 I als Vortat nicht ins Gewicht fallen und daher als Nachtat zurücktreten sollte. Jedenfalls scheidet eine Strafbarkeit des B wegen räuberischer Erpressung im Ergebnis aus.

2. Ergebnis

B hat sich nicht der räuberischen Erpressung gem. §§ 253, 255 strafbar gemacht.

III. Nötigung, § 240 I

Durch dieselbe Handlung hat B jedoch tatbestandlich, rechtswidrig und schuldhaft eine Nötigung verwirklicht, § 240 I.

IV. Körperverletzung, § 223 I

Ferner hat B, indem er den E anrempelte, so dass dieser zu Boden stürzte und sich verletzte, unproblematisch tatbestandlich, rechtswidrig und schuldhaft eine Körperverletzung gem. § 223 I verwirklicht.

V. Beihilfe zum Diebstahl der G durch das Anrempeln, §§ 242 I, 27

Möglicherweise ist das Verhalten des B zugleich als Beihilfe zum Diebstahl der G gem. §§ 242 I, 27 strafrechtlich zu würdigen.

1. Objektiver Tatbestand

a) Eine vorsätzliche, rechtswidrige und teilnahmefähige Haupttat liegt mit dem (einfachen) Diebstahl der G vor (s.o.).

b) Fraglich ist allerdings, ob im vorliegenden Fall eine Beihilfehandlung in Form eines Förderns der Haupttat angenommen werden kann. Problematisch ist, dass P sich am Eingang des Cafés befand, ein Gewahrsamswechsel zu diesem Zeitpunkt bereits stattgefunden hatte und der Diebstahl damit vollendet, wenn auch mangels gesicherten Gewahrsams noch nicht beendet war. Hinsichtlich des Hilfeleistens in der Phase zwischen Vollendung und Beendigung ist umstritten, ob dieses als Beihilfe zur Vortat (sog. sukzessive Beihilfe) oder lediglich als Begünstigung i.S.d. § 257 strafbar ist.

P: Sukzessive Beihilfe und Abgrenzung zur Begünstigung, § 257

Die Möglichkeit einer sukzessiven Beihilfe und die Abgrenzung zur Begünstigung, § 257 sind umstritten:

h. M.: Die (wohl) überwiegende Ansicht hält im Stadium zwischen Vollendung und Beendigung **sukzessive Beihilfe** für **möglich.**

Bis zur Beendigung könne die Hilfeleistung durchaus für den Taterfolg kausal sein

Im Einzelfall sei zwischen Beihilfe und Begünstigung nach der **inneren Willensrichtung des Hilfeleistenden abzugrenzen:** Wolle dieser die Beendigung fördern, sei Beihilfe anzunehmen, wolle er lediglich die Vorteile der Tat sichern, so liege Begünstigung vor.

a. A.: Eine andere Ansicht hält **sukzessive Beihilfe** ebenfalls für **möglich,** bei Überschneidungen mit dem Tatbestand der Begünstigung gelte jedoch nach **§ 257 III 1** ein genereller Vorrang der Beihilfe.

Ein Hilfeleistender könne nicht deshalb einer strengeren Bestrafung wegen Beihilfe zur Vortat entgehen, weil er zusätzlich eine Vorteilssicherung erstrebe.

Die innere Willensrichtung des Hilfeleistenden ist nur schwer feststellbar, zudem leistet eine solche Abgrenzung reinen Schutzbehauptungen Vorschub, der Hilfeleistende wird stets angeben, er wolle nur die Vorteile der Tat sichern.

a. A.: Eine weitere Ansicht **schließt** die Möglichkeit **sukzessiver Beihilfe generell aus.**

Es verstoße gegen Art. 103 II GG, die Strafbarkeit von so unbestimmten Begriffen wie Vollendung und Beendigung abhängig zu machen.

Außerdem habe der Gesetzgeber Hilfeleistungen nach der Tat in den §§ 257, 258, 259, 261 nur ausschnittsweise und unter einschränkenden Voraussetzungen geregelt, die andernfalls unterlaufen würden.

Übersichtsliteratur: *Kühl* JuS 2002, 729, 733. Zur h. M. BGHSt 4, 132; *Piatkowski/Saal* JuS 2005, 979; *Wessels/Hillenkamp* Strafrecht BT/2 Rdn. 806.

Weitere Übungsklausur: *Lotz/Reschke* Jura 2012, 481; *Rönnau/Golombek* JuS 2007, 348.

Eine Auffassung hält sukzessive Beihilfe durchaus für möglich, zumindest solange die Hilfeleistung bis zur Beendigung noch kausal für die Tat ist. Dem ist jedoch mit der Gegenansicht entgegenzuhalten, dass hier eine Strafbarkeit an reichlich unbestimmten Begriffen wie „Vollendung" und „Beendigung" festgemacht wird. Außerdem hat der Gesetzgeber Hilfeleistungen nach der Tat in den §§ 257, 258, 259 und § 261 dezidiert geregelt, deren Voraussetzungen so unterlaufen würden. Es ist daher davon auszugehen, dass in diesem Stadium Beihilfe nicht möglich ist, diesbezüglich kommt vielmehr lediglich eine Begünstigung in Betracht.

Hinweis: Wer eine sukzessive Beihilfe für möglich hält, muss anhand der oben aufgezeigten Meinungen im Folgenden zur Begünstigung abgrenzen (innere Willensrichtung des Hilfeleistenden bzw. immer Beihilfe nach § 257 III 1). Wird sukzessive Beihilfe im Ergebnis bejaht, so muss die Begünstigung nicht mehr geprüft werden, ein kurzer Hinweis auf § 257 III 1 genügt dann.

---

2. Ergebnis

B ist nicht wegen sukzessiver Beihilfe zum Diebstahl der G (§§ 242 I, 27) strafbar.

VI. (Psychische) Beihilfe zum Diebstahl der G durch die Zusage etwaige Verfolger anzurempeln, §§ 242 I, 27

Möglicherweise könnte B aber deshalb gem. §§ 242 I, 27 einer Beihilfe zum Diebstahl der G strafbar sein, weil er G zugesagt hat, ihr etwaige Verfolger vom Leib zu halten.

1. Objektiver Tatbestand

a) Eine teilnahmefähige Haupttat liegt mit dem Diebstahl der G vor (s. o.).
b) Fraglich ist aber, ob die Zusage des B als eine taugliche Beihilfehandlung, also ein Fördern der Haupttat angesehen werden kann. In Betracht kommt eine psychische Beihilfe in Form des Bestärkens des Tatentschlusses der G.

P: Psychische Beihilfe

Ob psychische Beihilfe überhaupt möglich ist, ist insbesondere in den Fällen des Bestärkens des Tatentschlusses umstritten.

e. A.: Eine Ansicht lehnt dies ab, da eine Feststellung der Kausalität der Beihilfe für die Tat in diesen Fällen unmöglich sei, bzw. hier auf den Täter, nicht auf die Tat eingewirkt werde.

h. M.: Nach überwiegender Ansicht ist eine psychische Beihilfe jedoch möglich.
- Feststellungsschwierigkeiten ändern nichts an der grundsätzlich möglichen Kausalität des Bestärkens.
- Eine gänzliche Ablehnung der Rechtsfigur der psychischen Beihilfe überzeugt angesichts des weiten Wortlauts des § 27 nicht.

Übersichtsliteratur: *Kühl* Strafrecht AT, § 20 Rdn. 225 ff.; *Gaede* JA 2007, 757; *Rönnau* JuS 2007, 514; *Kudlich* JuS 2005, 592; *Stoffers* Jura 1993, 11; *Timpe* JA 2012, 430.

Weitere Übungsklausuren: *Weißer* JuS 2005, 620; *Kaspar* JuS 2004, 409.

Zwar ist in solchen Fällen umstritten, ob psychische Beihilfe überhaupt möglich ist. Dagegen wird vorgebracht, dass eine Feststellung der Kausalität der Beihilfe für die Tat in den Fällen des psychischen Bestärkens kaum möglich wäre. Jedoch ist dem entgegenzuhalten, dass allein Feststellungsschwierigkeiten nichts an einer „verstärkenden" Kausalität ändern und dass die gänzliche Ablehnung der Rechtsfigur der psychischen Beihilfe angesichts des weiten Wortlauts des § 27 nicht überzeugt.

B hat G zugesagt, ihr im Falle der Entdeckung eventuelle Verfolger mit Gewalt vom Leibe zu halten, indem er diese anremple und so zu Fall bringe. Nach der im Sachverhalt geschilderten Situation (viele Menschen, die sich im Rahmen der Eröffnungsfeier des Sportgeschäfts an der Tombola beteiligen und vor dem Geschäft verweilen) war die Furcht vor Entdeckung durchaus nachvollziehbar und es kann davon ausgegangen werden, dass G sich durch die Zusage des B bei der Tatbegehung sicherer fühlte. Er bestärkte sie mithin in ihrem Tatentschluss[2].

2. Subjektiver Tatbestand
B handelte vorsätzlich hinsichtlich der Haupttat und vorsätzlich hinsichtlich des Hilfeleistens (doppelter Gehilfenvorsatz).

3. Ergebnis
B hat sich der Beihilfe zum Diebstahl gem. §§ 242 I, 27 strafbar gemacht.

VII. Begünstigung, § 257 I

Indem B den E anrempelte und so sein Eingreifen verhinderte, könnte er sich einer Begünstigung gem. § 257 I strafbar gemacht haben.

1. Objektiver Tatbestand
a) Eine tatbestandsmäßige, rechtswidrige (§ 11 I Nr. 5) Vortat eines anderen ist mit dem Diebstahl der G gegeben. G ist als Vorteil aus der Tat der Gewahrsam an dem Fahrrad erwachsen. Die Tat war auch bereits „begangen", der Diebstahl war vollendet. Zwar war die Tat noch nicht beendet, so dass sich die Frage der Abgrenzung der Begünstigung zur (sukzessiven) Beihilfe ergibt. Aus den bereits genannten Gründen kommt im Stadium zwischen Vollendung und Beendigung aber allenfalls Begünstigung in Betracht.
b) Zur Sicherung dieses Vorteils hätte B Hilfe leisten müssen. „Hilfeleisten" erfordert eine Handlung, die objektiv geeignet ist, die durch die Vortat erlangten Vorteile zu sichern und die subjektiv mit dieser Tendenz vorgenommen wird. Das Anrempeln des E sicherte G die Sachherrschaft an dem Fahrrad und B handelte

---

2 Andere Ansicht gut vertretbar. Die Frage der Abgrenzung (sukzessive) Beihilfe/Begünstigung stellt sich hier nicht. Die Hilfeleistung (Zusage) erfolgte bereits vor der eigentlichen Tatausführung.

auch mit eben dieser Sicherungstendenz. Folglich liegt die geforderte Hilfeleistung vor.

2. Subjektiver Tatbestand

B wusste, dass der Gewahrsam der G an dem Fahrrad unmittelbar aus einer rechtswidrigen Vortat stammt, er handelte diesbezüglich mindestens mit dolus eventualis.

Ferner kam es ihm darauf an (dolus directus 1. Grades), der G die Vorteile aus der Tat zu sichern. Er handelte folglich mit Vorteilssicherungs- bzw. Begünstigungsabsicht. Da er mit dolus directus 1. Grades handelte, kommt es auf die Streitfrage, ob dolus directus 2. Grades für die geforderte Ansicht ausreicht, nicht an.

3. Strafausschluss nach § 257 III 1

Allerdings ist B einer (psychischen) Beihilfe gem. §§ 242 I, 27 an der Vortat schuldig. Als Beteiligter an der Vortat greift daher zu seinen Gunsten der Strafausschluss nach § 257 III 1.

4. Ergebnis

B hat sich keiner Begünstigung nach § 257 I schuldig gemacht.

Die Strafbarkeit der G im Zusammenhang mit dem Anrempeln des E durch B

I. Räuberischer Diebstahl in mittelbarer Täterschaft, §§ 252, 25 I, 2. Alt.

Durch die von B ausgeführte Anweisung der G, ihr Verfolger vom Leib zu halten, könnte sich G eines räuberischen Diebstahls in mittelbarer Täterschaft (§§ 252, 25 I, 2. Alt.) strafbar gemacht haben.

Hinweis: Da auch bei mittelbarer Täterschaft ein ursächlicher täterschaftsbegründender Beitrag (hier die Aufforderung) erforderlich ist, muss dies auch im Obersatz zum Ausdruck gebracht werden. Im Übrigen gilt auch bei mittelbarer Täterschaft der Grundsatz, dass Täterschaftsfragen nie „vorweg", sondern immer erst bei der jeweiligen Tathandlung erörtert werden dürfen. Eine „Vorab-Prüfung", wie sie leider gerade bei mittelbarer Täterschaft häufig in Klausuren beobachtet werden kann, muss schon allein deshalb als substanzlos und verfehlt bewertet werden, weil sich Täterschaft immer nur hinsichtlich der jeweils tatbestandlich geforderten Tathandlung begründen lässt.

1. Objektiver Tatbestand

a) Ein vollendeter Diebstahl als Vortat ist gegeben.

b) Mit der Entdeckung durch E, der die rechtmäßigen Gewahrsamsverhältnisse wieder herstellen wollte, war G bei diesem Diebstahl unproblematisch „betroffen", und zwar im Hinblick auf die fehlende Beendigung der Vortat und den engen räumlich-zeitlichen Zusammenhang auch „auf frischer Tat". Damit lag die von § 252 geforderte Tatsituation vor.

c) Allerdings hat G nicht selbst Gewalt gegenüber der Person des E angewendet.

d) Jedoch hat B Gewalt gegenüber E verübt. Es stellt sich hier die Frage, ob der G dieses Verhalten des B zugerechnet werden kann.

P: Tatbestandslosigkeit der Drittbesitzerhaltungsabsicht in § 252: Ausgleich über die Figur des qualifikationslos-dolosen bzw. absichtslos-dolosen Werkzeugs?

Ob in einem solchen Fall eine Zurechnung möglich ist, ist höchst umstritten. Einig ist man sich darüber, dass eine *wechselseitige* mittäterschaftliche Zurechnung gem. § 25 II ausscheidet. Sie scheitert hier daran, dass es B an der (Eigen-)Besitzerhaltungsabsicht fehlt. Über § 25 II können jedoch nur objektive Tatbeiträge, nicht subjektive Komponenten zugerechnet werden. Allerdings wird eine Zurechnung über eine mittelbare Täterschaft, § 25 I, 2.Alt., diskutiert:

1. Subjektiv akzentuierte Lehre der Rechtsprechung (animus Formel)

Relativ leicht gelingt der Rechtsprechung hier eine Zurechnung im Wege der mittelbaren Täterschaft. Nach ihrem Verständnis ist Täter, „wer die Tat als eigene will" (animus auctoris, Täterwillen). Dafür wird als Indiz u.a. ein etwaiges „Eigeninteresse" an der Tat berücksichtigt. Stellt man auf das überwiegende bzw. ausschließliche Tatinteresse des begünstigten Diebes – hier der G – ab, so lässt sich eine mittelbare Täterschaft bejahen (i.d.S. BGH StV 1991, 349).

2. Tatherrschaftslehren

Aber auch nach den Tatherrschaftslehren ist hier eine Zurechnung über die mittelbare Täterschaft möglich. So wird in der Literatur vertreten, den unmittelbar Handelnden als qualifikationslosdoloses bzw. absichtslos-doloses Werkzeug anzusehen, d.h. als einen Tatmittler, der zwar in Ermangelung einer vom Tatbestand vorausgesetzten Eigenschaft (Beteiligung an der Vortat) oder Absicht (*sich* im Besitz der Beute zu erhalten) selbst nicht Täter sein kann, über das Geschehen aber voll informiert war. Dies setzt selbstverständlich voraus, dass man die höchst umstrittenen Figuren des qualifikationslos-dolosen bzw. absichtslos-dolosen Werkzeugs anerkennt. Bejaht man § 252 in mittelbarer Täterschaft, so besteht wiederum die Möglichkeit das Werkzeug (hier den B) als Gehilfen an diesem räuberischen Diebstahl zu bestrafen (vgl. i.d.S. *Hillenkamp* JuS 2003, 157, 160 f.).

3. Ablehnung der Rechtsfigur des qualifikationslos-dolosen bzw. absichtslos-dolosen Werkzeugs

Gegen eine solche Lösung werden in der Literatur jedoch beachtliche Gesichtspunkte angeführt. Zum einen wird die Figur des absichtslos-dolosen Werkzeugs als reine „Zweckkonstruktion zur Vermeidung von Strafbarkeitslücken" gebrandmarkt, insbesondere im Fall des § 252 werde sie dazu benutzt, das Versäumnis des Gesetzgebers, eine Drittbesitzerhaltungsabsicht aufzunehmen, zu kompensieren. Hier werde paradoxerweise derjenige, der die konstituierende Tathandlung vornimmt – im Fall die Gewaltanwendung durch B – als Gehilfe behandelt und derjenige als Täter, der nur ein besonderes Interesse am Gelingen der Tat habe. Zudem verstoße ein solches Vorgehen gegen den Grundsatz der „einseitigen" Akzessorietät der Teilnahme. Hier werde letztlich eine wechselseitige Zurechnung vorgenommen, was jedoch nur im Rahmen der Mittäterschaft möglich sei. Bezogen auf den vorliegenden Fall würde zunächst G – unter Einbeziehung des eigentlich konstituierenden Tatbeitrags des B – zur mittelbaren Täterin gemacht, um dann an eine Haupttat anknüpfen zu können, zu der B wiederum Beihilfe geleistet haben soll. Hier gerate man in einen Zirkelschluss, bei dem sich die Frage stelle, was zuerst da war, die Haupttat oder die Beihilfehandlung (so *Dehne-Niemann*, JuS 2008, 589, 591f.). Nach dieser Ansicht bliebe es für G bei einer noch zu prüfenden Strafbarkeit wegen Anstiftung zur Nötigung, Körperverletzung bzw. gegebenenfalls zur Begünstigung.

Literatur: BGH StV 1991, 349; *Dehne-Niemann*, JuS 2008, 589; *Hillenkamp* JuS 2003, 157; sowie zur mittelbaren Täterschaft *Murmann* JA 2008, 321.

Eine wechselseitige mittäterschaftliche Zurechnung gem. § 25 II scheidet aus. Sie misslingt hier deshalb, weil es B an der (Eigen-) Besitzerhaltungsabsicht fehlt. Während G die Gewaltanwendung des B zugerechnet werden könnte, scheitert hinsichtlich B eine Zurechnung der Besitzerhaltungsabsicht daran, dass über § 25 II nur objektive Tatbeiträge, nicht subjektive Komponenten zugerechnet werden können. Allerdings kommt eine Zurechnung der Gewaltanwendung des B im Rahmen einer mittelbaren Täterschaft, § 25 I, 2. Alt., in Betracht.

a) Relativ leicht gelingt eine Zurechnung im Wege der mittelbaren Täterschaft, wenn man der subjektiv akzentuierten Theorie zur Bestimmung der Täterschaft (animus Lehre) folgt. Nach ihrem Verständnis ist Täter, „wer die Tat als eigene will" (animus auctoris, Täterwillen). Dafür wird als Indiz ein etwaiges „Eigeninteresse" an der Tat berücksichtigt. Stellt man das ausschließliche Tatinteresse der G in den Vordergrund, lässt sich damit zugleich ihr die Tat dominierendes Verhalten begründen, das für die Annahme mittelbarer Täterschaft erforderlich ist.

b) Aber auch mittels der Tatherrschaftslehre lässt sich eine mittelbare Täterschaft der G begründen. B hätte dann als sog. absichtslos-doloses Werkzeug gehandelt, d.h. als ein Tatmittler, der zwar in Ermangelung einer vom Tatbestand vorausgesetzten Absicht selbst nicht Täter sein kann, das Geschehen aber ansonsten vorsätzlich verwirklicht. Ohne das Verhalten der G und ihre Besitzerhaltungsabsicht hätte B nicht eingegriffen. Er war hier rein altruistisch motiviert und ordnete sich dem Willen der G bedingungslos unter, beanspruchte damit nicht einmal eine Mitherrschaft des Tathergangs. Er erscheint somit durchaus als Werkzeug der G, so dass diese als Zentralgestalt des Geschehens anzusehen ist.

c) Gegen die Figur des absichtslos-dolosen Werkzeugs wird eingewandt, sie werde nur dazu verwendet, unerwünschte Strafbarkeitslücken zu vermeiden, hier konkret das (vermeintliche) Versäumnis des Gesetzgebers, § 252 auf die Fälle der Drittbesitzerhaltungsabsicht zu erweitern. Von einer Tatherrschaft i.S. e. Steuerungsherrschaft des Hintermanns könne nicht schon deshalb gesprochen werden, weil der Hintermann lediglich ein besonderes im Tatbestand vorausgesetztes Interesse aufweise.

d) Diese Bedenken können jedoch nicht geteilt werden. Hier wird keineswegs § 252 extensiv ausgelegt, was in der Tat gegen die Wortlautgrenze und damit gegen Art. 103 II GG verstoßen würde, sondern lediglich im Rahmen des § 25 I, 2. Alt. auf die durchaus einleuchtende Figur des absichtslos-dolosen Werkzeugs zurückgegriffen. Dies verstößt nicht gegen den relativ weit formulierten Wortlaut des § 25 I, 2. Alt, der durch Rechtsprechung und Literatur zu konkretisieren ist. Der Einwand, der Hintermann könne keine Tatherrschaft haben, weil er das Geschehen nicht steuernd beherrsche, überzeugt nicht, weil er es zwar nicht tatsächlich, aber rechtlich beherrscht. Der Begriff der Herrschaft enthält zwingend sowohl tatsächliche als auch rechtliche Elemente, so dass die Bestimmung mittelbarer Täterschaft ein wertendes Problem ist. Das zeigt sich besonders im vorliegenden Fall. B wäre ohne Aufforderung der G nicht eingeschritten, er hatte sich ihrem Willen völlig untergeordnet, so dass ihr bei wertender Betrachtung eine überlegene Stellung zukommt. G hatte damit zwar keine tatsächliche, doch aber normative Tatherrschaft, die für eine Zurechnung über § 25 I, 2. Alt. genügt. Die Gewalt des B gegen E kann daher der G im Rahmen der mittelbaren Täterschaft zugerechnet werden.

2. Subjektiver Tatbestand

a) G hatte ein entsprechendes Verhalten des B als ihr Werkzeug im Falle einer Konfrontation mit potentiellen Verfolgern in ihren Vorsatz aufgenommen, handelte mithin vorsätzlich hinsichtlich der objektiven Tatbestandsmerkmale einschließlich ihrer Steuerung des Tatgeschehens.

b) Ferner veranlasste sie dieses Vorgehen in der Absicht, sich mit dem gestohlenen Fahrrad ungestört entfernen zu können und sich insofern im Besitz der gestohlenen Sache zu erhalten.

3. Ergebnis

G ist schuldig des räuberischen Diebstahls in mittelbarer Täterschaft, § 25 I, 2. Alt.

II. Anstiftung zur Nötigung, §§ 240 I, 26

G hat zugleich eine Anstiftung zur Nötigung begangen, §§ 240 I, 26.

III. Anstiftung zur Körperverletzung, §§ 223 I, 26

Ferner hat sie sich der Anstiftung zur Körperverletzung gem. §§ 223 I, 26 strafbar gemacht.

IV. Anstiftung zur Begünstigung, §§ 257 I, 26

Eine Anstiftung zur Begünstigung seitens der G gem. §§ 257 I, 26 scheitert nicht an § 257 III 1, da § 257 III 1 keine Anwendung findet, wenn ein Fall der Anstiftung nach § 257 III vorliegt.

Ferner liegt eine vorsätzliche, rechtswidrige Haupttat vor. Dass B wegen des Strafausschlussgrundes des § 257 III 1 nicht strafbar ist, ändert daran nichts (Akzessorietät der Teilnahme). G ist daher auch einer Anstiftung zur Begünstigung gem. §§ 257 I, 26 schuldig.

Strafbarkeit des B wegen Beteiligung an einem räuberischen Diebstahl der G

Beihilfe zum räuberischen Diebstahl der G, §§ 252, 27

Zum räuberischen Diebstahl der G in mittelbarer Täterschaft hat B durch den von ihm bewirkten Gewalteinsatz gegen E in Kenntnis aller Umstände vorsätzlich Hilfe geleistet. Er ist einer Beihilfe zum räuberischen Diebstahl der G strafbar, §§ 252, 27.

Gesamtergebnis/Konkurrenzen

Strafbarkeit der G: G ist wegen räuberischem Diebstahl in mittelbarer Täterschaft strafbar, §§ 252, 25 I, 2. Alt. Die Anstiftung zur Nötigung, zur Körperverletzung und zur Begünstigung tritt dahinter zurück, der (einfache) Diebstahl des ersten Teils tritt als mitbestrafte Vortat zurück.

Strafbarkeit des B: B ist strafbar wegen Beihilfe zum räuberischen Diebstahl, §§ 252, 27. Die (psychische) Beihilfe zum (einfachen) Diebstahl tritt dahinter im Wege der Spezialität zurück. Im Verhältnis zur Körperverletzung besteht Idealkonkurrenz wegen selbstständiger Bedeutung der täterschaftlich verwirklichten Körperverletzung gegenüber der bloßen Beihilfe zum Raubdelikt[3]. Die Nötigung tritt hinter § 223 I zurück. B ist damit strafbar gem. §§ 252, 27; 223 I, 52.

D. Definitionen

Täuschung i. S. v. § 263	Vorspiegeln falscher oder Entstellen/Unterdrücken wahrer Tatsachen. Umfasst sind sowohl äußere als auch innere Tatsachen.
Hilfeleisten i. S. d. § 257	bezeichnet eine Handlung, die objektiv geeignet und subjektiv darauf gerichtet ist, die durch die Vortat erlangten Vorteile gegen Entziehung zugunsten des Verletzten zu sichern.
mittelbarer Täter	i. S. d. § 25 I, 2. Alt. ist, wer die Tat durch einen anderen begeht, indem er sich eines Tatmittlers als menschliches Werkzeug bedient.
Anstifter	ist gem. § 26, wer vorsätzlich einen anderen zu dessen vorsätzlich begangener rechtswidriger Tat bestimmt.
Bestimmen i. S. d. § 26	bedeutet Hervorrufen des Tatentschlusses durch Willensbeeinflussung im Wege des offenen geistigen Kontakts.
Gehilfe	i. S. d. § 27 ist, wer vorsätzlich einen anderen zu dessen vorsätzlich begangener rechtswidriger Tat Hilfe leistet.
Hilfeleisten i. S. d. § 27	ist ein Fördern der Haupttat, also ein Tatbeitrag, der die Haupttat ermöglicht, erleichtert oder die vom Täter begangene Rechtsgutsverletzung verstärkt.

---

[3] Ebenso Konsumtion vertretbar. Obwohl die Beteiligung am Raubdelikt nur Beihilfequalität hat, kann argumentiert werden, dass dies die entsprechende Strafbarkeit von Nötigungs- und Körperverletzungsunrecht einschließt.

absichtslos-doloses Werkzeug	Tatmittler, der in Ermangelung einer vom Tatbestand vorausgesetzten Absicht selbst nicht Täter sein konnte, über das deliktische Geschehen und seine Tragweite aber voll informiert war.
qualifikationslos-doloses Werkzeug	Tatmittler, der in Ermangelung einer vom Tatbestand vorausgesetzten Eigenschaft selbst nicht Täter sein konnte, über das deliktische Geschehen und seine Tragweite aber voll informiert war.

Übungsfall 17: Reinecke, Fuchs und Hase

A. Sachverhalt

Reinhardt Reinecke (R) und sein 12-jähriger Neffe Fulbert Fuchs (F) sind große Wassersportfreunde. Angesichts der hohen Preise des heimischen Erlebnisbades können aber beide leider nur eingeschränkt ihrem Hobby frönen, da R selbst nur über eine knappe Rente verfügt. Deshalb hat sich R eine Kosten sparende Vorgehensweise ausgedacht. Er kauft eine Karte des Erlebnisbades, die zu zehnmaligem Eintritt berechtigt und bei jedem Besuch des Bades unter den strengen kontrollierenden Blicken der dort anwesenden Kartenverkäuferin in einen Entwertungsautomaten eingeführt wird, der das entsprechende Feld entwertet. Die Karte präpariert er mit einer kaum sichtbaren Klarsichtfolie, die er nach vollständiger Entwertung der Karte wieder entfernen will. Anschließend möchte er die Karte seinem ahnungslosen Neffen F schenken, damit dieser das Schwimmbad nutzen kann. Der Plan des R gelingt zunächst, da die Kartenverkäuferin die Manipulation der Karte nicht bemerkt und er die Folie nach den zehn Besuchen problemlos entfernen kann. Als sich F jedoch mit seiner „neuen" Zehnerkarte ins Erlebnisbad begeben will, verliert er diese unterwegs. Als F den Verlust an der Kasse des Bades bemerkt, kehrt er traurig zu seinem Onkel zurück.

R selbst hatte bei einem seiner Besuche im Erlebnisbad von seinem Freund Hans Hase (H) dessen Sonnenbrille zur Verwahrung bekommen, weil H den Saunabereich aufsuchen wollte. Anschließend vergaß R die Rückgabe der Brille, die er in die Brusttasche seines Hawaiihemdes gesteckt hatte. Während H bereits das Erlebnisbad verlassen hatte, begab sich R in ein Café des Erlebnisbades. Dort traf R auf seinen alten Bekannten Kevin Keiler (K), den er in sein Vorgehen mit der Eintrittskarte einweihte. Als K im Laufe des Gesprächs die Sonnenbrille des H in der Brusttasche des R entdeckte und von diesem über die Herkunft der Brille aufgeklärt wurde, erinnerte sich K plötzlich daran, dass R ihm schon lange die Rückzahlung eines Darlehens in Höhe von 100 Euro schuldete. Er droht dem R: „Wenn Du mir nicht die Sonnenbrille des H für die mir zustehenden 100 Euro gibst, dann werde ich die Geschichte mit der Eintrittskarte wohl der Polizei mitteilen müssen." R erklärt dem K daraufhin lächelnd, er habe gar nichts dagegen, ihm die Sonnenbrille des H zu überlassen. Da sie aber sehr teuer sei, solle ihm K noch 50 Euro zusätzlich geben. K ist damit einverstanden und übergibt ihm 50 Euro im Austausch für die Sonnenbrille.

Strafbarkeit von R und K?

Bearbeitungszeit: Fünf Stunden

B. Lösungsskizze

Erster Tatkomplex: Die Eintrittskarte

I. **Strafbarkeit des R**
1. **Urkundenfälschung an der Eintrittskarte, § 267 I**
   a) Objektiver Tatbestand
      aa) Urkunde (+)
      bb) verfälscht (–)
   b) Ergebnis: § 267 I (–)
2. **Urkundenfälschung an neuer Urkunde, § 267 I**
   a) Objektiver Tatbestand
      aa) zusammengesetzte Urkunde (+)
      bb) Verfälschen durch Entfernen der Folie? (+)
         P: Urkundenfälschung oder Urkundenunterdrückung?
      cc) Gebrauch machen (+)
   b) Subjektiver Tatbestand
   c) Ergebnis: § 267 I (+)
3. **Urkundenbeschädigung, § 274 I Nr. 1 Alt. 2 (+)**
4. **Betrug durch Benutzung der manipulierten Karte, § 263 I**
   a) Objektiver Tatbestand
      aa) Täuschung über Tatsachen (+)
      bb) Irrtum (+)
      cc) Vermögensverfügung (+)
      dd) Vermögensschaden (+)
   b) Subjektiver Tatbestand
   c) Ergebnis: § 263 I (+)
5. **Erschleichen von Leistungen, § 265 a I**
   a) Objektiver Tatbestand
      aa) Zutritt zu einer Einrichtung (+)
      bb) Erschleichen (+)
   b) Subjektiver Tatbestand
   c) Strafantrag
   e) Subsidiaritätsklausel, § 265 a I a. E.
   f) Ergebnis: § 265 a I (–)
6. **Hausfriedensbruch, § 123 I (+)**
II. **Strafbarkeit des F**
1. **Versuchter Betrug, §§ 263 I, 22, 23 I (–)**
2. **Versuch des Erschleichens von Leistungen, §§ 265 a I, 22, 23 I (–)**
3. **Versuchter Hausfriedensbruch, §§ 123 I, 22, 23 I (–)**
III. **Strafbarkeit des R**
1. **Versuchter Betrug in mittelbarer Täterschaft, §§ 263 I, 22, 23 I, 25 I Alt. 2**
   Vorprüfung (+)
   a) Tatentschluss
      aa) bzgl. objektivem Tatbestand (+)
      bb) bzgl. mittelbarer Täterschaft (+)
      cc) rechtswidrige Bereicherungsabsicht (+)

    b) Unmittelbares Ansetzen (–)
       P: Unmittelbares Ansetzen im Rahmen der mittelbaren Täterschaft
    c) Ergebnis: §§ 263 I, 22, 23 I, 25 I Alt. 2 (–)

2. Versuchtes Erschleichen von Leistungen in mittelbarer Täterschaft, §§ 265 a I, 22, 23 I, 25 I Alt. 2 (–)

3. Versuchter Hausfriedensbruch in mittelbarer Täterschaft, §§ 123 I, 22, 23 I, 25 I 2. Alt. (–)

Zweiter Tatkomplex: Die Sonnenbrille

I. Strafbarkeit des K

    1. Erpressung zum Nachteil des R, § 253 I
      a) Objektiver Tatbestand (–)
      b) Ergebnis: § 253 I (–)

    2. Versuchte Erpressung zum Nachteil des R, §§ 253 I, III, 22, 23
      Vorprüfung (+)
      a) Tatentschluss
        aa) Vorsatz bzgl. nötigungsbedingter Vermögensverfügung (+)
        bb) Vermögensnachteil (+)
          P: Vermögensbegriff
        cc) Absicht rechtswidriger Bereicherung (+)
      b) Unmittelbares Ansetzen
      c) Rücktritt
        aa) Versuch nicht fehlgeschlagen (+)
        bb) freiwillig (–)
      e) Ergebnis: §§ 253 I, III, 22, 23 (+)

    3. Versuchte Nötigung, §§ 240 I, III, 22, 23 (+)

    4. Versuchte Hehlerei durch Nötigung, §§ 259 I, III, 22, 23 (–)

II. Strafbarkeit des R

    1. Unterschlagung einer anvertrauten Sache, § 246 I, II
      a) Objektiver Tatbestand
        aa) Zueignung einer fremden beweglichen Sache durch Verkauf (+)
        bb) Zueignung bereits durch Verkaufsangebot? (+/–)
        cc) Anvertrautsein (+)
      b) Subjektiver Tatbestand
      c) Ergebnis: § 246 I, II (+)

III. Strafbarkeit des K

    1. Anstiftung zur Unterschlagung, §§ 246 I, 26
      a) Objektiver Tatbestand
        aa) Haupttat (+)
        bb) Bestimmen zur Haupttat (+)
      b) Subjektiver Tatbestand
        aa) sog. doppelter Anstiftervorsatz (+)
        bb) Bereicherungsabsicht (+/–)
      c) Ergebnis: §§ 246 I, 26 (+)

    2. Hehlerei, § 259 I
      a) Objektiver Tatbestand

aa) Sache aus einer gegen fremdes Vermögen gerichteten Tat (+)
bb) Tat eines anderen (+)
    P: Zeitliches Verhältnis von Vortat und Hehlerei
b) Weitere Voraussetzungen (+)
c) Ergebnis: § 259 I (+)
3. Geldwäsche, § 261 I (–)

Gesamtergebnis/Konkurrenzen
I. Erster Tatkomplex
R: §§ 263 I, 123 I, 52; 276 I; 53
II. Zweiter Tatkomplex
R: § 246 I, II
K: §§ 253 I, III, 22, 23, 246 I, 26, 52; 259 I

C. Gutachten
Erster Tatkomplex: Die Eintrittskarte

I. Strafbarkeit des R

1. Urkundenfälschung an der Eintrittskarte, § 267 I
Indem R die Eintrittskarte für das Erlebnisbad mit einer Klarsichtfolie beklebte, um die beim Eintreten entstehenden Entwertungsmarkierungen wieder zu entfernen, könnte er sich wegen Urkundenfälschung an der Eintrittskarte gemäß § 267 I strafbar gemacht haben.

a) Objektiver Tatbestand
aa) Dafür muss zunächst ein entsprechendes **Tatobjekt** vorliegen. Eine Urkunde ist jede verkörperte Gedankenerklärung, die zum Beweis im Rechtsverkehr geeignet und bestimmt ist und den Aussteller erkennen lässt. Hier beklebte R die Eintrittskarte für ein Schwimmbad mit einer Klarsichtfolie, um die mit Stempeln markierte Folie später wieder abziehen zu können. Die Eintrittskarte gibt Auskunft über den vom Betreiber des Bades gewährten Anspruch des Inhabers, nach erfolgter Bezahlung zehn Mal das Bad zu betreten und zu benutzen. Die Karte ist somit eine verkörperte Gedankenerklärung, die zum Beweis des Anspruchs auf Zutritt im Rechtsverkehr geeignet und bestimmt ist. Schließlich ist davon auszugehen, dass die Karte als Aussteller den Betreiber des Erlebnisbades erkennen lässt, wenn nicht wörtlich, so doch zumindest eindeutig aus den Umständen. Die Eintrittskarte ist eine Urkunde.

bb) R müsste die Urkunde **verfälscht** haben[1]. Verfälschen ist jede unbefugte, nachträgliche Veränderung der Beweisrichtung und des gedanklichen Inhalts einer echten Urkunde, so dass diese nach dem Eingriff etwas anderes zum Ausdruck bringt als zuvor. R entfernte durch Abziehen der Folie die Entwertungsstempel auf der Eintrittskarte. Dies könnte ein Verfälschen in diesem Sinne darstellen. Allerdings ist zu beachten, dass hier zunächst auf das Tatobjekt „Eintrittskarte" abzustellen ist. Danach ist keine Urkundenfälschung gegeben, da weder Aussteller noch Inhalt der Erklärung verändert werden. Auch eine Urkundenbeschädigung liegt nicht vor, da der Beweiswert nicht beeinträchtigt wird. An der Eintrittskarte selbst wurde also keine Urkundenfälschung begangen.

b) Ergebnis
R ist nicht wegen Urkundenfälschung an der Eintrittskarte gemäß § 267 I strafbar.

2. Urkundenfälschung an der durch Verbindung von Stempel und Karte neu entstandenen Urkunde, § 267 I
Allerdings könnte sich R durch das Auflösen der Verbindung von Stempeln und Eintrittskarte wegen einer Urkundenfälschung nach § 267 I strafbar gemacht haben.

a) Objektiver Tatbestand
aa) Die Verbindung von Stempeln und Eintrittskarte könnte eine **zusammengesetzte Urkunde** darstellen. Eine zusammengesetzte Urkunde entsteht, wenn eine verkörperte Gedankenerklärung mit einem Augenscheinsobjekt räumlich fest zu einer Beweismitteleinheit derart verbunden wird, dass beide zusammen einen einheitlichen Beweis- und Erklärungsinhalt in sich vereinigen. Dies könnte hier bezweifelt werden, da für den Begriff der Urkunde eine körperliche Fixierung der Erklärung Voraussetzung ist, die Folie hier aber eine solche verhindert. Das Merkmal der Fixierung soll allerdings nur extrem flüchtige Verbindungen ausschließen, so dass hier eine zusammengesetzte Urkunde vorliegt.
bb) Fraglich ist, ob R diese Urkunde durch Entfernen der Klarsichtfolie verfälscht hat.

---

1 Nach anderer Ansicht ist das Merkmal des Herstellens einer unechten Urkunde auch dann zu prüfen, wenn eine echte Urkunde verändert wird, da die Verfälschungsalternative den Fällen vorbehalten sein soll, in denen der ursprüngliche Aussteller selbst nachträgliche Veränderungen vornimmt. Wie sich der Bearbeiter hier entscheidet, ist für das Ergebnis ohne Belang.

P: Entfernung der Folie, auf der die Eintrittskarte entwertet wurde, als Urkundenfälschung i. S. v. § 267 I Alt. 2 oder als Urkundenunterdrückung nach § 274 I Nr. 1 Alt. 3?

e. A.: Eine Ansicht lehnt – auch in dem speziellen hier gegebenen Fall – ein Verfälschen ab, da das Augenscheinsobjekt Träger der Urkunde ist. Durch die Lösung vom Träger ist die Erklärung nicht mehr verständlich, so dass der Erklärungsinhalt nicht verändert, sondern beseitigt wird. Der Betreiber des Schwimmbades hat auch noch immer ein schutzwürdiges Interesse dahingehend, die Erfüllung der durch den Verkauf der Zehnerkarte geschuldeten Leistung mit Hilfe des Stempels zu beweisen. Die Urkunde gehört mithin nicht ausschließlich dem Täter, so dass eine Urkundenunterdrückung gemäß § 274 I Nr. 1 vorliegt (so v. a. *Küpper* Strafrecht BT 1, 119 f.; *Puppe* JR 1983, 430).

a. A.: Dieser Ansicht wird jedoch unter Hinweis auf die Eigenheiten des Falles entgegengetreten. Die Besonderheit bei einer entwerteten Eintrittskarte besteht darin, dass sich der Entwertungsvermerk zwar auf die Eintrittskarte als Träger bezieht, diese aber ihrerseits eine Urkunde darstellt. Damit bleibt auch bei der Tilgung des Vermerks weiterhin eine Urkunde bestehen. Demnach stellt das Entfernen der Folie keine Unterdrückung einer selbstständigen Urkunde, sondern die Verfälschung einer echten Urkunde dar (vgl. *Schroeder* JuS 1991, 301).

Aus der Rechtsprechung: OLG Düsseldorf JR 1983, 428; OLG Köln VRS 59, 342.

Übersichtsliteratur: *Schroeder* JuS 1991, 301.

Weitere Übungsklausuren: *Martin* JuS 2001, 364; *Baier* JuS 2004, 56; *Ranft* Jura 1993, 84 ff.; *Tag* JuS 1996, 904 ff.

Teilweise wird vertreten, dass im Hinblick auf das Beseitigen des Stempels § 274 I Nr. 1 Anwendung findet, weil der Erklärungsinhalt hierdurch unverständlich und damit beseitigt und nicht lediglich verändert wird. Diese Ansicht verkennt allerdings die Besonderheiten des Falles. So bleibt vorliegend auch bei Entfernung der bedruckten Folie eine Urkunde in Form der Zehnerkarte bestehen. Mithin besteht keine Veranlassung in der Tilgung des Entwertungsvermerks die Unterdrückung einer selbständigen Urkunde zu sehen. Folglich hat R eine Urkunde verfälscht i. S. v. § 267 I Alt. 2[2].

cc) R hat von dieser verfälschten Urkunde auch Gebrauch gemacht i. S. v. § 267 I Alt. 3.

b) Subjektiver Tatbestand

R handelte außerdem vorsätzlich und in der Absicht, die Urkunde zur Täuschung im Rechtsverkehr einzusetzen.

---

2 A. A. vertretbar.

c) Ergebnis
R hat sich wegen einer Urkundenfälschung strafbar gemacht[3].

3. Urkundenbeschädigung, § 274 I Nr. 1 Alt. 2
Jede Verfälschung einer echten Urkunde ist zeitgleich auch eine Urkundenbeschädigung i. S. v. § 274 I Nr. 1, die – unabhängig davon, ob Subsidiarität oder Konsumtion anzunehmen ist – hinter der Urkundenfälschung zurücktritt.

Hinweis: Folgt man jener Ansicht, die bereits § 267 I Alt. 2 abgelehnt hat, ist § 274 I Nr. 1 hier als Hauptdelikt zu prüfen. Da bzgl. der Eintrittskarte das Beweisführungsrecht beim Schwimmbadbetreiber liegt, ist diese auch taugliches Tatobjekt[4], dessen beweiserhebliche Substanz durch Entfernen des Stempels vernichtet wird.

Nach einer wiederum a. A. stellt ein Entwertungsstempel eine technische Aufzeichnung i. S. v. § 268 II dar. Die Tatsache, dass der jeweilige Badegast die Eintrittskarte erst selbst in den Entwertungsautomaten einführen muss, ist unschädlich, da es genügt, dass die Aufzeichnung durch das Gerät zum Teil selbstständig bewirkt wird. Nach überwiegender Auffassung ist jedoch der Inhalt der technischen Aufzeichnung „Entwertungsstempel" zu geringfügig, um einen eigenen Gegenstand erkennen zu lassen.

---

4. Betrug durch Benutzung der manipulierten Karte, § 263 I
Indem R die manipulierte Karte in den Entwertungsautomaten einführte, könnte er sich wegen Betruges gemäß § 263 I strafbar gemacht haben.

a) Objektiver Tatbestand
aa) R müsste **über Tatsachen getäuscht** haben. Tatsachen sind konkrete Vorgänge oder Zustände der Vergangenheit oder Gegenwart, die dem Beweis zugänglich sind. Indem R die mit Folie beklebte Karte in den Entwertungsautomaten einführte, erweckte er konkludent den Eindruck, sich ordnungsgemäß, d. h. mit einer nicht veränderten Karte, Zugang zu dem Erlebnisbad zu verschaffen. Dies ist unstreitig eine Tatsache, über die R auch konkludent täuscht.
bb) Dadurch müsste bei der Angestellten ein **Irrtum** erregt worden sein. Irrtum ist jede unrichtige, der Wirklichkeit nicht entsprechende Vorstellung über Tatsachen. Die Angestellte ging, da sie die Folie nicht erkannte, davon aus, dass R das je-

---

3 Zu beachten ist vorliegend, dass es sich trotz des Verfälschens einerseits und des Gebrauchmachens von der verfälschten Urkunde andererseits lediglich um *eine* Urkundenfälschung i. S. d. § 267 I handelt.
4 A. A. vertretbar.

weilige Feld ordnungsgemäß entwertete. Das stimmt jedoch mit der Wirklichkeit nicht überein. Ein Irrtum liegt somit vor.

cc) Dieser Irrtum muss zu einer **Vermögensverfügung** geführt haben. Da die Angestellte F die Benutzung des Schwimmbades gestattete, ohne dass vorher eine ordnungsgemäße Entwertung erfolgt wäre, ist auch dieses Kriterium erfüllt.

dd) Ein **Vermögensschaden** könnte auf den ersten Blick bei streng wirtschaftlicher Betrachtung verneint werden, denn im Ergebnis wurde, da F die von der Folie befreite Karte auf dem Weg verloren hatte, für eine Karte, die zu zehnmaligem Eintritt berechtigt, auch nur zehn Mal der Eintritt gestattet. Dem steht jedoch entgegen, dassder Betrug bereits mit dem Einführen der manipulierten Karte in den Entwertungsautomaten vollendet war, denn der Eintritt in das Erlebnisbad wird nur gegen ordnungsgemäße Entwertung der Karte gewährt. Vergleichbar einem Inhaberpapier hat der aus der Karte Verpflichtete das Recht, diese stufenweise zu entwerten, um der Gefahr einer weiteren (unberechtigten) Benutzung entgegenwirken zu können. Einen durch Täuschung veranlassten Verzicht auf dieses Recht muss man auch bei wirtschaftlicher Betrachtung als Schaden und nicht als bloße Vermögensgefährdung ansehen[5]. Der spätere Verlust der Karte ist nur unbeachtliche Schadenswiedergutmachung[6]. Der Schaden ist zwar nicht beim Verfügenden, sondern bei dem Betreiber des Schwimmbades entstanden, jedoch brauchen Verfügender und Geschädigter nicht identisch zu sein, solange der Verfügende eine Verfügungsberechtigung über das Vermögen des Geschädigten hat (sog. **Dreiecksbetrug**). Dies ist hier der Fall. Die Kartenverkäuferin ist als Angestellte des Erlebnisbades zur Vertretung des Inhabers beim Verkauf der Karten und dergleichen berechtigt (sog. Befugnistheorie). Statt auf die Verfügungsberechtigung kann auch auf das Näheverhältnis zwischen der Angestellten und dem Schwimmbadbetreiber hingewiesen werden (sog. Lagertheorie). Der objektive Tatbestand ist damit erfüllt.

b) Subjektiver Tatbestand
R handelte auch vorsätzlich und mit Bereicherungsabsicht.

---

[5] Hier kann auch die Ansicht vertreten werden, dass eine schadensgleiche Vermögensgefährdung gegeben ist.

[6] Der Vermögensschaden kann auch abgelehnt werden. Dann muss aber zusätzlich versuchter Betrug durch die beabsichtigte Benutzung der von der Folie befreiten Karte geprüft werden.

c) Ergebnis

R ist gemäß § 263 I wegen eines Betruges zu Lasten des Schwimmbadbetreibers strafbar[7].

5. Erschleichen von Leistungen, § 265a I

Hinweis: Dieser Tatbestand dient in dieser Ausführlichkeit vorwiegend Informationszwecken und muss vom Bearbeiter nicht in dieser Detailliertheit dargestellt werden.

R könnte durch die Benutzung der manipulierten Eintrittskarte nach § 265a I zu bestrafen sein.

a) Objektiver Tatbestand

aa) R könnte sich durch die Benutzung der Karte Zutritt zu einer Einrichtung i. S. v. § 265a I Alt. 4 verschafft haben. **Einrichtungen** sind räumlich abgegrenzte Sachgesamtheiten, die als solche einem bestimmten Zweck dienen und zu diesem Zweck von der Allgemeinheit oder einem begrenzten Personenkreis genutzt werden können. Das Schwimmbad ist eine solche Einrichtung. **Zutritt** ist das Erreichen des körperlichen Eintritts von Menschen in eine räumliche Sphäre, der eine Teilnahme an der Veranstaltung oder eine Nutzung der Einrichtung ermöglicht. Nach Passieren des durch die Angestellte überwachten Entwertungsautomaten konnte R die Angebote des Erlebnisbades nutzen. Er hatte also Zutritt. Für die Gewährung des Zutritts ist auch ein Entgelt zu entrichten.

bb) Fraglich ist, ob R sich den Zutritt auch erschlichen hat. Erschleichen ist das Erlangen der Leistung durch unbefugtes und ordnungswidriges Verhalten unter manipulativer Umgehung von Kontroll- bzw. Zugangssperren, Sicherheitsvorkehrungen usw. Nach einhelliger Meinung wird dabei aber weder eine Täuschung noch ein Einschleichen vorausgesetzt. Der durch die Kartenverkäuferin überwachte Entwertungsautomat dient dazu, sicherzustellen, dass alle Badegäste das Eintrittsentgelt entrichten, stellt also eine Kontrollsperre dar. Durch Verwendung der manipulierten Karte verhinderte R, dass die Karte ordnungsgemäß abgestempelt wurde und damit die Entrichtung des Entgeltes. Ein Erschleichen liegt damit vor.

---

7 A. A. vertretbar (s. o.).

b) Subjektiver Tatbestand

R handelte auch vorsätzlich und in der Absicht, das Entgelt nicht vollständig zu entrichten.

c) Für die Verfolgung ist wegen § 265 a III i.V.m. § 248 a ein **Strafantrag** erforderlich.

d) Allerdings ist die Tat bereits in § 263 I mit schwererer Strafe bedroht, so dass die **Subsidiaritätsklausel des § 265 a I a.E.** greift. Die Reichweite der Subsidiaritätsklausel ist zwar teilweise umstritten, doch sind nach überwiegender Auffassung Fälle, in denen die entgeltliche Leistung durch Täuschung einer Kontrollperson erlangt wird und daher Betrug gegeben ist, der klassische Anwendungsbereich der Subsidiaritätsklausel.

6. Hausfriedensbruch, § 123 I

Das Betreten des Schwimmbades ohne vorherige ordnungsgemäße Bezahlung verwirklicht tateinheitlich den Tatbestand des Hausfriedensbruchs.

II. Strafbarkeit des F

Eine mögliche Strafbarkeit des F wegen versuchten Betruges nach §§ 263 I, 22, 23 I, versuchten Erschleichens von Leistungen gemäß §§ 265 a I, 22, 23 I oder versuchten Hausfriedensbruchs, §§ 123 I, 22, 23 I, scheitert aufgrund seiner Ahnungslosigkeit bereits am vorbehaltlosen Tatentschluss. Darüber hinaus hat F nach einhelliger Auffassung nicht unmittelbar zur Tatbestandsverwirklichung angesetzt und ist gemäß § 19 schuldunfähig. Eine Strafbarkeit des F ist dementsprechend abzulehnen.

III. Strafbarkeit des R

1. Versuchter Betrug in mittelbarer Täterschaft, §§ 263 I, 22, 23 I, 25 I Alt. 2

Indem R dem ahnungslosen F die von der entwerteten Folie befreite Eintrittskarte aushändigte und ihn damit zum Schwimmbad schickte, könnte er sich wegen versuchten Betruges in mittelbarer Täterschaft strafbar gemacht haben.

Vorprüfung

Der Versuch ist gemäß § 263 II strafbar, die Tat ist nicht vollendet.

a) Tatentschluss

aa) F sollte bei der Angestellten des Erlebnisbades die Vorstellung hervorrufen, er sei im Besitz einer neuwertigen, noch nicht entwerteten Zehnerkarte, die ihn zum Eintritt berechtigt, woraufhin diese ihm die Benutzung des Schwimmbades gestatten sollte. R wollte bei der Angestellten folglich mittels Täuschung über Tatsachen einen Irrtum hervorrufen, der zunächst zu einer Vermögensverfügung und dadurch zu einem Vermögensschaden führen sollte. Die Möglichkeit einer nochmaligen Betrugsstrafbarkeit des R scheitert auch nicht an dem bereits durch das Einführen der manipulierten Karte in den Entwertungsautomaten angenommenen Vermögensschaden (s. o.), da durch die Benutzung der von den Entwertungsstempeln bereinigten Zehnerkarte eine Intensivierung des bereits eingetretenen Vermögensschadens stattfindet.

Hinweis: Geht man bei der Benutzung der mit Folie beklebten Eintrittskarte lediglich von einer schadensgleichen Vermögensgefährdung aus, so schlägt diese durch die Weitergabe der Karte an F, der sich damit auf den Weg ins Schwimmbad macht, in einen tatsächlichen Vermögensschaden um.

Abgesehen davon ist es auch ohne Auswirkung auf das Ergebnis, wenn der Bearbeiter die Möglichkeit einer nochmaligen Strafbarkeit wegen Betruges aufgrund des bereits eingetretenen Vermögensschadens ablehnt, da die Strafbarkeit des R wegen versuchten Betruges in mittelbarer Täterschaft nach herrschender Ansicht ohnehin am fehlenden unmittelbaren Ansetzen scheitern wird (s. u.).

---

bb) Die Täuschung wollte er allerdings nicht selbst, sondern durch F begehen. Es ist somit Tatentschluss hinsichtlich einer Täuschung in mittelbarer Täterschaft erforderlich. Nach der subjektiven Theorie der Rechtsprechung ist Täter, wer die Tat als eigene will (animus auctoris), Teilnehmer, wer sie als fremde will (animus socii). Nach der Literaturauffassung, der sog. Tatherrschafts- oder materiell-objektiven Theorie, ist Täter, wer Tatherrschaft hat, also das Tatgeschehen in den Händen hält. Davon ist dann auszugehen, wenn der Täter aufgrund seiner Handlungs-, Wissens- oder Willensherrschaft oder der funktionalen Tatherrschaft die maßgeblich steuernde Rolle im Tatgeschehen spielt, d. h. maßgeblich über das „Ob" und „Wie" der Tat entscheidet. R wusste von der Ahnungslosigkeit des F und hatte nach beiden Ansichten unproblematisch Vorsatz bzgl. seiner Tatherrschaft. cc) Schließlich handelte R auch in der **Absicht, sich rechtswidrig zu bereichern.**

b) Unmittelbares Ansetzen

R müsste darüber hinaus unmittelbar zur Tatbestandsverwirklichung angesetzt haben. Fraglich ist, wann dies im Rahmen der mittelbaren Täterschaft der Fall ist.

P: Unmittelbares Ansetzen im Rahmen der mittelbaren Täterschaft

Zum Beginn des unmittelbaren Ansetzens in mittelbarer Täterschaft werden verschiedene Auffassungen vertreten.

1. Ansicht: Nach der **Gesamtlösung** bilden Verhalten von Tatmittler und Hintermann eine Tat. Unmittelbares Ansetzen ist daher gegeben, wenn das Werkzeug zur Tatausführung ansetzt. Hierfür spricht, dass bis zu diesem Zeitpunkt das betroffene Rechtsgut objektiv noch nicht gefährdet wurde und andernfalls das Versuchsstadium lediglich bedingt durch die Einschaltung eines Dritten zu Lasten des Täters vorverlagert würde (so u. a. *Otto* Grundkurs Strafrecht, § 21 Rdn. 127; *Krack* ZStW 110 (1998), 611, 628 ff.; *Gössel* JR 1976, 248, 250; *Maurach/Gössel/Zipf* AT/II, § 48 E. II Rdn. 131 f.).

2. Ansicht: Die Vertreter der **Einzellösung** sehen demgegenüber bereits in dem Einwirken des Hintermannes auf das Werkzeug den Versuchsbeginn, da schon durch dieses Verhalten ein nicht mehr vollumfänglich kontrollierbarer Kausalverlauf in Gang gesetzt wird (vgl. *Baumann* JuS 1963, 85, 93; *Baumann/Weber/Mitsch* AT, § 29 Rdn. 155;).

3. Ansicht: Eine andere Ansicht zieht die **Gut- bzw. Bösgläubigkeit** des Tatmittlers als Abgrenzungskriterium heran und lässt im Falle der Gutgläubigkeit die Einwirkung auf das Werkzeug für ein unmittelbares Ansetzen zum Versuch genügen. Da beim bösgläubigen Tatmittler bis zu dessen Tätigwerden nicht feststeht, ob er dem Ansinnen des mittelbaren Täters tatsächlich nachkommt, soll hier der Zeitpunkt des unmittelbaren Ansetzens des bösgläubigen Tatmittlers selbst maßgeblich sein (so beispielsweise noch *Welzel* Deutsches Strafrecht, 191).

4. Ansicht: Nach wiederum anderer Ansicht ist der Versuchsbeginn dann gegeben, wenn der Hintermann die erforderliche Einwirkung auf den Tatmittler abgeschlossen und das Tatgeschehen **aus der Hand gegeben** hat. Hierfür spricht, dass erst das Entlassen des Tatmittlers aus dem Herrschaftsbereich des Hintermannes die eigentliche Gefahr des nicht mehr aufzuhaltenden Kausalverlaufs begründet (vgl. *Jescheck/Weigend* § 62 IV 1; LK-*Schünemann* § 25 Rdn. 151, 154; *Roxin* JZ 1998, 211; SK-*Rudolphi* § 22 Rdn. 20 a).

5. Ansicht: Da der mittelbare Täter aber nicht schlechter gestellt werden darf als ein Einzeltäter, sind hier nach der vom BGH vertretenen Auffassung die Regelungen über die Abgrenzung von Vorbereitung und Versuch heranzuziehen. Zum „Aus-der-Hand-Geben" des Geschehens ist daher zusätzlich erforderlich, dass das betroffene Rechtsgut beim Abschluss der Einwirkung auf den Tatmittler nach der Vorstellung des Hintermannes bereits **unmittelbar konkret gefährdet** ist (BGHSt 30, 363, 365; 40, 257, 269; BGH StV 2001, 272, 273; so u. a. auch *Wessels/Beulke/Satzger* Strafrecht AT, Rdn. 872 ff.; *Kudlich* JuS 1998, 596, 600 f.).

Stellungnahme: Ein Abstellen auf die Einwirkungshandlung des mittelbaren Täters im Rahmen der Einzellösung würde – in Anbetracht dessen, dass eine Rechtsgutsgefährdung zu diesem Zeitpunkt zumeist noch nicht gegeben ist – die Grenzen der Versuchsstrafbarkeit über Gebühr ausdehnen. Aus Opferschutzgesichtspunkten ist aber auch die Gesamtlösung abzulehnen. Oftmals entzieht es sich der Kenntnis des Hintermannes, wann der Tatmittler unmittelbar zur Tatbestandsverwirklichung ansetzt. Insbesondere kann bereits durch die Einwirkung auf den Tatmittler ein unkontrollierbar in eine Rechtsgutsbeeinträchtigung mündender Kausalverlauf in Gang gesetzt worden sein. Maßgeblich für den Versuchsbeginn ist gemäß § 22 die Vorstellung des Täters, d. h. die des Hintermannes, dem die Handlungen des Tatmittlers unabhängig von dessen subjektiver Einstellung zugerechnet werden. Die Gut- bzw. Bösgläubigkeit des Werkzeugs kann demnach nicht ausschlaggebend sein. Dem Wesen der mittelbaren Täterschaft wird es mithin am ehesten gerecht, auf das steuernde Verhalten des mittelbaren Täters abzustellen. Um diesen gegenüber dem Einzeltäter nicht zu benachteiligen, muss der h. M. gefolgt und die maßgeblichen

Kriterien für den Versuchsbeginn im Rahmen der unmittelbaren Täterschaft herangezogen werden[8].

Aus der Rechtsprechung: BGHSt 30, 363; 40, 257, 258; BGH StV 2001, 272, 273.

Übersichtsliteratur: *Engländer* JuS 2003, 330.; *Hillenkamp* Strafrecht AT, 15. Problem, 114 ff.; *Jäger* StR AT, Rn. 304; *Otto* Grundkurs StR, § 21 Rn. 127 f; *Rönnau* JuS 2014, 109.

Weitere Übungsklausuren: *Bung* JA 2008, 868 ff.; *Kraatz* Jura 2007, 531 ff.; *Krack/Schwarzer* JuS 2008, 140 ff.; *Schuster* Jura 2008, 228 ff.

Nach der sog. Gesamtlösung ist der Versuchsbeginn gegeben, wenn das Werkzeug zur Tatausführung ansetzt, was hier jedoch nicht der Fall war, da F erst auf dem Weg zum Schwimmbad war. R hat allerdings schon auf den gutgläubigen Tatmittler F eingewirkt und diesen mit der Zehnerkarte auf den Weg zum Erlebnisbad geschickt. Folgt man der Einzellösung oder den Ansichten, die auf die Gut- bzw. Bösgläubigkeit des Tatmittlers oder das „Aus-der-Hand-Geben" des Tatgeschehens abstellen, ist ein unmittelbares Ansetzen demnach gegeben. Fordert man allerdings zusätzlich eine unmittelbare Gefährdung des betroffenen Rechtsguts, so ist dies eindeutig zu verneinen. Fraglich ist mithin, welcher Ansicht der Vorzug zu geben ist. Die Sicht des Vordermannes für ausschlaggebend zu erachten, ist mit dem Wortlaut des § 22 nicht in Einklang zu bringen. Vor dem Hintergrund, dass nach allen Theorien, die hier bereits ein unmittelbares Ansetzen annehmen, ohne dass es zu einer unmittelbaren Gefährdung des geschützten Rechtsguts kommt, die Versuchsstrafbarkeit zu weit in das Vorbereitungsstadium vorverlagert werden würde, ist wahlweise der Gesamtlösung oder der modifizierten Einzellösung des BGH zu folgen. R hat damit noch nicht unmittelbar angesetzt[9].

c) Ergebnis

R ist nicht nach §§ 263 I, 22, 23 I, 25 I Alt. 2 strafbar.

2. Versuchtes Erschleichen von Leistungen in mittelbarer Täterschaft, §§ 265 a I, 22, 23 I, 25 I Alt. 2

Eine mögliche Strafbarkeit des R wegen des Versuchs des Erschleichens von Leistungen in mittelbarer Täterschaft gemäß §§ 265 a I, 22, 23 I, 25 I Alt. 2 scheitert wiederum am Fehlen des unmittelbaren Ansetzens.

---

8 A. A. vertretbar.

9 A. A. vertretbar. Die übrigen Voraussetzungen der Strafbarkeit wären dann ebenfalls erfüllt.

3. Versuchter Hausfriedensbruch in mittelbarer Täterschaft, §§ 123 I, 22, 23 I, 25 I Alt. 2

Eine Strafbarkeit des R wegen versuchten Hausfriedensbruchs in mittelbarer Täterschaft entfällt ebenfalls aus oben genanntem Grund.

Zweiter Tatkomplex: Die Sonnenbrille

I. Strafbarkeit des K

Hinweis: Da K zunächst die Sonnenbrille durch eine Drohung erlangen will, andererseits aber zugleich zu einer Unterschlagung des R angestiftet und sich die Brille durch Hehlerei verschafft haben könnte, ist ein verschachtelter Aufbau zu wählen.

---

1. Erpressung zum Nachteil des R, § 253 I

Dadurch dass K ankündigt, zur Polizei zu gehen und von der manipulierten Eintrittskarte zu berichten, sollte ihm R nicht die Sonnenbrille überlassen, könnte er sich gemäß § 253 I wegen Erpressung strafbar gemacht haben.

a) Objektiver Tatbestand

K hat R mit einer Strafanzeige gedroht und ihm damit ein empfindliches Übel – die Strafverfolgung wegen Manipulation der Eintrittskarte – in Aussicht gestellt. Ob R tatsächlich eine Strafverfolgung droht, ist insoweit gleichgültig, da genügt, dass der Bedrohte ihre Verwirklichung wenigstens für möglich erachtet. Empfindlich ist ein Übel dann, wenn der in Aussicht gestellte Nachteil von einer Erheblichkeit ist, dass seine Ankündigung geeignet erscheint, den Bedrohten im Sinne des Täterverlangens zu motivieren, es sei denn, dass gerade von diesem Bedrohten in seiner Lage erwartet werden kann, dass er der Drohung in besonnener Selbstbehauptung standhält. Angesichts der Erheblichkeit der drohenden Strafverfolgung kann trotz Drohung mit einem an sich erlaubten Verhalten in Form der Strafanzeige von dem bedrohten R nicht erwartet werden, dass er der Bedrohung standhält. Eine vollendete Erpressung scheidet jedoch aus, da R mit der Aushändigung der Sonnenbrille an K einverstanden war – wenn auch zunächst unter einer Bedingung – und damit nicht zu einem bestimmten Verhalten bzw. zu einer Vermögensverfügung genötigt wurde.

b) Ergebnis

Eine Strafbarkeit des K wegen Erpressung gemäß § 253 I kommt damit nicht in Betracht.

2. Versuchte Erpressung zum Nachteil des R, §§ 253 I, III, 22, 23 I

Indem K mittels Drohung die Herausgabe der Sonnenbrille erzwingen wollte, könnte er wegen versuchter Erpressung nach §§ 253 I, III, 22, 23 I zu bestrafen sein.

Vorprüfung

Die Tat ist nicht vollendet, der Versuch der Erpressung ist gemäß § 253 III strafbar.

a) Tatentschluss

aa) K hatte den Tatentschluss, R zur Übergabe der Brille und mithin zu einem Handeln zu nötigen. Dieses Verhalten wäre auch als Vermögensverfügung zu qualifizieren, da R zumindest über den Besitz an der Sonnenbrille verfügt hätte.
bb) Problematisch ist allerdings, ob R durch die von K angestrebte Herausgabe der Sonnenbrille einen Vermögensnachteil erlitten hätte. Ein Vermögensnachteil setzt voraus, dass der Wert des durch Drohung erlangten Gegenstandes nicht dem dafür verlangten Preis entspricht bzw. die Vermögenslage vor und nach der Verfügung im Wege der Gesamtsaldierung zu einem Negativsaldo führt. Zu beachten ist im vorliegenden Fall allerdings, dass R die Brille entsprechend dem Willen des H eingesteckt hat, so dass es an der von § 246 vorausgesetzten, nach außen hin erkennbaren Manifestation des Zueignungswillens fehlt. Da R sich zum Zeitpunkt der Drohung des K die Sonnenbrille mithin noch nicht zugeeignet hatte, kommt lediglich der berechtigte Besitz an der Sonnenbrille bzw. zumindest der Gewahrsam an dieser als vermögensrelevantes Gut in Betracht.

P: Was ist unter dem Begriff „Vermögen" zu verstehen?
- **Juristischer Vermögensbegriff:** Nach dem heute nicht mehr vertretenen juristischen Vermögensbegriff ist Vermögen die Summe der von der Rechtsordnung anerkannten und durchsetzbaren Vermögensrechte und Vermögenspflichten einer Person ohne Rücksicht auf ihren wirtschaftlichen Wert (so beispielsweise noch RGSt 3, 332, 333; 27, 300, 300 f.; 37, 30, 31).
Arg.: Die Einheit der Rechtsordnung verlangt, dass nur die Summe der von ihr anerkannten Vermögensrechte und -pflichten als Vermögen zu qualifizieren ist.

- **Wirtschaftlicher Vermögensbegriff:** Vermögen ist die Gesamtheit der geldwerten Güter einer Person unabhängig von ihrer rechtlichen Anerkennung (so u. a. BGHSt 2, 364; BGH NStZ 2002, 33; JR 2003, 163 mit zust. Anm. *Engländer; Wessels/Hillenkamp* Strafrecht BT/2, Rdn. 534 f.; *Arzt/Weber,* § 20 Rdn. 15)[10].

  Arg.: Zur Vermeidung eines rechtsfreien Raumes in Form von strafrechtlich ungeschütztem Vermögen muss die Strafrechtsordnung auch im kriminellen Milieu gelten. Maßgeblich sind deshalb allein die wirtschaftlichen Gegebenheiten. Hierin wurzelt auch der materielle Kern des Rechtsguts Vermögen.

- **Juristisch-ökonomischer Vermögensbegriff:** Demnach umfasst das Vermögen alle wirtschaftlichen Werte einer Person, die unter dem Schutz der Rechtsordnung stehen oder von dieser zumindest nicht ausdrücklich missbilligt werden (so beispielsweise *Rengier* BT I, § 13 Rdn. 119; *Welzel* Deutsches Strafrecht, 373; Schönke/Schröder/*Perron,* § 263 Rdn. 82 ff.; LK-*Tiedemann,* § 263 Rdn. 132).

  Arg.: Die juristisch-ökonomische Vermögenslehre nimmt die an den beiden zuvor genannten Auffassungen zu übende Kritik auf und bewirkt einen angemessenen Ausgleich, indem sie dem Umstand Rechnung trägt, dass auch wirtschaftliche Positionen, die nicht auf einen rechtlichen Anspruch gestützt werden können, schutzwürdig sind, ohne dabei die Güterzuteilung des Zivil- oder öffentlichen Rechts außer Acht zu lassen.

- **Personaler Vermögensbegriff:** Vermögen ist die wirtschaftliche Potenz des Rechtssubjekts, die auf der Herrschaftsgewalt über solche Objekte beruht, die die Rechtsgemeinschaft als selbständige Objekte des Wirtschaftsverkehrs ansieht (so *Otto* Grundkurs Strafrecht 2, § 38 Rdn. 3 ff., § 51 Rdn. 54, 59 ff. und JZ 93, 652, 656; *Geerds* Jura 1994, 309, 320 f.; *Schmidhäuser* II, 112 f.).

  Arg.: § 263 und § 253 bezwecken nicht den Schutz einer abstrakten geldwerten Sachgesamtheit, sondern sollen die wirtschaftliche Entfaltungsfreiheit des Individuums garantieren. Der personale Vermögensbegriff trägt zudem zu mehr Rechtssicherheit bei, indem er – im Gegensatz zu den anderen Vermögenslehren – in den Fällen der wirtschaftlichen Zweckverfehlung und des individuellen Schadenseinschlags keiner Korrektur bedarf.

Aus der Rechtsprechung: KG Berlin JA 2001, 280 ff.

Übersichtsliteratur: *Jäger* BT, Rdn. 350 ff.; *Kargl* JA 2001, 714; *Kindhäuser/Nikolaus* JuS 2006, 193 (197 f.); *Otto* Jura 2006, 606 ff.; *Jahn* JuS 2013, 81; *Satzger* Jura 2009, 519 ff.; *Spickhoff* JZ 2002, 970 ff; *Waszcynski* JA 2010, 251.

Weitere Übungsklausuren: *Gleß* Jura 2003, 496 ff.; *Käßner/Seibert* JuS 2006, 810 ff.; *Perron/Gutfleisch* Jura 2006, 706 ff; *Ladiges* JuS 2014, 1095.

Der Gewahrsam bzw. der berechtigte Besitz werden nach allen Vermögenstheorien zum schützenswerten Vermögen gerechnet. Auf die Frage, ob auch das unrechtmäßige Eigentum geschützt ist[11], kommt es demnach nicht an. Problematisch ist allerdings, ob sich tatsächlich ein Negativsaldo ergibt, da K im Gegenzug auf seine bereits fällige Forderung auf Rückzahlung des Darlehens verzichtet. Entschei-

---

10 Die h. M. hält auch weiterhin an dem rein wirtschaftlichen Vermögensbegriff fest, nähert sich aber, indem sie zur Vermeidung von Wertungswidersprüchen normative Wertungen einbezieht und damit den Schutzbereich ergänzt bzw. korrigiert, der juristisch-ökonomischen Vermittlungslehre an.
11 Etwa bei Erpressung unter Ganoven, betrügerischer Übertragung von Vermögenswerten o.Ä.

dend ist auch hier wiederum, ob ein konsequent ökonomischer Ansatz vertreten wird oder ob zusätzlich rechtliche Zuordnungskriterien Berücksichtigung finden. Teilweise wird die Verbindlichkeit zu ihrem Nennwert angesetzt, so dass bei der Befreiung davon eine vollständige Kompensation erfolgt. Argumentiert wird damit, dass niemand durch die Erfüllung einer ihm obliegenden Verbindlichkeit geschädigt werden könne. Nach anderer Ansicht ist das Innehaben einer Forderung wertmäßig geringer anzusetzen als der Besitz des Geldes, so dass eine Befreiung von der Verbindlichkeit den Verlust des Bargeldes nicht ausgleichen kann. Abgesehen davon ist die Sonnenbrille wirtschaftlich wertvoller als die Darlehensforderung. Zudem sieht sich R gegebenenfalls Schadensersatzforderungen des H ausgesetzt. Mithin sprechen die besseren Argumente dafür, hier einen Vermögensnachteil anzunehmen[12].

cc) K müsste zudem vorsätzlich und in der Absicht gehandelt haben, sich durch die Tat auf Kosten des R zu Unrecht zu bereichern. Die Unrechtmäßigkeit der erstrebten Bereicherung kann jedenfalls nicht deshalb abgelehnt werden, weil K einen fälligen und einredefreien Anspruch auf die Zahlung von 100 Euro hatte[13]. K stand jedenfalls kein Recht auf die „Übereignung" der Sonnenbrille zu, so dass er hinsichtlich der Unrechtsmäßigkeit der Bereicherung auch vorsätzlich gehandelt hat.

b) Unmittelbares Ansetzen

Infolge der Drohung hat R auch unmittelbar zur Tatbestandsverwirklichung angesetzt.

c) Rücktritt

Problematisch ist allerdings, ob K nicht dadurch nach § 24 I 1 Alt. 1 vom unbeendeten Versuch zurückgetreten ist, dass er R die 50 Euro für die Sonnenbrille übergab und von einer Fortführung seiner Erpressung abgesehen hat.

aa) Da bei einem Delikt, das nicht mehr vollendet werden kann, auch ein „Aufgeben" oder „Verhindern" nicht in Betracht kommt, dürfte der Versuch nicht fehlgeschlagen sein. Ein fehlgeschlagener Versuch liegt vor, wenn der Täter erkennt oder zumindest annimmt, er könne den tatbestandsmäßigen Erfolg mit

---

12 A. A. vertretbar. Der Bearbeiter kann hier, je nach gewähltem Ausgangspunkt, unterschiedliche Argumente vorbringen. Wenig überzeugend wäre es allerdings, auf den geringeren Wert des bloßen Besitzrechts abzustellen.

13 Z.T. wird dieser Aspekt im Wege der normativen Schadensberechnung bereits objektiv auf der Ebene des Vermögensnachteils angesprochen.

den ihm zur Verfügung stehenden Mitteln nicht mehr erreichen. Man könnte hier daran denken, dass K ein Rücktritt infolge des erklärten Einverständnisses von R rechtlich unmöglich geworden ist. Rechtliche Unmöglichkeit kommt bei jenen Tatbeständen in Betracht, die wie die Erpressung nur gegen den Willen des Tatopfers verwirklicht werden können, das Opfer aber vor Tatausführung sein Einverständnis erteilt. Hier hat sich R jedoch nur gegen Zahlung von 50 Euro mit der Übergabe der Sonnenbrille einverstanden erklärt. Der Versuch ist demnach nicht fehlgeschlagen.

bb) K lässt sich vorliegend auf den „Handel" mit R ein und geht deshalb nicht davon aus, alles zur Erfolgsverwirklichung erforderliche getan zu haben, hält dies aber im unmittelbaren Fortgang noch für möglich, da er ihm jederzeit wieder mit dem Gang zur Polizei drohen könnte. Dementsprechend müsste er gemäß § 24 I Alt. 1 die weitere Tatausführung freiwillig aufgegeben haben. Grenzt man allein danach ab, ob der Täter Herr seiner Entschlüsse war und damit eine autonome Entscheidung getroffen hat, müsste ein freiwilliger Rücktritt bejaht werden. Im Rahmen dieser v. a. kriminalpolitisch motivierten Auffassung, die dem Täter eine „goldene Brücke" schlägt, erfolgt keine wertende, sittliche Betrachtung der Motive, sondern es wird allein geprüft, ob der Täter durch autonome Motive zur Tataufgabe bewegt worden ist. Anders könnte dies allerdings gesehen werden, wenn man den zur Rechtstreue zurückgekehrten Täter belohnen will und deshalb den Gnaden- bzw. Prämiengedanken oder den Strafzweckgedanken, der die geringere Gefährlichkeit des zur Legalität zurückgekehrten Täters würdigt, in den Vordergrund rückt. Freiwilligkeit liegt demnach nur dann vor, wenn der Täter nicht der kühl abwägenden Verbrechervernunft gefolgt ist, sondern das Aufgeben Ausdruck einer Rückkehr zu einer Achtung rechtlicher Gebote und Verbote ist. Dies muss vorliegend aber abgelehnt werden, da K sich, wenn auch unter Zahlung der 50 Euro, die Brille des H zueignen will, auf die er rechtlich keinen Anspruch hat[14].

e) Ergebnis

K ist demnach nicht straffrei von der versuchten Erpressung zurückgetreten und hat sich mithin nach §§ 253 I, III, 22, 23 I strafbar gemacht.

---

14 A. A. vertretbar.

3. Versuchte Nötigung, §§ 240 I, III, 22, 23 I
Die mitverwirklichte versuchte Nötigung nach §§ 240 I, III, 22, 23 tritt im Wege der Gesetzeskonkurrenz dahinter zurück.

Hinweis: Die Drohung mit einer Strafanzeige zur Durchsetzung eines bestehenden Anspruchs ist dann sozial unerträglich und damit verwerflich i. S. v. § 240 II, wenn der Anspruch einem anderen Lebenssachverhalt entstammt und deshalb mit der anzuzeigenden Straftat nicht in Zusammenhang steht. Dies ist hier der Fall, wobei zudem berücksichtigt werden muss, dass K keinen Anspruch auf die Übereignung der Sonnenbrille hatte.

4. Versuchte Hehlerei durch die Drohung, §§ 259 I, III, 22, 23 I

Hinweis: Die versuchte Hehlerei muss nicht angesprochen werden, da es sich hierbei um ein sehr schwieriges „Bonusproblem" handelt. Die meisten Bearbeiter werden und müssen dieses nicht erkennen.

An versuchte Hehlerei könnte deshalb gedacht werden, weil sich R durch eine Unterschlagung, d. h. durch eine gegen fremdes Vermögen gerichtete rechtswidrige Tat, die Sonnenbrille verschaffen wollte. Zwar hatte R die Sonnenbrille zu diesem Zeitpunkt noch nicht unterschlagen, eine weite Auslegung lässt es jedoch genügen, wenn Unterschlagung und Verschaffungsakt zeitlich zusammenfallen[15]. Die weite Auffassung stellt allein auf das auch bei Drohung bestehende, tatsächliche Einverständnis ab, da auch bei willensbeugendem Zwang die Verschaffung gewollt sei. Der BGH betont allerdings zu Recht die kriminalpolitische Funktion des § 259, dem durch den Hehler geschaffenen Anreiz zur risikolosen Verwertung der Beute entgegenzuwirken. In diesem Sinne wird man kaum behaupten können, dass die Möglichkeit der erpresserischen Abnötigung der Beute durch einen Dritten einen Anreiz zur Tatbegehung schafft. Versuchte Hehlerei wird deshalb abzulehnen sein. Davon abgesehen erscheint ohnehin fraglich, ob das Tatgeschehen in eine versuchte Hehlerei und eine vollendete Hehlerei durch

---

15 Würde ein Bearbeiter dieser Auffassung folgen, müsste er sich damit auseinandersetzen, ob das weitere Merkmal des „Sich-Verschaffens", d. h. die Herstellung einer eigenen Verfügungsgewalt des Täters über die Sache im Einvernehmen mit dem Vortäter, auch dann angenommen werden kann, wenn der Täter den Vortäter zur Herausgabe der Sache durch Drohung zwingt.

Übergabe der Sache gegen 50 Euro getrennt werden kann, da der vorangegangene Versuch in der anschließenden Vollendung der Tat aufgeht[16].

II. Strafbarkeit des R

1. Unterschlagung einer anvertrauten Sache, § 246 I, II

Durch den Verkauf der Sonnenbrille, die H dem R zur Verwahrung überlassen hatte, könnte sich R der Unterschlagung einer anvertrauten Sache nach § 246 I, II strafbar gemacht haben.

a) Objektiver Tatbestand

aa) Die Brille ist für R eine fremde bewegliche Sache, die er sich zugeeignet haben müsste. Voraussetzung hierfür ist die Vornahme einer Handlung, durch die sich R nach außen erkennbar eine eigentümerähnliche Stellung anmaßt. Der Verkauf eines Gegenstandes und die zivilrechtliche Verfügung sind grundsätzlich nur dem zur Verfügung Berechtigten möglich. Damit ist die Vornahme dieser Handlung auch als Anmaßung einer Eigentümerstellung anzusehen. Insoweit ist der Tatbestand des § 246 I erfüllt.

bb) Zu klären ist jedoch, ob bereits das Angebot zum Verkauf an K eine Tathandlung darstellt[17]. Teilweise wird schon in diesem Angebot die Anmaßung der Eigentümerstellung gesehen. Nach anderer Ansicht ist hingegen erst der konkrete Verschaffungsakt, d. h. die zivilrechtliche Verfügung, die Zueignung. Im Zuge dieser Auffassung würde allerdings ein einheitlicher Lebensvorgang sinnwidrig zerlegt. Es kann nämlich nicht nur der wirkliche Eigentümer wirksam über eine Sache verfügen, sondern gemäß den §§ 932 ff. BGB auch der scheinbare Eigentümer. Demzufolge ist das Abstellen auf die Verfügung nicht zwingend. Ein wirksames Angebot über den Verkauf abgeben können beide. Nach allgemeiner Lebensanschauung gibt in der Regel aber nur der Verfügungsberechtigte – d. h. in den meisten Fällen der Eigentümer – ein Verkaufsangebot ab. Insoweit liegt die

---

16 A. A. noch vertretbar, wenn auf die Veränderung des Tatbildes abgestellt wird. Zumindest müsste dann aber Subsidiarität des vorangegangenen Versuchs zum vollendeten Delikt angenommen werden.
17 Dies ist zwar für die Strafbarkeit nach § 246 I – die ja spätestens beim Verkauf gegeben ist – ohne Belang, spielt aber für die spätere Frage, ob K einer Hehlerei strafbar ist (s.u.) eine Rolle. Insoweit ist es sinnvoll, die Frage bereits hier zu erörtern. Möglich ist es aber auch, diese erst bei § 259 zu klären. Allerdings muss in beiden Fällen die Lösung der tatbestandlichen Handlung des § 246 identisch sein.

Anmaßung der Verfügungsgewalt nicht erst in der Verfügung, sondern bereits in dem Angebot. Es spricht daher viel dafür, bereits das Angebot ausreichen zu lassen[18].

cc) Weiterhin müsste die Sonnenbrille R anvertraut worden sein. Anvertrautsein bedeutet, dass der Täter die Sache bekommen hat, um mit ihr auf eine bestimmte Art und Weise zu verfahren. Hierzu gehört auch, dass der Täter sie zu einer bestimmten Zeit zurückgeben muss. H gab seine Brille während des Saunaaufenthalts in die Obhut des R, der ihm die Brille nach Verlassen des Saunabereichs wieder zurückgeben sollte. Daher war R die Sonnenbrille anvertraut.

b) Subjektiver Tatbestand
R handelte hinsichtlich Grundtatbestand und Qualifikation mit Vorsatz.

c) Ergebnis
R ist gemäß § 246 I, II wegen Unterschlagung einer anvertrauten Sache strafbar.

III. Strafbarkeit des K

1. Anstiftung zur Unterschlagung, §§ 246 I, 26
Durch die Aufforderung, R solle ihm die Sonnenbrille überlassen, könnte sich K der Anstiftung zur Unterschlagung nach §§ 246 I, 26 strafbar gemacht haben.

Hinweis: Anstiftung zur Unterschlagung ist vorab zu prüfen, da im Rahmen des § 259 zu klären ist, ob der Teilnehmer der Vortat als Haupttäter der Hehlerei in Betracht kommt.

a) Objektiver Tatbestand
aa) Die Unterschlagung des R an der Sonnenbrille ist eine geeignete Haupttat i. S. v. § 26.
bb) K hat R durch die Ankündigung, er werde ihn anzeigen, falls er ihm nicht die Sonnenbrille überlasse, zur Haupttatbegehung bestimmt. Ein Bestimmen zur Haupttat kann auch durch Drohung erfolgen. Dass R ihm letztlich die Sonnen-

---

[18] Wer dies anders sieht, was gut vertretbar ist, muss später bei der Hehlerei des K weitere, dort bearbeitete Probleme beachten.

brille freiwillig überlassen hat, berührt die Anstifterhandlung nicht. Es liegt keine Unterbrechung der erforderlichen Kausalverbindung vor.

b) Subjektiver Tatbestand

aa) K handelte laut Sachverhalt in Kenntnis der Haupttat und mit Vorsatz hinsichtlich der Anstifterhandlung und weist damit den erforderlichen „doppelten Anstiftervorsatz" auf. Problematisiert werden könnte lediglich, dass entgegen der Vorstellung des K eine freiwillige statt einer abgenötigten Übergabe stattfindet. Der Anstiftervorsatz könnte also deshalb entfallen, weil er sich auf ein konkret-individualisiertes Geschehen beziehen muss, das äußere Tatbild der Unterschlagung hier aber von dem vorgestellten Verlauf abweicht. Es genügt jedoch, wenn die Tat in ihren wesentlichen, das Deliktsbild kennzeichnenden Umständen konkretisiert ist. Das wird hier jedenfalls bejaht werden müssen, da K um die Unterschlagung der Sonnenbrille mittels Übergabe bzw. Verkauf weiß.

bb) Hinsichtlich der Bereicherungsabsicht ist der Sachverhalt offen, da er keine Angaben zum Wert der Sonnenbrille enthält. Wenn die an R gezahlten 50 Euro annähernd den Marktpreis der Sonnenbrille widerspiegeln, ist die Bereicherungsabsicht des K zu verneinen. Bei lebensnaher Auslegung ist jedoch nicht davon auszugehen, dass die von R geforderten 50 Euro dem Marktpreis der Brille entsprechen[19].

c) Ergebnis

K hat sich der Anstiftung zur Unterschlagung nach §§ 246 I, 26 strafbar gemacht.

2. Hehlerei, § 259 I

Indem K 50 Euro für die Brille bezahlt, die H dem R zur Verwahrung überlassen hat, könnte er sich einer Hehlerei nach § 259 I strafbar gemacht haben.

a) Objektiver Tatbestand

aa) Die Sonnenbrille müsste eine Sache sein, die aus einer gegen fremdes Vermögen gerichteten Tat herrührt. Dieser Begriff ist weit zu verstehen und erfasst demnach auch eine Unterschlagung (s. o.).

---

19 Insofern ist beides vertretbar.

bb) Da aber K bereits der Teilnahme an der Vortat strafbar ist, könnte fraglich sein, ob überhaupt die Tat „eines anderen" vorliegt. Nach inzwischen absolut überwiegender Ansicht kann aber der Teilnehmer der Vortat, Täter einer Hehlerei sein. Dass dies zutreffend ist, ergibt sich bereits aus dem Wortlaut des § 259 I und der erhöhten Strafwürdigkeit derjenigen Person, die neben der Hehlereihandlung auch an der Vortat als Teilnehmer beteiligt ist. Die täterschaftliche Begehung der Hehlerei scheitert auch nicht daran, dass K bereits wegen §§ 253 I, III, 240 I, III, 22, 23 I als Täter bestraft wird. Die Erpressung und die Nötigung haben sich gegen Rechtsgüter des R gerichtet, so dass die das Eigentum des H betreffende Unterschlagung der Sonnenbrille taugliche Vortat eines anderen bleibt.

cc) Fraglich ist jedoch, ob § 259 I ein zeitliches Verhältnis im Sinne eines Nacheinander von Vortat und Hehlerei voraussetzt oder ob diese auch gleichzeitig vorliegen können[20].

P: Zeitliches Verhältnis von Vortat und Hehlerei

e. A.: Eine Ansicht will den Hehlereitatbestand weit auslegen, um Strafbarkeitslücken zu schließen, und lässt Gleichzeitigkeit von Vortat und Hehlereihandlung ausreichen (so beispielsweise OLG Stuttgart NJW 1960, 834; *Otto* Grundkurs Strafrecht BT, § 58 Rdn. 8 und JZ 1993, 652, 663; *Lackner/Kühl* § 259 Rdn. 6; *Maurach/Schröder/Maiwald I*, § 39 Rdn. 21 (spricht auch grundsätzlich von einer abgeschlossenen Vortat, sieht aber die Möglichkeit einer Ausnahme bzgl. einer Unterschlagung).

Arg.: Auch wenn Vortat und Hehlereihandlung zeitlich zusammenfallen, wird ein durch ein Vermögensdelikt begründeter rechtswidriger Vermögenszustand aufrechterhalten. Mithin sind auch hierin zwei trennbare Elemente – das Zueignungsunrecht einerseits und die Perpetuierung dieses Unrechts durch die kollusive Verschiebung der Sache andererseits – zu sehen. Darüber hinaus ist es oftmals nur zufällig bzw. schwer abgrenzbar, ob die Sacherlangung gerade schon oder noch nicht ganz vor der Hehlereihandlung abgeschlossen ist.

a. A.: Nach anderer Ansicht muss die Hehlereihandlung zeitlich nachfolgend an eine vollendete Vortat anknüpfen (so die st. Rspr., vgl. RGSt 55, 145, 146; BGHSt 13, 403, 405; BGH NStZ 1994, 486; BGH StV 2002, 542; *Wessels/Hillenkamp* BT II Rdn.832; *Fischer* § 259 Rdn. 8; SK-*Hoyer* § 259 Rdn. 13 ff.; LK-*Walter* § 259 Rdn. 31; Schönke/Schröder/*Stree/Hecker*, § 259, Rdn. 14).

Arg.: Die Gegenauffassung geht am Wortlaut des § 259 I vorbei, der von „erlangt hat" spricht und damit bei grammatischer Auslegung ein Nacheinander in Form einer Anschlusstat verlangt. Notwendige Voraussetzung des von § 259 mit Strafe bedrohten Aufrechthaltens oder Vertiefens eines rechtswidrigen Vermögenszustandes ist, dass durch die Vortat ein solcher Zustand bereits geschaffen wurde. Andernfalls verwischen die Grenzen zwischen Beihilfe und Hehlerei. Darüber hinaus bleibt der „Hehler" nicht straflos, sondern ist wegen Beteiligung an der Vortat zu bestrafen.

---

20 Wer bereits bei § 246 I das Verkaufsangebot als Unterschlagungshandlung genügen lässt, kann ein zeitliches Nacheinander hier ohne weiteres bejahen. Wurde auf die Verfügung abgestellt, muss zu dem folgenden Streit Stellung genommen werden.

Aus der Rechtsprechung: BGH JuS 2011, 1040 (Besprechung *Hecker*).

Übersichtsliteratur: *Geppert* Jura 1994, 100 ff.; *Hillenkamp* Strafrecht BT, 38. Problem, 207 ff.; *Horn* JA 1995, 218 (220 f.); *Jäger* StR BT, Rdn. 402; *Zöller/Frohn* Jura 1999, 378 (380).

In Anbetracht dessen, dass § 259 I ausdrücklich von „erlangt hat" spricht und ein rechtswidriger Vermögenszustand nur dann aufrecht erhalten oder vertieft werden kann, wenn dieser Zustand bereits besteht, ist § 259 eng auszulegen und ein zeitliches Nacheinander von Vortat und Hehlerei zu verlangen. Da vorliegend allerdings bereits das Verkaufsangebot des R an K die Unterschlagungshandlung darstellt (s. o.), kann dies hier problemlos bejaht werden.

b) Die weiteren Voraussetzungen des § 259 I sind gegeben. Die Tathandlung ist ein Ankaufen seitens K. Weitere Probleme liegen nicht vor.

c) Ergebnis
K ist gemäß § 259 I wegen Hehlerei zu bestrafen[21].

3. Geldwäsche, § 261
Da die Vortat des § 246 I kein Verbrechen i. S. v. § 12 I darstellt (§ 261 I 2 Nr. 1) und auch nicht gewerbsmäßig oder als Mitglied einer Bande begangen wurde (§ 261 I 2 Nr. 4 a), kommt eine Strafbarkeit nach § 261 I nicht in Betracht.

Gesamtergebnis/Konkurrenzen

I. Erster Tatkomplex

Strafbarkeit des R
Durch das Einführen der manipulierten Karte in den Entwertungsautomaten und das Betreten des Schwimmbades ohne vorherige ordnungsgemäße Bezahlung hat sich R nach 263 I in Tateinheit (§ 52) mit § 123 I strafbar gemacht. Die Urkundenfälschung durch Entfernen der Folie nach § 267 I steht hierzu in Tatmehrheit gemäß § 53.

---

21 A. A. gut vertretbar.

II. Zweiter Tatkomplex

1. Strafbarkeit des R
R ist gemäß § 246 I, II wegen Unterschlagung einer anvertrauten Sache strafbar.

2. Strafbarkeit des K
K hat sich tateinheitlich einer versuchten Erpressung nach §§ 253 I, III, 22, 23 sowie der Anstiftung zur Unterschlagung nach §§ 246 I, 26 strafbar gemacht (§ 52). Da die versuchte Erpressung sowie die Anstiftung zur Unterschlagung einerseits und die Hehlerei gemäß § 259 I andererseits nicht auf eine einheitliche Handlung des K zurückzuführen sind, spricht hier viel für das Vorliegen von Tatmehrheit gemäß § 53[22].

D. Definitionen

Urkunde	ist jede verkörperte Gedankenerklärung, die zum Beweis im Rechtsverkehr geeignet und bestimmt ist und den Aussteller erkennen lässt.
Verfälschen	ist jede unbefugte, nachträgliche Veränderung der Beweisrichtung und des gedanklichen Inhalts einer echten Urkunde, so dass diese nach dem Eingriff etwas anderes zum Ausdruck bringt als zuvor.
Zusammengesetzte Urkunde	Eine zusammengesetzte Urkunde entsteht, wenn eine verkörperte Gedankenerklärung mit einem Augenscheinsobjekt räumlich fest zu einer Beweismitteleinheit derart verbunden wird, dass beide zusammen einen einheitlichen Beweis- und Erklärungsinhalt in sich vereinigen.
Tatsachen	sind konkrete Vorgänge oder Zustände der Vergangenheit oder Gegenwart, die dem Beweis zugänglich sind.
Täuschung	ist die bewusst irreführende Einwirkung auf das Vorstellungsbild eines anderen durch Vorspiegelung falscher oder Entstellung bzw. Unterdrückung wahrer Tatsachen.

---

22 A.A. ohne weiteres vertretbar.

Irrtum	ist jede unrichtige, der Wirklichkeit nicht entsprechende Vorstellung über Tatsachen.
Vermögensverfügung	ist jedes freiwillige Tun, Dulden und Unterlassen, das sich beim Getäuschten oder einem Dritten unmittelbar vermögensmindernd auswirkt.
Vermögensschaden	ist die Vermögensminderung, die sich durch den Vergleich der Vermögenssituation des Opfers vor und nach der erfolgten Vermögensverfügung unter Berücksichtigung einer unmittelbaren Schadenskompensation (Gesamtsaldierung) ergibt.
Einrichtungen	sind räumlich abgegrenzte Sachgesamtheiten, die als solche einem bestimmten Zweck dienen und zu diesem Zweck von der Allgemeinheit oder einem begrenzten Personenkreis genutzt werden können.
Zutritt	ist das Erreichen des körperlichen Eintritts von Menschen in eine räumliche Sphäre, der eine Teilnahme an der Veranstaltung oder eine Nutzung der Einrichtung ermöglicht.
Erschleichen	Nach h.M. ist Erschleichen das Erlangen der Leistung durch unbefugtes und ordnungswidriges Verhalten unter manipulativer Umgehung von Kontroll- oder Zugangssperren, Sicherheitsvorkehrungen etc.
Drohung	ist das Inaussichtstellen eines Übels, auf das der Drohende Einfluss hat oder zu haben vorgibt.
Fehlgeschlagener Versuch	Ein fehlgeschlagener Versuch liegt vor, wenn der Täter erkennt oder zumindest annimmt, er könne den tatbestandsmäßigen Erfolg mit den ihm zur Verfügung stehenden Mitteln nicht mehr erreichen.
Freiwillig	ist der Rücktritt, wenn er nicht durch zwingende Hinderungsgründe veranlasst wird, sondern auf einer autonomen Entscheidung des Täters beruht (z.B. Reue, Scham, Mitleid, Angst vor Strafe), auch wenn der Anstoß hierzu von außen kommt.
Verwerflichkeit i.S.v. § 240 II bei Drohung mit einer Strafanzeige	Die Drohung mit einer Strafanzeige zur Durchsetzung eines bestehenden Anspruchs ist dann sozial unerträglich und damit verwerflich i.S.v. § 240 II, wenn der Anspruch einem anderen Lebenssachverhalt entstammt und deshalb mit der anzuzeigenden Straftat nicht in Zusammenhang steht.

Zueignen ist die Anmaßung einer eigentümerähnlichen Verfügungsgewalt zu eigenen Zwecken durch die Betätigung des Willens, die fremde Sache oder den in ihr verkörperten Wert dem eigenen Vermögen einzuverleiben.

Anvertrauen ist die Hingabe oder das Belassen in dem Vertrauen, der Besitzer werde mit der Sache nur im Sinne des Anvertrauenden verfahren, sie also zu einem bestimmten Zweck verwenden, aufbewahren oder zurückgeben.

Übungsfall 18: Brandheiße Neuigkeiten aus Auendorf

A. Sachverhalt

Balthasar Bock (B) ist Knecht auf dem Gehöft des verwitweten Bauern Gernot Gams (G). Das Gehöft liegt am Dorfrand der Gemeinde Auendorf. B verbindet eine heimliche Liebschaft mit der nicht auf dem Hof lebenden Heidi Gams (H), der Tochter des G. B hat das Leben auf dem Gehöft satt und erinnert sich daran, dass der bereits sehr alte G ihm einmal erzählt hat, er habe das Gehöft feuerversichert. Sollte es abbrennen, dann würde er die Versicherungssumme seiner Tochter übergeben. Er könne zwar den von seinen Eltern geerbten Hof niemals freiwillig aufgeben, wenn der Hof jedoch abbrenne, dann werde er sich im Seniorenheim „Zum lustigen Kuhhirten" zur Ruhe setzen. B beschließt dies auszunutzen und begibt sich zu der im Dorf lebenden H. Er spiegelt ihr vor, G habe ihn heimlich gebeten, den feuerversicherten Hof am Tag des Kirchweihfestes im Dorfe anzuzünden, damit H ein sorgenfreies Leben führen könne. Sie solle davon jedoch nichts erfahren, damit sie sich nicht unnötig Sorgen mache oder Einwände erhebe.

B schlägt vor, diesen Wunsch des G zu respektieren, zumal es so leichter sei, später gemeinsam von dem Geld zu leben. B kam mit H überein, dass er in der Nacht vor dem Kirchweihfest leicht entzündliche Materialien im Keller des Wohnhauses des Gehöfts anhäufen und ein Stromkabel so präparieren werde, dass die Materialien bei Betätigung des Lichtschalters Feuer fangen. Die Kellertüre werde er dann verschließen und den einzigen Schlüssel hierfür der H am nächsten Morgen auf dem Hof heimlich übergeben. Diese solle dann, nachdem G und B den Hof verlassen haben, die Türe aufschließen und den Lichtschalter betätigen. Wenn der Brand entfacht sei, solle sie schnell zum Kirchweihfest kommen, damit alles wie ein Unfall aussehe. Durch diese Vorgehensweise sei sichergestellt, dass niemand zu Schaden kommen könne.

Es kam jedoch alles anders. Infolge der Manipulation des Stromkabels kam es schon am frühen Morgen des Festtages zu einem Kurzschluss, der das Feuer entfachte. Als das Feuer bereits den gesamten Kellerraum sowie die zum Obergeschoss führende Treppe erfasst hatte, bemerkte B, der im Stall die Kühe versorgte, den Brand. Er erkannte, dass der Hof vollständig abbrennen und sich der im Dachgeschoss befindliche, gebrechliche und laut um Hilfe schreiende G nicht mehr selbst würde retten können. Er nahm dies jedoch in Kauf, weil er befürchtete, die Herbeiholung der Feuerwehr könne sein eigenes Fehlverhalten an den Tag bringen und begab sich deshalb zum Frühschoppen in die Dorfkneipe.

Als H ein wenig später auf den Hof kam, brannte das Haus bereits lichterloh und sie konnte G im Dachgeschoss immer noch um Hilfe schreien hören. H rief sofort die Dorffeuerwehr, die G unverletzt aus den Flammen retten konnte. G stellte, wie von B und H vorausgesehen, nur wenige Tage nach dem Brand Antrag auf Leistung der Versicherungssumme, die auch wenig später auf sein Konto überwiesen wurde. Da G nicht wusste, wie es zu dem Brand gekommen war, überwies er den Betrag seiner Tochter H, die das Geld, wie geplant, mit B teilte.

Frage: Wie haben sich B und H strafbar gemacht?

Bearbeitungszeit: Fünf Stunden

B. Lösungsskizze

Erster Handlungsabschnitt: Die Manipulation des Stromkabels

A. Strafbarkeit des B

I.   § 306 I Nr. 1 Alt. 1 durch Manipulation des Stromkabels
    1. **Objektiver Tatbestand**
        a) fremdes Gebäude in Brand setzen (+)
        b) Kausalität (+)
        c) objektive Zurechnung (Adäquanz) (+)
    2. **Subjektiver Tatbestand**
       Irrtum über den Kausalverlauf
       unwesentliche Abweichung nur, wenn Stadium des unmittelbaren Ansetzens (–)
    3. **Ergebnis: § 306 I Nr. 1 (–)**
II. Versuchte Brandstiftung, §§ 306 I Nr. 1, 22, 23 I, 25 II
III. Schwere Brandstiftung, § 306 a I Nr. 1

B. Strafbarkeit der H

I.   Versuchte Brandstiftung in Mittäterschaft, §§ 306 I Nr. 1 Alt. 1, 22, 23 I, 25 II
    Vorprüfung (+)
    1. **Tatentschluss (+)**
    2. **Unmittelbares Ansetzen (–)**
II. Versuchte schwere Brandstiftung in Mittäterschaft, §§ 306 a I Nr. 1 Alt. 1, 22, 23 I, 25 II

C. Strafbarkeit des B

I.   Versuchte Brandstiftung in mittelbarer Täterschaft, §§ 306 I Nr. 1 Alt. 1, 22, 23 I, 25 I
    Alt. 2
    1. **Tatentschluss**
    2. **Unmittelbares Ansetzen (–)**
II. Versuchte schwere Brandstiftung in mittelbarer Täterschaft, §§ 306 a I Nr. 1 Alt. 1, 25 I
    Alt. 2, 22, 23 I (–)
III. Fahrlässige Brandstiftung, § 306 d I
    1. **Tatbestandsmäßigkeit**
        a) In Brand setzen (+)
        b) objektiv sorgfaltswidrig
        c) objektiv zurechenbar
    2. **Rechtswidrigkeit**
    3. **Schuld**
    4. **Ergebnis: § 306 d I 1. und 2. Alt. (+)**
IV. Fahrlässige Brandstiftung mit fahrlässiger Verursachung einer Gesundheitsschädigung, § 306 d II (+)
    1. **Tatbestandsmäßigkeit**
    2. **Rechtswidrigkeit**
    3. **Schuld**
    4. **Ergebnis: § 306 d II (+)**

V. Verbrechensverabredung §§ 306 I Nr. 1 Alt. 1, 30 II Var. 3
 1. geplante Tat Verbrechen (+)
 2. Verabredung (–)
VI. Versuchte mittelbare Täterschaft der Brandstiftung, §§ 306 I Nr. 1 Alt. 1, 30 I 1 Alt. 1
 Exkurs: Prüfung der versuchten Teilnahme
VII. Brandstiftung durch Unterlassen, §§ 306 I, 13 I
 Objektiver Tatbestand
 1. in Brand gesetzt
 2. Abgrenzung Tun und Unterlassen
 3. in Brand gesetzt durch Unterlassen?
VIII. Versicherungsmissbrauch, § 265 I
 1. Objektiver Tatbestand
 2. Subjektiver Tatbestand
IX. Versicherungsmissbrauch durch Unterlassen, §§ 265, 13 I

D. Strafbarkeit der H

Fahrlässige Brandstiftung, § 306 d
Zweiter Handlungsabschnitt: B verlässt am frühen Morgen den brennenden Hof

Strafbarkeit des B

I. Versuchter Totschlag durch Unterlassen, §§ 212, 13 I, 22, 23 I
 Vorprüfung (+)
 1. Tatentschluss (+)
  a) bzgl. Tötung (+)
  b) Handlungsmöglichkeit (+)
  c) Ingerenz (+)
 2. Unmittelbares Ansetzen
II. Versuchter Mord durch Unterlassen, §§ 211, 13 I, 22, 23 I
 1. Tatentschluss
  a) Heimtücke (–)
  b) grausam (–)
  c) mit gemeingefährlichen Mitteln (–)
  d) Habgier (–)
  e) Verdeckungsabsicht (–)
  f) sonstiger niedriger Beweggrund (–)
 2. Ergebnis: §§ 211, 13 I, 22, 23 I (–)
III. Aussetzung § 221 I Nr. 2
 1. Objektiver Tatbestand
  a) im Stich lassen (+)
  b) konkrete Gefährdung (+)
 2. Subjektiver Tatbestand
 3. Ergebnis: § 221 I Nr. 2 (+)
IV. Freiheitsberaubung durch Unterlassen §§ 239 I, 13 I
 1. Objektiver Tatbestand
 2. Subjektiver Tatbestand
 3. Ergebnis: §§ 239 I, 13 I (+)

V.   Unterlassene Hilfeleistung, § 323 c

VI. Zwischenergebnis

Dritter Handlungsabschnitt: Die Versicherungsleistung

A. Strafbarkeit des B

I.   Betrug in mittelbarer Täterschaft, §§ 263 I, III 2 Nr. 5, 25 I Alt. 2

    1. Objektiver Tatbestand

       a) Täuschung (+)

       b) Irrtum (+)

       c) Vermögensverfügung (+)

       d) Vermögensschaden (+)

    2. Subjektiver Tatbestand

       a) Drittbereicherungsabsicht (+)

       b) Rechtswidrigkeit der Bereicherung (–)

    3. Ergebnis: §§ 263, 22, 23, 25 I Alt. 2 (–)

B. Strafbarkeit der H

Versuchter Betrug zu Lasten der Versicherung, §§ 263 I, II, 22, 23

Vorprüfung

1.   Tatentschluss

2.   Unmittelbares Ansetzen

    P: Unmittelbares Ansetzen bei Mittäterschaft

    P: Versuch bei vermeintlicher Mittäterschaft

3.   Ergebnis: §§ 263 I, II, 22, 23 (–)

C. Strafbarkeit des B

Betrug zum Nachteil der H, § 263

Objektiver Tatbestand

a)   Täuschung (+)

b)   Vermögensschaden (–)

Gesamtergebnis/Konkurrenzen

B: §§ 306 d I, II zu §§ 211, 13, § 221 I Nr. 2 (§ 52) in Tatmehrheit (§ 53)

H: §§ 306 d I, II

C. Gutachten

Erster Handlungsabschnitt: Die Manipulation des Stromkabels

A. Strafbarkeit des Balthasar Bock (B)

I. § 306 I Nr. 1 Alt. 1 durch Manipulation des Stromkabels

Durch die Manipulation des Stromkabels, die infolge eines Kurzschlusses zum Abbrennen des Gebäudes führte, könnte sich B der Brandstiftung strafbar gemacht haben.

1. Objektiver Tatbestand

a) B müsste ein fremdes Gebäude in Brand gesetzt haben. In Brand gesetzt ist eine Sache, wenn sie vom Feuer in einer Art und Weise umschlossen ist, die ein Fortbrennen aus eigener Kraft, d. h. ohne Fortwirken des Zündstoffes ermöglicht. Bei Gebäuden genügt die Inbrandsetzung eines für dessen bestimmungsgemäßen Gebrauch wesentlichen Bestandteils. Dies ist hier jedenfalls mit dem Brennen der zum Obergeschoss führenden Treppe der Fall[1]. Im Ergebnis ist aber ohnehin das ganze Gebäude abgebrannt.

b) Für die Inbrandsetzung war ein Verhalten des B kausal i. S. d. Äquivalenztheorie. Hätte B nicht das Kabel manipuliert, dann wäre es auch nicht zu einem Kurzschluss gekommen, infolgedessen das Gebäude in Brand gesetzt wurde.

c) Der Erfolg ist B objektiv zurechenbar, insbesondere handelt es sich nicht um einen inadäquaten Kausalverlauf. Es liegt durchaus im Rahmen des nach allgemeiner Lebenserfahrung Vorhersehbaren, dass durch die Manipulation des Stromkabels vorzeitig ein Brand durch Kurzschluss ausgelöst werden kann (Adäquanzurteil).

2. Subjektiver Tatbestand

B hat zwar Vorsatz im Hinblick auf die Inbrandsetzung eines fremden Gebäudes gehabt, problematisch ist aber, ob sein Vorsatz auch den konkreten Kausalverlauf umfasst. B könnte einem Irrtum über den Kausalverlauf erlegen sein, da der Brand bereits durch einen Kurzschluss eintrat und hierdurch der eingetretene vom vorgestellten Kausalverlauf wesentlich abwich. Unerheblich ist ein Irrtum über den Kausalverlauf dann, wenn sich die Abweichung im Bereich des nach allge-

---

1 Zum Brennen von Kellerräumen vgl. BGH NStZ 2003, 266 ff.; 2007, 270 ff.

meiner Lebenserfahrung Vorhersehbaren hält und keine andere Bewertung der Tat rechtfertigt. Bewirkt der Täter den nach seiner Vorstellung vom Tatablauf erst später vorgesehenen Taterfolg bereits durch eine frühere Handlung, so kann eine unerhebliche Abweichung vom vorgestellten Kausalverlauf nur dann angenommen werden, wenn der Täter bereits nach seiner Vorstellung zur Tat unmittelbar angesetzt hat (§ 22). Der Täter muss schon vor der erfolgsverursachenden Handlung die Schwelle zum Versuch überschritten haben oder sie mit dieser Handlung überschreiten. Anders gewendet heißt dies, dass ein Irrtum stets beachtlich ist, wenn der Erfolg im Vorbereitungsstadium eintritt. Bei Vorbereitungshandlungen kann sich mangels eines rechtlich relevanten Vorsatzes die Frage einer wesentlichen Abweichung nicht stellen. Dies ergibt sich auch aus § 16, der Vorsatz bei Begehung der Tat verlangt, wobei nach § 8 eine Tat zum Zeitpunkt der Vornahme der Handlung begangen ist. B müsste deshalb mit der Manipulation des Kabels bereits unmittelbar angesetzt haben, damit sich die Frage nach einer unerheblichen Abweichung vom vorgestellten Kausalverlauf überhaupt stellen kann.

Hinweis: Die folgende Prüfung des unmittelbaren Ansetzens im Rahmen des Vollendungsdelikts mag ungewöhnlich erscheinen, ist aber dem Umstand geschuldet, dass nur bei unmittelbarem Ansetzen eine unwesentliche Abweichung und damit ein vollendetes Delikt in Frage kommt.

Ein Täter setzt unmittelbar an, wenn er das Rechtsgut unmittelbar gefährdet, seine Handlung ohne weitere wesentliche Zwischenakte zur Tatbestandserfüllung führt, ein räumlich-zeitlicher Zusammenhang besteht und er subjektiv die Schwelle zum „Jetzt geht's los" überschreitet. Hier könnte ein unmittelbares Ansetzen deshalb angenommen werden, weil scheinbar zumindest das Stadium des beendeten Versuchs erreicht war. Der Täter könnte bereits alles aus seiner Sicht Erforderliche getan haben, auch wenn der Brand durch Hinzutreten eines anderen Umstandes (Kurzschluss) eintritt. Dies ist hier aber gerade nicht der Fall, da B den Schlüssel noch nicht wie geplant an H ausgehändigt hat und damit den Geschehensablauf aus der Hand gegeben hätte[2]. Hier liegt nach allen Auffassungen noch kein unmittelbares Ansetzen vor, da nach Vorstellung des B noch ein wesentlicher Zwischenakt, die Übergabe des Kellerschlüssels an H vor Verlassen des Hofes, erforderlich war, eine unmittelbare Gefährdung nach seiner Vorstellung erst beim Umlegen des Lichtschalters eintreten sollte und auch ein zeitlicher Zusammen-

---

[2] Bei *Fischer* Strafgesetzbuch, § 306 Rdn. 22 wird zwar auf RGSt. 66, 141 hingewiesen, eine Entscheidung, der scheinbar ein ähnlicher Fall wie hier zugrunde liegt. Das Urteil des RG betrifft aber den Fall eines offen zugänglichen Lichtschalters, wobei das RG betont, dass anderes gelte, wenn die Zündvorrichtung (nur) durch einen Mittäter ausgelöst werden sollte.

hang abzulehnen ist. Da B den G vor dem Brand aus dem Gebäude locken wollte und zudem den Keller abschloss, ist die Abweichung auf jeden Fall wesentlich.

3. Ergebnis

Da der Irrtum über den Kausalverlauf wesentlich ist, scheidet eine Strafbarkeit nach § 306 I Nr. 1 Alt. 1 aus.

II. Versuchte Brandstiftung, § 306 I Nr. 1, 22, 23 I, 25 II

Aus den im Rahmen der Prüfung einer vollendeten Brandstiftung genannten Erwägungen muss auch eine Strafbarkeit des B wegen versuchter Brandstiftung ausscheiden. B hat nicht unmittelbar zur Tat angesetzt.

III. Schwere Brandstiftung, § 306 a I Nr. 1

Aus den im Rahmen der Prüfung einer einfachen Brandstiftung genannten Erwägungen muss auch eine Strafbarkeit des B wegen schwerer Brandstiftung mangels Vorsatzes ausscheiden, obwohl G das Gebäude zur Wohnung diente.

Hinweis: Eine Prüfung von § 306 a II, der objektiv vorliegt, ist wegen fehlendem Vorsatz auch bzgl. der konkreten Gefährdung nicht erforderlich.

B. Strafbarkeit der Heidi Gams (H)

Hinweis: Die folgende Prüfung könnte (insbesondere bei § 306 a) auch etwas kürzer ausfallen, da es auch bei B am unmittelbaren Ansetzen fehlt. Allerdings ist im Rahmen des § 30 auf die Strafbarkeit der H näher einzugehen, so dass hier der Gutachtenstil beibehalten und nicht gleich zum unmittelbaren Ansetzen gesprungen wird.

448 —— Übungsfall 18: Brandheiße Neuigkeiten aus Auendorf

I. Versuchte Brandstiftung in Mittäterschaft, §§ 306 I Nr. 1 Alt. 1, 22, 23 I, 25 II

H könnte sich dadurch, dass sie es übernahm, den Lichtschalter umzulegen und dadurch den Brand herbeizuführen, der mittäterschaftlichen Begehung einer versuchten Brandstiftung strafbar gemacht haben.

Vorprüfung

Aus den oben bei B genannten Erwägungen scheidet auch hier eine Vollendung der Brandstiftung aus, da eine wesentliche Abweichung des vorgestellten vom tatsächlichen Kausalverlauf vorliegt. Der Versuch ist strafbar gem. §§ 306 I, 23 I, 12 I.

1. Tatentschluss

Der Tatentschluss war auf die mittäterschaftliche Inbrandsetzung eines fremden Gebäudes gerichtet, insbesondere hätte H durch das Umlegen des Lichtschalters einen wesentlichen Tatbeitrag geleistet, der ihr funktionelle Tatherrschaft vermittelt, da sie diesen Tatbeitrag auch aufgrund eines gemeinsamen Tatplans erbracht hätte.

2. Unmittelbares Ansetzen

Bei Mittätern ist umstritten, in welchem Zeitpunkt die einzelnen Mittäter zur Tatbestandsverwirklichung ansetzen. Nach der Einzellösung muss für jeden Mittäter gesondert geprüft werden, wann für ihn der Versuch beginnt. Nach der sog. Gesamtlösung liegt hingegen ein unmittelbares Ansetzen bereits dann vor, wenn ein Mittäter das Versuchsstadium erreicht. Diese Zurechnung des unmittelbaren Ansetzens über § 25 II wird der Struktur des § 25 II besser gerecht, der eine gegenseitige Zurechnung erbrachter Beiträge aufgrund des gemeinsamen Tatplanes gerade vorsieht. Im konkreten Fall haben aber weder H noch B zur Tat angesetzt, so dass eine Strafbarkeit nach §§ 306 I, 22, 23 I, 25 II ausscheidet.

II. Versuchte schwere Brandstiftung in Mittäterschaft, §§ 306 a I Nr. 1 Var. 1, 22, 23 I, 25 II

Vorprüfung
Auch der Versuch der schweren Brandstiftung ist strafbar, §§ 306 a I, 23 I, 12 I, da es sich bei § 306 a um ein Verbrechen handelt.

1. Tatentschluss
Voraussetzung wäre, dass H hinsichtlich der Inbrandsetzung eines Gebäudes, das „zur Wohnung von Menschen dient", Tatentschluss gehabt hätte. H ging aber davon aus, dass G mit der Inbrandsetzung einverstanden ist und deshalb am Tag des Kirchweihfestes das Gebäude endgültig verlässt. B, der ebenso auf dem Gehöft wohnt, wollte das Gebäude sogar tatsächlich endgütig verlassen. Da das Dienen zur Wohnung ein tatsächliches Verhalten voraussetzt, kann dessen (Wohn-) Bestimmung durch Entwidmung aller dort Wohnenden gemeinsam jederzeit aufgehoben werden, und zwar auch ohne vorherige Entfernung der beweglichen Habe. H ging damit irrtümlich von einer Entwidmung aus, weil sie dachte, dass G und B der Inbrandsetzung zugestimmt haben. Sie handelte ohne Tatentschluss.

2. Ergebnis
Wegen fehlenden Vorsatzes hinsichtlich des Merkmals „zur Wohnung dienen" scheidet eine Strafbarkeit nach §§ 306 a I Nr. 1 Var. 1, 25 II, 22, 23 I aus.

C. Strafbarkeit des B

Hinweis: Ein gespaltener Aufbau ist wegen der denkbaren mittelbaren Täterschaft zweckmäßig. Eine eigenständige Prüfung der mittelbaren Täterschaft ist wegen der teils abweichenden Bestimmung des unmittelbaren Ansetzens und wegen der umstr. Behandlung einer versuchten mittelbaren Täterschaft geboten.

I. Versuchte Brandstiftung in mittelbarer Täterschaft, §§ 306 I Nr. 1 Alt. 1, 25 I Alt. 2, 22, 23 I

B könnte sich der versuchten Brandstiftung in mittelbarer Täterschaft strafbar gemacht haben, indem er H durch Täuschung veranlasste, an seinem Tatplan mitzuwirken und den Lichtschalter zur Inbrandsetzung umzulegen.

1. Tatentschluss

B hatte seine Einwirkung auf H abgeschlossen und wollte, dass der Erfolg (die Inbrandsetzung) durch sie mittels Umlegen des Lichtschalters herbeigeführt wird. Sein Tatentschluss müsste darauf gerichtet sein, die Tat durch einen anderen auszuführen, d. h. er müsste die Umstände umfassen, die seine überlegene, tatbeherrschende Stellung als Hintermann und die Werkzeugqualität der H begründen. Eine entsprechende planvoll lenkende Beherrschung des Gesamtgeschehens setzt regelmäßig ein Strafbarkeitsdefizit des Vordermanns voraus, den der Hintermann in Form einer Wissens-, Willens- oder Nötigungsherrschaft beherrscht.

B spiegelte H eine Einwilligung des G in die Zerstörung des Gebäudes vor. Da § 306 ein spezielles Sachbeschädigungsdelikt ist, hat eine Einwilligung (anders als bei § 306 a) rechtfertigende Wirkung. H hat demnach irrtümlich eine Einwilligung angenommen und in einem Erlaubnistatumstandsirrtum gehandelt. Unabhängig von der rechtsdogmatischen Einordnung des Erlaubnistatumstandsirrtums[3] hätte bei H damit ein die mittelbare Täterschaft begründendes Strafbarkeitsdefizit vorgelegen, das B Irrtumsherrschaft vermittelt.

2. Unmittelbares Ansetzen

B müsste auch unmittelbar angesetzt haben. Die Frage des unmittelbaren Ansetzens bei mittelbarer Täterschaft ist umstritten. Eine m. M. stellt auf die Gut- oder Bösgläubigkeit des Täters ab. Gemäß einer weiteren Ansicht ist allein die Einwirkungshandlung des mittelbaren Täters auf das Werkzeug entscheidend. Auch nach dieser Auffassung kann ein unmittelbares Ansetzen abgelehnt werden, da B der H den Schlüssel noch nicht ausgehändigt hat. Eine weitere m. M. stellt allein auf die Handlung des Werkzeuges ab und prüft die allgemeine Ansatzformel (s. o.), wobei umstritten ist, welches Vorstellungsbild entscheidend sein soll. Nach h. A. setzt der mittelbare Täter hingegen an, wenn er die Einwirkung auf den Tatmittler abgeschlossen hat und diesen aus seinem Einwirkungsbereich entlässt. Gibt der Täter i. d. S. das Geschehen bereits vor Ansetzen des Tatwerkzeugs aus der Hand, soll eine Vorverlagerung des Ansetzens gegenüber dem Ansetzen des Tatwerkzeugs gerechtfertigt sein.

---

3 Eine direkte Anwendung des § 16 und damit eine Verneinung des subjektiven Tatbestands wird von der Vorsatztheorie und der Theorie von den negativen Tatbestandsmerkmalen vertreten. Die logisch nicht angreifbare, strenge Schuldtheorie will § 17 angewandt wissen. Schließlich vertreten die herrschende rechtsfolgenverweisende Schuldtheorie und die eingeschränkte Schuldtheorie eine analoge Anwendung des § 16 bzw. dessen Rechtsfolge.

Nach allen Auffassungen scheidet hier jedoch ein unmittelbares Ansetzen aus, da B noch den Kellerschlüssel hat und damit das Geschehen nach seiner Vorstellung nicht aus der Hand gegeben hat.

II. Versuchte schwere Brandstiftung in mittelbarer Täterschaft, §§ 306 a I Nr. 1 Alt. 1, 22, 23 I, 25 I Alt. 2

Der Tatentschluss hinsichtlich einer mittelbaren Täterschaft kann abweichend zu dem oben Gesagten nicht auf einen Erlaubnistatbestandsirrtum der H gestützt werden, da in § 306 a als ein gemeingefährliches Delikt nicht eingewilligt werden kann. B ging aber davon aus, dass H irrtümlich eine Entwidmung annimmt und damit vorsatzlos handelt (s. o.). Dies begründet seine (vorgestellte) Herrschaft über ein vorsatzloses Werkzeug. Es fehlt aber auch hier am unmittelbaren Ansetzen.

Hinweis: §§ 306 b I, II, 306 c sind nicht zu prüfen, da diese an §§ 306, 306 a anknüpfen, eine Strafbarkeit nach den genannten Vorschriften aber schon ausscheidet. Bei § 306 a II fehlt Vorsatz bzgl. der Gefahr.

III. Fahrlässige Brandstiftung, § 306 d

Durch Manipulation des Stromkabels und Auslösen eines Kurzschlusses könnte sich B der fahrlässigen Brandstiftung strafbar gemacht haben.

1. Tatbestandsmäßigkeit

a) Der tatbestandsmäßige Erfolg (Inbrandsetzen eines fremden Gebäudes i. S. v. § 306 I, das auch der Wohnung von Menschen diente [§ 306 a I]) ist eingetreten und hierfür war ein Verhalten des B kausal i. S. d. Äquivalenztheorie.

b) B handelte objektiv sorgfaltswidrig. Durch die Manipulation am Stromkabel hat er die für jeden besonnenen und gewissenhaften Menschen des Verkehrskreises des Täters in der konkreten Handlungssituation zu beachtende Sorgfalt nicht eingehalten bzw. durch sein Verhalten die Grenzen des erlaubten Risikos überschritten. Es ist zudem objektiv vorhersehbar, dass durch die Manipulation die Gefahr eines Kurzschlusses hervorgerufen wird.

c) Auch der Pflichtwidrigkeitszusammenhang ist unproblematisch zu bejahen, da der Branderfolg gerade auf die Verletzung der Sorgfaltspflicht zurückzuführen ist. Die „Sorgfaltsnorm", keine Manipulation des Stromkabels vorzunehmen, hat gerade den Schutzzweck, einen Brand durch Kurzschluss zu vermeiden.

2. Rechtswidrigkeit

Das Verhalten war auch rechtswidrig.

3. Schuld

B handelte auch schuldhaft, insbesondere subjektiv sorgfaltspflichtwidrig bei subjektiver Vorhersehbarkeit des Erfolges. B war es nach seinen Fähigkeiten und seinem Können ohne Weiteres möglich, die objektive Sorgfaltspflicht einzuhalten und den drohenden Schaden zu erkennen.

4. Ergebnis

B hat sich nach § 306 d I 1. HS 1. Alt. und 2. Alt. strafbar gemacht (§ 306 d I 2. HS scheidet aus, da dies eine Vorsatz-Fahrlässigkeitskombination ist. B hatte aber keinen Vorsatz bzgl. der Inbrandsetzung des Gebäudes durch die Manipulation des Kabels).

IV. Fahrlässige Brandstiftung mit fahrlässiger Verursachung einer Gesundheitsschädigung, § 306 d II

1. Tatbestandsmäßigkeit

a) Der tatbestandlich vorausgesetzte Erfolg, die konkrete Gefahr einer Gesundheitsschädigung, ist eingetreten, da sich G im Obergeschoss eines lichterloh brennenden Hauses befand und es letztlich nur noch vom Zufall abhing, ob der Feuerwehr eine rechtzeitige Rettung des G gelingen würde.

b) Auch hier ist die objektive Vorhersehbarkeit des Gefährdungserfolges zu bejahen. Es ist generell vorhersehbar, dass eine Manipulation des Stromkabels zu einem Kurzschluss führen kann und deshalb der Brand früher als geplant ausbricht. Da es sich um ein Wohnhaus handelt, war vorhersehbar, dass im Falle eines unvorhergesehenen Kurzschlusses der Bewohner des Hauses gefährdet wird.

c) Der Gefahrerfolg ist B auch objektiv zurechenbar.

2. Rechtswidrigkeit

Das Verhalten war auch rechtswidrig

3. Schuld
Für B war die Gefährdung von G subjektiv vorhersehbar und subjektiv sorgfaltspflichtwidrig.

4. Ergebnis
B hat sich nach § 306 d II strafbar gemacht.

V. Verbrechensverabredung §§ 306 I Nr. 1 Alt. 1, 30 II Var. 3

Da H nach dem ursprünglichen Tatplan den Lichtschalter umlegen sollte, nachdem B das Stromkabel manipuliert hat, könnte sich B der Verbrechensverabredung gemäß § 30 II Var. 3 strafbar gemacht haben. Eine Verabredung verlangt eine Willenseinigung von mindestens zwei Personen zur gemeinsamen mittäterschaftlichen Ausführung eines Verbrechens.

a) Hinsichtlich der geplanten Tat kommt eine Strafbarkeit aufgrund der §§ 306, 306a I in Betracht[4]. § 306 und 306a I sind Verbrechen und können damit grundsätzlich Gegenstand einer Verbrechensverabredung sein.

b) Die Verbrechensverabredung verlangt aber als Vorstufe der Mittäterschaft die ernstliche Verabredung zur Erbringung eines mittäterschaftlichen Tatbeitrags. Eine Verbrechensverabredung scheidet hier demnach aus, weil H hinsichtlich der Brandstiftung (§ 306) von einer Einwilligung des G ausging und bezüglich § 306a eine Entwidmung durch G angenommen hat (s. o.). Damit kam es zu keiner Willenseinigung gleichrangiger Partner zur Begehung von Verbrechen. Da H nicht davon ausging, Mittäter der genannten Verbrechen zu werden, hat sich B mit ihr nicht objektiv zu den genannten Verbrechen verabredet, vielmehr liegt möglicherweise die Situation einer versuchten mittelbaren Täterschaft vor.

VI. Versuchte mittelbare Täterschaft der Brandstiftung, §§ 306 I Nr. 1 Alt. 1, 30 I S. 1 Alt. 1

Eine versuchte mittelbare Täterschaft scheidet aus, da B als mittelbarer Täter (bzw. sein Werkzeug) nicht unmittelbar zur Tat angesetzt hat (§ 22). § 30 I 1, 1. Alt. erfasst allerdings die Fälle der versuchten Anstiftung, d. h. auch die Fälle, in denen eine

---

4 § 306a II scheidet aus, da nach der Tätervorstellung niemand gefährdet werden sollte: G sollte vor Inbrandsetzung des Hauses dieses verlassen haben.

Einwirkung auf den Anzustiftenden zwar erfolgte und damit eine Bestimmungshandlung vorliegt, jedoch die Anstiftung etwa wegen fehlenden unmittelbaren
Ansetzens des angestifteten Haupttäters erfolglos blieb.

Exkurs: Prüfung der versuchten Teilnahme

Von § 30 werden für besonders gefährlich erachtete Vorstufen der Teilnahme und Beteiligung an
einem Verbrechen erfasst. In § 30 Abs. 1 findet sich die versuchte Anstiftung, wohingegen Abs. 2
die Verbrechensverabredung und ähnliche Beteiligungsvorstufen regelt.

Versuchte Anstiftung, § 30 I		Verbrechensverabredung, § 30 II
	1. Vorprüfung und Tat- **bestandsmäßigkeit:**	
a) Gewollte Haupttat: Verbrechen		a) Konkret geplante Haupttat Verbrechen
b) Erfolglosigkeit der Anstiftung, d. h. Haupttat nicht ins Versuchsstadium gelangt		
c) Tatentschluss bzgl. Bestimmen und hin- sichtlich Haupttat		b) Sichbereiterklären/ Verabredung etc.
d) Unmittelbares Ansetzen zur Anstiftung		c) Vollendungswille, Ernsthaftigkeit
	2. Rechtswidrigkeit	
	3. Schuld	
	4. Rücktritt:	
§ 31 I Nr. 1 oder II		§ 31 I Nr. 2, 3 oder II

Aus der Rechtsprechung: BGH NStZ 1998, 347; BGHSt 44, 99 ff.; BGHSt 50, 142 ff.; BGH NStZ 2007,
697; BGH JuS 2013, 748 (Besprechung *Hecker*).

Übersichtsliteratur: *Jäger* AT, § 6 Rdn 276 ff.; *Otto* AT, § 22 Rdn 37 ff.; *Dessecker* JA 2005, 549 ff.;
Geppert Jura 1997, 546 ff.; *Hinderer* JuS 2011, 1072; *Putzke* JuS 2009, 894 ff.

Weitere Übungsklausuren: *Ellbogen* JuS 2002, 151 ff.; *Ensenbach* Jura 2011, 787; *Gerhold* JA 2014,
854; *Kaspar* JuS 2004, 409 ff.; *Petermann* JuS 2009, 1119 ff.; *Mitsch* JuS 2005, 340 ff.

Eine nur sehr vereinzelt vertretene Auffassung gelangt zu dem Ergebnis, dass die
versuchte, weil erfolglos gebliebene Anstiftung als Beteiligungsminus in der
versuchten mittelbaren Täterschaft mit enthalten ist, sofern diese wegen fehlenden unmittelbaren Ansetzens straflos bleibt. Begründet wird dies damit, dass der
Anstiftervorsatz als bloßer Teilnahmevorsatz, als Minus im Tätervorsatz enthalten
sei. Die ganz h. M. lehnt aber eine Einbeziehung in § 30 I zu Recht ab, weil dieser
nach dem ausdrücklichen Wortlaut nur eine Vorverlagerung der Strafbarkeit für
die Fälle der versuchten Anstiftung vorsieht.

Hinweis: Die versuchte Teilnahme ist begrifflich von der Teilnahme am Versuch zu unterscheiden. Während etwa eine versuchte Beihilfe mangels Aufnahme in § 30 straflos bleibt, ist eine Beihilfe zum Versuch nach den Grundsätzen der Akzessorietät unproblematisch möglich.

VII. Brandstiftung durch Unterlassen, §§ 306 I, 13 I

B könnte sich dadurch, dass er es unterließ, die Feuerwehr zu holen, als er erkannte, dass durch seine Manipulation des Stromkabels ein Brand ausgelöst wurde, der Brandstiftung durch Unterlassen strafbar gemacht haben.

Objektiver Tatbestand

1. Ein fremdes Gebäude wurde in Brand gesetzt, womit der vorausgesetzte Gefährdungserfolg eingetreten ist.

2. Zunächst ist problematisch, ob hier überhaupt eine eigenständige Prüfung eines Unterlassens in Frage kommt, denn der Schwerpunkt der Vorwerfbarkeit scheint vorliegend in der Manipulation des Kabels und damit in einem Tun zu liegen. Allerdings hatte B zu diesem Zeitpunkt keinen Vorsatz bzgl. des konkret verwirklichten Kausalverlaufs, sondern unterließ erst dann, als er den Brand bemerkte, vorsätzlich die Verhinderung seiner weiteren Ausbreitung. Insoweit liegt der Schwerpunkt der Vorwerfbarkeit in einem eigenständigen Unterlassen, denn nur dieses ist von einem entsprechenden Vorsatz des B getragen. Der Fall kann nicht anders beurteilt werden als etwa die vorsätzliche Entscheidung, einem fahrlässig verletzten Opfer trotz drohendem Todeseintritt nicht zu helfen. Der Vorsatz des Täters bildet insoweit eine Zäsur in einem einheitlichen Geschehensablauf.

3. B hat die objektiv erforderliche und ihm physisch mögliche Handlung unterlassen, eine weitere Verbreitung des Brandes durch Herbeiholung der Feuerwehr zu verhindern. Es ist allerdings umstritten, ob von einem Inbrandsetzen durch Unterlassen auch dann ausgegangen werden kann, wenn das Gebäude von dem Täter bereits zu dem Zeitpunkt fahrlässig in Brand gesetzt war, als er vorsätzlich von Rettungsmaßnahmen absieht. Von einer Auffassung wird dies bejaht, da auch die Verhinderung einer weiteren Ausbreitung des Brandes vom Schutzzweck der Brandstiftungsdelikte erfasst wird. Die Gegenansicht betont hingegen zu Recht, dass von einem „Inbrandsetzen" durch Unterlassen nur dann gesprochen werden kann, wenn der Täter durch sein Unterlassen erstmalig einen Brandherd schafft bzw. zumindest ein zweiter, neuer Brandherd eröffnet wird. Die bloße Intensivierung eines Brandes kann hingegen keine Strafbarkeit wegen

Unterlassens begründen. Als B den Brand bemerkte, waren bereits wesentliche Gebäudeteile vom Brand erfasst, so dass über den Umweg unterlassener Löschung des Brandes die fehlende Strafbarkeit mangels Vorsatzes nicht ausgehebelt werden darf. B hat sich nicht der Brandstiftung durch Unterlassen strafbar gemacht.

Hinweis: Bejaht ein Bearbeiter die Möglichkeit der Brandstiftung durch Unterlassen, so muss auch §§ 306 a I Nr. 1, 13 bejaht werden. Zu prüfen ist dann ferner eine mögliche Strafbarkeit aus §§ 306 b II Nr. 1, 2, 13: Hierbei ergeben sich hinsichtlich der Gefährdung von G keine Probleme, eine Strafbarkeit aus Nr. 1 dieser Norm liegt vor. Einer genaueren Prüfung bedarf es jedoch hinsichtlich Nr. 2: B handelte in der Absicht, den durch die gleiche Handlung begangenen Versicherungsmissbrauch gem. § 265 zu verdecken. M. E. scheidet § 265 als Anknüpfungspunkt für § 306 b II Nr. 2 aber von vornherein aus. Denn § 306 b II Nr. 2 verlangt gerade „eine andere Straftat". § 265 wird aber durch dasselbe Unterlassen verwirklicht wie §§ 306 a I Nr. 1, 13 und stellt damit sowohl materiell- wie auch prozessrechtlich nicht eine andere Tat dar. Diskussionswürdiger Anknüpfungspunkt für eine andere Tat wäre daher lediglich § 263 I, III 2 Nr. 5. Vereinzelt wird dessen ungeachtet eine teleologische Reduktion auf Fälle gefordert, in denen gerade die aus brandbedingter Gemeingefahr resultierenden Auswirkungen die Tatbegehung nach Tätervorstellung begünstigen sollen. Der BGH lehnt dies jedoch zu Recht ab und verweist auf den Wortlaut der Norm. Somit ist eine Strafbarkeit nach §§ 306 b II Nr. 1, 2, 13 zu bejahen. Geprüft werden muss außerdem §§ 306 c, 13, 22, 23 I (Fall einer versuchten Erfolgsqualifikation) bezüglich G. H hat sich hingegen keinesfalls wegen Brandstiftung durch Unterlassen strafbar gemacht, da das Haus schon „lichterloh" brannte, als H den Brand entdeckte.

VIII. Versicherungsmissbrauch, § 265 I

1. Objektiver Tatbestand
Das Gehöft ist gegen Feuer versichert und stellt damit ein taugliches Tatobjekt i. S. d. § 265 dar. B hat das Gehöft durch den kausal aus der Manipulation des Kabels resultierenden Brand zumindest beschädigt.

2. Subjektiver Tatbestand
Allerdings fehlt es auch hier wiederum am Vorsatz des B, da eine wesentliche Abweichung des tatsächlichen vom vorgestellten Kausalverlauf vorliegt. Auch hier kommt keine unwesentliche Abweichung vom vorgestellten Kausalverlauf in Betracht, da B nicht unmittelbar angesetzt hat.

IX. Versicherungsmissbrauch durch Unterlassen, §§ 265, 13 I

Das versicherte Gebäude war schon fahrlässig in Brand gesetzt, womit schon die Tathandlung des Beschädigens des § 265 begangen war. Von der Beschädigung einer versicherten Sache durch Unterlassen kann entsprechend der oben aufgezeigten Argumentation nur dann gesprochen werden, wenn der Täter durch sein Unterlassen erstmalig eine Beschädigungsgefahr für die versicherte Sache schafft. §§ 265, 13 I ist demzufolge nicht einschlägig.

D. Strafbarkeit der H

Fahrlässige Brandstiftung, § 306 d I, II

Ebenso wie bei der Prüfung des B muss auch eine Strafbarkeit der H wegen fahrlässiger Brandverursachung bejaht werden. H handelt fahrlässig, weil sie mit B eine Brandlegung verabredet hat. Hätte sich H nicht pflichtwidrig dazu bereit erklärt, wäre für B die Manipulation des Lichtkabels sinnlos gewesen. Auch für H ist objektiv vorhersehbar, dass durch einen Kurzschluss vorzeitig ein Brand ausgelöst werden kann. Eine Strafbarkeit der H wegen Fahrlässigkeit kommt vor allem deshalb in Frage, weil im Bereich der Fahrlässigkeit nicht nach dem Gewicht des erbrachten Tatbeitrags differenziert, sondern jeder als Täter bestraft wird (sog. Einheitstäterbegriff), der pflichtwidrig zur Erfolgsverursachung beiträgt.

Zweiter Handlungsabschnitt: B verlässt am frühen Morgen den brennenden Hof

A. Strafbarkeit des B

I. Versuchter Totschlag durch Unterlassen, §§ 212, 13 I, 22, 23 I

Indem B den G, ohne die Feuerwehr herbeizurufen, seinem Schicksal überließ, könnte er sich des versuchten Totschlags durch Unterlassen strafbar gemacht haben.

Vorprüfung
Der Totschlag blieb unvollendet, da G noch gerettet werden konnte. Der Versuch des Totschlags ist strafbar nach §§ 212 I, 23 I, 12 I.

1. Tatentschluss

a) B erkannte nach dem Sachverhalt, dass sich der gebrechliche, um Hilfe schreiende G nicht mehr selbst retten konnte, nahm dies jedoch billigend in Kauf und handelte damit bedingt vorsätzlich. Es kommt hier nur ein Unterlassen hinsichtlich des vorsätzlichen Tötungsdelikts in Betracht, da B erst nach Beginn des Brandes die Gefahr für G erkannte und einen Tötungsvorsatz fasste, indem er G nicht helfen wollte.

b) B war bewusst, dass er eine objektiv erforderliche und ihm physisch mögliche Handlung, die Rettung des G, etwa durch Herbeiholung der Feuerwehr, nicht vornahm.

c) B handelte schließlich auch mit Tatentschluss hinsichtlich seiner Garanten-stellung, da er sich über die Umstände im Klaren war, aus denen sich eine In-gerenzgarantenstellung ergab. B hatte die Brandursache bewusst pflichtwidrig gesetzt und erkannte, dass der Brand bereits ausgebrochen war. B entschloss sich nicht zu handeln, obwohl ihm die Vornahme der gebotenen Handlung (Rettung des G) trotz der Gefahr einer möglichen Strafverfolgung wegen seines vorange-gangenen Tuns keineswegs unzumutbar war[5].

2. Unmittelbares Ansetzen

B müsste zur Verwirklichung des Tatbestandes unmittelbar angesetzt haben. In-dem B, ohne Hilfe zu holen, den Hof verließ und sich zum Frühschoppen begab, hat er unmittelbar angesetzt. Es ist zwar umstr., wann der Täter beim Unterlassen unmittelbar ansetzt und ob hier auch zwischen beendetem und unbeendetem Versuch unterschieden werden kann. Hier lag aber jedenfalls das Stadium des beendeten Versuchs vor und B hatte sich bei Verlassen des Hofs seiner Möglich-keiten einer Rettung des G vollständig begeben. Zudem war zu diesem Zeitpunkt G bereits unmittelbar gefährdet, so dass auch nach der allgemeinen Ansatzformel ein Ansetzen angenommen werden kann.

II. Versuchter Mord durch Unterlassen, §§ 211, 13 I, 22, 23 I

B könnte durch sein Unterlassen zudem qualifizierende Mordmerkmale verwirk-licht haben.

---

[5] Nach zutreffender Auffassung begrenzt die Zumutbarkeit den Tatbestand und wirkt nicht lediglich entschuldigend.

1. Tatentschluss

a) Heimtückisch handelt, wer die Arg- und Wehrlosigkeit des Opfers bewusst zur Tötung ausnutzt. Arglosigkeit liegt vor, wenn das grds. zum Argwohn fähige Opfer sich zum Zeitpunkt des Beginns des ersten mit Tötungsvorsatz geführten Angriffs keines Angriffs gegen Leib oder Leben versieht. G war aufgrund seiner Arglosigkeit wehrlos, da trotz seiner konstitutionellen Verfassung (gebrechlich etc.) zumindest bei rechtzeitigem Erkennen des Brandes seine Abwehrbereitschaft und -fähigkeit nicht vollständig ausgeschlossen gewesen wäre. Schließlich soll es auch gleichgültig sein, dass B die die Heimtücke begründende Situation nicht selbst geschaffen, sondern lediglich vorgefunden hat. Dies ist allerdings nicht unproblematisch, da bei einem Unterlassen die Tathandlung dem aktiven Tun entsprechen muss (vgl. § 13 I 2. HS.). und bei bloß vorgefundener Heimtückelage das spezifische Handlungsunrecht des ohnehin problematischen Mordmerkmals nicht gleichermaßen ausgeprägt ist. Jedenfalls muss hier aber Tatentschluss hinsichtlich einer heimtückischen Tötung deshalb verneint werden, weil B die Situation des G nicht bewusst zur Tötung ausnutzen wollte. Die Rechtsprechung lässt es zwar bei unbedingtem Handlungswillen genügen, wenn sich der Täter die Bedeutung der Lage für das Opfer vergegenwärtigt hat. Dies wird jedoch nicht dem Gebot zur restriktiven Auslegung der Mordmerkmale gerecht.

b) Der Tod durch Verbrennen könnte aber als grausame Tötungshandlung anzusehen sein, so dass der Tatentschluss des B dieses Mordmerkmal umfasst hätte. Grausam tötet, wer seinem Opfer in gefühlloser, unbarmherziger Gesinnung Schmerzen oder Qualen körperlicher oder seelischer Art zufügt, die nach Stärke oder Dauer über das für die Tötung erforderliche Maß hinausgehen. Grausamkeit kann auch aufgrund einer regelmäßig grausamen Tötungsart gegeben sein, wie dies etwa bei Tod durch Verbrennen anzunehmen ist und es spielt auch keine Rolle, ob dem Täter eine schonendere Tötungsart möglich gewesen wäre. Ob allerdings eine grausame Tatbegehung auch durch Unterlassen möglich ist, muss unter dem Blickwinkel der Entsprechungsklausel des § 13 I 2. HS beurteilt werden. Diese gebietet es bei der verhaltensgebundenen Formulierung „grausam", dass die Grausamkeit dem Unterlassen selbst anhaftet (z. B. Verdursten lassen), was hier gerade nicht der Fall ist. Zudem muss ein Tatentschluss zur grausamen Tötung deshalb abgelehnt werden, weil B nicht aus einer gefühl- und mitleidlosen Gesinnung heraus handelt.

c) Auch ein Tatentschluss hinsichtlich einer gemeingefährlichen Tötung kommt in Betracht. Gemeingefährlich sind Mittel, die durch ihre Anwendung im konkreten Fall eine Gefahr für eine unbestimmte Zahl anderer Personen mit sich bringen, weil der Täter die Auswirkungen des Mittels nicht unter Kontrolle hat. Nach h. M. kommt es nicht auf eine allein abstrakte Gefährlichkeit des Tatmittels an sich an (hier Inbrandsetzen bzw. Nichtabwenden der Brandgefahr), so dass das Mordmerkmal ausscheidet, wenn eine Gefährdung Dritter sicher ausgeschlossen ist. Obwohl hier zunächst lediglich G gefährdet ist, könnte wegen des möglichen Hinzutretens von rettungswilligen Dritten eine Gemeingefährlichkeit nicht ohne Weiteres auszuschließen sein. Die Gefährdung weiterer Personen war aber nicht vom Vorsatz des B umfasst, so dass insoweit eine versuchte gemeingefährliche Tötung nicht in Frage kommt. Zudem setzt das Mordmerkmal nach h. M. einen aktiven „Einsatz" des gemeingefährlichen Mittels voraus und kann daher durch Unterlassen nicht verwirklicht werden (nicht bei bloßer Ausnutzung einer bereits vorhandenen Situation zur Tat)[6]. Die Gegenauffassung betont zwar, es könne wie bei jedem garantenpflichtwidrigen Unterlassen nur die Nichtabwendung einer als unkontrollierbar erkannten Gefahr entscheidend sein. Dem dürfte jedoch der Wortlaut des § 211 entgegenstehen, der ein Handeln „mit" gemeingefährlichen Mitteln und nicht lediglich „in" gemeingefährlicher Situation verlangt. Zudem muss bei einem Unterlassen in gemeingefährlicher Situation wiederum die Entsprechungsklausel des § 13 beachtet werden.

d) Habgier setzt nach h. M. ein „noch über die Gewinnsucht hinaus gesteigertes abstoßendes Gewinnstreben um jeden Preis", d. h. ein besonders sittlich anstößiges Maß an Gewinnsucht voraus. Das Gewinnstreben braucht nicht das einzige Motiv zu sein, es muss aber tatbeherrschend und bewusstseinsdominant gewesen sein. Hier ging B wohl davon aus, die Versicherungssumme ohnehin zu erhalten, jedenfalls handelte er hauptsächlich, weil er befürchtete, bei einer Rettung könne sein Fehlverhalten bekannt werden. Habgier ist deshalb abzulehnen.

e) Besonders problematisch ist schließlich das Merkmal der Verdeckungsabsicht bei Unterlassen. B unterlässt eine Rettung, weil er wegen seines vorangegangenen Verhaltens nicht strafrechtlich zur Rechenschaft gezogen werden will. Nach einer zwischenzeitlich kaum noch vertretenen Ansicht reicht das bloße „Nicht-Aufdecken" nicht aus, weil der Begriff des Verdeckens ein aktives „Zudecken" verlangt (vgl. wiederum die Entsprechungsklausel des § 13 I 2. HS). Das bloße Sich-Entfernen als aktives Tun werde für die Verdeckung nicht kausal, auch wenn dabei billigend der Tod des Opfers in Kauf genommen werde. Ebenso ging die Rechtsprechung früher davon aus, dass sich die Verdeckungsabsicht direkt auf den Todeserfolg als Verdeckungsmittel beziehen müsse, d. h. es müsse dem Täter gerade darauf ankommen, dass das Opfer nicht mehr zur Aufdeckung der Tat beitragen kann (Todeserfolg muss als „notwendiges" Mittel kausal für die Verdeckung sein). Die Tötung müsse also als Mittel der Verdeckung beabsichtigt sein und nicht lediglich als Folge eines anderen Mittels der Verdeckung in Kauf genommen werden. Da dem Sachverhalt keine Hinweise zu entnehmen sind, dass B

---

6 Vgl. auch BGHSt 34, 13.

davon ausging, G wisse von seiner Täterschaft und darum, dass B gehandelt hat, um diesen mundtot zu machen, müsste bei dieser restriktiven Auslegung Verdeckungsabsicht verneint werden. Der BGH geht aber nunmehr wegen des zumindest vergleichbaren, wenn nicht sogar gesteigerten Handlungsunrechts davon aus, dass es genügt, wenn der Täter die zum Tode führende „Handlung" vornimmt, um eine weitere Straftat leichter begehen zu können. Eine hier nicht gegebene Ausnahme wird nur für die Fälle anerkannt, bei denen in der konkreten Konstellation nur durch den Todeserfolg das Verdeckungsziel erreicht werden kann (z.B. Opfer hat Täter erkannt). Da die Absicht nicht auf den Erfolg der Handlung (Tod des Opfers) bezogen sein muss, hätte sich B des versuchten Mordes strafbar gemacht. Diese Auffassung ist aber wegen der Entsprechungsklausel des § 13 abzulehnen[7].

f) Ein sonstiger niedriger Beweggrund muss wegen der Auffangfunktion des subjektiven Merkmals und der Spezialität des subjektiven Mordmerkmals der Verdeckungsabsicht verneint werden. Die Tatantriebe des B sind bereits im Rahmen des speziellen subjektiven Mordmerkmals berücksichtigt worden (anders z.T. die Rspr.). Anderes ergäbe sich nur, wenn zusätzliche, für sich betrachtet niedrige Beweggründe vorlägen (hier nicht der Fall).

3. Ergebnis
B hat sich nicht des versuchten Mordes in Verdeckungsabsicht, §§ 211, 22, 23 I strafbar gemacht.

III. Aussetzung, § 221 I Nr. 2

1. Objektiver Tatbestand
a) In Frage kommt nur die Tathandlung des Abs. 1 Nr. 2, da B den G nicht in eine hilflose Lage versetzt hat und ein Versetzen durch Unterlassen (§§ 221 I Nr. 1, 13 I) unabhängig von der Diskussion um dessen Anerkennung nicht in Betracht kommt da die hilflose Lage des G durch die Manipulation des B am Stromkabel herbeigeführt (Tun) wurde und damit schon bestand. Der im Dachgeschoss befindliche G konnte sich aus dem brennenden Haus nicht selbst retten und befand sich damit in einer hilflosen Lage. Ein „Im Stich lassen" liegt beim Unterlassen möglicher Hilfeleistung vor, wobei allerdings umstritten ist, ob die Nr. 2 ein unechtes oder ein echtes Unterlassungsdelikt ist. Nach h.M. setzt die Nr. 2 eine Obhuts- oder Beistandspflicht voraus, da B aber ohnehin Garant kraft Ingerenz

---

7 Vgl. dazu bereits Fall „Eisen und Draht".

(pflichtwidriges gefährdendes Vorverhalten, s. o.) ist, kommt es auf den genannten Streit nicht an.

b) Als konkretes Gefährdungsdelikt setzt § 221 I des Weiteren voraus, dass das Opfer durch die Handlung (Unterlassung) der Gefahr des Todes oder einer schweren Gesundheitsschädigung ausgesetzt wird. Da hier eine messbare Gefahrerhöhung eingetreten ist (Tod des G hängt vom Zufall ab und wird nur noch durch eine nunmehr unsicherere Rettung abgewendet), ist auch der geforderte Gefahrerfolg gegeben.

2. Subjektiver Tatbestand

B handelte vorsätzlich, insbesondere hat er die Gefahr und die garantenstellungsbegründenden Umstände erkannt.

3. Ergebnis

B hat sich der Aussetzung nach § 221 I Nr. 2 strafbar gemacht.

IV. Freiheitsberaubung durch Unterlassen, §§ 239 I, 13 I

1. Objektiver Tatbestand

Der objektive Tatbestand setzt voraus, dass ein anderer durch Einsperren oder auf andere Weise unter Aufhebung seiner Fortbewegungsfreiheit daran gehindert wird, seinen Aufenthaltsort zu verlassen. G war (wie B erkannte) so vom Feuer eingeschlossen (die Treppe zum Obergeschoss brannte), dass er den Hof nicht mehr verlassen konnte. Eine Freiheitsberaubung auch von relativ kurzer Dauer genügt. § 239 kann auch durch Unterlassen verwirklicht werden, wenn der Täter wie hier eine Garantenstellung hat. Da es sich bei § 239 um ein Dauerdelikt handelt, muss auch derjenige, der einen anderen versehentlich eingeschlossen hat (hier durch die fahrlässige Brandverursachung), für die Freilassung des Eingeschlossenen sorgen.

2. Subjektiver Tatbestand

B erkannte, dass sich der gebrechliche G nicht selbst befreien konnte und nahm dies billigend in Kauf.

3. Ergebnis

B hat sich der Freiheitsberaubung durch Unterlassen gem. §§ 239, 13 I strafbar gemacht. Die dadurch zugleich mitverwirklichte Nötigung durch Unterlassen gem. §§ 240, 13 I wird jedenfalls im Wege der Subsidiarität verdrängt, da G lediglich genötigt wird, die Freiheitsberaubung zu dulden. Da auch mögliche Körperverletzungsdelikte unvollendet blieben (G ist laut Sachverhalt unverletzt), treten §§ 223, 224 I Nr. 1, 5, 13 I, 22, 23 I als subsidiär hinter den versuchten Totschlag zurück.

V. Unterlassene Hilfeleistung, § 323 c

Schließlich könnte noch eine Strafbarkeit des B wegen unterlassener Hilfeleistung (§ 323 c) bejaht werden. Hinsichtlich der Gefahren für das Leben des G ist § 323 c offensichtlich subsidiär zum unechten Unterlassungsdelikt. Hinsichtlich möglicher Sachgefahren wird man hingegen unabhängig von einer möglichen Subsidiarität Unglücksfälle auf die Fälle einer gemeinen Gefahr beschränken müssen, da sonst etwa bei einem Diebstahl (Sachgefahr) jeder, der den Diebstahl bemerkt, eine Hilfspflicht hätte.

VI. Zwischenergebnis

B hat sich gem. §§ 212, 13 I, 22, 23 I in Idealkonkurrenz mit § 221 I Nr. 2 und §§ 239, 13 strafbar gemacht. Es ist hier von Idealkonkurrenz auszugehen, auch wenn der Gefährdungsvorsatz bei Aussetzung vom Tötungswillen mitumfasst wird, da nicht mit jeder versuchten Tötung das Opfer notwendig in die besondere Gefährdungssituation des § 221 gebracht wird und damit nur so der Unrechtsgehalt der Tat zum Ausdruck gebracht wird.

Dritter Handlungsabschnitt: Die Versicherungsleistung

A. Strafbarkeit des B

I. Betrug in mittelbarer Täterschaft, §§ 263 I, III 2 Nr. 5, 25 I Alt. 2

1. Objektiver Tatbestand

a) Es müsste eine Täuschung des Sachbearbeiters der Versicherung erfolgt sein. Täuschung ist ein Verhalten, durch das im Wege der Einwirkung auf das intellektuelle Vorstellungsbild eines anderen eine Fehlvorstellung über Tatsachen erzeugt wird. B selbst hat aber keine Erklärung gegenüber der Versicherungsgesellschaft abgegeben. Fraglich ist, ob er sich die Erklärung des G über § 25 I Alt. 2 zurechnen lassen muss. Hier hat G wenige Tage nach dem Brand den Antrag auf Leistung der Versicherungssumme gestellt (das bloße Erstellen der Schadensmeldung begründet noch keine Täuschung der Versicherung). Hiermit erklärt er konkludent, dass er einen Anspruch aus dem Versicherungsvertrag auf Leistung habe, da ein Versicherungsfall eingetreten sei (Kurzschluss, der zu dem Brand führte). Tatsächlich handelt es sich aber um den Fall einer, wenn auch fahrlässigen, Brandstiftung.

Hinweis: Eine Täuschung bzw. ein korrespondierender Irrtum lässt sich hingegen, obwohl einige Bearbeiter diesen Weg gewählt haben, nur schwer verneinen, denn die Versicherung leistet natürlich gerade aufgrund des aufgezeigten Versicherungsfalls, über dessen Umstände sie getäuscht wurde. Dass sie auch unabhängig davon zur Leistung verpflichtet ist, schadet im Rahmen der gebotenen tatsächlichen Betrachtung nicht. Es muss aber zumindest bei entsprechender Begründung als vertretbar erachtet werden, eine Täuschung abzulehnen, weil G einen Anspruch auf die Versicherungsleistung hat.

Da G von alledem nichts wusste, begründet dies die erforderliche Steuerungsherrschaft des B (Fall eines vorsatzlosen Werkzeugs). B hat G kraft seiner Wissensbzw. Irrtumsherrschaft planvoll lenkend dazu eingesetzt, den erforderlichen Antrag bei der Versicherung zu stellen. Bs Beitrag erschöpft sich zwar in der weit vorausliegenden Manipulation des Kabels. Aber dies geschah gerade im Hinblick darauf, dass G sich unter dem Eindruck des Brandereignisses an seine Versicherung wenden würde. Damit liegt ein Fall der mittelbaren Täterschaft vor.

b) Hierdurch entstand auf Seiten des Sachbearbeiters ein Irrtum.

c) Die Leistung der Versicherungssumme stellt das für den objektiven Tatbestand erforderliche Merkmal der Vermögensverfügung dar. Zwar fallen hier der Getäuschte (Sachbearbeiter) und der Geschädigte (Versicherungsgesellschaft) auseinander (Fall eines Dreiecksbetrugs). Aber § 263 erfordert nur Personenidentität zwischen dem Verfügenden und dem Geschädigten. Da der Sachbearbeiter hier im Lager der Versicherung stand und auch subjektiv und objektiv zur Ausreichung der Versicherungssumme berechtigt war, ist dessen Verhalten sowohl nach der Lager- als auch nach den Befugnistheorien der geschädigten Versicherung zuzurechnen.

d) Weiterhin müsste ein Vermögensschaden vorliegen. Dieser erfordert, dass nach einer Gesamtsaldierung aller Vor- und Nachteile der wirtschaftliche Wert des Vermögens geschmälert ist, ohne durch ein unmittelbar aus der Vermögensverfügung fließendes Äquivalent wirtschaftlich voll ausgeglichen zu sein. Hier liegt der Schaden der Versicherung in der ausgereichten Versicherungssumme.

2. Subjektiver Tatbestand

a) B handelte vorsätzlich sowie mit unmittelbarer Drittbereicherungsabsicht hinsichtlich G.

b) Weiterhin müsste die Bereicherung auch objektiv rechtswidrig gewesen sein. Dies wäre dann nicht der Fall, wenn G ein Anspruch auf die Versicherungssumme zustände. Nach § 81 VVG ist der Versicherer nicht zur Leistung verpflichtet, wenn der Versicherungsnehmer vorsätzlich den Versicherungsfall herbeiführt. G selbst hat den Versicherungsfall (Brand) nicht herbeigeführt. Allerdings könnte er sich nach der sog. Repräsentantenhaftung das Verhalten des B zurechnen lassen müssen, wenn dieser als Repräsentant des G anzusehen wäre. Repräsentant ist aber nur derjenige, der befugt ist, selbstständig in gewissem, nicht unbedeutendem Umfang für den Betriebsinhaber zu handeln und dabei auch dessen Rechte und Pflichten als Versicherungsnehmer wahrnimmt. Gemeint sind vorrangig Bevollmächtigte oder Geschäftsführer, keineswegs aber bloße Erfüllungsgehilfen. B war aber nur Knecht auf dem Gehöft des G, hatte mithin keinerlei selbstständige Entscheidungsmacht. Er trat auch nie gegenüber der Versicherung auf. Ferner handelte er ohne Wissen des G. Damit liegt kein Fall der Repräsentantenhaftung vor. G stand ein Anspruch aus der Versicherung zu. Die Bereicherung war damit objektiv rechtmäßig.

Hinweis: Dies hätte man auch schon unter dem Punkt Vermögensschaden erörtern können. Denn ein Schaden liegt **nicht** vor, wenn die Versicherung durch die Auszahlung von einer ihr aus dem Versicherungsvertrag obliegenden Verbindlichkeit frei wird. Dies erfordert wiederum das Bestehen eines Anspruchs des G gegen die Versicherungsgesellschaft.

---

3. Ergebnis

Ein Versicherungsbetrug in mittelbarer Täterschaft nach §§ 263, 25 I Alt. 2 scheidet aus.

B. Strafbarkeit der H

Versuchter Betrug zu Lasten der Versicherung, §§ 263 I, II, 22, 23

H könnte sich des versuchten Betruges zu Lasten der Versicherung nach §§ 263 I, II, 22, 23 in Mittäterschaft (§ 25 II) strafbar gemacht haben, da sie davon ausging, G sei eingeweiht und erschleiche sich damit eine Versicherungsleistung.

Vorprüfung

a) Die Tat ist nicht vollendet. G hat zwar den Versicherungsschaden unmittelbar nach dem Vorfall der Versicherung gemeldet, hier besteht aber tatsächlich ein Anspruch auf die Versicherungsleistung, da G an der Durchführung und Planung des Brandgeschehens nicht beteiligt war. Der Versicherer wird nur dann von seiner Leistungspflicht nach § 81 VVG frei, wenn der Versicherte den Schaden selbst vorsätzlich oder grob fahrlässig herbeigeführt hat, was hier objektiv gerade nicht der Fall ist (s.o.). Hier kommt deshalb nur ein untauglicher Versuch in Frage (vgl. § 23 III).

b) Der Versuch ist strafbar, § 263 II.

1. Tatentschluss

a) H hatte nicht vor, unmittelbar selbst die Versicherung durch die Schadensmeldung zu täuschen, d.h. durch Vorspiegelung falscher bzw. Entstellung oder Unterdrückung wahrer Tatsachen (Vorliegen eines ersatzpflichtigen Schadensfalls) auf das Vorstellungsbild eines anderen einzuwirken. H kann sich deshalb nur dann des versuchten Betruges zu Lasten der Versicherung schuldig gemacht haben, wenn sie auf der Basis eines Tatplans entschlossen war, Mittäter an dem (vermeintlich) von G begangenen Betrug zu sein. Fraglich ist demnach, ob sie durch bewusstes und gewolltes Zusammenwirken die Tat gemeinschaftlich begehen wollte (§ 25 II).

Die Abgrenzung von Mittäterschaft und Teilnahme erfolgt nach der Rechtsprechung in wertender Betrachtung aller von der Vorstellung der Beteiligten umfassten Umstände. Entscheidend sind u.a. der Grad des eigenen Interesses, der Umfang der Tatbeteiligung und der Wille zur Tatherrschaft[8]. Über das Kriterium des „Tatherrschaftsbewusstseins" spielen auch die Maßstäbe der Tatherrschaftslehre eine Rolle. Die im Schrifttum vorherrschende Tatherrschaftslehre stellt hingegen maßgeblich darauf ab, wer allein oder mit anderen die Tat beherrscht, als „Zentralgestalt des Geschehens" bei der Tatbestandsverwirklichung fungiert, wobei z.T. eine wesentliche Mitwirkung im Ausführungsstadium der Tat verlangt wird. Die wohl h.L. lässt es hingegen genügen, wenn im Rahmen des gemeinsamen Tatentschlusses ein vorher geleisteter, wesentlicher Tatbeitrag während des nachfolgenden Tatgeschehens fortwirkt.

H hatte hier die Vorstellung, mit G und B arbeitsteilig den Betrug zu verwirklichen. Die Durchführung der Inbrandsetzung war nach ihrer Vorstellung unabdingbare Voraussetzung für die Schadensanzeige des G an die Versicherung. Aufgrund

---

8 Vgl. nur BGHSt 24, 286; 34, 124; 37, 289; *Küpper* ZStW 105 (1993), 295.

der Teilhabe an der Versicherungssumme hatte H auch ein eigenes Tatinteresse. Im Hinblick auf die besondere und unersetzbare Bedeutung ihres Tatbeitrages für den aus ihrer Sicht geplanten Betrug durch G ist zunächst von einer beabsichtigten Täterschaft der H auszugehen. Dies vor allem deshalb, weil nach h.M. ein unterstützender wesentlicher Tatbeitrag im Vorbereitungsstadium genügen kann.

Hinweis: Eine andere Ansicht ist vertretbar, wenn funktionelle Tatherrschaft im Ausführungsstadium verlangt wird. Dann käme nur eine straflose versuchte Beihilfe der H zur Tat des G in Betracht, da H keinen Einfluss auf die Schadensmeldung nimmt.

Da der Tatbestand des Betruges auch bei fremdnützigem Handeln erfüllt sein kann, muss H nicht unmittelbar an dem zunächst von G zu erlangenden Vermögensvorteil teilhaben. Da es hier allein um die Prüfung eines untauglichen versuchten Betruges geht, spielt es auch keine Rolle, dass H den an sich vorgesehenen Tatbeitrag (Umlegen des Lichtschalters) nicht mehr leisten musste. Davon abgesehen geht im Übrigen auch die Tatherrschaftslehre, weitgehend unverständlich, davon aus, dass Mittäterschaft auch dann gegeben ist, wenn ein vorgesehener Tatbeitrag nicht geleistet wird, obwohl dann an sich keine funktionelle Beherrschung des Tatgeschehens vorliegt.

b) H ging des Weiteren davon aus, die Versicherung werde einem Irrtum über das Vorliegen eines Versicherungsfalls erliegen und die Versicherungssumme ausbezahlen (Vermögensverfügung), wodurch der Versicherung ein entsprechender Schaden entstanden wäre. H hatte damit Tatentschluss zur mittäterschaftlichen Begehung eines Betruges.

2. Unmittelbares Ansetzen

Problematisch ist aber, dass G lediglich nach der Vorstellung der H unmittelbar zur Verwirklichung des Tatplanes ansetzte. Ebenso problematisch ist, dass H selbst nie unmittelbar ansetzen konnte, da der verfrühte Erfolgseintritt nicht von ihrem Vorsatz umfasst ist. Sie konnte also keinen wesentlichen Tatbeitrag mehr erbringen, als G nach ihrer Vorstellung zur Tat ansetzte. Unmittelbares Ansetzen liegt zunächst vor, wenn Handlungen vorgenommen werden, die nach dem Tatplan im ungestörten Fortgang unmittelbar zur Tatbestandserfüllung führen sollen, in unmittelbarem räumlichen und zeitlichen Zusammenhang mit ihr stehen bzw. wenn Handlungen vorgenommen werden, mit denen subjektiv die Schwelle zum „Jetzt geht's los" überschritten und objektiv oder subjektiv das Rechtsgut in eine nahe Gefahr gebracht wird (sog. Vereinigungsformel).

P: Unmittelbares Ansetzen bei Mittäterschaft
Einzellösung: Der Versuchsbeginn ist für jeden Mittäter gesondert zu bestimmen. Der Tatbeitrag des zu prüfenden Mittäters muss die Anforderungen des unmittelbaren Ansetzens nach § 22 erfüllen. Gestützt wird diese Auffassung durch den Wortlaut des § 22 und eine streng tatherrschaftsorientierte Betrachtung.

Gesamtlösung: Wie auch sonst können gegenseitige Beiträge und damit auch das unmittelbare Ansetzen nach § 25 II den anderen Mittätern zugerechnet werden. Die Einzellösung negiert die Struktur der Mittäterschaft, bei der es nach h. A. weder darauf ankommt, dass ein Mittäterschaftsbeitrag zwingend im Ausführungsstadium der Tat geleistet wird (dann wäre nach der Einzellösung an sich kein Versuch für den Betroffenen möglich), noch dass er tatsächlich erfolgt (etwa wenn ein Tatbeitrag lediglich vorgesehen, dann aber zur Durchführung der Tat nicht erforderlich ist); vgl. BGHSt 36, 249; 39, 236; *Otto* Strafrecht AT, § 21 Rdn. 125.

Aus der Rechtsprechung: BGHSt 39, 236; BGHSt 40, 299; BGHSt 36, 249; BGHSt 30, 363.

Übersichtsliteratur: *Bosch* Jura 2011, 909; *Jäger* AT, § 7 Rdn 308 ff.; *Geppert* Jura 2011, 30; *Otto* AT, § 21 Rdn 125; *Engländer* JuS 2003, 330 ff.; *Putzke* JuS 2009, 1083 ff.; *Rönnau* JuS 2014, 109; *Otto* JA 1980, 641 ff.; *Krack* ZStW 1998, 110 ff.; *Küper* JZ 1983, 369 ff.

Weitere Übungsklausuren: *Safferling* JuS 2005, 135 ff.; *Hanft* JuS 2005, 1010 ff.; *Seher* JuS 2007, 132 ff; *Zopfs* Jura 2013, 1072.

Nach Vorstellung der H war dies dann der Fall, als G „unverzüglich" bei der Versicherung den Schaden meldete. Bei Mittäterschaft treten alle Mittäter einheitlich in das Versuchsstadium ein, sobald auch nur einer von ihnen zur Verwirklichung des Tatbestandes unmittelbar ansetzt (sog. Gesamtlösung). Dies war aber nur nach Vorstellung der H mit Meldung des Schadensfalls durch G der Fall.

P: Versuch bei vermeintlicher Mittäterschaft
e. A.: Überschreitet ein vermeintlicher Mittäter die Schwelle des Versuchs, liegt für diejenigen Beteiligten, die von Mittäterschaft ausgehen, ein unmittelbares Ansetzen vor (vgl. BGHSt 40, 299; BGH NStZ 1994, 534 f.; abw. BGHSt 39, 236; BGH NStZ 2004, 110).
Arg.: Da die Möglichkeit des untauglichen Versuchs besteht (vgl. § 23 III), der nie zum Erfolg führen kann, muss auch bei Mittäterschaft eine Zurechnung untauglicher „mittäterschaftlicher" Beiträge möglich sein. Hier wird nicht lediglich die Gesinnung des Täters bestraft, denn objektiv ist durchaus ein – wenn auch untauglicher – rechtserschütternder Eindruck durch den vermeintlichen Mittäterbeitrag entstanden.

a. A.: Ein vermeintlicher Mittäter kann nur in eigener Person unmittelbar ansetzen, da er wie ein Alleintäter zu behandeln ist (vgl. *Erb* NStZ 1995, 424; *Geppert* JK 8/04; *Ingelfinger* JZ 1995, 704; *Kudlich* JuS 2002, 29; *Küpper/Mosbacher* JuS 1995, 488; *Otto* Strafrecht AT, § 21 Rdn. 126; diff. *Zopfs* Jura 1996, 19).
Arg.: Objektiv besteht gerade kein gemeinsamer Tatplan, der eine gegenseitige Zurechnung ermöglicht und Voraussetzung jeder Mittäterschaft ist. Beim untauglichen Versuch nimmt der Alleintäter einen objektiven, wenn auch untauglichen Tatbeitrag vor, der für ihn ein unmittelbares

Ansetzen begründet. Bei vermeintlicher Mittäterschaft sei dies gerade nicht gegeben, so dass hier lediglich die Gesinnung bestraft werde (sehr zweifelhaftes Argument, da es um Zurechnung geht).

Aus der Rechtsprechung: BGHSt 40, 299 (Münzhändler-Fall); BGHSt 39, 236.

Übersichtsliteratur: *Bosch* Jura 2011, 909; *Otto* AT, § 21 Rdn 126; *Geppert* Jura 2011, 30; *Heckler* GA 1997, 72 ff.; *Kühne* NJW 1995, 934 ff.; *Joecks* wistra 1995, 58 f.; *Seher* JuS 2009, 304 ff.; *Putzke* JuS 2009, 1083 ff. (Weitere Nachweise s. o.).

Weitere Übungsklausuren: *Kudlich* JuS 2002, 27 ff.; *Hanft* JuS 2005, 1010 ff.

Problematisch ist, ob auch eine vermeintliche Mittäterschaft zur Zurechnung des unmittelbaren Ansetzens eines Mittäters führen kann. Die Rechtsprechung vertritt keine einheitliche Auffassung. So wurde z. T. die Auffassung vertreten, dass die Zurechnung darauf beruhe, dass sich bei Mittäterschaft jeder Beteiligte die im Rahmen des Tatplans liegenden Tatbeiträge der jeweils anderen zurechnen lassen müsse, wofür bei nur vermeintlicher Tatbeteiligung kein Raum sei. Z. T. wurde aber auch davon ausgegangen, dass bei Fehlen einer Absprache mit dem vermeintlichen Mittäter, dem der Tatplan nicht bekannt ist, das Verhalten des vermeintlichen Mittäters dem anderen Mittäter als unmittelbares Ansetzen zugerechnet werden müsse. Dies sei die Konsequenz der Strafbarkeit des untauglichen Versuchs, da hier der in der Vorstellung eines Täters liegende, vermeintliche Tatplan von vornherein nicht gelingen kann. Dagegen spricht aber, dass der Täter auch beim untauglichen Versuch objektiv zur Tat angesetzt haben muss und zudem hier gerade kein gemeinsamer Tatplan vorliegt, der eine gegenseitige Zurechnung der Tatbeiträge ermöglicht. Diese Argumentation überzeugt. Versuchter Betrug in Mittäterschaft ist deshalb abzulehnen, vor allem, weil seit Einfügung von § 265 ein kriminalpolitisches Bedürfnis für eine extensive Handhabung kaum bestehen kann.

3. Ergebnis
Keine Strafbarkeit wegen versuchten Betruges (§§ 263, I, II, 25 II, 22, 23 I).

C. Strafbarkeit des B

Betrug zum Nachteil der H, § 263

B könnte sich dadurch, dass er H ein Einverständnis des G mit dem Abbrennen des Hauses vorgespiegelt hat, des Betrugs gegenüber und zum Nachteil der H strafbar gemacht haben.

Hinweis: Die Prüfung des Betruges ist nicht zwingend erforderlich, da seine Annahme wegen fehlenden (zurechenbaren) Vermögensschadens eher fern liegend erscheint.

Objektiver Tatbestand

a) Täuschung und Irrtum sind unzweifelhaft zu bejahen.

b) Durch die Täuschung wurde H auch zu einer Vermögensverfügung veranlasst, da sie die von G erhaltene Versicherungssumme nicht mit B geteilt hätte, wenn sie über die wahren Umstände informiert gewesen wäre. Dieses tatsächliche Verhalten müsste sich schließlich auch unmittelbar vermögensmindernd ausgewirkt haben. Das Vermögen der H wurde aber zunächst durch die Täuschung des B vermehrt, unabhängig davon, ob H die Versicherungssumme auf sittlich anstößige Weise erlangt bzw. einen Anspruch auf diese hat. Zudem müsste eine Unmittelbarkeit der Täuschung für den Schaden wegen des erheblichen Mitverschuldens des Opfers abgelehnt werden.

Gesamtergebnis/Konkurrenzen

B: §§ 306 d I, II in Tatmehrheit (§ 53) zu §§ 212, 13, § 221 I Nr. 2 in Tateinheit (§ 52)

H: § 306 d I.

D. Definitionen

Arglosigkeit	Arglos ist das Opfer, wenn es sich zum Zeitpunkt der Tat keines Angriffs versieht.
Bereicherungsabsicht, § 263 I	setzt voraus, dass der Täter einen Vermögensvorteil für sich oder einen Dritten zielgerichtet anstrebt.
Einsperren, § 239 I	Einsperren ist Hinderung am Verlassen eines auch beweglichen Raumes durch äußere, nicht notwendig unüberwindbare Vorrichtungen.
Gemeingefährliche Mittel, § 211 II 2. Gruppe	Gemeingefährlich ist ein Mittel, dessen Einsatz aufgrund der konkreten Tatsituation unter Berücksichtigung der persönlichen Fähigkeiten und Absichten des Täters geeignet ist, eine Mehrzahl anderer Menschen an Leib oder Leben zu gefährden, weil der Täter die Auswirkungen des Mittels nicht sicher beherrschen kann.

Grausamkeit, § 211 II 2. Gruppe	Grausam tötet, wer dem Opfer mit der vorsätzlichen Tötungshandlung aus gefühlloser, unbarmherziger Gesinnung körperliche oder seelische Schmerzen bereitet, die infolge der Intensität, Dauer oder Wiederholung der Schmerzzufügung besonders stark wirken und über das für die Tötung erforderliche Maß hinausgehen.
Habgier, § 211 II 1. Gruppe	ist rücksichtsloses, ungehemmtes Streben nach nicht notwendig außergewöhnlichen wirtschaftlichen Vorteilen, die in einer Vermögensmehrung oder in der Ersparung von Aufwendungen bestehen können.
Heimtücke, § 211 II 2. Gruppe	Heimtückisch handelt, wer in feindlicher Willensrichtung die Arg- und Wehrlosigkeit des Opfers bewusst zur Tötung ausnutzt.
Hilflose Lage, § 221 I Nr. 2	ist eine Situation, in der sich ein Mensch gegen eine Gefahr für Leben oder Gesundheit, die in dieser Situation besteht oder daraus entstehen kann, ohne fremde Hilfe nicht zu schützen vermag.
Im-Stich-Lassen, § 221 I Nr. 2	Der Obhutspflichtige (Garant) lässt einen Menschen in hilfloser Lage im Stich, wenn er die pflichtgemäß gebotene, nach den Umständen mögliche und zumutbare Hilfeleistung unterlässt.
Inbrandsetzen, §§ 306 ff.	In Brand gesetzt ist eine Sache, wenn sie vom Feuer zumindest in einem wesentlichen Bestandteil derart erfasst ist, dass sich an ihr das Feuer auch nach Erlöschen des Zündstoffs selbständig weiter ausbreiten kann.
Irrtum, § 263 I	ist die unrichtige Vorstellung einer Person über Tatsachen, sie kennzeichnet sich dadurch, dass der jeweilige Vorstellungsinhalt mit der Wirklichkeit nicht übereinstimmt.
Niedrige Beweggründe, § 211 II 1. Gruppe	sind solche, die besonders verwerflich sind, weil sie nach allgemeiner rechtlich-sittlicher Wertung auf tiefster Stufe stehen, insbesondere den Anspruch des Opfers auf Achtung seines personalen Eigenwertes schlechthin verneinen und ein unerträgliches Missverhältnis zwischen Anlass und Folgen der Tat erkennen lassen.

Täuschung, § 263 I	ist ein Verhalten, das objektiv irreführt oder einen Irrtum unterhält und damit auf die Vorstellung eines anderen einwirkt.
Verdeckungsabsicht, § 211 II 3. Gruppe	ist der zielgerichtete Wille, durch die Tötungshandlung zu verhindern, dass eine andere sei es auch irrig angenommene oder nur für möglich gehaltene eigene oder fremde Straftat von den Strafverfolgungsorganen entdeckt wird.
Vermögensschaden, § 263 I	Das Vermögen erleidet einen Schaden, wenn der Gesamtwert des Vermögens infolge der Vermögensverfügung im Ergebnis vermindert wird.
Vermögensverfügung, § 263 I	ist jedes Handeln, Dulden oder Unterlassen des Getäuschten, das unmittelbar ohne zusätzliches eigenmächtiges Täterverhalten vermögensmindern wirkt.
Wehrlosigkeit	Wehrlos ist, wer sich aufgrund der Arglosigkeit nur schwer oder gar nicht verteidigen kann.
Zur Wohnung von Menschen dienendes Gebäude, § 306 a I Nr. 1	Ein Gebäude dient zur Wohnung von Menschen, wenn es im Tatzeitpunkt tatsächlich auch nur zeitweise oder widerrechtlich als Wohnung verwendet wird, es kommt nicht darauf an, ob es zu Wohnzwecken bestimmt oder allgemein geeignet ist.

Übungsfall 19: Hans und Prahl

A. Sachverhalt

Martha Marmor (M) wollte ihrem in Augsburg wohnhaften Stiefsohn Peter Prahl (P) zu seinem 21. Geburtstag eine besondere Freude machen. Da P ein großer Autonarr ist, mietete M ihm als Geburtstagsgeschenk für ein Wochenende ein schickes Mercedes-Cabriolet. P wollte seinen Freund Hans Wurst (W) beeindrucken und beschloss, sich als Eigentümer des Cabriolets auszugeben. Um diesen Plan in die Tat umsetzen zu können, musste er jedoch die Kennzeichen des Cabriolets austauschen, da dieses auf eine Autoverleihfirma in München zugelassen war. P entfernte die amtlichen Münchner Kennzeichen und ersetzte sie durch ein Augsburger Kennzeichen, das für den Pkw des Freundes seiner Mutter ausgegeben worden war. P ging davon aus, dass M und ihr Freund den vorübergehenden Austausch der Kennzeichen nicht bemerken würden, da sie für eine Woche in Urlaub gefahren sind. P wollte lediglich erreichen, dass ihm sein Freund W die Behauptung glaubte, er sei Eigentümer des Kfz. Er beabsichtigte, nach Benutzung des Cabriolets für das gemietete Wochenende die Kennzeichen wieder jeweils an dem richtigen Fahrzeug anzubringen.

Mit dem gemieteten Cabriolet, an dem die falschen Kennzeichen angebracht waren, fuhr P zu W, um ihn zu einer Spritztour abzuholen. Schwer beeindruckt von dem schicken Cabriolet willigte W ein, mit P zu einem nahe gelegenen Biergarten zu fahren, um dort mit dem neuen Gefährt die anwesenden Damen zu beeindrucken. Dort angekommen sprach vor allem P in erheblichem Umfang dem Alkohol zu, während W lediglich ein Glas Bier zu sich nahm. Am Ende des fröhlichen Beisammenseins beschloss P mit einer Blutalkoholkonzentration von 1,4 Promille, W zu seiner Wohnung zu fahren, obwohl ihm seine Alkoholisierung bewusst war. W war der alkoholisierte Zustand des P ebenso bewusst, dennoch stimmte er zu, sich von P nach Hause bringen zu lassen. Nach nur wenigen Fahrtminuten bremste P alkoholbedingt völlig grundlos scharf ab. W wurde nach vorne geschleudert und erlitt trotz Sicherheitsgurt ein Schleudertrauma (Zerrung der Halswirbelsäule).

P und W setzten anschließend die gemeinsame Fahrt fort. Nach einigen Kilometern Fahrt wurde P durch eine am Straßenrand befindliche Polizeistreife angehalten, die eine allgemeine Verkehrskontrolle durchführte. Der kontrollierende Verkehrspolizist Victor Vogel (V) nahm aus dem offenen Cabriolet einen deutlichen Alkoholgeruch wahr und forderte P auf, aus dem Fahrzeug auszusteigen. Um sich der Strafverfolgung wegen der Trunkenheitsfahrt zu entziehen, verriegelte P schnell die Fahrertüre. Während V noch an dem Türgriff zerrte, gab P Vollgas und raste von dannen. V, der aus Überraschung nicht rechtzeitig losgelassen hatte, spürte einen kurzen Ruck an der Hand, der jedoch weder schmerzhaft war, noch weitere gesundheitliche Folgen hatte.

Wie hat sich P strafbar gemacht?

Vermerk: Vorschriften der StVO sind nicht zu prüfen.

Bearbeitungszeit: Fünf Stunden

B. Lösungsskizze

Erster Tatkomplex: Austausch der Kennzeichen

I. **Urkundenfälschung hinsichtlich des Kennzeichens, § 267 I, 2. und 3. Fall**
   1. **Objektiver Tatbestand**
      a) Urkunde (+): Kfz-Kennzeichen am Auto
         P: Abgrenzung Beweiszeichen von bloßen Kennzeichen
      b) Verfälschen (+)
      c) Gebrauchen (+)
   2. **Subjektiver Tatbestand**
      a) Vorsatz bzgl. objektiver Merkmale (+)
      b) zur Täuschung im Rechtsverkehr (+/–)
         P: Absichtserfordernis, „zur Täuschung im Rechtsverkehr"
   3. **Konkurrenzverhältnis der Alternativen**
   4. **Ergebnis: § 267 I (+/–)**
II. **Urkundenunterdrückung bzgl. des Münchner Kennzeichens, § 274 I Nr. 1**
   1. **Objektiver Tatbestand**
      a) Zusammengesetzte Urkunde (+): Kennzeichen
      b) Nicht (ausschließlich) dem Täter gehörend (+)
      c) Tathandlung: Vernichten (+)
   2. **Subjektiver Tatbestand (+)**
      a) Vorsatz bzgl. objektiver Merkmale (+)
      b) Nachteilszufügungsabsicht (+/–)
         P: Handeln, um ordnungsrechtliche Maßnahmen gegen sich selbst zu vermeiden
   3. **Ergebnis: § 274 I Nr. 1 (+/–)**
III. **Urkundenunterdrückung bzgl. des Augsburger Kennzeichens, § 274 I Nr. 1**
   1. **Objektiver Tatbestand (+)**
   2. **Subjektiver Tatbestand: Nachteilszufügungsabsicht (–)**
   3. **Ergebnis: § 274 I Nr. 1 (–)**
IV. **Konkurrenzen:**
   Urkundenfälschung, § 267 I 3. Fall; sofern § 274 bejaht wird, tritt dieser als Durchgangsdelikt hinter das Verfälschen i.S.d. § 267 zurück.

Zweiter Tatkomplex: Die Heimfahrt vom Biergarten

I. **Fahrlässige Gefährdung des Straßenverkehrs, § 315 c I Nr. 1 a, III Nr. 1**
   1. **Objektiver Tatbestand**
      a) Führen eines Kraftfahrzeugs (+)
      b) im Straßenverkehr (+)
      c) in fahruntüchtigem Zustand (+)
      d) Verursachung einer Leibesgefahr (+)
      e) Betroffenheit eines „anderen" i.S.d. § 315 c I (+/–)
         P: Mitfahrer mit Kenntnis von Alkoholisierung als „anderer" i.S.d. § 315 c I
   2. **Subjektiver Tatbestand**
      Vorsatz hinsichtlich objektiver Merkmale des § 315 c (+), mit Ausnahme der in § 315 III Nr. 1 genannten konkreten Gefahr

3. **Fahrlässigkeit hinsichtlich des Gefährdungserfolges** (+)
   P: Prüfungsumfang
4. **Rechtswidrigkeit** (+)
   P: Eigenverantwortliche Selbstgefährdung
5. **Schuld** (+)
6. **Ergebnis: § 315 c I Nr. 1 a** (+/−)

II. **Vorsätzliche Trunkenheit im Straßenverkehr, § 316 I**
   P: gesetzliche Subsidiarität zu § 315 c
   1. **Objektiver Tatbestand**
      a) Führen eines Fahrzeugs im Straßenverkehr (+)
      b) in fahruntüchtigem Zustand (+)
   2. **Subjektiver Tatbestand** (+)
   3. **Rechtswidrigkeit** (+)
   4. **Schuld** (+)
   5. **Ergebnis: § 316 I** (+)

III. **Fahrlässige Körperverletzung, § 229**
   1. **Objektiver Tatbestand**
      a) Gesundheitsschädigung (+)
      b) objektive Sorgfaltswidrigkeit und objektive Vorhersehbarkeit (+)
      c) objektive Zurechnung (+/−)
         P: eigenverantwortliche Selbstgefährdung
   2. **Rechtswidrigkeit** (+/−)
      P: Einwilligung in Gefährdung oder in Verletzungsfolgen?
   3. **Ergebnis: § 229** (+/−)

IV. **Vorsätzliche Trunkenheit im Straßenverkehr, § 316 I** (+)

V. **Konkurrenzen:**
   Falls § 315 c (+), tritt § 316 kraft gesetzlich angeordneter Subsidiarität zurück; falls § 229 bejaht wurde, steht er dazu ebenso wie § 316 in Tateinheit.

Dritter Tatkomplex: Das Verriegeln der Fahrertüre und die Flucht vor V

I. **Widerstand gegen Vollstreckungsbeamte, § 113 I, II Nr. 1, Nr. 2**
   1. **Objektiver Tatbestand**
      a) Vollstreckungsbeamter: Verkehrspolizist (+)
      b) Berechtigte Vornahme einer Diensthandlung (+)
      c) Tathandlung
         (1) 1. Alt.: Widerstandleisten mit Gewalt (+/−)
             P: Türverriegelung und Weiterfahrt als Gewalt?
         (2) 2. Alt.: Tätlicher Angriff (−)
      d) Rechtmäßigkeit der Vollstreckungshandlung (+)
   2. **Subjektiver Tatbestand** (+)
   3. **Strafzumessungsregel, § 113 II Nr. 1** (−)
      P: Auto als Waffe
   4. **Ergebnis: §113 I, 1. Alt.** (+/−)

II. **Nötigung, § 240 I** (+)
   Tritt hinter § 113 als subsidiär zurück

III. **Unerlaubtes Entfernen vom Unfallort, § 142 I** (−)

Unfall (–)

IV. Vorsätzliche Trunkenheit im Straßenverkehr, § 316 I (+)

V. Konkurrenzen:

§ 113 I, 1. Alt. (falls angenommen) steht zu § 316 I in Tateinheit.

Vierter Teil: Gesamtergebnis

Urkundenfälschung, § 267 I 3. Fall in Tatmehrheit zu tateinheitlich mit § 315 c (falls bejaht) begangenem § 229 (falls bejaht), in Tatmehrheit zu tateinheitlich mit § 113 I, 1. Alt. (falls bejaht) begangenem § 316 I.

C. Gutachten

Erster Tatkomplex: Austausch der Kennzeichen

I. Strafbarkeit wegen Urkundenfälschung nach § 267 I, 2. und 3. Fall

Indem P die amtlichen Kennzeichen an dem gemieteten Pkw ausgetauscht hat, könnte er eine Urkundenfälschung in Form des Verfälschens und Gebrauchens einer verfälschten Urkunde gemäß § 267 I, 2. und 3. Fall begangen haben

1. Objektiver Tatbestand

a) Dazu müsste das am Mietwagen angebrachte amtliche Kennzeichen die Voraussetzungen des strafrechtlichen Urkundenbegriffs erfüllen. Urkunden im strafrechtlichen Sinne sind nach h. M. nicht nur Gedankenäußerungen in Schriftform, sondern auch die mit einem körperlichen Gegenstand fest verbundenen Beweiszeichen, die eine menschliche Gedankenerklärung verkörpern (Perpetuierungsfunktion), ihren Aussteller erkennen lassen (Garantiefunktion) und nach Gesetz, Herkommen und Vereinbarung der Beteiligten geeignet und bestimmt sind, zum Beweis für eine rechtlich erhebliche Tatsache zu dienen (Beweisfunktion)[1]. Das amtliche Kennzeichen könnte als Beweiszeichen in Verbindung mit dem Kraftfahrzeug eine zusammengesetzte Urkunde darstellen. P hat zwar die Kennzeichen selbst nicht verfälscht. Wird aber bei Beweiszeichen die Beweisverbindung verändert, kann darin, wenn es sich um eine zusammengesetzte Urkunde handelt, ein Verfälschen liegen.

aa) Die Beweiszeichen sind insoweit von den sog. Kennzeichen sowie Identitäts- und Herkunftszeichen abzugrenzen, die nicht für bestimmte rechtliche

---

1 Tatsächlich ist natürlich das Beweiszeichen entgegen h. M. lediglich ein Augenscheinsobjekt, vgl. zutr. *Otto* Grundkurs Strafrecht BT, § 70 Rdn. 8.

Beziehungen Beweis erbringen sollen, sondern ihrer Funktion nach lediglich der unterscheidenden Kennzeichnung, der Sicherung oder dem Verschluss von Sachen dienen. Das amtliche Kennzeichen ist als Beweiszeichen anzusehen, da es, sobald es mit dem Fahrzeug fest verbunden ist, die zum Beweis geeignete und bestimmte Erklärung enthält, dass das Fahrzeug unter diesem Namen registriert und auf den Halter zugelassen ist.

Ebenso ist der Garantiefunktion genüge getan, denn der Stempel der Straßenverkehrsbehörde lässt diese als Aussteller erkennen.

bb) Eine zusammengesetzte Urkunde liegt vor, wenn eine verkörperte Gedankenerklärung räumlich fest (nicht notwendig untrennbar) mit einem Bezugsobjekt zu einer Beweiseinheit verbunden ist, d.h. beide zusammen einen einheitlichen Beweis- und Erklärungsinhalt in sich vereinigen. Das Kennzeichen als Beweiszeichen ist in Verbindung mit dem Kraftfahrzeug an dem es angebracht ist, als zusammengesetzte Urkunde anzusehen.

b) P könnte diese zusammengesetzte Urkunde verfälscht haben, indem er das amtliche Kennzeichen auswechselte. Die Tathandlung des Verfälschens erfasst jede nachträgliche Veränderung des Gedankeninhalts einer echten Urkunde, durch die der Anschein erweckt wird, der Aussteller habe die Erklärung mit dem Inhalt abgegeben, der nach der Verfälschung aus der Urkunde hervorgeht (Veränderung der Beweisrichtung).

Exkurs: Nachträgliche Verfälschung der Urkunde durch den Aussteller selbst
Umstritten ist vor allem die Reichweite der Verfälschungsalternative, da § 267 an sich vor der Täuschung über den Aussteller schützen soll.

1. Auffassung:
Ein Verfälschen durch den Aussteller ist dann möglich, wenn er die Urkunde nach dem Erlöschen seines Abänderungsrechts zur Täuschung im Rechtsverkehr verändert. Die Abänderungsbefugnis endet dann, wenn die Urkunde derart in den Rechtsverkehr gelangt ist, dass ein anderer bereits ein Recht auf ihren unverfälschten Fortbestand erlangt hat. Die Gegenauffassung bewirkt, dass der Verfälschungstatbestand eigentlich überflüssig ist, da das Verfälschen i. d. R. nur als Unterfall des Herstellens angesehen wird und daher regelmäßig zurücktritt. Der Begriff der Echtheit zwingt nicht zu einer rein ausstellerbezogenen Interpretation (vgl. auch BGHSt 9, 235; 13, 382).

2. Auffassung
Da alle Tatbestandsvarianten des § 267 I eine Identitätstäuschung voraussetzen, kann der Aussteller der Urkunde selbst nicht Täter der Verfälschungsvariante sein, wenn er die Urkunde nachträglich verändert, weil dadurch keine unechte Urkunde entsteht. Die Einbeziehung des Ausstellers ist überflüssig, weil derjenige, der seine eigene Urkunde nachträglich ändert, ohnehin wegen Urkundenunterdrückung gemäß § 274 I strafbar ist. Die Gegenauffassung erweitert den Schutzbereich des § 267 vom Echtheitsschutz auf den Bestandsschutz (vgl. *Otto* Grundkurs Strafrecht BT, § 70 Rdn. 48 f.).

Übersichtsliteratur: *Hillenkamp*, 40 Probleme StrafR BT, 13. Problem, S. 61 ff.; *Wessels/Hettinger*, BT 1 Rn 847 ff.; *Otto* JuS 1987, 761.

Bei zusammengesetzten Urkunden liegt ein Verfälschen bereits dann vor, wenn auf das Bezugsobjekt eingewirkt wird und dadurch der Urkunde eine andere Beweisrichtung gegeben wird.

aa) Das Münchner Kennzeichen war in Verbindung mit dem Leihwagen eine echte Urkunde. Durch den Austausch der Kennzeichen hat P die Beweisrichtung verändert, da nunmehr der Eindruck erweckt wurde, das Fahrzeug sei von der Zulassungsstelle von Augsburg für den Freund der Mutter zugelassen worden.

c) Zudem liegt auch ein „Gebrauchen" vor, da P mit dem ausgewechselten Kennzeichen am öffentlichen Straßenverkehr teilgenommen und dieses damit den anderen Verkehrsteilnehmern und dem kontrollierenden V zur sinnlichen Wahrnehmung zugänglich gemacht hat.

2. Subjektiver Tatbestand

a) F handelte auch vorsätzlich hinsichtlich der objektiven Tatbestandsmerkmale.

b) Er muss außerdem „zur Täuschung im Rechtsverkehr" gehandelt haben. Dies setzt voraus, dass der Täter den Willen hat, einen anderen über die Identität des Ausstellers zu täuschen, um ihn dadurch zu einem rechtserheblichen Verhalten zu veranlassen. Hier liegt eigentlich nur ein Handeln aus Imponiergehabe vor, d. h. ein Handlungsziel im gesellschaftlichen Verkehr und kein Wille, die Freunde zu einem rechtserheblichen Verhalten zu veranlassen.

b) Es ist fraglich, ob „zur Täuschung im Rechtsverkehr" Absicht im Sinne eines zielgerichteten Willens verlangt.

P: Erfordernis der Absicht bei der Urkundenfälschung „zur Täuschung im Rechtsverkehr"?
Eine Täuschungsabsicht, in dem Sinne, dass es dem Täter gerade auf die Täuschung ankommen muss, ist nicht erforderlich, da der umfassende Schutz des Rechtsverkehrs auch bei nicht zielgerichtetem Willen erforderlich ist.

Nach der herrschenden Meinung reicht es daher aus, wenn der Täter mit direktem Vorsatz handelt, er also die Täuschung im Rechtsverkehr als sichere Folge seines Tuns voraussieht.

Problematisch wäre, dass sonst die besonders gefährliche, gewerbsmäßige Begehung des § 267 III Nr. 1 i. d. R. nicht erfasst wäre.

Aus der Rechtsprechung: BayObLG NJW 1998, 2917.

Übersichtsliteratur: *Wessels/Hettinger* Strafrecht BT 1, Rdn. 837 f.; zur abw. Auffassung vgl. SK/*Hoyer* § 267 Rdn. 91.

Es wird überwiegend davon ausgegangen, dass ein Schutz des Beweisverkehrs auch bei nicht zielgerichtetem Willen erforderlich sei. Der Schutz der Sicherheit und Zuverlässigkeit des Rechtsverkehrs gebietet es, auch Täuschungshandlungen einzubeziehen, die als sicherer (Neben-)Effekt zu einer Störung des Beweisverkehrs im Rechtsleben führen. Hier wird dies besonders deutlich, da die zuverlässige Identifizierung des Fahrzeugführers im Straßenverkehr von elementarer Bedeutung ist. Daher ist dieser Auffassung zu folgen und es genügt, wenn der Täter eine Täuschung im Rechtsverkehr als sichere Folge seines Tuns voraussieht. Davon kann bei P auch ausgegangen werden, da ihm bewusst ist, dass andere Verkehrsteilnehmer sein Auto mit dem angebrachten Kennzeichen im Straßenverkehr wahrnehmen[2].

3. Konkurrenzverhältnis

Da sowohl ein Verfälschen als auch ein Gebrauchmachen vorliegt, stellt sich das Problem des Konkurrenzverhältnisses der Modalitäten von Herstellen und Gebrauchen. Hat der Täter bereits beim Herstellen oder Verfälschen den späteren Gebrauch beabsichtigt, so liegt nach h. M. nur ein Fall der Urkundenfälschung vor. Da P die zusammengesetzte Urkunde bereits mit der Vorstellung des anschließenden Gebrauchs verfälscht, liegt eine tatbestandliche Bewertungseinheit vor.

4. Ergebnis

P ist strafbar wegen eines Falls der Urkundenfälschung (§ 267 I).

II. Strafbarkeit des P wegen Urkundenunterdrückung gemäß § 274 I Nr. 1 bzgl. des Münchner Kennzeichens

Indem P die Münchner Kennzeichen am Mietwagen entfernt hat, könnte er sich der Urkundenunterdrückung strafbar gemacht haben.

1. Objektiver Tatbestand

Der objektive Tatbestand setzt voraus, dass der Täter eine echte Urkunde, die ihm nicht oder nicht ausschließlich gehört, vernichtet, beschädigt oder unterdrückt.
    a) Ein taugliches Tatobjekt liegt wie oben aufgezeigt vor.

---

2 A. A. natürlich vertretbar, sofern das Problem erörtert wird.

b) Diese Urkunde darf dem Täter nicht oder nicht ausschließlich gehören, d. h. ein anderer muss beweisführungsberechtigt sein. Das Kennzeichen als Urkunde dient allen interessierten Verkehrsteilnehmern und den Behörden zur Identifizierung des Fahrzeuges, gehört also nicht (ausschließlich) dem P.

c) Als Tathandlung ist von einem Vernichten auszugehen, da hier durch Trennung der zusammengesetzten Urkunde die beweiserhebliche Substanz aufgehoben wird[3].

2. Subjektiver Tatbestand

a) P handelte zunächst vorsätzlich bzgl. der Verwirklichung der Merkmale des objektiven Tatbestands.

b) Daneben wird eine Nachteilszufügungsabsicht vorausgesetzt. Auch hier ist wiederum keine Absicht i. e. S. verlangt, vielmehr genügt direkter Vorsatz, d. h. die Vorstellung, dass die Tat notwendigerweise einen fremden Nachteil (nicht notwendig Vermögensnachteil) zur Folge haben wird. Eine Absicht kann hier aber jedenfalls nicht auf die Vereitelung ordnungsrechtliche Maßnahmen gegen sich selbst gestützt werden. Der staatliche Sanktionsanspruch wird abschließend in § 258 geschützt, während § 274 kein Rechtspflegedelikt ist. Ob P darüber hinausgehend tatsächlich davon ausging, dass andere Verkehrsteilnehmer notwendigerweise (etwa im Fall eines Unfalls) einen Nachteil erleiden, erscheint zweifelhaft. Daher muss eine Nachteilszufügungsabsicht abgelehnt werden[4].

3. Ergebnis

P ist nicht strafbar wegen Urkundenunterdrückung hinsichtlich des Münchner Kennzeichens.

III. Strafbarkeit des P wegen Urkundenunterdrückung gemäß § 274 I Nr. 1 bzgl. des Augsburger Kennzeichens am Pkw des Freundes der Mutter

Eine Urkundenunterdrückung durch Entfernen des Kennzeichens vom Pkw des Freundes der Mutter entfällt, da P nicht in der Absicht handelte, dem urlaubs-

---

3 Der Bearbeiter kann aber wegen der nur vorübergehenden Trennung auch ein Unterdrücken annehmen.

4 Selbst wenn der Bearbeiter eine Nachteilszufügungsabsicht bejaht, tritt § 274 zumindest als Durchgangsdelikt hinter das Verfälschen i. S. v. § 267 zurück.

abwesenden Freund durch den kurzfristigen Verlust des Urkundenbeweises einen Nachteil zuzufügen.

Zweiter Tatkomplex: Die Heimfahrt vom Biergarten

I. Fahrlässige Gefährdung des Straßenverkehrs, § 315 c I Nr 1a, III Nr. 1[5]

Indem P in angetrunkenem Zustand W nach Hause gefahren hat, der dabei durch alkoholbedingt scharfes Abbremsen verletzt wurde, könnte er sich wegen fahrlässiger Gefährdung des Straßenverkehrs strafbar gemacht haben.

1. Objektiver Tatbestand
a) P hat einen Kraftwagen im öffentlichen Verkehrsraum bewegt und damit ein Fahrzeug im Straßenverkehr geführt.

b) Er müsste weiterhin in fahruntüchtigem Zustand gefahren sein. P hat bereits die Grenze zur *absoluten Fahruntüchtigkeit* überschritten (1,4 Promille). Der Zustand der Fahruntüchtigkeit ist bei P daher unwiderleglich zu vermuten.

Hinweis: Bei absoluter **Fahruntüchtigkeit** (ab 1,1 Promille) genügt die oben angeführte Prüfung. Bei relativer Fahruntüchtigkeit (ab etwa 0,3 Promille) muss sich die Fahrsicherheit aus weiteren Umständen der Trunkenheitsfahrt ergeben, die dann auch in der Klausur anzuführen sind (z.B. Schlangenlinienfahren). Die Überschreitung des in § 24 a I StVG genannten BAK-Grenzwerts von 0,5 Promille hat die Ahndung als Ordnungswidrigkeit zur Folge und muss deshalb nur bei entsprechendem Bearbeiterhinweis erwähnt werden (vgl. i. Ü. § 21 I 1 OWiG).

---

c) Schließlich müsste er eine konkrete Leibesgefahr verursacht haben. Durch das alkoholbedingt scharfe Abbremsen erlitt W ein Schleudertrauma. Damit hat sich das durch ihn gesetzte Risiko einer Gefahr für die körperliche Unversehrtheit und Gesundheit des W sogar in einer Verletzung realisiert.

d) Problematisch ist aber, ob W ein anderer i. S. d. § 315 c I ist, da er sich sehenden Auges in das Fahrzeug gesetzt hat und damit möglicherweise Teilnehmer der Trunkenheitsfahrt ist.

---

5 Es kommt allein *fahrlässige Gefährdung* des Straßenverkehrs in Betracht, da P keine Vorstellung davon hatte, den W zu gefährden (hier durch scharfes Bremsen). Ein *Vorsatzdelikt* liegt vor allem deshalb fern, weil auch die Rspr. davon ausgeht, dass allein das Fahren im fahruntüchtigen Zustand den Mitfahrer noch nicht konkret gefährdet.

Nach einer Auffassung sind nur an der Tat des § 315 c nicht beteiligte Insassen in den Schutzbereich der Norm einbezogen. Hier hat W jedoch in keiner Form den P in seinem Tatentschluss bestärkt. Die Annahme psychischer Beihilfe durch bloßes Mitfahren o. Ä. muss damit ausscheiden, ganz abgesehen davon, dass deren Anerkennung aus Kausalitätserwägungen ohnehin problematisch ist. In jedem Fall ist W hier also ein „anderer" im Sinne der Norm.

P: Schutzbereich des § 315 c I – der einbezogene Mitfahrer als „anderer" i. S. d. Norm?
Grundsatzproblem und Aufbauhinweis:
Werden Teilnehmer an der Trunkenheitsfahrt in den Schutzbereich der Norm einbezogen?

Zur Bewältigung des Aufbauproblems, dass die Frage der Teilnahme vor der Prüfung des Hauptdelikts noch nicht beantwortet werden kann, darf hier ausnahmsweise ergänzend nach unten auf die sich anschließende Prüfung einer Teilnehmerstrafbarkeit verwiesen werden. Dennoch muss bereits bei der Prüfung des Täters eine Teilnahmeprüfung erfolgen, zumindest sofern der Bearbeiter der Auffassung des BGH folgt.
Auffassung des BGH:
Teilnehmer sind aus dem Kreis der Gefährdungsobjekte auszuschließen (vgl. BGHSt 6, 100, 102; 11, 199, 203).

Begründung: Der Beteiligte steht auf der Täterseite und kann damit nicht Schutzobjekt eines Tatbestands sein, der die allgemeine Verkehrssicherheit schützt. Schutz soll nicht denen gewährt werden, vor denen der Tatbestand Unbeteiligte schützen will.
a. A.:
Der Wortlaut der Norm gibt keinen Anhaltspunkt für eine derartige Einschränkung.

Auch in anderen Normen wie §§ 223 ff., 257, 258 wird eine solche Einschränkung nicht vorgenommen bzw. ist dann zumindest – anders als bei § 315 c – ausdrücklich gesetzlich angeordnet (vgl. §§ 257 III, 258 V).

Übersichtsliteratur: *F.-C. Schröder* JuS 1994, 846 ff.; *Graul* JuS 1992, 321 ff. (ausführlicher Fall).

Weitere Falllösungen: *Trüg* JA 2002, 214; *Ellbogen/Richter* JuS 2002, 1192.

Erg. Hinweis: Früher ließ es die Rechtsprechung für eine Gefährdung des Beifahrers (nicht Teilnehmers!) genügen, dass der Beifahrer länger einer Gefährdung ausgesetzt ist (durch die Trunkenheitsfahrt) als andere Verkehrsteilnehmer und hat dies für eine konkrete Gefährdung genügen lassen (vgl. dazu BGH NStZ 1985; *Geppert* Jura 1996, 639). Da dies heute nicht mehr vertreten wird (vgl. BGH NJW 1995, 3131) sollte das Problem nur angesprochen werden, wenn keine konkrete Gefahrensituation vorlag.

---

2. Subjektiver Tatbestand

P hat auch vorsätzlich hinsichtlich der Merkmale des § 315 c gehandelt, da er sich insbesondere seiner Alkoholisierung bewusst war und das Fahrzeug dennoch vorsätzlich im Straßenverkehr gesteuert hat. Allerdings hatte er keinen Vorsatz

484 —— Übungsfall 19: Hans und Prahl

bzgl. der Verwirklichung des in § 315c III Nr. 1 genannten Merkmals der konkreten Gefahr.

3. Fahrlässigkeit hinsichtlich des Gefährdungserfolges

Aufbauhinweis: An sich muss hier eine normale Fahrlässigkeitsprüfung hinsichtlich der Gefahrherbeiführung erfolgen. Häufig wird hier aber nur die *Voraussehbarkeit des Erfolges* geprüft, da eine sorgfaltswidrige Handlung ohnehin feststeht (Fahren im fahruntüchtigen Zustand). Von anderer Seite wird hingegen betont, dass sich gerade im Eintritt der qualifizierenden Folge die *tatbestandsspezifische Gefahr* realisiert haben müsste, so dass auch der spezifische Zusammenhang erkennbar gewesen sein müsse.

P wusste um seine Fahruntüchtigkeit und hätte auch die sich hieraus möglicherweise für den W ergebenden Gefahren erkennen können. Damit handelte er fahrlässig.

4. Rechtswidrigkeit

Die Strafbarkeit könnte entfallen, weil W sich im Wissen um den Zustand des P freiwillig der Gefährdung ausgesetzt und sich dadurch seines Leibesschutzes begeben haben könnte[6]. Dies würde voraussetzen, dass § 315c der Disposition des Einzelnen unterliegt, was maßgeblich von dessen Schutzrichtung abhängig ist.

a) Nach einer Auffassung ist Schutzgut der Norm allein die Sicherheit des Straßenverkehrs, ein Rechtsgut der Allgemeinheit. Rechtsgüter der Allgemeinheit sind jedoch der Disposition des einzelnen und somit auch des W entzogen. Damit wäre sein Einverständnis unbeachtlich.

b) Nach anderer Auffassung schützt die Norm auch ein Individualrechtsgut, da § 315c I mit seinen (gefahrkonkretisierenden) Merkmalen wie Leib, Leben, usw. vorwiegend Individual- und nicht Gemeingefahren umfasst. Danach wäre das Rechtsgut hier disponibel und eine Strafbarkeit durch Einwilligung des W ausgeschlossen.

c) Die im Tatbestand des § 315c I beschriebenen Handlungen sind jedoch typischer Weise gefährlich für eine Vielzahl von Rechtsgütern und die genannten Rechtsgütergefahren sollen diese Gefährlichkeit lediglich verdeutlichen. Damit kann W

---

6 Dies kann auch als Problem der objektiven Zurechnung – einverständliche Fremdgefährdung – angesehen werden. Dann muss es im objektiven Tatbestand der Fahrlässigkeitsprüfung erörtert werden.

nicht über das Rechtsgut des § 315 c verfügen, seine Einwilligung ist somit unbeachtlich. P handelte also rechtswidrig.

5. Schuld

Bei einer BAK von 1,4‰ ist die Grenze zur verminderten Schuldfähigkeit bzw. zur Schuldunfähigkeit noch nicht erreicht. Zudem handelte P subjektiv sorgfaltswidrig bei subjektiver Voraussehbarkeit der Gefährdung des W.

6. Ergebnis

P ist strafbar wegen fahrlässiger Gefährdung des Straßenverkehrs gemäß § 315 c I.

II. Vorsätzliche Trunkenheit im Straßenverkehr nach § 316 I

§ 316 tritt aufgrund ausdrücklich angeordneter, gesetzlicher Subsidiarität zurück[7].

III. Fahrlässige Körperverletzung nach § 229

1. Objektiver Tatbestand

a) P hat durch sein Verhalten eine Gesundheitsschädigung in Form eines Schleudertraumas bei W verursacht.

b) Das grundlose scharfe Abbremsen war objektiv sorgfaltswidrig bei objektiver Voraussehbarkeit des Erfolges, da ein besonnener und gewissenhafter Mensch in der konkreten Lage und sozialen Rolle des Handelnden im Hinblick auf die möglichen Gefahren für Dritte entweder überhaupt nicht im fahruntüchtigen Zustand gefahren wäre, zumindest aber grundlose Bremsmanöver vermieden oder etwa keinen Beifahrer mitgenommen hätte.

c) Der Verletzungserfolg müsste P auch objektiv zurechenbar sein. Dies könnte durch das freiwillige Mitfahren des W ausgeschlossen sein. Fraglich ist allerdings, ob W nur in die Gefährdung, oder auch in die Verletzung eingewilligt hat. Da

---

7 Folgt der Bearbeiter bei § 315 c Auffassung 4. b), so muss hinsichtlich P das ansonsten subsidiäre Delikt des § 316 bejaht werden. Kurzhinweis hierzu: P hat einen Kraftwagen im öffentlichen Verkehrsraum bewegt und damit ein Fahrzeug im Straßenverkehr geführt. Ein Fahren im fahruntüchtigen Zustand ist unwiderleglich zu vermuten, da die Grenze der absoluten Fahrtüchtigkeit überschritten war (1,4 Promille). P handelte auch vorsätzlich, da er seine Fahruntüchtigkeit erkannte und dies beim Führen des KfZ billigend in Kauf nahm.

entsprechende Anhaltspunkte fehlen, kann nicht davon ausgegangen werden, dass W davon ausging, er würde während der Fahrt verletzt. Vielmehr ist davon auszugehen, dass er auf den guten Ausgang der Fahrt vertraut hat, sodass eine Einwilligung nur hinsichtlich der eingegangenen Gefährdung, nicht aber hinsichtlich der eingetretenen Verletzung vorgelegen hat[8].

Exkurs: Eigenverantwortliche Selbstgefährdung – einverständliche Fremdgefährdung

1. Die eigenverantwortliche Selbstgefährdung

Der Betroffene entscheidet sich frei für Handlungen (z. B. Drogenkonsum, Teilnahme an einem Boxkampf), deren Gefährlichkeit er kennt.

Nach dem BGH bewirkt eine solche Einwilligung bereits einen Tatbestandsausschluss durch Unterbrechung des Zurechnungszusammenhangs.

Str.: Beurteilung der Eigenverantwortlichkeit: nach e. A. sind die Maßstäbe der §§ 20, 35 StGB, § 3 JGG heranzuziehen, nach a. A. ist auf die Einwilligungsfähigkeit des Selbstschädigers abzustellen.

2. Die einverständliche Fremdgefährdung

Der Betroffene setzt sich der von einer anderen Person drohenden Gefahr im Bewusstsein des Risikos aus, während diese Person allein die Tatherrschaft über das Geschehen innehat.

Nach wohl h. M. wirkt eine Einwilligung hier nur rechtfertigend oder es entfällt nach and. Ansicht bei Fremdgefährdung bereits der Zurechnungszusammenhang nach den allgemeinen strafrechtl. Regelungen.

---

2. Rechtswidrigkeit[9]

P handelte auch rechtswidrig.

3. Schuld

P handelte auch subjektiv sorgfaltswidrig bei subjektiver Vorhersehbarkeit des eingetretenen Verletzungserfolges.

4. Ergebnis

P hat sich wegen fahrlässiger Körperverletzung an W strafbar gemacht.

---

8 Eine andere Auffassung kann mit guter Argumentation vertreten werden.
9 Die Problematik einer Einwilligung könnte auch an dieser Stelle diskutiert werden.

IV. Vorsätzliche Trunkenheit im Straßenverkehr nach § 316 I[10]

P hat sich weiterhin wegen vorsätzlicher Trunkenheit im Straßenverkehr gemäß § 316 I strafbar gemacht (s. schon oben, Fn. 7).

Dritter Tatkomplex: Das Verriegeln der Fahrertüre und die Flucht vor V

Aufbauhinweis: Eine Gliederung in drei (bzw. vier Tatkomplexe, wenn auch die Fahrt nach dem Unfall bis zur Kontrolle als Tatkomplex angesehen wird) ist zwar sachlich nahe liegende, dennoch ist eine abweichende Gliederung (etwa in zwei Tatkomplexe) nicht als Fehler anzusehen, da die konkurrenzrechtliche Betrachtung der Trunkenheitsfahrt nicht unproblematisch ist und sich die hier vorgeschlagenen Tatkomplexe zudem mit dem Gebrauch der gefälschten Urkunde (scheinbar) überschneiden.

I. Strafbarkeit wegen Widerstand gegen Vollstreckungsbeamte, § 113 I, II Nr. 1, Nr. 2

P könnte sich dadurch, dass er die Fahrertüre verriegelte und weiterfuhr, obwohl V versuchte, die Fahrertüre zur öffnen, des Widerstandes gegen Vollstreckungsbeamte strafbar gemacht haben.

1. Objektiver Tatbestand

a) V ist als Verkehrspolizist Amtsträger und zur Vornahme der Diensthandlungen des Anhaltens, der Verkehrskontrolle und der Ermittlung wegen Verdachts der Trunkenheitsfahrt berechtigt gewesen.

b) P müsste entweder mit Gewalt Widerstand geleistet (1. Alt.) oder V tätlich angegriffen haben (2. Alt.).

aa) Problematisch ist, ob das Verriegeln der Fahrertüre und die Weiterfahrt, obwohl V an der Türe zerrte und deshalb einen kurzen Ruck an der Hand ver-

---

10 Gleichgültig, ob der Bearbeiter bei § 315 c Auffassung b) gefolgt ist und damit § 316 bis zum Abbremsen subsidiär ist, muss hinsichtlich P das ansonsten subsidiäre Delikt des § 316 erneut angesprochen werden. Dies deshalb, weil § 316 zwar ein Dauerdelikt ist, bei Fahrtunterbrechung und neuem Entschluss zur Weiterfahrt (vor allem nach einem Unfall), eine neue Tat gegeben ist. Dagegen unterbrechen kurzfristige Fahrtpausen bei einheitlichem Fahrtziel die Handlungseinheit nicht.

spürte, als Widerstandsleisten mit Gewalt angesehen werden können. Widerstandleisten erfordert eine aktive Tätigkeit, die die Durchführung einer Maßnahme verhindern oder erschweren soll. Rein passiver Widerstand genügt nicht. P müsste hier zudem mit Gewalt Widerstand geleistet haben. Erforderlich dafür ist ein körperlich wirkender Zwang, d. h. eine durch tätiges Handeln gegen die Person des Vollstreckenden gerichtete Kraftäußerung. Nach einer Auffassung soll dies bereits dann anzunehmen sein, wenn lediglich die Fahrzeugtüren von innen verriegelt und dadurch eine Kontrolle des Fahrzeugführers unmöglich wird, weil so ein körperlich wirkendes Hindernis bereitet werde. Selbst wenn man diese Auffassung als zu weitgehend ansieht, stellt zumindest der körperlich wirkende Zwang, die Fahrertüre infolge der Weiterfahrt loszulassen, Gewalt und damit Widerstandleisten im Sinne der Norm dar[11].

bb) P könnte zudem einen tätlichen Angriff auf V verübt haben. Dieser umfasst jede in feindseliger Absicht unmittelbar auf den Körper des Betroffenen zielende Einwirkung ohne Rücksicht auf den Eintritt eines Körperverletzungserfolges. Da die Einwirkung nicht unmittelbar auf den Körper des V bezogen war, ist dieses Tatbestandsmerkmal nicht erfüllt.

c) Die Vollstreckungshandlung war rechtmäßig. Zwar wird man auch die Eröffnung des Tatvorwurfs etwa bei vorläufiger Festnahme zu den wesentlichen Förmlichkeiten rechnen müssen, deren Fehlen nach dem strafrechtlichen Rechtmäßigkeitsbegriff eine Diensthandlung rechtswidrig machen. Hier wird man jedoch davon auszugehen haben, dass P dem durch seine überstürzte Flucht zuvor kam.

2. Subjektiver Tatbestand

F handelte wissentlich und wollte auch, dass die Vollstreckung der Diensthandlung vereitelt wird.

3. Strafzumessungsregel des § 113 II Nr. 1

P könnte die Tat mittels einer Waffe begangen haben, weil er das Auto zur Flucht nutzte. Problematisch ist, ob das Auto als Waffe anzusehen ist. Nach einer Auffassung ist im Interesse eines möglichst weitgehenden Schutzes von rechtmäßigen Diensthandlungen (und der diese ausführenden Beamten) davon auszugehen, dass der Begriff der „Waffe" in § 113 im untechnischen Sinne verstanden werden muss und jedes gefährliche Mittel umfasst, mit dem Widerstand geleistet werden

---

11 A. A. vertretbar.

soll. Im vorliegenden Fall muss § 113 II jedoch in jedem Fall abgelehnt werden, da durch das KfZ die Gefährlichkeit des Widerstandsleistens nicht erhöht werden sollte.

4. Ergebnis

F ist strafbar wegen Widerstands gegen Vollstreckungsbeamte, § 113 I 1. Alt.

V. Strafbarkeit wegen Nötigung gemäß § 240

Die Nötigung ist subsidiär zu § 113 und tritt damit zurück[12].

Exkurs: Rückgriff auf § 240 bei Drohung mit einem empfindlichen Übel?

1. Ausgangspunkt

§ 113, der gegenüber § 240 eine Privilegierung darstellt, verdrängt grundsätzlich als lex specialis den allgemeineren § 240. § 113 enthält jedoch nur die Variante der Drohung mit Gewalt, nicht aber die der Drohung mit einem empfindlichen Übel.

2. e.A.:

Ein Rückgriff ist grundsätzlich zulässig, dem Täter muss dann allerdings § 113 III, IV analog zugute kommen, zudem darf der Strafrahmen des § 113 nicht überschritten werden.

Begründung: Auch ein Vollstreckungsbeamter verdient Schutz gegen Nötigung. Ein spezielleres Gesetz kann ein allgemeines nur dann verdrängen, wenn dessen Anwendungsbereich eröffnet ist.

3. a.A.:

Den Rückgriff zuzulassen verkennt die Eigenständigkeit des § 113 gegenüber § 240, dessen privilegierende Wirkung nicht konterkariert werden darf. § 240 enthält einen höheren Strafrahmen, soll aber hier bei der milderen Begehungsvariante grundsätzlich zur Anwendung kommen, wo § 113 gerade den Bürger wegen der gegenüber Vollstreckungsbeamten bestehenden psychischen Zwangslage bevorzugen will.

Übersichtsliteratur: *Bosch* Jura 2011, 268; *Hillenkamp*, 40 Probleme StrafR BT, 9. Problem, S. 41ff.; *Zöller* JA 2010, 162.

---

12 Wer oben Gewalt abgelehnt hat, muss darauf eingehen, ob ein Rückgriff auf § 240 möglich ist, wenn die Gewalt nicht die geforderte Intensität aufweist (Privilegierungsfunktion des § 113).

VI. Unerlaubtes Entfernen vom Unfallort, § 142 I Nr. 1[13]

§ 142 scheidet aus, da kein Unfall im Straßenverkehr vorliegt. Unfall ist jedes plötzliche Ereignis, das mit dem Straßenverkehr und seinen Gefahren ursächlich zusammenhängt und zu einem nicht völlig belanglosen Personen- oder Sachschaden führt. Hier kam es jedoch nach dem eindeutigen Sachverhalt zu keinem Personenschaden.

IV. Vorsätzliche Trunkenheit im Straßenverkehr nach § 316 I[14]

P hat sich weiterhin wegen vorsätzlicher Trunkenheit im Straßenverkehr nach § 316 I strafbar gemacht.

Gesamtkonkurrenzen:
P hat sich strafbar gemacht wegen Urkundenfälschung, § 267 I 3. Fall in Tatmehrheit zu tateinheitlich mit § 315c begangenem § 229, und § 316 I?, in Tatmehrheit zu tateinheitlich mit § 113 I, 1. Alt. begangenem § 316 I.

Hinweis: Auch eine Verklammerung durch den Gebrauch der Urkunde und damit als Endergebnis lediglich § 267 in Tateinheit mit § 315c I Nr. 1 a, III Nr. 1, § 229, § 113 I 1. Alt. ist vertretbar.

D. Definitionen

Urkunde   ist jede verkörperte Gedankenerklärung (Perpetuierungsfunktion), die zum Beweis im Rechtsverkehr geeignet und bestimmt ist (Beweisfunktion), und den Aussteller erkennen lässt (Garantiefunktion).

echt   ist die Urkunde, wenn sie den wirklichen Aussteller (den Erklärenden) erkennen lässt.

Beweiszeichen   sind nach der Rspr. in den Urkundenbegriff einbezogene Zeichen, die nach Gesetz, Herkommen oder Vereinbarung der Beteiligten erkennbar eine Ge-

---

13 Muss nicht angesprochen werden.
14 § 316 muss nach den oben angeführten Erwägungen nach der Flucht vor der Kontrolle erneut angesprochen werden.

	dankenäußerung des Urhebers darstellen, bestimmt und geeignet sind, für sich oder mit Hilfe anderer Auslegungsmittel Beweis im Rechtsverkehr zu erbringen und mit einem Gegenstand fest verbunden sind.
Kennzeichen	sind keine Urkunden und dienen lediglich Ordnungs- oder Unterscheidungsaufgaben oder geben eine Herkunft an.
zusammengesetzte Urkunde	ist gegeben, wenn eine verkörperte Gedankenerklärung mit ihrem Bezugsobjekt räumlich fest zu einer Beweismitteleinheit derart verbunden ist, dass beide zusammen einen einheitlichen Beweis- und Erklärungsinhalt in sich vereinigen.
Gesamturkunde	entsteht, wenn mehrere Einzelurkunden in dauerhafter Form so zu einem einheitlichen Ganzen verbunden werden, dass sie über ihre Einzelbestandteile hinaus einen selbständigen, für sich bestehenden Erklärungsinhalt aufweisen und nach Gesetz, Herkommen oder Vereinbarung der Beteiligten dazu bestimmt sind, ein erschöpfendes Bild über einen bestimmten Kreis fortwährender Rechtsbeziehungen zu vermitteln.
verfälschen	ist jede (unbefugte, nachträgliche) Veränderung der Beweisrichtung und des gedanklichen Inhalts einer echten Urkunde, so dass diese nach dem Eingriff etwas anderes zum Ausdruck bringt als vorher. Es muss der Anschein erweckt werden, dass die Urkunde von vornherein den ihr nachträglich beigelegten Inhalt gehabt und dass der Aussteller die urkundliche Erklärung von Anfang an in der jetzt vorliegenden Form abgegeben habe.
gebrauchen	ist gegeben, wenn die Urkunde selbst und nicht nur ihre schlichte Abschrift oder Ablichtung dem zu Täuschenden in der Weise zugänglich gemacht wird, dass er die Möglichkeit zur Kenntnisnahme hat.
Handeln zur Täuschung im Rechtsverkehr	liegt vor, wenn jemand einen anderen über die Echtheit der Urkunde zu täuschen sucht und ihn dadurch zu einem rechtserheblichen Verhalten veranlassen will.

vernichten	ist die völlige Beseitigung der beweiserheblichen Substanz.
beschädigen	ist bei Beeinträchtigung des Beweiswertes gegeben.
unterdrücken	liegt in jeder Handlung, durch die dem Beweisführungsberechtigten die Benutzung des Beweismittels dauernd oder zeitweilig entzogen oder vorenthalten wird.
„gehören"	i. S. d. § 274 meint nicht die (dinglichen) Eigentumsverhältnisse, sondern das Recht, die Urkunde oder technische Aufzeichnung zum Beweis zu gebrauchen.
Führen eines Fahrzeugs im Straßenverkehr	ist gegeben, wenn jemand ein Fahrzeug allein- oder mitverantwortlich in Bewegung setzt oder es unter Handhabung seiner technischen Vorrichtungen während der Fahrbewegung durch den öffentlichen Verkehrsraum lenkt.
Fahruntüchtigkeit	liegt vor, wenn die Gesamtleistungsfähigkeit eines Kraftfahrers durch Enthemmung sowie infolge geistig-seelischer oder körperlicher Leistungsausfälle so weit herabgesetzt ist, dass er nicht mehr fähig ist, sein Fahrzeug im Straßenverkehr eine längere Strecke sicher zu führen.
absolute Fahruntüchtigkeit	ist bei einer BAK von 1,1‰ gegeben, aber auch dann, wenn der Kraftfahrer eine Alkoholmenge im Körper hat, die zu einer BAK von 1,1‰ führt.
relative Fahruntüchtigkeit	kommt ab 0,3‰ in Betracht, wenn der Grenzwert von 1,1‰ nicht erreicht oder nicht nachgewiesen ist und bestimmte Ausfallerscheinungen den Schluss auf eine alkoholbedingte Fahrunsicherheit zulassen.
Vollstreckungshandlung	ist jede Tätigkeit der dazu berufenen Organe, die zur Regelung eines Einzelfalles auf die Vollziehung der in § 113 I genannten Rechtsnormen oder Hoheitsakte gerichtet ist, also der Verwirklichung des notfalls im Zwangswege durchzusetzenden Staatswillens dient.
Widerstand leisten	ist jede aktive Tätigkeit, die die Durchführung der Vollstreckungsmaßnahme verhindern oder erschweren soll.

tätlicher Angriff	ist jede in feindseliger Absicht unmittelbar auf den Körper des Betroffenen zielende Einwirkung ohne Rücksicht auf den Erfolg.
Gewalt	ist hier (anders als bei § 240) die durch tätiges Handeln gegen die Person des Vollstreckenden gerichtete Kraftäußerung mit körperlicher Zwangswirkung; rein passiver Widerstand genügt nicht.
Waffe	ist eine Waffe im technischen Sinn, also nur solche gebrauchsbereiten Werkzeuge, die nach der Art ihrer Anfertigung nicht nur geeignet, sondern auch allgemein dazu bestimmt sind, Menschen durch ihre mechanische oder chemische Wirkung körperlich zu verletzen.
Verkehrsunfall	ist jedes zumindest für einen der Beteiligten plötzliche, mit dem Straßenverkehr und seinen Gefahren ursächlich zusammenhängende Ereignis, das einen nicht völlig belanglosen Personen- oder Sachschaden zur Folge hat.

Übungsfall 20: Fundus auf Entdeckungsreise

A. Sachverhalt

Franz Fundus (F) fand auf der Straße vor einem Kaufhaus eine Plastiktüte, die mit dem Namen dieses Kaufhauses bedruckt war. Darin befand sich ein Kassenbeleg, der die Bezahlung von 375 Euro für einen Herrenmantel auswies. Das brachte den F auf eine Idee, wie er schnell zu Geld kommen könnte. Er ging zunächst in die Herrenabteilung des Kaufhauses und nahm dort einen mit 375 € ausgezeichneten Mantel von einem Verkaufsständer. Um das elektromagnetische Sicherungsetikett ungestört entfernen zu können, begab er sich dann in eine Umkleidekabine und riss das Etikett dort ab. Den Mantel steckte er in die Plastiktüte. Bevor er die Umkleidekabine verließ, entdeckte F noch eine am Boden abgestellte teuer wirkende Aktentasche aus Leder, die ein Kunde wohl dort vergessen hatte. F nahm die Aktentasche an sich, um ihren Inhalt später ungestört untersuchen zu können und begab sich zur Kasse. Dort angekommen erklärte er unter Vorlage des Kassenbons, er habe den Mantel vor kurzem für seinen Vater gekauft und er wolle ihn nun zurückgeben, da er seinem Vater nicht passe. Daraufhin zahlte ihm die Kassiererin anstandslos 375 € aus und nahm den Mantel zurück.

Anschließend suchte F ein im Obergeschoss des Kaufhauses gelegenes Café auf, bestellte einen Cappuccino und durchsuchte den Inhalt der Aktentasche. Zu seiner Enttäuschung fand er in dieser lediglich einen Reparaturschein des Juweliers Goldregen (G). F nahm den Schein an sich, die Aktentasche ließ er auf seinem Stuhl zurück, da er an der Aktentasche von Anfang an kein Interesse hatte.

Erwin Eile (E), ein weiterer Gast des Cafés, gewann dadurch den Eindruck, F habe seine Aktentasche vergessen. Er ergriff die Aktentasche und eilte dem F nach, konnte ihn aber erst erreichen, als F bereits das Kaufhaus verlassen hatte. Als F den auf ihn zustürmenden E erblickte, der die von ihm geleerte Aktentasche unter dem Arm trug, glaubte er, E sei der Eigentümer der Aktentasche und wolle den von ihm mitgenommenen Reparaturschein zurück. Bevor der herangeeilte E sein Anliegen erläutern konnte, versetzte ihm F einen Schlag in die Magengegend, um im Besitz seiner Beute bleiben zu können. E krümmte sich vor Schmerzen und F konnte ungestört den Ort des Geschehens verlassen.

F begab sich später in das Geschäft des Juweliers Gold, legte dem nichtsahnenden G den Reparaturschein vor und erhielt gegen Bezahlung der Reparaturkosten eine wertvolle Uhr ausgehändigt.

Wie hat sich F strafbar gemacht?

Bearbeitungszeit: Fünf Stunden

B. Lösungsskizze

Erster Tatkomplex: Die „Rückgabe" des Herrenmantels

I. **Diebstahl hinsichtlich des Mantels, § 242 I**
1. **Objektiver Tatbestand**
   a) fremde bewegliche Sache (+): Mantel
   b) Wegnahme (+)
      P: Vollendung der Wegnahme trotz Rückgabewillen?
2. **Subjektiver Tatbestand**
   a) Vorsatz bzgl. objektiver Merkmale (+)
   b) Zueignungsabsicht (+/-)
      P: Gegenstand der Zueignung bei „Rückveräußerungsfällen"
3. **Regelbeispiel des § 243 I 2 Nr. 2 (+/–)**
   P: Mantel durch andere Schutzvorrichtung (Sicherungsetikett) gegen Wegnahme besonders gesichert?
4. **Ergebnis: § 242 I (+/–)**
II. **Betrug ggü. der Kassiererin zum Nachteil des Kaufhauses zum eigenen Vorteil, § 263 I**
1. **Objektiver Tatbestand**
   a) Täuschung (+): Vorlage des gefundenen Kassenbons
   b) Irrtum (+): Fehlvorstellung über Eigentum
   c) Vermögensverfügung (+)
      P: Dreiecksbetrug; Abgrenzung zwischen Diebstahl in mittelbarer Täterschaft (Wegnahme) und Betrug (Vermögensverfügung)
   d) Vermögensschaden (+/–)
      P: Vermögensbegriff
2. **Subjektiver Tatbestand (+)**
   a) Vorsatz bzgl. objektiver Merkmale (+)
   b) Absicht stoffgleicher, rechtswidriger Bereicherung
3. **Ergebnis: § 263 I (+/–)**
III. **Urkundenunterdrückung, § 274 I Nr. 1**
1. **Objektiver Tatbestand (+)**
   Tatobjekt (+/–)
   P: Bilden Mantel und Sicherheitsetikett eine zusammengesetzte Urkunde?
2. **Ergebnis: § 274 I Nr. 1 (+/–)**
IV. **Hausfriedensbruch, § 123 I**
1. **Objektiver Tatbestand**
   Tathandlung
   Eindringen (–): nicht gegen den Willen, generelles Einverständnis
4. **Ergebnis: § 123 I (–)**
V. **Konkurrenzen:**
Betrug, § 263 I; § 242 I tritt als mitbestrafte Vortat hinter dem Betrug zurück.

Zweiter Tatkomplex: Das Geschehen hinsichtlich Aktentasche und Mitnahme des Reparaturscheins

I. **Diebstahl hinsichtlich Aktentasche, § 242 I**
1. **Objektiver Tatbestand**
   a) fremde bewegliche Sache (+)
   b) Wegnahme (+)
2. **Subjektiver Tatbestand**
   a) Vorsatz bzgl. objektiver Merkmale (+)
   b) Zueignungsabsicht (+/−)
      Aneignungskomponente (+/−)
      Enteignungskomponente (−)
3. **Ergebnis: § 242 I (−)**

II. **Diebstahl hinsichtlich des Reparaturscheins durch die Wegnahme der Aktentasche, § 242 I**
1. **Objektiver Tatbestand**
   s.o.
2. **Subjektiver Tatbestand**
   a) Vorsatz bzgl. objektiver Merkmale (+)
   b) Zueignungsabsicht (+)
3. **Antragserfordernis, § 248a (−)**
4. **Ergebnis: § 242 I (+)**

III. **Unterschlagung hinsichtlich des Reparaturscheins im Café, § 246 I**
1. **Objektiver Tatbestand**
   P: wiederholte Zueignung: Tatbestandslösung oder Lösung auf Konkurrenzebene
3. **Ergebnis: § 246 I (-)**

Dritter Tatkomplex: Der Faustschlag in die Magengegend

I. **Räuberischer Diebstahl, § 252**
1. **Objektiver Tatbestand**
   a) Vortat (+): Diebstahl des Reparaturscheins
   b) Personengewalt (+): Faustschlag gegen E
   c) Abgrenzung §§ 249 ff. und § 252:
      Einsatz des Nötigungsmittels nach voll- aber noch nicht beendetem Diebstahl.
   d) Auf frischer Tat betroffen:
      aa) auf frischer Tat (+)
      bb) Betroffensein (+/−)
          P: Wahrnehmen der Tat oder allein räumlich-zeitliches Zusammentreffen ausreichend?
2. **Subjektiver Tatbestand (+)**
   a) Vorsatz bzgl. Diebstahl und Gewalt (+)
   b) Besitzerhaltungsabsicht
3. **Ergebnis: § 252 (+)**

II. **Körperverletzung, § 223 I (+)**

III. **Nötigung, § 240 I (+)**
Tritt hinter § 113 als subsidiär zurück

Konkurrenzen:

§ 252 I (+), §§ 223 I, 240 I treten zurück

Vierter Tatkomplex: Die Abholung der Uhr

I.   **Betrug ggü. G, zum Nachteil des G und zum eigenen Vorteil, § 263 I**
   1. **Objektiver Tatbestand**
       a) Täuschung (+): über Berechtigung zur Abholung
       b) Irrtum (–):
           P: G muss sich gar keine Gedanken machen über Berechtigung des F durch Leistung an F als Inhaber eines einfachen Legitimationspapiers tritt befreiende Wirkung hinsichtlich der Rückgabepflicht des G ein, § 793 I 2 BGB
   2. **Ergebnis: § 263 I (–)**
II. **Unterschlagung, § 246 I (+)**

Vierter Teil: Gesamtergebnis

F ist strafbar gem. §§ 263 I, 252, 53 I. § 242 I am Reparaturschein tritt im Wege der Gesetzeskonkurrenz hinter § 252 zurück. Unterschlagung tritt kraft gesetzlich angeordneter Subsidiarität ebenfalls zurück, § 246 I a. E.

C. Gutachten

Erster Tatkomplex: Die „Rückgabe" des Herrenmantels

I. Diebstahl hinsichtlich des Mantels, § 242 I

Indem F den Herrenmantel in der Umkleidekabine in die mitgebrachte Plastiktüte gesteckt hat, könnte er sich eines vollendeten Diebstahls gem. § 242 I schuldig gemacht haben.

1. Objektiver Tatbestand

Dann müsste er eine fremde bewegliche Sache weggenommen haben.

a) Der Mantel ist unproblematisch eine bewegliche Sache. Da er auch nicht im Alleineigentum des F stand, ist auch die Fremdheit zu bejahen.

b) Fraglich ist, ob F den Mantel auch weggenommen hat. Wegnahme meint den Bruch fremden und die Begründung neuen, nicht notwendigerweise tätereigenen Gewahrsams. Gewahrsam meint die von einem natürlichen Herrschaftswillen getragene tatsächliche Sachherrschaft unter Berücksichtigung der Verkehrsauffassung. Nach anderer Ansicht ist auf die sozial-normative Zuordnung einer Sache zur Gewahrsamssphäre einer Person abzustellen. Nach beiden Ansichten hatte hier zunächst der Inhaber des Kaufhauses (oder das jeweilige Organ falls es sich beim Kaufhaus um eine juristische Person handelt) Gewahrsam an dem Mantel.

Innerhalb des Kaufhauses hat dieser einen generellen Gewahrsamswillen bzgl. aller Gegenstände des beherrschten Raumes, sowie aufgrund seiner bestimmenden Einflussnahme auch die alleinige tatsächliche Sachherrschaft (das Kaufhauspersonal besitzt insoweit untergeordneten Gewahrsam oder ist insoweit nur Gewahrsamsgehilfe/-hüter), der Mantel ist seiner sozial-normativen Gewahrsamssphäre zuzuordnen.

Der Gewahrsam wird gebrochen, wenn er ohne das Einverständnis bzw. gegen den Willen des bisherigen Gewahrsamsinhabers aufgehoben wird. Neuer Gewahrsam wird begründet, wenn der Täter so die Herrschaft über die Sache erlangt, dass ihrer Ausübung keine wesentlichen Hindernisse entgegenstehen. F hat hier den Mantel in die von ihm getragene Plastiktüte gesteckt und ihn damit in seine engere Gewahrsamssphäre überführt (Bildung einer sog. „Gewahrsamsenklave"). Es ist davon auszugehen, dass dies auch gegen den Willen des bisherigen Gewahrsamsinhabers geschah. Der Wegschaffung des Mantels stünden somit unter normalen Umständen keine wesentlichen Hindernisse entgegen. Fraglich ist aber, ob sich daraus etwas anderes ergibt, dass F von Anfang an vorhatte, den Mantel an der Kasse wieder zurückzugeben. Nach hier vertretener Auffassung begründet dies keine andere Beurteilung. Die mitgebrachte Plastiktüte schafft eine eigene Barriere, die bewirkt, dass nun der Gewahrsam des F vom Kaufhauspersonal gebrochen werden müsste, um wieder an den Mantel zu gelangen. Demnach war bereits mit dem Verbergen des Mantels in der Tüte die Wegnahme vollendet.[1] Folglich hat F den objektiven Tatbestand des § 242 I erfüllt.

Exkurs: Vollendung der Wegnahme bei alarmgesicherter Ware

Steht im Sachverhalt der Hinweis, dass die Sache (wie hier der Mantel) mit einem elektromagnetischen Sicherungsetikett versehen war, kann auf folgendes Standardproblem einzugehen sein:

1. Auffassung:

Nach einer Ansicht kommt es in diesen Fällen erst mit Passieren des Ausgangs zur Vollendung der Wegnahme. Sie verlangt eine „Sachbeziehung mit Zukunft" im Rahmen des Gewahrsamswechsels. Bei alarmgesicherter Ware sei die Herrschaftsmacht des Ladeninhabers vor Passieren des Ausgangs lediglich gefährdet, da dieser im Wege der Selbsthilfe den potentiellen Dieb festhalten dürfe (§ 859 II BGB).

2. Auffassung:

Nach h. M. hat dies jedoch keine Auswirkungen. Elektromagnetische Sicherungsmechanismen geben dem Ladenpersonal – ebenso wie die Beobachtung durch Kameras – lediglich die Möglichkeit den schon erfolgten Gewahrsamswechsel rückgängig zu machen, sie sagen jedoch nichts

---

1 Andere Ansicht vertretbar: In Anlehnung an die Argumentation bei großen/sperrigen/schweren Sachen hätte man argumentieren können, dass wie bei diesen Konstellationen bei der Rückgabe an der Kasse eine erhöhte Entdeckungsgefahr besteht, so dass das Verbergen in der Plastiktüte hier nicht ausreicht.

über die Zuordnung der Sache zu einer Person aus. Anders wäre dies nur etwa dann, wenn mit dem Alarm zusätzliche Sicherungsmechanismen verbunden wären, etwa ein automatisches Schließen der Türen.

Achtung typischer Klausurfehler: Gerade bei solchen Standardproblemen besteht die Gefahr, dass die Klausurbearbeiter ihr Wissen präsentieren wollen, obwohl die Frage in der konkreten Falllösung gar nicht relevant ist (daher Exkurs). Im vorliegenden Fall etwa kommt es hier (noch) nicht auf die Sicherung der Ware an. Denn einerseits wollte F mit Mantel das Kaufhaus nie verlassen, andererseits hatte er das Sicherungsetikett ja gerade entfernt, so dass der Alarm in keinem Fall ausgelöst worden wäre.

Übersichtsliteratur: *Hillenkamp*, 40 Probleme StrafR BT, 19. Problem; *Dölling*, JuS 1986, 688.

---

2. Subjektiver Tatbestand

a) F handelte auch vorsätzlich hinsichtlich der objektiven Tatbestandsmerkmale.

b) Problematisch ist aber, ob er auch die erforderliche Zueignungsabsicht hatte. Dazu müsste er mit dolus directus 1. Grades hinsichtlich der Anmaßung einer eigentümerähnlichen Stellung durch zumindest vorübergehende Einverleibung der Sache in das eigene Vermögen gehandelt haben (Aneignungskomponente), sowie mindestens mit dolus eventualis hinsichtlich der dauerhaften Verdrängung des Eigentümers aus seiner Position (Enteignungskomponente). Fraglich ist hier zunächst, was aus Sicht des F der Gegenstand der Zueignung war.

P: Gegenstand der Zueignung

Die Frage nach dem Gegenstand der Zueignung ist im Regelfall unproblematisch und damit nicht näher zu erörtern, wenn der Täter die Substanz der Sache entzieht (Täter nimmt Schmuckstück weg, um es wie ein Eigentümer zu tragen). Probleme ergeben sich, wenn die Sachsubstanz und der in der Sache verkörperte Sachwert ein getrenntes Schicksal haben (klassisches Beispiel: Sparbuch, das nach Abheben des Geldes dem Berechtigten als „leere Hülle" zurückgegeben wird; Fahrkarte, die benutzt und abgestempelt sowie anschließend wieder zurückgegeben wird). Hierzu wurden/werden verschiedene Theorien vertreten.

1. (ursprüngliche) Substanztheorie

Gegenstand der Zueignung ist die Sache selbst. Auf den wirtschaftlichen Wert der Sache kommt es nicht an.

– erfasst nicht das Sparbuch oder die Fahrkarte
– erfasst aber wertlose Gegenstände mit Erinnerungswert (z. B. der Liebesbrief des verstorbenen Ehemanns).

2. (in Anbetracht der erwähnten Fälle entwickelte) Sachwerttheorie

Gegenstand der Zueignung ist der wirtschaftliche Wert einer Sache, der in ihr verkörpert ist (sog. lucrum ex re – Test: ist die Sache weniger Wert, nachdem der Täter sie zurückgegeben hat?)

– Sparbuch wird erfasst (das war Grund der Erweiterung)
– erfasst aber nicht wirtschaftlich wertlose Sachen

3. (heute ganz herrschende) Vereinigungstheorie mit restriktivem Sachwertbegriff
Gegenstand der Zueignung ist die Sache selbst (Sachsubstanz) oder auch der in der Sache verkörperte Wert (Sachwert).
– vereinigt die beiden obigen Theorien und stellt so einen umfassenden Rechtsgutsschutz im Rahmen des Zueignungsbegriffs her

4. Vereinigungstheorie mit extensivem Sachwertbegriff
Neben der Sachsubstanz und dem lucrum ex re ist auch noch der mit der Sache zu erzielende Wert/Gewinn (sog. lucrum ex negotio cum re) umfasst.
– verwischt die Grenze zwischen Eigentums- und Bereicherungsdelikten

5. Moderne Variante der Substanztheorie
Gegenstand der Zueignung sind alle dem Eigentümer zustehenden Herrschaftsbefugnisse, die der Sache objektiv als Verwendungsmöglichkeit innewohnen (also beispielsweise die Befugnis den Gegenstand zu veräußern)
– dagegen spricht, dass Zueignung nicht bedeutet, dass der Täter zusätzliche Möglichkeiten bekommt, es kommt vielmehr gerade auf die Beziehung der Tat zur Sache selbst an

Aus der Rechtsprechung:
Übersichtsliteratur: *Hillenkamp*, 40 Probleme StrafR BT, 20. Problem.

Dem F kam es nicht auf den Mantel als solchen an, er wollte lediglich die Kassiererin im Rahmen der Rückgabe dazu bewegen, ihm den Wert des Mantels in Geld auszubezahlen. Nach der heute ganz überwiegend vertretenen Vereinigungstheorie kann Gegenstand der Zueignung sowohl die Sachsubstanz als auch der Sachwert sein. Danach wäre der Wert des Mantels tauglicher Zueignungsgegenstand. Bei dem vorliegenden Sachverhalt handelt es sich jedoch um einen sog. „Rückveräußerungsfall". Hier ist insbesondere im Rahmen der Enteignung umstritten, ob sich der Täter wirklich die Sachsubstanz bzw. den Sachwert zueignen will.

P: Gegenstand der Zueignung bei „Rückveräußerungsfällen"
Bei den Rückveräußerungsfällen ist weniger die Aneignungskomponente problematisch, denn der Täter maßt sich ja bei der Rückveräußerung gerade eine eigentümerähnliche Stellung an, indem er über die fremde Sache für eigene Rechnung verfügt. Fraglich ist aber, ob der Täter *dauerhaft enteignen* will:

1. Auffassung
Eine Ansicht verneint die Zueignungsabsicht hinsichtlich der dauernden Enteignung (lediglich Gebrauchsanmaßung, furtum usus). Die Verwendung einer Sache zur rechtswidrigen Erlangung von Vorteilen sei nicht Gegenstand der Zueignung:
– Der Täter wolle hier von Anfang an den rechtmäßigen Zustand im Sinne der Eigentumsordnung wieder herstellen, daher gerade nicht dauerhaft enteignen.
– Der Täter eigne sich weder die Sachsubstanz noch deren Sachwert zu, die Sache sei lediglich Instrument eines Betruges.
– Das Opfer werde nicht dauerhaft aus seiner Eigentümerposition verdrängt, sondern durch die Herausgabe des Geldes in seinem Vermögen geschädigt, das in § 263 geschützt sei.

2. Auffassung

Die wohl h. M. wendet sich gegen die Annahme eines furtum usus:

- Da die Sache nicht als dem wahren Eigentümer gehörend, sondern als dem Täter gehörend zurückgegeben wird, werde die wahre Eigentumslage gerade geleugnet, nicht wiederhergestellt.
- Begriffsnotwendig setze ein Angebot, die Sache zurück zu übereignen, deren vorherige Zueignung voraus.
- Der Eigentümer werde im Rahmen der Rückveräußerung dauerhaft vom Sachwert (Veräußerungswert) ausgeschlossen. Selbst wenn er die zurück erworbene Sache veräußere, könne er so nur „das Loch des entgeltlichen Rückerwerbs stopfen".
- Die Wegnahme lediglich als Gebrauchsanmaßung, als straflose Vorbereitungshandlung zum Betrug anzusehen, liefere dem Täter, der die Beute noch besitzt, eine willkommene Schutzbehauptung.

Übersichtsliteratur: *Grunewald*, GA 2005, 520; *Stoffers*, Jura 1995, 113.

Weitere Übungsklausur: Börner, Jura 2003, 855.

---

aa) Eine Ansicht verneint dies, die Sache sei lediglich Instrument eines Betruges, der Täter eigne sich die Sache weder der Substanz nach, noch des Sachwertes nach zu, da er von Anfang an die Sache zurückgeben und so die rechtmäßige Eigentumslage wieder herstellen wolle. Danach bliebe die Wegnahme hier als Gebrauchsanmaßung (furtum usus) lediglich straflose Vorbereitungshandlung zu einem noch zu prüfenden Betrug an der Kasse.

bb) Die Gegenansicht wendet ein, dass der Täter das Opfer gerade dauerhaft vom Sachwert i. S. d. Veräußerungswertes ausschließe, denn selbst wenn die zurück erworbene Sache veräußert wird, kann dadurch nur der Verlust durch den entgeltlichen Rückerwerb ausgeglichen werden. Die besseren Argumente sprechen für die zuletzt genannte Auffassung. Ein Angebot, eine Sache zurück zu übereignen, setzt schon begrifflich deren vorherige Zueignung voraus. Folglich handelte F mit der erforderlichen Zueignungsabsicht.

3. Strafzumessung: Regelbeispiel des § 243 I 2 Nr. 2

Da der Mantel mit einem Sicherungsetikett versehen war, könnte der Mantel eine durch eine Schutzvorrichtung gegen die Wegnahme besonders gesicherte Sache i. S. d. § 243 I 2 Nr. 2 sein. Dann müsste das Etikett der Art nach geeignet und bestimmt sein, die Wegnahme erheblich zu erschweren. Nach einer Ansicht erhöht das Sicherungsetikett die psychologische Hemmschwelle potentieller Diebe, es koste erhebliche Bemühungen, es zu beseitigen, danach läge hier eine besondere Schutzvorrichtung vor. Die besseren Argumente sprechen jedoch für die Gegenansicht: Ein Sicherungsetikett erschwert nicht die Wegnahme als solche, denn diese ist häufig bereits vollendet, bevor der Alarm ausgelöst wird, vielmehr erleichtert die Sicherung in Verbindung mit dem Alarm am Ausgang lediglich die Wiedererlangung des Gewahrsams.

4. Ergebnis
F ist strafbar wegen Diebstahls gem. § 242 I.

II. Betrug gegenüber der Kassiererin zum Nachteil des Kaufhauses und zum eigenen Vorteil des F, § 263 I

Durch die Erklärung gegenüber der Kassiererin, er habe den Mantel gekauft, und die Rückgabe des Mantels unter Vorlage des gefundenen Kassenbelegs könnte sich F eines Betruges gem. § 263 I schuldig gemacht haben.

1. Objektiver Tatbestand
a) Dann müsste F zunächst über Tatsachen getäuscht, also auf das intellektuelle Vorstellungsbild eines anderen eingewirkt haben, mit dem Ziel der Irreführung. F gab an, den Mantel erworben zu haben und gab ihn unter Vorlage des gefundenen Kassenbons zurück. Er hat damit die Kassiererin ausdrücklich darüber getäuscht, Eigentümer des Mantels geworden zu sein.
b) Dadurch kausal rief F bei der Kassiererin auch die entsprechende Fehlvorstellung über Eigentum und Rückgaberecht am Mantel hervor, mithin erregte er einen Irrtum.
c) Fraglich ist, ob daraufhin auch eine Vermögensverfügung, also ein Handeln, Dulden oder Unterlassen erfolgte, das sich unmittelbar vermögensmindernd auswirkte. Als solche kommt die Verfügung der Kassiererin über das Bargeld i. H. v. 375 € in Betracht.

Anerkannt beim Betrug ist, dass zwar Verfügender und Getäuschter, nicht aber Verfügender und Geschädigter identisch sein müssen. Insofern ist es unproblematisch, dass hier nicht der vermeintlich geschädigte Kaufhausinhaber, sondern die Kassiererin verfügte (sog. Dreiecksbetrug). In Abgrenzung zum Diebstahl in mittelbarer Täterschaft ist allerdings ein besonderes Näheverhältnis zwischen Verfügendem und Geschädigtem notwendig, um eine Vermögensverfügung und damit einen Betrug bejahen zu können.

P: Abgrenzung Dreiecksbetrug/Diebstahl in mittelbarer Täterschaft
Da sich nach h. M. Wegnahme und Vermögensverfügung gegenseitig ausschließen, ist eine Abgrenzung zwischen Diebstahl in mittelbarer Täterschaft und Dreiecksbetrug erforderlich. Die Anforderungen an das zur Annahme eines Betruges geforderte Näheverhältnis sind strittig:
1. Theorie von der rein faktischen Befugnis (auch faktische Nähetheorie)
Nach dieser Ansicht genügt es, wenn der Dritte allein faktisch – insbesondere als Mitgewahrsamsinhaber – über die Sache verfügen konnte.
– Allein die faktische Möglichkeit über das Vermögen eines anderen zu verfügen, ist kein hinreichender – vor allem kein hinreichend bestimmter – Zurechnungsgrund.
2. Theorie von der rechtlichen Befugnis
Danach ist eine Vermögensverfügungsbefugnis kraft Rechtsgeschäft, Gesetz oder behördlichen Auftrags (Beispiele für rechtliche Ermächtigungen: § 80 InsO, § 2206 BGB, § 56 HGB) erforderlich.
– Hier ist zwar eine hinreichende Bestimmtheit hinsichtlich der Zurechnung gegeben, allerdings ist diese Theorie systemwidrig, da die Begriffe „Gewahrsam" und „Verfügung" nicht rechtlicher, sondern faktischer Natur sind.
3. Lagertheorie (auch normative Nähetheorie)
Danach ist die Vermögensverfügung dem Geschädigten dann als eigene zuzurechnen, wenn der Verfügende im Lager des Geschädigten steht und aufgrund eines schon vor der Verfügung bestehenden Näheverhältnisses zum Vermögen des Geschädigten verfügen konnte.

    Klausurhinweis: Gerade in Dreiecksbetrugsfällen dient der Obersatz beim Betrug der Konkretisierung des Prüfungsgegenstandes: „Indem der X ..., könnte er sich eines Betruges gegenüber Y zum Nachteil des Z und zu seinem eigenen Vorteil/dem Vorteil eines Dritten gem. § 263 I schuldig gemacht haben."

Übersichtsliteratur: *Hillenkamp*, 40 Probleme StrafR BT, 30. Problem; *Kindhäuser/Nikolaus*, JuS 2006, 193; 293; 590; *Otto*, Jura 2002, 606.

Weitere Übungsklausur: *Rotsch*, JA 2004, 532.

Die Anforderungen an dieses Näheverhältnis sind zwar umstritten. Einerseits wird seitens des Verfügenden eine *rechtliche* Befugnis zu Verfügungen über das Vermögen des Geschädigten verlangt. Andererseits wird für ausreichend erachtet, dass der Verfügende in einem rein *faktischen* Näheverhältnis zum geschädigten steht bzw. dem „Lager" des Geschädigten zuzurechnen ist aufgrund eines schon vor der Verfügung bestehenden Näheverhältnisses zum Vermögen des Geschädigten. Da die Verkäuferin sowohl rechtlich gefugt war, vgl. § 56 HGB, als auch dem Lager des Kaufhausinhabers zuzurechnen ist, ist hier eine Vermögensverfügung anzunehmen, ohne dass es eines Streitentscheids bedarf.

d) Schließlich müsste ein Vermögensschaden gegeben sein. Dieser liegt vor, wenn ein Vergleich der Vermögenslage vor und nach der Verfügung eine Vermögensminderung ergibt, die nicht unmittelbar durch ein Äquivalent ausgeglichen wurde. Folgt man dem rein wirtschaftlichen Vermögensbegriff und hält Vermögenspositionen für umfasst, unabhängig davon ob sie dem Betreffenden rechtlich zustehen, so erhält das Kaufhaus durch die sofortige Rückgabe des Mantels ein wirtschaftliches Äquivalent, das die hingegebenen 375 € ausgleicht. Ein Vermögensschaden wäre dann abzulehnen. Sieht man als Vermögensschaden jedoch nur vermögenswerte Rechte (rein juristischer Vermögensbegriff) bzw. Vermögenspositionen an, die auch von der Rechtsordnung geschützt werden (juristisch-ökonomischer Vermögensbegriff), so wird das Vermögen des Kaufhauses um 375 € verringert. Denn F ist zur sofortigen unentgeltlichen Herausgabe des Mantels gem. §§ 861 und 985 BGB verpflichtet, so dass die Rückgabe nicht als Kompensation angesehen werden kann. Für die rein juristische bzw. juristisch-ökonomische Betrachtungsweise spricht das Postulat der Einheit der Rechtsordnung mit dem Zivilrecht, da andernfalls Diebesbeute mittelbar rechtlich anerkannt würde. Daher ist im Ergebnis ein Vermögensschaden zu bejahen.

2. Subjektiver Tatbestand

F handelte sowohl vorsätzlich hinsichtlich der objektiven Tatbestandsmerkmale als auch in der Absicht stoffgleicher, rechtswidriger Selbstbereicherung, so dass der subjektive Tatbestand des Betruges erfüllt ist.

3. Ergebnis

F ist strafbar des Betruges gem. § 263 I.

III. Strafbarkeit des F wegen Urkundenunterdrückung gemäß § 274 I Nr. 1

Fraglich ist, ob F sich auch einer Urkundenunterdrückung gem. § 274 I Nr. 1 strafbargemacht hat, weil er das Sicherheitetikett abgerissen hat.

1. Objektiver Tatbestand

Als taugliches Tatobjekt müsste zunächst eine Urkunde i.S.d. § 274 I Nr. 1 vorliegen. Der Mantel und das Sicherheitsetikett könnten eine zusammengesetzte Urkunde darstellen. Dazu müsste eine hinreichend feste Verbindung zwischen den zwei Augenscheinsobjekten zu einer beweiserheblichen menschlichen Gedankenerklärung vorliegen. Durch die Verbindung von Mantel und Sicherheitsetikett ergibt sich jedoch nicht eine solche Gedankenerklärung. Außerdem ließ sich das Etikett einfach abreißen, so dass zudem keine hinreichend feste Verbindung vorliegt.

2. Ergebnis
F hat sich keiner Urkundenunterdrückung i. S. d. § 274 I Nr. 1 strafbar gemacht.

IV. Hausfriedensbruch, § 123 I

Schließlich ist zu prüfen, ob F eines Hausfriedensbruchs gem. § 123 I schuldig ist.

1. Objektiver Tatbestand
Als taugliche Tathandlung kommt ein Eindringen in Betracht. Dann müsste F das Kaufhaus gegen den Willen des Kaufhausinhabers betreten haben. Der Kaufhausinhaber gestattet jedoch grundsätzlich jedermann das Betreten seiner Geschäftsräume (generelles Einverständnis). F hat sich beim Betreten auch im Rahmen des vom Hausrechtsinhabers generell gebilligten äußeren Erscheinungsbildes gehalten. Der objektive Tatbestand ist daher nicht erfüllt.

2. Ergebnis
F hat keinen Hausfriedensbruch gem. § 123 I begangen.

V. Konkurrenzen im Ersten Tatkomplex

Zunächst stehen Diebstahl und Betrug in Tatmehrheit, § 53 I, jedoch tritt im Ergebnis § 242 I als mitbestrafte Vortat hinter § 263 I zurück (Diebstahl lediglich Mittel/Durchgangsstadium zum späteren Betrug). F ist strafbar wegen Betruges gem. § 263 I.

Zweiter Tatkomplex: Das Geschehen hinsichtlich der Aktentasche und Mitnahme des Reparaturscheins

I. I. Diebstahl hinsichtlich Aktentasche, § 242 I

Indem F die Aktentasche samt Inhalt mitnahm, könnte er sich eines Diebstahls gem. § 242 I schuldig gemacht haben.

1. Objektiver Tatbestand

a) Sowohl die Aktentasche, als auch ihr Inhalt in Form des Reparaturscheins sind fremde bewegliche Sachen.

b) Diese müsste F weggenommen haben, zur Definition siehe oben. Fraglich ist, wer an den vergessenen Sachen Gewahrsam hatte.

Bei vergessenen Sachen kann der Vergessende ohne wesentliche Hindernisse jederzeit die Sachherrschaft ausüben, indem er zurückgeht und die Sachen wieder an sich nimmt – sofern er weiß wo er die Gegenstände vergessen hat. Letzteres ist nach dem Sachverhalt zwar offen. Zumindest aber bestand hier Gewahrsam hinsichtlich des Kaufhausinhabers, ausgeübt durch dessen Angestellte: Die Tasche befand sich im generellen Gewahrsamsbereich des Kaufhauses. Hinsichtlich von Kunden vergessener Sachen, ist auch ein genereller Gewahrsamswille des Kaufhausinhabers anzunehmen. Neuen Gewahrsam hat F spätestens erlangt, als er die entsprechende Abteilung des Kaufhauses verlassen hatte. Folglich hat F die Tasche samt Inhalt weggenommen.

2. Subjektiver Tatbestand

a) F handelte auch vorsätzlich hinsichtlich der Wegnahme fremder beweglicher Sachen. Zwar wusste F noch nicht genau, welche Gegenstände sich in der Tasche befinden. Sein Vorsatz bezog sich jedoch genau auf die in *dieser* Tasche befindlichen Gegenstände und war damit hinreichend konkretisiert.

b) Problematisch ist aber, ob F hinsichtlich der Aktentasche auch mit der erforderlichen Zueignungsabsicht handelte. Sowohl das Aneignungs- als auch das Enteignungselement (zur Definition s.o.) sind hier zweifelhaft.

F hatte von Anfang an kein Interesse an der Aktentasche, sein Interesse bezog sich vielmehr nur auf den „stehlenswerten" Inhalt. Es kann daher nicht davon gesprochen werden, dass F die Gegenstände zumindest vorübergehend seinem Vermögen einverleiben wollte.[2]

Außerdem wollte F die Aktentasche nicht behalten, er hat vielmehr sie an einem Ort gelassen, an dem sie für den Eigentümer letztlich nicht schwerer auffindbar sind, als in der Umkleidekabine, da vergessene Sachen in der Regel abgegeben werden. Er wollte folglich den Eigentümer nicht dauerhaft aus seiner Eigentümerstellung verdrängen, mithin ist auch der Enteignungsvorsatz hinsichtlich der Aktentasche zu verneinen.

---

[2] Eine andere Ansicht ist insbesondere hinsichtlich der Aktentasche vertretbar, mit dem Hinweis der Nutzung der Tasche als Transportmittel.

3. Ergebnis
F ist hinsichtlich der Aktentasche nicht des Diebstahls gem. § 242 I strafbar.

II. Diebstahl hinsichtlich des Reparaturscheins durch die Mitnahme der Aktentasche, § 242 I

Durch die Mitnahme der Aktentasche samt Inhalt könnte sich F jedoch eines Diebstahls an dem Reparaturschein gem. § 242 I schuldig gemacht haben.

1. Objektiver Tatbestand
Hinsichtlich des objektiven Tatbestands kann nach oben verwiesen werden.

2. Subjektiver Tatbestand
a) Selbiges gilt für den Vorsatz hinsichtlich der objektiven Tatbestandsmerkmale.
b) Allerdings hatte F bereits im Zeitpunkt der Wegnahme der Aktentasche die erforderliche Zueignungsabsicht in Bezug auf den Reparaturschein. Seine Zueignungsabsicht bezog sich bereits zu diesem Zeitpunkt auf alle vermögenswerten Gegenstände in genau dieser Aktentasche, also auch auf den Sachwert[3] des Reparaturscheins.

3. Antragserfordernis gem. § 248a
Fraglich ist, ob hinsichtlich des Reparaturscheins Geringwertigkeit angenommen werden kann und damit ein Strafantrag erforderlich wäre. Maßgeblich für die Geringwertigkeit ist der objektiv, nach allgemeiner Verkehrsauffassung zu beurteilende Verkehrswert zum Zeitpunkt der Tat. Als Richtwert nimmt die Rechtsprechung 50 € an. Da der Schein die Abholung einer teuren Uhr ermöglicht, ist eine Geringwertigkeit danach abzulehnen. Es kommt eben nicht auf den Substanz- sondern auf den objektiven Verkehrswert an.

4. Ergebnis
F ist des Diebstahls am Reparaturschein gem. § 242 I schuldig.

---

3 Hier begegnet dem Klausurbearbeiter die Problematik bzgl. Substanz bzw. Sachwert quasi in ihrer reinen, im Vergleich zu oben unproblematischen Form.

III. Unterschlagung hinsichtlich des Reparaturscheins im Café, § 246 I

Indem der F den Reparaturschein behielt, während er die Aktentasche im Café zurückließ, könnte er sich einer Unterschlagung gem. § 246 I strafbar gemacht haben.

1. Objektiver Tatbestand

Unterschlagung setzt eine tatsächliche Zueignung, d. h. eine für einen objektiven Beobachter nach außen erkennbare Manifestation des Zueignungswillens voraus. Durch die eben beschriebene Verhaltensweise brachte F zwar zum Ausdruck, dass er den Schein in seine Herrschaftsgewalt bringen, sich nicht wie ein normaler Finder gerieren und die Sache behalten will. Wenngleich sich damit sein Zueignungswillen nach außen manifestierte, so ist doch problematisch, ob F sich eine Sache, die er sich bereits zugeeignet hat, ein zweites Mal zueignen kann. Die Frage ist umstritten.

P: Wiederholte Zueignung im Rahmen der Unterschlagung, § 246 I

Das Problem ist nicht nur akademischer Natur. In der Praxis kann die Vortat häufig nicht nachgewiesen werden, so dass dann nur eine Strafbarkeit wegen § 259 bzw. § 246 bleibt. Zur Lösung des Problems der wiederholten Zueignung wird vertreten:

1. Konkurrenzlösung

Nach der Konkurrenzlösung ist die wiederholte Zueignung durchaus möglich, die (erneute) Unterschlagung tritt jedoch Kraft gesetzlich ausdrücklich angeordneter Subsidiarität bzw. als mitbestrafte Nachtat auf Konkurrenzebene zurück.

– Argumentiert wird mit möglichen Strafbarkeitslücken bei Verwertungshandlungen des Täters und insbesondere bei Teilnehmern: nur bei der Konkurrenzlösung liegt eine teilnahmefähige Haupttat vor.

2. Tatbestandslösung

Nach der Tatbestandslösung ist eine wiederholte Zueignung bereits begrifflich nicht möglich.

– Man könne sich nichts zueignen, was bereits in den eigenen Herrschaftsbereich gelangt ist. Achtung: Dies kann bei einer Drittzueignung anders beurteilt werden. Hier ist es durchaus begrifflich möglich, sich zunächst eine Sache selbst und später einem Dritten zuzueignen (str.)

– Was die möglichen Strafbarkeitslücken bei Verwertungshandlungen des Täters und insbesondere bei Teilnehmern anbelange, so seien sie hinzunehmen, weil die §§ 257, 259 diesbezüglich abschließende Regelungen darstellen.

– Sehe man in jeder späteren Verwertungshandlung des Täters eine Unterschlagung, so bewirke dies praktisch eine unbegrenzte Verlängerung der Verjährungsfrist der Vortaten.

Übersichtsliteratur: *Hillenkamp*, 40 Probleme StrafR BT, 24. Problem; *Eckstein*, Jura 2001, 25.

Weitere Übungsklausur: *Schultze*, JA 2002, 777

Die Vertreter der Konkurrenzlösung bejahen die Möglichkeit einer wiederholten Zueignung, insbesondere zur Vermeidung von Strafbarkeitslücken im Teilnahmebereich, lassen die Unterschlagung jedoch im Rahmen der Konkurrenzen als mitbestrafte Nachtat bzw. Kraft gesetzlicher Subsidiarität, § 246 I a. E., zurücktreten. Nach der sog. Tatbestandslösung ist eine wiederholte Zueignung bereits begrifflich nicht möglich. Da sich beide Ansichten im Ergebnis hier nicht unterscheiden, muss die Frage hier auch nicht entschieden werden.

2. Ergebnis

F hat sich nicht der Unterschlagung gem. § 246 I strafbar gemacht.

Dritter Tatkomplex: Der Faustschlag in die Magengegend

I. Räuberischer Diebstahl, § 252

Da F auf der Flucht mit der Diebesbeute dem ihm nacheilenden E einen Faustschlag in die Magengegend versetzte, könnte er einen räuberischen Diebstahl, § 252, begangen haben.

1. Objektiver Tatbestand

a) Eine taugliche Vortat liegt mit dem Diebstahl des Reparaturscheins seitens des F vor (s. o.).

b) Indem F dem E einen schmerzhaften Faustschlag versetzte, hat er auch Gewalt gegen eine Person angewendet.

c) Beim räuberischen Diebstahl müsste das Nötigungsmittel in Abgrenzung zu den §§ 249 ff. eingesetzt worden sein, als der Diebstahl bereits vollendet war. Hier war der Diebstahl am Reparaturschein mit der Wegnahme der Tasche bereits vollendet (s. o.). Da sich F aber noch in Tatortnähe befand und keinen gesicherten Gewahrsam hatte, als der E ihm nacheilte, war die Vortat noch nicht beendet.

d) Fraglich ist aber, ob F von E auf frischer Tat betroffen wurde.

aa) Auf frischer Tat bedeutet, dass der Einsatz des Nötigungsmittels unmittelbar nach Vollendung des Diebstahls in engem räumlichen und zeitlichen Zusammenhang damit erfolgt. Der Diebstahl darf noch nicht beendet sein. F befand sich hier in unmittelbarer Tatortnähe und ergriff die Besitzerhaltungsmaßnahmen unmittelbar nach Vollendung des Diebstahls beim Verlassen des Kaufhauses, als er noch keinen gesicherten Gewahrsam hatte, die Tat mithin noch nicht beendet war.

bb) „Betroffensein" meint, dass der Täter alsbald nach der Tatausführung in Tatortnähe von einem anderen entweder sinnlich wahrgenommen wird oder auf sonstige Weise mit einer anderen Person räumlich zusammentrifft (str.). Problematisch ist hier, dass der E von dem Diebstahl gar nichts wusste und der F einem „Bemerktwerden" seitens des E mit seiner Gewaltanwendung zuvor kam.

P: „Betroffensein" i. S. d. § 252

Hinsichtlich des Merkmals „Betroffensein" ist umstritten, ob der Verfolger den Täter bei der Tat wahrgenommen haben muss, oder ob es ausreicht, dass eine Wahrnehmung wie hier kurz bevorsteht.

1. Auffassung

Eine Ansicht verlangt, dass der Diebstahl auch wahrgenommen wurde.

– Ansonsten würde gerade das Betroffenwerden verhindert.

– Eine andere, extensive Auslegung des Worts „betroffen" überschreite die Wortlautgrenze und laufe damit auf eine Analogie zu Lasten des Täters hinaus, die nach § 1 StGB und Art. 103 II GG verboten ist.

2. Auffassung

Eine andere Auffassung lässt es genügen, wenn der Täter wie hier dem „Bemerktwerden" mit seiner Gewaltanwendung zuvorkommt.

– Argumentiert wird, die Wortlautgrenze sei noch nicht überschritten, denn § 252 spricht eben gerade von „betroffen" und nicht von „bemerkt".

– Die qualifizierte Gewaltanwendung zur Beutesicherung sei im hier vorliegenden Fall genauso strafwürdig.

Übersichtsliteratur: *Hillenkamp*, 40 Probleme StrafR BT, 26. Problem; *Küper*, Jura 2001, 21.

Weitere Übungsklausur: *Mitsch*, JA 1997, 655.

Die Behandlung dieses Problems ist umstritten. Während eine Auffassung ein Wahrnehmen der Tat seitens des Betreffenden verlangt, weil andernfalls die Wortlautgrenze überschritten und eine gem. § 1 StGB und Art. 103 II GG verbotene Analogie zu Lasten des Täters vorgenommen werde, so lässt es die Gegenauffassung genügen, wenn der Täter dem Bemerktwerden zuvorkommt. Letztere Ansicht ist vorzugswürdig. Abgesehen davon, dass die qualifizierte Gewaltanwendung in einer solchen Situation genauso strafwürdig ist, so ist darüber hinaus die Wortlautgrenze nicht überschritten. § 252 lässt eine Auslegung in diesem Sinne durchaus zu, denn die Vorschrift spricht von „Betreffen" und nicht von „Bemerken".[4]

---

4 Hinweis: Wer hier der anderen Ansicht folgt, muss zumindest einen untauglichen Versuch prüfen, vgl. § 23 III, der nach § 22 („... nach seiner Vorstellung von der Tat ...") grundsätzlich strafbar ist. Wer auch in der subjektiv vorgestellten Ausdehnung des Tatbestandes einen Verstoß

2. Subjektiver Tatbestand

a) Vorsatz seitens des F hinsichtlich Vortat und Gewaltanwendung liegt vor.

b) Darüber hinaus handelte F auch zielgerichtet, um eine Gewahrsamsentziehung zu verhindern, mithin mit der erforderlichen Beutesicherungsabsicht.

3. Ergebnis

F ist strafbar wegen räuberischen Diebstahls gem. § 252.

II. Körperverletzung, § 223 I

F hat im Übrigen mit dem Faustschlag tatbestandlich, rechtswidrig und schuldhaft eine Körperverletzung gem. § 223 I verwirklicht.

III. Nötigung, § 240 I

Zudem verwirklichte F durch die selbe Handlung tatbestandlich, rechtswidrig und schuldhaft eine Nötigung gem. § 240 I.

Körperverletzung gem. § 223 I verwirklicht.

IV. Konkurrenzen

F hat sich eines räuberischen Diebstahls schuldig gemacht, § 252. Die §§ 223 I, 240 I werden im Wege der Gesetzeskonkurrenz konsumiert.[5]

---

gegen das Analogieverbot sieht, kann mit entsprechender Begründung einen untauglichen Versuch ebenfalls ablehnen.

5 Wird nur (untauglicher) Versuch angenommen, so hat sich F gem. §§ 252, 22, 23 schuldig gemacht, daneben wird man § 223 I annehmen müssen in Tateinheit, § 52 I, da § 223 I ja vollendet ist. Wer auch den Versuch des § 252 ablehnt, landet lediglich bei § 223 I.

Vierter Tatkomplex: Die Abholung der Uhr

I. Betrug gegenüber G, zu dessen Nachteil und zum eigenen Vorteil, § 263 I

Mit der Abholung der Uhr unter Vorlage des gestohlenen Reparaturscheins könnte sich F eines Betruges gem. § 263 I gegenüber G, zu dessen Lasten und zum eigenen Vorteil schuldig gemacht haben.

1. Objektiver Tatbestand

a) Eine Täuschungshandlung liegt vor, da F mit Vorlage des Reparaturscheins konkludent behauptet hat, zur Abholung der Uhr berechtigt zu sein.

b) Fraglich ist, ob dadurch kausal bei G ein Irrtum bewirkt wurde. Dann müsste sich G aber über die Berechtigung des F Gedanken gemacht haben bzw. es müsste bei G ein entsprechendes sachgedankliches Mitbewusstsein vorliegen.

Dies ist jedoch zweifelhaft, denn bei einem Reparaturschein handelt es sich um ein (einfaches) Legitimationspapier. Bei solchen tritt bei Leistung an den Inhaber des Scheins Befreiung ein, auch wenn dieser nicht berechtigt ist, § 793 I 2 BGB. G hatte daher keinerlei Veranlassung, sich Gedanken über die Berechtigung des F zu machen.

Exkurs: Irrtum im Rahmen des Betrugs, wenn der Kommunikationspartner sich keine Gedanken machen muss

Diese Konstellation ist insbesondere in folgenden Fällen anzutreffen:

1. Prozessbetrug im gerichtlichen Mahnverfahren:

Jemand macht bewusst wahrheitswidrig im gerichtlichen Mahnverfahren einen Anspruch geltend. Der nach § 20 Nr. 1 RPflG zuständige Rechtspfleger muss sich nach § 692 I Nr. 2 ZPO gar keine Gedanken über das Bestehen eines Anspruchs machen. Hier findet keine inhaltliche Prüfung statt, sofern keine Ausnahme des § 691 I 1 ZPO vorliegt.

2. Sparbücher:

Hierzu werden zwei Ansichten vertreten.

e.A.: Sparbücher sind (qualifizierte) Legitimationspapiere i.S.d. § 808 BGB; da das Kreditinstitut gem. § 808 I BGB mit Leistung an den Vorlegenden frei wird, mache sich der Schalterangestellte keine Gedanken über die Berechtigung des Abhebenden.

a.A.: Nach der Gegenansicht gehe diese pauschale Betrachtung an der Realität vorbei, denn als ungeschriebene Ausnahme zu § 808 I BGB gelte, dass das Kreditinstitut bei grober Fahrlässigkeit und Vorsatz gerade nicht frei werde. In der Realität wird daher am Schalter durchaus die Berechtigung geprüft, um evidente Missbrauchsfälle auszuschließen. Ob sich der Schalterangestellte Gedanken macht, sei daher in jedem Einzelfall zu prüfen.

Übersichtsliteratur: *Sch/Sch/Cramer/Perron*, § 263 Rn 48 und 52 m.w.N.; *Bosch*, JA 2007, 70.

Weitere Übungsklausur: *Mitsch*, JA 1997, 655.

Selbst wenn man mit einer insbesondere im Rahmen der Sparbuchfälle vertretenen Ansicht verlangt, dass in jedem Einzelfall geprüft werden müsse, ob sich der
Herausgebende nicht doch Gedanken gemacht hat, so liegen diesbezüglich keine
Anhaltspunkte im Sachverhalt vor. Ein Betrug gegenüber G scheitert daher an
dessen fehlenden Irrtum. [6]

2. Ergebnis

F hat sich durch Vorlage des Reparaturscheins keines Betruges gem. § 263 I strafbar
gemacht.

II. Unterschlagung, § 246 I

Fraglich ist, ob F durch die Entgegennahme der Uhr einer Unterschlagung gem.
§ 246 I schuldig ist.

Durch die Entgegennahme der Uhr manifestierte sich der Zueignungswille
des F, denn schon bei der Abholung wird erkennbar, dass F die Uhr für sich haben
will. Ferner sind subjektiver Tatbestand, Rechtswidrigkeit und Schuld gegeben.
F ist daher strafbar einer Unterschlagung gem. § 246 I.

Gesamtergebnis/Konkurrenzen

F hat sich wegen Betruges (ggü. Kaufhaus), § 263 I, sowie wegen räuberischen
Diebstahls, § 252, strafbar gemacht. Die Delikte stehen in Tatmehrheit, § 53 I. Der
einfache Diebstahl am Reparaturschein tritt im Wege der Gesetzeskonkurrenz

---

6 Hinweis: Sollte ein Bearbeiter mit guten Argumenten hier dennoch einen Irrtum des G annehmen, müsste im vorliegenden Fall jedoch ein **Schaden** verneint werden. G verliert zwar durch
die Herausgabe den unmittelbaren Besitz an der Uhr, als äquivalente Gegenleistung erhält er
jedoch den Abholschein, mit der er seine Leistung und Befreiung von der Rückgabepflicht
nachweisen kann.

Wird ein Irrtum bejaht, müsste der Bearbeiter im Folgenden einen **(Dreiecks-)Betrug
gegenüber G und zu Lasten des Eigentümers** der Uhr prüfen. Hinsichtlich der Vermögensverfügung wäre auf das Nähebeziehung zwischen G und Eigentümer aus dem Verwahrungsver-
hältnis abzustellen, der Vermögensschaden bestünde in dem Verlust des mittelbaren Besitzes des
Eigentümers der Uhr aus dem Besitzmittlungsverhältnis.

hinter § 252 zurück. Die Unterschlagung tritt Kraft ausdrücklich angeordneter Subsidiarität, § 246 I a. E. hinter dem räuberischen Diebstahl zurück. [7]

D. Definitionen

Wegnahme	ist der Bruch fremden und die Begründung neuen, nicht notwendigerweise tätereigenen Gewahrsams.
Gewahrsam	ist die von einem natürlichen Herrschaftswillen getragene tatsächliche Sachherrschaft unter Berücksichtigung der Verkehrsauffassung. Nach anderer Ansicht ist auf die sozial-normative Zuordnung einer Sache zur Gewahrsamssphäre einer Person abzustellen.
Gewahrsamsbruch	Gewahrsam wird gebrochen, wenn er ohne das Einverständnis bzw. gegen den Willen des bisherigen Gewahrsamsinhabers aufgehoben wird.
Begründung neuen Gewahrsams	Neuer Gewahrsam wird begründet, wenn der Täter so die Herrschaft über die Sache erlangt, dass ihrer Ausübung keine wesentlichen Hindernisse entgegenstehen.
Zueignungsabsicht	Dolus directus 1. Grades hinsichtlich der Anmaßung einer eigentümerähnlichen Stellung durch zumindest vorübergehende Einverleibung der Sache in das eigene Vermögen (Aneignungskomponente), sowie mindestens dolus eventualis hinsichtlich der dauerhaften Verdrängung des Eigentümers aus seiner Position (Enteignungskomponente).
Täuschung	ist die Einwirkung auf das Vorstellungsbild eines anderen mit dem Ziel der Irreführung (letzteres str.).
Irrtum	ist eine Fehlvorstellung über Tatsachen, die Gegenstand der Täuschung waren.
Vermögensverfügung	ist ein Handeln, Dulden oder Unterlassen, das sich unmittelbar vermögensmindernd auswirkt.

---

[7] Zur umstrittenen Frage, ob § 246 I a. E. eine relative (nur gegenüber Delikten mit gleicher Schutzrichtung) oder absolute (gegenüber allen Delikten mit höherer Strafandrohung) Subsidiarität anordnet vgl. Sch/Sch/Eser, § 246 Rn. 32 m.w.N. Falls (Dreiecks-)Betrug ggü. G zu Lasten des Eigentümers der Uhr bejaht wird tritt, dieser als mitbestrafte Nachtat hinter dem räuberischen Diebstahl zurück (typische Verwertungshandlung).

Vermögensschaden	Dieser liegt vor, wenn ein Vergleich der Vermögenslage vor und nach der Verfügung eine Vermögensminderung ergibt, die nicht unmittelbar durch ein Äquivalent ausgeglichen wurde.
auf frischer Tat	bedeutet, dass der Einsatz des Nötigungsmittels unmittelbar nach Vollendung des Diebstahls in engem räumlichen und zeitlichen Zusammenhang erfolgt. Der Diebstahl darf noch nicht beendet sein.
„betroffen"	„Betroffensein" bedeutet, dass der Täter alsbald nach der Tatausführung in Tatortnähe von einem anderen entweder sinnlich wahrgenommen wird oder auf sonstige Weise mit einer anderen Person räumlich zusammentrifft (str.).

Übungsfall 21: Abgekartetes Spiel in Arco

A. Sachverhalt

Jährlich finden in Arco am Gardasee die sog. Rockmasters, die inoffizielle Welt-meisterschaft im Wettkampfklettern statt. Odem Ondra (O) und Huber Bumm (B) sind die Stars der Szene und vor allem im „Lead-Wettbewerb" (die höchste er-reichte Kletterhöhe zählt) die Top-Favoriten von insgesamt zwölf Teilnehmern. Der jüngere O hat allerdings gegenüber seinem älter werdenden Konkurrenten bereits seit dem Vorjahr klar die Nase vorn. Kante Alpina (A) spricht im Vorfeld des Wettbewerbs O an und bietet ihm Liebesstunden mit der von O heißbegehrten Claudia Eckert (E), die in alles eingeweiht sei, sowie 10.000 €, wenn O den Wettbewerb verliere.

O lässt sich darauf ein und A setzt, wie gegenüber O angekündigt, 100.000 € auf den Sieg von B bei einem gutgläubigen Mitarbeiter (M) des staatlich zuge-lassenen Sportwettenanbieters (S). Die Quote für die Wette war anhand des klar prognostizierten Gewinns von O sehr günstig für A, falls B gewinnen sollte. Tat-sächlich war E nicht zu der vereinbarten „Gegenleistung" bereit und wusste auch nicht, dass A dem O Geld und Liebesdienste für eine Niederlage im Wettbewerb geboten hatte. A hatte mit ihr aber zuvor gesprochen und ihr erzählt, dass er eine Wette auf den Sieg von B platzieren wolle. Da O in E „verschossen" sei, solle sie ihn vor dem Wettkampf mit ihren Blicken nervös machen und ihm verheißungsvoll zuzwinkern, damit O sich nicht mehr konzentrieren könne und deshalb verliere. B startet beim „Lead-Wettbewerb" und erreicht tatsächlich knapp vor seinen Mitkonkurrenten die bis dato höchste Höhe von 31 Metern, scheitert dann jedoch mitten in der scheinbar unbezwingbaren Schlüsselstelle, einem Sprung nach ei-nem kleinen Fingerloch. O klettert bis zu der Schlüsselstelle, verpatzt dann aber absichtlich die erste Grifffolge am Überhang und erreicht deshalb nur die Höhe von 29 Metern, obwohl er trotz der „schmachtenden" Blicke von E vor seinem Start die Schlüsselstelle an sich bezwingen hätte können. Schon kurz darauf wird der Wettgewinn des A in Höhe von 500.000 € an diesen überwiesen und O erhält von A den versprochenen Anteil.

Es kommt zu einem Ermittlungsverfahren gegen O, wegen seines Verhaltens beim Kletterwettbewerb. In der Ermittlungsakte befindet sich auch die Aussage von E, die aufgrund des Gewinns bei einer Casting-Show und einem nachfol-genden „Nummer-Eins-Hit" ein gewisses mediales Interesse als D-Promi genießt. In ihrer Aussage vor einem Tübinger Polizeibeamten berichtet E wahrheitsgemäß über die ihr von O entgegengebrachte, aber von E unerwiderte Liebe und im Allgemeinen über ihre Beziehung zu Männern. Ein Kollege des vernehmenden

Polizeibeamten, der Beamte Kevin Klemm (K), teilt dem Stuttgarter Journalisten Karl Feuerstein (F) die geheimen Informationen aus der Ermittlungsakte über das Liebesleben der E gegen Zahlung eines Honorars von 500 € mit und F veröffentlicht diese in einem bekannten Boulevard-Blatt.

Wie haben sich O, A, K und F strafbar gemacht? Bei der Bearbeitung sind die Vorschriften des deutschen Strafrechts zugrunde zu legen. Erforderliche Strafanträge sind gestellt.

Bearbeitungszeit: Fünf Stunden

B. Lösungsskizze

Erster Tatkomplex: Die manipulierte Wette

I. **Strafbarkeit des A**
  1. **Betrug gegenüber Mitarbeiter des S zu Lasten des S in einem besonders schweren Fall, § 263 I, III Nr. 2**
     a) Objektiver Tatbestand
        aa) Täuschung (+)
            P: Bestimmung des Erklärungsinhalts bei konkludenter Täuschung
        bb) Irrtum (+)
        cc) Vermögensverfügung (+)
        dd) Vermögensschaden (+)
            P: Schadensgleiche Vermögensgefährdung beim Eingehungsbetrug
     b) Subjektiver Tatbestand
     c) Strafzumessung: Besonders schwerer Fall, § 263 III 2
     d) Ergebnis: § 263 I, III 2 (+)

III. **Strafbarkeit des O**
  1. **Beihilfe zum Betrug des A gegenüber M zu Lasten des S in einem besonders schweren Fall, §§ 263 I, III 2 Nr. 2, 27**
     a) Objektiver Tatbestand
        aa) vorsätzliche, rechtswidrige und teilnahmefähige Haupttat (+)
        bb) Hilfeleisten (+)
        cc) Kausalität, sukzessive Beihilfe (+)
            P: Förderkausalität, sukzessive Beihilfe, psychische Beihilfe
     b) Subjektiver Tatbestand
     c) Strafzumessung: Besonders schwerer Fall, § 263 III 2
     d) Ergebnis: § 263 I, III 2, 27 (+)

III. **Strafbarkeit der E**
  1. **Beihilfe zum Betrug des A gegenüber M zu Lasten des S, §§ 263, 27 durch „schmachtende" Blicke**
     a) Objektiver Tatbestand
        aa) vorsätzliche, rechtswidrige und teilnahmefähige Haupttat (+)
        bb) Hilfeleisten (+)
        cc) P: Strafbarkeit neutraler, alltäglicher Verhaltensweisen (–)
     b) Subjektiver Tatbestand
     c) Strafzumessung: Besonders schwerer Fall, § 263 III 2
     d) Ergebnis: § 263 I, III 2, 27 (–)

Zweiter Tatkomplex: Die Information der Presse

I. **Strafbarkeit des K**
  1. **Bestechlichkeit, § 332 StGB**
     a) Objektiver Tatbestand (–)
     b) Ergebnis: § 332 (–)
  2. **Verletzung von Amtsgeheimnissen, § 353 b I 1 Nr. 1**
     a) Objektiver Tatbestand (–)

b) Ergebnis: § 353 b I 1 Nr. 1 (–)
3. **Verletzung von Privatgeheimnissen, § 203 II 1 Nr. 1, V**
   a) Objektiver Tatbestand (+)
   b) Subjektiver Tatbestand (+)
   c) Rechtswidrigkeit (+)
   b) Ergebnis: **§ 203 II 1 Nr. 1, V** (+)
III. **Strafbarkeit des F**
   1. **Beihilfe zur Verletzung von Privatgeheimnissen, §§ 203 II 1 Nr. 1, V, 27**
      a) Objektiver Tatbestand
      b) Subjektiver Tatbestand (+)
      c) Rechtswidrigkeit (+)
      b) Ergebnis: **§ 203 II 1 Nr. 1, 27** (+)

Gesamtergebnis/Konkurrenzen
I. **Erster Tatkomplex**
   A: §§ 263 I, III Nr. 2
   O: §§ § 263 I, III 2, 27 (+)
II. **Zweiter Tatkomplex**
   K: § 203 II 1 Nr. 1, V
   F: § 203 II 1 Nr. 1, 27

C. Gutachten

Erster Tatkomplex: Die manipulierte Wette

I. Strafbarkeit des A

1. Betrug gegenüber dem Mitarbeiter des S zu Lasten des S in einem besonders schweren Fall, § 263 I, III Nr. 2

Indem A 100.000 € bei einem Mitarbeiter des S auf den Sieg des B gesetzt hat, nachdem er zuvor mit O dessen Leistung im Wettbewerb abgesprochen hatte, könnte er sich wegen Betruges gemäß § 263 I strafbar gemacht haben.

a) Objektiver Tatbestand

aa) A müsste **über Tatsachen getäuscht** haben. Tatsachen sind konkrete Vorgänge oder Zustände der Vergangenheit oder Gegenwart, die dem Beweis zugänglich sind. Eine Täuschung setzt eine (bewusst) irreführende Einwirkung auf das Vorstellungsbild eines anderen mittels eines Verhaltens mit wahrheitswidrigem Erklärungswert voraus. Als Täuschungshandlung kommt hier der Abschluss des Sportwettenvertrags und damit ein Eingehungsbetrug in Betracht.

Hinweis: Nach a.A. kann eine Täuschung auch durch Veränderung des Gegenstands der Vorstellung vor Vertragsschluss erfolgen (z. B.: Manipulation eines Kilometerzähler oder Preisetiketts vor dem Kauf einer Sache) in Betracht[1], so dass vorliegend auch auf die Beeinflussung des Wetterereignisses (Kletterwettkampf) abgestellt werden könnte. Konsequent erscheint dies allerdings nicht, da unmittelbar ursächlich für das selbstschädigende Verhalten des Betrugsopfers allein die Erklärung bei Vertragsabschluss sein kann.

Ausdrücklich hat A nichts Unwahres erklärt. Als ausdrückliche Täuschung kommt jedes Verhalten in Betracht, das ohne Hinzuziehung der äußeren Umstände einen eindeutigen Erklärungswert aufweist. Hier hat A ausdrücklich nur erklärt, 100.000 € auf den Sieg des B zu setzen. Damit kann hier nur eine konkludente Täuschung des Mitarbeiters als Tathandlung in Frage kommen. Dabei ist allerdings sowohl generell als auch konkret im Hinblick auf Wetten über künftige Ereignisse umstritten, wie der konkludente Erklärungswert zu bestimmen ist.

P: Bestimmung des Erklärungsinhalts bei konkludenter Täuschung
e. A.: „Faktische" Auslegung (BGH und h. M.):
Eine konkludente Täuschung ist dann anzunehmen, wenn dem Gesamtverhalten des Täters unter Berücksichtigung aller Umstände des Einzelfalls ein Erklärungswert innewohnt, der von der Wirklichkeit abweicht. Der Erklärungswert ergibt sich aus der Verkehrsauffassung, wobei ein objektiver Empfängerhorizont zugrunde zu legen ist. Die Verkehrsauffassung wird maßgeblich durch die rechtlichen Normen und somit durch die gesetzliche Risikoverteilung des jeweils betroffenen Geschäftstyps geprägt.[2]
a. A.: Normative Auslegungen:
Der Erklärungsinhalt bestimmt sich danach, wer das Orientierungsrisiko trägt bzw. ob der Empfänger ein Recht auf Wahrheit hat. Abzustellen ist nur auf die gesetzliche Risikoverteilung.
Konkrete Bestimmung in Fällen des Wettbetrugs
BGH im Hoyzer-Fall:
Was im Rahmen des Wettvertragsschlusses miterklärt wird, richtet sich nach der typischen Pflichten- und Risikoverteilung des Wettvertrags.[3] Wie bei jedem Vertrag ist die allgemeine Erwartung in die Redlichkeit der anderen Vertragspartei nicht geschützt. Allerdings wird durch eine auf Vertragsabschluss gerichtete Willenserklärung die unverzichtbare Grundlage eines jeden Geschäftsverkehrs („Geschäftsgrundlage") miterklärt. Dazu gehört, dass der Vertragsgegenstand nicht vorsätzlich manipuliert wurde (**Negativtatsache**). Die auf Vertragsschluss gerichtete Willenserklärung enthält damit die Aussage, dass das Sportereignis manipulationsfrei ist. Da das

---

1 Vgl. hierzu z. B.: *Kühl* in Lackner/*Kühl*, § 263 Rn. 8.
2 Vgl. hierzu nur BGHSt 29, 165 ff. (167); 33, 245 ff.; BGH NJW 1995, 539 f.; *Wessels/Hillenkamp* Rn. 498.
3 Vgl. hierzu grundlegend BGHSt 51, 165 ff.; vgl. auch RGSt 62, 451 (416): Die „noch bestehende Ungewissheit des Gewinnfalls" sei „selbstverständliche und beiderseits stillschweigend zum Vertragsinhalt erhobene Bedingung jeder Rennwette".

Sportereignis erst zukünftig stattfindet, umfasst die Zusage der Manipulationsfreiheit auch, dass gegenwärtige Zustände einer solchen Manipulationsfreiheit nicht entgegenstehen. Der Vertragspartner täuscht darüber, dass er die Manipulation noch nicht durch Abreden mit Teilnehmern des wettgegenständlichen Sportereignisses „ins Werk" gesetzt hat.

Bestimmung anhand der Risikoverteilung (normative Auslegung):
Wird bei jedem Vertragsschluss die Geschäftsgrundlage eines Vertrags konkludent miterklärt wird, so wird auch miterklärt, dass die dem Vertrag typischerweise zugrunde liegenden Wettchancen nicht durch Risikofaktoren, die außerhalb des typischen Wettrisikos liegen, beeinflusst werden.[4] Da die Manipulation des anspruchsbegründenden Ereignisses einen Risikofaktor außerhalb des typischen Wettrisikos darstellt, täuscht der Wettende darüber, dass dem Vertrag die typische Wettchance innewohnt bzw. er keine Kenntnis von anderen Umständen hat.

<u>**Ontologische Betrachtungsweisen**</u>
Der objektive Empfänger entnimmt dem Verhalten einer Wettvertragspartei bei Vertragsschluss nicht die Erklärung, dass diese keine manipulativen Handlungen vorgenommen hat.[5] Dies zeige sich bereits daran, dass eine ausdrückliche Erklärung der Manipulationsfreiheit offensichtlich „besondere Verwunderung" hervorrufen würde. Insbesondere bei „Alltagsgeschäften ohne personales Gepräge", in denen sich die andere Vertragspartei kein Bild vom Erklärenden mache, sei eine solche Auslegung reine Fiktion. Die Annahme einer konkludenten Täuschung umgehe die für eine Täuschung durch Unterlassen erforderliche Feststellung einer Garantenpflicht. Eine Garantenstellung aus Vertrag oder Treu und Glauben würde eine hier nicht bestehende Vertrauensbeziehung zwischen den Vertragspartnern voraussetzen. Eine Garantenstellung aus Ingerenz würde an einem Pflichtwidrigkeitszusammenhang zwischen Vorverhalten und Eintritt des Schadens scheitern, da das verbandsinterne Verbot der Manipulation von Sportwettkämpfen nicht dem Schutz des Vermögens von Wettanbietern dient[6].

Nach wohl h. A. ergibt sich der Erklärungswert aus der Verkehrsauffassung, wobei ein objektiver Empfängerhorizont zugrunde zu legen ist. Die Verkehrsauffassung wird maßgeblich durch die die gesetzliche Risikoverteilung des jeweils betroffenen Geschäftstyps geprägt. Teilweise wird zwar auch eine eher ontologische Betrachtungsweise eingefordert, da entsprechende „Seinsstrukturen" gerade bei konkludenter Täuschung aber reine Fiktion sind, führt dieser Ansatz in keiner Form weiter. Alle anderen Ansichten kommen hingegen bei Würdigung der gesetzlichen Risikoverteilung bei der Sportwette zu dem Ergebnis, dass zumindest bei Ausnutzen eines Wissensvorsprungs, der auf der eigenen Manipulation des Wettereignisses beruht, eine konkludente Täuschung vorliegt. [7] Damit hat A hier

---

4 Vgl. hierzu *Radtke* JURA 2007, 450; *Saliger/Rönnau/Kirch-Heim* NStZ 2007, 364; *Kutzner* JZ 2006, 715.
5 Vgl. *Jahn/Meier* JuS 2007, 218; *Schlösser* NStZ 2005, 426.
6 So *Fasten/Oppermann* JA 2006, 71; *Schlösser* NStZ 2005, 427; *Jahn*, in: Facetten des Sportrechts (Hrsg. Vieweg) 2009, S. 82.
7 In keiner Form vergleichbar deshalb der Spätwettenfall, da keine Vertragspartei bei Abschluss einer Rennwette stillschweigend miterklärt, das Rennergebnis nicht zu kennen. Die Parteien

zumindest konkludent miterklärt, das Wettergebnis nicht durch eine bereits vorgenommene Abrede der Manipulation beeinflusst zu haben.

bb) Dadurch müsste bei dem Mitarbeiter des Wettbüros ein Irrtum erregt oder unterhalten worden sein. Ein Irrtum umfasst jede unrichtige, der Wirklichkeit nicht entsprechende Vorstellung über Tatsachen, wobei reines Nichtwissen ohne jede konkrete Fehlvorstellung (ignorantia facti) keinen Irrtum darstellt. Um einen Irrtum bejahen zu können, müsste sich der Mitarbeiter im Wettbüro allerdings Gedanken über die Nichtmanipulation des Wetterereignisses bzw. die der Wette zugrunde liegenden Wettchancen gemacht haben. Vorliegend könnte behauptet werden, dass Angestellte eines Wettanbieters sich keine Gedanken über die Manipulationsfreiheit der Wette machen, weil sie nicht haften, wenn sie mit einem Wettenden, der den Wettgegenstand manipuliert hat, einen Vertrag abschließen. Sie hätten aus diesem Grund auch kein Interesse an der Feststellung der Manipulationsfreiheit. Diese Betrachtung wird jedoch dem Umstand nicht gerecht, dass der Angestellte eine arbeitsvertragliche Treuepflicht gegenüber seinem Arbeitgeber hat und er eine Wette nicht abschließen darf, wenn er von der Manipulation weiß.[8]

A müsste auch einen Irrtum erregt und nicht etwa nur einen vorhandenen Irrtum ausgenutzt haben. Hätte A nur einen Irrtum ausgenutzt, dann würde die Aufklärung dieser Fehlvorstellung nicht durch den Wettvertragsabschluss erschwert und A hätte weder einen Irrtum erregt, noch durch Bestärken einer bereits vorhandenen Fehlvorstellung einen Irrtum unterhalten. Von einer bloßen Ausnutzung eines Irrtums müsste ausgegangen werden, wenn der Wettanbieter bereits vor Wettabgabe davon ausgehen würde, dass keine Absprachen bzgl. des Wettereignisses stattgefunden haben. Da aber die Fehlvorstellung, dass der konkrete Wettende keinen Einfluss auf die Chancenverteilung genommen hat, erst durch Wettvertragsabschluss konkretisiert wird, erregt A beim Mitarbeiter des Wettbüros die konkret verfügungsursächliche Fehlvorstellung und es ist ein Irrtum zu bejahen. (a. A. nur schwer vertr.).

cc) Dieser Irrtum muss zu einer **Vermögensverfügung** geführt haben. Vermögensverfügung ist jedes freiwillige Handeln, Dulden oder Unterlassen, das eine Vermögensminderung unmittelbar herbeiführt. Die Gewährung eines vertraglichen Anspruchs – hier auf Auszahlung des Gewinns bei Eintritt eines bestimmten

---

haben „keinen Anlass", „sich diese selbstverständliche Unkenntnis gegenseitig zuzusichern"; so BGHSt 16, 121.

8 Vgl. Dass hier eine entsprechende Erwartung typischer Weise zugrunde gelegt wird, verdeutlicht auch die Parallele etwa zum Internet-Wetten-Fall, in dem Wetten nur bis zu einer bestimmten Höhe im Internet, ansonsten nur in persönlichem Kontakt mit den Angestellten des Wettanbieters abgeschlossen werden dürfen, um Manipulationen zu verhindern; vgl. hierzu *Bosch* JK 8/2016, § 263a.

Ereignisses – stellt eine Vermögensverfügung dar (Situation des Eingehungsbetrugs). Zudem stellt auch die Auszahlung des Gewinns eine Verfügung im Rahmen eines Erfüllungsbetruges dar, hier ist jedoch der Eingehungsbetrug vorrangig.

Da der Mitarbeiter gehandelt hat, der Schaden jedoch bei S eingetreten ist, müsste zudem für eine Verfügung die Handlung des Mitarbeiters dem S zugerechnet werden können (sog. **Dreiecksbetrug**). Der Mitarbeiter hat hier i. S. der Befugnistheorie eine Verfügungsberechtigung über das Vermögen des Geschädigten, da er zum Abschluss von Wettverträgen berechtigt ist. Die sog. Lagertheorie würde hingegen auf das Näheverhältnis zwischen M und dem Schwimmbadbetreiber abstellen. Da hier sowohl die Befugnis- als auch die Lagertheorie oder die Theorie der faktischen Befugnis zum selben Ergebnis kommen und eine Zurechnung bejahen, muss kein Streitentscheid erfolgen. Der objektive Tatbestand ist damit erfüllt.

dd) Problematisch ist des weiteren, ob dem Wettanbieter bereits zum Zeitpunkt des Abschlusses des Wettvertrages ein Vermögensschaden entstanden und wie dieser zu beziffern ist. Die Bestimmung eines Vermögensschadens hat durch den Vergleich der Vermögenssituation des Opfers vor und nach der erfolgten Vermögensverfügung unter Berücksichtigung einer unmittelbaren Schadenskompensation zu erfolgen (Gesamtsaldierung). Ein Schaden liegt bei der Verschlechterung der Vermögenssituation vor. Ein Vermögensschaden im Rahmen eines Eingehungsbetrugs ist daher dann anzunehmen, wenn der Anspruch des Getäuschten auf Leistung wertmäßig hinter dem Wert seiner vertraglich geschuldeten Gegenleistung zurückbleibt.

Zu vergleichen sind daher der Anspruch des Wettanbieters auf Bezahlung des Wetteinsatzes und der durch den Wettschein verbriefte (Inhaberschuldverschreibung) aufschiebend durch den Eintritt des getippten Ereignisses bedingte Anspruch des Wettenden auf Auszahlung der Gewinnsumme (Einsatz multipliziert mit Quote). Im vorliegenden Fall könnte sich die Wahrscheinlichkeit des Eintritts des anspruchsbedingenden Ereignisses so verringert haben, dass der aufschiebend bedingte Anspruch des Wettenden auf Auszahlung der Gewinnsumme den Anspruch des S auf den Wetteinsatz wertmäßig überwiegt.

P: Schadensgleiche Vermögensgefährdung beim Eingehungsbetrug
1. Auffassung (BGH und h. L.)
Nach dem BGH und der h. L. kann bereits die Gefährdung eines Anspruches des Vermögensinhabers einen Schaden i. S. d. § 263 in Form einer „schadensgleichen Vermögensgefährdung" bzw. eines „Gefährdungsschadens" darstellen. Schadensgleich ist die Gefährdung, wenn ihre Realisierung so wahrscheinlich ist, dass die Gefährdung nach wirtschaftlicher Betrachtungsweise schon zu einer Verschlechterung der gegenwärtigen Vermögenslage führt. Einschränkend wird hier z. T. eine überwiegende Wahrscheinlichkeit des Schadenseintritts gefordert.

2. Auffassung

Teilweise wird die Figur der schadensgleichen Vermögensgefährdung zu Recht als überflüssige Hilfskonstruktion angesehen, da in den maßgebenden Fällen entweder ohnehin bereits ein bezifferbarer Schaden eingetreten sein muss (vgl. u. a. *Otto* JZ 1993, 658). Die Konstruktion würde ansonsten in verfassungswidriger Weise zu einer Vorverlagerung der Vollendungsstrafe und der Umgehung der Versuchsregeln führen. Gerügt wird insoweit auch die paradoxe Begrifflichkeit, die eine Analogie zu Lasten des Täters impliziert. De facto wird die Rechtsfigur der Vermögensgefährdung von der Rechtsprechung vor allem bei unklarer, schwer zu bestimmender Schadenshöhe verwendet, da bei Annahme einer Gefährdung lediglich die Gefahrumstände und die Höhe des gefährdeten Vermögens angegeben werden.

3. Bundesverfassungsgericht

Das Bundesverfassungsgericht hat die Figur des Gefährdungsschadens verfassungsrechtlich nicht beanstandet. Um eine Überdehnung des Schadensbegriffs zu verhindern, muss aber der Schaden unter Zugrundelegung einer wirtschaftlich nachprüfbaren Berechnung im Urteil beziffert werden (**Bezifferungsgebot**). Hierbei muss zumindest ein **Mindestschaden** unter Hinzuziehung einer **wirtschaftlich nachvollziehbaren Schätzung** angegeben werden (vgl. BVerfGE 126, 170 ff.; BVerfG NJW 2012, 907 ff.).

Weitere Übungsklausuren: *Burgler/Peglau* Jura 2002, 854; *Diener/Hoffmann-Holland* Jura 2009, 946; *Heinrich* Jura 1999, 585; *Jordan* Jura 2001, 554.

Da vorliegend ein Eingehungsbetrug geprüft wird, könnte zum Zeitpunkt der Eingehung des Wettvertrages von einer „schadensgleichen Vermögensgefährdung" bzw. einem „Gefährdungsschaden" auszugehen sein. Teilweise wird die Figur der schadensgleichen Vermögensgefährdung zwar als überflüssige und gegen das Analogieverbot verstoßende Hilfskonstruktion abgelehnt, da nur bei einem wirtschaftlich bezifferbaren Schaden von einem Vermögensnachteil gesprochen werden kann, das Bundesverfassungsgericht hat die Figur des Gefährdungsschadens verfassungsrechtlich aber gebilligt, wenn der Schaden unter Zugrundelegung einer wirtschaftlich nachprüfbaren Berechnung beziffert wird (Bezifferungsgebot). Hierfür muss zumindest ein Mindestschaden unter Hinzuziehung einer wirtschaftlich nachvollziehbaren Schätzung angegeben werden.

Im vorliegenden Fall besteht die Besonderheit, dass es nur zwei überragende Kletterer im Wettkampf gibt. Wird einer von diesen dazu überredet, im Wettkampf zu verlieren, besteht eine überwiegende Wahrscheinlichkeit für den Eintritt des gewetteten Wettausgangs und somit für eine Auszahlung der Gewinnsumme. Damit kann über die Grundsätze der schadensgleichen Vermögensgefährdung ein unmittelbar durch Vertragsschluss entstehender Vermögensschaden angenommen werden. Jedenfalls bedarf es auch bei Anerkennung der Hilfskonstruktion der schadensgleichen Vermögensgefährdung einer Bezifferung des Schadens. Ausgehend vom *Hoyzer*-Fall nimmt die Rspr. an, dass der Wettanbieter durch Vertragsschluss unmittelbar einen Schaden in Höhe der Quotendifferenz erleidet.

Die aufgrund des eingeschätzten Wettrisikos marktübliche Quote (Ermittlung durch Vergleich der Quoten bei mehreren Wettanbietern) stelle den Verkaufspreis der Wettchance dar. Da die vom Täter ins Werk gesetzte Manipulation des Wettereignisses das Wettrisiko erheblich zu seinen Gunsten verschoben habe, entspreche die vertraglich vorgegebene Quote nicht mehr dem Risiko, das durch kaufmännische Kalkulation der marktüblichen Quote zugrunde gelegt worden sei. Der Wettende enthalte täuschungsbedingt aus dem Vermögen des Anbieters eine Gewinnchance, die höher ist als die Gewinnchance, die er bei richtiger Risikoeinschätzung erhalten würde. Der Schaden des Wettanbieters liegt in dieser Quotendifferenz begründet.

Hinweis: Die Annahme eines Quotenschadens ist keineswegs unbestritten. Vom Klausurbearbeiter kann allerdings nur erwartet werden, dass er die Rechtsfigur der schadensgleichen Vermögensgefährdung kritisch diskutiert und die Anforderungen des Bundesverfassungsgerichts an die Schadensfeststellung aufzeigt. Ein Eingehungsbetrug kann natürlich auch nach Darstellung dieser Diskussion abgelehnt und stattdessen ein Erfüllungsbetrug angenommen werden.

Zudem soll im Falle des Eintritts eines endgültigen Schadens infolge der späteren Wettgewinnauszahlung die Auszahlungssumme als Schaden des Eingehungsbetrugs anzusetzen sein. Der Quotenschaden als schadensgleiche Vermögensgefährdung wäre damit bei Auszahlung des Wettgewinns lediglich ein „Durchgangsschaden"[9]. Teils wird allerdings auch vertreten, dass sowohl ein Eingehungsbetrug als auch ein unechter Erfüllungsbetrug vorliege, wobei der Eingehungsbetrug hinter dem unechten Erfüllungsbetrug zurücktrete[10]. Tatsächlich lassen sich beide Ansichten nur schwer mit der ansonsten praktizierten Tatbestandlosigkeit einer bloßen Schadensbestätigung bzw. -vertiefung in Einklang bringen. Im Ergebnis muss jedenfalls zumindest in Form einer Schadensvertiefung ein endgültiger Schaden in Höhe von 400.000 € angenommen werden, da vom Wettgewinn der Einsatz des Wettenden in Abzug gebracht werden muss.

b) Subjektiver Tatbestand

aa) A handelte auch vorsätzlich insbesondere im Hinblick auf den Eintritt eines Vermögensnachteils. Selbst wenn man in Fällen der schadensgleichen Vermögensgefährdung zu Unrecht auch beim Tatbestand des Betrugs verlangen würde,

---

9 Zur h. M. in Fällen des „abgewickelten Eingehungsbetrugs" *Rengier* JuS 2000, 646; BGH wistra 1997, 144 ff.; speziell zum Wettbetrug BGHSt 51, 165 ff.
10 Vgl. *Schlösser* wistra 2010, 166.

dass sich der Vorsatz des Täters auf den Eintritt eines endgültigen Schadens beziehen muss, läge hier unzweifelhaft eine Billigung des Endschadens vor.

bb) Darüber hinaus handelte A zielgerichtet mit der erforderlichen Absicht stoffgleicher und rechtswidriger Bereicherung.

c) Strafzumessung: Besonders schwerer Fall, § 263 III 2

A könnte zudem das Regelbeispiel des Abs. 3 Nr. 2 verwirklicht haben, wenn er durch die Tat einen Vermögensverlust großen Ausmaßes herbeigeführt hat. Die Rechtsprechung geht ab einer Schadenshöhe von 50.000 € regelmäßig von einem großen Ausmaß aus. Teilweise hat die Rechtsprechung zwar bei einem Gefährdungsschaden eine höhere Grenze angesetzt,[11] da aber auch ein Gefährdungsschaden in seinem tatsächlichen Umfang zu beziffern ist und im Übrigen ein Gefährdungsschaden sowieso mit einem tatsächlichen Schaden gleichzusetzen ist, muss entgegen dieser völlig unverständlichen und widersprüchlichen Rechtsprechung die Grenze stets bei jeder Schadensform bei 50.000 € angesetzt werden. Da diese Grenze hier um ein achtfaches überschritten wurde, liegt das Regelbeispiel vor.

d) Ergebnis

A ist gemäß § 263 I, III Nr. 2 wegen eines Betruges zu Lasten des S in einem besonders schweren Fall strafbar.[12]

II. Strafbarkeit des O

1. Beihilfe zum Betrug des A gegenüber M zu Lasten des S in einem besonders schweren Fall, §§ 263 I, III 2 Nr. 2, 27

Möglicherweise hat sich O durch die Zusage, beim Kletterwettkampf zu verlieren, bzw. durch die Einlösung dieses Versprechens wegen Beihilfe zum Betrug des A gem. §§ 263 I, 27 strafbar gemacht.

---

11 Vgl. dazu zu Recht krit. *Fischer* StGB § 263 Rn. 216 f.
12 A. A. vertretbar (s. o.).

a) Objektiver Tatbestand

aa) Eine vorsätzliche, rechtswidrige und teilnahmefähige Haupttat liegt mit dem Betrug des A in einem besonders schweren Fall vor (s. o.).

bb) Fraglich ist allerdings, ob im vorliegenden Fall eine Beihilfehandlung in Form eines Förderns der Haupttat angenommen werden kann. Ein „Hilfeleisten" liegt in jedem Tatbeitrag, der die Haupttat ermöglicht oder erleichtert oder die vom Täter begangene Rechtsgutsverletzung verstärkt hat. O kann jedenfalls nicht Mittäter des von A begangenen Betrugs sein. Nach der Tatherrschaftstheorie müsste der Tatbeitrag dem jeweils zu prüfenden Mittäter funktionelle Tatherrschaft zuweisen, d. h. er muss beeinflussen können, ob die Tat ausgeführt wird oder nicht. Teilnehmer ist hingegen, wer eine fremde Tat – ohne selbst Tatherrschaft zu besitzen – veranlasst oder fördert. Hier hat O jedoch keinen Tatbeitrag erbracht, der ihm eine (Mit-) Beherrschung des tatbestandlichen Geschehens ermöglicht, denn die Täuschungshandlung im Ausführungsstadium der Tat wurde allein von A vorgenommen und die Zusage und Beeinflussung des Wettgeschehens war nicht so wesentlich, dass sie das Beteiligungsminus im Ausführungsstadium der Tat kompensieren könnte. Zum gleichen Ergebnis käme man auch, wenn man die Abgrenzung zwischen Täterschaft und Teilnahme subjektiv vornimmt und den erforderlichen Täterwillen anhand des Grades des eigenen Interesses am Erfolg, dem Umfang der Tatbeteiligung und dem Willen zur Tatherrschaft bestimmt.

cc) Hinsichtlich des Förderns des Betrugs könnte als Beihilfehandlung darauf abgestellt werden, dass O absichtlich im Wettkampf verloren hat, damit A die Wette gewinnt. Problematisch ist aber, dass diese Beihilfehandlung erst nach Vollendung der Tat erfolgt, sofern man einen Gefährdungsschaden im Rahmen eines Eingehungsbetrugs bejaht hat. Unabhängig von der strittigen Frage der Anerkennung einer sukzessiven Beihilfe nach Tatvollendung kann vorliegend allerdings zumindest eine Ursächlichkeit für die Schadensvertiefung infolge der Auszahlung des Wettgewinns angenommen werden. Im Fall eines Eingehungsbetrugs mit Erfüllungsschaden (abgewickelter Eingehungsbetrug) wird die Rechtsgutsverletzung (Vermögensschaden) durch die Manipulation des Wettereignisses intensiviert. Der Quotenschaden bei Abschluss des Vertrages entwickelt sich zu einem endgültigen Schaden mit größerer Schadenshöhe. O fördert daher den Betrug des A nicht nur durch „Sicherung" des Schadens", sondern trägt auch zur Höhe des Schadens bei. Damit liegt hier nicht die Situation der sukzessiven Beihilfe vor, bei der umstritten ist, ob sie eine strafbare Beihilfe gem. § 27 StGB darstellt.

Hinweis: Natürlich kann auch eine sukzessive Beihilfe bejaht werden, etwa wenn ein Eingehungsbetrug angenommen und eine Vertiefung des Schadens abgelehnt wird. Es müsste dann aufgezeigt werden, dass es nach h. M. ausreicht, wenn die Tat durch den Gehilfenbeitrag irgendwie gefördert wird („Förderkausalität") und dass es auf eine Kausalität wie im Täter-schaftsbereich gerade nicht ankommt. I. d. S. kann für sukzessive Beihilfe zumindest eine Un-rechtsintensivierung durch Vergrößerung des Erfolgsunrechts verlangt werden. Selbstverständ-lich könnte ebenso vertreten werden, dass bei Fördern nach Vollendung der Tat nur Begünstigung (§ 257) oder Strafvereitelung (§ 258) in Betracht kommen, weil das Konstrukt der sukzessiven Teilnahme gegen den Bestimmtheitsgrundsatz verstößt (vgl. dazu oben).

Der Bearbeiter hat ebenso die Möglichkeit, bereits die Verabredung zum Wettkampfver-halten des O als psychische Beihilfe anzusehen, weil A hierdurch in seinem Wettentschluss bestärkt wird. Eine solche Form der psychischen Beihilfe wird von der h. M. für strafbar erachtet, wenn durch das Verhalten des Gehilfen der Tatentschluss des Täters gefördert, erleichtert oder intensiviert wird und der Gehilfe sich dessen bewusst war und dies zumindest gebilligt hat. Ebenso vertretbar kann eine psychische Beihilfe abgelehnt werden, da sie zu einer systemwid-rigen Vorverlagerung der Beihilfestrafbarkeit führt.

---

b) Subjektiver Tatbestand

O handelte vorsätzlich hinsichtlich der Haupttat und vorsätzlich hinsichtlich des Hilfeleistens (doppelter Gehilfenvorsatz).

c) Strafzumessung: Besonders schwerer Fall, § 263 III 2

O könnte zudem das Regelbeispiel des Abs. 3 Nr. 2 verwirklicht haben. Da es sich bei Nr. 2 um kein besonderes persönliches Merkmal handelt, sind die Regeln von § 28 I und II nicht anzuwenden und es bleibt bei den allgemeinen Akzesso-rietätsregeln. Die Zurechnung der Verwirklichung eines Regelbeispiels setzt damit vor allem Vorsatz des Gehilfen voraus. Eine eigenhändige Verwirklichung des Gehilfen ist nicht erforderlich, gleichwohl muss das Vorliegen eines besonders schweren Falls für jeden Beteiligten nach dem Gewicht seines Tatbeitrags beurteilt werden. Vorliegend kann daher von einem besonders schweren Fall ausgegangen werden.

d) Ergebnis

O ist gemäß § 263 I, III Nr. 2, 27 wegen Beihilfe zum Betrug des A in einem be-sonders schweren Fall strafbar.

II. Strafbarkeit der E

1. Beihilfe zum Betrug des A gegenüber M zu Lasten des S, §§ 263, 27 durch „schmachtende" Blicke

Möglicherweise hat sich E durch die „schmachtende" Blicke vor der Wettkampfteilnahme des O wegen Beihilfe zum Betrug des A gem. §§ 263 I, 27 strafbar gemacht.

a) Objektiver Tatbestand

aa) Eine vorsätzliche, rechtswidrige und teilnahmefähige Haupttat liegt mit dem Betrug des A in einem besonders schweren Fall vor (s.o.).

bb) Fraglich ist allerdings, ob im vorliegenden Fall eine Beihilfehandlung in Form eines Förderns der Haupttat angenommen werden kann. Ein „Hilfeleisten" liegt in jedem Tatbeitrag, der die Haupttat ermöglicht oder erleichtert oder die vom Täter begangene Rechtsgutsverletzung verstärkt hat. Vorliegend könnte bezweifelt werden, ob die Handlung der E kausal i. S. einer „conditio sine qua non" für die Haupttat war, da A auch ohne die Beteiligung der E die Wette aufgrund der Zusage des O abgeschlossen hätte und vielleicht auch O allein wegen der Geldzahlung beim Wettkampf „versagt" hätte. Einerseits wird sich aber wohl selbst bei strenger Kausalbetrachtung eine Mitursächlichkeit nur schwer ablehnen lassen, zum anderen erscheint es gerade wegen der bei Beihilfe ohnehin bestehenden Unsicherheiten einer Kausalfeststellung sinnvoller, eine Förderkausalität ausreichen zu lassen. I. d. S. haben die „schmachtenden" Blicke der E die Haupttat jedenfalls hinsichtlich der Entstehung des endgültigen Schadens gefördert, da durch die Handlung der E bei O zumindest der Eindruck verfestigt wird, dass er als Belohnung des Scheiterns Liebesstunden mit E verbringen darf. Durch diese Bestärkung seiner Handlungsbereitschaft wird zumindest seine Tatbereitschaft gefördert.

cc) Desweiteren erscheint fraglich, inwiefern neutrale, alltägliche Verhaltensweisen wie das Zuwerfen „schmachtender Blicke" eine Strafbarkeit wegen Beihilfe nach sich ziehen können.

P: Strafbarkeit neutraler alltägliche Verhaltensweisen
e. A.: Subjektive Abgrenzung BGH und Teil der Lehre:
Entscheidend ist vor allem, ob der Hilfeleistende weiß, dass das Handeln des Haupttäters ausschließlich darauf abzielt, eine strafbare Handlung zu begehen. In diesem Fall solidarisiere sich der Teilnehmer mit dem Tun des Haupttäters und sein Verhalten verliere seinen Alltagscharakter. Teilweise wird betont, dass direkter Vorsatz allein nicht genüge, sondern ein Tatförderungswille hinzukommen müsse.

Argumente: Für eine subjektive Betrachtung spricht vor allem, dass eine objektive Betrachtung letztlich willkürlich ist und das Teilnahmeunrecht wesentlich durch den subjektiven Sinnbezug hergestellt wird.

a. A.: Einbeziehung auch objektiver Kriterien:
Der Rechtsprechung sehr nahekommend, wird teilweise zwischen dolus eventualis und direktem Vorsatz differenziert. Bei dolus evntualis müsse anhand objektiver Kriterien bestimmt werden, ob der Hilfeleistende das Risiko erkannt habe, eine fremde Tat zu fördern.

Argumente: Für eine Kombination spreche vor allem eine bestimmtere Abgrenzung des strafbaren Bereichs.

a. A.: Lösung auf Rechtswidrigkeitsebene:
Vergleichbar den allgemeinen Rechtfertigungsgründen etwa den Notstandsregeln oder der Wahrnehmung berechtigter Interessen soll es auf eine allgemeine Abwähung ankommen.

Argumente: Auch sonst sind alltägliche Verhaltensweisen (z. B. Heilbehandlungen durch Ärzte) tatbestandlich erfasst und können sachgerechter auf Rechtfertigungsebene ausgeklammert werden.

a. A.: Ausklammerung sozialadäquater Verhaltensweisen auf Tatbestandsebene (objektive Zurechnung):
Mit unklarer Abgrenzung sucht ein Teil der Lehre eine Lösung über die „Superkategorie" der objektiven Zurechnung oder sachlich entsprechend über das zirkuläre Merkmal der Sozialadäquanz.

Argumente: Ein Verhalten, das sich im Rahmen der sozialen Ordnung bewegt, kann keine Hilfeleistung sein.

Vgl. aus der Rechtsprechung: BGHSt 29, 99; BGH NJW 2006, 528.

Übersichtsliteratur: *Beckemper* Jura 2001,163; *Kühl* AT § 20 Rn. 222 c; *Hillenkamp* AT 28. Problem.

Mit der Gruppe neutraler Verhaltensweisen sind im Grundsatz Handlungen gemeint, die der Ausführende jedem gegenüber vorgenommen hätte, weil er mit seiner Handlung eigene, gerade nicht rechtlich missbilligte Zwecke verfolgen wollte.[13] Die Einordnung dieser Verhaltensweisen in den Deliktsaufbau und die daraus abzuleitenden Prüfungsanforderungen sind umstritten. Teilweise wird bereits der objektive Tatbestand der Beihilfe wegen Sozialadäquanz der Handlung verneint oder sachlich vergleichbar wegen Einhaltung des erlaubten Risikos die objektive Zurechnung verneint. Andere wollen eine Art Sozialadäquanzurteil auf Rechtfertigungsebene treffen. Der BGH und ein Teil der Lehre suchen die Lösung hingegen in einer Kombination von objektiven oder subjektiven Elementen, wobei auch die Prüfung teils im objektiven, teils im subjektiven Tatbestand erfolgt. Entscheidend ist vor allem, ob der Hilfeleistende weiß, dass das Handeln des Haupttäters ausschließlich darauf abzielt, eine strafbare Handlung zu begehen. In

---

13 Vgl. *Wessels/Beulke/Satzger* Rn. 830; *Geppert* Jura 1999, 269.

diesem Fall solidarisiere sich der Teilnehmer mit dem Tun des Haupttäters und sein Verhalten verliere seinen Alltagscharakter.

Hier erfolgte die Handlung jedenfalls objektiv zum Zweck der Förderung einer vorsätzlichen, rechtswidrigen Haupttat, so dass nicht angenommen werden kann, dass E eine „neutrale Handlung" vornahm, die sie gegenüber jedem vorgenommen hätte (wie etwa der Verkauf eines Brecheisens an einen Einbrecher). Wird auf den objektiven Zusammenhang abgestellt, hätte hier das Tun seinen Alltagscharakter verloren.

Hinweis: Eine andere Ansicht ist unter Hinweis auf die Sozialüblichkeit und die Legalität des Zuwerfens „schmachtender Blicke" oder dem Gedanken, dass es in die Risikosphäre des Sportlers fällt, wie er mit solchen Blicken von Fans oder Bekannten umgeht (erlaubtes Risiko), natürlich ebenso gut vertretbar.

---

b) Subjektiver Tatbestand

E müsste allerdings vorsätzlich hinsichtlich der Haupttat und vorsätzlich hinsichtlich des Hilfeleistens gehandelt haben (doppelter Gehilfenvorsatz). Problematisch ist hier vor allem der Vorsatz hinsichtlich der Haupttat. E hat bei den „schmachtenden Blicken" keinen Vorsatz bzgl. einer Förderung der Tat in der Weise, dass sie O konkludent ihre Bereitschaft signalisieren will, ihn für seine Manipulation zu belohnen. Daher hat E bzgl. der konkreten Tatförderung keinen Vorsatz. Die von ihr verfolgte Tatförderung durch Ablenkung des O fördert die Tat auch nicht bei einem weiteren Verständnis des Begriffs des Förderns. Aufgrund eines Irrtums über die Unrechtsdimension ihrer Handlung ist daher ein Vorsatz bzgl. der Hilfeleistung zu verneinen.[14] Hinsichtlich einer psychischen Beihilfehandlung im Hinblick darauf, dass ihre Zusage den A in seinem Tatentschluss bestärkt haben könnte, bestehen ähnliche Probleme. Zwar weiß E, dass ihre Zusage den Wettentschluss bei A bestärkt, allerdings ist sie sich des Zusammenhangs i. S. d. konkreten Unrechtsdimension nicht bewusst. Sachlich vergleichbar lässt sich das hier gefundene Ergebnis erst recht dann rechtfertigen, wenn bei alltäglichen Verhaltensweisen direkter Vorsatz bzgl. der Haupttatbegehung eingefordert wird.

c) Ergebnis

E ist nicht gemäß § 263 I, 27 wegen Beihilfe zum Betrug des A strafbar.

---

14 A. A. noch aber nur mit exzellenter Begründung vertretbar.

Zweiter Tatkomplex: Die Information der Presse

I. Strafbarkeit des K

1. Bestechlichkeit, § 332 StGB

Eine Vorteilsnahme bzw. eine Bestechlichkeit scheiden aus, da beide Straftatbestände eine Diensthandlung voraussetzen. Hier liegt gerade keine Handlung vor, die ihrer Art nach zum Amt gehört, sondern um eine Privathandlung, die lediglich unter Ausnutzung dienstlicher Kenntnisse erfolgt.

2. Verletzung von Amtsgeheimnissen, § 353 b I S. 1 Nr. 1

Hinweis: Die Amtsdelikte gehören zwar etwa in Bayern zum Pflichtstoff im Ersten Staatsexamen, tatsächlich kann es hier aber nur darum gehen, auch bei „ungewohnten Straftatbeständen" ohne Detailwissen zu einer sachgerechten Lösung gelangen zu können.

---

a) Objektiver Tatbestand

Als Polizeibeamter ist K unproblematisch Amtsträger i.S.v. §§ 353b I 1 Nr. 1, 11 I Nr. 2a). Die Ermittlungsakten beinhalten u.A. Informationen über das Verhältnis der E zu O und anderen Männern und damit Tatsachen, deren Kenntnis bei lebensnaher Sachverhaltsauslegung nicht über einen begrenzten Personenkreis hinausgeht und an deren Geheimhaltung E ein sachlich begründetes Interesse hat. Entgegen einer teilweise vertretenen Ansicht folgt auch aus dem Umstand, dass öffentliche Interessen gefährdet sein müssen, keine Beschränkung des Geheimnisbegriffs auf Umstände, die im Hinblick auf wichtige öffentliche Interessen geheimhaltungsbedürftig sind[15]. Dieses Geheimnis ist K auch in seiner Eigenschaft als Amtsträger anvertraut oder sonst bekannt geworden, da es hierfür genügt, dass er die Informationen aus der Ermittlungsakte erlangt hat.

Durch die Offenbarung an Außenstehende müssten aber auch wichtige öffentliche Interessen gefährdet worden sein. Eine unmittelbare Gefahr für das Ermittlungsverfahren bestand nicht, aber auch eine mittelbare Gefährdung i.S.e. Erschütterung des Vertrauens der Allgemeinheit in die Unparteilichkeit, Unbestechlichkeit und Funktionsfähigkeit des öffentlichen Dienstes lässt sich dem Sachverhalt nicht entnehmen.

---

15 So aber Sch./Sch./*Perron*, § 353b Rn. 6; dagegen SSW-StGB/*Bosch* § 353b Rn. 4.

b) Ergebnis
Eine Strafbarkeit des K nach § 353 b I 1 Nr. 1 scheidet mithin aus.

3. Verletzung von Privatgeheimnissen, § 203 II 1 Nr. 1, V

Hinweis: Hinsichtlich der Rechtfertigung des Eingriffs kann keine Kenntnis etwa landesrechtlicher Vorschriften des Presserechts, sondern lediglich eine allgemeine Abwägung der berührten Interessen erwartet werden.

---

a) Objektiver Tatbestand
Wie bereits aufgezeigt offenbart K Geheimnisse von E, welche ihren persönlichen Lebensbereich betreffen und K in seiner Rolle als Amtsträger bekanntgeworden sind. Da K hierfür eine Gegenleistung i. S. e. Vermögensvorteils i. H. v. 500 € erhält, handelt er gegen Entgelt und hat damit auch den Qualifikationstatbestand i. S. v. §§ 203 V, 11 I Nr. 9 verwirklicht.

b) Subjektiver Tatbestand
Der subjektive Tatbestand ist unproblematisch verwirklicht.

c) Rechtswidrigkeit
K könnte aber gerechtfertigt gehandelt haben, wenn er zur Offenbarung befugt gewesen war. Eine Befugnis könnte sich aus § 4 I LPresseG (hier BW) ergeben. Nach den LPresseG sind die Behörden verpflichtet, den Vertretern der Presse die der Erfüllung ihrer öffentlichen Aufgabe dienenden Auskünfte zu erteilen. Diese Regelungen gehen § 475 I, IV StPO vor. Auskünfte sind allerdings zu verweigern, soweit Vorschriften über die Geheimhaltung entgegenstehen. Hier könnte dem presserechtlichen Auskunftsanspruch vor allem das in Art. 1 I i. V. m. Art. 2 I GG verankerte allgemeine Persönlichkeitsrecht des Geheimnisbetroffenen entgegenstehen.

E ist durch den Gewinn einer Casting-Show und einen „Nummer-Eins-Hit" einer breiteren Öffentlichkeit bekannt, so dass auch ein gewisses Informationsinteresse der Öffentlichkeit an ihrer Person besteht, sollten allerdings die Äußerungen der E über ihr Verhältnis zu Männern einen Sexualbezug aufweisen, wäre die Intimsphäre als engster Persönlichkeitsbereich betroffen, der grundsätzlich absoluten Schutz genießt. Aber auch wenn E lediglich aus ihrer Privatsphäre berichtet hat, wiegt hier das betroffene Persönlichkeitsrecht schwerer als das

Informationsinteresse der Öffentlichkeit. Die Preisgabe ihrer persönlichen Umstände dient ausschließlich der Befriedigung von Neugier und Sensationslust und geht weit über das hinaus, was für eine angemessene Befriedigung des Informationsinteresses der Öffentlichkeit erforderlich ist.

Auch eine Rechtfertigung nach § 34 oder durch eine schlichte Güter- und Interessenabwägung ohne Rückgriff auf § 34 infolge einer Wahrnehmung berechtigter Interessen (§ 193 analog) muss aufgrund der aufgezeigten Abwägung der widerstreitenden Interessen ausscheiden.

d) Ergebnis

K hat sich nach § 203 II 1 Nr. 1, V strafbar gemacht. Der nach § 205 erforderliche Strafantrag wurde gestellt.

I. Strafbarkeit des F

1. Beihilfe zur Verletzung von Privatgeheimnissen, §§ 203 II 1 Nr. 1, V, 27
a) Objektiver Tatbestand

Eine vorsätzliche rechtswidrige Haupttat liegt vor. Problematisch ist aber, ob F eine Beihilfehandlung vorgenommen hat. Eine Förderung der Haupttat durch Entgegennahme der Information könnte insoweit nach den Grundsätzen der notwendigen Teilnahme straflos sein, weil sich die Mitwirkung des F auf das zur Tatbestandsverwirklichung notwendige Mindestmaß beschränkt. Hier hat F jedoch das erforderliche Maß durch die Veröffentlichung der Informationen überschritten, soweit man mit der h.M. auch eine Mitwirkung zwischen Vollendung und Beendigung der Haupttat genügen lässt. Zudem hat F durch die Bezahlung eines Honorars auch Teilnahmeaktivitäten entfaltet, welche die Haupttat unmittelbar fördern.

b) Subjektiver Tatbestand

F handelt zudem mit doppeltem Gehilfenvorsatz und hat in einer Parallelwertung in der Laiensphäre auch die Unbefugtheit der Handlung des Haupttäters erkannt.

c) Rechtswidrigkeit

Im Gegensatz zu K könnte eine Rechtfertigung des F möglicherweise auch daraus abgeleitet werden, dass die Güter- und Interessenabwägung im Hinblick auf § 353b IIIa zu seinen Gunsten heranzuziehen ist. Gemäß § 353b IIIa sind Beihilfehandlung von Journalisten zur Offenbarung von Geheimnissen durch einen Amtsträger nicht rechtswidrig, wenn sie sich auf die Entgegennahme, Auswertung oder Veröffentlichung des Geheimnisses beschränken. Letztlich kommt eine Rechtfertigung über § 353b IIIa aber schon deshalb nicht in Betracht, weil das Verhalten des F durch die Zahlung eines Honorars über das Entgegennehmen und Veröffentlichen der Information hinausgeht.

d) Ergebnis

F hat sich gemäß §§ 203 II 1 Nr. 1, V, 27 der Beihilfe zur Verletzung von Privatgeheimnissen strafbar gemacht.

D. Definitionen

Tatsachen	sind konkrete Vorgänge oder Zustände der Vergangenheit oder Gegenwart, die dem Beweis zugänglich sind.
konkludente Täuschung	ist dann anzunehmen, wenn dem Gesamtverhalten des Täters unter Berücksichtigung aller Umstände des Einzelfalls ein Erklärungswert innewohnt, der von der Wirklichkeit abweicht. Der Erklärungswert ergibt sich aus der Verkehrsauffassung, wobei ein objektiver Empfängerhorizont zugrunde zu legen ist.
Irrtum	umfasst jede unrichtige, der Wirklichkeit nicht entsprechende Vorstellung über Tatsachen, wobei reines Nichtwissen ohne jede konkrete Fehlvorstellung (ignorantia facti) keinen Irrtum darstellt.
Vermögensverfügung	ist jedes freiwillige Tun, Dulden und Unterlassen, das sich beim Getäuschten oder einem Dritten unmittelbar vermögensmindernd auswirkt.
Vermögensschaden	ist die Vermögensminderung, die sich durch den Vergleich der Vermögenssituation des Opfers vor und nach der erfolgten Vermögensverfügung unter Berücksichtigung einer unmittelbaren Schadenskompensation (Gesamtsaldierung) ergibt.
Hilfeleisten	Ein „Hilfeleisten" liegt in jedem Tatbeitrag, der die Haupttat ermöglicht oder erleichtert oder die vom Täter begangene Rechtsgutsverletzung verstärkt hat.

neutrale, alltägliche Verhaltensweisen	sind Handlungen, die der Ausführende jedem gegenüber vorgenommen hätte, weil er mit seiner Handlung eigene, gerade nicht rechtlich missbilligte Zwecke verfolgen wollte.
Geheimnis	Tatsachen, deren Kenntnis nicht über einen begrenzten Personenkreis hinausgeht und an deren Geheimhaltung der Betroffene ein sachlich begründetes Interesse hat.

Die strafprozessuale Zusatzfrage

Die strafprozessuale Zusatzfrage wird von vielen Examenskandidaten eher stiefmütterlich behandelt. Dabei sollte nicht unterschätzt werden, dass gerade für die im ersten Staatsexamen korrigierenden Praktiker ein prozessuales Grundverständnis und eine vollständige Bearbeitung Kennzeichen eines für den weiteren Berufsweg gut gerüsteten Juristen sind. Zwar beschränkt sich die Zusatzfrage meist auf wenige und immer gleiche Problembereiche. Dennoch sollte sich zumindest ein ehrgeiziger Absolvent nicht auf gängige „Kurzfassungen" des strafprozessualen Basiswissens verlassen, auch wenn diese in der Not einer zu kurz geratenen Examensvorbereitung eine wertvolle Hilfe sein können.[1] Allzu oft muss man als Korrektor standardisierte und nicht auf den konkreten Fall zugeschnittene Ausführungen, etwa über den viel zu häufig herangezogenen Unmittelbarkeitsgrundsatz, lesen. Auch bei der strafprozessualen Zusatzfrage geht es aber nicht darum, Ballastwissen zu den strafprozessualen Prozessmaximen abzuwerfen. Vielmehr ist auch hier in einem zweckmäßigen Aufbau nur auf die gestellte Frage einzugehen. Freischwebende Ausführungen zu Prozessmaximen, Abwägungen mit einem unklar abgegrenzten Strafverfolgungsinteresse oder verfassungsrechtlich angeblich vorgegebene Grundentscheidungen sind schon deshalb verfehlt, weil keine Prozessmaxime absolute Geltung beansprucht, sondern die Strafprozessordnung ein abgestimmtes System mit sich gegenseitig beschränkenden Grundsätzen darstellt. Ausgangspunkt aller Überlegungen sollte deshalb auch hier stets die gesetzliche Regelung selbst sein.

Obwohl die Vollständigkeit der Bearbeitung ein wesentliches Bewertungskriterium ist und gerade in der Schlussphase der Klausurbearbeitung häufig nicht mehr in der gebotenen Tiefe gearbeitet wird, ist der weitverbreitete Tipp, mit der strafprozessualen Zusatzfrage zu beginnen,[2] mit Vorsicht zu genießen. Meist knüpft diese an die Darstellung des Sachverhalts an, setzt etwa auch die Kenntnis des Ergebnisses der Strafbarkeitsprüfung voraus (z. B. beim prozessualen Tatbegriff oder der möglichen Beteiligung, die zu einem Auskunfts- oder Eidesverweigerungsrecht führen kann). Die vorliegende Darstellung ergänzt deshalb bewusst nur Sachverhalte der im ersten Teil zusammengefassten Klausuren, wodurch bei den vier- und fünfstündigen Klausuren meist „Examensniveau" erreicht wird. Diese Zusammenfassung erfolgte in einem eigenen Block, um eine komprimierte Wiederholung zu ermöglichen, ohne dass hier jedoch der Anspruch

---

1 Etwa die weit verbreitete Vorbereitung allein anhand der JuS-Beilage 2007, 1 ff. von *Murmann*.
2 Vgl. nur die taktischen Hinweise von *Norouzi* JuS 2007, 990, die allerdings sogleich wieder eingeschränkt werden.

DOI 10.1515/9783110515916-004

erhoben werden kann, eine umfassende Darstellung examensrelevanter Problemkreise liefern zu können. Dass nicht alle Sachverhalte des ersten Teils ergänzt werden konnten, ist dem Umstand geschuldet, dass die neu hinzugekommenen drei Klausuren keine Kapitaldelikte zum Gegenstand haben oder die Beteiligten letztlich straflos blieben. Da sich aber vor allem drei Themenkomplexe zur Ergänzung anboten, wurden zur Wahrung des bisherigen Konzepts drei Fälle um jeweils einen selbständigen, alternativ zu lösenden strafprozessualen Teil ergänzt.

Zusatzfrage 1: Tierfreunde in Not

Ratlos (R) hat zunächst keinen Strafantrag gestellt. Unmittelbar nach der Tat erklärt er vielmehr gegenüber seinem Freund Hase (H), er verzichte auf einen Strafantrag, wolle aber nie wieder etwas mit ihm zu tun haben.

a) R stellt nach zwei Wochen trotz seines Verzichts einen Strafantrag, die Staatsanwaltschaft stellt das Verfahren aber dennoch ein. Welche Möglichkeiten hat R? Kann er auch gegen die Entscheidung der Staatsanwaltschaft Rechtsmittel einlegen?

b) In Abwandlung zu a) kommt R zwei Wochen nach der Tat bei einem Verkehrsunfall zu Tode, ohne einen Strafantrag gestellt zu haben. Seine Ehefrau Erika stellt nunmehr Strafantrag. Liegt ein wirksamer Strafantrag vor?

Lösung:

Kurzüberblick: Strafantrag

Der Strafantrag ist von einer Strafanzeige zu unterscheiden. Die Strafanzeige ist eine bloße Wissenserklärung, d. h. die Mitteilung eines Sachverhalts, der auf eine Straftat hindeutet (vgl. § 158 I StPO). Ein Strafantrag beinhaltet hingegen eine Willenserklärung und ist auszulegen. Es muss ein Begehren nach Strafverfolgung deutlich werden (vgl. § 158 II StPO).

Die meisten Delikte sind Offizialdelikte, d. h. sie werden von Amts wegen verfolgt und ein Anzeigeerstatter kann den Fortgang des Verfahrens nicht durch Rücknahme seiner Anzeige beeinflussen. Bei den **Antragsdelikten** fehlt hingegen bei fehlendem Antrag nach Ablauf der Antragsfrist eine **Prozessvoraussetzung** und die Staatsanwaltschaft muss das Verfahren einstellen (**Prozessvoraussetzungen** sind Umstände, die so schwer wiegen, dass von ihrem Vorliegen die Zulässigkeit des Verfahrens und damit das Ergehen eines Sachurteils abhängt). Ermittlungsmaßnahmen sind allerdings auch bei Antragsdelikten ohne Vorliegen eines Strafantrages zulässig.

Unterschieden werden reine Antragsdelikte und relative Antragsdelikte. Bei reinen oder absoluten Antragsdelikten (z. B. § 123) muss bei Fehlen eines Strafantrags das Verfahren eingestellt werden. Bei **relativen Antragsdelikten** (z. B. §§ 223, 229, 230; §§ 242, 246, 248 a) ist der fehlende Strafantrag unbeachtlich, wenn die StA „wegen des besonderen öffentlichen Interesses an der Strafverfolgung ein Einschreiten von Amts wegen für geboten hält".

Prüfungsfolge Strafantrag
Wer kann Antrag stellen: Verletzter (§ 77 I), u. U. Angehörige (§ 77 II),
Wo ist der Antrag zu stellen: bei Gericht, StA oder Polizei (§ 158 II StPO),
Wie ist der Antrag zu stellen: schriftlich oder zu Protokoll (§ 158 II StPO),
Wie lange kann der Antrag gestellt werden: § 77 b I,
Wie oft: nur einmal (§ 77 d I).

a) Da sich H nur nach § 229 strafbar gemacht hat, setzt eine Strafverfolgung gem. § 230 I grundsätzlich einen Strafantrag des Verletzten voraus, es sei denn die Strafverfolgungsbehörde bejaht ein öffentliches Interesse an der Strafverfolgung (sog. relatives Antragsdelikt). Fehlt ein Strafantrag und das öffentliche Interesse an der Strafverfolgung, dann muss die Staatsanwaltschaft das Verfahren nach § 170 II StPO wegen Fehlens einer Prozessvoraussetzung einstellen.

Damit R noch einen Strafantrag stellen konnte, dürfte das Antragsrecht nicht bereits erloschen sein. Ein Erlöschen könnte hier deshalb in Frage kommen, weil R gegenüber H auf einen Strafantrag „verzichtet" hat. Der Verzicht ist gesetzlich nicht geregelt, § 77 d lässt sich jedoch entnehmen, dass ein Verzicht auch vor Ablauf der Antragsfrist möglich sein muss, da es andernfalls wenig sinnvoll erscheint, dass der Verletzte zunächst einen Strafantrag stellen müsste, um diesen dann rechtsverbindlich nach § 77 d zurücknehmen zu können. Der Verzicht muss aber in einer § 158 StPO entsprechenden Form gegenüber einer Stelle erfolgen, die sich im staatlichen Bereich mit der Straftat zu befassen hat, d. h. gegenüber der Staatsanwaltschaft oder dem Gericht. Nach wenn auch umstrittener Auffassung[3] kann hingegen aus Gründen der Rechtssicherheit ein unmittelbar nach der Tat gegenüber dem Täter ausgesprochener Verzicht das Antragsrecht nicht beseitigen. R konnte damit noch wirksam einen Strafantrag stellen. Da es sich bei § 229 aber nach § 374 I Nr. 4 StPO um ein Privatklagedelikt handelt, ist die Staatsanwaltschaft dennoch nicht verpflichtet, stets Anklage zu erheben. Sie prüft vielmehr, ob ein öffentliches Interesse an der Strafverfolgung besteht (§ 376 StPO, vgl. Nr. 86 II, 233 RiStBV). Da die Staatsanwaltschaft hier das Verfahren eingestellt hat, hat sie das öffentliche Interesse verneint (eine Einstellung erfolgt dann nach § 170 II StPO wegen Vorliegens eines Verfahrenshindernisses) und R auf den Privatklageweg verwiesen. Gegen die Einstellung hat der Antragsteller lediglich die Möglichkeit der Gegenvorstellung oder Dienstaufsichtsbeschwerde. Ein Klageerzwingungsverfahren ist hingegen nach § 172 II 3 StPO gerade ausgeschlossen. Auch ein Antrag auf gerichtliche Entscheidung nach §§ 23 ff. EGGVG ist unzulässig. Die Interessen

---

[3] Vgl. *Cierniak*, in: Meyer-Goßner StPO § 158 StPO, Rdn. 18; BGH NJW 1957, 1368.

des R sind insoweit ausreichend dadurch gewahrt, dass dieser die Möglichkeit hat, Privatklage zu erheben.

b) Einen Antrag kann zunächst nur der Verletzte der Straftat, d.h. im vorliegenden Fall R, stellen (§ 77 I). Da R verstorben ist, kommt es darauf an, ob sein Antragsrecht auf seine Angehörigen nach § 77 II übergegangen ist. Nach § 77 II geht das Antragsrecht aber nur in den gesetzlich bestimmten Fällen auf die Ehefrau des Verletzten über, in § 230 I 2 ist aber lediglich für die Fälle der vorsätzlichen Körperverletzung ein Übergang des Antragsrechts vorgesehen. Es fehlt damit an einem wirksamen Strafantrag.

Zusatzfrage 2a: Die Waldhütte

Frage 1

In der Hauptverhandlung gegen Fred lehnt sein Verteidiger den beisitzenden Richter Ratlos (R) ab, weil dieser den Haftbefehl seines in Untersuchungshaft sitzenden Mandanten unterschrieben hat. Wird das Ablehnungsgesuch Erfolg haben?

Frage 2

Nachdem das Revisionsgericht bereits mehrere Urteile des R wegen ungenügender Aufklärung des Sachverhalts aufgehoben hatte, ermahnte ihn der Gerichtspräsident als Dienstvorgesetzter, diesmal vorsichtiger zu sein und Beweisaufnahmen auch in Zukunft sorgfältiger durchzuführen. War die Ermahnung zulässig (auf § 26 II DRiG wird hingewiesen)?

§ 26 DRiG

(1) Der Richter untersteht einer Dienstaufsicht nur, soweit nicht seine Unabhängigkeit beeinträchtigt wird.

(2) Die Dienstaufsicht umfaßt vorbehaltlich des Absatzes 1 auch die Befugnis, die ordnungswidrige Art der Ausführung eines Amtsgeschäfts vorzuhalten und zu ordnungsgemäßer, unverzögerter Erledigung der Amtsgeschäfte zu ermahnen.

Lösung:

Kurzüberblick: Ausschließung und Ablehnung des Richters
Kraft Gesetzes ist ein Richter ausgeschlossen (**§ 22 StPO**) bei bestimmten Näheverhältnissen oder Vorbefassung.

Als **befangen (§ 24 StPO)** kann ein Richter in einem in §§ 25 ff. StPO näher geregelten Verfahren abgelehnt werden.

Revisionsrechtlich wird das Verfahren dadurch abgesichert, dass die Mitwirkung eines gesetzlich ausgeschlossenen oder eines nach einer Ablehnung zu Unrecht weiter mitwirkenden Richters grundsätzlich einen **absoluten Revisionsgrund** darstellt (vgl. § 338 Nr. 1–4 StPO).

In formeller Hinsicht ist § 27 StPO zu beachten: Es entscheidet das Gericht, dem der abgelehnte Richter angehört, ohne dessen Mitwirkung. Anders ist dies hingegen, wenn das Ablehnungsgesuch aus einem der in § 26 a I StPO genannten Gründe verworfen wird (es werden weder Gründe zur Ablehnung noch Mittel der Glaubhaftmachung genannt, vgl. § 26 a II 1 StPO).

Formelle Voraussetzungen:
a) **Ordnungsgemäßes Ablehnungsgesuch** das bei dem Gericht anzubringen ist, dem der abzulehnende Richter angehört.

b) **Rechtzeitigkeit** der Ablehnung (**§ 25 II StPO**), d. h. unverzüglich bzw. „ohne schuldhaftes Zögern".

c) **Glaubhaftmachung (§ 26 II StPO)**

Weitere Übersichtsliteratur: *Jahn* JuS 2010, 270; *Krekeler*, NJW 1981, 1633 ff.; *Voormann*, NStZ 1985, 444 ff.; *Benda*, NJW 2000, 3620 ff.

Weitere Übungsklausur: *Knauer* JuS 2012, 711.

Aus der Rechtsprechung: BGH NStZ 1991, 346.

Frage 1

a) Ein Ablehnungsantrag gegen R könnte zunächst auf §§ 23, 24 I Alt. 1 StPO gestützt werden, wenn R als Richter durch die Unterzeichnung des Haftbefehls kraft Gesetzes von der Ausübung des Richteramtes ausgeschlossen ist. Nach § 23 I StPO ist ein Richter kraft Gesetzes ausgeschlossen, wenn er bei einer Entscheidung in einem niedrigeren Rechtszug mitgewirkt hat. Die Entscheidung über U-Haft ist aber keine Entscheidung in einem niedrigeren, sondern in demselben Rechtszug. § 23 I StPO ist als Ausnahmevorschrift eng auszulegen und nur auf Fälle der Vorbefassung in einer anderen Instanz anzuwenden.

b) Ein Ablehnungsantrag könnte aber vielleicht wegen Besorgnis der Befangenheit nach § 24 I 2. Alt. StPO erfolgen. Ein entsprechender Ablehnungsantrag muss gestellt werden, bevor die Vernehmung des Angeklagten über seine persönlichen Verhältnisse beginnt. Wegen Besorgnis der Befangenheit findet die

Ablehnung statt, wenn ein Grund vorliegt, der geeignet ist, Misstrauen gegen die Unparteilichkeit eines Richters zu rechtfertigen (§ 24 II StPO). Die Besorgnis der Befangenheit liegt vor, wenn ein am Verfahren Beteiligter bei vernünftiger Würdigung aller Umstände Anlass hat, an der Unvoreingenommenheit des Richters zu zweifeln.[4] Nach fast einhellig vertretener Auffassung geht die StPO aber, wie § 23 II StPO als Ausnahmevorschrift im Umkehrschluss zeigt, davon aus, dass eine richterliche Tätigkeit, die der Mitwirkung als erkennender Richter vorausgeht, in der Sache keine Befangenheit begründet.[5] Als Ausnahmevorschrift verträgt § 23 II StPO keine ausdehnende Auslegung und kann damit auch nicht über § 24 II StPO indirekt erweitert werden. Dass eine richterliche Vorbefassung keine Befangenheit per se begründet, zeigt auch § 203 StPO, da der Richter bereits über die Zulassung zur Hauptverhandlung entscheidet, für die hinreichender Tatverdacht vorausgesetzt wird.[6] Allgemein wird davon ausgegangen, dass ein verständiger Angeklagter wisse, dass ein Richter sein Urteil erst auf der Grundlage dessen bildet, was er in der Hauptverhandlung erfährt. Eine Ablehnung wegen Befangenheit könnte damit nur dann erfolgen, wenn die Begründung des Haftbefehls selbst geeignet wäre (etwa aufgrund einseitig befangener Abfassung bzw. unnötiger und sachlich unbegründeter Werturteile über den Angeklagten), Misstrauen gegen die Unparteilichkeit des Richters hervorzurufen.[7] Dies ist hier aber nicht der Fall. Auch wenn es äußerst zweifelhaft erscheint, dass ein Richter, der bereits die Voraussetzungen der U-Haft und damit dringenden Tatverdacht bejaht hat, völlig unvoreingenommen gegenüber dem Angeklagten ist, muss die Grundentscheidung des Gesetzgebers hingenommen werden und ein Befangenheitsantrag des Verteidigers wird erfolglos bleiben.

Frage 2

Nach § 26 II DRiG erfasst die Dienstaufsicht auch die Befugnis, dem Richter die ordnungswidrige Art der Ausführung eines Amtsgeschäfts vorzuhalten und ihn zu einer ordnungsgemäßen, unverzögerten Erledigung der Amtsgeschäfte zu ermahnen.

Die Dienstaufsicht darf aber infolge des Grundsatzes der sachlichen Unabhängigkeit des Richters (vgl. Art. 97 I GG) nie in den Kernbereich richterlicher

---

4 Vgl. BVerfGE 88, 1 (4).
5 Vgl. BGHSt 9, 194, 233.
6 Zur Mitwirkung am Eröffnungsbeschluss vgl. auch BVerfGE 30, 149; BGH b. Pfeiffer-Miebach NStZ 1987, 221.
7 Vgl. etwa BGHSt 24, 336; BGH NStZ 2015, 46.

Tätigkeit eingreifen, d. h. der Dienstaufsicht nicht zugänglich ist der Inhalt einer Entscheidung, Anordnung oder Regelung (die unmittelbare Spruchtätigkeit). Zum unantastbaren Kernbereich im weiteren Sinne gehören auch die den richterlichen Spruch vorbereitenden und ihn zustande bringenden Sach- und Verfahrensentscheidungen, z. B. die Vernehmung von Zeugen, die Erhebung des Sachbeweises und die Beweiswürdigung. Der Ermahnung zugänglich sind lediglich die äußere Form der Erledigung des richterlichen Geschäfts sowie die Sicherung eines ordnungsgemäßen Geschäftsablaufs. Nach dem BGH sollen allerdings auch offensichtliche, jedem Zweifel entrückte Fehlgriffe im Kernbereich der richterlichen Tätigkeit der Ermahnung zugänglich sein. Die zutreffende Gegenansicht verweist insoweit auf die ausschließliche Möglichkeit einer Korrektur durch die Rechtsprechung (Instanzenzug, Disziplinarverfahren, Richteranklage). Im konkreten Fall kann dies aber dahingestellt bleiben, da die Anordnung und Durchführung einer Beweisaufnahme, also die Frage, ob und in welcher Form Beweise zu erheben sind, zum Kernbereich richterlicher Tätigkeit gehört. Weil vorliegend kein Ausnahmefall gegeben ist, war die Ermahnung unzulässig.

Zusatzfrage 2b: Die Waldhütte

Frage 1

Fred wird vor dem Schwurgericht angeklagt. Als Schöffin wirkt eine Frau mit, die ein Hidschab-Kopftuch trug. Die Staatsanwaltschaft ist nicht damit einverstanden, dass die Schöffin bei der Urteilsfindung mitgewirkt hat und legt Revision ein. Welche Rüge wird die Staatsanwaltschaft erhoben haben und ist diese Rüge der Verletzung formellen Rechts begründet?

Frage 2

Fred wurde zu einer Freiheitsstrafe von 15 Jahren verurteilt. In seiner Revision rügt er die Nichtverlesung des Anklagesatzes (§ 243 III 1 StPO). Die Sitzungsniederschrift enthielt zunächst keinen Hinweis auf die Verlesung des Anklagesatzes. Nach Einlegung der Revision ergänzte der Vorsitzende des Schwurgerichts und die Urkundsbeamtin die Sitzungsniederschrift mit folgendem Zusatz: „Der Vertreter der Staatsanwaltschaft verlas den Anklagesatz". Der Vertreter der StA erklärte in einer dienstlichen Stellungnahme, dass er den Anklagesatz in der Hauptverhandlung verlesen habe. Die Urkundsbeamtin erklärt, der fehlende Hinweis im Protokoll sei durch einen Übertragungsfehler aus ihrer stenografischen Mitschrift entstanden, denn dort sei der der Hinweis auf die Verlesung des Anklagesatzes noch enthalten. Wird die Rüge der Nichtverlesung erfolgreich sein?[8]

Lösung:

Frage 1

Die Revision der Staatsanwaltschaft wird sich vorliegend auf den absoluten Revisionsgrund der nicht vorschriftsgemäßen Besetzung des Gerichts stützen (§ 338 Nr. 1 StPO).

Zusatz: Wird in Klausuren speziell nach dem Erfolg einer bestimmten Rüge oder der Begründetheit der Revision gefragt, muss nicht auf deren Zulässigkeit eingegangen werden.

Ansonsten ist bei der Zulässigkeit einzugehen auf:

a) **Statthaftigkeit:** Gegen Urteil der Strafkammer und des Schwurgerichts (§ 333 StPO). Es kann auch die Prüfung der Zulässigkeit einer Sprungrevision gefragt sein: Statthaft ist diese gegen das Urteil des Strafrichters oder Schöffengerichts gem. §§ 335 I, 312 StPO.

b) **Form- und Frist** ergeben sich aus § 341 StPO (binnen einer Woche beim iudex a quo), das Erfordernis form- und fristgerecht Begründung aus §§ 344, 345 StPO.

c) Der Revisionsführer muss nach § 296 I StPO rechtsmittelberechtigt und beschwert sein.

d) Zuständiges Gericht ist der BGH, bei der Sprungrevision nach § 121 I Nr. 1b GVG das Oberlandesgericht auch für das Rechtsmittel der Sprungrevision (str. a.A. § 121 I Nr. 1a).

Erfolg hätte die Rüge nach § 338 Nr. 1 StPO nur dann, wenn aus dem Umstand des Tragens eines Hidschab-Kopftuchs die Unfähigkeit der Schöffin folgen würde, ein Schöffenamt zu bekleiden.[9] Nach § 32 GVG sind aber nur solche Personen unfähig das Schöffenamt zu bekleiden, die infolge des Richterspruchs die Fähigkeit zur Bekleidung öffentlicher Ämter nicht besitzen, wegen einer vorsätzlichen Tat zu einer Freiheitsstrafe von mehr als sechs Monaten verurteilt worden sind oder gegen die ein Ermittlungsverfahren wegen einer Tat schwebt, die den Verlust der Fähigkeit zur Bekleidung öffentlicher Ämter zur Folge hat. Hingegen kann die Mitwikung eines nach §§ 33, 34 GVG ungeeigneten Schöffen an der Urteilsfindung die Revision regelmäßig nicht begründen. Dieses Ergebnis legt insbesondere ein Vergleich zu Mitgliedern solcher religiösen Vereinigungen nahe, die i. S. v. § 34 Nr. 6 GVG satzungsgemäß zum gemeinsamen Leben verpflichtet sind. Sie sollen zwar nicht zum Schöffenamt herangezogen werden und deshalb auch nicht in die Vorschlagslisten (§ 36 GVG) aufgenommen werden, verlieren aber dadurch

---

8 Vgl. hierzu BGH Großer Strafsenat NStZ 2007, 661.

9 Vgl. hierzu KG NStZ-RR 2013, 156.

nicht die Fähigkeit zum Schöffenamt, sondern sind gegebenenfalls von der Schöffenliste zu streichen (§ 52 I Nr. 2 GVG). Auch wenn es letztlich sachlich untragbar erscheint, dass sich ein Angeklagter einer gerade nicht weltanschaulich neutral wirkenden Richterin gegenüber sieht, bleibt auch auf Grund des Gesetzesvorbehalts für Grundrechtseingriffe der Gesetzgeber aufgefordert, generell eine entsprechende Kleidung für Schöffen zu verbieten.

Frage 2

Die Rüge könnte begründet sein, wenn entsprechend der Fassung des Protokolls davon ausgegangen werden muss, dass der Anklagesatz nicht verlesen wurde und wenn die Nichtverlesung einen revisiblen Verfahrensverstoß darstellen würde:

Obwohl nach Befragung der Verfahrensbeteiligten an sich festzustehen scheint, dass tatsächlich eine Verlesung erfolgte, könnte aufgrund der negativen Beweiskraft des Hauptverhandlungsprotokolls (vgl. § 274 StPO) für das Revisionsverfahren davon auszugehen sein, dass keine Verlesung erfolgte. Da das Sitzungsprotokoll vor allem dem Rechtsmittelgericht die Nachprüfung der Gesetzmäßigkeit der Hauptverhandlung ermöglichen soll, ist das Protokoll mit einer Beweiskraft in zwei Richtungen ausgestattet. Das Protokollierte gilt als geschehen, das nicht Protokollierte als nicht geschehen (positive und negative Beweiskraft). Von der Bewiskraft werden neben den in § 272 StPO benannten äußeren Formalien nach § 273 I StPO vor allem die Wiedergabe des Gangs und der Ergebnisse der Hauptverhandlung sowie die Beachtung der wesentlichen Förmlichkeiten erfasst. Als wesentlich werden alle Formvorschriften angesehen, deren Missachtung den Bestand des Urteils gefährden könnte und die damit für die Gesetzmäßigkeit des Verfahrens von Bedeutung sein können. Die Verlesung des Anklagesatzes im Anschluss an die Vernehmung des Angeklagten zur Person zählt zu den wesentlichen Förmlichkeiten des Verfahrensgangs (§ 273 StPO), deren Vornahme nur durch das Protokoll bewiesen werden kann

---

Zusatz: Wesentliche Förmlichkeiten, die in Klausuren eine Rolle spielen könnten, sind etwa die Angaben über die Ausschließung und Wiederherstellung der Öffentlichkeit, die Anwesenheit von Prozessbeteiligten, Beweiserhebungen und Beweisanträge der Beteiligten und die dem Gericht vorgeschriebenen Hinweise, Aufforderungen und Belehrungen.

Insoweit greift die Beweiskraft des Hauptverhandlungsprotokolls, zumal Anhaltspunkte für eine Protokollfälschung i.S.d. § 274 S. 2 StPO nicht bestehen. Darüber hinaus hatte die Rechtsprechung eine Einschränkung der Beweiskraft nur bei leicht erkennbarer Lückenhaftigkeit des Protokolls anerkannt. Um die negative

Beweiskraft des Protokolls nicht unverhältnismäßig einzuschränken, kann es hierfür allerdings nicht genügen, dass der Anklagesatz üblicher Weise verlesen wird und ein abweichender Verfahrensablauf deshalb eher unwahrscheinlich ist. Vielmehr bedürfte es hierfür einer logischen Lücke bzw. Unstimmigkeit im Protokoll. Die Nichtverlesung des Anklagesatzes würde zwar nur einen relativen Revisionsgrund i.S.v. § 337 I StPO begründen, ein Beruhen des Urteils auf dem Verfahrensfehler dürfte aber regelmäßig nicht ausgeschlossen werden können. Fraglich ist allerdings, ob sich an diesem Ergebnis nicht deshalb etwas ändert, weil zwischenzeitlich eine Protokollberichtigung erfolgte. Nach alter Rechtsprechung durfte eine Protokollberichtigung einer bereits erhobenen Rüge des Angeklagten nicht zu seinen Ungunsten die Grundlage entziehen. Davon ist der Große Senat abgewichen. Nach seiner Ansicht sei nicht einzusehen, warum einer zu Gunsten des Angeklagten eingelegten Revision nur deshalb ein – meist kurzfristiger – Erfolg beschieden sein soll, weil sich die Revision auf ein offensichtlich unzureichend oder fehlerhaft erstelltes Hauptverhandlungsprotokoll berufen kann.

Zusatzfrage 3: Geordnete Verhältnisse

Staatsanwalt Grün (G) kam nach Abschluss der Ermittlungen zu dem Ergebnis, dass sich Amicelli (A) nicht strafbar gemacht habe und das Verfahren einzustellen sei. Als sein Vorgesetzter, Oberstaatsanwalt Schwarz (S), ihn anwies, gleichwohl Anklage zu erheben, wandte G ein, er könne dies nicht mit seinem Gewissen vereinbaren und sei außerdem als Justizorgan nicht weisungsgebunden.

a) Was kann Oberstaatsanwalt S tun?

b) Unterstellt, der BGH hätte in vergleichbaren Fällen eine Strafbarkeit der A bejaht, wäre G dann verpflichtet, Anklage zu erheben?

Lösung:

a) Grundsätzlich hat nach § 146 GVG Staatsanwalt G den Weisungen seines Vorgesetzten S (vgl. § 147 GVG) Folge zu leisten. Dienstliche Anweisungen dürfen sowohl generelle Anordnungen über den Dienstbetrieb als auch Anordnungen für die Behandlung eines Einzelfalls beinhalten. Seine Grenze findet das bestehende Weisungsrecht bei rechtswidrigen Weisungen, bei denen keine Pflicht zur Ausführung besteht.[10] Ebenso muss ein Staatsanwalt Weisungen mit strafbarem Inhalt und Menschenwürde verletzendem Charakter nicht befolgen. Nach umstrittener Auffassung soll zudem keine Pflicht bestehen, Weisungen wider die persönliche Überzeugung zu befolgen, da der übergeordnete Staatsanwalt die Möglichkeit der Devolution oder Substitution hat (§ 145 I GVG) und damit ein Zwang zur Weisungsbefolgung unverhältnismäßig ist.[11] Der Dienstvorgesetzte wird damit die Sache hier selbst übernehmen und gegebenenfalls die Amtsgeschäfte einem anderen StA übertragen müssen. Auch wenn A im Ergebnis freizusprechen ist, hindert dies S nicht, Anklage zu erheben, wenn er eine andere Rechtsauffassung hierzu vertritt.

b) Ob ein Staatsanwalt bei der Anklageerhebung an eine höchstrichterliche Rechtsprechung gebunden ist, ist äußerst umstritten.[12] Der BGH hat eine entsprechende Verpflichtung aufgrund des Gewaltenteilungsgrundsatzes und des Legalitätsprinzips bejaht und die Pflicht zur Wahrung der Einheit der Rechtsanwendung betont.[13] Eine Bindung besteht zudem auch für die weisungsberechtigte Instanz (§ 147 GVG).

Nach einer anderen Ansicht besteht eine Bindung nur bei gefestigter Rechtsprechung. Als Argument dient ein Vergleich mit § 121 II GVG. Teilweise wird eine eingeschränkte Bindung aus Gründen des Vertrauensschutzes und der Rechtssicherheit befürwortet und es werden deshalb gewichtige Gründe für ein Abweichen verlangt.

Von einer dritten Ansicht wird hingegen betont, dass keine Bindung besteht. Verwiesen wird auf die Stellung, Funktion und Rolle der Staatsanwaltschaft: So verankere etwa § 150 GVG die Unabhängigkeit der Staatsanwaltschaft. Der Staatsanwalt sei als Organ der Rechtspflege zu Wahrheit und Gerechtigkeit verpflichtet. Notwendige Basis hierfür sei eine eigenverantwortlich gewonnene Rechtsüberzeugung. Für letztere Ansicht könnte zudem sprechen, dass umgekehrt auch eine Anklagerhebung zulässig ist, wenn die Gerichte ein bestimmtes Verhalten in vergleichbaren Fällen für straflos erachten.

Dennoch ist im Ergebnis der Ansicht der Rechtsprechung zu folgen. Die Rolle der Staatsanwaltschaft ist ohnehin schon vielfach der Rolle der Rechtsprechung angenähert, da sie über Einstellungen, aber auch den meist nur richterlich abgesegneten Strafbefehl faktisch richterliche Aufgaben wahrnimmt. Zumindest die Auslegung der Strafgesetze sollte damit Kernaufgabe der Gerichte bleiben. Vorliegend ist G deshalb verpflichtet, Anklage zu erheben.

---

10 Vgl. auch § 63 II BBG; z. B. auch Weisungen, die das Legalitätsprinzip nicht beachten.
11 Vgl. *Krey*, NStZ 1985, 145 ff.; *Maier* ZRP 2003, 387 ff.
12 Vgl. auch *Murmann* JuS-Beilage 2007, 1 m. w. N.
13 Vgl. nur BGHSt 15, 155.

Zusatzfrage 4a: Das Sprengstoffattentat

Im Laufe der Ermittlungen fällt zwar der Verdacht auf A, eine Tatbeteiligung kann ihm aber nicht nachgewiesen werden. Aufgrund richterlicher Anordnung wurden deshalb sowohl der Fernmeldeverkehr des A überwacht und die nicht öffentlichen Gespräche des A aufgezeichnet. Ziel der Abhörmaßnahmen war ein Krankenzimmer, in dem sich A wegen eines Verkehrsunfalls einige Tage aufhalten musste. Während des Aufenthalts erhielt A einen Anruf von X. A meldet sich nur kurz und teilt X mit, dass er jetzt keine Zeit habe, weil er sich wegen eines Unfalls am Krankenhaus befinde. Nach Beendigung des Telefonats führt A ein sehr erregtes Selbstgespräch, in dessen Verlauf er sich darüber ausließ, wie dumm der X doch sei, sich bei ihm zu melden: „Statt mich anzurufen kann er ja gleich die Polizei zu mir schicken. Solch ein Stümper. Sprengt die Falsche in die Luft und bringt dann auch noch die Polizei auf meine Spur". Darf das Schwurgericht in einem Strafverfahren gegen A eine Verurteilung auf den Inhalt des Selbstgesprächs stützen?

Lösung:

Grundsätzlich entscheidet das Gericht über das Ergebnis der Beweisaufnahme nach seiner „freien Überzeugung" (vgl. § 261 StPO). Bestimmte Beweismittel sind aber von der Beweiswürdigung ausgeschlossen und dürfen nicht Gegenstand der richterlichen Überzeugungsbildung sein. Es ist deshalb vorliegend die Frage aufzuwerfen, ob der Inhalt des Selbstgesprächs einem Beweisverwertungsverbot unterliegt.[14]

Zur Abgrenzung: Bei der Prüfung eines möglichen Beweisverwertungsverbots ist zwischen unselbständigen und selbständigen Beweisverwertungsverboten zu unterscheiden. **Unselbständige** folgen aus einem Verstoß gegen ein Beweiserhebungsverbot, während **selbständige Beweisverwertungsverbote** unabhängig etwa von der Verletzung von Verfahrensvorschriften unmittelbar aus den Grundrechten abgeleitet werden. **Beweiserhebungsverbote** können hinsichtlich bestimmter Themen, bestimmter Mittel oder bestimmter Methoden bestehen und sie führen – wie sich unproblematisch bereits begrifflich ableiten lässt – dazu, dass die Erhebung eines bestimmten Beweises verboten ist. Aus einem Beweiserhebungsverbot folgt allerdings – von wenigen Ausnahmen abgesehen (etwa dem Methodenverbot des § 136 a StPO) – nicht stets ein Beweisverwertungsverbot. Es muss deshalb nach Feststellung eines Beweiserhebungsverbots (etwa der Missachtung des Richtervorbehalts bei Wohnraumdurchsuchungen) im Anschluss mittels der Beweisverbotstheorien begründet werden, warum im konkreten Fall auch ein Be-

---

14 Zu einer vergleichbaren Sachverhaltskonstellation vgl. BGHSt 50, 206 und zum Selbstgespräch im Auto BGHNStZ 2012, 399.

weisverwertungsverbot besteht. Dabei sollte zumindest auf die in der Rechtsprechung und Teilen der Literatur vertretenen Abwägungslehre und damit selbstverständlich auch auf Schutzzweckerwägungen eingegangen werden.

---

a) Vorliegend könnte sich ein unselbständiges Beweisverwertungsverbot aus der Missachtung der Eingriffsbefugnis für den großen Lauschangriff ergeben. Dies wäre der Fall, wenn das „nichtöffentlich gesprochene Wort" in einer „Wohnung" i. S. v. Art. 13 GG, § 100 c III 1 StPO abgehört worden ist und dieses ausschließlich höchstpersönlichen Charakter hat (vgl. § 100 c IV 2, 3 StPO). Unabhängig von der Frage, ob es sich bei einem Krankenzimmer um eine „Wohnung" i. S. v. §§ 100 c, d StPO handelt, wäre insoweit aber der höchstpersönliche Charakter der Äußerung zweifelhaft. Sie enthält Angaben über begangene Straftaten und unterliegt damit nach § 100 c IV 3 StPO an sich bei Beachtung der sonstigen Eingriffsvoraussetzungen keinem Beweisverwertungsverbot.

b) Ein Beweisverwertungsverbot wird sich damit vorliegend nicht in Abhängigkeit von einem Verstoß gegen eine bestimmte Verfahrensvorschrift sondern nur als selbständiges Beweisverwertungsverbot bestimmen lassen. In Entsprechung zu den Tagebuchentscheidungen des BVerfG und des BGH wäre dies dann der Fall, wenn A durch die akustische Überwachung des Krankenzimmers zum „Objekt staatlicher Strafverfolgung" gemacht und dadurch seine Menschenwürde (Art. 1 GG) verletzt wurde. Zur Unantastbarkeit der Menschenwürde gehört die Anerkennung eines absolut geschützten Kernbereichs privater Lebensgestaltung, in den eine akustische Überwachung von Wohnräumen zu Zwecken der Strafverfolgung nicht eingreifen darf (Art. 13 GG). Werden die aus dem Selbstgespräch gewonnenen Erkenntnisse diesem Bereich zugeordnet, unterliegen sie einem „absoluten Verwertungsverbot". Ihre Verwertung kann damit nicht durch überwiegende Interessen der Allgemeinheit (hier das Aufklärungsinteresse an einem Mord) gerechtfertigt werden.

Für die Zuordnung des Selbstgesprächs zum Intim- bzw. absolut geschützten Kernbereich und damit einen ausschließlich höchstpersönlichen Charakters könnte vorliegend sprechen, dass auch Krankenzimmer dem verfassungsrechtlich geschützten Bereich der „Wohnung" zuzuordnen sind. Bei einem materiellen Verständnis werden zur Wohnung alle Räume gerechnet, die der allgemeinen Zugänglichkeit durch eine Abschottung entzogen und zur Stätte privaten Wirkens gemacht sind. Eine entsprechende Garantie der Privatheit der Lebensgestaltung wird man hinsichtlich eines Hotelzimmers, Wohnmobils oder beispielsweise eines Zeltes, nicht hingegen etwa hinsichtlich der Besucherräume in einer Justizvollzugsanstalt befürworten können. Damit sind zumindest nach einem weiten Verständnis des Schutzbereichs auch Krankenzimmer Art. 13 GG zuzurechnen, selbst wenn sie nur vorübergehend und zweckgebunden der Unterbringung dienen und das Pflegepersonal zu Heilzwecken ein „Betretungsrecht" hat.

c) Wie auch die Existenz des § 100 c StPO zeigt, genießt der Bereich der Wohnung allerdings keinen absoluten Schutz vor Abhören und Aufzeichnung des gesprochenen Wortes. Vielmehr könnten Äußerungen, die Angaben über begangene Straftaten enthalten, vergleichbar einem Tagebucheintrag Allgemeinbelange berühren und infolge des Sozialbezugs des Inhalts nicht zum Kernbereich privater Lebensgestaltung zu rechnen sein. Im vorliegenden Fall sind aber die Besonderheiten des Selbstgesprächs zu beachten. Dieses ist durch unwillkürlich auftretende Bewusstseinsinhalte, persönliche Erwartungen, Befürchtungen, Bewertungen, Selbstanweisungen, seelische Gefühle und Befindlichkeiten geprägt. Anders als etwa bei einem Tagebuch hat der Betroffene gerade nicht durch schriftliche Niederlegung der Gedanken den von ihm beherrschten Innenbereich verlassen und die Äußerung der Gefahr eines Zugriffs preisgegeben. So betont auch der BGH in ein einem vergleichbaren Fall, dass im Gegensatz zum Tagebuch das nicht stofflich fixierte Selbstgespräch seinen ausschließlich höchstpersönlichen Charakter beibehalte. Nach Auffassung des BGH lasse sich dies im Übrigen auch aus dem Wortlaut und der Systematik des § 100 c IV 3 StPO ableiten, da Äußerungen, Gespräche oder das „gesprochene Wort" im Gegensatz zum Selbstgespräch dazu bestimmt seien, von anderen zur Kenntnis genommen zu werden.

Zusatzfrage 4b: Das Sprengstoffattentat

Bei der ersten polizeilichen Beschuldigtenvernehmung erklärte der vorläufig festgenommene X nach Belehrung und Eröffnung des Tatvorwurfs zunächst, er werde nicht aussagen, sondern einen Rechtsanwalt mit der Wahrnehmung seiner Interessen beauftragen. Der Polizeibeamte P weist unbeirrt darauf hin, dass ein Geständnis die Möglichkeit der Strafmilderung eröffne, X solle doch sein Gewissen erleichtern. X erklärte sich nunmehr zur Aussage über den Tatvorwurf bereit, wünschte aber zuvor eine Besprechung mit Rechtsanwalt R. Die über den deutschen Rechtsanwaltszentralruf ermittelte Mobiltelefonnummer des R erwies sich als nicht vergeben. X erklärte daraufhin, er verzichte auf einen Anwalt und werde zur Sache aussagen. X wurde nicht auf einen vor Ort bestehenden Anwaltsnotdienst hingewiesen. Darf ein Geständnis des X verwertet werden?

Lösung:

a) Die Aussage könnte unverwertbar sein, weil X nach der gescheiterten Kontaktaufnahme mit dem Rechtsanwalt seiner Wahl nicht auf den örtlichen Anwaltsnotdienst hingewiesen worden ist.[15] Ein Beweisverwertungsverbot könnte sich insoweit aus der Verletzung der Pflicht zur Belehrung über das Recht der Verteidigerkonsultation nach § 136 I 2 StPO bzw. einer Beeinträchtigung des u. a. aus Art. 6 III lit. c EMRK abzuleitenden Rechts auf konkrete und wirksame Verteidigung sowie des Anspruchs auf ein faires Verfahren nach Art. 20 III i.V. m. Art. 2 I GG ergeben. Grundsätzlich hat die fehlerhafte oder unterlassene Belehrung über das Recht auf einen Verteidiger ein Verwertungsverbot bezüglich der erlangten Aussage zur Folge. Da der erforderliche Hinweis auf das Recht zur Konsultation eines Verteidigers erfolgt war, stellt sich vor allem das Problem, welche erweiterten Hilfs- und Hinweispflichten den Vernehmungsbeamten zum Schutze der Beschuldigten obliegen. Für ein Verwertungsverbot trotz erfolgter Belehrung im konkreten Fall kann angeführt werden, dass das Recht zur Verteidigerkonsultation in engem Zusammenhang mit der Aussagefreiheit des Beschuldigten steht. Gemäß §§ 136 I 2, 163 a IV 2 StPO muss der Beschuldigte bei seiner (ersten) Vernehmung nicht nur über sein Schweigerecht, sondern zugleich über das Recht auf Zuziehung eines Verteidigers nach § 137 I 1 StPO belehrt werden, da gerade bei der praktisch äußerst bedeutsamen ersten Vernehmung des Beschuldigten die wesentlichen Weichen für den weiteren Verfahrensablauf gestellt werden. Der Beschuldigte bedarf insbesondere hinsichtlich der Frage, ob er sich durch Schweigen oder Reden verteidigen soll, der Beratung mit einem Verteidiger.

b) Im Einzelfall erfordert deshalb der Grundsatz des fairen Verfahrens eine ergänzende Inpflichtnahme der vernehmenden Beamten, wenn der Beschuldigte ohne eine Hilfestellung der Beamten seine Rechte nicht wahrnehmen kann. Ergänzend zur Belehrung nach § 136 I 2 StPO ist ihm „erste Hilfe" bei der Verwirklichung seines Konsultationsrechts zu leisten, wenn er selbst nicht in der Lage ist, den Kontakt zu einem Verteidiger herzustellen. So kann es beispielsweise unter dem Gesichtspunkt des Rechts auf effektive Verteidigung nicht genügen, einem sprachunkundigen Beschuldigten kommentarlos das Branchenbuch einer Großstadt zu überreichen, da diese „Scheinaktivität" den Beschuldigten letztlich nur von der Erfolglosigkeit seiner Bemühungen, einen Verteidiger zu erlangen, überzeugen soll.

In bestimmten Fällen wird deshalb unmittelbar aus dem Fairnessgebot auch eine Pflicht abzuleiten sein, den Beschuldigten auf einen örtlichen Anwaltsnot-

---

15 Zu einer ähnlichen Fallkonstellation vgl. auch BGH NStZ 2006, 114.

dienst hinzuweisen. Der BGH hat dies erwogen, wenn der Beschuldigte einen Verteidiger verlangt hatte und die Vernehmung ohne vorangegangene Konsultation eines Verteidigers fortgesetzt wurde. Eine generelle Hinweispflicht hat der BGH allerdings wegen fehlender gesetzlicher Verpflichtung hierzu abgelehnt. Ist der Versuch gescheitert, mit einem durch den Beschuldigten benannten auswärtigen Verteidiger Kontakt aufzunehmen, dann sind die Polizeibeamten nach Auffassung des BGH nicht verpflichtet, auf einen bestehenden Anwaltsnotdienst hinzuweisen, wenn der Beschuldigte nach Scheitern des Kontaktversuchs auf einen Verteidigerbeistand verzichtet hat. Im Schrifttum wird teilweise nach Misslingen einer gewünschten Kontaktaufnahme mit einem Verteidiger eine erneute Belehrung über das Recht zur Hinzuziehung eines Verteidigers verlangt. Dieser Verstoß würde aber dann nach den in der Rechtsprechung herausgebildeten Grundsätzen im konkreten Fall kein Verwertungsverbot begründen, da X sein Recht auf Hinzuziehung eines Verteidigers kannte.[16] Seine Aussage würde dann trotz eines möglichen Verstoßes gegen das Fairnessgebot nicht nach § 337 StPO auf einem Verstoß gegen die Hinweispflicht beruhen, da nicht die Verletzung der genannten Pflicht, sondern die eigenverantwortliche Entscheidung des Beschuldigten, ohne Verteidigerbeistand auszusagen, für die Aussage kausal geworden ist.

Zusatz: Nach § 337 I StPO ist die Revision begründet, wenn das Urteil auf einer Gesetzesverletzung beruht. Das wird unwiderleglich vermutet im Falle der **absoluten Revisionsgründe** des **§ 338 StPO**. Für ein **Beruhen** reicht es aber auch ansonsten aus, wenn das Urteil ohne die Gesetzesverletzung möglicherweise anders ausgefallen wäre. Bei den relativen Revisionsgründen ist deshalb in der Klausur zu begründen, warum es nicht ausgeschlossen werden kann, dass die Gesetzesverletzung für das Urteil kausal war.

---

c) Im konkreten Fall besteht allerdings die Besonderheit, dass der vernehmende Polizeibeamte den Beschuldigten unter Hinweis auf sein Gewissen und eine mögliche Strafmilderung zur Aussage überredet hat. Entgegen der Auffassung der Rechtsprechung müssen Polizeibeamte wegen der besonderen Ausnahmesituation, die eine Beschuldigtenvernehmung für den Betroffenen darstellt, den Wunsch des Beschuldigten, Kontakt zu einem Verteidiger aufzunehmen, respektieren und dürfen die Vernehmung nicht gegen seinen Willen fortsetzen. Die Abbruchpflicht ist unmittelbar aus dem Wesen des nemo tenetur-Grundsatzes sowie der Funktion der Belehrungsvorschriften abzuleiten, die nicht dadurch entwertet werden dürfen, dass den Polizeibeamten die Möglichkeit eröffnet wird, die vorangegangene Belehrung durch widersprechende Hinweise auf eine mög-

---

16 Übersichtsliteratur zu Beweisverwertungsverbote *Meyer-Mews* JuS 2004, 39 ff.

liche Strafmilderung zu entwerten. Insbesondere darf der Beschuldigte nicht zu weiteren Angaben gedrängt werden, bevor er die Gelegenheit zur (telefonischen) Rücksprache mit einem Verteidiger gehabt hat. Will der Beschuldigte die Vernehmung fortsetzen, so muss er dies ausdrücklich und unmissverständlich auch ohne Hinzuziehung eines Verteidigers verlangen. Die Vernehmung darf somit auch nicht mittelbar über die Vernehmung des vernehmenden Polizeibeamten in den Strafprozess eingeführt und verwertet werden.

Zusatzfrage 5: Kofferfreuden

In der ersten polizeilichen Beschuldigtenvernehmung erklärte Seber (S) nach Eröffnung des Tatvorwurfs, sie habe die Tat nicht begangen. Die Polizei hatte S verdächtigt, da S gegenüber V erklärt hatte, V werde schon noch sehen, was sie von der Ansichnahme des Koffers habe. Der vernehmende Polizeibeamte P veranlasst deshalb einige Tage später ein Telefonat zwischen S und V. P hörte das Gespräch, in dem S sich belastet, an einem Zweithörer mit. In der Hauptverhandlung schweigt S. Darf P als Zeuge über das vernommen werden, was er am Telefon gehört hat?

Lösung:

a) Äußert sich ein Beschuldigter in der Hauptverhandlung nicht zur Sache, so kann dennoch eine frühere Aussage des Beschuldigten in die Hauptverhandlung eingeführt werden. Eine dem § 252 StPO entsprechende Vorschrift, aus der sich ein umfassendes Verwertungsverbot ableiten ließe, besteht für die Beschuldigtenvernehmung nicht. Auch § 250 S. 2 StPO steht einer Vernehmung des P nicht entgegen. § 250 StPO verbietet entsprechend seinem Wortlaut nur, einen Zeugenbeweis durch einen Urkundsbeweis zu ersetzen. Ein weiter reichender Grundsatz, dass stets das tatnächste Beweismittel zu benutzen ist, ist § 250 StPO nicht zu entnehmen. Deshalb verbietet § 250 StPO auch nicht die Vernehmung des Zeugen vom Hörensagen. Auch der Zeuge vom Hörensagen soll nur über seine eigene Wahrnehmung berichten. Er ist daher unmittelbarer und nicht nur mittelbarer Zeuge.

    b) Es könnte allerdings ein Verwertungsverbot wegen Verstoß gegen die Belehrungspflichten des § 136 StPO bestehen, weil V auf Veranlassung des P die S ausgehorcht hat und P dieses Gespräch mithörte, ohne S vorher über ihr Recht, die Aussage zu verweigern, belehrt zu haben. § 136 StPO bezieht sich allerdings nur auf Vernehmungen.[17] Zum Begriff der Vernehmung i.S. der Strafprozessordnung gehört nach h. A., die einen sog. formellen Vernehmungsbegriff vertritt, dass der Vernehmende der Auskunftsperson in amtlicher Funktion gegenübertritt und in dieser Eigenschaft von ihr eine Auskunft („Aussage") verlangt.[18] Eine Erweiterung des Begriffs der Vernehmung in dem Sinne, dass hierzu alle Äußerungen des Beschuldigten gehören, welche ein Strafverfolgungsorgan direkt oder indirekt herbeigeführt hat, soll dem Gesetz nicht zu entnehmen sein (so aber der zutreffende materielle Vernehmungsbegriff). Ein erweiterter Begriff würde überdies nach h. A. seine einheitliche Interpretation für die verschiedenen Vorschriften der Strafprozessordnung in Frage stellen. Die h. A. befürchtet vor allem, dass ein materieller Vernehmungsbegriff auch auf Äußerungen angewendet werden muss, die ein Verdeckter Ermittler im Rahmen seiner Tätigkeit beim Beschuldigten hervorgerufen hat. Damit müssten auch Verdeckte Ermittler einen Tatverdächtigen nach § 136 I 2 StPO belehren, obwohl ihnen die §§ 110 a ff. StPO das Auftreten unter einer Legende gerade deshalb gestatten, um unerkannt einen Tatnachweis erbringen zu können. Auch eine analoge Anwendung von § 136 I 2 StPO scheidet nach h. A. aus. Sinn und Zweck des § 136 StPO sei es nicht, dem Tatverdächtigen zu Bewusstsein zu bringen, dass er von einer Amtsperson oder einer mit den Ermittlungsbehörden zusammenarbeitenden Privatperson befragt wird. Die Belehrung soll vielmehr sicherstellen, dass der Beschuldigte nicht irrtümlich eine Aussagepflicht annimmt, weil er durch einen Richter, Staatsanwalt oder Polizeibeamten in amtlicher Eigenschaft befragt wird. Dieser Sinn der Regelung wird nicht verletzt, wenn eine Privatperson, sei es auch auf Veranlassung der Ermittlungsbehörden, den Tatverdächtigen in ein Gespräch über den Tatvorwurf verwickelt und er sich absichtsgemäß selbst belastet. Schließlich wisse der Beschuldigte, dass er sich einem beliebigen Dritten gegenüber nicht zu äußern braucht.

Ebenso wenig liege in der Veranlassung einer Privatperson zu einem selbstbelastenden Gespräch mit dem Tatverdächtigen ein Verstoß gegen die unmittelbar oder entsprechend angewandte Regelung der §§ 136 a, 163 a StPO. Eine verbotene Täuschung i. S. dieser Vorschrift liegt nicht schon darin, dass der Betroffene über den Umstand der Beweiserheblichkeit der Gesprächssituation im Unklaren gelassen wird. Das gilt auch insoweit, als bei einer verdeckten Ermittlungsmaßnahme die Tatsache der polizeilichen Initiative und Beteiligung verschwiegen wird. P und V haben den Irrtum der S hierüber nicht erregt, d. h. hervorgerufen, oder seine Aufklärung unterbunden („unterhalten"), sondern sich lediglich den

---

17 Zur Hörfalle vgl. den Beschluss des Großen Senats BGHSt 42, 139.
18 Vgl. zum Vernehmungsbegriff *Mosbacher* JuS 2006, 39 ff.

Umstand zunutze gemacht, dass S allgemein die Möglichkeit eines polizeilichen Mithörens bei einem privaten Telefongespräch[19] nicht in Betracht gezogen hat. Die Ausnutzung eines bereits bestehenden Irrtums (bloßes Verschweigen einer Tatsache) stellt keine Täuschung i. S. d. § 136 a StPO dar, sondern ist als erlaubte List zu qualifizieren.

Nach herrschender Inhaltsbestimmung des nemo tenetur-Grundsatzes kommt ebenso wenig ein Verstoß gegen diesen Prozessgrundsatz in Betracht, so dass auch ein selbständiges Beweisverwertungsverbot ausscheiden muss. Dieser Grundsatz soll nur die Freiheit vor Zwang zur Aussage oder zur Mitwirkung am Strafverfahren schützen, während die Freiheit von Irrtum nicht in den Anwendungsbereich dieses Grundsatzes fallen soll. Auch wenn diese Auffassung unzutreffend ist und der nemo tenetur-Grundsatz nach prozesssystematischer Auslegung nur die Gewährleistung eines selbstbestimmten Aussageverhaltens vor Augen haben kann, könnte eine Verwertung dennoch bereits auf Basis der h. A. wegen der Nähe zu einem Verstoß gegen den nemo tenetur-Grundsatz und den Grundsatz des fairen Verfahrens unzulässig sein. Im Hinblick darauf, dass der Beschuldigte nicht alle Umstände kennt, die für seine Entscheidung, ob er sich äußern will oder nicht, von Bedeutung sind, präferiert der BGH und die wohl h. L. zu Unrecht eine Abwägungslösung. Der heimliche Einsatz privater Personen mittels einer Hörfalle soll nur dann zulässig sein und zu keinem Beweisverwertungsverbot führen, wenn es sich bei der den Gegenstand der Verfolgung bildenden Tat um eine Straftat von erheblicher Bedeutung handelt und wenn der Einsatz anderer Ermittlungsmethoden erheblich weniger Erfolg versprechend oder wesentlich erschwert wäre. Für die Beantwortung der Frage, wann eine Straftat von erheblicher Bedeutung vorliegt, werden die Kataloge in §§ 98 a, 100 a, 110 a StPO herangezogen. Da S vorliegend wohl keinen (versuchten) Raub und damit keine Katalogtat gem. § 100 a II Nr. 1 lit. k StPO begangen hat, ist von keiner Straftat von erheblicher Bedeutung auszugehen. Demnach wurde vorliegend gegen rechtsstaatliche Grundsätze verstoßen und die Angaben der S am Telefon gegenüber V können nicht durch Vernehmung des P in die Hauptverhandlung eingeführt werden.

Zusatzfrage 6: Pizza mit Allem

C wird wegen der Behauptung gegenüber P, A habe ein Verhältnis mit der Frau des P, vor dem Schwurgericht angeklagt. Sein Pflichtverteidiger V rät C, er solle in der

---

19 Näheres zur Überwachung der Telekommunikation *Fezer*, NStZ 2003, 625 ff.

Hauptverhandlung behaupten, er sei aufgrund des Verhaltens von A davon ausgegangen, dass dieser tatsächlich ein Verhältnis mit F habe. Nur so könne sich C auch erklären, dass A sich mit einer Flasche Champagner auf den Weg zu F gemacht habe und sich vorher noch erkundigt habe, ob P noch lange abwesend sei. Da sich diese Einlassung des C, die er, wie von V vorgeschlagen, abgegeben hat, nicht widerlegen lässt, wird C freigesprochen.

a) Durfte V dem C ein entsprechendes Aussageverhalten empfehlen?

b) Darf V dem C nach Vermerk des Abschlusses der Ermittlungen durch die Staatsanwaltschaft die Akten in Kopie überlassen oder ihn zumindest von der Anordnung einer Telefonüberwachung in Kenntnis setzen, die sich aus den Akten ergibt?

Lösung:

a) Problematisch ist, ob sich das Verhalten des V noch im Rahmen des prozessual Zulässigen gehalten oder ob er hier bereits die Grenze zur Strafvereitelung (§ 258) überschritten hat. § 258 ist insoweit wenig ergiebig, da sich die Grenze, wann eine unzulässige Vereitelungshandlung vorliegt, nicht aus § 258 ergibt. § 258 verweist auf das Prozessrecht, d. h. alles was prozessual zulässig ist, kann keine Strafvereitelung sein (akzessorische Betrachtung). Da das Prozessrecht aber ebenso unergiebig ist, wird man auf die allgemeine Diskussion zurückgeworfen, welche Stellung der Verteidiger hat. Wenn er lediglich ein einseitiger Interessenvertreter des Beschuldigten ist, würden seine Rechte entsprechend den Grenzen des zulässigen Verteidigungsverhaltens des Beschuldigten bestimmt. Da dieser Lügen darf (unabhängig von der str. Frage, ob es ein Recht auf Lüge gibt) und die Lüge sogar gegebenenfalls eine zur Verteidigung erforderliche Belastung Dritter durch Abstreiten eines Sachverhalts rechtfertigen kann, hängt die prozessuale Zulässigkeit des Verteidigerverhaltens von dessen Rechtsstellung ab.

Die h. M. geht davon aus, dass der Verteidiger gleichberechtigtes Organ der Rechtspflege neben StA und Gericht ist.[20] Der Verteidiger kann deshalb u. U. auch unabhängig vom Mandanten, d. h. aus eigenem Recht und auch gegen den Willen des Mandanten tätig werden. Der Verteidiger nimmt damit auch öffentliche (nicht staatliche) Funktionen wahr (vgl. auch § 1 BRAO). Er garantiert über diese Funktion eine rechtsstaatliche Strafrechtspflege und dient gerade über den Grundsatz der Waffengleichheit auch der Wahrheitsfindung. Sonst wäre auch das Gericht leichter gezwungen, seine weitgehend neutrale Rolle aufzugeben und dem Be-

---

20 Zur Rechtsstellung des Verteidigers grundlegend BVerfG, NStZ 2004, 259.

schuldigten zu Hilfe zu kommen. Die h. L. betont allerdings sehr stark, dass der Verteidiger über die Einhaltung aller Verfahrensvorschriften zu wachen habe und nimmt dabei auch gewisse Abstriche an einer effektiven Verteidigung in Kauf.

Deshalb vertritt die sog. eingeschränkte Organtheorie[21] die Auffassung, dass der Verteidiger die Effektivität der Rechtspflege nur in einem Kernbereich zu gewährleisten hat. Der Verteidiger darf i. d. S. vor allem nicht lügen.

Nach der sog. Parteiinteressentheorie besteht hingegen keine Organeigenschaft des Verteidigers, dieser ist lediglich ein reiner Parteiinteressenvertreter. Der Beschuldigte bestimmt seine Interessen autonom und diese sind ohne Berücksichtigung öffentlicher Interessen durch den Verteidiger zu vertreten. Er nimmt keine öffentlichen Interessen wahr, sondern ist nur an die Weisungen des Vertragspartners gebunden, da nur so Waffengleichheit und das erforderliche Vertrauensverhältnis gewährleistet werden kann. Zweck der Verteidigung ist i. d. S. nur die Beseitigung von Autonomiedefiziten, nicht aber die Sicherung rechtsstaatlicher Strafverfolgung. Da der Verteidiger nur Parteiinteressenvertreter ist, darf er auch lügen und gegebenenfalls Beweisquellen trüben. Nach der sog. Vertragstheorie muss sich der Verteidiger zwar grundsätzlich nach seinem Mandanten richten, ihm bleibt aber der Rückgriff auf Mittel der Lüge versperrt. Mit den letzten beiden Modellen lässt sich allerdings das Institut der Pflichtverteidigung kaum vereinbaren, da sie auch gegen den Willen des Beschuldigten erfolgt. Für die h. A. spricht vor allem, dass insbesondere die Wahrheitspflicht des Verteidigers seine Glaubwürdigkeit sichert (ein „Recht auf Lüge" ist insoweit bereits sprachlich widersprüchlich) und die erforderliche Basis für die im Gegenzug gewährten Sonderrechte bildet (z. B. Akteneinsicht etc.). Dem Verteidiger ist es damit im Grundsatz verboten, Lügen für den Angeklagten zu erfinden und ihm zur Lüge zu raten. Andererseits darf der Verteidiger dem Angeklagten durchaus Verteidigungsmöglichkeiten aufzeigen, ihm dabei nur nicht eine bestimmte Lüge in den Mund legen. Hier ist die Grenze jedoch eindeutig überschritten.

b) Ein Recht auf Akteneinsicht könnte sich aus § 147 StPO ergeben. Akteneinsichtsberechtigt ist nach § 147 StPO aber nur der Verteidiger, nicht der Beschuldigte. Der Verteidiger darf die Akten einsehen (Abs. 1) und mitnehmen (Abs. 4). Der Beschuldigte hat lediglich einen Informationsanspruch u. a. aus Art. 6 I, III EMRK (Auskünfte und Abschriften aus den Akten, § 147 VII StPO). Dennoch darf ein Verteidiger dem Beschuldigten sogar die komplette Akte in Kopie geben. Der Verteidiger ist zur Information i. d. R. auch verpflichtet. Ein eigenständiges Recht, selbst in die Akten Einsicht zu nehmen, hat der Beschuldigte aber nicht und daher darf V es C auch nicht gewähren (Grund hierfür ist die Angst

---

21 Näheres hierzu *Paulus* NStZ 1992, 305 ff.; *Dornach* NStZ 1995, 57 ff.

vor einer Aktenbeschädigung durch den Beschuldigten). Deshalb ist dem Beschuldigten auch ein Pflichtverteidiger zu bestellen, wenn er sich ohne Akteneinsicht nicht verteidigen kann (Ausnahme in Bagatellen, dann ausnahmsweise Recht zur Einsicht). Sehr str. ist darüber hinausgehend, ob der Beschuldigte vom Verteidiger auch über Maßnahmen mit notwendigem Überraschungseffekt informiert werden darf, wenn sich diese aus den Akten ergeben (wie hier über die Anordnung einer Telefonüberwachung). Die wohl h.M. lehnt ein Recht des Beschuldigten auf Information durch den Verteidiger ab, wenn eine Gefährdung des Untersuchungszwecks eintreten kann. Nach a.A. fällt die schlichte Information über solche Maßnahmen in den Risikobereich der Staatsanwaltschaft, da diese den Akteninhalt freigegeben hat (§ 147 II StPO). Der Verteidiger darf nach dieser Auffassung lediglich nicht dazu raten, einen anderen Anschluss zu benutzen, da dies nicht von seiner Stellung als Verteidiger gedeckt ist.

Zusatzfrage 7: Eine Familientragödie

Drechsler (D) ist 63 Jahre alt, verheiratet und lebt mit seiner Ehefrau in einem kleinen Einfamilienhaus. Er bezieht ein nicht allzu üppig bemessenes Gehalt als Geschäftsführer und wird in Zukunft von einer vergleichbaren Privatrente leben. Der zuständige Ermittlungsrichter E erlässt gegen D auf Antrag der Staatsanwaltschaft einen Haftbefehl. Er begründet den Haftbefehl damit, dass D bisher nicht gestanden habe und bei fehlendem Geständnis der Haftgrund der Verdunkelungsgefahr vorliege. Zudem begründe in Fällen besonders hoher Straferwartung, wie insbesondere wegen hoher Mindeststrafe und erforderlicher Generalprävention bei Mord, bereits die Straferwartung allein in der Regel die Fluchtgefahr. Bei der erforderlichen Einzelfallprüfung bedürfe es zur Begründung der Fluchtgefahr keines weiteren Nachweises zusätzlich zur Straferwartung hinzutretender Umstände, sondern umgekehrt nur der Prüfung, ob in besonders gelagerten Ausnahmefällen die indizierte Fluchtgefahr ausgeschlossen werden kann. Zudem begründe der zusätzlich im Raume stehende Vorwurf der Steuerhinterziehung Verdunkelungsgefahr. Im Übrigen sei bei bestimmten Straftaten ohnehin kein Haftgrund erforderlich.

Frage 1

Kann mit dieser Begründung Untersuchungshaft angeordnet werden?

Frage 2

Welche Rechtsbehelfe hat D hiergegen und welche formellen Voraussetzungen haben diese?

Lösung:

Übersicht: Untersuchungshaft

Die Untersuchungshaft beinhaltet den schwersten Eingriff im Ermittlungsverfahren. Insoweit ist insbesondere zu beachten, dass für den Betroffenen die Unschuldsvermutung streitet, die seinen Freiheitsanspruch bekräftigt. Das mit der U-Haft verbundene Sonderopfer kann nur durch überwiegende Interessen des Gemeinwohls gerechtfertigt werden.

A. Voraussetzungen:

I. Dringender Tatverdacht:

Definition: Nach dem aktuellen Stand der Ermittlungen besteht eine hohe Wahrscheinlichkeit, dass der Beschuldigte Täter oder Teilnehmer einer strafbaren Handlung ist. Dringender Tatverdacht ist zwar stärker als hinreichender Tatverdacht (vgl. § 170 I StPO), in der Praxis muss ein entsprechendes Urteil aber meist auf einer schmaleren Basis der Ermittlungsergebnisse getroffen werden. Deshalb kann nicht auf eine Verurteilungswahrscheinlichkeit abgestellt werden, da auch in einem sehr frühen Stadium des Verfahrens die Anordnung von U-Haft möglich sein muss. § 170 I StPO (Wahrscheinlichkeit späterer Verurteilung) kann also zu Beginn des Verfahrens gegebenenfalls noch zu verneinen sein, während ein dringender Tatverdacht i. S. v. § 112 StPO bereits bejaht werden muss.

II. Haftgrund

1. Flucht, Fluchtgefahr (§ 112 II Nr. 1, 2 StPO)

a) **Flucht** = Wohnungsaufgabe oder ins Ausland abgesetzt, so dass der Flüchtige für die Ermittlungsbehörden und Gerichte unerreichbar und ihrem Zugriff wegen der zu erwartenden Strafvollstreckung entzogen ist.

Verborgen = Untertauchen, etwa unangemeldet oder unter falschem Namen an einem unbekannten Ort leben, um sich dem Verfahren zu entziehen.

b) **Fluchtgefahr** ist gesetzlich definiert (**§ 112 II Nr. 2 StPO**), wobei die sie begründenden Tatsachen nur mit einer Wahrscheinlichkeit vorliegen müssen, die einem dringenden Tatverdacht entspricht. Es müssen aber Tatsachen und nicht bloße Vermutungen bestehen.

Beispielskriterien: Hohe Straferwartung und durch die Tat hoher Schaden verursacht, keine familiären Bindungen, arbeitslos mit schlechten finanziellen Verhältnissen und gute Kontakte ins Ausland.

In der Praxis wird eine Fluchtgefahr entgegen den gesetzlichen Vorgaben häufig allein aus der zu erwartenden hohen Freiheitsstrafe abgeleitet. Bei Straftaten mit geringer Straferwartung sind die zusätzlichen Anforderungen des § 113 II StPO zu beachten.

2. Verdunkelungsgefahr (§ 112 II Nr. 3 StPO)

Wenn aufgrund bestimmter Tatsachen das Verhalten des Beschuldigten den Verdacht nahelegt, dass der Beschuldigte in prozessordnungswidriger, unlauterer Weise auf sachliche oder persönliche Beweismittel einwirkt **und** dadurch die Ermittlung der Wahrheit gefährdet (z. B. Zeugen bedroht oder Akten vernichtet). Die Verdunkelungshandlungen müssen objektiv geeignet sein, die Ermittlung der Wahrheit zu erschweren, wobei § 112 II Nr. 3 StPO einen abschließenden Katalog relevanter Verdunkelungshandlungen enthält.

3. Kapitaldelikte (§ 112 III StPO)

Nach dem Wortlaut ist scheinbar kein Haftgrund erforderlich, es wäre aber unverhältnismäßig, wenn allein wegen der Schwere der Tat U-Haft angeordnet würde (Unschuldsvermutung). Es muss wenigstens eine geringe Gefahr der Flucht oder Verdunkelung bestehen, auch wenn keine konkreten Tatsachen hierfür erforderlich sind. Sehr problematisch ist, dass bei diesem Haftgrund tatsächlich auch auf die Erregung der Bevölkerung Rücksicht genommen wird („Mörder laufen frei herum").

4. Wiederholungsgefahr (§ 112 a StPO)

Hierbei handelt es sich eigentlich um einen systemfremden Haftgrund, da präventiv-polizeiliche Erwägungen den Ausschlag geben. Zweck ist der Schutz der Allgemeinheit vor weiteren Straftaten besonders gefährlicher Täter.

Unterscheidung: Bei den Anlasstaten nach Nr. 1 genügt schon eine einmalige Verfehlung, bei den Anlasstaten nach Nr. 2 bedarf es der wiederholten und fortgesetzten Begehung (mindestens zweimal durch rechtlich selbständige Handlungen).

B. Formelles Verfahren:

I. Einleitung im Ermittlungsverfahren auf Antrag der StA, nach Anklageerhebung nach Anhörung der StA.

Zuständig für den **Erlass** ist der Richter (**Richtervorbehalt** [Art. 104 II 1 GG]).

Vor Erhebung der öffentlichen Klage: Richter beim AG, in dessen Bezirk der Gerichtsstand begründet ist oder der Beschuldigte sich aufhält (§ 125 I StPO)

Danach: Gericht der Hauptsache § 125 II StPO

Vollstreckung Sache der StA (§ 36 II StPO)

II. Form: Schriftlicher Haftbefehl mit dem Wortlaut des § 114 I, Inhalt II, III StPO

III. Ablauf:

1. Dem Beschuldigten ist der Haftbefehl zu eröffnen (§ 114 a StPO) und ein Angehöriger oder eine Vertrauensperson ist zu benachrichtigen (§ 114 b StPO).

2. Der Beschuldigte ist dem Richter unverzüglich vorzuführen und zu vernehmen (§§ 115, 126 I 1 StPO). Spätestens am nächsten Tag muss der Haftrichter (§ 115 II StPO) belehren und vernehmen (§ 115 II, III StPO; § 136 StPO ist bei der ersten Vernehmung zu beachten).

IV. Entscheidungsmöglichkeiten:

Zu entscheiden ist, ob der Haftbefehl aufrecht zu erhalten ist (dann Belehrung § 115 IV StPO), außer Vollzug gesetzt (§ 116 StPO) oder aufgehoben (§ 120 StPO) wird.

Weitere Übersichtsliteratur: *Graf* JA 2012, 262; *Huber* JuS 2009, 994 ff.; *Michalek* NJW 2010, 17 ff.; *Parigger* NStZ 1986, 211 ff.; *Paeffgen* NStZ 2002, 79; *ders.* NStZ 2004, 77 ff.

Weitere Übungsklausur: *Schöpe* Jura 2016, 435.

Frage 1

a) Problematisch ist zunächst, ob der Haftbefehl wegen fehlenden Geständnisses und hoher Straferwartung auf den Haftgrund der Fluchtgefahr (§ 112 II Nr. 2 StPO) gestützt werden kann. Fluchtgefahr besteht grundsätzlich, wenn Umstände des Falles es wahrscheinlicher erscheinen lassen, dass sich der Beschuldigte dem Verfahren entzieht, als dass er sich dafür bereithält. Auf ein fehlendes Geständnis kann die Annahme von Fluchtgefahr und damit der Haftbefehl nicht gestützt werden. Dieser Umstand ist nicht geeignet, Verdunkelungsgefahr zu begründen, da der Beschuldigte nicht verpflichtet ist, sich zur Sache einzulassen (nemo tenetur-Grundsatz). In der Praxis wird allerdings gerade dieser Haftgrund häufig missbraucht, da andererseits ein Geständnis in der Regel dazu führt, dass Verdunkelungsgefahr verneint wird. Ein Geständnis ist aber insofern problematisch, als es widerrufen werden kann und dessen Beweiswert gerade unter dem Druck der U-Haft zweifelhaft ist.

Die Höhe der Straferwartung kann ebenso wenig alleine entscheidend sein, sondern erst in Verbindung mit weiteren Umständen die Fluchtgefahr begründen. Nach der Rechtsprechung ist sie zwar nur ein Indiz für bestehende Anreize zur Flucht, je höher aber die Straferwartung ist, umso weniger Gewicht soll auf weitere Umstände zu legen sein. So nehmen einige Gerichte wohl im Einklang mit der h. M. an, dass bei sehr hoher Straferwartung nur in Ausnahmefällen auf zusätzliche Umstände eingegangen werden muss. Dadurch wird aber de facto eine Fluchtvermutung aufgestellt, mittels derer die Beweislast umgekehrt und damit die Unschuldsvermutung verletzt wird. Ein entsprechender Erfahrungssatz kann jedenfalls nicht für alle Fälle gleichermaßen postuliert werden und gerade im vorliegenden Fall (mittleres Einkommen, fester Wohnsitz, Familie, Alter etc.) erscheint die Annahme von Fluchtgefahr trotz des hohen Alters zweifelhaft.

b) Der Vorwurf der Steuerhinterziehung könnte Verdunkelungsgefahr nahelegen, da diese Straftat gerade im betrieblichen Bereich per se auf Irreführung und Verschleierung (z. B. in der Bilanz) angelegt ist. Verdunkelungsgefahr liegt vor, wenn aufgrund bestimmter Tatsachen das Verhalten des Beschuldigten den Verdacht nahelegt, dass der Beschuldigte in prozessordnungswidriger, unlauterer Weise auf sachliche oder persönliche Beweismittel einwirkt und dadurch die Ermittlung der Wahrheit gefährdet. Die Tatsachen müssen nicht feststehen, es genügt dieselbe Wahrscheinlichkeit wie beim Tatverdacht und den anderen Haftgründen (d. h. eine hohe Wahrscheinlichkeit und damit dringender Tatverdacht). Sehr umstr. ist allerdings, ob allein aus der verfolgten Tat, wenn diese ihrer Natur nach auf Irreführung und Verschleierung angelegt ist (z. B. Betrug, Bestechung, gewerbsmäßige Hehlerei, Urkundenfälschung, organisierte Kriminalität) auf Verdunkelungsgefahr geschlossen werden darf. Dagegen spricht aber die strikte

Trennung von Haftgrund und dringendem Tatverdacht, die aufgegeben würde, wenn der Haftgrund aus dem Tatverdacht geschlossen wird. Es würde damit ein gesetzeswidriger Haftgrund der Tatbegehung geschaffen.

c) Wenn der anordnende Richter ausführt, hier bedürfe es ohnehin keines Haftgrundes, so nimmt er auf § 112 III StPO Bezug (es steht nach der Rechtsprechung der Vorwurf des Mordes im Raum). Für bestimmte Taten lässt § 112 III StPO dem Wortlaut nach Anordnung der U-Haft auch zu, wenn kein Haftgrund vorliegt. Die Vorschrift verstößt damit offensichtlich gegen den Verhältnismäßigkeitsgrundsatz, der es verbietet, gegen einen Tatverdächtigen, bei dem weder Flucht- noch Verdunkelungs- oder Wiederholungsgefahr vorliegt, einen Haftbefehl zu erlassen. Deshalb ist eine verfassungskonforme Auslegung von Abs. 3 geboten. Dieser dient eher als „Beweiserleichterung" für die ansonsten erforderlichen Haftgründe, so dass diese also nicht zwingend mit bestimmten Tatsachen belegt sein müssen und nicht so strengen Anforderungen unterliegen. Da im Fall aber keine Anhaltspunkte für Flucht- oder Verdunkelungs- oder Wiederholungsgefahr bestehen, wäre die allein auf § 112 III StPO gestützte U-Haft unverhältnismäßig.

Frage 2

D hat zunächst auf Antrag (§ 117 StPO), der jederzeit erhoben werden kann, die Möglichkeit der Haftprüfung. Der Antrag führt zur richterlichen Prüfung, ob der Haftbehelf aufzuheben oder der Vollzug auszusetzen ist. Ein Anspruch auf mündliche Verhandlung besteht nur nach Ablauf von zwei Monaten nach der letzten mündlichen Verhandlung und wenn die U-Haft drei Monate gedauert hat (§ 118 III StPO). Von Amts wegen erfolgt die Haftprüfung nach drei Monaten (§ 117 V StPO) und nach sechs Monaten durch das OLG (§ 121 StPO).

Das Rechtsmittel der Haftbeschwerde ist subsidiär (§ 117 II 1 StPO) und wird nicht neben einer Haftprüfung durchgeführt. Eine Haftbeschwerde kann nur einmal gegen einen Haftbefehl eingelegt werden. Wie bei jeder Beschwerde gegen richterliche Entscheidungen kann der Richter abhelfen oder dem Beschwerdegericht vorlegen (§ 306 StPO). Beschwerdegericht ist die Strafkammer, gegen deren Entscheidung die weitere Beschwerde an das OLG zulässig ist (§ 310 StPO). Bei einem Antrag auf Haftverschonung besteht eine Zuständigkeit nach § 126 StPO.

Zusatzfrage 8: Tankstellenfall

Bei der Auswertung der Videoaufzeichnung über den Tankvorgang ist das Kennzeichen des Kraftfahrzeugs des Anton (A) erkennbar. Der hiervon in Kenntnis gesetzte Polizeibeamte Paul (P) begibt sich deshalb zur Wohnadresse des sogleich ermittelten Halters des Fahrzeugs. Die Türe wird von Veronika (V), der Freundin von A, geöffnet. A hatte ihr zuvor von dem Geschehen an der Tankstelle erzählt, so dass V beim Anblick des Polizisten erschrickt und spontan ausruft: „Wusste ich doch, dass das nicht gut gehen kann! Jede Tankstelle hat heute eine Überwachungskamera". Als P interessiert nachfragt, macht V keine weiteren Angaben. A erklärt hingegen, er habe an der Kasse völlig vergessen, dass er noch die Bezahlung des Tankvorgangs schuldet. Als die Staatsanwaltschaft sich später um eine Vernehmung der V bemüht, erklärt diese, sie habe sich zwischenzeitlich mit A verlobt und verweigere die Aussage.

Frage 1

Kann die Äußerung der V gegenüber P, die vor ihrer Verlobung mit A erfolgte, im Strafverfahren gegen A verwertet werden, wenn A gegen einen aufgrund seiner Tat ergangenen Strafbefehl form- und fristgerecht Einspruch eingelegt hat und es sich tatsächlich um ein ernsthaftes Verlöbnis handelt?

Frage 2 (Abwandlung)

Auf Betreiben der Staatswanwaltschaft wird V zunächst durch den Ermittlungsrichter Ernst (E) vernommen. E belehrt V lediglich über ihr Zeugnisverweigerungsrecht kraft Verlöbnis nicht aber über die Möglichkeiten einer Verwertung ihrer Aussage, wenn sie sich zur Aussage entschließen sollte. Kann E als Zeuge über eine Aussage der V vernommen werden, wenn sich V vor Beginn der Hauptverhandlung entschließt, nunmehr von ihrem Zeugnisverweigerungsrecht Gebrauch zu machen?

Lösung:

Frage 1

Nach dem form- und fristgerecht eingelegten Einspruch (vgl. §§ 410, 411 I 1 StPO) findet eine normale Hauptverhandlung statt (§ 411 I 2 StPO). Der Strafrichter wird sich deshalb überlegen, ob er die Angaben der V gegenüber P in die Hauptverhandlung einführen und im Urteil verwerten kann. Gemäß § 244 II StPO hat das Gericht zur Erforschung der Wahrheit die Beweisaufnahme auf alle Tatsachen zu erstrecken, die für die Entscheidung von Bedeutung sind. Diese Pflicht besteht jedoch nicht, wenn die Beweiserhebung unzulässig ist. Hier könnte dies möglicherweise deshalb der Fall sein, weil zwischen A und V ein Verlöbnis besteht (vgl. § 244 III 1 StPO). Eine Verlobte darf nach § 52 I Nr. 1 StPO das Zeugnis verweigern. Macht sie davon Gebrauch, dann darf eine frühere Aussage nicht verwertet werden. Beispielsweise darf ihre Aussage nicht verlesen werden (vgl. § 252 StPO) und auch nicht über die Vernehmung der nicht richterlichen Vernehmungspersonen in die Hauptverhandlung eingeführt werden. § 252 StPO wird umfassend ausgelegt, da ein bloßes Verlesungsverbot neben § 250 S. 2 StPO überflüssig wäre. Eine Ausnahme besteht insoweit nur für die richterliche Vernehmung des Zeugnisverweigerungsberechtigten.[22]

Nach § 52 III StPO sind die zur Verweigerung des Zeugnisses berechtigten Personen vor jeder Vernehmung über ihr Zeugnisverweigerungsrecht zu belehren. Wird die Belehrungspflicht verletzt (gilt über §§ 161a I 2, 163 III 1 StPO auch für Vernehmungen durch Polizei und StA), so muss wegen des Schutzzwecks des § 52 StPO („schonende Rücksicht auf die Familienbande") die Aussage unverwertbar sein. Dass das Verlöbnis erst zwischenzeitlich erfolgte, spielt angesichts des aufgezeigten Schutzzwecks für die Reichweite des Zeugnisverweigerungsrechts keine Rolle. Natürlich gilt auch hier die Einschränkung, dass das Fehlen der Belehrung ursächlich für die Aussage des Zeugen gewesen sein musste. Hätte V ihr Zeugnisverweigerungsrecht gekannt und auch bei Belehrung ausgesagt, dann beruht die Aussage nicht auf dem Verstoß gegen § 52 III StPO. Problematisch ist allerdings, ob V überhaupt vor der Hauptverhandlung vernommen worden ist, da sie ungefragt Angaben über P gemacht hat, sich das Zeugnisverweigerungsrecht ebenso wie die dazugehörige Belehrungspflicht aber im Grundsatz nur auf Vernehmungen erstreckt. So genannte Spontanäußerungen, die ein Zeuge vor oder außerhalb einer Vernehmung (etwa bei der Bitte nach behördlichem Einschreiten) spontan und aus freien Stücken getätigt hat, sind dem Schutzbereich des § 252 StPO entzogen. Eine Ausnahme wird insoweit nur für die Fälle angenommen, in denen eine von den Strafverfolgungsbehörden geschaffene Vernehmungssituation vorliegt. Dann unterfallen auch ungefragt-spontane und aus freien Stücken gemachte Äußerungen dem Schutzbereich des § 252 StPO (sog. informatorische Befragungen). Das Schutzbedürfnis des Zeugen soll in diesen nicht förmlichen Vernehmungen sogar noch größer sein als bei förmlicher Vernehmung.[23] Die

---

22 Grundlegend zum Verwertungsverbot BGHSt 21, 218; zur Ausnahme bei ermittlungsrichterlicher Vernehmung BGH 32, 25, 29.

23 Tatsächlich ist diese Rechtsprechung unsystematisch und widersprüchlich, vor allem weil für den Beschuldigten mit genau gegenläufiger Begründung bei informatorischen Befragungen ein Schutzbedürfnis verneint wird; vgl. auch Zusatzfrage Fall 13.

Aussage der V ist damit trotz nicht bestehender Zwangslage vom Schutzzweck des § 252 StPO erfasst.

Frage 2

Einer Vernehmung des Ermittlungsrichters E als Zeuge über die Aussage der V könnte ein aus §§ 252 i.V.m. 52 I Nr. 1 StPO abgeleitetes Verwertungsverbot entgegenstehen. Wie bereits erwähnt begründet § 252 StPO nach fast einhellig vertretener Ansicht ein generelles Verwertungsverbot und verbietet damit auch die Vernehmung von Verhörspersonen. Eine Ausnahme wird allerdings für richterliche Verhörspersonen gemacht. Begründet wird dies damit, dass das Gesetz richterlichen Vernehmungen ganz allgemein ein höheres Vertrauen entgegenbringe. Dem Zeugen sei die höhere Bedeutung richterlicher Vernehmung bewusst und er erkenne, dass er eine Aussage in richterlicher Vernehmung nicht ohne weiteres wieder beseitigen kann. Durch die höhere Qualität der Belehrung und Vernehmung könne der Richter dem Zeugen zudem besser präventiven Rechtsschutz gewähren. Vorliegend besteht allerdings das Problem, dass V nur über ihr Zeugnisverweigerungsrecht, nicht aber darüber belehrt wurde, dass im Fall einer Aussage diese über die Vernehmung des Ermittlungsrichters in die Hauptverhandlung eingeführt und dann auch im Urteil (gegen) den Angeklagten verwertet werden kann. Zu Unrecht hat der zweite Senat eine solche von ihm unverständlicher Weise als „qualifizierter Belehrung" bezeichnete Ausweitung des Belehrungsumfangs gefordert.[24] Der zweite Senat hat dies vor allem mit Bedenken daran begründet, ob der Zeuge sich tatsächlich bei richterlicher Vernehmung der Unwiderruflichkeit seiner Aussage bewusst sei. Die anderen Senate haben dem widersprochen und betont, dass sie an ihrer bisherigen Rechtsprechung festhalten wollen. Zutreffend betonen sie, dass qualifizierte Belehrungen allein die Aufgabe haben, die Fortwirkung eines bereits erfolgten Verfahrensverstoßes dadurch zu beseitigen, dass der Zeuge auf den Verfahrensfehler hingewiesen wird, um ihm nunmehr tatsächlich eine eigenverantwortliche Entscheidung zur Aussage zu ermöglichen. Ansonsten müsse aber die normale Belehrung lediglich sicherstellen, dass dem Entschluss des Zeugen auszusagen, eine in Kenntnis der Folgen für den verwandten Beschuldigten getroffene bewusste Entscheidung zugrundeliegt. Ganz entgegen der Annahme des zweiten Senats dürfte jeder Zeuge bei richterlicher und vermutlich darüber hinaus auch bei polizeilicher Vernehmung ohnehin davon ausgehen, seine Angaben nicht mehr widerrufen zu können. Das Ergebnis

---

24 Vgl. BGH NStZ 2014, 596; 2015, 710.

des zweiten Senats ist auch keineswegs aus verfassungsrechtlichen Gründen zum Schutz der Familie geboten, so dass die gesetzliche Lücke im Hinblick auf den Belehrungsumfang keinswegs planwidrig erscheint. Ganz im Gegenteil dürfte entgegen der h.M. nicht einmal die weite Auslegung von § 252 StPO zwingend geboten sein.

Zusatzfrage 9: Eisen und Draht

Während der Hauptverhandlung stellt sich heraus, dass Eisen (E) die Draht durch Betrug zur Eingehung eines Abonnements veranlassen wollte.

a) Unter welcher Voraussetzung kann der versuchte Betrug mit abgeurteilt werden?

b) Ändert sich die Beurteilung, wenn sich herausstellt, dass E auch in zwei weiteren Fällen durch Betrug den Abschluss eines Abonnements herbeigeführt hat?

Lösung:

a) Das Gericht kann nur über die Tat urteilen, die auch angeklagt ist. Nach dem Anklagegrundsatz bzw. Akkusationsprinzip (vgl. auch §§ 151, 155, 264 I StPO)[25] ist Gegenstand der Urteilsfindung die in der Anklage bezeichnete Tat, wie sie sich nach dem Ergebnis der Verhandlung darstellt. Es müsste sich damit bei der Körperverletzungshandlung und der Betrugshandlung um ein und dieselbe prozessuale Tat handeln. Die Tat im prozessualen Sinne[26] ist von der Tat im materiell-rechtlichen Sinne zu unterscheiden. Der prozessuale Tatbegriff kennzeichnet den in der Anklageschrift (§ 200 StPO) umrissenen einheitlichen geschichtlichen Lebensvorgang, innerhalb dessen der Beschuldigte einen oder mehrere Straftatbestände verwirklicht haben soll. Damit wird bei Tateinheit meist von einer prozessualen Tat auszugehen sein. Hier führt zwar nicht dieselbe Handlung zu Betrug (§ 263) und zur Körperverletzung (§ 223), so dass materiell-rechtlich wahrscheinlich von Tatmehrheit (§ 53) auszugehen ist. Indem aber Tatort, Tatzeit (nicht aber die Angriffsrichtung) vergleichbar sind und eine Trennung als „un-

---

25 Vgl. hierzu *Huber* JuS 2008, 779 ff.; *Murmann* Jus-Beilage 2007, 2 ff.; *Murmann/Grassmann* JuS-Beilage 2001, 3 ff.

26 Nähere Ausführung zum prozessualen Tatbegriff vgl. *Ranft* JuS 2003, 417 ff.

natürliche Aufspaltung eines einheitlichen Lebensvorgangs empfunden würde"[27] liegt eine prozessuale Tat vor. Eine Verurteilung auch wegen versuchten Betrugs ist grundsätzlich auch ohne erneute Anklage möglich.

Da in der Anklage aber allein die Körperverletzung mit Todesfolge angeführt ist, nun aber auch wegen Betruges verurteilt werden kann, muss auf die Veränderung des rechtlichen Gesichtspunktes (§ 265 I StPO) hingewiesen werden. E ist vor Verurteilung wegen versuchten Betrugs auf die Veränderung des rechtlichen Gesichtspunktes hinzuweisen, um ihm so eine sachgerechte Verteidigung zu ermöglichen.

Zusatz: In Klausuren ist im Zusammenhang mit dem prozessualen Tatbegriff auch häufiger auf einen möglichen **Strafklageverbrauch** einzugehen. Wäre E beispielsweise wegen der konkreten Tat schon wegen Körperverletzung rechtskräftig verurteilt worden, bevor sich herausstellte, dass er auch einen versuchten Betrug begangen hatte, würde sich die Frage stellen, ob der versuchte Betrug als Bestandteil einer einheitlichen prozessualen Tat bereits Gegenstand des abgeschlossenen Verfahrens war und deshalb mit abgeurteilt worden ist. Der Täter dürfte dann nicht wegen derselben Tat mehrfach bestraft werden und einer erneuten Anklage stünde der Grundsatz ne bis in idem (Art. 103 III GG) entgegen. Von der wohl überwiegend vertretenen Ansicht wird eine Durchbrechung nur dann für zulässig erachtet, wenn das ursprüngliche Gericht die Unrechtsdimension verkannt hat, beispielsweise nicht ein Verbrechen, sondern nur ein Vergehen verurteilt hat. Teilweise wird auch hier auf die jeweilige Angriffsrichtung abgestellt, so dass nach dieser Ansicht bei Verurteilung wegen Körperverletzung doch noch eine Verurteilung wegen versuchten Betrugs möglich wäre.[28]

---

b) Die zwei vorangegangenen Betrugstaten stehen in materiell-rechtlicher Tatmehrheit (§ 53). Dies ist zwar lediglich ein Indiz für das Vorliegen verschiedener prozessualer Taten, da aber auch Tatort, Tatzeit und Tatobjekt unterschiedlich sind und eine Verknüpfung über eine rechtliche Bewertungseinheit nicht erkennbar ist, liegen mehrere prozessuale Taten vor. Eine andere Beurteilung könnte allenfalls dann in Frage kommen, wenn bei gewerbs- oder gewohnheitsmäßig begangenen Straftaten eine Bewertungseinheit angenommen wird. Da der Betrug selbst an die Täuschung anknüpft, sind die verschiedenen Betrugstaten aber sachlich-rechtlich und verfahrensrechtlich selbständige Taten.[29] Der in der Anklage beschriebene Lebenssachverhalt umfasst damit nicht die vorangegangenen

---

27 Zum prozessualen Tatbegriff vgl. *Fahl* JuS 1999, 903; *Geppert* Jura 1980, 204; *Pfeiffer* JA 1987, 105; *Tiedemann/Walter* Jura 2002, 708.

28 Vgl. hierzu *Beulke* Strafprozessrecht § 25 Rdn. 518 f.

29 Vgl. *Engelhardt*, in: KK-StPO, § 264 StPO Rdn. 213; anders der BGH für einen Fall des Subventionsbetrugs bei sukzessiver Tatausführung zur Erreichung eines einheitlichen Erfolgs, vgl. BGH NStZ 2007, 578; ergänzend BGHSt 48, 331 (343); 49, 177.

Betrugsfälle. Es besteht deshalb lediglich die Möglichkeit der Nachtragsklage (§ 266 StPO). Diese kann mündlich in der Hauptverhandlung durch die StA erhoben werden (§ 266 II 1 StPO), wobei das Gericht zuständig sein und die Nachtragsklage durch Beschluss in das Verfahren einbezogen werden muss (§ 266 I StPO). Zudem muss der Angeklagte zustimmen und ihm muss Gelegenheit zur Verteidigung gegeben werden (§ 266 I, II StPO). Damit ist nur bei Vorliegen der Voraussetzungen einer Nachtragsklage auch eine Verurteilung wegen der zwei vorangegangenen Betrugsfälle möglich.

Zusatzfrage 10: Das Jagdschloss

In der Dorfkneipe erzählt Pech (P) am Abend seiner Freundin Vogel von dem schrecklichen Geschehen im Waldschloss. Am Nebentisch sitzt der befreundete Staatsanwalt S, der gerade mit Dritten eine Runde Schafkopf spielt. S belauscht zufällig das Gespräch, leitet aber kein Ermittlungsverfahren ein, um seinem Freund P ein Strafverfahren zu ersparen.

a) Hätte S dienstlich tätig werden müssen?

b) S belauscht das Gespräch und leitet tatsächlich ein Ermittlungsverfahren ein. In der Hauptverhandlung möchte P den S als befangen ablehnen, da dieser immer hinter seiner Freundin Vogel „hergewesen" ist. Kann P einen Befangenheitsantrag stellen?

c) In der Hauptverhandlung wird Staatsanwalt S als Zeuge über das Gespräch vernommen. Auf was hat der Richter zu achten?

Lösung:

a) Die Staatsanwaltschaft (und die Polizei) muss bei jeder amtlichen Kenntniserlangung tätig werden, wenn ein Anfangsverdacht besteht (vgl. §§ 160, 163 StPO, § 183 GVG). Bei privater Kenntniserlangung wie hier lehnt eine Auffassung eine Geltung des Legalitätsprinzips ab, da dies zum Schutz der Privatsphäre des Staatsanwalts erforderlich sei.[30] Nach wohl h.M. besteht hingegen bei privater Kenntniserlangung (mit der Folge der Möglichkeit einer Strafbarkeit wegen Strafvereitelung §§ 258 a, 13) nur dann eine Ermittlungspflicht, wenn durch Art und Umfang der Straftat Belange der Öffentlichkeit und der Volksgesamtheit in be-

---

30 Vgl. etwa *Volk* StPO § 8 Rdn. 11; Näheres zu dieser Problematik *Wölfl* JuS 2001, 478 ff.

sonderem Maße berührt werden.[31] Abzustellen soll dabei nicht nur auf die Schwere der Tat sein, sondern auch auf den Bezug zur Privatsphäre des Staatsanwalts und die Gefahren, die bei Nichteinschreiten für die Allgemeinheit bestehen. Der vorliegende Fall zeigt, dass diese Ansicht letztlich zu wenig bestimmten Ergebnissen führt. Es dürfte deshalb der Rechtssicherheit dienen, wenn eine Pflicht nur bei Verbrechen bzw. den Katalogtaten des § 138 bejaht wird, wie dies eine Mindermeinung annimmt. Dafür kann auch angeführt werden, dass der Gesetzgeber in diesem Umfang eine Abwägung vorgegeben hat, ab welchem Schweregrad er ein Zurücktreten privater Belange für notwendig erachtet. Damit müsste S hier zumindest wegen der räuberischen Erpressung Ermittlungen aufnehmen.

b) Ob ein Staatsanwalt als befangen abgelehnt werden kann, ist äußerst umstritten.[32] Teilweise wird eine analoge Anwendung von § 24 StPO befürwortet. Ein Bedürfnis hierfür dürfte hinsichtlich bestimmter Entscheidungen im Ermittlungsverfahren (im Gegensatz zur Hauptverhandlung) kaum in Abrede gestellt werden können, etwa bei der Einstellung des Verfahrens oder bei bestimmten Zwangsmitteln. Die Maßstäbe für die Beurteilung der Befangenheit können allerdings auch nach dieser Auffassung bei Richtern und Staatsanwälten nicht gleich sein. Ebenso stellt sich das Problem, wer in entsprechender Anwendung von § 27 StPO über den Befangenheitsantrag entscheiden soll (Konflikt mit § 145 GVG).

In Fällen, in denen ein Richter kraft Gesetzes von der weiteren Mitwirkung ausgeschlossen ist, nimmt eine einschränkende Ansicht eine entsprechende Anwendung der §§ 22, 23 StPO an. Sie bejaht mit der Folge von § 337 bzw. § 338 Nr. 2, 5 einen Ausschluss des Staatsanwalts, wegen dessen Pflicht zur Objektivität.

Nach der überzeugenden h.M. kann ein befangener Staatsanwalt hingegen nur über § 145 GVG abgelöst werden. Die Verfahrensbeteiligten können dies lediglich anregen, haben jedoch kein Recht auf Ersetzung. Unterbleibt die Ablösung, so stellt dies weder einen Verfahrensfehler nach §§ 337, 338 StPO dar, noch besteht eine Anfechtungsmöglichkeit nach §§ 23 ff. EGGVG. Eine Befangenheitsregelung widerspricht der gesetzlichen Konzeption und kann damit nur durch den Gesetzgeber eingeführt werden.

c) Tritt ein Staatsanwalt in demselben Verfahren als Zeuge und als Vertreter der Anklage auf, so kann die bloße Benennung als Zeuge oder eine sachbezogene Frage des Verteidigers noch nicht zum Ausschluss des Staatsanwalts führen, da

---

[31] Vgl. auch BVerfG JZ 2004, 303.
[32] Vgl. *Joos* NJW 1981, 100 ff.; *Hilgendorf* StV 1996, 50 ff.; zu § 23 EGGVG abl. BGH NJW 1980, 845; zur Revision vgl. BGH NStZ 1991, 595.

sonst eine Verfahrenstorpedierung durch die Verteidigung möglich ist. Der BGH hält darüber hinaus eine weitere Mitwirkung des Staatsanwalts für zulässig, wenn durch Hinzuziehung eines weiteren Staatsanwalts dafür Sorge getragen ist, dass er nicht seine eigene Aussage würdigen muss und wenn er nur über Vorgänge aussagen muss, die sich aus seiner dienstlichen Befassung mit der Sache ergeben. Ansonsten kann durchaus ein Verfahrensverstoß nach § 337 StPO vorliegen, der bei Beruhen des Urteils auf diesem zur Aufhebung des Urteils führt. Hier wird demnach ein Ausschluss des S aus dem Verfahren angenommen werden müssen.

Zusatzfrage 11: Rauschtatfall

Anton (A) hat nur wenige Tage nach den Vorfällen wieder einmal zu viel getrunken, ohne allerdings schuldunfähig gewesen zu sein. Er hat bei seiner Rückkehr seine Frau Erika (E) so verprügelt, dass diese mehrere Knochenbrüche erlitt. Ein Nachbar, der Schreie in der Nachbarwohnung vernommen hatte, benachrichtigte die Polizei und der zuständige Staatsanwalt bestellte einen Sachverständigen (S), um die Verletzungen der E und mögliche Spätfolgen für eine eventuelle Hauptverhandlung zu klären. Bei der Untersuchung durch S erzählt E, dass A sie bereits sehr oft geschlagen hat und auch diesmal für die Verletzungen verantwortlich sei. In der Hauptverhandlung macht E nach erstmaliger Belehrung von ihrem Zeugnisverweigerungsrecht Gebrauch.

a) Können die Angaben der E vor S im Urteil verwertet werden?

b) Für A wird wegen seiner Alkoholsucht mit seiner Einwilligung eine psychologische Untersuchung durch einen Sachverständigen angeordnet. Dem Sachverständigen (S) erzählt A, ohne zuvor durch diesen über sein Aussageverweigerungsrecht belehrt worden zu sein, von bisher unentdeckt gebliebenen Körperverletzungshandlungen gegenüber E. Ansonsten hat A auch in der Hauptverhandlung jede Aussage verweigert. Kann eine Aussage des S über die Taten des A im Urteil verwertet werden, wenn A der Verwertung im Anschluss an die Vernehmung des S widerspricht?

c) Könnte A eine Anwesenheit seines Verteidigers bei der Exploration erzwingen, wenn S dem widerspricht, weil er so keine vernünftige Untersuchung durchführen kann?

Lösung:

a) Macht ein Zeuge nach der Untersuchung, wie hier E, von einem Zeugnisverweigerungsrecht Gebrauch, dann darf auch eine vor dem Sachverständigen erfolgte Aussage nicht verwertet werden.[33] Dies folgt aus § 252 StPO der es in einem umfassenden Sinn untersagt, die Aussage eines Zeugen, der erst in der Hauptverhandlung von seinem Zeugnisverweigerungsrecht Gebrauch macht, in die Hauptverhandlung einzuführen.[34] Eine Ausnahme wird hiervon lediglich für die Verwertung richterlicher Vernehmungen gemacht. Dies gilt aber gerade nicht für „Vernehmungen" durch einen Sachverständigen über Zusatztatsachen, die dieser vom Zeugen selbst nach dessen richterlicher Belehrung erfahren hat. Die Rechtsprechung sieht dies aber anders hinsichtlich der Befundtatsachen, die nach Auffassung des BGH in jedem Fall verwertbar sein sollen[35]. Damit kommt es darauf an, ob es sich bei den Angaben der E um Befund- oder Zusatztatsachen handelt.

Da die Tatsachen, die E dem S mitteilte, genauso gut durch das Gericht hätten festgestellt werden können, handelt es sich nicht um Befundtatsachen, sondern um so genannte Zusatztatsachen. Die Zusatztatsachen sind nicht Bestandteil des Sachverständigengutachtens sondern werden im Wege des Zeugenbeweises in das Strafverfahren eingeführt, d. h. der Sachverständige wird über diese Tatsachen vernommen. Bei den Zusatztatsachen ist der Schutzzweck der Rücksichtnahme auf die familiäre Situation aber ebenso betroffen wie bei vorangegangener Vernehmung durch die Polizei und Staatsanwaltschaft. Die Aussage der E vor dem Sachverständigen ist deshalb unverwertbar.

Zusatz: Bei fehlender Zeugnisverweigerung dürfen die von E geäußerten Tatsachen über eine Vernehmung des Sachverständigen als Zeuge vom Hörensagen in die Hauptverhandlung eingeführt werden. Sie müssen eingeführt werden und dürfen nicht einfach dem Sachverständigengutachten entnommen werden, da sie nur unter den Verfahrenssicherungen der Hauptverhandlung gewonnen werden dürfen (Fragerecht, Beweiswürdigung etc.). Das Gericht muss sich dennoch zunächst um eine Vernehmung der Zeugin E bemühen und darf lediglich, wenn E nicht das Zeugnis verweigert, ergänzend den S als Zeuge vom Hörensagen vernehmen (z. B. wenn E in der Hauptverhandlung erklärt, A habe keine Gewalt angewendet, darf S als Zeuge vernommen werden, um die Glaubwürdigkeit der Aussage der E zu überprüfen).

---

b) S ist als Sachverständiger nicht zu einer Vernehmung des Beschuldigten befugt, da dies den Strafverfolgungsbehörden vorbehalten ist. Selbst wenn er den psychischen Zustand des Beschuldigten zu beurteilen hat und deshalb Gespräche mit dem Beschuldigten führt, sind diese sog. Explorationen keine Vernehmungen. Str. ist aber, ob der Sachverständige (als Gehilfe des Gerichts) dennoch den Beschuldigten analog § 136 StPO über seine Aussagefreiheit belehren muss. Die h. A.

---

33 Vgl. auch BGHSt 46, 189 (193).
34 Weiterführende Literatur: *Volk* JuS 2001, 130 ff.; *Mosbacher* JuS 2008, 688 ff.
35 Vgl. BGHSt 36, 217 (219).

lehnt dies zu Recht ab, weil die Belehrungspflicht durch den Sachverständigen nicht erfüllt werden kann (anders bei zeugnisverweigerungsberechtigten Zeugen, vgl. § 81 c III 2 HS 2 i.V. m. § 52 III StPO, wobei auch bei diesen nicht der Sachverständige, sondern derjenige belehrt, der die Untersuchung angeordnet hat).[36] Im vorliegenden Fall kann S demnach als Zeuge vom Hörensagen vernommen werden. Auch für S gilt das Verbot der Verwendung verbotener Vernehmungsmethoden nach § 136 a StPO. Die hierfür erforderliche Schwelle bei Täuschungen ist jedoch nicht allein deshalb erreicht, weil A sich vielleicht aufgrund des zu dem Sachverständigen im Gespräch gefassten Vertrauens getäuscht fühlt.[37]

Zusatz: Vorzugswürdig erscheint m. E. die Ansicht, dass Zusatztatsachen bei Befragung durch einen Sachverständigen einem selbständigen Beweisverwertungsverbot unterliegen, vgl. *Bosch*, JA 2008, 662 (664).

---

c) Die fachliche Durchführung der Untersuchung ist allein Sache des Sachverständigen; er hat hinsichtlich der Informationsbeschaffung und der Methodenwahl weitgehend freie Hand und das Gericht darf ihm keine Weisungen erteilen, auf welchem Weg er das Gutachten zu erarbeiten hat. Wenn der Sachverständige eine Verfälschung des Ergebnisses der Exploration bei Anwesenheit dritter Personen (hier des Verteidigers) befürchtet, bewegt er sich im Bereich seiner Fachkompetenz. Es gibt keinen wissenschaftlichen Standard, der die Anwesenheit Dritter bei Schuldfähigkeits- und Prognosegutachten vorsieht. Ebenso wenig führt nach dem BGH das Recht des Beschuldigten, sich in jeder Lage des Verfahrens anwaltlicher Hilfe zu bedienen, zu einem Anwesenheitsrecht des Verteidigers bei der Exploration durch einen Sachverständigen, der mit der Erstellung eines Gutachtens beauftragt ist. Die Strafprozessordnung sieht ein Anwesenheitsrecht nicht vor. Auch wenn die Exploration unter Umständen in Abhängigkeit von dem Gutachtenauftrag vernehmungsähnliche Elemente haben kann, ist sie mit den Vernehmungen von Polizei, StA und Gericht nicht gleichzusetzen. Wenn der Beschuldigte sich nur in Anwesenheit seines Verteidigers untersuchen lassen will, muss er in den Fällen, in denen – wie hier – die Untersuchung eine freiwillige Mitwirkung des Beschuldigten voraussetzt, damit rechnen, dass seine Begutachtung ggf. nur auf einer schmaleren Basis von Befunden erfolgen wird.

---

36 Vgl. hierzu: *Schwaben* NStZ 2002, 288 ff.; *Murmann/Grassmann* JuS-Beilage 2001, 3 ff.
37 Vgl. *Weigend* Jura 2002, 203 ff.

Zusatzfrage 12a: Feuer und Teufel im Hotel

Der Polizeibeamte Peter (P) sagte in der Hauptverhandlung als Zeuge aus, was Feuer (F) ihm bei der polizeilichen Vernehmung angegeben hatte. Die Aussage des P gab die Angaben des Angeklagten in Grundzügen richtig wieder, enthielt aber einige Lücken. Der Vorsitzende hielt ihm daraufhin den Teil des polizeilichen Protokolls, über den er aussagen sollte, durch Verlesen vor. P ergänzte jetzt seine Aussage und erklärte, dass er sich nunmehr auch an die zunächst nicht erwähnten Umstände genau erinnere. Der Verteidiger rügte dieses Vorgehen.

a) War die Protokollverlesung zulässig?

b) Wie ist der Fall zu beurteilen, wenn P sich nicht mehr an das erinnern konnte, was der Angeklagte gesagt hatte und nur erklärte, der Angeklagte habe seine Aussage genauso gemacht, wie er sie im Protokoll festgehalten habe? P blieb auch bei dieser Aussage, nachdem der Vorsitzende das von P aufgenommene Protokoll verlesen hatte. Darf der Inhalt des Protokolls im Wege des Zeugen- oder Urkundenbeweises als Urteilsgrundlage verwertet werden?

c) In dem Verfahren werden auch die Versicherungsunterlagen des F überprüft und der Richter R stellt fest, dass F bereits mehrfach einen Versicherungsbetrug begangen hat. Die Staatsanwaltschaft erhebt mit Zustimmung des Beschuldigten ordnungsgemäß Nachtragsanklage, R ist sich aber nicht sicher, ob die Taten nicht bereits verjährt sind. Kann R aus der Hauptverhandlung bei der Versicherung anrufen, um diese Frage zu klären.

d) Wie ist zu entscheiden, wenn sich die Frage der Verjährung nicht zweifelsfrei feststellen lässt?

Lösung:

a) Die Verlesung ist nicht nach § 253 StPO gestattet, da diese Vorschrift nicht den Vorhalt an Verhörspersonen regelt.[38] Auch soweit die StPO aber eine Verlesung nicht gestattet, ist es nach h. A. zulässig, im Rahmen der Vernehmung von Zeugen, Angeklagten und Sachverständigen diesen aus früheren Vernehmungsprotokollen zum Zwecke des Vorhalts auszugsweise vorzulesen. Hierbei handle es sich nicht um einen Urkundsbeweis, sondern um einen Vernehmungsbehelf, der nicht von den §§ 251 ff. StPO erfasst sei.[39] Der Unmittelbarkeitsgrundsatz soll dadurch nicht verletzt sein, da Urteilsgrundlage nicht das vorgelesene Verneh-

---

38 Zu einer vergleichbaren Fallgestaltung vgl. BGHSt 3, 281.
39 Vgl. BGHSt 34, 231; *Wömpner* NStZ 1983, 293 ff.

mungsprotokoll werde, sondern allein die Reaktion des Befragten auf den Vorhalt. Diese Auffassung ist nicht unproblematisch, da es nicht nur für den Richter, sondern vor allem für Schöffen schwierig sein dürfte, den vorgelesenen Inhalt von dessen Bestätigung durch den Zeugen zu unterscheiden.

b) Erklärt der Zeuge wie hier trotz Vorhalts aus dem Protokoll, dass er sich nicht mehr an die Aussage des Angeklagten erinnern könne, dann darf der Inhalt des Protokolls nicht im Urteil verwertet werden[40]. Ansonsten würden u. a. die durch § 254 StPO gezogenen Grenzen zwischen Urkunds- und Zeugenbeweis verschoben. Überdies könnten auch Missverständnisse, die gerade bei den nicht immer hinreichend zuverlässig erstellten polizeilichen Protokollen auftreten, nicht hinreichend beseitigt werden. Nach § 254 StPO können nur richterliche Protokolle „zum Zwecke der Beweisaufnahme über ein Geständnis" verlesen werden.

Zur Erläuterung:
Beruht der Beweis einer Tatsache auf der Wahrnehmung einer Person, dann muss diese nach § 250 StPO (bzw. dem Unmittelbarkeitsgrundsatz) in der Hauptverhandlung vernommen werden. Insbesondere darf die Vernehmung einer Person, die Zeugen oder Beschuldigte vernommen hat, nicht durch Verlesung eines bei der Vernehmung angefertigten Protokolls ersetzt werden. Vernehmungsprotokolle dürfen allenfalls unter den engen Voraussetzungen von § 251 StPO verlesen werden. Polizeiliche Protokolle können allerdings durchaus nach § 256 I Nr. 5 StPO verlesen werden, soweit sie keine Vernehmung zum Gegenstand haben. [41]

Auch Äußerungen von Sachverständigen unterliegen im Grundsatz dem Unmittelbarkeitsprinzip, so dass etwa ein psychiatrischer Gutachter sein Gutachten in der Hauptverhandlung mündlich erstatten muss und sein Bericht beispielsweise über eine Exploration des Beschuldigten nicht verlesen werden darf. Ausnahmen hiervon sind für ärztliche Atteste etc. in § 256 StPO vorgesehen.

Weitere Übersichtsliteratur: *Beulke* Strafprozessrecht Rn. 416 ff.

---

c) Bei der Verjährung wird auf eine Strafverfolgung verzichtet, weil die Tat schwierig aufzuklären und eine Verfolgung der Strafzwecke nur eingeschränkt sinnvoll ist. Die Verjährung wird damit nach heute h. A. nicht mehr als rein materielles Rechtsinstitut, sondern als Verfahrenshindernis angesehen (sowohl prozessuale als auch materiell-rechtliche Elemente). Eine Klärung durch Telefonanruf wäre nicht möglich, wenn für den Nachweis von Prozessvoraussetzungen das Strengbeweisverfahren und die hierfür maßgebenden Grundsätze (Mündlichkeitsprinzip etc.) gelten würden. Die Prüfung der Prozessvoraussetzungen ist

---

40 Vgl. BGHSt 14, 310.
41 Vgl. BGH NStZ 2015, 539.

aber im Freibeweisverfahren möglich und es besteht keine Bindung an die gesetzlich vorgesehenen Beweismittel.

d) Grundsätzlich gilt der in dubio pro reo-Grundsatz nur für Tatsachen, welche die Schuld- und Strafrage betreffen. Dass der Grundsatz in dubio pro reo auch für die Feststellung eines Verfahrenshindernisses gilt, könnte deshalb angenommen werden, weil eine Prozessvoraussetzung vorliegt, wenn es sich um einen schwerwiegenden Umstand handelt, von dem die Zulässigkeit des gesamten Verfahrens abhängt. Der BGH hebt aber hervor, dass die Geltung des in dubio pro reo-Grundsatzes für jede einzelne Prozessvoraussetzung jeweils neu zu prüfen sei. Da gerade die Verjährung dem materiellen Recht sehr nahe steht, gilt der in dubio pro reo-Grundsatz für diese Prozessvoraussetzung. Vorauszusetzen ist allerdings, dass Zweifel über tatsächliche Umstände bestehen, die für die Verjährungsfrage von Bedeutung sind.[42]

Zusatzfrage 12b: Feuer und Teufel im Hotel

Obwohl sich schnell ein Verdacht gegen F wegen Brandstiftung gebildet hatte, konnte diesem zunächst keine Brandlegung nachgewiesen werden. Da bei der Tat ein Polizist umgekommen war, war der Kriminalbeamte K besonders „bemüht", eine rasche Aufklärung der Tat herbeizuführen. In der Vernehmung des F als Beschuldigtem drohte K dem A, man werde ihn in der Arrestzelle der Polizeiwache ohne eine Information Dritter „verrotten lassen", wenn er nicht den Tathergang schildere. Daraufhin erzählt der sehr verängstigte F, der die Drohung ernst nahm, den Ablauf der Tatnacht. A kam darauf hin in Untersuchungshaft und wurde von einer Ermittlungsrichterin E, die das Vorgehen der Polizei kannte, vernommen und über seine Rechte als Beschuldigter belehrt. A wiederholte sein Geständnis und erklärte auf Nachfrage der Richterin, sich nicht mehr durch die Polizei bedroht zu fühlen.

a) Darf die Strafkammer des Landgerichts die beiden Geständnisse verwerten?

b) Dürften auch die am Fahrzeug an Stofffasern gefundenen DNA-Spuren des toten Polizeibeamten zum Nachweis verwertet werden, dass F ihn angefahren hat?

---

42 Vgl. zum Ganzen BGHSt 18, 274 (278 f.); 47, 138 (147).

Lösung:

a) Hinsichtlich der ersten Vernehmung durch K könnte sich aus § 136 a StPO ein Beweisverwertungsverbot ergeben. Die Vorschrift verbietet es, die Freiheit der Willensentschließung und -betätigung des Beschuldigten durch die genannten Methoden zu beeinträchtigen. Ist eine Aussage unter Verstoß gegen § 136 a StPO zustande gekommen, darf sie gem. § 136 a III 2 StPO nicht verwertet werden. Untersagt ist ebenso eine Umgehung der Norm durch Befragung der Verhörpersonen als Zeugen.

Vorliegend könnte eine verbotene Vernehmungsmethode nach § 136 a I 3 StPO angewandt worden sein, sofern in einer Vernehmung eine Drohung mit verfahrensrechtlich unzulässigen Maßnahmen erfolgte. Da K dem F in amtlicher Eigenschaft gegenübergetreten war und von ihm in dieser Eigenschaft Auskunft verlangt hatte, handelte es sich um eine Vernehmung i. S. d. § 136 a I StPO. Unzweifelhaft hat K auch mit unzulässigen Maßnahmen gedroht. Ein Arrest zur Aussageerpressung überschreitet offensichtlich die polizeiliche Befugnis zur vorläufigen Festnahme. Schließlich sind die selbstbelastenden Angaben auch „unter Verletzung" des Verbots „zustande gekommen", da sie durch die Drohung veranlasst wurden.

Auch die zweite Vernehmung durch E ist unverwertbar, wenn der Verstoß in der ersten Vernehmung in die richterliche Vernehmung „fortgewirkt" hat. Da sich A nicht mehr bedroht fühlte, könnte darauf abgestellt werden, dass der psychologische Druck aus der ersten Vernehmung beendet war und A damit nach normaler Belehrung seine selbstbelastenden Angaben vor K freiwillig wiederholt hat. F könnte sich dennoch zur Aussage gedrängt gefühlt haben, weil er als Laie annehmen wird, dass mit dem ersten Geständnis die Würfel schon endgültig und unwiderruflich gefallen und Schweigen oder Leugnen jetzt sinnlos sind. Nach zu Recht im Schrifttum überwiegend vertretener Ansicht muss die Richterin deshalb nicht nur über die Aussagefreiheit, sondern qualifiziert auch darüber belehren, dass die frühere Aussage keine Bedeutung hat und rechtlich unverwertbar ist, so dass sich F unter rechtlichen Gesichtspunkten nunmehr erstmalig ohne Bindung an die vorangegangene Vernehmung äußern kann (dies wird z. T. auch als Heilung des Verfahrensfehlers bezeichnet).

b) Problematisch ist des Weiteren, ob die DNA-Spuren zum Tatnachweis verwendet werden dürfen, da sie nur aufgrund des Geständisses des F über den Tathergang aufgefunden werden konnten. Ob ein Verstoß gegen § 136 a StPO eine sog. Fernwirkung entfaltet und auch die Verwertung von Beweismitteln verbietet, die infolge der Vernehmung erlangt wurden (die sog. „Früchte des verbotenen Baumes"), ist umstr. Z. T. wird eine Fernwirkung des Verstoßes gegen § 136 a StPO generell abgelehnt, da § 136 a III 2 nur die unzulässig erlangte Aussage für unverwertbar erklärt. Ansonsten könne ein bemakeltes Beweismittel das gesamte Verfahren lahmlegen. Dagegen spricht allerdings, dass die ursprüngliche Aussage auf diesem Weg letztlich doch verwertet wird und deshalb die Gefahr besteht, dass Vernehmungsbeamte die Vorschrift des § 136 a StPO bewusst missachten, um durch den Verstoß andere Beweismittel aufzuspüren. Die wohl h. M. nimmt eine Abwägung im Einzelfall vor und berücksichtigt dabei sowohl die Schwere des Grundrechtseingriffs, aber auch die Schwere der aufzuklärenden Tat. Haben die Vernehmungsbeamten bewusst gegen § 136 a StPO verstoßen, wird dies im Regelfall zu einer Fernwirkung führen. Zudem darf berücksichtigt werden, ob das Beweismittel auch ohne die unverwertbare Aussage auf rechtmäßigem Wege erlangt werden hätte können.

Ergänzende Klausurhinweise:

I. Zur Abgrenzung von Fern- und Fortwirkung
In der Rspr. wird meist nicht klar zwischen der sog. Fortwirkung eines Verfahrensverstoßes auf folgende Beweiserhebungen und der Fernwirkung eines Beweisverwertungsverbots unterschieden. Bei der Fernwirkung geht es um die Frage, ob etwa bei einer unter Verstoß gegen § 136 a StPO erlangten Aussage auch all das unverwertbar sein muss, was erst aufgrund der Aussage aufgefunden werden kann. Die Rechtsprechung anerkennt im Regelfall keine Fernwirkung. In wenigen Ausnahmefällen hat sie dies lediglich bei schwerwiegenden, bewussten oder willkürlichen Verfahrensverstößen anders gehandhabt, bei denen etwa grundrechtliche Sicherungen wie der Richtervorbehalt planmäßig oder systematisch außer Acht gelassen worden sind.[43]

II. Handeln von Privaten
§ 136 a StPO ist auf Vernehmungen beschränkt. Handelt eine Privatperson mit den Methoden des § 136 a StPO gilt die Vorschrift jedenfalls nicht direkt. Hier kommt ein Beweisverwertungsverbot aber in (analoger) Anwendung oder unter unmittelbarem Rückgriff auf Art. 1, 2 GG in Betracht,
  1. wenn eine Privatperson vom Staat zu ihrem Verhalten veranlasst wurde, da dann die Beweiserlangung dem Staat zuzurechnen ist (str. ob § 136 a StPO unmittelbar gilt).
  2. bei einem Verstoß gegen die Menschenwürde (Art. 1 I GG) bzw. das Allgemeine Persönlichkeitsrecht (Art. 2 I GG i. V. m. Art. 1 GG) oder bestimmten Verstößen gegen den nemo tenetur-Grundsatz.
  Klassische Klausurbeispiele: Private prügeln zur Geständniserlangung.

III. Verfahrensrechtliche Besonderheiten in der Klausur
1. Der Beweis des Verfahrensverstoßes muss zwar von Amts wegen geführt werden, die verbotene Methode muss aber feststehen, d. h. der in dubio pro reo-Grundsatz gilt nicht. § 136 a StPO enthält eines der wenigen ausdrücklich geregelten Verwertungsverbote: § 136 a III 2. Eine Verwertung der durch verbotene Vernehmungsmethoden erlangten Aussage ist selbst bei Zustimmung des Beschuldigten verboten. § 136 a StPO gilt auch für Zeugen und Sachverständige (§§ 69 III, 72), auch bei der StA und der Polizei (§§ 161 a I 2, 163 a III 2, IV 2, V) und der Angeklagte kann auch bei diesen die Unzulässigkeit der Herbeiführung einer Aussage rügen. Gegebenenfalls findet § 136 a StPO

---

43 Vgl. etwa zur Durchsuchung OLG Düsseldorf StRR 2016, 10.

auch Anwendung, wenn die Behörden einen Zustand, der den in § 136a StPO genannten Methoden entspricht, lediglich vorfinden (Klausurproblem etwa Übermüdung,[44] Medikamentenmissbrauch, Trunkenheit).

2. In Klausuren ist auch darauf zu achten, ob ein Widerspruch gegen die Verwertung erfolgt ist. Es ist insoweit umstr., ob ein Verwertungsverbot vom Gericht von Amts wegen oder nur auf entsprechenden Widerspruch durch die Verteidigung zu berücksichtigen ist. Abgesehen von allgemeinen Bedenken gegen die Widerspruchslösung der Rechtsprechung kann diese jedenfalls auf die in § 136a StPO genannten, besonders rechtsstaatswidrigen Verstößen keine Anwendung finden. Dies auch deshalb, weil die Norm in unmittelbarem Zusammenhang zur Menschenwürdegarantie des Art. 1 I GG steht. Gestützt wird dies durch das systematische Argument, dass § 136a III 2 StPO wegen des engen Menschenwürdebezugs vorschreibt, dass Verstöße unabhängig von der Entscheidung des Angeklagten zu berücksichtigen sind. Kann der Angeklagte nicht in die Verwertung einwilligen, wäre es sinnwidrig, dennoch eine Verwertung bei Unterlassen eines Widerspruchs zuzulassen.

Weitere Übersichtsliteratur: *Beulke* Strafprozessrecht Rn. 130 ff.

Zusatzfrage 13: Im Bierzelt fliegen die Fäuste

Im Ausgangsfall hat T erkannt, dass er U, den er mit V verwechselt hat, mit dem geworfenen Maßkrug töten kann. Er hat dies jedoch billigend in Kauf genommen. Im Anschluss an die Prügelei kommt Kriminalkommissar K in das Bierzelt und befragt einige der dort verbliebenen etwas mehr als fünfzig Personen, ob sie berichten könnten, wer an dem Kampfgeschehen beteiligt war und wie es zu dem Todesfall gekommen ist. Auch T ist unter den befragten Personen und während K noch fragt, ob er denn etwas beobachten konnte, platzt es aus T heraus: „Herr Kommissar, ich hab' den Krug geworfen!". T wird daraufhin von K ohne Belehrung über sein Schweigerecht vorläufig festgenommen und mit dem Dienstwagen zur Kriminalpolizei verbracht. Auf der Fahrt dorthin befragt K den T, was er sich denn bei dem Wurf gedacht habe. T erklärt, er habe den Tod des Opfers billigend in Kauf genommen. In der Kriminalpolizei angekommen wird T nunmehr über sein Schweigerecht belehrt und soll im Anschluss förmlich vernommen werden. T verweigert nun jede Aussage. In der Hauptverhandlung behauptet T, er habe zu keinem Zeitpunkt daran gedacht, dass sein Wurf tödliche Folgen haben könnte. K wird über die Angaben des T im Bierzelt und im Dienstfahrzeug vernommen und seine Angaben im Urteil verwertet. T's Verteidiger weist in seinem Schlussplädoyer darauf hin, dass die Angaben unverwertbar sein müssen.

---

44 Vgl. hierzu BGH NJW 2015, 360.

Frage 1

Erfolgte die Verwertung zu Recht?

Frage 2

Wenn T im Bierzelt, aber auch sonst im Ermittlungsverfahren stets geschwiegen hätte und erst in der Hauptverhandlung bestritten hätte, vorsätzlich gehandelt zu haben, dürfte dies zu seinen Lasten gewürdigt werden?

Frage 3

Wie ist der Fall zu beurteilen, wenn T in der Polizeiwache nach förmlicher Vernehmung durch einen Polizeibeamten P nicht die Aussage verweigert hätte, sondern ausgesagt hätte? Könnte diese Aussage durch Vernehmung des P in die Hauptverhandlung eingeführt werden, obwohl T zu Beginn der Hauptverhandlung von seinem Schweigerecht Gebrauch gemacht hat und von P bei der polizeilichen Vernehmung nicht auf die Folgen seiner Aussage gegenüber K hingewiesen wurde?

Lösung:

Frage 1

a) War T bereits bei der Frage im Bierzelt Beschuldigter und seine Befragung damit eine Beschuldigtenvernehmung, dann hätte er zu diesem Zeitpunkt als Beschuldigter nach §§ 136 I 2, 163a IV 2 StPO über seine Rechte belehrt werden müssen.

Ob der Verstoß gegen diese Belehrungspflicht zu einem Verwertungsverbot führt, war zwischen dem BGH und dem Schrifttum lange Zeit umstritten.[45] Die Rechtsprechung ging früher davon aus, dass § 136 I 2 StPO eine bloße Ordnungsvorschrift sei (Argument auch ein Umkehrschluss aus § 136a III 2 StPO). Nach heute gefestigter Rechtsprechung dient die Belehrungspflicht des § 136 I 2 StPO aber dem Schutz des Beschuldigten und ein Verstoß dagegen ist auch von einigem Gewicht (Abwägungslehre), so dass ein Beweisverwertungsverbot anzu-

---

45 Vgl. auch: *Kiehl* NJW 1993, 501 ff.; *Hecker* NJW 1997, 1833 ff.

nehmen ist. Dies ergibt sich auch aus einem Vergleich mit dem Verstoß gegen die Belehrungspflicht nach § 243 V 1 StPO in der Hauptverhandlung. Bei diesem Verstoß besteht unstreitig ein Verwertungsverbot.[46] Der Beschuldigte ist aber bei der ersten Vernehmung durch die Polizei, verglichen mit den Verhältnissen in der Hauptverhandlung, in größerem Maße der Gefahr ausgesetzt, sich unbedacht selbst zu belasten. Während er sich auf sein Aussageverhalten in der Hauptverhandlung in Ruhe vorbereiten kann, überdies in der Hauptverhandlung oft einen Verteidiger zur Seite hat, trifft die erste Vernehmung durch die Polizei den Beschuldigten meist unvorbereitet.

Zur Abgrenzung: Das Gesetz verwendet den Begriff des Beschuldigten häufig als Oberbegriff auch für den **Angeschuldigten** (Beschuldigter nach Anklageerhebung, § 157 StPO) und den **Angeklagten** (Beschuldigter nach Eröffnung des Hauptverfahrens, § 157 StPO).

Die objektive Lage allein, die Stärke des Verdachts, macht den Verdächtigen (vgl. auch § 60 Nr. 2 StPO) allerdings noch nicht zu einem Beschuldigten. Auch wenn bei den fünfzig anwesenden Personen jeweils eine Beteiligung an der Schlägerei wahrscheinlich sein mag, muss K nicht vorsorglich alle Anwesenden belehren. Die Rolle als Beschuldigter wird erst bei subjektivem Entschluss, einem Willensakt der Strafverfolgungsbehörden (Inkulpationsakt), zugewiesen. Beschuldigter ist damit der Tatverdächtige, gegen den ein Verfahren als Beschuldigter betrieben wird. Bei der Entscheidung besteht ein Beurteilungsspielraum, der aber bei Überschreitung ein Verwertungsverbot nach sich ziehen kann (die Rechtsprechung spricht teilweise von Ermessen, tatsächlich liegt aber ein Beurteilungsspielraum vor, da es nicht um die Rechtsfolgenseite, sondern um die Frage der Anwendungsvoraussetzungen geht). Überwiegend wird zumindest betont, dass die Begründung der Beschuldigtenstellung auch konkludent erfolgen kann (Rechtsgedanke des § 397 I AO). Auch ohne förmliche Verfahrenseröffnung gegen die konkrete Person kann auch nach der Rspr. eine konkludente Zuweisung der Rolle als Beschuldigter erfolgen, wenn das Verhalten des ermittelnden Beamten bei seiner Aufklärungsmaßnahme darauf schließen lässt, dass die Handlung darauf gerichtet ist den Betroffenen als Täter einer Straftat zu überführen.[47] Die Parallele zu § 397 I AO ist allerdings nichtssagend, da im Steuerstrafverfahren wegen der abweichenden Verfahrensstruktur eine formelle Festlegung der Beschuldigtenstellung durch einen äußerlich erkennbaren Akt zwangsläufig erfolgt. Nach einer m. M. soll schließlich allein das Vorliegen eines objektiven Tatverdachts entscheidend sein.

---

46 Zu dieser Problematik *Mosbacher* JuS 2007, 724 ff.
47 Vgl. nur BGH NStZ 2008, 48; NStZ 2015, 291.

Dagegen spricht aber § 60 Nr. 2 StPO, nach dem es auch den verdächtigen Zeugen gibt. Im vorliegenden Fall lag aber auch noch kein entsprechender Anfangsverdacht hinsichtlich T objektiv vor. Hier liegt bei Befragung sämtlicher Festzeltbesucher zunächst lediglich eine informatorische Befragung vor, die noch nicht als belehrungspflichtige Beschuldigtenvernehmung angesehen wird. Auch eine pauschale Belehrung nach § 55 II StPO wird in vergleichbaren Konstellationen von der h. M. abgelehnt, auch wenn im konkreten Fall einige der mehr als 50 anwesenden Personen als Tatverdächtige in Frage kommen. Die Polizei darf insoweit so lange fragen, bis sich der Verdacht in eine bestimmte Richtung konkretisiert hat. Außerhalb von Vernehmungen erfolgen nach der Rechtsprechung zudem auch sog. Spontanäußerungen (ohne Befragung), hinsichtlich derer auch keine Belehrungspflicht besteht. Nach zutreffender Ansicht müssen allerdings auch Angaben in einer informatorischen Befragung einem selbständigen Beweisverwertungsverbot unterworfen werden.[48] Die weit überwiegend vertretene Gegenauffassung verkennt, dass hier gerade nicht auf ein unselbständiges, von einem Belehrungsverstoß abhängiges Beweisverwertungsverbot[49], sondern auf ein unmittelbar aus der Funktion und verfassungsrechtlichen Fundierung des nemo tenetur-Grundsatzes abzuleitendes selbständiges Beweisverwertungsverbot abzustellen ist.

b) Anders sieht dies auch die h. M. hinsichtlich der gezielten Befragung des T durch K im Dienstwagen, da hier der Verdacht gegen T auch subjektiv bereits konkretisiert war. Die Belehrungspflicht besteht zwar nur im Rahmen einer Beschuldigtenvernehmung und nicht bei einer lediglich informatorischen Befragung, etwa der am Tatort anwesenden Personen; die Beschuldigteneigenschaft i. S. d. § 136 StPO ist aber gegeben, wenn gegen den Betroffenen Tatverdacht besteht und Maßnahmen ergriffen werden, die erkennbar darauf abzielen, gegen ihn wegen einer Straftat vorzugehen. Eine rechtswidrige Beweisgewinnung durch Verstoß gegen §§ 136 I 2, 163a IV 2 StPO ist damit gegeben. Die unterbliebene Belehrung über das Recht zu schweigen[50] macht die Aussage damit unverwertbar und K darf nicht als Zeuge über die Angaben des T im Dienstfahrzeug vernommen werden.

c) Nach Auffassung des BGH ist die Aussage auch verwertbar, wenn der Verteidiger des Angeklagten der Verwertung der früheren Aussage in der Hauptverhandlung nicht rechtzeitig (§ 257 StPO) widersprochen hat (sog. Wider-

---

48 Vgl. dazu ausführlich *Bosch* Aspekte des nemo-tenetur-Grundsatzes aus strafprozessualer Sicht, 1998.
49 Siehe auch *Meyer-Mews* JuS 2004, 39 ff.
50 Vgl. *Müller-Christmann* JuS 2002, 1100 ff.

spruchslösung).[51] Der Widerspruch muss also spätestens in der Erklärung enthalten sein, die der Angeklagte oder sein Verteidiger im Anschluss an diejenige Beweiserhebung abgibt, die sich auf den Inhalt der ohne Belehrung gemachten Aussage bezieht. Diese Einschränkung des Verwertungsverbotes beschneidet nach Auffassung des BGH die Rechte des Angeklagten nicht in unangemessener Weise, sondern entspricht der besonderen Verantwortung des Verteidigers und seiner Fähigkeit, Belehrungsmängel aufzudecken und zu erkennen, ob die Berufung auf das Verwertungsverbot einer sinnvollen Verteidigung dient. Lediglich für den Fall, dass der Angeklagte in der Hauptverhandlung keinen Verteidiger hat, gilt die genannte Einschränkung nur, wenn der Angeklagte vom Vorsitzenden belehrt worden ist, dass er der Verwertung seiner früheren Aussagen widersprechen kann. Der über die Möglichkeit des Widerspruchs belehrte Angeklagte steht insoweit dem verteidigten Angeklagten gleich. Da hier ein Widerspruch erst im Schlussplädoyer erfolgt, wäre die Aussage nach Auffassung des BGH verwertbar. Diese Rechtsprechung ist nicht etwa deshalb abzulehnen, weil sie mit der Stellung des Verteidigers nicht vereinbar wäre (insoweit z. T. widersprüchlich die Vertreter der [eingeschränkten] Organtheorie), vielmehr verträgt sich eine entsprechende „Obliegenheit" nicht mit Wesen und Funktion des nemo tenetur-Grundsatzes.

Frage 2

Hier liegt ein sog. zeitweises Schweigen vor. Der Beschuldigte schweigt im Ermittlungsverfahren und bringt Entlastungsbehauptungen erst in der Hauptverhandlung vor. Nach dem BGH[52] darf dies bei der Beweiswürdigung nicht negativ gewertet werden, da sonst der Beschuldigte bereits bei der polizeilichen Vernehmung zur Aussage gezwungen wäre, um die negativen Folgen im Rahmen der Beweiswürdigung zu vermeiden.[53] Zudem kann das Schweigen vor der Polizei viele Gründe haben, die keineswegs ein Schuldindiz beinhalten müssen. Sonst müsste zudem auch die Belehrungspflicht des § 136 I 2 StPO den Hinweis auf nachteilige Folgen des Schweigens vor der Polizei mit umfassen. Anders sieht dies die Rechtsprechung und h. L. lediglich für den hier nicht vorliegenden Fall des teilweisen Schweigens, d. h. des Schweigens zu einzelnen Fragen bzw. der lückenhaften Aussage.[54]

---

51 Vgl. auch BGH NStZ 2004, 389.
52 BGHSt 20, 281 ff.; 38, 305.
53 Vgl. auch: *Miebach* NStZ 2000, 234 ff.
54 Vgl. BGHSt 20, 298 aber auch BGHSt 45, 367.

Zur Abgrenzung: Teilweises Schweigen liegt vor, wenn der Beschuldigte lediglich zu bestimmten Punkten des Tatvorwurfs im Rahmen einer einheitlichen prozessualen Tat keine Angaben macht, auf einzelne Fragen oder Vorhalte keine oder lückenhafte Antworten gibt oder Beweismittel zwar benennt, nicht aber dem Gericht zugänglich macht.[55] Daraus dürfen nachteilige Schlüsse gezogen werden, weil sich der Beschuldigte durch sein Teilschweigen freiwillig zu einem Beweismittel macht. Das Teilschweigen bildet einen negativen Bestandteil der Aussage, die in ihrer Gesamtheit der freien richterlichen Beweiswürdigung (§ 261 StPO) unterliegen muss. Negative Schlussfolgerungen sind insoweit nur dann zulässig, wenn nach den Umständen Angaben zu dem verschwiegenen Punkt zu erwarten gewesen wären, andere mögliche Ursachen des Verschweigens ausgeschlossen werden können und die gemachten Angaben nicht ersichtlich fragmentarischer Natur sind. Hat sich der Beschuldigte lediglich zu einer selbständigen prozessualen Tat eingelassen, darf sein Schweigen zu einer anderen prozessualen Tat i. S. v. § 264 StPO nicht verwertet werden, da es vollständigem Schweigen gleichsteht. Einem vollständigen Schweigen steht es ebenso gleich, wenn der Beschuldigte die ihm zur Last gelegte Tat allgemein bestreitet, beispielsweise nur erklärt: „Ich habe die Tat nicht begangen". Vergleichbar dem zeitweisen Schweigen darf auch nicht zum Nachteil des bisher schweigenden Angeklagten berücksichtigt werden, dass sein Verteidiger einen Beweisantrag zum Zwecke des Beweises eines Alibis des Angeklagten erst spät im Erkenntnisverfahren gestellt hat.[56]

Frage 3

T wurde zwar von P über sein Schweigerecht belehrt, fraglich ist aber, ob die Belehrung den gebotenen Umfang hatte, da T nicht darüber belehrt wurde, dass seine Aussage im Dienstfahrzeug gegenüber K unverwertbar ist (sog. qualifizierte Belehrung). Ob und unter welchen Voraussetzungen eine solche qualifizierte Belehrung erforderlich ist, ist noch nicht abschließend geklärt. In der vorliegenden Konstellation erscheint sie deshalb erforderlich, weil der Beschuldigte sich allein deshalb zur Aussage genötigt sehen könnte, weil er sich an seine Aussage gegenüber K gebunden fühlt und deshalb das Gefühl haben könnte, sich nur noch durch Reden verteidigen zu können. Die Rechtsprechung erkennt allerdings ein Verwertungsverbot auch in diesem Fall nur nach einer Abwägung des Strafverfolgungsinteresses mit dem Interesse an der Wahrung der Rechte des Beschuldigten an, da zumindest eine Belehrung erfolgt sei und es nur darum gehe, eine mögliche Fortwirkung des ersten Verfahrensvertoßes auf die zweite Vernehmung zu beseitigen.

---

55 Z. B. indem er seinen Rechtsanwalt nicht von seiner Schweigepflicht entbindet (vgl. BGHSt 20, 299).
56 Vgl. BGH NStZ 2016, 59.

584 —— Die strafprozessuale Zusatzfrage

Zusatzfrage 14: Skifahrt mit Folgen

Die gesuchten Skier wurden bei Balthasar (B) im Rahmen einer Durchsuchung der Wohnung und der zugehörigen Garage gefunden. Angeordnet wurde die Durchsuchung durch die Ermittlungsbeamten der Staatsanwaltschaft, die allerdings zu Unrecht Gefahr im Verzug angenommen und deshalb auf einen richterlichen Durchsuchungsbefehl verzichtet haben.

a) Kann B die durchgeführte Durchsuchungsanordnung gerichtlich überprüfen lassen?

b) Bei der Durchsuchung wird auch noch eine gestohlene Stereoanlage gefunden. Was wird der durchsuchende Beamte machen?

c) Gegen B läuft bereits ein Strafverfahren wegen Steuerhinterziehung. Während der Durchsuchung wird ein 30 Seiten umfassendes Schriftstück mit der Überschrift „Komplex: Steuerhinterziehung" gefunden, in dem sich B mit den gegen ihn erhobenen strafrechtlichen Vorwürfen auseinandersetzte. Dem Schreiben war ein Anschreiben an Rechtsanwalt X angeheftet, in dem er diesen bat, ihn zu verteidigen. Wäre eine Beschlagnahme des Schriftstücks rechtmäßig?

Lösung:

a) B möchte hier gegen eine Durchsuchung vorgehen, die ohne richterlichen Durchsuchungsbefehl (vgl. § 105 StPO) durch Ermittlungsbeamte der Staatsanwaltschaft nach § 102 StPO angeordnet wurde. Lange Zeit war umstr., welcher Rechtsbehelf gegen Zwangsmaßnahmen im Ermittlungsverfahren, insbesondere gegen durch Vollzug erledigte Zwangsmaßnahmen, zu ergreifen ist.[57] Teilweise wurde sogar behauptet, die Gefahreinschätzung werde durch die Strafverfolgungsbehörden eigenverantwortlich getroffen. Zumindest sei nur eine eingeschränkte Überprüfung möglich, da die Verfolgungsbehörden ihre Entscheidung nur nach pflichtgemäßem Ermessen zu treffen haben. Das BVerfG hat aber zu Recht betont, dass insbesondere die Durchsuchungsvoraussetzung der Gefahr im Verzug in rechtlicher und tatsächlicher Hinsicht vollständig überprüft werden können. Jeder nicht der richterlichen Kontrolle unterliegende Spielraum würde die Möglichkeit der Inanspruchnahme einer Eilkompetenz erweitern und damit den Schutz der Grundrechte schwächen.

---

57 Klärend insoweit BVerfGE 96, 44.

Übersicht: Statthafter Rechtsbehelf gegen Zwangsmaßnahmen
a) Gegen die **Zwangsmaßnahme selbst**
    Bei Anordnung durch den Richter: § 304 StPO
    Bei Anordnung durch Polizei oder Staatsanwaltschaft: § 98 II 2 StPO oder § 98 II 2 StPO
analog
b) Gegen die **Art und Weise der Durchführung**
Bei Anordnung durch den Richter: § 98 II 2 StPO oder § 98 II 2 StPO analog
    Bei Anordnung durch Polizei oder Staatsanwaltschaft: § 98 II 2 StPO oder § 98 II 2 StPO
analog
    Gegen die Entscheidung des Ermittlungsrichters beim Amtsgericht (§ 98 II 2 StPO) ist ge-
gebenenfalls die Beschwerde an das Landgericht statthaft (§ 304 StPO).
c) **Nach Erledigung** der Zwangsmaßnahme **besonderes Rechtsschutzbedürfnis** erforderlich:
– schwerwiegende Grundrechtsbeeinträchtigung
– Wiederholungsgefahr
– Rehabilitationsinteresse
– Vorbereitung von Amtshaftungsansprüchen

Weitere Übersichtsliteratur: *Burghardt* JuS 2010, 605; *Engländer* Jura 2010, 414; *Laser* NStZ 2001,
120 ff.; *Müller-Christmann* JuS 2000, 165 ff.; *Keiser* JA 2001, 662 ff.; *Singelnstein* NStZ 2009, 481 ff.

Zwischenzeitlich ist geklärt, dass gegen Anordnungen durch die Polizei oder die
Staatsanwaltschaft wegen des grundgesetzlich durch Art. 19 IV GG garantierten
Rechtsschutzes ein Rechtsbehelf nach § 98 II 2 StPO analog (nicht §§ 23, 28 Abs. 1
Satz 4 EGGVG) zu gewähren ist. Über diesen entscheidet zunächst der Ermittlungsrichter (§ 98 II 2 StPO) und, sofern B auch gegen dessen Entscheidung Beschwerde nach § 304 StPO einlegt, das Landgericht als große Strafkammer (§§ 76 I,
73 I GVG). Da sich die Durchsuchung durch den Vollzug erledigt hat (nicht die
Beschlagnahme bzw. Sicherstellung der Skier), bedarf es eines besonderen
Rechtsschutzbedürfnisses, damit B die Feststellung der Rechtswidrigkeit bean-
tragen kann. Die Maßnahme selbst kann zwar weder verhindert noch aufgehoben
werden, da dies aber gerade beim Vollzug von Zwangsmaßnahmen nicht selten
der Fall ist, bedarf es aufgrund der Rechtsschutzgarantie des Art. 19 IV GG bei
Vorliegen eines besonderen Feststellungsinteresses der Gewährleistung effektiven
Rechtsschutzes durch nachträgliche Feststellung der Rechtswidrigkeit der Maßnahme. Hier ergibt sich ein besonderes Feststellungs- bzw. Rechtsschutzbedürfnis
bereits aus der besonderen Grundrechtsrelevanz bei Eingriffen in die verfassungsrechtlich geschützte Wohnung (vgl. auch Art. 13 II GG). Da damit ein Fest-
stellungsinteresse besteht und mangels Gefahr im Verzug der Rechtsbehelf auch
begründet ist, wird der Ermittlungsrichter die Rechtswidrigkeit der Durchsuchungsanordnung feststellen.

Exkurs: Anforderungen an die Begründung der Durchsuchungsanordnung
Gefahr im Verzug muss mit Tatsachen begründet werden, die auf den Einzelfall bezogen sind. Reine Spekulationen, hypothetische Erwägungen oder lediglich auf kriminalistische Alltagserfahrung gestützte fallunabhängige Vermutungen genügen nicht.
Zudem leitet das BVerfG aus grundgesetzlichen Wertungen zu Recht ein Dokumentationsgebot ab:
⇨ Die Entscheidungssituation des handelnden Beamten kann nur eingeschätzt werden, wenn sie in den Akten entsprechend **dokumentiert** ist, d. h. die bedeutsamen Erkenntnisse und Annahmen müssen in den Ermittlungsakten niedergelegt werden (z. B. die Umstände, aus denen sich die Gefahr des Beweismittelverlustes ergibt).

In Klausuren ist bei Missachtung des Richtervorbehalts in einem zweiten Schritt darauf einzugehen, ob dieser Verstoß ein Beweisverwertungsverbot zur Folge hat. Neben den allgemeinen Abwägungskriterien muss gerade bei Durchsuchungen sehr vorsichtig mit dem Konstrukt des hypothetischen Ersatzeingriffs umgegangen werden. Insbesondere in Fällen, in denen die Rspr. wegen schwerwiegender bewusster oder willkürlicher Missachtung des Richtervorbehalts ein Beweisverwertungsverbot bejaht, würde dieses Abwägungskriterium den Richtervorbehalt stets unterlaufen und damit letztlich sinnlos werden lassen. Zudem würde so nach Ansicht des BGH ein Anreiz für Ermittlungen ohne Einschaltung eines Ermittlungsrichters geschaffen. I.d.S. hatte der BGH für den Fall eines Staatsanwaltes argumentiert, dem nicht bewusst war, dass die für die Durchsuchung maßgebende Straftat bereits zehn Tage zurück lag und damit kaum Gefahr in Verzug vorliegen konnte, der sich aber nicht darum bemüht hatte, zu tagesüblichen Zeiten einen Ermittlungsrichter zu erreichen (vgl. BGH JA 2016, 710 m. Anm. *Jäger*).

Weitere Übersichtsliteratur: *Schoreit* NStZ 1999, 173 ff.; *Gusy* StV 2002, 153; *Amelung* NStZ 2001, 337; *Ostendorf/Brüning*, JuS 2001, 1063.

---

b) Bei der Stereoanlage handelt es sich um einen so genannten Zufallsfund. Zufallsfunde sind Gegenstände, die in keiner Beziehung zu der Untersuchung stehen, die aber auf Begehung einer anderen Tat hindeuten und nach § 108 StPO einstweilig in Beschlag genommen werden dürfen (§ 108 StPO soll vermeiden, dass Beamte die Augen vor Straftatbegehung verschließen müssen, nur weil die Durchsuchungsanordnung ihrer Funktion nicht gerecht werden konnte).[58] § 108 StPO greift natürlich nicht, wenn ein Beschlagnahmeverbot besteht oder wenn Beamte gezielt nach den Gegenständen gesucht haben, da dann kein Zufallsfund vorliegt. Beides ist hier aber nicht der Fall. Der Beamte wird die Stereoanlage damit einstweilig in Beschlag nehmen.

c) Gem. § 97 I Nr. 1, II 1 StPO unterliegen schriftliche Mitteilungen zwischen Beschuldigtem und seinem Verteidiger nicht der Beschlagnahme, soweit sie sich in dessen Gewahrsam befinden. Dies soll auch eine Umgehung des Zeugnisverweigerungsrechts des Verteidigers nach § 53 I 1 Nr. 2 StPO verhindern. Zwar muss

---

58 Vgl. auch: *Krekeler* NStZ 1987, 199 ff.; *Schwabenbauer* NJW 2009, 3207 ff.

sich die Sache nach dem Wortlaut im Gewahrsam des Verteidigers befinden, im Hinblick auf die später in Kraft getretene Vorschrift des § 148 StPO (freier Verkehr zum Verteidiger) wird die Vorschrift aber weiter ausgelegt und erfasst auch noch nicht abgesandte Mitteilungen des Beschuldigten. Zudem gebietet es das aus Art. 6 III EMRK, Art. 2 I, 20 III GG herzuleitende Gebot der effektiven Verteidigung des Beschuldigten, dass in erweiternder Auslegung des § 97 I StPO auch Schriftstücke des Beschuldigten unverwertbar sein müssen, die dieser zu seiner Verteidigung angefertigt hat (auch Ausfluss des Grundsatzes, dass der Beschuldigte sich nicht selbst zu belasten braucht). Gerade in komplizierten Verfahren muss der Beschuldigte seine Verteidigung schriftlich vorbereiten können.

Zusatzfrage 15: Gams und Bart

Dass Bart (B) möglicher Weise an der Tat der Gams (G) beteiligt war, ist zunächst nicht bekannt. Im Rahmen der Hauptverhandlung gegen G vernimmt der Richter R den B und belehrt ihn nicht über ein mögliches Auskunftsverweigerungsrecht, obwohl er vermutet, dass B den E nicht zufällig angerempelt hat. B belastet nicht nur sich, sondern auch G, indem er die Absprache zwischen ihr und ihm offenbart.

a) Kann die Aussage des B verwertet werden?

b) Kann die Aussage in einem später folgenden Verfahren gegen B verwertet werden?

c) Wie ist der Fall zu beurteilen, wenn B zunächst als Zeuge ordnungsgemäß belehrt wird, dann aber im selben Verfahren die Aussage verweigert und später zum Beschuldigten wird. Ist eine Verwertung dann zulässig?

d) Nachdem G rechtskräftig verurteilt wird, obwohl sie stets bestritten hat, B zum Anrempeln möglicher Verfolger aufgefordert zu haben, soll sie in einem Verfahren gegen B als Zeugin darüber aussagen. Kann sie die Auskunft verweigern?

e) Wenn das Verfahren gegen B und G zunächst gemeinsam geführt, dann aber gegen B abgetrennt worden wäre, könnte dann B trotz seiner Beschuldigtenstellung in einem anderen Verfahren als Zeuge im Verfahren gegen G vernommen werden?

Lösung:

a) Problematisch ist, welche Auswirkung es auf die Verwertbarkeit einer Zeugenaussage zu Lasten des Beschuldigten hat, wenn ein Zeuge über ein ihm zustehendes Auskunftsverweigerungsrecht nicht belehrt wurde. Gemäß § 55 I StPO kann ein Zeuge die Auskunft auf solche Fragen verweigern, deren Beantwortung ihn selbst oder einen Angehörigen der Gefahr aussetzen würde, strafrechtlich belangt zu werden. § 55 StPO gewährt ein Auskunftsverweigerungsrecht beschränkt auf einzelne Fragen und kann zu einem umfassenden Auskunftsverweigerungsrecht erstarken, wenn jede Frage zur Belastung des Zeugen führen würde.[59] Hierüber muss der Zeuge nach § 55 II StPO belehrt werden. Vorliegend wurde diese Belehrungspflicht verletzt, d. h. es stellt sich die Frage, ob die Aussage dennoch zu Lasten des G verwertet werden darf.

Nach einer teilweise vertretenen Auffassung soll ein Verwertungsverbot anzunehmen sein, da § 55 StPO auch das Interesse des Angeklagten an einer konfliktfreien und deshalb wahrheitsgemäßen Zeugenaussage schützen soll (wer sein Auskunftsverweigerungsrecht nicht kennt wird eher lügen, um sich nicht selbst zu belasten). Nach der h. M.[60] besteht hingegen kein Verwertungsverbot, da § 55 I StPO allein den Zeugen vor einer Selbstbelastung oder einer Belastung naher Angehöriger schützen will, der Rechtskreis des Angeklagten damit aber nicht berührt ist (sog. Rechtskreistheorie des BGH[61]).

b) Wird der Zeuge nach Selbstbelastung selbst zum Angeklagten, dann darf die unbelehrt erfolgte Aussage in einem anderen Verfahren nicht zu seinen Lasten verwertet werden (§ 55 StPO will Zeugen gerade vor Selbstbelastung schützen). Eine Ausnahme ist nach der Rechtsprechung lediglich für die Fälle anzuerkennen, in denen der Beschuldigte der Verwertung seiner früheren Zeugenaussage nicht rechtzeitig widerspricht.

c) Wenn der Zeuge zunächst nach ordnungsgemäßer Belehrung aussagt, sich später aber im selben Verfahren auf sein Auskunftsverweigerungsrecht beruft, ist die Lösung umstritten. Die h. M. steht aber auf dem Standpunkt, dass die Aussage ohne Weiteres verwertet werden kann, da § 252 StPO nur den Fall eines Zeugnisverweigerungsrechts erfasst und auch der Schutzzweck keine analoge Anwendung gebietet. Mit der Aussage hat der Zeuge wirksam auf seinen Schutz durch § 55 StPO verzichtet, so dass die Aussage gegen den Beschuldigten verwendet werden darf. Es ist dann die Vernehmung der früheren Verhörperson zulässig.

d) Wenn nach rechtskräftigem Abschluss des Verfahrens der nunmehr in die Zeugenrolle versetzte ehemalige Beschuldigte nicht die Auskunft verweigern kann, ist er gegebenenfalls unter Androhung von Zwangsmitteln (vgl. § 70 StPO) verpflichtet, von seinem Leugnen in dem gegen ihn geführten Verfahren abzurücken. Das BVerfG ist dennoch in einer unsystematischen und widersprüchlichen

---

59 Vgl. auch *Rinio* JuS 2008, 600 ff.; *Fürmann* JuS 2004, 303 ff.
60 BGHSt GrS 11, 213 ff.
61 Eine Zusammenfassung der Kritik an der Rechtskreistheorie bei *Fezer* JuS 1978, 325 ff.

Rechtsprechung der Auffassung, dass weder Art. 2 I, 1 I GG noch sonstige Verfassungsnormen es gebieten, dem Zeugen ein Auskunftsverweigerungsrecht zuzubilligen, selbst wenn die Gerichte die frühere Einlassung als widerlegt erachtet haben. Nach rechtskräftigem Verfahrensabschluss bestünde keine Gefahr der Strafverfolgung und damit keine seelische Zwangslage mehr, vor der § 55 StPO schützen will. Die früheren Feststellungen des verurteilenden Gerichts erwachsen nicht in Rechtskraft, so dass von dem Zeugen nach Auffassung des BVerfG nichts Unzumutbares verlangt wird, wenn er bei seiner früheren Aussage bleiben möchte, weil er diese für wahr hält.

e) Mitbeschuldigte können in derselben Sache (d. h. bei Verbindung der Verfahren, §§ 2, 3, 237 StPO) nicht Zeuge sein.[62] Problematisch ist allerdings, ob auch nach einer Verfahrenstrennung ein entsprechendes Verbot besteht. Rechtsprechung und h. L. vertreten einen formellen Beschuldigtenbegriff. Grundsätzlich ist allein entscheidend, ob der Betroffene in derselben Sache Beschuldigter ist. Dies gilt nach der Rechtsprechung selbst dann, wenn die Verfahren nur vorübergehend abgetrennt werden und ein früherer Mitangeklagter als Zeuge lediglich zu Sachen gehört werden soll, die mit der ihm vorgeworfenen Tat in keinem Zusammenhang stehen. Auch nach Auffassung der Rechtsprechung ist aber keine Vernehmung bzgl. gemeinschaftlicher Taten zulässig, da sonst der Beschuldigte Zeuge in eigener Sache wäre. Nach materieller Betrachtungsweise soll ohnehin jeder Verdächtige einer Tat im prozessualen Sinne ohne Rücksicht auf seine Verfahrensstellung im konkreten Verfahren Beschuldigter sein. Auch wenn dafür sprechen mag, dass es nicht ins Belieben der Strafverfolgungsorgane gestellt werden darf, welche Rechte ein Betroffener hat, so dürfte dennoch eine materielle Betrachtungsweise mit den §§ 55, 60 StPO unvereinbar sein.

Zusatzfrage 16: Reinecke, Fuchs und Hase

Reinecke (R) und Hase verbringen noch den restlichen Tag zusammen in mehreren Cafés und Gaststätten. Als R die Heimfahrt mit seinem Fahrzeug antritt, hat er eine BAK von 1,6 Promille erreicht. Er wird bereits nach kurzer Zeit durch den Polizeibeamten P gestoppt, weil er Schlangenlinien fährt. R weigert sich, in ein Atemalkoholmessgerät zu blasen. Daraufhin wird R in das örtliche Krankenhaus zur Blutentnahme verbracht, jedoch verweigert er auch diese. P hat nicht versucht, eine richterliche Anordnung zur Blutentnahme zu erlangen, da er davon ausgeht, zu so fortgeschrittener Stunde niemanden mehr bei Gericht erreichen zu können.

---

62 Vgl. hierzu auch *Prittwitz* NStZ 1986, 64 ff.

Unter Anwendung unmittelbaren Zwangs wird R Blut entnommen und die aufgezeigte BAK festgestellt. Auch der Sicherstellung seines Führerscheins widerspricht R. P beschlagnahmt diesen deshalb, obwohl R vorbringt, er benötige den Führerschein noch für seine Heimfahrt.

a) War die Anordnung der Blutentnahme rechtmäßig und darf ihr Ergebnis verwertet werden, wenn der Entnehmende – von P und R unerkannt – ein Krankenpfleger war?

b) Durfte der Führerschein des R beschlagnahmt werden?

Lösung:

a) Die Anordnung der Blutentnahme könnte auf § 81 a StPO gestützt werden. Diese Vorschrift deckt nicht nur die Entnahme, sondern auch die zu ihrer Durchführung notwendigen Maßnahmen wie beispielsweise die zwangsweise Verbringung zum Ort der Entnahme und die dafür erforderliche Freiheitsbeschränkung. Nach § 81 a StPO müsste R zunächst Beschuldigter sein, d. h. es müssten zureichende tatsächliche Anhaltspunkte i. S. d. § 152 II StPO für das Vorliegen einer Straftat nach § 316 und ein entsprechender Inkulpationsakt der Strafverfolgungsbehörden gegeben sein. Beides liegt hier vor. Die Entnahme einer Blutprobe wird in § 81 a I 2 StPO explizit als zulässige zwangsweise körperliche Untersuchung genannt und sie ist auch regelmäßig eine verhältnismäßige Maßnahme, vor allem weil kein weniger schwerwiegender Eingriff zur Verfügung steht. So verstößt nach – wenn auch abzulehnender h. M. – eine zwangsweise Atemalkoholprobe (unabhängig von ihrem vielleicht eingeschränkten Beweiswert) gegen das nemo tenetur-Prinzip. Den Beschuldigten treffen nach h. M. keine „aktiven" Mitwirkungspflichten, sondern lediglich passive Duldungspflichten und auch § 81 a StPO statuiert nur die Pflicht, den Körper als Augenscheinsobjekt zur Verfügung zu stellen.

Fraglich ist allerdings, ob im vorliegenden Fall eine Anordnungsbefugnis der Polizei bestand. Grundsätzlich ist eine Anordnung durch den Richter erforderlich (§ 81 a II 1. HS StPO). Nur bei „Gefährdung des Untersuchungserfolgs" besteht eine Anordnungsbefugnis der Staatsanwaltschaft und ihrer Ermittlungspersonen. Hier war die Polizei gegebenenfalls Ermittlungsperson der Staatsanwaltschaft (§ 152 I, II GVG i. V. m. der entsprechenden VO).

Problematisch ist aber, ob Gefahr im Verzug bestand. Gefahr im Verzug liegt vor, wenn die richterliche Anordnung nicht eingeholt werden kann, ohne dass der Zweck der Maßnahme gefährdet wird. Nach zutreffender Auffassung besteht bei Blutentnahmen zur Feststellung der BAK trotz Möglichkeit der Rückrechnung stets Gefahr im Verzug, da hier eine größere Genauigkeit erreicht werden kann, je tatnäher die Blutentnahme erfolgt. Die überwiegend vertretene Gegenauffassung betont hingegen, dass der Polizeibeamte zumindest versuchen muss, den zuständigen Richter zu erreichen,[63] was sicherlich angesichts eines entsprechenden Bereitschaftsdienstes meist möglich sein wird. Dies ist aber aus den oben genannten Gründen abzulehnen, zumal eine richterliche Anordnung dann angesichts der Art und Eile der Anordnung zum bloßen Formalismus wird.[64]

Zur Ergäzung: Sofern ein Bearbeiter der h.M. folgt, muss er in einem weiteren Schritt begründen, warum aus der Verletzung des Richtervorbehalts auch ein Beweisverwertungsverbot folgt. Sofern man hier eine Abwägung für zulässig erachtet, müsste die Schwere des Eingriffs in die Rechte des Beschuldigten mit dem staatlichen Ahndungsinteresse und dem Rang des gefährdeten Rechtsguts abgewogen werden. Dabei ist umstr., ob auch berücksichtigt werden darf, dass bei gesetzesmäßiger Vorgehensweise ein Richter eine Blutentnahme mit an Sicherheit grenzender Wahrscheinlichkeit ebenso angeordnet hätte (Argument des „hypothetischen Ersatzeingriffs"). Gegen eine Verwertung kann die grundlegende und grundrechtsschützende Wirkung des Richtervorbehalts angeführt werden, wobei nach der Rspr. auch der Umstand einer bewussten Nicht- oder Missachtung des Richtervorbehalts für ein Verwertungsverbot sprechen kann. Sofern es – wie nicht selten in Klausuren – um die Missachtung des Richtervorbehalts bei Wohnungsdurchsuchung geht, wird gerade bei bewusster oder grober Verkennung der Gefahr im Verzug-Regelung aufgrund der hohen Grundrechtsrelevanz im Regelfall ein Verwertungsverbot anzunehmen sein.

Ob eine Verwertung allerdings zulässig ist, wenn die Entnahme durch einen Krankenpfleger erfolgt, erscheint zweifelhaft, da die Vornahme des Eingriffs nur durch einen approbierten Arzt zulässig ist. Sowohl nach der Abwägungslehre als auch bei einer dieser ohnehin immanenten Schutzzweckbetrachtung muss festgehalten werden, dass das Erfordernis der Untersuchung durch einen approbierten Arzt lediglich eine fachgerechte Vornahme sicherstellen soll, um die Gesundheit des Beschuldigten zu schützen. Damit ist bei einer Verwertung weder der Schutzzweck des Arztvorbehalts betroffen, noch bedarf es deshalb einer Abwägung mit den entgegenstehenden Strafverfolgungsinteressen, die hier überwiegen würden. Die Blutprobe ist damit verwertbar.

b) Rechtsgrundlage für die Beschlagnahme des Führerscheins des R sind §§ 94 I, II, III; 111 a StPO, sofern der Führerschein der Einziehung gem. § 111 a I StPO i.V.m. § 69 StGB unterliegt. Zunächst bestehen dringende Gründe für die Annahme des späteren Entzugs der Fahrerlaubnis gem. § 69 II Nr. 2, da ein Verdacht der Tatbegehung nach § 316 besteht. Es muss eine Beschlagnahme erfolgen, da R der Sicherstellung widerspricht. Anordnungsbefugnis zur Beschlagnahme gem. § 98 I 1 StPO besteht für die Staatsanwaltschaft und ihre Ermittlungspersonen

---

63 Vgl. BVerfG NZV 2007, 581 f.
64 Vgl. auch: *Fickenscher/Dingelstadt*, NStZ 2009, 124 ff.; *Krumm* ZRP 2009, 71.

allerdings nur bei Gefahr im Verzug. Gefahr im Verzug besteht bei Beschlagnahme, wenn ihr Zweck durch Hinzuwarten gefährdet würde.[65]

Nach einer Ansicht ist Beschlagnahmezweck lediglich die Einziehungs- oder Beweismittelsicherstellung, dieser Zweck könnte aber auch nach Abwarten der richterlichen Entscheidung noch erreicht werden, so dass Gefahr im Verzug zu verneinen wäre.[66]

Nach zutreffender Ansicht auch des BGH soll § 111a StPO sicherstellen, dass verkehrsuntaugliche Fahrer nicht weiter am Verkehr teilnehmen. Gefahr im Verzug liegt damit vor, wenn die Gefahr besteht, der Kraftfahrer werde ohne die Abnahme des Führerscheins weitere Trunkenheitsfahrten unternehmen oder sonst Verkehrsvorschriften in schwerwiegender Weise verletzen. Da R hier noch nach Hause fahren will, liegt eine entsprechende Gefahrenlage vor und es besteht eine Anordnungsbefugnis nach § 98 I StPO.

Zusatzfrage 17: Brandheiße Neuigkeiten aus Auendorf

In dem Strafverfahren gegen Bock (B) stellt sich heraus, dass der Vorwurf der Brandstiftung nicht einfach aufzuklären ist. Es kommt deshalb zwischen B und dem Gericht zu einer formell ordnungsgemäßen Verständigung. Diese sieht vor, dass B lediglich wegen versuchten Mordes durch Unterlassen zu einer Freiheitsstrafe von vier bis zu sieben Jahren verurteilt wird, wenn er ein Geständnis ablegt. B bekennt sich in einem „schlanken" Geständnis ohne weitere Tatdetails zu benennen zur Tatbegehung. Das Gericht verzichtet u. a. auf die Einholung von Sachverständigengutachten und die Vernehmung von Zeugen und verurteilt B zu einer Freiheitsstrafe von sieben Jahren. B ist sauer darüber, dass das Gericht ihn so hart bestraft, und legt Rechtsmittel ein.

a) Welche grundsätzlichen Bedenken bestanden gegen die gesetzliche Einführung der Verständigung?

b) Kann B erfolgreich die Fehlerhaftigkeit des Verfahrens rügen?

Lösung:

a) Gegen Verständigungen wird vorrangig das Legalitätsprinzip ins Feld geführt. Es besteht eine nicht disponible Pflicht der Strafverfolgungsorgane zur Sachver-

---

[65] Vgl. BGHSt 22, 385.
[66] Vgl. OLG Köln, NJW 68, 666.

haltserforschung, die vor allem im Hauptverfahren auch im Untersuchungs-grundsatz (§ 244 II StPO) ihren Ausdruck findet. Ein solcher Handel mit der Ge-rechtigkeit verträgt sich nicht mit dem Modell eines gerade nicht konsensualen Verfahrensmodells. Das Gericht hat im Übrigen als Ausfluss des Untersu-chungsgrundsatzes auch die Glaubwürdigkeit eines Geständnisses zu überprüfen, gerade darauf wird aber bei einem „deal" meist verzichtet. Absprachen beein-trächtigen darüber hinaus auch die Unschuldsvermutung, gegebenenfalls den in dubio pro reo-Grundsatz, da das Gericht Zweifel regelmäßig unterdrückt. Oft-mals wird auch Druck auf den Angeklagten ausgeübt, indem ihm etwa die sog. „Sanktionsschere" vor Augen geführt wird, so dass zumindest eine Beeinträch-tigung des nemo tenetur-Grundsatzes zu befürchten ist. Schlägt die Absprache fehl, lässt sich dies trotz Unverwertbarkeit eines Geständnisses kaum noch kor-rigieren, da einerseits das Gericht dem bestreitenden Angeklagten nicht mehr glauben wird, andererseits häufig auch ein qualifiziertes Geständnis verlangt wird, dessen Unverwertbarkeit keine Fernwirkung entfalten kann. Auch der Schuldgrundsatz wird durch Absprachen beeinträchtigt, da aufgrund des Ge-ständnisses eine pauschale Strafmilderung zugesprochen wird, die sich auch im Rahmen der sog. Spielraumtheorie nicht rechtfertigen lässt.[67] Zwar lässt etwa § 46 eine Strafmilderung aufgrund eines Geständnisses zu, die theoretische Begrün-dung dieses strafmildernd berücksichtigten sog. „Nachtatverhaltens" steht aber noch aus. Daneben sind gegebenenfalls auch das Öffentlichkeits-, Mündlichkeits- und Unmittelbarkeitsprinzip beeinträchtigt, da Absprachen meist außerhalb der Hauptverhandlung „vorverhandelt" werden. Als Auffangbecken für die genannten Erwägungen wird auch der fair trial-Grundsatz genannt, der hier wohl vor allem unter dem Aspekt der „Waffengleichheit" betroffen sein kann. Die insgesamt in-konsequente gesetzliche Neuregelung der Verständigung in § 257 c StPO versucht offenbar die „Quadratur des Kreises", da die angeführten Kritikpunkte bei der Regelung berücksichtigt wurden, obwohl sich die genannten Prinzipien nicht mit einem konsensualen Verfahrenstyp vereinbaren lassen.[68]

b) Der vorliegende Fall verdeutlicht die bestehenden Schwierigkeiten, da gemäß §§ 257 c I 2, 244 II StPO die gerichtliche Aufklärungspflicht unberührt bleiben soll. Da ohnehin ein Rechtsmittelverzicht in der Verständigung unwirksam ist (§ 302 I 2 StPO), kann B damit ohne Weiteres eine Aufklärungsrüge erheben, mit der er geltend macht, dass das Gericht seine Aufklärungspflicht verletzt hat. In-dem vorliegend auf die Erhebung weiterer Beweise verzichtet wurde und der Angeklagte ein sog. unsubstantiiertes Geständnis abgelegt hat, ist die Aufklä-

---

67 Vgl. *Brögelmann* JuS 2002, 903; *Meier* JuS 2005, 769.
68 Vgl. auch *Momsen/Moldenhauer* JA 2002, 415; *Nistler* JuS 2009, 916; *Schünemann* ZRP 2009, 104.

rungspflicht des Gerichts unzweifelhaft verletzt. Der BGH hat zu Recht für eine Absprache ein qualifiziertes Geständnis verlangt,[69] da nur so – wenn überhaupt – die Glaubwürdigkeit eines Geständnisses überprüft und dem Aufklärungsgrundsatz Rechnung getragen werden kann. Es kann bereits für sich genommen nicht genügen, wenn der Angeklagte lediglich gesteht, die Tat begangen zu haben, ohne weitergehende Nachfragen der Verfahrensbeteiligten zu beantworten. Umsomehr muss dies gelten, wenn sich wie hier eine Beweisaufnahme etwa hinsichtlich einer sachverständigen Begutachtung des Brandortes aufdrängt. Zudem ist es gem. § 257 c III 2 StPO zwar zulässig, eine Ober- und Untergrenze der Strafbarkeit anzugeben, der Schuldspruch selbst darf aber nach § 257 c II 2 StPO nicht Gegenstand einer Verständigung sein. Hier wurde auch dieser Grundsatz verletzt, da von der Verfolgung der Brandstiftung abgesehen wird. Eine darauf gestützte Sachrüge erscheint allerdings unbegründet, da der Angeklagte hierdurch nicht belastet wird. Dass der Angeklagte natürlich davon ausgehen wird, dass das Gericht sich an die vereinbarte Strafrahmenuntergrenze hält, ist selbstverständlich, warum sollte es auch nach oben abweichen, wenn nach dem Geständnis eine milde Strafe noch als schuldangemessen angesehen wird. Die Tatsache, dass im Gesetz die Vereinbarung eines Spielraums zugelassen wird, dient nur der Verdeckung des Umstandes, dass die Vereinbarung einer ganz bestimmten Strafe nicht mit dem derzeitigen Strafverfahrenstypus vereinbar ist. Insoweit wird zwar die Verständigung über eine Strafunter- und Obergrenze geboten sein, sofern diese nicht zu weit voneinander abweichen. Wählt das Gericht aber die Strafrahmenobergrenze, ist dies zumindest begründungsbedürftig, wenn nicht die allgemeine Sachrüge wegen Verletzung des Schuldgrundsatzes begründet sein soll.

Ergänzende Klausurhinweise:
I. Beweiswürdigung und Geständnis:
Zu Recht hat der BGH im Hinblick auf den Aufklärungsgrundsatz betont, dass sich das Gericht bei einem schriftlichen Geständnis des Angeklagten seine Überzeugung vom Tathergang jedenfalls nicht durch bloßen Abgleich des Erklärungsinhalts mit der Aktenlage verschaffen darf, da das Gericht seine Überzeugung aus dem Inbegriff der Hauptverhandlung schöpfen muss.[70]
II. Belehrung nach § 257 c V StPO
Erfolgt keine Belehrung über die Folgen und die Möglichkeiten des Abweichens von einer Verständigung, so begründet dies einen Verfahrensfehler des Verständigungsverfahrens. Ein Geständnis wird dabei regelmäßig auf dem Unterlassen der Belehrung beruhen (§ 337 StPO), wenn sich nicht ausnahmsweise feststellen lässt, dass der Angeklagte auch bei ordnungsgemäßer Belehrung ein Geständnis abgelegt hätte. Dies soll auch dann gelten, wenn die in der Verstän-

---

69 BGH NJW 2005, 1440; NStZ 2014, 170.
70 BGH NStZ 2014, 170.

digung erfolgte Strafrahmenzusage eingehalten wurde. Aufgrund der bei fehlender Belehrung bestehenden Gefahr für die Selbstbelastungsfreiheit kann der in diesem Punkt sehr strengen Rspr. zugestimmt werden.

III. Mitteilungspflichten und Protokollierung (§ 273 I a StPO)

Ergebnis und Inhalt einer außerhalb der Hauptverhandlung erfolgten Erörterung über eine Verständigung (vgl. § 243 IV StPO) sind in der öffentlichen Hauptverhandlung mitzuteilen. Diese Mitteilung ist zu protokollieren. Werden entgegen § 273 a I a StPO außerhalb der Hauptverhandlug geführte Verständigungsgespräche nicht protokolliert, führt dies in der Regel dazu, dass ein Beruhen des Urteils auf dem Rechtsfehler nicht auszuschließen ist.

IV. Inhalt der Verständigung

Der Schuldspruch selbst (z. B. die Annahme einer Qualifikation oder eines minder schweren Falls) darf nicht Gegenstand der Verständigung sein (vgl. § 257 c II 3 StPO). Auch die Vereinbarung einer bestimmten Strafe (sog. Punktstrafe) ist unzulässig.

V. Rechtsmittelverzicht (§ 302 I 2 StPO)

Nach § 302 I 2 StPO ist ein Rechtsmittelverzicht insbesondere noch in der Hauptverhandlung im unmittelbaren Anschluss an eine vorherige Verfahrensabsprache unzulässig. Nach dem Willen des Gesetzgebers soll dem Angeklagten die an sich vorgesehene Wochenfrist zur Einlegung eines Rechtsmittels als Bedenkzeit erhalten bleiben, damit er ohne Druck der Hauptverhandlung die Möglichkeit eines Rechtsmittels überdenken kann. § 302 Abs. 1 Satz 2 StPO betrifft jedoch nach seinem Wortlaut nicht den Fall, in dem zunächst ein Rechtsmittel eingelegt und wenig später wieder zurückgenommen wird, so dass das Urteil in Rechtskraft erwächst. Da eine Verständigung möglichst verfahrensbeendend und ressourcenschonend wirken soll, entspricht die gesetzliche Verankerung eines absoluten Verbots des Rechtsmittelverzichts nicht den Bedürfnissen der Praxis. Dennoch erscheint es äußerst fraglich, ob die Regelung des § 302 I 2 dadurch umgangen werden darf, dass der Angeklagte zunächst ein Rechtsmittel einlegt und „vereinbarungsgemäß" dieses Rechtmittel sofort durch eine erneute Erklärung wieder zurücknimmt.[71] Dadurch wird im Ergebnis die Wirkung eines Rechtsmittelverzichts erreicht, da eine erneut eingelegte Berufung als unzulässig verworfen werden muss.

Weitere Übersichtsliteratur: *Ceffinato* Jura 2013, 873 ff.

Zusatzfrage 18: Hans und Prahl

Durch Auswertung einer Radarmessung stellt sich heraus, dass P bereits auf dem Weg zum Biergarten an einer unübersichtlichen Stelle deutlich zu schnell gefahren ist und dadurch ein entgegenkommendes Fahrzeug gefährdet hat. Zur Klärung des Vorwurfs einer Gefährdung des Straßenverkehrs wird das anlässlich der Geschwindigkeitskontrolle mittels Radarmessung angefertigte Lichtbild, das weitere Zahlen enthält, durch alle Prozessbeteiligten in Augenschein genommen. Die auf der Radaraufnahme festgehaltene Ziffernreihe (die Ziffernreihe beginnt

---

71 BGH NStZ 2010, 409.

mit der gemessenen Geschwindigkeit, es folgt vierstellig das Datum und sechs-
stellig die genaue Uhrzeit) wird nicht verlesen. Könnte P in einem möglichen
Rechtsmittel rügen, dass das Beweismittel fehlerhaft in die Hauptverhandlung
eingeführt wurde, wenn er wegen des oben aufgezeigten Verstoßes auch wegen
§ 315c I Nr. 2d) verurteilt wird und sich das Urteil dabei maßgeblich auf das
Lichtbild stützt?

Lösung:

P könnte die Einführung des Lichtbildes in die Hauptverhandlung und seine
Verwertung im Urteil rügen, wenn sie fehlerhaft erfolgten.[72] Für das Beweisrecht ist
im Strafverfahren der sog. numerus clausus der Beweismittel zu beachten. Das
Gericht in der Hauptverhandlung muss alle Beweistatsachen, die die Schuld- oder
Straffolgenfrage betreffen, im Wege des Strengbeweises, d.h. nur mit den gesetzlich bestimmten Beweismitteln (Zeugen, Sachverständige, Urkunden und
Augenschein) und nur nach den strengen Regeln der §§ 249 ff. StPO, feststellen.
Urkunden sind im Grundsatz zu verlesen, während etwa Lichtbilder in Augenschein genommen werden. Fraglich ist deshalb, ob es sich hier wegen der Ziffernfolge auf dem Lichtbild um eine Urkunde gehandelt hat, die gegebenenfalls
verlesen werden müsste.

a) Für den strafprozessualen Urkundenbegriff (vgl. § 249 StPO) ist der ver-
lesbare Gedankeninhalt maßgebend. Es muss sich also immer um Schriftträger
handeln, denen als solches ein allgemeinverständlicher oder jedenfalls durch
Auslegung zu ermittelnder Gedankeninhalt zu eigen ist. Wortvertretende Beweiszeichen fallen mangels Verlesbarkeit nicht unter den strafprozessualen Urkundsbegriff, der in diesem Punkt enger als der strafrechtliche ist (demgegenüber
verlangt der strafprozessuale Urkundsbegriff nicht notwendig die Erkennbarkeit
eines Ausstellers).

b) Wirkt ein Schriftstück aber nicht durch seinen gedanklichen Inhalt auf die
richterliche Überzeugungsbildung ein, sondern geht es lediglich um das äußere
Erscheinungsbild des Gegenstandes, handelt es sich um ein Augenscheinsobjekt.
Der Beweis durch Augenschein ist die sinnliche Wahrnehmung durch Sehen,
Hören, Befühlen, Schmecken oder Riechen; Augenscheinsobjekte wirken allein
durch ihre Existenz, Lage oder Beschaffenheit auf die richterliche Überzeugungsbildung.[73] Typische Augenscheinsobjekte sind Lichtbilder und Radarfotos.

---

72 Zum Fall vgl. auch BayObLG StV 2002, 645.
73 Vgl. hierzu BGHSt 18, 51 ff.

Erklärungsbedürftig ist allerdings die auf der Radaraufnahme festgehaltene Ziffernreihe. Ließe sich der gedankliche Inhalt allein durch Verlesen erfassen, handelte es sich strafprozessual um einen Urkundenbeweis. Erscheinen die Ziffernfolgen in ihrer optischen Anordnung – wie vorliegend – als wortvertretende Symbole, die der Entschlüsselung bedürfen, handelt es sich aber um einen Augenscheinsbeweis, so dass das Gericht das Radarfoto samt abfotografierter Geschwindigkeitsmessung und allen anderen Zeichen/Symbolen zu Recht im Wege des Augenscheinsbeweises in das Beweisgebäude eingeführt hat.

Hinweis: Die Verfahrensrüge würde im Übrigen auch an der „Beruhens"-Frage scheitern. Denn selbst bei verfahrensfehlerhafter Einführung des Radarfotos in die Hauptverhandlung würde das Urteil i.S. von § 337 StPO nicht darauf „beruhen". Da dem polizeilichen Messbeamten das Foto in der Hauptverhandlung zur Erläuterung der Ziffernreihe vorgehalten werden muss und er dessen Inhalt in seine Zeugenaussage aufnimmt, wäre das Urteil auch bei Verlesung der Ziffernfolge nicht anders ausgefallen.

Paragrafenverzeichnis

§§ StGB

11 230, 275, 285, 385, 405

12 55, 261, 436

13 58, 65, 85 f., 97, 100 ff., 162, 199, 242, 267 f., 302, 305, 315, 371, 394, 428, 459 ff.

16 49, 63, 139 f., 178 f., 253, 307, 340, 344, 446, 450

17 49, 58, 60, 76 f., 128 f., 209, 230, 305, 308, 450

18 55, 57, 64, 97, 113, 150, 256 f., 262, 279, 284, 286, 326, 341, 352, 360

20 26, 66, 299 ff., 303, 305, 308 ff., 312 ff., 404, 428, 486, 512, 530

21 18, 187, 300, 313, 424 f., 468 f., 482

22 133, 138, 218, 230, 262, 372, 385, 424 f., 446, 453 f., 468, 510

23 55, 158, 161, 314, 344 f., 349, 352, 372, 466, 468, 510

24 27, 57, 67, 125 f., 157, 180 ff., 222, 263 f., 278 f., 282 f., 429, 430

25 18, 57, 68 f., 71, 138, 186, 192, 302, 342, 373 f., 396, 407 ff., 424, 448, 464 ff., 468

26 72, 144, 151, 186, 348 f., 351, 411, 433

27 106, 404, 411, 527

28 108, 11673, 146, 528

29 72, 149, 424

30 73, 382, 447, 453 f.

32 53, 84 f., 89, 91, 93, 121, 128, 130, 133, 176, 228, 230, 254, 286, 355

34 53, 86, 91, 106, 122, 131, 134, 200, 208, 228, 232, 286, 534

35 124, 134, 230

49 111, 124, 148

52 33, 193, 315, 346, 350, 362

53 33, 245, 253, 505, 566 f.

60 360 f.

113 487, 489, 492

123 19, 33, 165, 167, 284, 293, 346, 363, 422, 426, 505, 538

125 345

136 156

138 287, 569

142 332 f., 371, 388, 490

153 378, 381, 387

154 380 ff.

160 379, 382

161 380

185 175, 178, 194

187 172, 174 f.

203 533 ff.

211 14, 110 f., 118 f., 134, 140, 143, 146 ff., 151, 176, 188 f., 202, 219, 222, 226 f., 266, 331, 376, 387, 458, 460, 470 ff.

212 14, 33, 72, 97, 99, 107 f., 110, 118 f., 127, 137, 143, 146 ff., 176, 186, 189, 199, 202, 216, 221 f., 226, 253, 260 f., 355, 374, 376, 457

213 50, 176, 178 ff., 188, 194

216 200 f., 210 f.

218 224 ff.

221 102, 112, 204, 257, 267, 377, 388, 461, 471

222 60, 127, 202, 204, 253, 259, 278 f., 284, 287, 330, 342, 372

223 19, 28, 68, 83, 138, 184, 192, 207, 220, 224, 231, 250, 256, 259, 299, 303, 339, 354, 402, 410, 511, 538

224 19, 68, 184 ff., 192, 207, 220, 224, 231 ff., 280, 339, 354

226 224, 232, 360

227 220, 252, 256, 259, 275, 340 f.

229 60, 84, 304, 369, 485, 538

230 86, 306, 538 ff.

231 49, 342 ff., 348 ff., 351 ff., 258 ff.

239 164 f., 283, 287, 346, 462

240 52, 104 f., 133, 284, 290, 292, 347, 398, 402, 410, 431, 489, 511

241 133

242 87, 155, 158, 236, 240, 283, 292, 306 f., 314, 393 f., 402, 404, 497 ff., 505, 507, 538

243 20, 158, 160, 290, 501

244 158 f., 280, 283

246 236 f., 244, 432 f., 437, 508, 513, 538

248a 507

248 b 289, 292, 307, 309, 396

249 158, 161, 275, 284, 288, 290, 292,
396, 398, 509
250 27, 280 ff.
251 18, 275 ff., 280, 284 f.
252 396, 401, 406 f., 410, 509, 510
253 290, 397 f., 401, 426, 428, 435
255 289 ff., 397 ff.
257 383 f., 403, 405, 410, 508
258 383, 403, 556, 568
259 67, 384 ff., 403, 431, 434 ff., 508
261 403, 436
263 238, 241, 392, 419, 422, 428, 456,
463, 465, 469, 502 f., 512, 519 ff.
265 327, 330, 456 f., 569
265 a 421, 425
267 416 ff., 477 ff.
274 418 f., 478, 480 f., 504
288 156, 158
289 154 ff., 159
303 25, 85, 87, 89, 141, 149, 166, 309, 314,
316
303 c 166, 314
306 321, 329, 445 ff., 448 f., 453, 455
306 a 322, 324, 329, 447, 449, 451, 456
306 b 275, 324 ff., 326 f., 456
306 c 326, 328 f.
306 d 451 f., 457
308 142 ff., 150
315 b 16, 331
315 c 16, 311, 331, 482 ff.
316 310 f., 312, 485, 487, 490, 590
323 a 65 f., 301, 308, 312, 315, 343
323 c 85, 102 f., 107, 109, 206, 211, 377,
387, 463
324 a 87
325 87
332 532
353 b 532, 534

Art. GG
1 344, 533, 549, 577, 589
2 329, 533, 551, 577, 587, 589
13 549, 585
19 585
20 344, 551, 587
97 542

103 27, 67, 87, 105, 264, 279, 301, 303,
305, 333, 397, 403, 405, 510, 567
104 560

§§ StPO
2 589
3 589
22 541, 569
23 541 f., 569
24 541 f., 569
25 541
26 541
26a 541
27 541, 569
36 560
48 379
52 564 f., 572
53 586
55 581, 857 ff.
60 580 f., 589
66 c 379
68 379
70 588
81 a 590
81 c 572
94 591
97 586 f.
98 558, 591 f.
98 a 555
100 a 555
100 c 549
100 d 549
102 584
105 584
108 586
110 a 554 f.
111 a 591 f.
112 559 f., 561 f.
112 a 560
113 559
114 560
114 a 560
114 b 560
115 560
116 560
117 562
118 562

120   560
121   562
125   560
126   560, 562
127   254, 255
136   551, 553 f., 560, 571, 579, 581 f.
136 a   548, 551, 554, 572, 576 ff., 579
137   551
147   557 f.
148   587
151   566
152   590
155   566
157   580
158   538
160   568
161 a   564
163   564, 568
163 a   554
170   538, 559
172   539
200   566
203   542
243   534, 580, 595
244   563 f., 593
249   596
250   553 f., 574
251   573
252   553 ff., 564, 571, 588
253   573
254   574
256   574
257   581
257 c   593 f., 595
261   548, 583
264   566, 583
265   567
266   568
272   545
273   545, 589, 595
273 a   595
274   545
296   544
302   593, 595
304   585
306   562
310   562

312   544
333   544
335   544
337   546, 552, 569 f., 594, 597
338   541, 544, 552, 569
341   544
344   544
345   544
374   539
376   539
410   563
411   563
475   533

§§ BGB
90 a   87, 90
228   54, 82, 88, 124
229   53
562   155
562 a   155
562 b   155
793   512
808   512
857   383
859   498
861   504
904   88, 92
929   239
932   239, 432
947   240
948   268
985   504
1257   156
1353   211

§§ DRiG
26   540

§§ DRiG
26   540

Art. MRK
6   551

§§ OWiG
14   373, 376
21   482

§§ StVO
1   371

§§ ZPO
691   512
692   512
811   155

§§ VVG
61   327
81   465 f.

§§ JGG
3   468

§§ GVG
32   544
33   544
34   544
36   544
52   545
73   585
76   585
121   544, 547
145   547, 569
146   546
147   546 f.
150   547
152   590
183   568

Stichwortverzeichnis

Abbruch des rettenden Kausalverlaufs, *siehe* Garantenstellung
Aberratio ictus   138, 151, 302
Ablehnung
– eines Richters   541
– eines Staatsanwalts   569
Absatzerfolg, *siehe* Hehlerei
Absehen von Strafe   361
Absichtslos-doloses Werkzeug   407, 412
Absichtsprovokation, *siehe* Notwehr
Abstiftung   285 f.
Abwägungslehre   549, 555, 579, 591
Actio illicita in causa   356
Actio libera in causa   65, 301, 312, 316
– fahrlässige Alic   305
– vorsätzliche Alic   301
Adäquanzurteil   445
Affektionsinteresse   88
Aggressivnotstand   90
Akkusationsprinzip   566
Akteneinsicht   557
Aneignung, *siehe* Zueignung
Anfangsverdacht   568
Angeklagter   580
Angeschuldigter   580
Angriff   84, 93, 133, 269
– durch Tiere   85
– durch Unterlassen   85
– mehrerer   342, 363
Animus Formel   186, 407 f., 423
Anklageschrift   566
Anstiftung   72, 151, 411
– Bestimmen   143
– Error in persona   144
– Vorsatz   144, 192, 316, 434
– Zum Vollrausch   315
– Versuch   381, 454
Antragsrecht   538
Äquivalenztheorie, *siehe* Kausalität
Arglosigkeit, *siehe* Heimtücke
Aufbauschemata   49
– vorsätzliches Begehungsdelikt   49
– Rechtfertigungsgründe   53
– versuchte Erfolgsdelikte   55
– vorsätzliches unechtes Unterlassungsdelikt   58
– fahrlässiges Begehungsdelikt   60
– fahrlässiges unechtes Unterlassungsdelikt   63
– Mittäterschaft   69
– Teilnahme   72
Augenscheinsobjekt   417 f., 437, 504, 590, 596
Auskunftsverweigerungsrecht   587
Auslegungsmethoden   27
Ausnahmemodell, *siehe* Actio libera in causa
Aussage
– Sachverständiger   570
– Aussagefreiheit   572, 576
– Zeitweises/teilweises Schweigen   582
Aussagetheorie   379
Aussetzung   102 f., 112, 204 f., 267 f., 377, 461
– Imstichlassen   103, 114, 205 f., 212, 268, 277
– mit Todesfolge   112 f.
– Versetzen   388

Bandendiebstahl, *siehe* Diebstahl
Bedrohung   133
Befangenheit   541 f.
– eines Staatsanwalts   569
– eines Richters   541
Befugnistheorie, *siehe* Dreiecksbetrug
Befundtatsachen   471
Begünstigung   383 f., 403, 405 f., 410
Behandlungsabbruch, *siehe* Sterbehilfe
Beihilfe   73, 402 ff., 526 ff., 534, 539
– Gehilfenvorsatz   405, 531
– psychische   404
– sukzessive   403, 527
– zum Vollrausch   315
Belehrungspflicht   553, 564, 571 f., 579 ff., 587 f.
– durch Sachverständigen   571 f.
Beleidigung   175, 194
– Unwahrheit der Tatsache   175, 343
Berauschende Mittel   311

Bereicherungsabsicht, *siehe* Betrug
Berufstypische Gefährdung   329
Beschädigung, *siehe* Sachbeschädigung
Beschlagnahmeverbot   586
Beschuldigteneigenschaft   581
Beschuldigtenvernehmung   552 f., 579 ff.
Beschützergarant, *siehe* Garantenstellung
Besitzerhaltungsabsicht   397
– Drittbesitzerhaltungsabsicht   397, 407 ff.
Bestimmen, *siehe* Anstiftung
Beteiligung an einer Schlägerei   342 ff.,
   348 ff., 352 f., 358 ff., 363, 580
Beteiligungsformen   50
– Anstiftung, *siehe* Anstiftung
– Beihilfe, *siehe* Beihilfe
– Mittäterschaft, *siehe* Mittäterschaft
– mittelbare Täterschaft, *siehe* mittelbare Tä-
   terschaft
– Nebentäterschaft, *siehe* Nebentäterschaft
Betrug   238 ff., 392, 419 ff., 463 ff., 512, 519
– Bereicherungsabsicht   386, 434, 470
– Dreiecksbetrug   242, 420, 502 f., 522
– Irrtum   239, 246, 419, 438, 471, 512 f.,
   514, 522
– Schadensgleiche Vermögensgefährdung
   523 f.
– Täuschung   239, 241 f., 246, 392, 411,
   423, 437, 463, 472, 519 f., 535
– Verfügungsbewusstsein   243, 393
– Vermögensverfügung   242 f., 246, 393,
   438, 464, 472, 502 f., 522 f.
– Vermögensschaden   239, 246, 420, 438,
   464, 503 f., 523 f.
– Versuchter   422 f., 465
– Besonders schwerer Fall   526, 528
– Repräsentantenhaftung   465
– Sachbetrug/Trickdiebstahl   241, 393
Beutesicherungsabsicht, *siehe* Besitzerhal-
   tungsabsicht
Beweis durch Augenschein, *siehe* Beweismit-
   tel
Beweisaufnahme   542 ff., 548, 563 f.
Beweiserhebungsverbot   548 f.
Beweisfunktion, *siehe* Urkunde
Beweismittel   548, 574, 576 f., 596
– Augenschein   596 f.
– Strengbeweis/Freibeweis   574, 596

Beweisverwertungsverbot   548 f., 551, 555,
   570, 576 f., 579 ff., 586
– Fernwirkung   576 f.
– selbstständiges/unselbstständiges   548 f.
– wegen Verstoß gegen Belehrungspflicht s.
   Belehrungspflicht
Beweiswürdigung   548, 583, 594
Beweiszeichen, *siehe* bei Urkunde
Bindung des Staatsanwalts, *siehe* unter
   Staatsanwalt
Blutalkoholkonzentration, *siehe* Fahruntüch-
   tigkeit
Blutentnahme   590 f.
Brandstiftung   321 ff., 442 ff.
– Schwere Brandstiftung   322, 324, 447,
   449, 451
– Besonders schwere Brandstiftung   324 ff.
– Mit Todesfolge   328
– Durch Unterlassen   455
– Versuchte   447 ff.
– Fahrlässige   451, 457
– Entwidmung   323, 449

Conditio-sine-qua-non Formel, *siehe* bei Kausalität

Dauergefahr   53, 123, 223, 228, 286
Deal   593
Defektzustand, *siehe* bei mittelbarer Täter-
   schaft
Defensivnotstand   88, 92
– Affektionsinteressen   88
Deliktsverwirklichung   64 ff.
– Vorsatz/Fahrlässigkeitskombination, *siehe*
   Erfolgsqualifikation
– Actio libera in causa, *siehe* actio libera in
   causa
– Vollrausch, *siehe* Vollrausch
– Wahlfeststellung   66
Denkzettel-Fälle, *siehe* bei Rücktritt
Diebstahl   240, 292, 306, 394, 497
– in mittelbarer Täterschaft   503
– mit Waffen   158
– Wohnungseinbruchsdiebstahl   158
– Bandendiebstahl   283
– Zueignungsabsicht   308
– Wegnahme, *siehe* dort

– Besonders schwerer Fall   159, 160, 501
– Trickdiebstahl/Sachbetrug
Dienstaufsicht über Richter, *siehe* Richter
Dokumentationsgebot   586
Doppelter Gehilfenvorsatz, *siehe* Beihilfe
Dreiecksbetrug, *siehe* bei Betrug
Dreieckserpressung, *siehe* bei Erpressung
Dringender Tatverdacht   559, 561
Drittbesitzerhaltungsabsicht, *siehe* Besitzer-
   haltungsabsicht
Drohung   426, 438
Durchsuchungsanordnung   586
Durchsuchungsbefehl   584

Eigenverantwortliche Selbstgefährdung
   251 f., 328 f., 373, 486
Eigenverantwortliches Dazwischentreten
   217, 258
Einbrechen   159, 166
– zur Ausführung der Tat   159 f.
Einbringungspfandrecht   155
Eindringen, *siehe* bei Hausfriedensbruch
Eingeschränkte Organtheorie, *siehe* bei Ver-
   teidiger
Einheitstäterbegriff   457
Einrichtung   421, 438
Einschränkung der Notwehr   131
– geringfügige Eingriffe   131
– extremes Missverhältnis   131
– Angriffe von Kindern   131
– Angriffe von nahestehenden Personen   131
– Provokationsfälle   131
– Folterfälle   131
Einspruch   563
Einverständliche Fremdgefährdung   252,
   373, 486
Einverständnis, *siehe* tatbestandsausschlie-
   ßendes Einverständnis
Einwilligung
– Einwilligungslösung   207
– Disponibilität   228, 321, 484
Einzelaktstheorie   125, 181
– modifizierte   146
Einzellösung   424, 468
Enteignung, *siehe* Zueignung
Enteignungstheorie, *siehe* Unterschlagungs-
   handlung

Entlastungsbehauptungen   583
Entschuldigender Notstand, *siehe* Notstand
Entwidmung, *siehe* Brandstiftung
Erfassen des Sachverhalts   7
Erfolgsdelikte   49
Erfolgsqualifikation   64, 143, 256 ff., 275 ff.,
   328, 340 f.
– Tatbestandsspezifischer Gefahrzusammen-
   hang
– Berufshelfer/Retterfälle   329
– erfolgsqualifizierter Versuch s. dort
– Versuch der Erfolgsqualifikation   275
Erfolgsqualifizierter Versuch   256, 275, 341
– Tatbestandsspezifischer Gefahrzusammen-
   hang, *siehe* dort
– Rücktritt   278
Erforderlichkeit
– i. R. d. Rechtfertigung, *siehe* Notstand/Not-
   wehr
– der Hilfeleistung   103, 114
Erlaubnistatbestandsirrtum   254
Ermächtigungstheorie, *siehe* Befugnistheorie
Ermittlungspflicht   568
Ermöglichungsabsicht, *siehe* Mord
Erpressung   426
– Dreieckserpressung   400
– versuchte Erpressung   427
– Räuberische, *siehe* dort
– Sicherungserpressung   401
Erfordernis Vermögensverfügung   290
Error in persona   139, 144, 340, 363
– des Angestifteten, *siehe* Anstiftung
– Abgrenzung zu aberratio ictus   139
Erschleichen von Leistungen   421, 438

Fahrlässigkeit   60
– Einheitstäterschaft   457
– Rechtfertigung bei   128
– Fahrlässigkeitsschuld   62, 371
– Pflichtwidrikeitszusammenhang   51, 128,
   373, 451
Fahrlässige Körperverletzung, *siehe* Körper-
   verletzung
Fahrlässige Tötung   127, 373
Falschaussage   379
Falschheit der Aussage   379
Falscheid   380

Fahrlässiger 380
Fahrlässiges Begehungsdelikt 60
Fahrlässiges unechtes Unterlassungsdelikt
   63
Fahrlässigkeitsschuld, *siehe* Fahrlässigkeit
Fahruntüchtigkeit 310 f., 482, 492
– absolute 243, 311, 392, 401, 482, 492
– relative 243, 311, 392, 401, 482, 492
– von Radfahrern 311
Fairnessgebot 541 f.
Falschaussage 378
Familientyrannenfall 123
Fehlgeschlagener Versuch, *siehe* Versuch
Fernwirkung 576, 593
Festnahmerecht 253
– prozessuale Tat 254
Feststellungsverzicht, *siehe* Unerlaubtes Ent-
   fernen vom Unfallort
Fluchtgefahr 417
Fortwirkung 577
Freiheitsberaubung 164, 283
– Einsperren 164, 166, 283, 363
– (potentielle) Fortbewegungsfreiheit 164
– mit Todesfolge 283
– durch Unterlassen 462
Fremdgefährdung, *siehe* Einverständliche
   Fremdgefährdung
Führen eines KfZ, *siehe* Räuberischer Angriff
   auf Kraftfahrer

Garantenstellung 57 ff., 71, 85 f., 100 ff.,
   109 f., 114, 205, 261, 377
– Abbruch des rettenden Kausalverlaufs
   109
– Beschützergarant 58, 101, 211
Gefahrengemeinschaft 100 f., 114
– Überwachungsgarant 101
– aus Ingerenz 101, 109, 261
– Obhuts- und Beistandspflichten 103, 205
Gebotenheit, *siehe* Notwehr
Gebrauchen, *siehe* Urkundenfälschung
Gedankenerklärung, *siehe* Urkunde
Gefahr, *siehe* Notstand
– Konkrete Gefahr 141, 268
Gefahr im Verzug 586, 590
Gefährdung des Straßenverkehrs 482
– Mitfahrer 483

– Abgrenzung zu § 315b 331
– Einwilligung 484
– Abgrenzung zu § 315c 311
Gefahrengemeinschaft, *siehe* Ingerenz
Gefährliche Körperverletzung 184, 220, 354
– Versuchte 354
– Waffe 184
– lebensgefährdende Behandlung 185
– hinterlistiger Überfall 195, 220
Gefährlicher Eingriff in den Straßenverkehr
   331
– Abgrenzung zu § 315c 331
– Pervertierung des Straßenverkehrs 331
Gefährliches Werkzeug 158, 208, 280 ff.,
   339, 362
– Beisichführen eines gefährlichen Werk-
   zeugs 158, 280 ff.
– mittels eines gefährlichen Werkzeugs
   208, 339, 362
Gefahrzusammenhang, *siehe* Erfolgsqualifika-
   tion
Gehilfe, *siehe* Beihilfe
Geldwäsche 436
Gemeingefährliche Mittel, *siehe* Mord
Gesamtbetrachtungslehre, *siehe* Rücktritt
Gesamtlösung, *siehe* Unmittelbares Ansetzen
   bei mittelbarer Täterschaft/Mittäter-
   schaft
Gesamtsaldierung, *siehe* Vermögensschaden
Gesamturkunde, *siehe* Urkunde
Gesundheitsschädigung, *siehe* Körperverlet-
   zung
Gewahrsam 158, 167, 246, 306, 395, 497,
   506, 514
Gewahrsamsenklave 498
– Gelockerter Gewahrsam 158, 306, 394
– Gewahrsamsbruch, *siehe* Wegnahme
Gewalt 105, 167, 290, 363
– Entwicklung des Gewaltbegriffs 105
– physische Zwangswirkung 161
– fortwirkende Gewalt 162
– durch Unterlassen 162
– vis absoluta 276, 398
– i.S.d. § 133 493
Gliederung des Sachverhalts 12
Gutachtenstil 23

Habgier, *siehe* Mord
Haftbefehl, *siehe* Untersuchungshaft
Haftprüfung, *siehe* Untersuchungshaft
Hauptverhandlung
– Protokoll 545
– Aussageverweigerung in der Hauptverhandlung 553, 571
– Nach Einspruch 563
Hausarbeiten 34
Hausfriedensbruch 165, 284
– befriedetes Besitztum 346, 363
– Wohnung 165, 167
– Eindringen 293, 363, 505
Hehlerei 384, 431
– Durch Nötigung 431
– Absatzerfolg 385
– Verhältnis zur Vortat 435
– Wahlfeststellung bei Diebstahl 67
Heimtücke, *siehe* Mord
Herbeiführen einer Sprengstoffexplosion 142
– in mittelbarer Täterschaft 142
– mit Todesfolge 143
– Anstiftung 150
Herbeiführung einer schweren Folge, *siehe* Schwere Folge
Hilfeleisten, *siehe* Unterlassene Hilfeleistung
Hilflose Lage, *siehe* Aussetzung
Hinterlistiger Überfall, *siehe* Gefährliche Körperverletzung
Historische Auslegung, *siehe* Auslegungsmethoden
Hörfalle 553 f.

Idealkonkurrenz, *siehe* Konkurrenzen
Identitätstäuschung, *siehe* Urkundenfälschung durch den Aussteller
Imstichlassen, *siehe* Aussetzung
In Brand setzen, *siehe* Brandstiftung
In dubio mitius Grundsatz 67
In dubio pro reo Grundsatz 11, 67, 575, 593
Informationsanspruch 557
Informatorische Befragung, *siehe* Protokollverlesung
Ingerenz, *siehe* Garantenstellung
Interessenabwägung, *siehe* Notstand

Irrtum, *siehe* Betrug
– über einen Entschuldigungsgrund 124
– über den Kausalverlauf 251, 445
– Aberratio ictus, *siehe* dort
– Motivirrtum, *siehe* error in persona
– Erlaubnistatbestandsirrtum, *siehe* dort

Kausalität
– Äquivalenztheorie 137, 226, 250, 269, 451
– Atypischer Kausalverlauf 251
– Quasi-Kausalität, *siehe* Unterlassungsdelikt
– Hypothetische Kausalität, *siehe* Unterlassungsdelikt
Kausalitätskriterium, *siehe* Unterlassungsdelikt Abgrenzung zum Tun
Kennzeichen 491
– Urkundenfälschung hinsichtlich Kennzeichen 477
Kernbereich Lebensgestaltung 549
Kernbereich richterlicher Tätigkeit, *siehe* Dienstaufsicht über Richter
Klageerzwingungsverfahren 539
Koinzidenzprinzip, *siehe* Ausnahmemodell
Konkurrenzen 32
Konkurrenzlösung, *siehe* Zueignung (Wiederholte Zueignung)/Erpressung (Sicherungserpressung)
Körperliche Misshandlung, *siehe* Körperverletzung
Körperverletzung 83, 250, 299, 339
– Körperliche Misshandlung 92
– Gesundheitsschädigung 92
– fahrlässige Körperverletzung 304, 369, 485
– gefährliche Körperverletzung, *siehe* dort
– schwere Körperverletzung 176
– mit Todesfolge 256, 340
– Versuchte Körperverletzung mit Todesfolge 341
Kraftfahrzeugführer, *siehe* Räuberischer Angriff auf Kraftfahrer
Kriterium des Energieeinsatzes, *siehe* Unterlassungsdelikt (Abgenzung zum Tun)

Lagertheorie, *siehe* Erpressung (Dreieckserpressung)/Betrug (Dreiecksbetrug)
Landfriedensbruch 345

Lebensgefährdende Behandlung, *siehe* Gefährliche Körperverletzung
Legalitätsprinzip 547, 568, 592
Lehre vom normativen Näheverhältnis, *siehe* Lagertheorie
Leichtfertigkeit 278, 293
Letalitätstheorie, *siehe* Erfolgsqualifizierter Versuch

Manifestationstheorie, *siehe* Unterschlagung
Meineid 382
– Verleitung zum Meineid 382
Menschenwürde 549
Methodik der Fallbearbeitung 6 ff.
Minder schwerer Fall des Totschlags, *siehe* Totschlag
Mitbeschuldigter als Zeuge, *siehe* Zeuge
Mitfahrer, *siehe* Gefährdung des Straßenverkehrs
Mittäterschaft 68 ff., 466 ff.
– Vermeintliche 468
– Unmittelbares Ansetzen 468
Mittelbare Täterschaft 71 f., 138, 188, 302, 407 f.
– Defektzustand 187 f.
– Tatherrschaft 138, 407 ff.
– Unmittelbares Ansetzen 424
Mittel-Zweck Relation, *siehe* Nötigung (Verwerflichkeit)
Mord 85, 89, 92 f., 106, 111, 113, 116, 118, 121, 142, 153, 155, 158, 164, 170
– Anstiftung zum Mord 143
– durch Unterlassen 110, 266, 376, 459
– Ermöglichungsabsicht 327
– Gemeingefährliche Mittel 141, 459
– grausam 459
– Habgier 112, 141, 460
– Heimtücke 111, 120, 140, 191, 219, 222, 227, 459
– in mittelbarer Täterschaft 141, 188
– Niedrige Beweggründe 112, 177, 224, 227
– versuchter Mord 118, 176, 266, 376, 459
– Verhältnis zu § 212 146, 188
– tat-/täterbezogene Mordmerkmale 147
– Verdeckungsabsicht 191, 223, 266, 376, 460

Motivirrtum, *siehe* error in persona
Mündlichkeitsprinzip 574, 593

Nachteilszufügungsabsicht, *siehe* Urkundenunterdrückung
Näheverhältnis, *siehe* Dreieckserpressung/Dreiecksbetrug/Ablehnung eines Richters
Natürliche Verbundenheit, *siehe* Garantenstellung
Nebentäterschaft 72
Negativsaldo, *siehe* Vermögensschaden
Nemo tenetur Grundsatz 552, 555, 561, 577, 582, 590, 593
Nichtanzeige von Straftaten 287
Nichterweislichkeit, *siehe* Beleidigung (Unwahrheit der Tatsache)
Niedrige Beweggründe, *siehe* Mord
Nötigung 104, 133, 347, 431
– Gewalt, *siehe* dort
– Verwerflichkeit 347, 431, 438
– Verhältnis zu § 113 489
Nötigungserfolg 290
Notstand 53, 91
– Gefahr 53, 86, 93, 106, 115
– Dauergefahr 123
– Interne Güterkollision 208
– Interessenabwägung 124
– Unrettbar Verlorene 229
– Erforderlichkeit 86, 107, 115, 123, 129
– Aggressivnotstand, *siehe* dort
– Entschuldigender 124, 230
– Übergesetzlicher entschuldigender 230
– Rechtfertigender 53, 105, 122
– Defensivnotstand, *siehe* dort
Notwehr 84, 91, 128
– Angriff 84 f., 91, 109
– Erforderlichkeit 129
– Gebotenheit 130
– Verteidigungswille 128
– Präventivnotwehr 121
– bei Fahrlässigkeitstaten 128
– Einschränkung d. Notwehrrechts 131
– Notwehrprovokation 104, 131, 356
Nummerus clausus der Beweismittel, *siehe* Beweismittel

Obhuts- und Beistandspflichten, *siehe* Aussetzung

Objektive Sorgfaltspflicht, *siehe* Fahrlässigkeit

Objektive Zurechenbarkeit   50, 108, 115, 217, 250 f., 258, 269, 341, 371, 485 f.
- Eigenverantwortliches Dazwischentreten 217, 258
- Atypischer Kausalverlauf   250 f.
- Eigenverantwortliche Selbstgefährdung, *siehe* dort
- Einverständliche Selbstgefährdung, *siehe* dort

Organe der Rechtspflege   547, 556

Parteiinteressentheorie, *siehe* Verteidiger

Perpetuierungsfunktion, *siehe* Urkunde

Pervertierug des Straßenverkehrs, *siehe* Gefährlicher Eingriff in den Straßenverkehr

Pfandkehr   154 ff.

Pflichttheorie, *siehe* Falschaussage (Falschheit der Aussage)

Pflichtwidrigkeitszusammenhang, *siehe* Fahrlässigkeit

Potentielle Fortbewegungsfreiheit, *siehe* Freiheitsberaubung

Präventivnotwehr, *siehe* Notwehr

Private Kenntniserlangung eines Staatsanwalts, *siehe* Staatsanwalt

Privatklage   539

Promillegrenzen   310

Protokoll
- Bei Verständigung   595
- Hauptverhandlungsprotokoll   545
- Verlesung   564, 573
- Spontane Äußerungen/informatorische Befragung   564

Provokation, *siehe* Notwehr

Prozessuale Tat   566

Psychische Beihilfe, *siehe* Beihilfe

Psychische Mitwirkungshandlung, *siehe* Beteiligung an einer Schlägerei

Qualifikationslos-doloses Werkzeug   407, 412

Raub   161, 289
- Gewalt gegen eine Person   167
- versuchter Raub   161
- unmittelbares Ansetzen beim versuchten Raub   163
- mit Todesfolge   275
- schwerer Raub   280, 285
- Mittels Gewalt durch Unterlassen/fortwirkender Gewalt   162
- Abgrenzung zur räuberischen Erpressung 398

Räuberische Erpressung   397
- Abgrenzung zum Raub   398
- Dreieckserpressung, *siehe* Erpressung
- Sicherungserpressung, *siehe* Erpressung

Räuberischer Angriff auf Kraftfahrer   288
- Führer eines Kraftfahrzeugs   294

Räuberischer Diebstahl   396, 406, 509
- Frische Tat   509, 515
- In mittelbarer Täterschaft   406

Rauschtat, *siehe* Vollrausch

Rauschzustand   313
- Schuldunfähigkeit   300
- Absicht rechtswidriger Zueignung   308

Recht auf Akteneinsicht, *siehe* Verteidiger

Recht auf Lüge   556

Rechtsbehelfe
- gegen Zwangsmaßnahmen   585
- gegen Untersuchungshaft   562

Rechtsbewährungsprinzip, *siehe* Notwehr

Rechtsmittel

Revision   544
- Haftbeschwerde   562
- Verzicht   593, 595

Rechtsmittelverzicht, *siehe* Rechtsmittel

Regelbeispiel   20

Rein faktische Nähetheorie, *siehe* Betrug (Dreiecksbetrug)

Repräsentantenhaftung, *siehe* Betrug

Restitutionsvereitelung, *siehe* Begünstigung

Revision, *siehe* Rechtsmittel

Revisionsgericht, *siehe* Rechtsmittel

Richter
- Ablehnung   541
- Dienstaufsicht über Richter   542 f.
- Richteranklage   543
- Richterliche Unabhängigkeit   542

– Richterlicher Durchsuchungsbefehl, *siehe* Durchsuchungsbefehl
Risikoerhöhungsprinzip, *siehe* Unterlassungsdelikt
Risikoverminderungslehre, *siehe* Unterlassungsdelikt
Rücktritt   57, 125, 157, 222, 278, 429
– fehlgeschlagener Versuch   134, 157, 222, 430
– Abgrenzung beendeter/unbeendeter   125, 181
– Freiwilligkeit   184, 195, 293, 430
– Denkzettelfälle   183
– beim Unterlassungsdelikt   263
– vom erfolgsqualifizierten Versuch   278

Sachbeschädigung   87, 141, 166, 309
– Tiere als Sachen   87
– in mittelbarer Täterschaft   141
– Anstiftung   149
– § 306 als spezielles Delikt   321
Sachbetrug, *siehe* Betrug
Sache, *siehe* Sachbeschädigung
Sachherrschaft   Gewahrsam
Sachverhaltsungewissheit   11
Schlägerei, *siehe* Beiteilung an einer Schlägerei
Schöffe   544
Schuld
– entschuldigender Notstand, *siehe* Notstand
Schuldgrundsatz, *siehe* Verständigung
Schuldunfähigkeit   300
– Verminderte Schuldfähigkeit   485
Schuldvorverlagerungstheorie, *siehe* Actio libera in causa
Schutzwehr, *siehe* Notwehr (Einschränkungen des Notwehrrechts)
Schwangerschaftsabbruch   225
– versuchter Schwangerschaftsabbruch   225
– in besonders schwerem Fall   225
Schweigen   583
Schwere Gesundheitsschädigung   325, 334
Schwere Folge
– Gerechtfertigte Herbeiführung   285
Schwere Körperverletzung   360
Schwerpunkt der Vorwerfbarkeit, *siehe* Unterlassungsdelikt (Abgrenzung zum Tun)

Selbstgefährdung   252, 328, 376, 486
Sicherheitsvorkehrungen, *siehe* Erschleichen von Leistungen
Sicherungserpressung, *siehe* Erpressung
Spontanäußerung, *siehe* Protokollverlesung
Staatsanwalt   546 f., 568 ff.
– als Zeuge   569 f.
– Befangenheit   569
– Bindung des Staatsanwalts   546 f.
– private Kenntniserlangung   568
Sterbehilfe   200
Strafantrag   538
Strafantragsverzicht   539
Strafanzeige   539
Strafausschließungsgrund, *siehe* Strafvereitelung
Strafbarkeitsbedingung   246, 270 f.
Strafbegründung   116, 153
Strafklageverbrauch   567
Strafmilderung   98, 410 f.
Strafprozessualer Urkundenbegriff., *siehe* Urkunde
Strafvereitelung   383
Straßenverkehr, *siehe* Gefährdung des Straßenverkehrs
Subjektive Sorgfaltswidrigkeit, *siehe* Fahrlässigkeit
Sukzessive Beihilfe, *siehe* Beihilfe
Systematische Auslegung, *siehe* Auslegungsmethoden

Tat im prozessualen Sinne   566, 589
Tatbestandsausschließendes Einverständnis   164, 505
Tatbestandslösung, *siehe* Zueignung (Wiederholte Zueignung)/Erpressung (Sicherungserpressung)
Tatbestandsspezifischer Gefahrzusammenhang   258 f., 277, 341, 484
Tatbezogene Mordmerkmale, *siehe* Mord
Tateinheit, *siehe* Konkurrenzen
Tatentschluss, *siehe* Versuch
Täterbezogene Mordmerkmale, *siehe* Mord
Täterschaft
– Einheitstäter, *siehe* Fahrlässigkeit
– Mittäterschaft, *siehe* dort
– Mittelbare, *siehe* dort

– Nebentäterschaft, *siehe* dort
Tatherrschaft 186
Tätlicher Angriff., *siehe* Widerstand gegen
   Vollstreckungsbeamte
Tatmehrheit, *siehe* Konkurrenzen
Tatmittler, *siehe* mittelbare Täterschaft
Tatplantheorie, *siehe* Rücktritt (Abgrenzung
   beendeter/unbeendeter)
Tatsachen, *siehe* Beleidigung/Verleumdung
Teilnahme
– Anstiftung, *siehe* dort
– Beihilfe, *siehe* dort
Teleologische Auslegung, *siehe* Auslegungs-
   methoden
Tiere als Sachen, *siehe* Sachbeschädigung
Totschlag 98, 107, 137, 216
– minder schwerer Fall 178, 194
– durch Unterlassen 99, 108, 199, 260,
   374, 457
– in mittelbarer Täterschaft 168
– Verhältnis zum Mord 146, 189
Tötung, *siehe* Fahrlässige Tötung
Trickdiebstahl, *siehe* Diebstahl
Trunkenheit im Straßenverkehr
– Vorsätzliche 310, 485, 487, 490
– Fahrlässige 312
Trutzwehrs. Notwehr (Einschränkungen des
   Notwehrrechts)

Übergang des Strafantragsrecht, *siehe* Straf-
   antrag
Überwachergarant, *siehe* Garantenstellung
Umstiftung 285
Unabhängigkeit der Staatsanwaltschaft, *siehe*
   Staatsanwalt
Unbeendeter Versuch, *siehe* Rücktritt
Unbefugter Gebrauch eines Fahrzeugs 292,
   309, 396
Unerkannte Gutgläubigkeit, *siehe* Verleitung
   zum Meineid
– Unerlaubtes Entfernen vom Unfallort 332,
   372
– Feststellungsverzicht 372
Unfall 388
Unfall, *siehe* Unerlaubtes Entfernen vom Un-
   fallort

Unfallbeteiligte, *siehe* Unerlaubtes Entfernen
   vom Unfallort
Unglücksfall, *siehe* Unterlassene Hilfeleistung
Unmittelbares Ansetzen, *siehe* Versuch
Unmittelbarkeitsprinzip 574, 593
Unsubstantiiertes Geständnis 593
Untauglicher Versuch, *siehe* Versuch
Unterdrücken, *siehe* Urkundenunterdrückung
Unterlassene Hilfeleistung 103, 107, 207,
   378
– Erforderlichkeit 114
Unterlassungsdelikt 58 ff.
– Abgrenzung zum Tun 97, 199
– Garantenstellung, *siehe* dort
– Quasi-Kausalität/hypothetische Kausali-
   tät 99
– Risikoverminderungslehre/Vermeidbarkeits-
   theorie 99, 201, 375
– Risikoerhöhung 260, 375
– unmittelbares Ansetzen 262
Unterschlagung 236, 244, 432, 508
– Anvertrauen 439
– Zueignungshandlung, *siehe* Zueignung
– Wiederholte Zueignung s. Zueignung
Untersuchungshaft 559
– Haftbefehl 560 f.
– Haftprüfung 562
– Kapitaldelikte 560
– Rechtsbehelfe, *siehe* dort
Urkunde 437
– Beweisfunktion 477, 490
– Beweiszeichen 477 f., 490 f.
– echte 399
– Gesamturkunde 491
– zusammengesetzte 417, 437
– Strafprozessual 596
Urkundenbeschädigung 419
Urkundenfälschung 416
– Verfälschen 491
– Durch Aussteller 478
– Zur Täuschung im Rechtsverkehr 479
Urkundenunterdrückung 481
Urkundsbeweis s. Urkunde

Verbrechensverabredung 453
Verdeckter Ermittler 554
Verdeckungsabsicht, *siehe* Mord

Verdunkelungsgefahr, *siehe* Untersuchungs-
haft
Vereiteln der Zwangsvollstreckung 158
Verfahrenshindernis 574
Verfälschung, *siehe* Urkundenfälschung
Verfügungsbewusstsein, *siehe* Sachbetrug
Verjährung als Verfahrenshindernis 574 f.
Verkehrsunfall, *siehe* Unfall
Verkörperte Gedankenerklärung, *siehe* Urkun-
de
Verleitung zum Meineid, *siehe* Meineid
Verlesungsverbot, *siehe* Protokoll
Verleumdung 172 ff.
– Tatsachenäußerung 172, 193 f.
– Behauptung 173 f., 194
– Unwahrheit der Tatsache 175
– Ehrenrührige Tatsache 173
Vermeidbarkeitstheorie, *siehe* Unterlassungs-
delikt
Verminderte Schuldfähigkeit, *siehe* Schuld
Vermögensbegriff, *siehe* Vermögensschaden
Vermögensnachteil, *siehe* Vermögensschaden
Vermögensschaden 239, 423, 464, 503,
535
Vermögensbegriff 427, 503
– Gesamtsaldierung 427
– Schadenskompensation
Negativsaldo 427
Vermögensverfügung 242, 246, 290, 393,
420
Vernehmung des Staatsanwalts, *siehe* Staats-
anwalt
Vernehmungsbegriff 554
Vernehmungsmethoden 576
Vernichten, *siehe* Urkundenunterdrückung
Verschaffen, *siehe* Hehlerei
Versicherungsmissbrauch 327, 330, 456
– Durch Unterlassen 457
Verständigung im Strafprozess 592 ff.
Versuch 118, 154, 162, 176, 202, 261, 422,
465
– Tatentschluss 118, 155, 466
– unmittelbares Ansetzen 121, 163, 262,
424, 448, 468
– fehlgeschlagener Versuch, *siehe* Rücktritt
– Abgrenzung beendeter/unbeendeter, *siehe*
Rücktritt

– untauglicher Versuch 160
– erfolgsqualifizierter Versuch, *siehe* dort
– Versuchte Anstiftug, *siehe* Anstiftung
– bei Unterlassen 261
– versuchte Teilnahme 454
– bei Erfolgsqualifikation, *siehe* Erfolgsquali-
fikation
Verteidiger 551 ff., 572
– Stellung 556 f.
– Konsultation 551
– Widerspruchslösung 581
– Zeugnisverweigerungsrecht 586
– Beschlagnahmeverbot 586
– Zulässiges Verteidigungsverhalten 556
Verteidigerkonsultation, *siehe* Verteidiger
Verwerflichkeit, *siehe* Nötigung
Verwertbarkeit einer Zeugenaussage, *siehe*
Zeuge
Vis absoluta, *siehe* Gewalt
Vollrausch 66, 313
– Schuldunfähigkeit 300
– Actio libera in causa, *siehe* dort
– Rauschtat als objektive Bedingung der
Strafbarkeit 314
– Beihilfe zum Vollrausch, *siehe* Beihilfe
Vollstreckungshandlung, *siehe* Widerstand
gegen Vollstreckungsbeamte
Vorsatz
– Alternativvorsatz 218, 221, 225, 232
– Gefährdungsvorsatz 282
– Eventualvorsatz/Bewusste Fahrlässigkeit
202
Vorsätzliches Begehungsdelikt 49
Vorsätzliches unechtes Unterlassungsdelikt,
siehe Unterlassungsdelikt
Vorsatzloses Werkzeug, *siehe* Qualifikations-
los-doloses Werkzeug
Vorspiegelung, *siehe* Betrug (Täuschung)
Vorstellungsbild, *siehe* Betrug (Täuschung)
Vorverhalten, *siehe* Grantenstellung (Inge-
renz)

Waffe 159, 184, 195, 220, 493
Wahlfeststellung 66
Wahrheitstheorie, *siehe* Falschaussage
Wegnahme 167, 240
– Gewahrsam, *siehe* dort

– i. S. d. § 289 StGB   155
– bei besitzlosen Pfandrechten   155
– Abgrenzung Trickdiebstahl/Sachbetrug
   393
Vollendung bei Alarmsicherung   498
Wehrlosigkeit, *siehe* Mord (Heimtücke)
Weisungsgebundenheit eines Staatsanwalts,
   siehe Staatsanwalt
Werkzeug, *siehe* Gefährliches Werkzeug
Wider besseres Wissen, *siehe* Verleumdung
Widerspruchslösung   581
Widerstand gegen Vollstreckungsbeamte
   487
– Tätlicher Angriff   488
– Auto als Waffe   488
– Verhältnis zu § 240   489
Wiederholungsgefahr, *siehe* Untersuchungs-
   haft
Willensausschließende Gewalt, *siehe* Gewalt
Wohnung
– i.S.v. § 123   165, 167, 285
– i.S.v. § 244   159, 167
– i.S.v. § 306   322, 472
– i.S.v. § 100c, d StPO   549

Zerstörung   93
– Teilweise Zerstörung   321
Zeuge   379 f., 570, 574, 581, 587
– vom Hörensagen   553, 563
– Mitbeschuldigter als Zeuge   588
– Verwertbarkeit der Aussage   587
– Auskunftsverweigerungsrecht   587
– Rechtskreistheorie   588
Zeugnisverweigerungsrecht   564, 570, 586
Zueignung   236 ff., 244, 246, 439, 499 f.
– Zueignungsabsicht   163, 167, 289, 294,
   395, 499 ff., 506, 514
– Absicht rechtswidriger Zueignung   307 ff.
– Wiederholte Zueignung   508 f.
– Zueignung bei Rückveräußerung   500 f.
– Drittzueignung   236 ff., 508
Zufallsfund   586
Zur Täuschung im Rechtsverkehr   478 f., 491
Zurechenbarkeit, *siehe* objektive Zurechnung
Zusatztatsachen   570 f.
Zutritt   421, 438
Zwangsmaßnahmen   584
Zweistufiger Deliktsaufbau   74